太極學報

(貳)

自第八號
至第十四號

圖書出版 韓國學資料院

태극학보 太極學報

1906년 8월 24일 일본 도쿄에서 태극학회가 창간한 기관지.

태극학회는 제국주의 침략하에서 나라를 구하는 방법은 국민 교육이라고 생각하고 서북 지방의 유학생을 중심으로 1905년 9월 조직된 단체이다. 1906년 8월 24일 기관지로 『태극학보(太極學報)』를 창간하였고, 1908년 12월 24일 총권 27호로 종간되었으나 『공수학보(共修學報)』, 『대한유학생회회보(大韓留學生會會報)』 등 일본 내 다른 유학생회의 기관지 발행에도 영향을 주었다.

『태극학보』는 태극학회의 창립 목적을 달성하기 위한 수단으로 1906년 8월 24일 창간되었다. 『태극학보』의 창간호 서문에는 "아동포국민(我同胞國民)의 지식(智識)을 개발(開發)하는 일분(一分)의 조력(助力)"이 될 것이라 하면서 발간 목적을 밝혔다. 학보의 발간 경비는 처음에는 전적으로 회원들의 의연금에 의지하였으나 점차 학보의 판매 대금과 이갑(李甲) 등 국내 서북 지역과 서울 지역 유지의 출연으로 확대하였다.

『태극학보』의 구성은 3호까지는 강단(講壇), 학원(學園), 잡보(雜報)로 나누었으나 4호부터는 강단과 학원을 구분하지 않았으며, 11호부터는 논단(論壇), 강단, 학원, 잡찬(雜纂), 잡보 등으로 세분하였다. 주된 내용은 애국 계몽 단체가 추구하였던 교육 구국 운동, 언론 계몽 운동, 실업 구국 운동, 국채 보상 운동, 신문화 신문학 운동, 국학 운동, 민족 종교 운동, 해외 독립운동 기지 건설 운동 등의 내용을 종합적으로 추구하였다

『태극학보』는 매월 1회 발간하였으며, 8월에는 하기 휴간하였다. 3

호까지는 일본 유학생을 중심으로 배포되었으나 4호가 발간된 1909년 11월부터는 국내 배포를 위하여 경성 중서에 위치한 주한 영사관에 『태극학보』 출판 지점을 설치하였고, 12월에는 캘리포니아 한인공동신보사에 배포소를 설치하였다. 1907년 7호부터는 국내 각 지역의 학교에도 잡지를 발송하였다. 『태극학보』는 태극학회 회원만이 아니라 국내의 지식인과 학부모까지를 망라하는 매우 폭넓은 필진을 보유하였다. 이는 『태극학보』에 대한 당시의 관심을 반영하는 것이라 할 수 있다.

『태극학보』는 개항기 일본 유학생이 조직한 태극학회의 기관지로 발간되어 태극학회가 목적으로 하였던 애국 계몽 운동의 주요한 선전 도구의 역할을 다하였다.

출처 세계한민족문화대전

「大極學報」 目次

明治卅九年九月廿四日
光武十年九月二十四日 第三種郵便物許可

光武十一年三月廿四日發行

太極學報

每月一回發行

第八號

廣告

本報를購覽코져ᄒᆞ시ᄂᆞᆫ이ᄂᆞᆫ本發行所로通知ᄒᆞ시되價金은每朔爲替로換送ᄒᆞ심을 敬要

本報ᄂᆞᆫ有志人士의購覽을便宜케ᄒᆞ기爲ᄒᆞ야出張支店을如左히定홈

皇城中署東闕罷朝橋越便

朱翰榮書舖(中央書館內)

北美合衆國加州玉蘭市

韓人共立新報社內(林致淀住所)

太極學報第八號目次

告學會說 五

留學生監督 韓致愈

我土紳士鄭應卨向日爲同寅會諸公略有所演之辭今試綴其說爲諸公告可乎鄭之言曰日露息戰之餘統監立府之後我土人士莫不銳意於舊政刷新敎育擴張法律改正醫農工商實施之事然部院府郡補佐事務之官莫非日人則其爲我內外遠近大小官吏苟非通日學解日語習日俗者無以行致澤之業至於大官老吏旣無日學之素而遽當職事之要則顧其勢不能不重用舌人而雖輦轂閭巷銀行會社三五商店顧無往而不與日人交是以我土今日所重者是日本遊學所要者是日本卒業望之如雲霓倚之若山斗然以余觀之凡出入公卿之門奔走形勢之道奴顏婢膝吮癰舐痔者卽我人之通日學者也舞文弄法搆陷同胞趨利避害蠅營狗苟者卽我人之解日語者也大小官吏互相傾戛惟得失是較唯權力是爭不知禮義廉恥國紀民事之爲何物雖有虎前倀鬼之譏泰山逐鹿之誚而心醉眼眩無復顧忌者無非解日語通日俗之類爲之媒价經緯乎其間也所謂猿狙之服章甫澤麋之蒙虎皮者不幸而近之而宗社鞏固之望日以益疎國權挽回之期日以益遠今此諸公留學東京者必須折臂懲羹愼毋作東隣之效西施也云々噫余久客於外旣不能身涉而目擊焉則未知鄭君所言果無傳虎掇蜂之嫌耶果如鄭君所言則豈非所謂處堂之鷰擇巃之虱不知火之至而屠之迫者耶但鄭君演辭之際抑揚太過不無聽熒者存乎其間此則所宜參酌折衷以求審擇之方也雖然諸公其勉之哉天下之事有本有剽有經有緯此其不可不先知者也今夫築室者雖有棟樑之備而苟非基礎而固之

則何以致居處之安結綱者雖有絲縷之靭而
苟無綱紀而維之則何以致漁採之功哉刑政
醫農以至工商百家之業乃所以治人保國之
具而此不過剽也緯也築室者之棟樑也結綱
者之絲縷也至其所以爲本爲經爲基礎爲綱
紀者則立乎刑政農工百家之外而行乎刑政
農工百家之中以收居處之效漁採之功試問
諸公此物果何物也其爲物也上拄于天下蟠
于地竪貫古今横括六合而萬事之所不能遺
百世之所不能改也此物果何物也曰人者仁
也曰愛者仁之用也曰愛親愛君也曰愛同胞
愛祖國也苟無此仁愛之心以爲之本經綱基
則刑律雖極其詳覈而舞文弄法以濟其私者
有之醫藥雖極其發達而侵侮貧病唯財是饕
者有之農商雖極其殷富工藝雖極其精巧而
遺君後親賣國之辭有之此必然之勢也吾窃
有榛室嫠婦之憂不避煩瀆之誚而鼓舌操筆

又爲諸公告者此也大抵近日解日語通日學 二
者不知孔孟哲學實爲大本大經萬世之基礎
綱紀而曰此東洋之陳腐也曰此古人之糟粕
也曰此多駢旁枝以致衰弊之根株也以四德
置諸笆籬以五常歸之土苴雖欲免向日鄭君
彈駁之論得乎近日教育家必曰德育智育者
果何謂者耶是知車非兩輪終不能行而鳥有
兩翼乃能飛動諸公其勉之哉雖然以余觀之
鄭君只見日學者之病處而實則不見日學者
之長處大抵議人論事不當以偏心憤氣失其
權衡而以犯於愛不知惡々不知美之誚也近
日義務教育之説始於樞院之議而發於大官
之䟽則古所謂王宮國都以及閭巷莫不有學
者行將見於我土三百餘州之内而所以激發
是論以作嚆矢者豈非解日語通日學者之力
耶地方自治之論發於社會中而登諸樞院之
議則由此實施庶幾其不作文具而生靈將有

衽席之安宗社必享磐泰之固所以激發是論以作標榜者亦豈非解日語通日學者之力耶嗚呼自秦漢以下者天下何其殽亂也爲人君者以萬乘之位爲富貴之資而輕煖肥甘以養其體則足矣采色聲音以悅其心則足矣賞罰黜陟以快其喜怒則足矣諂諛逢迎以順其意者即左右之純忠也割剝民脂以充府庫者即諸大夫之賢俊也餓莩塡壑其罪在歲竊發剪徑其咎在民亂萌不可止也則必以殘酷之刑而從之直言殊可厭也則必以犯上之律而制之臣庶之命輕於草菅生民之賤甚於犬彘上下二千年王道廢而善治絕遂使堯舜遺民久蒙野蠻陋名是其爲弊之源則一言蔽之曰專制君權之說也嗚呼天降下民作之君作之師唯曰其助上帝寵之四方則上帝所以命爲君師使之寵異之於四方者果爲一人專制富貴而設耶地方長官所以分治其民苟不能於治敎則非長官也部省大臣所以整理政紀苟不能於政事則非大臣也爲人君者以專制爲已權爲大臣長官者以壓制爲已利上下相循磨牙噴血以養橫恣之氣而敢行殘暴之事彼幾萬々生靈爲上帝赤子者果何罪耶不寧唯是上以官職爲有價之物下以祿俸爲可購之貨賄賂公行之譏爵位賣鬻之誚不絕於古今歷史之中而天且夢々任其塗炭則吾意彼蒼々者非正色也嗚呼東洋二千年幾萬々生靈所以陷於洪水之中者實由專制之權壓制之利爲之汎濫流莫之或遏也則苟不有神禹而爲之疏鑿大益而爲之焚烈々天仁愛之意生民滋殖之道終不可致也然則何如斯可以行神禹大益之功曰由地方自治之制義務敎育之法進之於議會通之於憲政而行之如歐洲各帝國然後其庶幾也然則近日我土通日學者地方自治之議義務敎育之論非但爲我土之

幸實有光於大東二千年歷史之下矣何可以
睚眦之失沒其肩背之得乎諸公宜必於鄭君
所演之辭知所以折衷也

講壇 學園

武備論 (寄書)

具滋旭

國之有武備ㅣ猶人之有手足屋之有藩蔽ᄒᆞ니若人而無手足이면爲人所侮에遭其戕害而莫能捍이오屋而無藩蔽면爲盜所窺에誨他竊取而不得防이라國而無戰備可乎아

假有一邦國ᄒᆞ야國土가廣邈沃腴ᄒᆞ며氣候物産이適順豊足ᄒᆞ고住民이衆多ᄒᆞ며又其性質이美ᄒᆞ고氣力이强ᄒᆞ야能히文明ᄒᆞᆫ法律과善良ᄒᆞᆫ制度로써政治組織을建設ᄒᆞ야內治外交가其宜를各得ᄒᆞ면固無缺於國家的元素오亦無違於經邦之大道라謂是國虛弱이不可나然이나惟武備를完全히ᄒᆞᆫ後에야其文明富庶ᄒᆞᆫ福祉를不墜ᄒᆞ야雄國을成ᄒᆞᆯ지라盖國家에內憂나外訌이有ᄒᆞ야其動機가不測ᄒᆞᆫ境에能히捍禦ᄒᆞᄂᆞᆫ强力이無ᄒᆞ면其國이비록文明ᄒᆞᆫ者라도敗亡을難免ᄒᆞᆷ은곳理勢의固然ᄒᆞᆷ이로다

故로謀國者ㅣ陰雨의備를不怠ᄒᆞ야平時에其威로써鎭ᄒᆞ고亂時에其力으로써敵ᄒᆞ야國家의安寧을維持ᄒᆞᆷ이可ᄒᆞ고爲民者ㅣ道理를推ᄒᆞ며義氣를揚ᄒᆞ야國家에對ᄒᆞ야兵役義務를克盡치아니ᄒᆞᆷ이不可ᄒᆞᆫ者라

然而翹首聘眸ᄒᆞ야今日列强의狀態를觀察ᄒᆞ건ᄃᆡ彈其誠竭其力ᄒᆞ야汲々히經營ᄒᆞᄂᆞᆫ바이海陸軍의擴張이라此等武備의主義가果然內憂外訌을防禦코져ᄒᆞᆷ에止ᄒᆞᆯ가一層高跳ᄒᆞ야可憎可惡ᄒᆞᆫ所謂軍國主義를達코져ᄒᆞᆷ이라奪人利權ᄒᆞ며拓其版圖ᄒᆞ야縱其野心蠻行而無厭ᄒᆞ니顧其猶獰强暴之勢컨ᄃᆡ能不掀天動地가立此世當此時ᄒᆞ야自衛ᄒᆞᆯ强力이無ᄒᆞᆫ者ㅣ人의犧牲을免코져ᄒᆞᆫ들엇지容易ᄒᆞ리오

嗟呼試思試究ᄒᆞ라我國은有何原因而取何結果오自來完全ᄒᆞᆫ武備가無ᄒᆞᆯ뿐아니라昇平日久에文藝를徒事ᄒᆞ야國民의武氣武習을蔑視抑制ᄒᆞ야맛참ᄂᆡ虛弱無狀ᄒᆞ고恥辱莫甚ᄒᆞᆫ今日狀況을逞出ᄒᆞ얏스니雖悔曷追며嘆復奈何리오猛省奮發ᄒᆞ며揆時度勢ᄒᆞ야亟々히振興을圖ᄒᆞᆷ이可ᄒᆞ니若究振興之策인ᄃᆡ兵備를遽然히擴張ᄒᆞ기ᄂᆞᆫ非但勢與時之所不能이라於理에誠無必要로다

惟武氣를發揮ᄒᆞ야써權理를尊重ᄒᆞ며義俠을崇尙ᄒᆞ야凡我國民의箇々堅其志作其氣에山岳이崩이라도泰然自若ᄒᆞ며雷霆이擊이라도毅然不撓ᄒᆞ야彼人逼壓에愈逼愈激ᄒᆞ며愈壓愈動ᄒᆞ야人을打勝치못ᄒᆞ면不休ᄒᆞ고爲國挺身에有進無退ᄒᆞ고視死如歸ᄒᆞ야目的을達ᄒᆞᆫ後에야乃己ᄒᆞᄂᆞᆫ精神이固ᄒᆞ면是가곳我國의眞正完全ᄒᆞᆫ武備라苟有此

六

武備면人雖以力이나不及我氣오人雖以鐵이나不敵我血이라勝利를常獲ᄒᆞᆯ者ㅣ非我而誰오盖非大言迂論이라異日吾輩成功之要亶在乎此而不在物質的武備로다

在昔龍蛇之役ᄒᆞ야水陸이披靡에民國이板蕩이라終能殄滅大敵에重整國威ᄒᆞ니是豈權元帥李統制韜略指揮의致然ᄒᆞᆫ바일뿐이리오朝鮮民族의固有ᄒᆞᆫ武氣의神功이며

嘗聞一外國人이問我學生曰貴國의軍艦이幾何오曰旣有者ᄂᆞᆫ無足道也ㅣ나惟新造者ㅣ多焉ᄒᆞ야或己開工이며或將進水ㅣ니라外人이輒譏曰君이以爲我全昧貴國事耶야毋自妄誕ᄒᆞ라答曰君何以知之리오現今我邦國民腦髓裡에各有精神的軍艦ᄒᆞ야幼者ᄂᆞᆫ才已開工이오壯者ᄂᆞᆫ將以進水니且待完全ᄒᆞ야向太平洋驅逐이면誰敢抵敵이며竟握東洋海上權者ㅣ非韓國일ᄂᆞᆫ지君其知之

耶아外人이於是乎嘆服不已矣러라ᄒᆞ니吾儕의自期가如斯ᄒᆞᆯ뿐아니라亦世人의忌憚ᄒᆞᄂᆞᆫ바ㅣ로다

是其厚大ᄒᆞ니嗟我同胞乎여寧不興感奮勵에益々蓄養我精神的武備ᄒᆞ야以有成功而免此困辱ᄒᆞ며更進一步而雄視宇內也哉아勗哉同胞乎여

自主的自我

吳錫裕

人은萬物의靈이라衆理를備ᄒᆞ야萬事에應ᄒᆞᆫ다ᄒᆞᆷ은古人도니란바어니와우리人類의具備ᄒᆞᆫ靈能眞價의第一義ᄂᆞᆫ스ᄉᆞ로分別을得ᄒᆞᄂᆞᆫ點에存ᄒᆞ도다分別이라난것은事에當ᄒᆞ여然ᄒᆞᆯ가然치말가此를取ᄒᆞᆯ가彼를捨ᄒᆞᆯ가ᄒᆞᄂᆞᆫᄃᆡ就ᄒᆞ야思慮를回ᄒᆞ야그스ᄉᆞ로採用ᄒᆞᆯ바를撰定ᄒᆞᄂᆞᆫ能力을云ᄒᆞᆷ이니此를意思의自由또ᄂᆞᆫ人의自由라ᄒᆞᆷ인ᄃᆡ萬一此自由가無ᄒᆞ면人은純然ᄒᆞᆫ活動的機械에無異ᄒᆞ야自我ᄂᆞᆫ自然界의奴隷가되고道義的活物이라난ᄃᆡᄂᆞᆫ價치못ᄒᆞᆯ지라玆에人이有ᄒᆞ야一事二事를他人의指導를仰ᄒᆞ다가他의指導업스면暗夜에燈을失ᄒᆞ고一步動도不能ᄒᆞᆷ과如ᄒᆞ며또ᄒᆞᆫ未熟의圍碁者가一擧一動을他人의助言을從ᄒᆞ야駒를行ᄒᆞ다가助言者ㅣ無ᄒᆞᆯ時ᄂᆞᆫ忽然道傍에躕躇ᄒᆞ야再下手를不能ᄒᆞᆷ과如타ᄒᆞᆯ진ᄃᆡ此를稱之曰無骨丈夫라ᄒᆞ야自主獨立의能치못ᄒᆞᆯ人物이라云ᄒᆞᆯ지라今日我國엇던社會에此等者流ㅣ不少ᄒᆞᆷ은人所共知어니와此ᄂᆞᆫ即人의靈能眞價를自好沒了ᄒᆞᄂᆞᆫ無分別漢이니决코吾人社會上에容置키難ᄒᆞᆫ者로다ᄃᆡ기無分別에ᄂᆞᆫ卑屈이라ᄂᆞᆫ것이相伴ᄒᆞ니商法에失敗ᄒᆞ야途中에彷徨ᄒᆞ다가畢竟에身을淵川

에投ᄒᆞ야死ᄒᆞ기를急히ᄒᆞᄂᆞᆫ者ㅣ有ᄒᆞ니是豈非卑屈無分別이며一婦人의色에迷惑ᄒᆞ야棄親捨子亡身토록尙爾不醒ᄒᆞ고不義理에不義理를加ᄒᆞ야莫知其所止타가兩手를遂伸ᄒᆞ야盜賊에陷入ᄒᆞᄂᆞᆫ者ㅣ世間에其數甚多ᄒᆞ니是豈非卑屈無分別이며親의財產에衣食ᄒᆞ야所謂咬脛의境遇에安身ᄒᆞ야靦然不愧不啻라自働自活의覺悟가無ᄒᆞ야그健余ᄒᆞᆫ堂々七尺을故作一塑像者ㅣ往々有之ᄒᆞ니是豈非卑屈無分別也哉余觀一書籍ᄒᆞ니有曰江戶(今東京)時代에有五助者ᄒᆞ야甚吝嗇이라罹於長病ᄒᆞ야魂近黃壤이되食事ᄂᆞᆫ燒塩以外에更無何物이라其妻憐之ᄒᆞ야購鯛一尾ᄒᆞ야欲使五助食進일ᄉᆡ五助ㅣ此를見ᄒᆞ고驚而問來自何處여ᄂᆞᆯ妻ㅣ答以七十文購來라ᄒᆞᆫᄃᆡ五助曰七十文金錢을費用ᄒᆞ면서何不議及於我오ᄒᆞ고叱責ᄒᆞᆷ을隣家妻子나聞ᄒᆞ고該鯛를買取ᄒᆞ야一切을無代送饋ᄒᆞ엿더라病勢尤重ᄒᆞ미其妻ㅣ到底生活치못할줄을知ᄒᆞ고迎醫診察後將使眼藥일세五助ㅣ粹然目圓而瞳止ᄒᆞ고噉口而不開ᄒᆞ야病脚이戰慄ᄒᆞ거ᄂᆞᆯ妻乃心得之ᄒᆞ고附耳而言曰此藥이無價라ᄒᆞᆫᄃᆡ五助ㅣ於是에開口服下ᄒᆞ니라그러나連服지못ᄒᆞᆫ害ㅣ永眠에及ᄒᆞ미寡婦ㅣ孤兒를携ᄒᆞ고五百遺金을帶ᄒᆞ야他門에改嫁ᄒᆞ엿다ᄒᆞ엿스니嗟乎라五助여金錢의奴隸分明ᄒᆞ도다其貴重ᄒᆞᆫ生命을殞ᄒᆞ엿스니是豈非卑屈無分別也哉卑屈은無分別로븟터生ᄒᆞᄂᆞᆫ果實이오無分別은即卑屈의根本이라盖卑屈이라ᄂᆞᆫ것은自我의眞價를未認ᄒᆞᆫ다ᄂᆞᆫ謂에不外ᄒᆞ야自我의眞價ᄂᆞᆫ分別의自由를活用ᄒᆞᄂᆞᆫ點에存ᄒᆞᆫ故로卑屈이無分別에相伴ᄒᆞᆷ은理에當然ᄒᆞᆷ이니라世間에如許ᄒᆞᆫ卑屈無分別

이有홈이自主自尊은果然可貴可慕할바로다又觀비ㅣ루(麥酒)博士俄禁酒라題한書籍ᄒᆞ니自主的發動의一班이라可稱ᄒᆞᆯ것더라氏ᄂᆞᆫ日本醫學博士某의假名인ᄃᆡ酒量이海濶ᄒᆞ야終日牛飮이되自不覺醉ᄒᆞ고猶有容肉三斤之餘腹ᄒᆞ야비ㅣ루博士之名聲이傳之一方이러니氏之自歐洲歸日에幾多酒友가牛飮會를大開ᄒᆞ고氏를歡迎할ᄉᆡ氏가一盃를不接ᄒᆞ거ᄂᆞᆯ滿座ㅣ驚恠之ᄒᆞ야其因緣을聞코져ᄒᆞ나其機를得지못ᄒᆞ얏더니其後東京學習院에셔大演說로明瞭히ᄒᆞ엿더라其要領에曰余가歐羅巴에셔調査ᄒᆞᆫ結果에據ᄒᆞ면列國之軍人과囚徒가犯罪의原因은大槪飮酒홈에多由ᄒᆞ야泥醉酩酊에忘却前後者ㅣ十居七八이오他重罪犯도ᄯᅩ한酒狂에原因되여大飮者ㅣ過半數를占홈은實로可驚할바라元來余의酒量이他의게不讓홈은今自大愧ᄒᆞ노라余ᄂᆞᆫ自今所到處에飮酒之害를說明ᄒᆞ야一個禁酒國을作코져홈이平素의嗜好를棄ᄒᆞ야衆에先홈은此固余之本分이라故로余ᄂᆞᆫ諸君前에一切禁酒人됨을誓約云々偉哉라氏之自働自活自主自由여

請컨ᄃᆡ吾人은何事든지恒常自我가固有ᄒᆞᆫ分別의自由를省察할지여다智識學問무엇이此分別力을研究ᄒᆞ면得지못ᄒᆞ며富國强兵무엇이此分別力을發揮ᄒᆞ면得지못ᄒᆞ며天災地殃무엇이此分別力을推擴ᄒᆞ면救濟치못ᄒᆞ라此分別力은內一身一家의處分으로天下國家一切萬物의命脈에至ᄒᆞ도록能히左之右之할威德을有ᄒᆞᆫ바니라大學에曰古之欲明々德於天下者ᄂᆞᆫ先治其國欲治其國者ᄂᆞᆫ先齊其家欲齊其家者ᄂᆞᆫ先修其身欲修其身者ᄂᆞᆫ先正其心欲正其心者ᄂᆞᆫ先誠其

意欲誠其意者는先致其知라ᄒᆞ엿스니知를致ᄒᆞᆫ다ᄒᆞᆷ은分別力을推極ᄒᆞᆷ을謂ᄒᆞᆷ이오分別의自由를十分發揮ᄒᆞᆷ을謂ᄒᆞᆷ이라分別의自由는人生責任의起因ᄒᆞ는바오또한道德에依ᄒᆞ야立ᄒᆞ는바라故로自我의自主的根據는不動ᄒᆞ야自我는어ᄃᆡᄭᆞ지든지自主自由로天地를感動ᄒᆞ는靈能眞價를有ᄒᆞᆷ이니라

人의强弱과國의盛衰가爲與不爲에在ᄒᆞᆷ

李奎濚

上天이吾人을造成ᄒᆞ시미其賦畀ᄒᆞ신原素質(即性)은四海萬國에圓顱方趾ᄒᆞ야云々于々ᄒᆞ는十五億同胞가均是一致인ᄃᆡ何故로某國民은日로强ᄒᆞ고某國民은日로弱ᄒᆞ며某國勢는日로盛ᄒᆞ고某國勢는日로衰ᄒᆞ야其進其退와其興其亡ᄒᆞ는間에南北이干戈를相爭ᄒᆞ며東西가凌侮를互加ᄒᆞ야地球全體에星列棋布ᄒᆞᆫ各國社會上에血雨腥風이頓然히穩快霽晴할日이殆無ᄒᆞ니現世界에生ᄒᆞ야各其國民된者는此를可히ᄡᅥ深思講究치아니치못할지로다僕은비록學問이素淺ᄒᆞ고智識이未開ᄒᆞ나亦是我大韓帝國一分子라祖國의形便을周察ᄒᆞ고列强의大勢를環顧ᄒᆞ면彼所謂强ᄒᆞ고盛ᄒᆞᆫ者의結果가果然何를由ᄒᆞ야來ᄒᆞᆷ인지此主要點에對ᄒᆞ야엇지十分注意ᄒᆞ여其前進할方針을共圖치아니ᄒᆞ리요玆에一言을敢述ᄒᆞ야我二千萬同胞의게告ᄒᆞ노라

先師가有誠호ᄃᆡ萬事가不如一爲라ᄒᆞ니誠哉라是言이여亘天地環古今에英雄庸子와志士野氓의名稱이最初其由來된原因을細究ᄒᆞ면總히其爲與不爲ᄒᆞ는間에서分路됨

이確實ᄒᆞ도다東西洋古來史를一一히歷覽ᄒᆞ라德國에比斯麥은滿腔熱誠으로六十年教育을不爲ᄒᆞ야與法鏖戰에版籍을廣延ᄒᆞ고償金을優受ᄒᆞ야國耻를快雪ᄒᆞᆫ結果가無ᄒᆞ야시면誰가其雄大ᄒᆞᆫ志略을稱ᄒᆞ며美洲에華盛頓은百折不撓ᄒᆞᄂᆞᆫ堅忍的性으로七年戰役을不爲ᄒᆞ야英國의羈絆을能脫ᄒᆞ고一大完全ᄒᆞᆫ獨立國된結果가無ᄒᆞ야시면誰가其宏傑ᄒᆞᆫ事蹟을論ᄒᆞ며東洋에近日史로言ᄒᆞᆯ지라도日本의維新十傑某々人은由來ᄒᆞ던封建法을廢止ᄒᆞ야皇室의大權을專一케ᄒᆞ고歐美의文明制를參互ᄒᆞ야憲法의實行을不爲ᄒᆞ야시면엇지今日에如彼其進步ᄒᆞᆫ結果를致ᄒᆞ야시리요此로由ᄒᆞ야觀ᄒᆞ건된以上의論ᄒᆞᆫ바諸人이、다、別種의人物이아니라能히그爲ᄒᆞᆯ바를爲ᄒᆞᆯᄯᆞ름이니如此、ᄒᆞᆫ人의國은日노强ᄒᆞ고日노盛ᄒᆞ야列强에齒ᄒᆞ고此에反ᄒᆞ야能히그爲ᄒᆞᆯ바를爲치아니ᄒᆞ고幸望을求ᄒᆞᄂᆞᆫ人의國은日노弱ᄒᆞ고日노衰ᄒᆞ야消亡에陷ᄒᆞᆷ이必然ᄒᆞ도다

大抵凡事를做去ᄒᆞᆷ의十分完全ᄒᆞᆫ地頭에其目的을達코져ᄒᆞᆯ진ᄃᆡ先히其十分完全치못ᄒᆞᆯ缺點處를改良치아니ᄒᆞ야셔ᄂᆞᆫ不能ᄒᆞᆯ지라今에我國人의前進ᄒᆞᆯ關係에對ᄒᆞ야最先改良ᄒᆞᆯ바缺點處ᄂᆞᆫ何에在ᄒᆞ나ᄒᆞ면即幾百年流來ᄒᆞᆫ依賴習慣에在ᄒᆞᆫ지라吾儕가國民이되야忠君은ᄒᆞᆯ지언뎡依賴ᄂᆞᆫ不可ᄒᆞ고子息이되야愛親은ᄒᆞᆯ지언뎡依賴ᄂᆞᆫ不可ᄒᆞ며少者가되야敬長은ᄒᆞᆯ지언뎡依賴ᄂᆞᆫ不可ᄒᆞ고朋友가되야忠告은ᄒᆞᆯ지언뎡依賴ᄂᆞᆫ不可ᄒᆞᆫᄃᆡ我國人은至今도此依賴心을未忘ᄒᆞ야或은自己의一身이國家에附屬ᄒᆞᆫ一無機質動物노自處ᄒᆞ며或은自己의一生權限이父母나長者의게在ᄒᆞᆫ줄노思惟ᄒᆞ고또朋友間

에도權勢나財產이多有ᄒᆞᆫ人의게ᄂᆞᆫ或그權勢나財產을依賴ᄒᆞ야自己의一世間營爲가但此人의指揮ᄒᆞᄂᆞᆫ範圍內에셔承服ᄒᆞ며甚至於天運을坐談ᄒᆞ야曰將次神人이海島中에셔出ᄒᆞ면一世를廣濟ᄒᆞ야外人이自然退去ᄒᆞ고前日과갓치自國藩籬內에셔安逸을共享ᄒᆞᆫ다ᄒᆞ야彼瀛船、瀛車、電信、輕氣球、等과如ᄒᆞᆫ것이畢竟은總히無效에歸ᄒᆞ리라ᄒᆞᄂᆞᆫ人도有ᄒᆞ며或은西洋人이나日本人은特異ᄒᆞᆫ神智妙慧가有ᄒᆞᆫ줄노思ᄒᆞ야曰我國人은彼의才能을不可及이라ᄂᆞᆫ人도有ᄒᆞ야萬事가運數니八字니ᄒᆞ고互相暴棄ᄒᆞ야實地ᄂᆞᆫ不踐ᄒᆞ고空虛를幸望ᄒᆞ니此ᄂᆞᆫ、다、自己의平生事를他人의게依仰코져ᄒᆞᄂᆞᆫ思想에셔出來ᄒᆞᆷ이라如斯ᄒᆞᆫ習慣을不棄ᄒᆞ고야엇지國步의前進을期望ᄒᆞ리요誠甚慨歎이로다

今日時代ᄂᆞᆫ前日과不同ᄒᆞᆫ지라비록管樂의智謀와吳穫의勇猛이有ᄒᆞᆫ덜엇지天地를變遷ᄒᆞ야電氣、蒸氣、空氣、等의使用을沮止ᄒᆞ며水陸을封鎖ᄒᆞ야舟車를不通케ᄒᆞ고國藩을獨守ᄒᆞ야安樂을自圖ᄒᆞ리요一笑를可發할만ᄒᆞ도다智慧와才能은東西古今에彼我의人種을勿論ᄒᆞ고爲ᄒᆞ고또爲ᄒᆞ면能히爲치못할事가無ᄒᆞᄂᆞ니但彼ᄂᆞᆫ爲ᄒᆞ고爲ᄒᆞᄂᆞᆫ人의國이요爲치아니ᄒᆞ면一事도能히爲치못ᄒᆞᄂᆞ니我ᄂᆞᆫ爲치아니ᄒᆞᄂᆞᆫ地에在ᄒᆞ며실섇이라古人이不云乎아彼도丈夫요我도丈夫라ᄒᆞ여시며顔子가不云乎아舜은何人이며我ᄂᆞᆫ何人고爲ᄒᆞᄂᆞᆫ者ㅣ皆如是라ᄒᆞ여시니易地則皆然이라驥馬ᄂᆞᆫ能히千里를日行ᄒᆞᄂᆞᆫ者로되展步치아니ᄒᆞ면駑馬의鈍步에不如ᄒᆞ고大鵬의遠志로도其翼을擧치아니ᄒᆞ면엇지蠖虫의尺行에如ᄒᆞ리요顧念컨

된我韓國에도英雄과志士의項背相望이列國에셔還勝치아닐줄을誰가知ᄒᆞ리오만은但此依賴的習慣이痼瘼을成ᄒᆞ야人權을未伸에自由活動ᄒᆞᄂᆞᆫ思想이無ᄒᆞᆫ所致로當爲할事를能히爲치못ᄒᆞ야今日ᄭᆞ지雄大ᄒᆞᆫ志略을稱할만ᄒᆞᆫ比斯麥도現無ᄒᆞ고宏傑ᄒᆞᆫ事蹟을論할만ᄒᆞᆫ華盛頓도曾無ᄒᆞ며皇室의大權을專一케ᄒᆞᆫ十傑도姑無ᄒᆞᆫ가從玆以往으로ᄂᆞᆫ我全國同胞가前日에妄思ᄒᆞ던依賴的習慣은吾儕의天地를共戴치아니할劇毒ᄒᆞᆫ怨讎로知ᄒᆞ야猛然脫去에舊汚를快滌ᄒᆞ고各其自由權、活動力으로今日國家의勢와同胞의情을克念ᄒᆞ야共히獻身的精神으로爲ᄒᆞ고또爲ᄒᆞ야文明의域에進步ᄒᆞ면此時에ᄂᆞᆫ能히與法鏖戰에國耻를快雪할比斯麥도輩出할거시요英國의羈絆을能脫ᄒᆞ야獨立權을完全케할華盛頓도有할거시요歐美의文明制를參酌ᄒᆞ야邦命을維新케할人도十傑이나百傑이蠭起할지니然ᄒᆞᆫ則我國家와人民의强壯ᄒᆞ고隆盛ᄒᆞᆷ이엇지東西列强의게讓步ᄒᆞ리요海外孤榻에寒燈을對坐ᄒᆞ야世界史를方讀타가故國懷를難禁ᄒᆞ야塵硯을洗ᄒᆞ고凍筆을呵ᄒᆞ야管見을暫陳ᄒᆞ노니願我同胞諸君은爲之哉爲之哉어다

立法司法及行政의區別과其意義

全 永 爵

國家의作用은通常立法司法과行政의三種으로區別ᄒᆞᄂᆞᆫ것이라本稿의目的도此三種區別이何를因ᄒᆞ야生ᄒᆞᆫ것을明確키解코저ᄒᆞᆷ이로라

國家의作用을立法司法及行政의三種으로區別ᄒᆞᆷ은單純ᄒᆞᆫ理論의結果ㅣ아니오또何如ᄒᆞᆫ時代와何如ᄒᆞᆫ國家에라도適用될것이

아니라其區別은今日立憲國의國家組織과密接ᄒᆞᆫ關係가有ᄒᆞᆫ것인ᄃᆡ其基ᄒᆞᆫ바ᄂᆞᆫ近世立憲制度의基礎를숨은所謂三種分立主義에在ᄒᆞ도다故로余輩ᄂᆞᆫ몬저三種分立主義의大要를論ᄒᆞ고次에此等三種作用에就ᄒᆞ야各其觀念을明確케ᄒᆞ고저ᄒᆞ노라

第一 三權分立主義

三權分立이라ᄒᆞᄂᆞᆫ것은國家의作用을其性質에依ᄒᆞ야立法司法及行政의三種으로區別ᄒᆞᆫ것이ᄃᆡ此等三種의作用은各々殊異ᄒᆞᆫ機關에屬케ᄒᆞ고저ᄒᆞᆷ이라三種分立主義가近世憲法에影響을及케ᄒᆞᆫ것은無疑ᄒᆞᆫ事實이라第十八世紀에佛國哲學者몬데스큐氏의學說에因ᄒᆞᆷ이라其著書(法律精神論)은當時佛國이王權專制의弊가其極端에達ᄒᆞᆫ時代에著ᄒᆞᆫ것이라彼ᄂᆞᆫ自國의專制政治와英國의自由政治를比較ᄒᆞ야自國의弊政을

救코저ᄒᆞ야英國의制度로써其模範을숨은지라所謂三權이라ᄂᆞᆫ것은彼의分類를依ᄒᆞ면立法權、 執行權及司法權의三種으로ᄒᆞ고國家의權力으로ᄂᆞᆫ此等三種의權力을區別ᄒᆞᆷ을得ᄒᆞᆫ다ᄒᆞ고國民의自由를保持ᄒᆞ기爲ᄒᆞ야ᄂᆞᆫ三種의權力은各々殊別ᄒᆞᆫ團體에屬케아니치못ᄒᆞᆯ것이라고云ᄒᆞᆫ지라ㅣ또彼의言을依ᄒᆞ면英國에此等三種의權力이分立ᄒᆞᆷ은三種의政體의混和와相待ᄒᆞ야實行됨이라即執行權은專히君主에屬ᄒᆞ고司法權은國民으로부터選出된裁判集會에屬ᄒᆞ고立法權은貴族의分子로成立된上院과國民으로부터選出된下院의二院으로써組織된議會에屬ᄒᆞ얏다ᄒᆞᆫ지라

몬데스큐氏의學說의三種分立說이多數ᄒᆞᆫ點에誤謬를包含ᄒᆞᆷ은容疑ᄒᆞᆯ餘地ㅣ無ᄒᆞᆫ故로恒常諸學者의批難을受ᄒᆞᄂᆞᆫ바라其批難

의一은分類의不完全ᄒᆞᆷ에在ᄒᆞ도다彼의分類ᄒᆞᆫ바執行權은彼스ᄉᆞ로此를稱ᄒᆞ야國際法에屬ᄒᆞᆫ事件의執行權이라云ᄒᆞᆫ지라故로彼의分類ᄂᆞᆫ今日所謂行政의觀念은彼보담도前에生ᄒᆞᆫ것이라單히國際法에屬ᄒᆞᆫ事件에不止ᄒᆞᆫ것은勿論이어니와ㅣᄯᅩ單히法을執行ᄒᆞᄂᆞᆫ데ᄲᅮᆫ止ᄒᆞᆫ것도아니라廣大히法의範圍內에自由活動을包含ᄒᆞᆫ것이라其批難의二ᄂᆞᆫ英國制度를誤解ᄒᆞᆫ데在ᄒᆞ도다彼의說과ᄀᆞᆺ튼三種分立은英國 에서일죽 實行된事無ᄒᆞ고彼의當時에英國은旣爲議院內閣制度가其形을顯ᄒᆞ얏고國會ᄂᆞᆫ立法權의主要ᄒᆞᆫ勢力ᄲᅮᆫ만아이라執行權의最高官府라도亦國會多數黨에서此를出케ᄒᆞ야立法權과면行權 으로ᄒᆞ야 곰서로 調和 케ᄒᆞᆫ지라其批難의三은實行키難ᄒᆞᆫ데在ᄒᆞ도다彼ᄂᆞᆫ國權의作用을三種에區別ᄒᆞᄂᆞᆫ同時에國家의機關도亦此를三種에分ᄒᆞ야作用의分類와機關의分立으로ᄒᆞ야곰全然一致케ᄒᆞ라ᄒᆞ야 스나國家의作用이複雜ᄒᆞ야內部에서相互間繫聯된如此劃然ᄒᆞᆫ分離를許키難ᄒᆞᆫ지라機關의區別과作用의區別노ᄒᆞ야곰全然一致케ᄒᆞᆷ은只空想國家에ᄲᅮᆫ思考ᄒᆞᆷ을得ᄒᆞᆯ것이오實際에行키難ᄒᆞᆫ바라最後에彼에學說에對ᄒᆞ야最大ᄒᆞᆫ批難은彼의說을그ᄃᆡ로實行ᄒᆞᆯ時ᄂᆞᆫ國家의統一 이破壞될것이라ᄒᆞ엿더라彼ᄂᆞᆫ國權의作用을三種機關에分屬케ᄒᆞ고此等三種의機關은各々獨立對等의地位를保有ᄒᆞᆯ것이라고ᄒᆞ고統一ᄒᆞ엿즉ᄒᆞᆫ何等의方法도論치아닌지라믄일如此三種의機關이專히獨立地位를有ᄒᆞ고各々獨立意思로其權力을行ᄒᆞᆫ다ᄒᆞ면國家ᄂᆞᆫ統一의意思를有ᄒᆞᆫ것이아니오三種의獨立意思를有 ᄒᆞᆫ것이라 그러면國家 ᄂᆞᆫ統一的人

格이아니오三個殊別ᄒᆞᆫ人格으로分割이되ᄂᆞᆫ데至ᄒᆞᆯ지라

以上諸點에就ᄒᆞ야獨逸法學者가彼의說에加ᄒᆞᆫ批難은其當을得ᄒᆞᆫ것이나此等의缺點으로써三權分立說에基礎되ᄂᆞᆫ精神의眞理ᄂᆞᆫ蔽키難ᄒᆞ도다其根本의思想은實노近世立憲主義에基礎가되깃고其影響은米國及佛國憲法에現露ᄒᆞ얏고歐州大陸諸國의憲法은何를不問ᄒᆞ고其主義를採用치아님이업고諸般理論上의批難을不拘ᄒᆞ고三權의分立은近世立憲國의普通原則이된지라

그러나所謂三權分立이라ᄂᆞᆫ것은國權을對等獨立ᄒᆞᆫ三種權力에分割이아니오三種의作用은亦是國權의作用이라다못此를行ᄒᆞᄂᆞᆫ데對ᄒᆞ야唯一ᄒᆞᆫ國家機關權限에屬케ᄒᆞᆷ도아니오三種의作用은其性質의異ᄒᆞᆷ을隨ᄒᆞ야異ᄒᆞᆫ機關權限에屬케ᄒᆞᄂᆞᆫ것이라然則三種分立은權力의分割이아니오權限의分配로다

權限의分配ᄂᆞᆫ君主國과共和國이相同ᄒᆞᆫ것이아니라共和國은立憲君主國에類似ᄒᆞᆫ點이少ᄒᆞᆫ故로姑爲置之ᄒᆞ고今日立憲君主國의行ᄒᆞᄂᆞᆫ바ᄂᆞᆫ大概如左ᄒᆞ니라 (未完)

愉快ᄒᆞᆫ處世法

李勳榮

○人에게對ᄒᆞᄂᆞᆫ法

愉快ᄒᆞᆫ生活을送ᄒᆞ랴ᄒᆞ면一定ᄒᆞᆫ法이有ᄒᆞ고術이有ᄒᆞ니此要訣을知行ᄒᆞ면定코處世上에成功이不難ᄒᆞ리로다

몬져何人을對ᄒᆞ여서든지親切을極盡히ᄒᆞ면이것이即人心을收攬ᄒᆞᄂᆞᆫ데第一의秘法이니此에要ᄒᆞᄂᆞᆫ費用은低廉ᄒᆞ나其所得은極히偉大ᄒᆞ야金錢으로買得치못할것이라

도親切ᄒᆞᆫ行爲로因ᄒᆞ야此를獲得ᄒᆞᄂᆞᆫ일이有ᄒᆞ니라

他人을說服코져ᄒᆞ면强力에訴치말고親切에訴ᄒᆞ라强力은人이恐ᄒᆞ고仁愛ᄂᆞᆫ人이親ᄒᆞᄂᆞᆫ고로暴力으로人을壓服ᄒᆞᆫ者不無ᄒᆞ나此로써人을心服케ᄒᆞᆫ者古往今來에一人도無ᄒᆞ도다

○言動上의作法

人의信任을博ᄒᆞᄂᆞᆫ道도亦處世의大法이라如何ᄒᆞᆫ學識과如何ᄒᆞᆫ才能이有ᄒᆞᆯ디라도他人의信任이薄ᄒᆞ면容世키難ᄒᆞ도다信用을得ᄒᆞᄂᆞᆫ道ᄂᆞᆫ正道를步ᄒᆞᄂᆞᆫ데在ᄒᆞ니라

他人의心事를忖度ᄒᆞᄂᆞᆫ것도亦處世의活法이라 論他人의思치못ᄒᆞᆫ處ᄭᆞ지忖度ᄒᆞ라ᄂᆞᆫ、은아니라人의欲言難言ᄒᆞᆫ處를忖度ᄒᆞᆷ이로다誤度은處世의大敵이나善意의推察은處世의親友라正理에反ᄒᆞ고正道에不背되ᄂᆞᆫ程度ᄭᆞ지ᄂᆞᆫ無端히人意에悖ᄒᆞᆫ言을發ᄒᆞᆷ이不可ᄒᆞ도다世上에逢着ᄒᆞᄂᆞᆫ사람마다對ᄒᆞ야其意에悖ᄒᆞᆫ說을ᄒᆞᄂᆞᆫ者不無ᄒᆞ나此ᄂᆞᆫ處世術의暗昧ᄒᆞᆫ徒로다他意의悖ᄒᆞ면무ᄉᆞᆷ利益이有ᄒᆞ리오畢竟相互間에不快ᄒᆞᆫ感情이나抱ᄒᆞᆯᄲᅮᆫ이로다

○人을觀ᄒᆞᄂᆞᆫ法

人을輕蔑이여기ᄂᆞᆫ것도亦傲慢의一種인ᄃᆡ人의意를害ᄒᆞᄂᆞᆫ點에至ᄒᆞ야ᄂᆞᆫ스ᄉᆞ로誇矜ᄒᆞᄂᆞᆫ것보ᄃᆞ도又一層忌ᄒᆞᆯ것이라他人은自誇ᄒᆞᄂᆞᆫ者에對ᄒᆞ야ᄂᆞᆫ怨ᄒᆞᆷ이有ᄒᆞᆯ지라도他人을輕侮ᄒᆞᄂᆞᆫ者에對ᄒᆞ야ᄂᆞᆫ恕키難ᄒᆞ도다大盖後者ᄂᆞᆫ直接히他人名譽에關ᄒᆞᆷ을因ᄒᆞᆷ이라自己에長所特點을誇矜ᄒᆞᄂᆞᆫ權利ᄂᆞᆫ有ᄒᆞᄃᆞᄒᆞ야도此를爲ᄒᆞ야人을輕侮ᄒᆞᄂᆞᆫ權利ᄂᆞᆫ無터아닌가

何如ᄒᆞᆫ人을見ᄒᆞ든지自己의友人으로斷言

ᄒᆞᆷ에誤錯과갓치또何如ᄒᆞᆫ人을見ᄒᆞ든지仇敵으로思ᄒᆞᆷ도謬見이라友人이라고思ᄒᆞᄂᆞᆫ中에라도仇敵이在ᄒᆞᆷ과갓치仇敵이라고思ᄒᆞᄂᆞᆫ中이라도友人이有ᄒᆞ도다自初로何如ᄒᆞᆫ人이든지仇敵으로만視ᄒᆞ면他人과交키難ᄒᆞ니라

○交際上의大禁物

口論이라ᄒᆞᄂᆞᆫ것은社交上의一大禁物이라口論은危言激語를發키易ᄒᆞ고坐興을破ᄒᆞ기容易ᄒᆞ니人은口論의恒常勝利를得ᄒᆞ랴ᄒᆞ야論戰에見敗ᄒᆞ야도此를自白키를不肯ᄒᆞ도다不得已ᄒᆞ야口論ᄒᆞᆯ際에라도可成的簡單明瞭ᄒᆞᆫ言을用ᄒᆞ고對手로ᄒᆞ야곰其言코저ᄒᆞᄂᆞᆫ바를言케ᄒᆞᄂᆞᆫ同時에自己도其贊同ᄒᆞᆯ만ᄒᆞᆫ바에ᄂᆞᆫ贊同ᄒᆞ기를躊躇치말지어다

○他人과談話ᄒᆞᆯ時

談話術은社交上에가장必要ᄒᆞᆫ것이라그러ᄂᆞ其要訣을知ᄒᆞᄂᆞᆫ者實노鮮少ᄒᆞ도다談話ᄒᆞᆯ際에ᄂᆞᆫ決코스ᄉᆞ로判決치말고他人의意見을聽ᄒᆞ라他人의語ᄒᆞᄂᆞᆫ바를一々批評ᄒᆞᄂᆞᆫ者有ᄒᆞ나此ᄂᆞᆫ誤謬ᄒᆞᆷ이라自己ᄂᆞᆫ單히同情의有無를表ᄒᆞ얌즉ᄒᆞᆫ言을ᄒᆞ면足ᄒᆞ고是非의評은此를他人에게委ᄒᆞ라設或他人이批評을請ᄒᆞᄂᆞᆫ時라도輕率ᄒᆞᆫ擧動을作지말고談話時에ᄂᆞᆫ可成的默々히聽ᄒᆞ고恭敬ᄒᆞ야點頭ᄒᆞᄂᆞᆫ것이最良의策이니라

傾聽은談話보다도難ᄒᆞᆫ줄노思ᄒᆞ라大抵ᄉᆞ람은獨히스ᄉᆞ로言ᄒᆞ고他人의言은毫末도耳를傾ᄒᆞᄂᆞᆫ者少ᄒᆞ여他人의語ᄒᆞᆯ餘地ᄭᆞ지라도授與치안ᄂᆞᆫ者有ᄒᆞ나此ᄂᆞᆫ談話術에拙ᄒᆞᆫ者라些少ᄒᆞᆫ處에라도他人에惡感情을起치말ᄂᆞ愚者를對ᄒᆞ야愚者라ᄒᆞ고無學者를見ᄒᆞ고此를輕蔑ᄒᆞᄂᆞᆫ것은禮에合ᄒᆞᄂᆞᆫ것

이라고謂치못홀지니憤怒훈人을接ᄒᆞᄂᆞᆫ데憤怒로써ᄒᆞ면憤怒훈人은漸益怒氣를增加홀지니温和훈言動으로彼의게接ᄒᆞ라

米國第一大統領으로又建國의祖되ᄂᆞᆫᄶᅩㅣ지화싱돈은武人으로政治家로偉大훈功績을不朽의垂ᄒᆞ야슬ᄲᅮᆫ아니라眞是世界有數의偉人이오靑年模範的人物이라彼恒常一身을律홈에ᄂᆞᆫ極히嚴謹ᄒᆞ나對人ᄒᆞ면寬大를不失ᄒᆞ고世에處ᄒᆞ야ᄂᆞᆫ圓滿ᄒᆞ나事에對ᄒᆞ야ᄂᆞᆫ用意周匝을不缺훈지라果是模範的人物노缺點이無훈ᄃᆡ庶幾타云홀지라吾人은今에彼의生活法을善히說明훈座右銘을得ᄒᆞ야스미左에揭ᄒᆞ노라美國에ᄂᆞᆫ寸鐵敎訓中의金剛石갓튼靑年은論홀것도업거니와政治家實業家라도此를寶物갓치譬홀、ᄃᆡ업시珍重히여긴다ᄒᆞ니我國現代靑年子弟에對ᄒᆞ여서도譯ᄒᆞ야써好箇處世的規箴을ᄒᆞᄂᆞᆫᄃᆡ足ᄒᆞ리로다

○華盛頓의日常生活座右銘

一

多人數間에立ᄒᆞ야슬ᄯᅢᄂᆞᆫ其一擧一動을現在出席者全體에對ᄒᆞ야尊敬의標徵을홀지라

二

他人之前에ᄂᆞᆫ스ᄉᆞ로高聲吟唱ᄒᆞ거ᄂᆞ或指ᄃᆞᆫ지足으로床上을踏ᄒᆞ지말지어다

三

他人이現今語홀際에眠치말며　他人이立ᄒᆞ야슬時에自己ᄲᅮᆫ座치말나沈默을守홀時에語티말나、 他人이止할時에自己ᄲᅮᆫ獨步치말지어다、

四

他人이語ᄒᆞᄂᆞᆫ際에自己에背를他人에게向치말며　他人이讀ᄒᆞ든가書홀時에机를搖

勤치ᄆᆞᆯ지어다

五

阿諛者가되지ᄆᆞᆯ며遊戲를不好ᄒᆞᄂᆞᆫ人과갓티遊치ᄆᆞᆯ지어다

六

羣集中에셔書簡書籍新聞紙等을讀치ᄆᆞᆯ나不得已讀치아니면아니될必要가有ᄒᆞ면卽時其席을辭ᄒᆞ며또他人의請求도업ᄂᆞᆫ데書籍이든지文書在ᄒᆞᆫ處에來ᄒᆞ야接近ᄒᆞᆫ態度를取치ᄆᆞᆯ나他人이書簡을書ᄒᆞᆯ時에此에近ᄒᆞ야見치ᄆᆞᆯ지어다

七

自己의顔色은恒常快活케ᄒᆞ며眞正ᄒᆞᆫ處所를當ᄒᆞ야ᄂᆞᆫ嚴謹ᄒᆞ라

八

假令自己의敵人이라도他人의不幸을喜ᄒᆞᄂᆞᆫ顔色을示치ᄆᆞᆯ지어다

九

路上에셔先輩를逢ᄒᆞ면一時止ᄒᆞ야退後ᄒᆞ고特히戶口갓튼데ᄂᆞᆫ先輩를對ᄒᆞ야路를讓ᄒᆞ라

十

自己보다先輩의人이면彼에發言을待ᄒᆞ야後에答ᄒᆞᆷ이善美ᄒᆞᆫ作法이라自己가몬져發言치ᄆᆞᆯ지어다

十一

實務家와談話ᄒᆞᆯ時에ᄂᆞᆫ簡潔ᄒᆞ야要領를得ᄒᆞᄂᆞᆫᄃᆡ務ᄒᆞ라

十二

病人을慰問ᄒᆞᆯ時에卽時醫師를評論ᄒᆞᄂᆞᆫ等事를ᄆᆞᆯ지어다

十三

書簡과或談話에人에階級과土地風習에應ᄒᆞ야相當ᄒᆞᆫ尊稱을用ᄒᆞ라

十四

抗論으로써先輩와爭치말나恒常適切을守ᄒᆞ야自己의判斷을他人에게任ᄒᆞ라

十五

他人이職業으로ᄒᆞᄂᆞᆫ바에對ᄒᆞ야ᄂᆞᆫ假令對等者라도此에教ᄒᆞᄂᆞᆫ것갓튼擧動을取치말지어다

(未完)

비스마ㅣㄱ(比斯麥)傳附

其一　　朴容喜

一千八百七十年普佛戰爭前의푸로시아大國民的精神

先是一千八百六年頃에普王후레데릭기大王은佛帝나파레온의縱橫無止와蚕食不饜을憤惋이너겨、俄、墺、英、瑞西「스위덴」와第四聯合軍을締結ᄒᆞ야佛國을對抗타가아우스테ㅣ드、사、휘일드等地에聯合軍이敗績ᄒᆞ고同年十月十六日에에루휘루드大戰에普兵이全覆되야大王及王后ᄂᆞᆫ素車白馬白旗倒銃으로나파레온軍門에待命ᄒᆞ고老少婦女ᄂᆞᆫ生命을哀乞ᄒᆞ되殘酷ᄒᆞᆫ佛軍의奪掠膠辱이無所不至ᄒᆞᆷ과威脅恐迫에齒戰骨竦ᄒᆞ야君民一體로盡心竭力ᄒᆞ야以圖興復ᄒᆞ며ᄯᅩ大王후레데릭기ᄂᆞᆫ希世人物이요王后도大王에不下ᄒᆞᄂᆞᆫ賢夫人이라內外一致로國民教育(特히小學校教育)에注目ᄒᆞ야每朝上學時에七八歲小學生徒를運動場에聚合ᄒᆞ고教師가感激ᄒᆞᆫ語調로일너曰爾輩가國敵을아나냐診問ᄒᆞᆫ後에某年分에普國이佛軍에蹂躪ᄒᆞᆫ비됨과뻬ㅣ린(伯林)의荒落ᄒᆞᆷ과나파레온이普國常備兵을二萬으로限定ᄒᆞᆷ과其他諸般國務의干涉ᄒᆞᆷ과壓制保護에施行을一一痛諭ᄒᆞ야普國男兒로年이八九歲만되면다ㅣ奮腕血淚로切齒腐心케

ᄒᆞ야一旦有事之日에ᄂᆞᆫ但知有普國이요不知有一身(着眼注目)케ᄒᆞ니此敎育은即普國大國民的精神의根本이니라) 에全力을注ᄒᆞ야有名ᄒᆞᆫ敎育家쥬타인을擧ᄒᆞ야國政을委任ᄒᆞ며敎育을奬勵ᄒᆞ미國勢가日旺에佛姤가尤切ᄒᆞ야普國에通牒ᄒᆞ긔를萬一쥬타인을逐出치아니ᄒᆞ면곳開戰ᄒᆞ쟈ᄒᆞᄂᆞᆫ지라普王君臣이握手相泣에不忍相捨ᄂᆞᆫ佛帝의壓制를不勝ᄒᆞ야쥬타인은露國으로逃去ᄒᆞ니아렉산더帝가一見如舊에聘爲顧問ᄒᆞ니라由是로露佛에反目은日甚月增ᄒᆞ고普王은비록良相쥬타인을이럿스나 (所謂原動力이尤强ᄒᆞ면反動力도益加ᄒᆞᆫ다ᄂᆞᆫ定義에依ᄒᆞ야) 普國大國民의精神은時切分加ᄒᆞ야나파레온이모스코과(莫斯科)大敗挫後一千八百十三年에普王이獨立詔를國內에宣佈하미一時에奮腕而起ᄒᆞᄂᆞᆫ者雲集ᄒᆞ

야不過數月에兵勇十七萬餘를得ᄒᆞ니、다ㅣ、八年間에奬勵ᄒᆞᆫ學生과、밋、現今〻지出席ᄒᆞ던生徒러라於是에與露合縱ᄒᆞ야나파레온軍과東鬪西鏖ᄒᆞ며血雨骨彈에百敗不屈이ᄂᆞ彼衆我寡에到處逢敗라更無餘望이러니　上帝ᄂᆞᆫ至愛至慈ᄒᆞ사憐貧扶弱ᄒᆞ시ᄂᆞᆫ上帝시니라至今〻지傍觀逡巡ᄒᆞ던墺皇이忽然左袒ᄒᆞ야三國聯合兵이佛軍과라입부치히에大戰ᄒᆞ야自朝至夕에死傷이相半ᄒᆞ고勝敗未決이러니佛軍의加盟ᄒᆞ얏던索孫、네델란드(和蘭)兵이倒戈에佛軍이驚潰ᄒᆞ니、이아니上帝가普國〻民的精神을下察ᄒᆞ사其獨立을成立케ᄒᆞᆷ이아니뇨嗚呼라亡國〻民더라!!!

其二

一千八百七十年普佛戰爭後의푸로시아大國民的行動

普民이임의積年의仇敵佛蘭西를大破ᄒᆞᆫ後로上下一心ᄒᆞ야不以戰勝으로自矜自滿ᄒᆞ고國民敎育을益勵ᄒᆞ야各色科學發達에無不周到ᄒᆞᆷ으로現今世界學文界의泰斗가되고、ᄯᅩ佛民에ᄂᆞᆫ柔懷手段을施用ᄒᆞ야某樣舊寃을忘却ᄒᆞ며今睦을敦厚케ᄒᆞᆷ으로、비록佛國政界에짠벳타黨과如ᄒᆞᆫ激烈ᄒᆞᆫ黨派가復讎에晝宵盡力ᄒᆞᄂᆞ終歸水泡케ᄒᆞ고只今은內治에注目ᄒᆞ며外釁을梟索ᄒᆞ야或三國同盟으로遼東事件에容嘴도ᄒᆞ며或領事殺傷을憑資ᄒᆞ야膠洲灣도浸占ᄒᆞ야唯力是行은이아니該國에現今極東에對ᄒᆞᆫ手段이아인가?

其三

一千八百七十年普佛戰爭後에후랑스大國民的精神

세단의陷落은佛國空前의恥辱이요후란구후홀드의條約은法民無上의遺恨이라公憤을齊發ᄒᆞ며晝養(點心)을自禁ᄒᆞ야其所貯蓄의金額으로賠償金을還報ᄒᆞ야巴里에駐屯ᄒᆞᆫ普兵五萬을先期招還케ᄒᆞ고亦是小學校敎育에竭力ᄒᆞᆷ이以前普國에不下ᄒᆞᆯ뿐더러每年一次式후란구후홀드條約에普國에割與ᄒᆞᆫ바아륵사스、로ㅣ토린게地境ᄭᆞ지全學校生徒를率來指示ᄒᆞ야曰此土地ᄂᆞᆫ某年分에普國에被奪ᄒᆞᆫ비니爾輩ᄂᆞᆫ祖國을爲ᄒᆞ야克復을一分間이라도勿忘ᄒᆞ라ᄒᆞ고ᄯᅩ當年戰爭에創剎ᄒᆞᆫ바壯士ᄂᆞᆫ平時에其子孫을床前에招致ᄒᆞ고曉諭曰이ᄂᆞᆫ普奴의鎗痕이니爾等은乃父를爲ᄒᆞ야復讐를勿忘ᄒᆞ라ᄒᆞ고ᄯᅩ其臨終에ᄂᆞᆫ遺言曰나의愛兒야爾輩요乃父에對ᄒᆞᆫ孝誠과祖國에對ᄒᆞᆫ義務가普國을粉碎ᄒᆞᆷ에在ᄒᆞᆷ을永世不忘ᄒᆞ라ᄒᆞᆷ인故로只今ᄭᆞ지佛民의一動一擧ᄂᆞᆫ다ㅣ復讐

에在ᄒᆞ며言必稱普奴도亦其念念不忘의原因이니라

譯者曰普佛國民의慓悍勇敢이不下高句麗民族이ᄂᆞ鳴呼라現今宇內之亡國民族이야爾敢效彼兩國々民而能較其大國民之精神ᄒᆞ야奮發數千年沈滯之天性乎아

余所按鈒而欲聞이며 且

人生一世에欲忘不按者ᄂᆞᆫ小時之見聞이며幼時之敎訓이며臨終之遺訓이요

加之

國民之最難關은飮食之節減이어ᄂᆞᆯ彼佛民은能敢能果ᄒᆞ야絶晝食而補國財 (一人의一日晝食平均額을日貨十錢으로假定ᄒᆞᆯ진ᄃᆡ佛國全國民의一日省費가略三百萬圓이요我國에一人一日晝食平均額을五錢으로假定ᄒᆞᆯ진ᄃᆡ全國一日省費가一百萬圓이며煙酒의平均額도晝食에不下ᄒᆞᆯ지니萬一一日決心만ᄒᆞᄂᆞᆫ境遇에ᄂᆞᆫ一日에略二百萬圓의國庫補助를得ᄒᆞᆯ지니 이아니莫大의財源救急方策이아닌가) ᄒᆞ얏시니 참眞個果敢的精神을有ᄒᆞᆫ國民이라、 엇지이好個國民을模範치아니ᄒᆞᆯ소냐

其四

一千八百年頃스펜ㅣ(西班牙)國民의精神

一千八百年頃에佛帝나파레온一世ᄂᆞᆫ스펜ㅣ國王챠ㅣ레스四世가嬖臣쇼드이의讒誘에迷惑ᄒᆞ야皇太子헬디난드를虐待ᄒᆞᆷ에對ᄒᆞ야國論이嗷々에內訌이沸騰ᄒᆞᆷ에漁夫의功을坐待타가西國々民이챠ㅣ레스四世를放逐ᄒᆞ고헬디난드를尊稱ᄒᆞ야헬디난드七世라稱ᄒᆞᄂᆞᆫ時를乘ᄒᆞ야鷹擊之勢로마드리드(西國首府)에驀入ᄒᆞ야西國在來의王朝

를廢奪ᄒᆞ고其兄요ᅵ세후 (前네ᅵ폴스國王) 로西國에臨御ᄒᆞ야이스파니아半島를統治케ᄒᆞᆷ이西國上下와舊敎信徒가一般激昂ᄒᆞ며愛國的志士와獻身的義客이切齒腐心ᄒᆞ야或杖劒而起ᄒᆞ며或遠謀而立ᄒᆞ야佛人排斥이所在에蜂起ᄒᆞ며、曾아니라國敎(舊敎를指ᄒᆞᆷ이라) 信徒와國民精神養成의有志者ᄂᆞᆫ小學時代의兒童에敎訓ᄒᆞ긔를左의問答으로ᄒᆞᆷ

(問) 兒童더라兒童 더라 ᄂᆞ히덜은무어시야?

(答) 上帝의天惠로西班牙의國民일세

(問) 이對答은무ᄉᆞᆫ뜻인가?

(答) 愛國的國民이란뜻일세

(問) 어화우리國敵아ᄂᆞ?

(答) ᄂᆞ파레온이니公敵

(問) 졔의性質엇더ᄒᆞᆫ가?

(答) 獸心魔慾이두가지

(問) 惡魔의從卒은몃친가?

(答) 요ᅵ세후、수ᅵ라、꾜드이일세

(問) 三者中의最惡者ᄂᆞᆫ?

(答) 彼此一般일네

(問) 나파레온나은者ᄂᆞᆫ?

(答) 罪와惡이두을

(問) 수ᅵ라ᄂᆞᆫ누기뇨?

(答) 나파레온을煽動ᄒᆞᄂᆞᆫ者

(問) 꾜드이ᄂᆞᆫ무어시뇨?

(答) 二者를聯結ᄒᆞᆫ者

(問) 第一의性質은엇더ᄒᆞ뇨?

(答) 傲慢과壓制일세

(問) 第二의性質은엇더ᄒᆞ뇨?

(答) 奪掠과殘忍일세

(問) 第三의性質은엇더ᄒᆞ뇨?

(答) 梟心과獸慾일세

(問) 후란쿠(佛國民)는무어시요?

(答) 前에는基督敎徒只今은異端일세

(問) 佛人을殺滅홀者는罪惡일가?

(答) 아니요아니요、저ㅣ異端의、犬、戎을殺戮ᄒᆞ는者는神惠를이부리라

(問) 萬一西國々民이이義務에惰忽ᄒᆞ는時에는?

(答) 聖神의冥罰과精神의死刑을이부리라

(問) 敵人에도우리를救濟코저ᄒᆞ는者에는엇지홀가?

(答) 밋지말게ㅣ밋지말게!!

(問) 泰山갓치밋을거슨?

(答) 愛國我와忠國魂일세!! 나ㅣ가세、나ㅣ가세愛國에防牌와獨立에槍에、不依의투구와精神의갑옷으로나ㅣ가셰!!!

支那地理 前號續

韓 明 洙

地勢 支那는我平安道咸鏡道에接近ᄒᆞᆫ淸國이니世界中에人民이最多ᄒᆞ고其面積도廣大ᄒᆞ니其地勢는亞細亞의中央高原地와東部平原의大部分을包有ᄒᆞ니라中央高原地는西藏과蒙古兩高原에分ᄒᆞ얏스니西藏은地勢가漸々東南으로傾ᄒᆞ고域內에湖水가多ᄒᆞ니黃河와楊子江等諸大河에根源이되얏고蒙古는其東部에고비大砂漠이橫亘ᄒᆞ야其西部ᄭᆞ지砂漠性土地가多ᄒᆞ니라東部平原은其北部에滿洲가有ᄒᆞ야北으로松花江과南으로遼河鴨綠江의流域이되얏ᄂᆞ니라中央에支那平原은支那本部重要ᄒᆞᆫ地方。이니崑崙山脈支脈으로地勢가三分이되야北嶺以北은北支那니黃河와白河의兩流

域에屬ᄒᆞ야스니域內에天津과北京이有ᄒᆞ고北嶺以南은中部支那니楊子江의流域이되야河口附近에上海가有ᄒᆞ고中流에漢口가有ᄒᆞ고南支那는珠江과閩江의流域이니珠江口에廣東이有ᄒᆞ나라支那邦制에支那本部、滿洲、蒙古、新疆、西藏、靑海로大分ᄒᆞ고支那本部를또十八省으로分ᄒᆞ야直隸、山東 江西、河南、陝西、甘肅、江蘇 安徽山西、湖北湖南、四川、雲南、貴州、廣東、廣西、福建、浙江을置ᄒᆞ니라

海岸 海岸의全長이約千里니其面積에比ᄒᆞ면甚히短ᄒᆞ니라北部에渤海大灣이有ᄒᆞ야遼東、 山東二半島左右에門扉가되야其口를擁扼ᄒᆞ얏스니直隸海峽이라稱ᄒᆞ고此海峽으로붓터首府北京을通ᄒᆞ는水路가有ᄒᆞ니其東에南海峽과함게航通上과國防上에重要ᄒᆞᆫ海面인故로其沿岸에良港이多ᄒᆞ니라山東半島以南의沿岸은砂濱이多ᄒᆞ야交通出入이稀少ᄒᆞ나楊子江口以南에는臺灣海峽附近에良港이多ᄒᆞ야交通이繁盛ᄒᆞ고南支那海의沿岸에는廣東灣、雷州半島、東京灣이有ᄒᆞ야交通이便ᄒᆞ고雷州半島는海南島間에有ᄒᆞᆫ故로海南海峽이라云ᄒᆞ나라

支那本部 卽漢唐本土니全國中에重要ᄒᆞᆫ地方인故로全國總人口에九割九分이本域內에集居ᄒᆞ는中漢族이多住ᄒᆞ니漢族은節儉ᄒᆞᆷ을重히ᄒᆞ고貨殖을賤히ᄒᆞ야社會를爲ᄒᆞ는業務를不知ᄒᆞ는風이有ᄒᆞ고女子는室內에閉居ᄒᆞ야猥濫이外의不出ᄒᆞ며足이小ᄒᆞᆷ을貴重히녀기여纏足ᄒᆞ는弊風이有ᄒᆞ니라

北支那 北部一帶는陰山々脈이連絡ᄒᆞ고南部一帶는北嶺의諸山脈이西으로橫亘ᄒᆞ

야黃河와楊子江이分水界가되얏고東部는山東半島의山地가特出ᄒᆞ니라以上地方은黃河와白沙의流域이되야廣大ᄒᆞᆫ平野가多ᄒᆞ고黃河가青海地方으로自ᄒᆞ야縱橫貫流ᄒᆞ야渤海灣ᄭᆞ지流入ᄒᆞ며氣候는大陸性이니雨가少ᄒᆞ고夏期는酷熱ᄒᆞ고冬期는河川에結氷ᄒᆞᄂᆞ니라

直隷 는王畿地方이니東으로渤海를臨ᄒᆞ고白河의流域이되야其灌漑地方은土沃ᄒᆞ고農產物이豊富ᄒᆞ며白河는商業上에緊要ᄒᆞᆫ水路가되얏스니其流域으로北支那의二大都會北京과天津이有ᄒᆞ고其河口에太沽가有ᄒᆞ니라自此東北으로渤海沿岸에滿洲要路山海關이有ᄒᆞ니有名ᄒᆞᆫ万里長城이此地로붓터起ᄒᆞ야西로八千餘里를走ᄒᆞ야甘肅省西北部ᄭᆞ지達ᄒᆞ고山海關附近灣內에第一良港秦皇島가有ᄒᆞ니라鐵道는天津셔

起ᄒᆞ야一線은北京과保定을過ᄒᆞ야南으로進ᄒᆞ얏고又一線은渤海灣頭와石炭으로有名ᄒᆞᆫ開平을經ᄒᆞ며山海關을貫ᄒᆞ야北으로進ᄒᆞ니라

國都北京 은即順天府니遼、金、元、明의古都라(又云燕京이是也니 直隷省地域이昔日燕의古地故也라)白河北岸에平野가有ᄒᆞ고四方으로長方形城郭을回築ᄒᆞ고郭內에內外二城을堅築ᄒᆞ야城內에皇宮과諸官衙와各國公使舘等이有ᄒᆞ고市街는廣闊ᄒᆞᄂᆞ不潔ᄒᆞ고貿易場이有ᄒᆞ야內國通商이盛行ᄒᆞᄂᆞ니라天津은白河를臨ᄒᆞ고大運河의終點을據ᄒᆞ얏스니鐵道로北京과運河로黃河와楊子江沿岸地方을通ᄒᆞᆷ으로水陸의運輸便이繁多ᄒᆞ야北支那에第一大市場이된故로人口가百餘万에過ᄒᆞᄂᆞ니라太沽는天津과北京을通行ᄒᆞ는要津이되니라

黃河水流域地　此流域에五省이有ᄒᆞ니上流域에甘肅과中流域以西에陝西와以東에山西와以南에河南省이有ᄒᆞ고其沿岸에平野는土가黃色이요肥沃ᄒᆞ고其下流三角洲地方도土理가肥沃ᄒᆞ야農産物이極히豊富ᄒᆞ나洪水의慘害를間々히蒙ᄒᆞ야河狀이變ᄒᆞ는故로航行ᄒᆞ기困難ᄒᆞ니라蘭州（甘肅首府）와開封（河南首府）과河南（古洛陽）과濟南（山東首府）과太原（山西首府）、西安（陝西首府）等이域內의大都會니本支流에臨ᄒᆞ야到處에各種礦山脈이多ᄒᆞᆫ中에炭田이尤多ᄒᆞ며西安은漢唐古都長安이니有名ᄒᆞᆫ關中平原의中央에在ᄒᆞ며黃河의支流와渭水의南瀨이요四方에堅固ᄒᆞᆫ城壁이環圍ᄒᆞ야地勢가險ᄒᆞ고主要ᄒᆞᆫ街衢는其中에甃疊ᄒᆞ얏고西北은秦始皇의古都咸陽이니阿房宮趾跡이尙存ᄒᆞ니라山東은遼東과相對ᄒᆞ야渤海灣의門口가되얏스니西部로黃河下流의大平野가連ᄒᆞ야人口稠密ᄒᆞ고石炭과金鐵等礦産이富饒ᄒᆞ고山[illegible]이多ᄒᆞᆫ半島니該東端을山東角이라稱ᄒᆞᄂᆞ니라自此以西는黃海의沿岸이니芝罘와威海衛가有ᄒᆞ고以南도黃海의沿岸이니膠州灣이有ᄒᆞ니라芝罘（卽煙臺）는氣候가衛生上에美良ᄒᆞ고港內에巨艦을碇泊ᄒᆞᆯ만ᄒᆞᆫ廣濱이多ᄒᆞ니라大豆、繭紬를輸出ᄒᆞ며白河가結氷ᄒᆞ면陸馱ᄒᆞᆯ만ᄒᆞᆫ輸送品과貨物이天津으로此地에來集ᄒᆞᄂᆞ니라威海衛는渤海南岸의要港이요其前面에劉公島가有ᄒᆞ니日淸戰爭後에（光武元年）英國租借地가되니라膠州灣은黃海에面ᄒᆞ야灣內가廣濶ᄒᆞᆫ대光武元年에德國租借地가된後로當港으로붓터半島를貫ᄒᆞ야濟南府까지鐵道가通ᄒᆞ니라中部支那는北嶺과南嶺間에在ᄒᆞᆫ楊子江의流域이

니支那本部中에重要훈地方이라北嶺은四川과湖의北部로붓터東南方으로走호얏고南嶺은貴州南部로붓터數條山脈에分호야東北方으로走호야浙江海岸까지達호니라楊子江은西藏東部에在훈橫斷山脈間으로奔流호야四川南部로出호야湖北平野를貫호얏스니宜昌으로붓터河口까지八百里間은波流가平緩호야大瀛船이通行호며小形船으로重慶까지連溯홈을得호느니라其支流에重要훈것슨北으로漢水가有호니北支那關係를保호고南으로湘水가有호니南支那交通의要塞이니라湘水는洞庭湖로流入호는本流와會合호얏스니中部支那大都會가此本流를臨훈故로長江河域의沃野가千里요物產이富饒호고貿易이繁昌호고氣候또溫和호니라

(未完)

三十

衛生問答

朴 相 洛(譯)

(問) 身體健不健及五官의關係는如何훈지요(五官은視、聽、觸、臭、味五感을總稱홈이라)

(答) 美哉라貴問이여故人이말호되社會最後의勝利는身體康健훈者에歸호다호엿시니엇지余에所思를아는뒤로說明치아니호리요拙훈思想을如左이分類表示홈

○第一胸廓의關係

胸圍는乳頭에周圍를尺量호야其幅長이身長의半分以上이되면强健훈體格이요半分以下가되면虛弱훈體格이니其理由는强健훈者는肺의活動이敏濶호야●十分發達훈故로, 胸圍가圓濶홈이요虛弱훈者는發達이不及훈緣故며

通常成年（滿二十歲된者를成年又는丁年이라云홈）의强健훈者는胸圍가九센치메ㅣ돌（仙米突이라普通譯稱ᄒᆞᄂᆞ니一仙米突은即現時我國尺에三分三厘許와相當홈）强以上이며（身長을五尺五寸으로標準홈）

胸廓의形體가鳩腦體거ᄂᆞ扁平體거ᄂᆞ漏斗體（心窩上이甚이凹陷훈者라）거ᄂᆞ癱痺體（胸部가細長圓狹훈者라）거ᄂᆞ背柱骨이正直치못ᄒᆞ고彎曲훈者及肋骨을가이數知홀만훈者는다ㅣ不完全훈體格이미肺病傳染病豫에防注意홀지며、또肺活量（肺活量이라ᄂᆞᆫ거슨空氣를十分吸入훈後에呼吸容積을測量器에吹入ᄒᆞ야其容量을云홈이라）의容量이多大훈者는强壯훈體格이니男子는平均三千乃至三千六七百立方센치메ㅣ돌ㅣ이며女子는二千五百乃至三千立方仙米突이니라

○第二視力

視力의檢査는大槪넬렌氏視力表를約二十尺되는距離에掛置ᄒᆞ고其被檢査者로ᄒᆞ여금其字畫의模樣을말ᄒᆞ라ᄒᆞ야다ㅣ見分ᄒᆞ는者는普通視力이요以上되는者 上等視力이며（但未開明훈人種일슈록視力과臭感이敏捷홈）以下되는者는視力이過不及即遠視、近視니라

○第三聽力

聽力은懷中時計를六尺되는距離에두고兩耳로能히其撥聲을聽感ᄒᆞ는者는普通聽力이요以外八九尺되는距離ᄭᆞ지能히聽感ᄒᆞ는者는 上等聽力이며 以內라야、겨우聽感ᄒᆞ는者는不足훈聽力이니라

其他身體의障害가有훈者는다ㅣ不完全훈體格이라稱홈

(問) 體育法은如何이ᄒᆞᆯ는지요

(答) 地靈의體格發育은滿二十歲만되면根本的發達은大概終育됨은萬人에所共知라故로社會競爭塲裡의月桂冠을得코져ᄒᆞ는有爲靑年은某條少年時代에適當ᄒᆞᆫ體育法과밋運動에勿惰ᄒᆞᆯ거시요其父母도熱心奬勵홈이可ᄒᆞ며其體育法의種類는如左홈

兵式體操、柔術、劍術、쎄스쏠、端艇競漕、弓術、機械體操、早朝의新鮮空氣呼吸運動、騎術、데니스、夏日海水浴、一生冷水沐浴、等各種運動을適當이勵行홈이最好홈

(問) 임의肉體的衛生을明敎ᄒᆞ와感謝無地오나兼ᄒᆞ야精神的(即心靈的)衛生을드러지에다

(答) 西諺에曰健康ᄒᆞᆫ身體는健康ᄒᆞᆫ精神이有홈을代表홈이라홈은諸君의所知라故로

身體衛生은即精神衛生이니換言ᄒᆞᆯ진ᄃᆡ비록肉體는健壯ᄒᆞᆫ듯ᄒᆞ나堅全不拔ᄒᆞ는國民的又는社會的及博愛的精神을浩養치아니ᄒᆞ면決코現今此激烈ᄒᆞᆫ生存競爭優勝劣敗適者生存塲裡에獨立安樂ᄒᆞᆫ生活을得지못ᄒᆞᆯ지며、또肉體衛生이心靈衛生에間接影響은有ᄒᆞ나心靈的堅全不拔에精神的衛生은別方手段을執行치아니치못ᄒᆞᆯ지라此精神을浩養홈에對ᄒᆞ야는克己心、制慾心의學問研究와偉人傑士의傳記를閱讀홈과宗敎를崇拜ᄒᆞ야信仰心을堅固이홈이第一이요更一層進步ᄒᆞ야心理學 倫理學 哲學、等科學을研磨ᄒᆞ야精神的病源을除祛ᄒᆞ면肉體的發育과홈게表裡並進ᄒᆞ야無上의幸福을享得ᄒᆞᆯ故로此에最適當ᄒᆞᆫ釋迦佛의哲學上眞理의一을揭載ᄒᆞ야 諸君의注意를引着코져ᄒᆞ노라釋門에法要는宇宙의

眞理를悟了케홈에在ᄒᆞ니萬一地靈이此宇宙의眞理를究竟ᄒᆞ면事物에處ᄒᆞ야誤解過失이無ᄒᆞᆯ지니可히因果應報安心樂生의眞理를明析ᄒᆞᆯ지라人生一世가間於眞理浮俗之內ᄒᆞ야不外乎坐臥、談、笑、悲喜、愛惡、生死。於其中이라 故로譬眞理與浮世於木ᄒᆞ고托一生於登本則眞理는本也요俗事는末也니明本이라야可以知末이오故로明因이라야可以知果는類知苗之因而揣實之果也라故로明本者는安樂이요求末者煩苦는理之定也니然則欲治人生最大怨敵之疾病者 (此疾病은非肉體之病也요乃無形跡之宇內煩悶病也라) 는不可不先祛精神的疾病이니四大는病之器也요五官은疾之據也ㅣ라然則欲治肉體之疾者는可不先務祛去心靈之六弊乎아六弊者는何也오

一曰慳貪이니一日罹病者는易怒輕憤에捨明醫而趣庸門ᄒᆞ야受因循姑息之治療ᄒᆞ야浪費歲月에反危病勢ᄒᆞ며、或不守醫員之命令而猥貪濫食을是謂慳貪이요

二曰毁禁이니患者ㅣ가自暴自棄ᄒᆞ야不遵醫員之所命攝生、食物、運動、而自招滅亡을是謂毁禁이요

三曰愼患이니患者ㅣ怒醫員之命令之困苦ᄒᆞ야大憤小狂이世多其例ᄒᆞ니此乃難制之心病也라是謂愼患

四曰懈怠니患者가不遵醫員之命令而懈運動ᄒᆞ며怠服藥ᄒᆞ야不知毫厘之差가遂致千里之謬를是謂懈怠요

五曰動亂이니患者가妄動輕擧에精神이錯亂ᄒᆞ며心緖가飄擾ᄒᆞ야以招不則之危險을是謂動亂이요

六曰愚痴니俚諺에天痴에는膏藥도難附라

不云乎아不了醫員之藥理而曲解落望을
是謂愚痴니
欲治此六弊인댄不可不依彼六波羅密(波
羅密은印度語하라미之譯也니即知力之
藥方이是也라) 이니六波羅密者는何也오
一曰 波羅密이니博施博愛에有施不慳이
是也요
二曰 波羅密이니唯嚴唯謹에有守不犯이
是也요
三曰 波羅密이니百忍千耐에有堅不拔이
是也요
四曰 波羅密이니勇往精進에有前不退가
是也요
五曰 波羅密이니靜思鴻慮에有定不擾가
是也요
六曰 波羅密이니廣求博識에有學不痴가
是也라

注意 禪者는印度語(又云梵語)「젠나」之
譯也니靜思之意也요
般若者는印度語(又云梵語)「한냐」
之譯也니智慧之意也라
然則覽者諸君아僉位가不思其奧眞妙理而
但以皮觀的覽過則已矣나然이나若以透理
眼察眞瞳으로精覽詳探則豈非金言玉戒乎
아此所謂釋氏之臨終此六戒後再諭以次訓
者是也라 其訓에曰
肉體疾病을治ᄒᆞ라면精神의疾病을先治ᄒᆞᆯ
지니、이를根本治療라稱ᄒᆞᆷ 肉體의疾病
은醫家에委賴ᄒᆞᆯ지ᄂᆞ精神의治療는自家의
工夫로治치아니치못ᄒᆞᆯ지니何故오精神의
治療의對ᄒᆞ야는自我以外에는良醫가無ᄒᆞᆷ
인故라
故로六弊를祛去ᄒᆞ랴면六波羅密般若의神
明ᄒᆞᆫ勢力을借賴ᄒᆞ야自家의工夫에依賴ᄒᆞᆯ

春夢

白岳春史

도라왓네、도라왓네、陽春이도라왓네、冬帝의凜烈ᄒᆞᆫ威勢를、이긔지못ᄒᆞ야、悄々ᄒᆞᆫ景色으로、오릭동안、愁容을未開ᄒᆞ든萬物、慈愛ᄒᆞ신春神의、無量ᄒᆞᆫ恩寵을浴ᄒᆞ야、各自特殊의眞相을發顯코져、東園西園에古梅若梅、紅白을亂粧ᄒᆞ야、姸美를相爭ᄒᆞ고、平和ᄒᆞᆫ日輪은、貴賤上下의頭上에、差別이、업시、平等ᄒᆞᆫ光線으로、下界를照覆ᄒᆞ샤

……………

* * * * * * *

近日春期試驗에、晝宵汨沒ᄒᆞ야、身體도疲勞ᄒᆞ고、心神이不平ᄒᆞ니、어ᄃᆡ、逍遙나ᄒᆞ여볼ᄭᆞ! 短笻을、덜덜쓸며、定處업시ᄯᅥ나가니、건넌山頂에、日光을反射ᄒᆞ는、閃閃ᄒᆞᆫ一點白은、白玉인가、淨琉璃인ᄀᆞ、抑殘雪인가! 田間丘頭에세、졸졸ᄒᆞ는종달식、아네ㅣ身勢和平ᄒᆞ구나! 너ㅣ무슴싱각으로、조고마ᄒᆞᆫ목이、터질드시、그다지부루는고? 罪惡中에奔走ᄒᆞ야、精神을못차리는、우리人間社會를、嘲笑ᄒᆞ는가? 宇宙의大秘鑰을、將次余의게啓示코져ᄒᆞᄂᆞ냐? 白石上에轉鳴ᄒᆞ는、水晶ᄀᆞᆺ튼淸泉아、晝夜를不撤ᄒᆞ고、흘너가는너ㅣ、어ᄃᆡ로셔、어ᄃᆡ로가ᄂᆞ니? 峻嶺을넘어、層岩絕壁을攀上ᄒᆞ야、千辛萬苦로絕頂에올나셔니、참됴쿠나! 西으로바라보면、大地平野中에、一絲川流、銀蛇가구불구불、寸人頭馬의來往이、아름아름、東으로바라보면、茫々ᄒᆞᆫ太平洋水、造化神이、一大碧琉鏡을、雲際에거러논듯、저ㅣ게、저ㅣ게、水天이

相接ᄒᆞᆫ곳에、 一條黑煙、 구름인지輪船인
지、足下를瞰下ᄒᆞ면、千仞萬仞斷岸下에、
太平洋에셔、 밀녀오는狂濤、 압물결이ᄯᅥᆼ、
뒷물결이ᄯᅥᆼ、 그다음물결ᄯᅩᄯᅥᆼ、그ᄃᆡ암물결、
ᄯᅩ그ᄃᆡ암물결……… 如此히前後波가相續
ᄒᆞ야、 岩壁을衝擊ᄒᆞ면、 無數ᄒᆞᆫ銀花를、 空
際에畵出ᄒᆞᄂᆞᆫ壯觀!!! 아아、 이美妙ᄒᆞᆫ絶景
을、 誰와ᄀᆞᆺ치論討ᄒᆞ며、 이天地間의絶壯
ᄒᆞᆫ偉觀을、 誰와ᄀᆞᆺ치嘆賞ᄒᆞᆯ고! 아아人
生!!! ᄉᆡᆼ각ᄒᆞ면、有限이無限을思慕ᄒᆞ야、中
間에渡航치못ᄒᆞᆯ一大洋의橫斷을發見ᄒᆞᆯ時
에、 아아人生!!!
人은何處로從來ᄒᆞ야、 何處로從去ᄒᆞᄂᆞᆫ고、
來ᄒᆞᆷ에夢과如ᄒᆞ야聲이無ᄒᆞ고、去ᄒᆞᆷ에影
과如ᄒᆞ야跡이無ᄒᆞ도다、 死生間에셔彷徨
ᄒᆞᄂᆞᆫ、이人生!!! 生을此世에寄ᄒᆞᄂᆞᆫ者、此地
에思到ᄒᆞ면、誰가煩悶이無ᄒᆞ며、誰가苦痛

이無ᄒᆞ며、誰가悲哀를禁ᄒᆞ며、誰가憂恨을
抑ᄒᆞ리오만은、世人의多數ᄂᆞᆫ、此를富貴에
忘ᄒᆞ며、此를名利에忘ᄒᆞ며、此를聲譽에忘
ᄒᆞ며、此를酒色에忘ᄒᆞ며、此를浮世榮樂에
忘ᄒᆞᆯᄲᅮᆫ이라、四千載歷史上에、誰가宇宙의
絶對的眞相을闡破ᄒᆞ며、 人生의秘關을洞
開ᄒᆞᆫ者이有ᄒᆞᆫ가! 아아 人이何物이며、余
ᄂᆞᆫ何物인고? 地上에 匍匐ᄒᆞᄂᆞᆫ 一小虫인
가、宇宙의本源과聯關ᄒᆞᆫ一靈泉인가、문득
웃고、문득嘆息ᄒᆞ고、 문득울고、 머리를드
러、四面을바라보니、 至今ᄭᅡ지、 光明ᄒᆞ든
世界ᄂᆞᆫ、何處엔지消去ᄒᆞ고、前後左右에、
雲霧가자옥ᄒᆞ야、天地ᄂᆞᆫ黑暗瞑々、萬象은
고요ㅣᄒᆞᆫ데、 惡魔의奮鬪ᄒᆞᄂᆞᆫ소ᄅᆡ만、往々
耳朶를來打ᄒᆞ로다。아아寂寞ᄒᆞ구나! 나ㅣ、
어ᄃᆡ로向ᄒᆞᆯ고? 一步를前進코져、短節으
로、前路를더듬으니、忽然背後에셔一聲이

有ᄒᆞ되(快樂ᄒᆞ라、肉身의快樂을求ᄒᆞ라、此世의快樂을快樂ᄒᆞᆯ뿐이니라)아아快樂! 快樂은내平生의期望ᄒᆞᄂᆞᆫ바로다、 美衣美食과、 美色美酒와、凡百世間榮樂을、 모두는거슨、 아니나、 다못此로써、 余의一片靈心을、滿足히慰勞치못ᄒᆞᆯ거슨、엇지ᄒᆞᆯ고? 도라보니。 黑洞々杳然無跡。 又一步를前進ᄒᆞᆯ時에、 또背後에서聲이有ᄒᆞ야曰 勇氣를發ᄒᆞ라、不然ᄒᆞ면、惡魔의窟에陷ᄒᆞ리라) 아아勇氣! 勇氣ᄂᆞᆫ、 ᄂᆡ平生의主張ᄒᆞᄂᆞᆫ바이나、源泉이有ᄒᆞᆫ勇氣가……? 도라보니黑洞々寂然無音。又一步를前進ᄒᆞ니、또背後에서聲이有ᄒᆞ야曰(活動ᄒᆞ라、活動은네의生命이라、世界ᄂᆞᆫ活動ᄒᆞᄂᆞᆫ者의舞臺니라) 아아活動! 活動은내一生에翹望ᄒᆞᄂᆞᆫ바이나、 慰藉가有ᄒᆞᆫ活動을……? 도라보니또寞然無消息。 更一步를前進ᄒᆞ자、背後에서、 또高聲大呼曰 (信仰ᄒᆞ라、 信仰ᄒᆞᄂᆞᆫ者ᄂᆞᆫ幸福이니라)아아信仰! 信仰은내一生의所望이엇마ᄂᆞᆫ、 情에서發ᄒᆞᆫ信仰보다내理性을滿足ᄒᆞᄂᆞᆫ信仰이잇스면……? 도라보니、또잠잠無答、ᄒᆞᆯ수업서、短笻으로、唯一의벗슬삼고、이길더길、 더듬어서、 光明界들ᄎᆞ저간다。 短笻이、 비긋ᄒᆞ자、左足이헛젼。 으악、一聲에、千길萬길되ᄂᆞᆫ、斷岸深谷으로墜落ᄒᆞ야。 핑핑핑……、 ᄉᆞᆷ져놀나셔여보니 夜天은고요ㅣᄒᆞᆫ데、 一穗寒燈은、 微光을四壁에빗처잇고、 몸은東京僻陬一間房寒衾裏에臥在ᄒᆞᆫ데、 額面에寒汗이축축ᄒᆞ고、 兩眼에熱淚가가득ᄒᆞ야、心臟의皷動소리만뚝둑뚝、 東窓을바라보면、窓살이、 푸릇푸릇、上野山、외로운뎔에、슬피우ᄂᆞᆫ曉鍾소리、塵世界의迷夢을셋치랴고、 ᄯᅮᆼ ᄯᅮᆼ 아아、 내胷中에、 一種無量ᄒᆞᆫ

秘想을喚起ᄒᆞ도다。

追吊勉庵崔先生

會員　李　昌　均

對馬島中忠義全、朦朧月色曉梁前、嚙雪窖中飢何甚、畫鬪樓上志猶堅、當世危言無人進、斯文一脈有誰傳、國權未復身先沒、却使吾生淚潛然

漁業消日歌

崔　昌　烈

頭尾脊이無한魚를　무워시라일홈할야
如此한無名魚가　罔然한大海中에
幾千年을디난는디　幾萬尾ㄴ디알수업소
如此히數多ᄒᆞ니　龍宮이라ᄒᆞ리로다
魚種이라ᄒᆞᄂᆞᆫ거슨　某魚를勿論ᄒᆞ고
瞳子가不動ᄒᆞ야　보는데만恒常보고
天性이如一ᄒᆞ야　定心을不變ᄒᆞ니
夜半三更잘되마다　北斗星을向立하오
此言은造言이아니요　古文에써워잇소
數多ᄒᆞᆫ無名魚도　天性이一定ᄒᆞ야
行動擧止할뎌마다　木星을向應ᄒᆞ니
天性을言之ᄒᆞ면　人類에도超出ᄒᆞ나
知識을言之ᄒᆞ면　人工夫를何測할야
此時龍宮西方으로　鱉氏가尋來ᄒᆞ야
自稱으로ᄒᆞᄂᆞᆫ말이　나는本是醫士로셔
너의國을觀察ᄒᆞ니　種類는繁多ᄒᆞ나
醫士가全無ᄒᆞ야　橫死가不少ᄒᆞ니
나는本是多愛者라　貴國에처음왓소
無知한此魚等이　此言에感動되야
서로서로傳言되야　全國이甘心되니
此言을全隨ᄒᆞ며　上客으로待接ᄒᆞ나
鱉氏라ᄒᆞᄂᆞᆫ魚는　魚를먹고사ᄂᆞᆫ類라

주려도無事할가　暗濁ᄒᆞᆫ此魚로다
어화우리靑年덜아　睡眠을一開ᄒᆞ야
龍宮을살펴보소　龍宮을살펴보소
此時에하올거슨　漁業이第一이요
口體에滋養物도　魚鱉이第一이니
魚鱉를得ᄒᆞ라면　姜太公의釣水歌로
年久를勿憚ᄒᆞ고　直針을研究ᄒᆞ소

郭索과蚯蚓을見ᄒᆞ라

李 元 鵬

郭索(蟹)은水族中에有名ᄒᆞᆫ介虫으로堅ᄒᆞᆫ甲을被ᄒᆞ고鋭ᄒᆞᆫ戈를左右에執ᄒᆞ야四海에橫行ᄒᆞᄂᆞᆫ强悍的動物이요蚯蚓(地龍)은土壤中에穴居ᄒᆞᄂᆞᆫ不過么麽ᄒᆞᆫ一無骨的蠕檨微蟲이니其强弱大小ᄂᆞᆫ實노同一히語할바아니로ᄃᆡ今에地層를鑽ᄒᆞ야其巢를營흠에ᄂᆞᆫ蚯蚓은上으로ᄂᆞᆫ枯壤를食ᄒᆞ고下으로ᄂᆞᆫ黃泉를飮ᄒᆞᆫ然後에止ᄒᆞ되郭索은此邊에셔허비져、허비져(搔爬)彼邊에셔허비져ᄒᆞ다가畢竟에ᄂᆞᆫ一寸에土穴를鑽得지못ᄒᆞ고他의巢穴를借ᄒᆞ야居ᄒᆞ나니此ᄂᆞᆫ非他라卽郭索의麄粗ᄒᆞᆫ散性이能히蚯蚓의專精ᄒᆞᆫ一心에不及흠이라彼一般下等虫類도如是커든況吾人은一世間에高等動物이라凡事를營爲흠에各其一定ᄒᆞᆫ目的를蚯蚓의專精ᄒᆞᆫ一心으로做去ᄒᆞ면十分滿足ᄒᆞᆫ極點에達ᄒᆞᄂᆞᆫ日이有ᄒᆞ려니와萬一에傑人이아니達士니ᄒᆞ야雄論大辯으로天下事를坐談ᄒᆞ야足히一世界를掀動ᄒᆞ고六大洲를凌壓할만ᄒᆞᆫ權謀奇術이自己掌握中에有ᄒᆞᆫ듯시實業은不修ᄒᆞ고高遠ᄒᆞᆫ獵等思想를空抱ᄒᆞ야此事에도이럭더럭彼事에도이럭더럭ᄒᆞ다가彼郭索의麄粗ᄒᆞᆫ散性의結果를未免ᄒᆞ야將次巢居할地界가無ᄒᆞ면此時에ᄂᆞᆫ다시誰의力를

借ᄒᆞ리요吾儕ᄂᆞᆫ學生이라前途에進步ᄒᆞᆷ을晝夜講究ᄒᆞ던차에偶然히郭索과蚯蚓을見ᄒᆞ고取할바가有ᄒᆞᆫ故로此에暫論ᄒᆞ노라

海底旅行 奇譚

法國人 쥴스펜氏原著
朴 容 喜(譯)

海底旅行譯述

余嘗愛稗史野說其所閱眼之漢籍洋書數頗不尠而擧皆失於虛飾馳於空想且非淫則俗至於挽回世俗之道誠無以爲料是可歎惜近讀佛國文士쥴스펜氏所著(海底旅行)則其言論之玲瓏璀璨廻奇獻巧不啻脫乎塵臼娛悅耳目亦足以令人有取始自閒話誘入眞理更自汎論導達哲學似虛而實非空伊完且明辨其善惡邪正之結果間引理學之奧旨及博物之實談而縷分毫析咸屬正雅其於扶植世

歪亦可有萬一之效故玆以半豹之見聊思一蠡之助摘其要而譯其意備供僉眼其或勿咎則幸甚

覽者注意

一本文中에說明을加할必要가有한時에ᄂᆞᆫ括孤( )「 」를用ᄒᆞᆷ

二學文上有助ᄒᆞᆫ說明을要할時에ᄂᆞᆫ(米)(○)(十)等表占을其學名及物名右邊에附ᄒᆞ고其說明은他桁에書ᄒᆞ되但本文보다ᄒᆞᆫᄌᆞ를ᄂᆞ려써셔本文及說明에區別을定ᄒᆞᆷ

三地名山名及國名에ᄂᆞᆫ其右邊에符票(‖)를人種及人名에ᄂᆞᆫ符票(|)를附ᄒᆞᆷ

四本文中에(一八〇〇—一八九三)를書ᄒᆞᆷ은西曆千八百年으로千八百九十三年을代表ᄒᆞᆷ이니其他난倣此ᄒᆞᆷ●

五本文中에 (北三〇—東八三)이나(南七二—西二八) 은即某國또난某物이北緯三

十八度東經八十三度間이나南緯七十二度西經二十八度間에在홈을表示홈이니其他는倣此홈

第一回 海妖出沒浪激覆船 傑士艱難溟滄爲家

天地가闢兮여日月이麗ᄒᆞ고江山이分兮여水陸이定이라天生地釀ᄒᆞᄉᆞ爰司萬物ᄒᆞ시니宇內到處에尠無其跡矣로다迨今文明이倍進에地理上發見이不知其數而十九世紀叔世에有一大理想的外之事ᄒᆞ니

話說印度南方에大洋洲라名稱ᄒᆞᄂᆞᆫ一大洲가有ᄒᆞᆫ데四面은海洋에圍繞ᄒᆞ야渺茫ᄒᆞᆫ滄溟은幾萬里蒼空에相連ᄒᆞᆫ지倪涯가無限ᄒᆞᆫ듯ᄒᆞ고洶湧ᄒᆞᆫ波濤은岩礁에撞衝ᄒᆞ야百雷가俱轟에天神이怒吼ᄒᆞᄂᆞᆫ듯 于中猛鷙悍鳶은攫鳥捕魚에翔空棲崖ᄒᆞ며鯨群鮫族은東走西逐에山崩川鬪ᄒᆞᄂᆞᆫ듯ᄒᆞ며、 쏘一邊으론大氣가潺溫에和靄가滿天ᄒᆞ며水連空月低水에金華洞天銀世界에屹立ᄒᆞᆫ듯ᄒᆞ다가도忽然黑漠々雲飛ᄒᆞ고蒼溟々海湧氣嘯에颶風이乍起ᄒᆞ며暴雨가驟作ᄒᆞ야心身이阿鼻地獄에墮落ᄒᆞᆫ듯ᄒᆞᆫ、 이自然界의景光을、 참形喩키難홀너라

本洲가ᄒᆞᆫ번葡萄아人에發見ᄒᆞᆫ비된後로白哲人의出入이連絡不絶ᄒᆞ더니千八百六十六年七月中旬頃에一群漁夫가海岸에蝟集ᄒᆞ야漁具를整備ᄒᆞ고灣外에漕出코져홀際에忽然海上에一怪物이現出ᄒᆞᄂᆞᆫ디動如魚走如獸而非魚非獸며首尾가尖銳에形如鐵鍼ᄒᆞ고進退左右가如箭似星에指目키難홀너니、 쏘閃光이瞥輝에非電非燐이라漁夫等이大驚小怪ᄒᆞ야瞪呆顧眄홀섇이러니內에年老ᄒᆞᆫ一漁夫가일너曰吾儕가일직드르미昔日歐洲北端노ㅣ웨(諸威)海岸에一奇

異ᄒᆞᆫ白蛇가現出ᄒᆞ얏ᄂᆞᆫ디長이數百尺이요
尾力의强大ᄂᆞᆫ五六百噸의船隻이라도容易
이飜覆ᄒᆞᆫ다ᄒᆞ고、또드른즉印度의土人은
이를敬畏ᄒᆞ야雨神이라稱ᄒᆞ고乾旱ᄒᆞᆫ時節
에ᄂᆞᆫ이것에祈雨ᄒᆞᆫ다더니、이怪物이、그
白蛇가아니뇨ᄒᆞᄆᆡ衆漁夫가다ㅣ唯々ᄒᆞ더
라以後로該怪物이太平洋上과亞多羅（大
洋洲近海）海邊에出沒ᄒᆞ야作弊가尤甚ᄒᆞᄆᆡ
歐米諸國間에風說이紛紜ᄒᆞ야航家船客이
東洋에遠渡ᄒᆞᆷ을危懼ᄒᆞ며博學措大의●論評
이不一ᄒᆞ야或은浮礁라或은魚族이라或은
獸類라互相主張ᄒᆞ야다ㅣ怪物을探出코져
熱望ᄒᆞᆯ際에千八百六十七年二月上旬에또、
ᄒᆞᆫ飛報가歐洲에達ᄒᆞᆫ지라其報에曰
「英船스코시아가亞多羅海를通過ᄒᆞᆯ時에
瞥眼間一怪物이衝突터니天幸沈沒의地
境은免ᄒᆞ나船底에略二「야ㅣ드」直徑

의穴隙을生ᄒᆞ야千辛萬苦로겨우本國에
得達ᄒᆞ얏다云々」此報가一傳ᄒᆞᆫ後로魚
獸의說이一變ᄒᆞ야、이ᄂᆞᆫ潛水艇의所爲
라ᄒᆞ고다ㅣ除害를研究ᄒᆞ더니年久月深
에被害가愈甚ᄒᆞ야飜覆ᄒᆞᆫ바船隻이임의
數千艘에達ᄒᆞᄆᆡ米洲人士가十分激昂ᄒᆞ
야金丘銀山을蕩盡터리도逐跡除滅키로
決定ᄒᆞ더라
却說이ᄯᆡ佛國에一個秀才가有ᄒᆞ니名은아
론낫구스라先天的聰明이凡人에超越ᄒᆞ야
名聲이一國에震動ᄒᆞ고特히博物學에有名
ᄒᆞᆷ으로巴里府博物舘長으로本國政府에命
●令을受ᄒᆞ고몰이米洲에赴ᄒᆞ야新世界의
動。植。鑛物等採收에從事타가深山幽谷에
跋涉ᄒᆞᆫ지半餘年後에千八百六十七年三月
下旬頃에뉴ㅣ우、욕（紐育）市에達ᄒᆞ야歸國
船便을姑待ᄒᆞᆯ시當時市中到處에怪物의風

說이狠籍ᄒᆞᆫ지라氏가暗思曰余가館長初任時에「海底秘密」一卷을著ᄒᆞᆫ後로博學多識의名聲이一世에震動ᄒᆞᆫ즉今般本國에歸ᄒᆞᆫ後로該事件에對ᄒᆞ야來問者도不少ᄒᆞᆯ지며此怪物이非常ᄒᆞᆫ速力이有ᄒᆞ다ᄂᆞᆫ世論을據ᄒᆞᆯ진ᄃᆡ浮礁의說은不可信이요船舶之說이有可信이ᄂᆞ當今烈强이併力討滅ᄒᆞᆷ을無不渴望ᄒᆞᆷ을推察컨ᄃᆡ其秘密이또ᄒᆞᆫ疑呀ᄒᆞᆫ지라然則余의所見으로ᄂᆞᆫ廣濶ᄒᆞᆫ大洋에如何ᄒᆞᆫ動物과如何ᄒᆞᆫ魚族이棲息ᄒᆞᄂᆞᆫ지固所難知며第一은動物界의理想과第二ᄂᆞᆫ學理上實地로推測컨ᄃᆡ、 이ᄂᆞᆫ犀屬의所爲에不出ᄒᆞ도다云々ᄒᆞᆫ一說을同洲某新聞에請求를依ᄒᆞ야一旦記載ᄒᆞ미合衆國人士가無不稱嘆信依ᄒᆞ고米國政府도同氏의說을信ᄒᆞ고卽時에拔先討滅에從事코져ᄒᆞ야同國第一等軍艦아부라함、린고른號를派遣키로決定ᄒᆞ얏더니爾後로怪物出沒의報告가頓絕ᄒᆞ야略二個月間無消息이러니六月二日桑港發上海行某號가該怪物을太平洋上에發見ᄒᆞᆫ報告가飛到ᄒᆞ미同月十日가지解纜키로決定ᄒᆞ고石炭糧食及其他武器를無不備載ᄒᆞ니라이ᄯᅢ아론낙스氏가怪物消息에對ᄒᆞ야正是궁굼이잇더니六月七日米國海軍卿某氏로一封書翰이來到ᄒᆞ얏ᄂᆞᆫᄃᆡ其內開에曰

僕은貴公에一封書翰을送呈ᄒᆞᄂᆞᆫ光榮을得ᄒᆞ노라現今我政府에서海中怪物을討滅ᄒᆞ고宇內國民의患難을救濟코져ᄒᆞ야軍艦린고른號를派遣ᄒᆞ오니貴下도學術上究磨에對ᄒᆞ야該討滅事의一部分을擔當ᄒᆞ자忘勞相助ᄒᆞ시면弊國은艦長팔로ㅣ에命令ᄒᆞ야貴下를代理官으로相待ᄒᆞ깃ᄉᆞ오니照諒

合衆國海軍卿ᄭᅦ、쎄하부손頓
巴里博物館長아론낫구스閣下
氏가讀了에暗想曰몸이國命을承ᄒᆞ고天然物採收키爲ᄒᆞ야米洲에來ᄒᆞ얏다가國命을不待ᄒᆞ고輕率이去就ᄒᆞᆷ도不可ᄒᆞᄂᆞ千載一會라時乎時乎不再來라ᄒᆞ고即時回謝一封을修ᄒᆞᆫ後에多年手足과갓치부리던콘셀을불너일너曰余ᄂᆞᆫ只今米廷의照會에應ᄒᆞ야장찻海洋萬里에漂流ᄒᆞᆯ터이니汝ᄂᆞᆫ乃公의累月勞神焦思ᄒᆞᆫ바採收標本을가지고歸國ᄒᆞ야博物館에傳送ᄒᆞ라ᄒᆞᄂᆞᆫ말이未了에콘셀이熱淚가滿眶ᄒᆞ고목이미여對答曰僕이相公에從事ᄒᆞᆫ지임의十餘年에至今가지相離ᄒᆞᆫ일이읍거ᄂᆞᆯ只今相公의杳茫ᄒᆞᆫ滄溟과危險ᄒᆞᆫ討滅에航海ᄒᆞᄂᆞᆫᄯᅢ를當ᄒᆞ야木石이아니거던豈可相捨ᄒᆞᆯ오리가ᄒᆞ고隨行을懇請ᄒᆞᄂᆞᆫ지라(彼以一奴、尙能如此、況乎世食國錄者哉如使今古東西世食國錄。而尙有不厭、欺君罔上、賣國蠹民者。有眼覽此。必不免羞死愧倒於幽冥現世矣) 아氏가코셀의衷情을察ᄒᆞ고不得已許諾ᄒᆞᄆᆡ콘셀이欣天歡地ᄒᆞ더라

且說아론낫구스가採收標本을郵便船에托ᄒᆞ고主僕兩人이阜頭에至ᄒᆞ야艦長팔로ㅣ에面會를請ᄒᆞᆫ즉艦長以下가아氏의主僕을歡迎ᄒᆞ야極員이寬待ᄒᆞ더라

話說린고룬號가하도손灣을出發ᄒᆞᆯ새 ᄯᅢᄂᆞᆫ빗긴ᄂᆞᆯ西山에煙霞ᄂᆞᆫ徐起ᄒᆞ고淡雲이蔽天에淸涼을可掬ᄒᆞᆯ너라瀛笛소리ᄯᅳᆨ々ᄒᆞ더니山川이動ᄒᆞ며瀲灩가起ᄒᆞ고阜頭의萬歲소리ᄂᆞᆫ임의들이지안코、비ᄂᆞᆫ벌서灣外에達ᄒᆞ얏더라아氏가콘셀과甲板上에서往來眺望타가콘셀더러일너曰、이軍艦에準備ᄒᆞᆫ器具를觀察ᄒᆞ건ᄃᆡ無所不備ᄂᆞ可惜타水

中에ᄂᆞᆫ大砲千放이一力士의千鈞의漁叉에不及ᄒᆞᄂᆞᆫ딕奈何오ᄒᆞ고船頭를回顧ᄒᆞᆫ즉艦長팰로ㅣ邊에一個容貌가傀偉ᄒᆞᆫ壯士가셧ᄂᆞᆫ딕威風이凜々에膂力의發達이孟賁烏獲에超過ᄒᆞᆯ듯ᄒᆞᆫ지라골셀로ᄒᆞ야금水夫더러審問ᄒᆞᆫ즉該漢의姓名은넷드란드니加那多洲人이라力能拔山ᄒᆞ고性本豪俠ᄒᆞ며ᄯᅩ漁獵에巧妙ᄒᆞ야一投之下에能斃巨鯨ᄒᆞᄂᆞᆫ力士인딕今次自願을依ᄒᆞ야同乘ᄒᆞᆷ이라ᄒᆞᄂᆞᆫ지라아氏가十分欣喜ᄒᆞ더라　셕에乘艦一同이다ㅣ相喜ᄒᆞ야曰學家에ᄂᆞᆫ臨機應變에進攻退禦의謀策을講籌ᄒᆞᆯ아론낙스氏가有ᄒᆞ고勇士에ᄂᆞᆫ力能拔山에一投斃鯨ᄒᆞᄂᆞᆫ넷드란드氏가有ᄒᆞ고艦長에ᄂᆞᆫ精通航術에進退如意ᄒᆞᄂᆞᆫ팰로ㅣ氏가有ᄒᆞᆫ즉此三傑이乘船ᄒᆞᆫ以上에ᄂᆞᆫ비록該怪物이乘天入地ᄒᆞᄂᆞᆫ不足念慮라ᄒᆞ고各自鼓勇舞氣ᄒᆞ야該怪物發見ᄒᆞ긔만時望分待ᄒᆞ더라

警察偵探 前號續

張啓澤

第一章　途路上之觀察法

(1)死體之遺棄場所　遺棄之塲所ᄂᆞᆫ即ㅣ死體所在之地也라或鄰山、傍樹、近水、或依寺廟、村落、道路、家屋、等을詳記於圖面이면此非但詳示記號라後日에足備裁判之確定이니爲偵探家者　當一木一石之間이라도不可踈忽이오又盡死體之變態及轉動之有無然後에可能探得正犯而達其目的矣니라

(2)死體之塲所가在於何方位　方位者ᄂᆞᆫ即ㅣ東西南北이니死體之方位를必以頭之所向으로爲定而頭向東則圖亦向東이是

也라詳記其方位면其殺害者之所從來方向을亦可以探知矣니라

(3)死體之狀態가或俯或仰　死體는本無一定ᄒᆞ니死體ㅣ俯之則圖亦如之ᄒᆞ고死體仰之則圖亦如之ᄒᆞ되非注意於死體之形式이라必當注意於其被殺者之原因及殺害者之所由來니人不能無故而被殺ᄒᆞ며亦不能無理由而殺人은不待智言而可知로다是故로詳圖其死體之俯仰倒顚이면可以知殺者之出於正當과或生於緊急狀態及其他百般之情形이오又犯人之逃走가或遠、或近、或係賊盜、或怨家、仇敵、等을可以證據而偵探之術이庶乎不窮矣니라

(4)行途者、或鄰近之人　若死體가在於行途上則是必被剽盜之所殺이오若不然이면爲近村人之因怨恨痴情及雜技等之事

者常多而靑年學生則多因姦情以所出이니大槪ㅣ察其殺人者之原因컨딕姦情者ㅣ居多數矣니라

少年男女가交誼極密而忌父母與他人之耳目則仍厭生而願死ᄒᆞ야二人이互爭持刃에彼此致殺者ㅣ現今社會에唯女子最所好者也니라俗云被婦女之見愛者ㅣ其運이盡이라ᄒᆞ니此는千古不易之眞談이로다但ㅣ夫婦間之愛情은別一問題而於刑事巡査에無所關者나然이나刑事巡査가當偵探之時에先審查有姦夫姦婦之關係與否後에檢察其死者之爲上流、中流下流、之人物이니此는一見而皆可知者也라學生身分則必視其携帶品、及髮膚之修飾ᄒᆞ며若婦人則其手足、及衣件、頭髮等에上下流之區別를曉然可知요此中特異者는天庭에以黑白點之有無로即知

其女之梅毒之有無而百般狀態를足以偵探矣니라

(5)出血及格鬪之狀態　欲明屍體之原因컨딕須注意其出血及格鬪矣니何者오欲知出血之多寡인딕當須驗受傷處之多少오格鬪之狀態는須察屍體之傷痕이니觀其屍體之或左、或右、或手足、頭腦、及兇器之刀斧、杖劍、之橫反偏刺면其被殺之情況을當可推知而受殺之原因도亦可曉然矣오偵探之方法이因此以起也니라

(6)履物之種類와本人或犯人之遺留品　死體를若不明其何等人인딕視其履物이면即可以知其大槪니其履底에必有平戾潤狹之不同이니라

大抵ㅣ普通人及高等上流之履底는必狹必平ᄒᆞ며勞働者及苦役者之履底는必潤必戾이오且ㅣ本人之遺物을先知係何種物이면即因其物而知其爲何種人이오犯人遺物도亦然ᄒᆞ니若如是면槪知其殺人之原因이니라

(7)斬殺、縊殺、打殺、等　死體之被殺이由斬、由縊　由打、는皆一望而明知者나然이나此僅對普通被殺者以言之者也라或時有特別被殺者ᄒᆞ니非深研究則不可知矣니라先縊殺以後에置于鐵道上ᄒᆞ야使火車로轢其屍ᄒᆞ며或用毒藥、或以催眠術、或用電氣、以殺之後에投于川湖等事를偵探家가雖圖其血液之點塊나或恐猶有不能盡得其原因故로近來偵探者가必須兼通醫理者ㅣ良以是也ㄴ져

(8)死體가在於現場所、或移轉　關于如此之場合ᄒᆞ야는極宜精密觀察이니屍不移轉이면必有確實痕迹이라如血液爭鬪之狀態、及足蹟、手摸、及身體、著地之

處가皆有顯然證據요自他移來者는亦必有可疑之證이니是乃當局者ㅣ熟察而知者也니라然이나若過遲緩이면形迹이漸被風雨之埋沒ᄒᆞ며或因他之沒滅ᄒᆞ야偵探이不能容易며且死體調査는不能過三週間이니若過此日數면非但證據之消滅而即犯人을亦無從尋覔이니라何則고凡ㅣ人이犯罪三十五日之內에는其心氣가必不平常故로偵探家가由望氣而得知者ㅣ是也로다以下에偵探者의當所知之學問을概記ᄒᆞ건ᄃᆡ

諸學問　法律　地理　社會學　統計學　人相學　醫學　心理學　性理學　畵學　其他上中下等社會狀態　淫賣婦社會　盜賊之社會　雜技等社會을若不知면不能이오又熟知라도若無臨機應變　表裏反覆　詐術巧妙　精神堅固之心이면又不能達其目的矣이니라　未完

北韓聾盲兩人이自評

笑々生小菴記著

聾이曰우리大韓帝國十三道에어느道나어느邑이第一되는가盲이曰허々이ᄉᆞ람제國家와제自由를失ᄒᆞᆫ國民이어ᄃᆡ第一잇ᄂᆞ聾이曰그러케할말아닐셰往者는勿論ᄒᆞ고將來希望으로말이네

盲이曰近世에新知識을多數吸收ᄒᆞ고外洋에學生을多大히派送ᄒᆞ야學文을研究ᄒᆞ는곳은畿湖아닌가聾이曰然則畿湖가第一란말이지요盲이曰毋論全國之中央이오首府가有ᄒᆞᆫ곳인ᄃᆡ두말잇ᄂᆞ

聾이曰나는咸鏡南北道가十三省에第一이라ᄒᆞ네盲이曰何爲以言也오某觀察某局長某主事某參奉이多ᄒᆞ니第一이며狹

雜凶計가神出鬼沒ᄒᆞ니第一이라ᄒᆞ는가

聾이冷笑曰자네가놈을너머輕忽히여기네今日形便에엇지主事叅奉과狹雜凶計를第一이라할슈잇나나는人質이勇强ᄒᆞ고爲國獻身ᄒᆞ는精神與否를말ᄒᆞᆷ이로라

盲이曰然則聾君이平安道란말을咸省이라ᄒᆞ엿나보오咸鏡道은四千年來로不文不化할뿐不是라오날々은其中에向右엽네

聾이曰그러ᄒᆞᆫ가我는故鄕을離ᄒᆞᆫ지八九年에南之北之ᄒᆞ야消息도不聞ᄒᆞ고故人도相逢치못하니알슈엄네마는그러할슈야잇나

盲이曰我도東京온지數三年이지마는귀가有ᄒᆞ야聞ᄒᆞ고아네聾君은귀가無ᄒᆞ야不聞ᄒᆞ는양이지요이近日에도主事叅奉帖圖得ᄒᆞ려오난人은咸鏡道ᄉᆞᄅᆞᆷ外無ᄒᆞ다네聾이曰丁寧그러ᄒᆞ면、 참말아、 아닐셰、 盲이曰쟈네드러보게昨年인가再昨年인가韓일新造藥인지協約인지、 잇지、 아랏나聾이曰그ᄅᆡ셔●盲이曰허々氣가ᄆᆡ이네至于今日々지太平世界인쥴알고倭인이엇지ᄒᆞ야多數히渡來ᄒᆞ는쥴몰으네

聾이曰眞是如此ᄒᆞ면大韓人種이아니라도可ᄒᆞ네ᄯᅩᄂᆡ가盲君의게質問할것有ᄒᆞ니참말眞屬으로말ᄒᆞ게자네所言ᄒᆞᆷ과如ᄒᆞᆯ진댄그우리나라閔忠正公殉節ᄒᆞᆫ거시며其外六忠臣과今番에節死ᄒᆞ신崔勉庵先生事跡與否을아랏깃네盲이曰ᄌᆞ네醉夢中에잇네八道에서다紀念追吊ᄒᆞᆫ단말드러도咸鏡道서ᄒᆞ엿단말못드럿네聾이曰追吊與否를가지고評論이야엇지ᄒᆞ깃나盲이曰하아모으는말일셰假令ᄌᆞ네善良ᄒᆞᆫ親舊가잇는ᄃᆡ晝宵에그親舊을仰慕ᄒᆞ는거은그良朋의言行動靜을效範ᄒᆞᆷ이아

닛가
盲이曰除萬事ᄒᆞ고數年만의海外에셔相逢
ᄒᆞ여 스니餘地 조흔開談이ᄂᆞ ᄒᆞ고葡
萄酒ᄂᆞᆫ ᄒᆞᆫ잔먹세聾이大叱ᄒᆞ야號令曰君
과我와今日에絕交ᄒᆞ세君은國家도몰으
고同胞도몰으ᄂᆞᆫ人일세我等이一時一刻
인들放心ᄒᆞ고開談ᄒᆞᆯ時機를當ᄒᆞ여스며
또ᄒᆞᆫ近日에我二千萬同胞가國債一千三
百萬元償還ᄒᆞᆯ事로一齊憤發ᄒᆞ야禁煙同
盟ᄒᆞ고煙草代價로男女老少가爭先義捐
ᄒᆞᆫ단말自 上으로洞燭ᄒᆞ시고我 大皇
帝陛下게옵셔煙草를進御치아니ᄒᆞ신단
말못드런ᄂᆞ 엇지 我等이酒草을能히食
ᄒᆞ리오
聾이曰그런中我ᄂᆞᆫ더옥咸省消息을盲君게
셔得聞ᄒᆞ니胷中이冷却ᄒᆞ네盲이曰故鄉
말은一口難說이니그만근치세聾이曰雖

然이ᄂᆞᆫ遠近之所致로屢々히ᄉᆡᆼ각이나ᄂᆞᆫ
故로말일세마ᄂᆞᆫ그런즉外國留學生도업
슬모양이지요盲이曰ᄌᆞ네精神업네咸鏡
道ᄉᆞ름堅忍不拔ᄒᆞᆫ단말못드런ᄂᆞ聾이曰
이ᄉᆞ름堅忍不拔도分數잇지져强土ᄂᆞ져
生命이업셔지난ᄃᆡ도堅忍不拔ᄒᆞᄂᆞᆫ요盲
曰이그러게갑々ᄒᆞ다지요聾君이其間事
情을都是不知ᄒᆞᄂᆞᆫ모양이니ᄂᆡ가次第로
말ᄒᆞᆷ세學校ᄂᆞᆫ小學校가幾座가잇다ᄂᆞᆫᄃᆡ
그거시中學大學農工商學校를兼ᄒᆞᆫ모양
이고開化君으로말ᄒᆞ면坐談ᄒᆞᄂᆞᆫ憂國之
士가幾許人이오新知識으로言ᄒᆞ면淸國
戊戌政變記나美國獨立史나波蘭末年史
數種과算術四則이나알게되면一等開明
之人이라ᄒᆞ고財産은葉錢萬兩만有ᄒᆞ면
그子女姪을放逐ᄒᆞᄂᆞᆫ守錢虜가잇ᄂᆞᆫᄃᆡ工
夫를식키허? 또그분外라自暴自棄ᄒᆞᄂᆞᆫ

性質이多ᄒᆞ야我ᄂᆞᆫ年將三十이니工夫할슈엽다네聾이曰참그러ᄒᆞ면ᄒᆞᆯ슈엽ᄂᆞᆫ堅忍不拔

盲이曰그런緣故로可笑可嘆일셰聾이曰然ᄒᆞᆯ지라도後日에學文을研究ᄒᆞ고人才을琢磨ᄒᆞ면韓國에第一人種일걸盲이曰飮食을먹고비불으지아닐ᄉᆞ람어ᄃᆡ잇ᄂᆞ

聾이曰近者에韓北同胞들消息을드런ᄂᆞ盲이曰듯지요마ᄂᆞᆫ快ᄒᆞᆫ消息을못듯네聾이曰向者에東京에二十一人學生慘報에對ᄒᆞ야多小間義捐金이ᄂᆞ아셧ᄂᆞ盲이曰이ᄉᆞᄅᆞᆷ破夢ᄒᆞ셰同胞가무어신지善不善을몰으네聾이曰그러ᄒᆞ면今番에公債償還에對ᄒᆞ여셔도一無所報할터인가그거슨아직알슈엽네盲이曰이ᄉᆞᄅᆞᆷ咸省官員도亦然ᄒᆞᆫ데客年에東京잇ᄂᆞᆫ某會ᄅᆞᆯ爲ᄒᆞ야多寡間義捐ᄒᆞᆫ다더니寂々無聞

盲이曰우리ᄂᆞᆫ工夫잘ᄒᆞ여가지고伊日에歸國事業ᄒᆞ여보셰聾이曰ᄌᆞ네말에險談이太半일터이니一々히信聽할슈도엽슬섇外라그갓치鳴鼓而攻之ᄒᆞᄂᆞᆫ法도잇ᄂᆞ盲이曰今日之共々社會에ᄂᆞᆫ至公無私ᄒᆞ여샤쓰네

○吊崔勉庵先生

世人이皆醉어ᄂᆞᆯ我가獨醒ᄒᆞ야醉人을提醒ᄒᆞ며世人이皆濁이어ᄂᆞᆯ我가獨淸ᄒᆞ야濁者ᄅᆞᆯ猛叱ᄒᆞ던崔勉庵先生은忠愛의素志ᄅᆞᆯ達치못ᄒᆞ고去年十二月三十一日에滄波鳴咽ᄒᆞᄂᆞᆫ對馬孤島에셔他界의人을作ᄒᆞ얏도다嗚呼라先生이在世에靑邱江山에一道明光이有ᄒᆞ야八荒에遍照ᄒᆞ더니先生이去後에韓半島가黑々暗々ᄒᆞᆫ岩窟이되얏고先生이在世에二千萬同胞가忠君愛國ᄒᆞᄂᆞᆫ烈士의

直言을得聞ᄒᆞ얏더니先生이去後에我國民의耳朶에忠言을來傳ᄒᆞᆯ者ㅣ無ᄒᆞ도다我國民은何語를將ᄒᆞ야先生을追悼ᄒᆞᆯ고一言으로써吊ᄒᆞ야曰先生의事業은先生으로더부러去ᄒᆞ얏스나先生의忠愛丹忱과獨立精神은我國民의腦中에注入ᄒᆞ야千萬年이되도록朽치아니ᄒᆞ리라ᄒᆞ노라

○寄書

敬啓者義矣哉

僉君子에離親棄鄕而遠涉重溟ᄒᆞ야喫了無限苦況ᄒᆞ고以學問自勵ᄂᆞᆫ不惟個人自修的主意라實代表我二千萬公衆이니其爲義也孰大於此리오且夫生此生存競爭之世ᄒᆞ야苟非共同團體之全力이면莫以達留學之目的일세乃組成此會而忠愛一念이未嘗不在於祖國也故로學習餘暇에刊出學報ᄒᆞ야以偉論高聲으로喚起我同胞長夜昏夢ᄒᆞ야共進文明之域ᄒᆞ니誠義矣哉

僉君子여生雖愚魯나亦二千萬中一分子也라彝性所具에油然有感ᄒᆞ야謹以一書仰賀而敢付紙貨壹圓ᄒᆞ오니幸須此微悃ᄒᆞ야以助一時之茶費를至盻

平安南道价川　安 暘 植

○會事要錄

○永柔郡梨花學校總代李治魯氏가本會에支會組織홈을請願ᄒᆞᆫ事를去月十七日總會에公佈ᄒᆞ미總會에셔此를任員會에一任ᄒᆞ야調査決處ᄒᆞ라홈으로任會員에셔其形便을調査後許可ᄒᆞ고同二十四日總會에報告ᄒᆞ다

○本月은本會任員의任期가已滿ᄒᆞᆫ故로九日總會에서任員總撰擧式을行ᄒᆞ얏ᄂᆞᆫᄃᆡ被任諸氏가如左ᄒᆞ니

會長 張膺震
副會長 崔錫夏
總務員 金志侃
評議員 全永爵
金鎭初
金淵穆
金洛泳
申相鎬
姜麟祐
李潤柱
朴容喜

當日任員會에서事務員會計員書記員司察員을撰定ᄒᆞ얏ᄂᆞᆫᄃᆡ被任諸氏가如左ᄒᆞᆷ

事務員 金龍鎭
李承瑾
高宜煥
楊致中
劉睦
金應律
會計員 金淵穆
金鎭初
朴容喜
書記員 朴相洛
吳錫裕
司察員 鄭寅河
蔡奎丙
張啓澤

○當日總撰擧를畢ᄒᆞᆫ後에全永爵氏가動議ᄒᆞ되近日에本國有志ᄒᆞᆫ諸氏가國債報償ᄒᆞ기로期成會를組織ᄒᆞ고斷煙同盟ᄒᆞᆫ事實과一般國民이沸血所激에萬口一聲으로累來

의習慣되얏던煙草를一朝에勇斷ᄒᆞ고爭先出義ᄒᆞᆫ디ᄒᆞᆷ은一般知悉ᄒᆞᆫ바어니와我學生도自今爲始ᄒᆞ야ᄂᆞᆫ無益ᄒᆞᆫ煙草를勇斷ᄒᆞ고비록一分錢式이라도收合ᄒᆞ야國債報償의萬分一이라도補充ᄒᆞ야써國民의義務를다ᄒᆞ쟈ᄒᆞ미滿場會員이齊聲同應ᄒᆞ야斷煙ᄒᆞ기로同盟ᄒᆞ고當場에或은國債償還日ᄭᆞ지每朔幾拾錢式或은一次幾圓式出義ᄒᆞᆫ後收錢委員三人을撰定ᄒᆞ야每朔收合ᄒᆞ게ᄒᆞ다

○新入會員

南宮營　郭漢七　金載熈　李海忠　梁大卿　李善暻　金鎭謨　金相敦　莊源台諸氏가入會ᄒᆞ다○本會員楊炳鎬朴廷義朴相洛三氏ᄂᆞᆫ築地工手學校에入學ᄒᆞ다○本會員李道熈氏ᄂᆞᆫ觀親次로今月十八日下午三時半에新橋發列車로還國ᄒᆞ다

○永柔郡李治魯氏가本會支會를組織ᄒᆞ고任員을撰定ᄒᆞᆫ事로報告ᄒᆞ얏ᄂᆞᆫᄃᆡ會員과任員이如左ᄒᆞ니

○會員名簿

李基燦	金信坤	李文宰	李治魯
金淵祜	金正彬	鄭曰温	宋杜淳
鄭龍河	卓成喆	韓承賢	羅義坤
羅信坤	金用植	金鳳植	金寬植
金鳳天	金用善	金永鎭	白圭復
宋孝淳	李應模	白樂善	李圭燦
韓承俊	田元三	金元玉	鄭興烈
任相彬	任觀道	張志翰	金鳳河
金永鍊	康國觀	金迪淵	李炳鎬

○任員錄

會長　李治魯

副會長 金信坤
總務員 李基燦
評議員 李文宰 羅義坤 金用善 金寬植 金鳳天 羅信坤 金淵祜 宋柱淳
事務員 鄭龍河 金永鎭 金正彬 韓承賢 金用植 白樂善
會計員 金鳳植
書記員 田元三 鄭曰溫
司察員 宋孝淳 白圭復 任觀道 卓成喆

○學界消息

共修學會에셔發刊ᄒᆞᄂᆞᆫ共修學報第一號가去月末에出刊되얏ᄂᆞᆫᄃᆡ三朔一回式定期發行ᄒᆞ고大韓留學生會에셔ᄂᆞᆫ今月初에學報第一號ᄅᆞᆯ出版ᄒᆞ얏ᄂᆞᆫᄃᆡ月刊으로出刊ᄒᆞᆫ다더라

○米國人이스들네氏가我國學生을爲ᄒᆞ야義俠心으로學校ᄅᆞᆯ自費設立ᄒᆞ고我留學生中에軍人目的ᄒᆞᄂᆞᆫ이ᄅᆞᆯ募集ᄒᆞ야熱心教育ᄒᆞᄂᆞᆫᄃᆡ現今入學員이二十餘名에達ᄒᆞ얏고

또日間一大完備ᄒᆞᆫ寄宿舍를設立ᄒᆞ고該校生徒를一切收容ᄒᆞ야修學에一層便利를與ᄒᆞ고또規律을嚴守케ᄒᆞ야軍人資格을養成ᄒᆞ기에熱心盡萃ᄒᆞᆫ다ᄒᆞ니氏의高義ᄂᆞᆫ족令人感服이러라

○內國에셔斷煙出義ᄒᆞ야國債報償ᄒᆞᆫ다ᄂᆞᆫ說이一次傳達ᄒᆞ미近日東京에在ᄒᆞᆫ我留學生中에셔도斷煙加盟ᄒᆞᄂᆞᆫ者漸次增加ᄒᆞ야至今은親故尋訪間에도煙草相勸ᄒᆞᄂᆞᆫ禮ᄂᆞᆫ一切斷無ᄒᆞᆫ貌樣이더라○本會員李元鵬李昌均兩氏ᄂᆞᆫ修學에事宜를因ᄒᆞ야去月末에京都에發往ᄒᆞ다

○太極學報第四回義捐人氏名(續)

祥原郡守李翼龍氏	貳拾圓
士人呂升龍氏	貳 圓
平壤郡守白樂均氏	貳拾圓
士人盧永軾氏	壹 圓
慈山郡守洪淳九氏	貳拾圓
肅川郡主事安昌一氏	貳拾圓
會員 朴廷義氏	伍 圓
沈導灃氏	參 圓
安昌浩氏	肆圓(再次)
閔濬鎬氏	伍圓

○副會長崔錫夏氏ᄂᆞᆫ身體가康健치못ᄒᆞ야幾朔間靜養次로本月十八日에埼玉縣으로下去ᄒᆞ다

○本會員方元根氏ᄂᆞᆫ昨年十月에歸國ᄒᆞ얏다가本月二十日에東京에渡來ᄒᆞ다

○東京에渡來ᄒᆞ야留學生界에熱心傳道ᄒᆞ던 皇城基督青年會總務金貞植氏ᄂᆞᆫ月前에歸國ᄒᆞ얏다가今次東京에셔開ᄒᆞᄂᆞᆫ萬國基督青年會聯合會에加參ᄒᆞᆫ 皇城基督青年會議事員閔濬鎬氏와同伴ᄒᆞ야本月二十二日에率家眷渡來ᄒᆞ얏더라

光武十一年四月五日發行
明治四十年四月五日發行

●代金郵稅並新貨拾貳錢

日本東京市本鄉區元町二丁目六十六番地太極學會內
編輯兼發行人 張膺震

日本東京市本鄉區元町二丁目六十六番地太極學會內
印刷人 金志侃

日本東京市本鄉區元町二丁目六十六番地
發行所 太極學會

日本東京市京橋區銀座四丁目一番地
印刷所 敎文館印刷所

明治卅九年九月廿四日
光武十年九月二十四日
第三種郵便物許可

光武十一年四月廿四日發行

太極學報

每月廿四日一回發行

每月一回發行

第九號

廣告

本報를購覽코져ᄒᆞ시ᄂᆞᆫ이ᄂᆞᆫ本發行所로通知ᄒᆞ시되價金은每朔爲替로換送ᄒᆞ심을敬要

本報ᄂᆞᆫ有志人士의購覽을便宜케ᄒᆞ가爲ᄒᆞ야出張支店을如左히定홈

皇城中署東闕罷朝橋越便

朱翰榮書舖(中央書舘內)

北美合衆國加州玉蘭市

韓人共立新報社內(林致淀住所)

太極學報第九號目次

講壇學園

講壇 學園

心理學上으로觀察ᄒᆞᆫ言語

張膺震

通常吾人이言語라ᄒᆞ면言語의意義ᄂᆞᆫ說明을不待ᄒᆞ고明瞭ᄒᆞᆫ者요言語의效能으로論ᄒᆞ면此로由ᄒᆞ야人我의意思를互相交通ᄒᆞ며廣義의言語即文字의作用으로써古今全般人類社會의思想을叅酌ᄒᆞ야智識을發達ᄒᆞ며社會精神을發展向上ᄒᆞᄂᆞᆫ거시吾人人類가他動物社會中에超出ᄒᆞᄂᆞᆫ特點이라然이ᄂᆞ余가此에研究코져ᄒᆞᄂᆞᆫ거슨此에不止ᄒᆞ고一步를更進ᄒᆞ야言語의特點과及起源이며言語가當初如何ᄒᆞᆫ楷梯를經ᄒᆞ야今日과如ᄒᆞᆫ完全ᄒᆞᆫ境에達ᄒᆞᆫ거슬心理學上으로觀察코져ᄒᆞ노라

第一　言語의意味及效能

吾人이如何ᄒᆞᆫ一新事物을他人에게傳通코져ᄒᆞᆯ時에ᄂᆞᆫ몬져其人이以前經驗으로熟知ᄒᆞᄂᆞᆫ事物中에셔種々ᄒᆞᆫ要素를引用ᄒᆞ야組織ᄒᆞᆷ과갓치吾人이如何ᄒᆞᆫ一新物名을他人에通知코져ᄒᆞᆯ時에萬一其人에게直接으로其名을發音ᄒᆞ야聞知케못ᄒᆞᆯ境遇（其人이聾者든지或遠距離에在ᄒᆞᆯ時）에ᄂᆞᆫ吾人은其人이曾前에知覺ᄒᆞ야十分熟知ᄒᆞᄂᆞᆫ文字等의助力을借ᄒᆞ야此를結合ᄒᆞ야써其新發音을生케ᄒᆞᄂᆞᆫ外에方法이更無ᄒᆞ니即吾人의思想交換은知覺上에呈ᄒᆞᆫ事物을一定ᄒᆞᆫ已知要素로分解ᄒᆞ야此로써種々이結合ᄒᆞᆫ者를謂ᄒᆞᆷ이오此와갓치言語의使用은事物을共通ᄒᆞᆫ要素로分解ᄒᆞ야此共通要素로써自由構造를作ᄒᆞᄂᆞᆫ者ㅣ니假使吾人이가리비ᄋᆞ라ᄒᆞᄂᆞᆫ一新物名을他人에게傳通코져ᄒᆞᆯ時에ᄂᆞᆫ其人이萬一諺文을已知ᄒᆞ면其中에셔가、리、비、ᄋᆞ等과如ᄒᆞᆫ各要素로組織

成字ᄒᆞ야新發音을生케홈이라故로言語는思想活動으로從ᄒᆞ야生ᄒᆞᆫ者이ᄂᆞ또는思想發展의緊重ᄒᆞᆫ機械요感官上에知覺ᄒᆞᆫ者를思想上에表現ᄒᆞᆯ時에注意를留케ᄒᆞ는最適當ᄒᆞᆫ手端이며其思想上表現이抽象的이될슈록言語의必要를感홈이益切ᄒᆞᄂᆞ니故로言語는말ᄒᆞ는人의自身心內에는其人이自己思想上에注意를向케ᄒᆞ는手端이되고言을듯는者에對ᄒᆞ여는말ᄒᆞ는人의思想에表現ᄒᆞᆫ事物에注意를留케ᄒᆞ는手端이되ᄂᆞ니라

第二　言語의起源

言語의起源에對ᄒᆞ야는古來種々ᄒᆞᆫ說이多ᄒᆞᄂᆞ吾人은此를歷史的으로推知키不能ᄒᆞ도다然이나言語는今日에도漸々發展ᄒᆞ는傾向이有ᄒᆞᆫ거슬見ᄒᆞ면此法則을窮究ᄒᆞ야其起源을推定ᄒᆞ는上에利用ᄒᆞᆯ지니如此ᄒᆞᆫ根據로見ᄒᆞ면吾人의思想的複現上에運動的要素가有ᄒᆞᆫ거시即言語의起源인듯ᄒᆞ도다

二

思想的複現上에運動的要素라홈은何를指홈인고吾人이感官(五官)으로事物을知覺ᄒᆞᆯ時에는恒常運動의必要가有ᄒᆞ니即吾人의感覺器는知覺ᄒᆞ기에便利ᄒᆞᆫ狀態를保有홈이라假使吾人이聲을聞ᄒᆞᆯ時에는耳를傾ᄒᆞ야知覺키便利케ᄒᆞ며物을見ᄒᆞᆯ時에는目을緊張홈과如ᄒᆞ고또思想活動은以前知覺ᄒᆞᆫ거슬頭中에再現ᄒᆞᆯ時에는其時知覺作用의動作ᄒᆞᆫ運動도兼ᄒᆞ야再現코져ᄒᆞ는傾向이有ᄒᆞ니今에吾人이以前에知覺ᄒᆞ엿든如何ᄒᆞᆫ物體의形狀을思想上에複現코져時ᄒᆞᆯ에는心中에其物體의輪郭을目으로追及ᄒᆞ는드시思ᄒᆞᄂᆞ니此는即視覺上運動을思想上에複現코져홈이오또以前에聽聞ᄒᆞᆫ音響

을心中에思出코져ᄒᆞᆯ時에는吾人은傾聽ᄒᆞ는樣子의狀態를持ᄒᆞ며또其時此音響을發ᄒᆞ든運動도心中에模倣코져ᄒᆞᄂᆞ니此는吾人이普通談話上에도認識ᄒᆞ는現象이라此複現ᄒᆞ는運動要素는吾人의心을自由로支配ᄒᆞ며維持或變更ᄒᆞ는데必要ᄒᆞᆫ거시요또此를復起케ᄒᆞ는거슨心象의運動的部分을支配ᄒᆞ는吾人의腦力으로由ᄒᆞᆷ이니故로吾人의一定ᄒᆞᆫ經驗이特著ᄒᆞᆫ運動과親密히結合ᄒᆞᆯ슈록思想上表現에對ᄒᆞ야此를支配ᄒᆞ는吾人의能力은漸大ᄒᆞᆯ거시라故로心象의運動的要素와及要素가全心象을支配ᄒᆞ는點에至ᄒᆞ야發表的表示即廣義味의言語의起源을見ᄒᆞᆯ지로다

注意。心象이라ᄒᆞ는거슨以前에感官으로知覺ᄒᆞᆫ事物을思想上에再現ᄒᆞ는者ㅣ니故로其性質에至ᄒᆞ여는知覺과一致ᄒᆞᆯ거시라赤色物體를知覺ᄒᆞ엿스면思想上에도또ᄒᆞᆫ同樣의赤色物體의心象을生ᄒᆞ며또如何ᄒᆞᆫ形體를知覺ᄒᆞ엿스면其後에此를思想上에再現ᄒᆞᆯ時에도또ᄒᆞᆫ同樣의形體를表出ᄒᆞᄂᆞ니故로知覺으라ᄒᆞ는거슨吾人이實物을直接으로對ᄒᆞ야五官으로知覺ᄒᆞ는者요心象이라ᄒᆞ는거슨吾人이其實物을離ᄒᆞ야以前知覺ᄒᆞ엿든거슬다못思想上에再現ᄒᆞ는者이미其精確의度는複現力의大小로因ᄒᆞ야個人的差違를生ᄒᆞᆯ거시라然則心象과觀念의差異는何에在ᄒᆞᆫ고一例를擧言ᄒᆞ면假令吾人이册床을見ᄒᆞᆯ時에册床의形體는上部에平板이有ᄒᆞ고下底에四脚이有ᄒᆞᆫ如許如許ᄒᆞᆫ形體라고만頭中에記臆複現ᄒᆞ는거슨此를心象이라稱ᄒᆞ고一層更入ᄒᆞ야册床이라ᄒᆞ는거슨如許如許ᄒᆞᆫ形體의物인데

三

此의用處ᄂᆞᆫ冊을載置ᄒᆞᄂᆞᆫ器俱라든지如此히心象에다其事物의意味ᄅᆞᆯ添加ᄒᆞᆫ者ᄅᆞᆯ觀念이라稱ᄒᆞᆷ

言語ᄂᆞᆫ實際의知覺과區別ᄒᆞ야思想을表現ᄒᆞᄂᆞᆫ者이미吾人의注意ᄅᆞᆯ留ᄒᆞᄂᆞᆫ最適當ᄒᆞᆫ手端이라然而吾人의思想上表現을支配ᄒᆞᄂᆞᆫ手端은心象의運動的部分으로見ᄒᆞᆯ時에ᄂᆞᆫ言語의起源도또ᄒᆞᆫ運動上에發見ᄒᆞᆯ지라一般吾人은思想上에表現이有ᄒᆞ면此ᄅᆞᆯ實地運動에發出코져ᄒᆞᄂᆞᆫ傾向이有ᄒᆞ니思想이가장發達ᄒᆞᆫ人은腦中에ᄉᆡᆼ각ᄒᆞᄂᆞᆫ일即思想上의進行을他人에게通知ᄒᆞᆯ必要가無ᄒᆞᆯ時에ᄂᆞᆫ此ᄅᆞᆯ特別ᄒᆞᆫ運動으로發出ᄒᆞᆷ이無ᄒᆞᄂᆞ小兒와及原始的階級에在ᄒᆞᆫ人類即全未開人은此와反ᄒᆞ야其思想上活動은아죠知覺活動의性質을帶ᄒᆞᆫ故로腦中에一思想이有ᄒᆞᆯ時에ᄂᆞᆫ此ᄅᆞᆯ百方手端으로實地運動上에發表ᄒᆞᆫ然後에야비로셔此에對ᄒᆞ야注意ᄅᆞᆯ留ᄒᆞ모다就中에思想을外部運動에發表코져ᄒᆞᄂᆞᆫ傾向은他人과交通ᄒᆞᄂᆞᆫ機會에尤多ᄒᆞ니假使此에言語ᄅᆞᆯ未有ᄒᆞ야思想을相通치못ᄒᆞᄂᆞᆫ原始的人類甲乙兩人이有ᄒᆞ야共同으로一役事에從事ᄒᆞᆯ時에乙이萬一甲의意見에不合ᄒᆞᆫ行動을作ᄒᆞᆯ時에ᄂᆞᆫ此時에甲은如何ᄒᆞᆫ忠告ᄅᆞᆯ乙에게與코져ᄒᆞ되言語가無ᄒᆞᆷ으로自己腦中에ᄉᆡᆼ각ᄒᆞᄂᆞᆫ바ᄅᆞᆯ到底勘忍自止치못ᄒᆞ야自己思想을如何ᄒᆞᆫ運動으로發表ᄒᆞ야意見을乙에게通코져ᄒᆞ리니或手로써物의形容을作ᄒᆞ며物體ᄅᆞᆯ打擊ᄒᆞᄂᆞᆫ形容도作ᄒᆞ고目과口等으로種々ᄒᆞᆫ動作을表示ᄒᆞ야意思ᄅᆞᆯ通코져ᄒᆞᆷ이니此ᄂᆞᆫ即內部의觀念이實地運動으로發動ᄒᆞᆫ것인데此模倣的形容이吾人言語의最原始的形態라彼啞者等은스ᄉᆞ로工夫ᄒᆞ야自然的表示

로써意思의交通을十分遂行ᄒᆞᄂᆞ니此自然的表示ᄂᆞᆫ何로써成立됨인고ᄒᆞ면此ᄂᆞᆫ物의形體와或其物을生ᄒᆞ게ᄒᆞᄂᆞᆫ方法또其物의特別ᄒᆞᆫ作用과狀態며或其物의屬性等으로成立ᄒᆞᄂᆞᆫ此自然的記號가다못某物을模倣(숭닉)홈에止ᄒᆞᆯ時에ᄂᆞᆫ此模倣은言語가아니오此模倣으로써其模倣ᄒᆞᄂᆞᆫ物의意味를他人에게通知ᄒᆞᆯ時에비로서言語의效用을作ᄒᆞᄂᆞ니吾人이言語를不通ᄒᆞᄂᆞᆫ外國에往ᄒᆞ면此自然的記號의模倣은思想을通ᄒᆞᄂᆞᆫ唯一의方法이라亞弗利加洲蠻人은아즉吾人과如ᄒᆞᆫ完全ᄒᆞᆫ言語가無ᄒᆞ고다못以上과如ᄒᆞᆫ模倣的言語로써唯一의思想을通ᄒᆞᄂᆞᆫ故로暗夜에視官으로直接相見치못ᄒᆞ면其不完全ᄒᆞᆫ意思라도相通치못ᄒᆞᆫ다ᄒᆞᄂᆞᆫ奇談이有ᄒᆞ니此로써觀ᄒᆞ면言語의起源은不可不運動에在ᄒᆞ다ᄒᆞ리로다

第三　合意的言語

以上說明과갓치模倣으로써意思를相通ᄒᆞᄂᆞᆫ自然的記號ᄂᆞᆫ物形의最顯著ᄒᆞᆫ點을擧ᄒᆞ야表示홈이ᄂᆞᆫ一定共通ᄒᆞᆫ規則이無ᄒᆞᆫ것인즉到處마다同一ᄒᆞ기不能ᄒᆞᆫ지라一人은鹿이라ᄒᆞᄂᆞᆫ意思를表示ᄒᆞᆯ時에手로써其角形을模倣ᄒᆞᄂᆞᆫ데他人은其躍去ᄒᆞᄂᆞᆫ擧動을模倣홈과如ᄒᆞ고또一團體中에서ᄂᆞᆫ漸次畧符號를用ᄒᆞᄂᆞᆫ傾向이有ᄒᆞ니假令團體中一人이牛를直接指示ᄒᆞ며手로써角形을模倣ᄒᆞ고足으로써蹴ᄒᆞᄂᆞᆫ形을作ᄒᆞ야此模倣이牛라ᄒᆞᄂᆞᆫ意를衆人에게一次表示ᄒᆞᆯ時에ᄂᆞᆫ其後에ᄂᆞᆫ其團體中人은直接으로牛를見치아니ᄒᆞᆯ지라도模倣ᄒᆞᄂᆞᆫ角形과蹴形을見ᄒᆞ면此模倣이牛를意味ᄒᆞᄂᆞᆫ것으로通解ᄒᆞ리니如此히漸々發達ᄒᆞ야簡略ᄒᆞᆫ自然的記號가一團體中에서用ᄒᆞ게되면他團體에서ᄂᆞᆫ此

模倣的略符號의意味를了解키不能ᄒᆞᆷ에至ᄒᆞᆯ거시라如此히模倣的言語는漸々發達ᄒᆞ야多少合意的言語로移去ᄒᆞ는傾向이有ᄒᆞ나다못如此ᄒᆞᆫ方法으로는模倣的言語가到底純全ᄒᆞᆫ合意的言語로變換키不能ᄒᆞᄂᆞ니然則此間에如何ᄒᆞᆫ最有力最便利ᄒᆞᆫ要素를要ᄒᆞᆯ고ᄒᆞ면卽吾人의音聲이是니라

音聲으로써意思를相通ᄒᆞ는거슨其個々의音聲이表示ᄒᆞ는符號卽文字가發見ᄒᆞ기以前에이미使用ᄒᆞᆫ거슨的確ᄒᆞᆫ事實이라此節調가有ᄒᆞᆫ音聲은完全ᄒᆞᆫ一全體의意味를搆成ᄒᆞ며個々의音이其發表와意味間의關係를明瞭히表現ᄒᆞ야此音聲으로써意思를交換ᄒᆞ는거슨自然記號의模倣的形容으로써ᄒᆞ는것보다大異ᄒᆞ니模倣的形容으로意思를交通ᄒᆞᆯ時에는此模倣이表示코져ᄒᆞ는物과直接으로結合ᄒᆞᄂᆞ (假令鹿을表示ᄒᆞᆯ時

六

에는角形을模倣ᄒᆞ는것갓치) 純全ᄒᆞᆫ合意的言語에達ᄒᆞ면此直接結合의必要가無ᄒᆞ고또音聲과此音聲이表示코져ᄒᆞ는事物間에類似ᄒᆞᆫ點을離ᄒᆞ고도音聲上關係와意味上關係를連關表示ᄒᆞ는것이合意的言語의特點이라

然이나此에一疑問이起ᄒᆞ는거슨當初音聲이自然表示를代表ᄒᆞᆯ時에其個々의音聲이如何히ᄒᆞ야某種類의音聲은某種類事物이며意味를表示ᄒᆞ게되엿는지此疑問에對ᄒᆞ며는種々의說이有ᄒᆞᄂᆞ니玆에其二三을擧ᄒᆞ면

(第一說) 吾人은內部에如何種類의情緒(喜、怒、哀、樂、嫉妬、怨恨、誹謗等을心理學上統稱情緒) 가有ᄒᆞᆯ時에는吾人은此에應ᄒᆞ야發表가有ᄒᆞ니恐怖ᄒᆞᆯ時에는叫聲을發ᄒᆞ야此利用으로他人에게恐怖ᄒᆞᆫ情을通知ᄒᆞ며快樂ᄒᆞᆫ事物을當ᄒᆞᆯ時에는笑聲과歡喜

의音聲을發ᄒᆞ고悲哀ᄒᆞᆯ時에ᄂᆞᆫ悲哀ᄒᆞᆫ音聲을發ᄒᆞ야目當ᄒᆞᆫ事物의實情을他에게通知ᄒᆞᄂᆞᆫ傾向이有ᄒᆞ니即如此ᄒᆞᆫ感動詞的音聲이漸次發達ᄒᆞ야個々의音聲이今日과如히個々의意味를有ᄒᆞ게變遷되엿다ᄒᆞᆷ이오

(第二說) 此說은假使吾人이猫의意味를他人에게通知코져ᄒᆞᆯ時에ᄂᆞᆫ (無論原始的時代에아즉言語가無ᄒᆞᆫ人) 猫의啼聲을模倣ᄒᆞ며鷄의意味를通知코져ᄒᆞᆯ時에ᄂᆞᆫ鷄의啼聲을模倣ᄒᆞ야表示ᄒᆞ엿ᄂᆞᆫ데如此ᄒᆞᆫ自然的形容이漸次發達ᄒᆞ야今日과如ᄒᆞᆫ音聲의言語로變ᄒᆞ엿다ᄒᆞᆷ이며

(第三說) 此說은當初事物의特別ᄒᆞᆫ種類ᄂᆞᆫ原始的人類로ᄒᆞ여금特別ᄒᆞᆫ發表를作ᄒᆞ게感動시킨거시라故로最原始的言語ᄂᆞᆫ最初에人이一思想에感動되여슬時에其人이天然으로發ᄒᆞᆫ音聲과恰似ᄒᆞ니彼文學詩歌等은發ᄒᆞᄂᆞᆫ音聲과其音聲이表示ᄒᆞᄂᆞᆫ事物의接近으로써成立ᄒᆞᆫ거시라ᄒᆞᆷ이라

以上三說中에第三說은第一說과第二說과大同小異ᄒᆞᆫ데全三說의大體意味ᄂᆞᆫ言語의起初가自然的模倣에在ᄒᆞ다ᄒᆞᆷ에一致ᄒᆞ엿도다以上諸說은都是吾人의合意的言語의發達ᄒᆞᆫ經路ㅣ니此自然的模倣의音聲이一次始作ᄒᆞ면漸次發達變遷ᄒᆞᆯ거슨推測可想ᄒᆞᆯ者로다

禁酒ᄒᆞ라報債ᄒᆞ세 (寄書)

太極魂 安 憲

盖聞ᄒᆞ니怦々志士俞彦이埃波越의漸滅之證를推覺ᄒᆞ고猛然奮起ᄒᆞ야斷煙減粮ᄒᆞ고血心斡旋ᄒᆞ야國債를淸償ᄒᆞ고憂患을洗滌키로決意組會ᄒᆞ미男女老少兒童이自債와如히捐輸者ㅣ踵相接ᄒᆞ니快哉라斯言이며

美矣라斯擧也歟로다即此進步면庶幾를何言가興機를確信也而前日에砭骨ᄒᆞᆫ憂愁를氷渙雪消ᄒᆞᆷ과如히庶幾達也否아

夫一魚의濁水와微玷의破玉은人共攸忌也ㅣ라我同胞中飮酒失性ᄒᆞ고蕩産亡家者ㅣ前後何恨가由是로良心이變爲冥頑ᄒᆞ고美質이幻成危殆ᄒᆞ니噫라豈不惜々也哉리오

而嗟我同胞여戒麴이어다昔에

世宗大王이曰ᄒᆞ샤ᄃᆡ夫酒之爲禍가豈特靡穀費財也而已哉리오內亂心志ᄒᆞ며外喪威儀ᄒᆞ고或癈父母之養ᄒᆞ며或亂男女之別ᄒᆞ야大則喪國敗家ᄒᆞ고小則伐性喪生이라ᄒᆞ시고

又曰咨爾中外大小人民아其體予至懷ᄒᆞ라視前人之得失ᄒᆞ고爲今日之勸戒ᄒᆞ노니無好飮癈事ᄒᆞ고無過飮以成疾ᄒᆞ야各敬爾儀ᄒᆞ고式遵無彝之訓ᄒᆞ야剛制于酒면庶臻於變之風이라ᄒᆞ시니

鴻濛淳厖之風을變ᄒᆞ고新鮮開明之域에達코자할진ᄃᆡ急務禁酒면以去惡之不是라今國渴이如焚이여ᄂᆞᆯ但一盃酒之代金으로도人々須補於國債報償인ᄃᆡ豈非兼於去惡이오忠於國家之本乎아

英國醫學博士리사ㅣ뜨손氏가曰호ᄃᆡ賣酒者ᄂᆞᆫ賣貧이오賣病이오賣犯罪오賣言詰이라ᄒᆞ니眞是格言이로ᄃᆡ予ᄂᆞᆫ曰호ᄃᆡ麴은酒之母오酒ᄂᆞᆫ惡之媒也라ᄒᆞ노니行媒結婚則必生其子하리니其子ᄂᆞᆫ百代千孫이오萬歲無禁也ㅣ니嗚呼嗟哉라然則諸惡이滿世여ᄂᆞᆯ何敢望進善乎리오

蓋蟬之爲物이自滓穢之中으로冥化以脫殼일서纖毫도猶有未盡이면何以能吸風飮露ᄒᆞ며噪柳鳴槐리오言念及此ᄒᆞ니人而不能祛惡刷新이면有不如穢虫之化蟬이니所以

로今者에經濟上費用을儉節ᄒᆞ야專心於國債報償인되麴蘗도不容不禁止然後에야乃無礙於脫殼而遂成得意ᄒᆞ리니嗟我二千萬同胞여際此深慮ᄒᆞ야以圖安寧幸福之恒久를同意一心할지어다

背負太極旗ᄒᆞ고獻身忠義魂

○編者曰斷煙報債의說이一次傳播ᄒᆞ미擧國上下人心이如湧若沸ᄒᆞ야各地方에斷煙會를設立ᄒᆞ며男女老少가爭先出義ᄒᆞ기를如恐不及ᄒᆞ야我國民의如此ᄒᆞᆫ決心이有ᄒᆞᆫ것을世人으로ᄒᆞ여곰驚倒ᄒᆞᆯ만ᄒᆞ니壯則壯矣로다然이나經濟上으로論ᄒᆞ던지衛生上으로觀ᄒᆞ던지煙草의害毒에幾倍尤甚ᄒᆞᆫ禁酒會의不起를恠嘆ᄒᆞ얏더니今此寄書를拜讀ᄒᆞ니참頂門一針이로다酒ᄂᆞᆫ今日世界

各國에飮用치안난곳이無ᄒᆞ나酒ᄂᆞᆫ原來吾人生活上必要品이아니오또酒ᄂᆞᆫ此를化學上으로分析ᄒᆞ면酒精(燒酒)과水의混合物이니酒精이라ᄒᆞᄂᆞᆫ거시胃에入ᄒᆞ면食物을凝固케ᄒᆞ야消化를妨害ᄒᆞᆷ으로身體의健康을害ᄒᆞᄂᆞᆫ거시요(此를試驗코저ᄒᆞ면鷄卵一個의白汁即ᄒᆞᆫ자웨를器中에取入ᄒᆞᆫ後에酒精을注入ᄒᆞ면白汁은即時凝固ᄒᆞᆷ을見ᄒᆞᆯ지라) 또通常言에酒를適當히飮ᄒᆞ면健强을增ᄒᆞ며精神을活潑케ᄒᆞᆫ다ᄒᆞ나此ᄂᆞᆫ皮相的觀察이라酒를飮ᄒᆞ면滋養分은無ᄒᆞᆫ데精神이一時興奮ᄒᆞᆷ으로暫時ᄂᆞᆫ活潑ᄒᆞᆫ듯ᄒᆞ나醒後에ᄂᆞᆫ非常ᄒᆞᆫ惱困을覺ᄒᆞ리니此ᄂᆞᆫ酒가身體를戕害ᄒᆞᄂᆞᆫ證據요또酒ᄂᆞᆫ其他經濟上品行上種々의方面으로觀察ᄒᆞᆯ지라도一利有ᄒᆞ

면百害가從出ᄒᆞᄂᆞ니故로今日文明各國에서도漸次酒를除去코져ᄒᆞᄂᆞᆫ傾向이有ᄒᆞ도다彼法國人民은擧國이中食을斷ᄒᆞ야써國債를報償ᄒᆞ엿거ᄂᆞᆯ我國民이今日과如ᄒᆞᆫ處地에當ᄒᆞ야少許의決心만有ᄒᆞ면禁酒禁煙에何難이有ᄒᆞ리오我同胞ᄂᆞᆫ此로써다못一時의流行熱을作치말고沈着ᄒᆞᆫ態度로有始有終ᄒᆞ기를切祝ᄒᆞ노라

自我의自活義務

吳錫裕

凡人生이此世에生存을欲ᄒᆞᄂᆞᆫ者ᄂᆞᆫ第一몬져스ᄉᆞ로働ᄒᆞ야其生活을自作할感覺을不可不定이니此ᄂᆞᆫ即人生의當然히努力할것이미名之曰自活義務라ᄒᆞ니定義를試言할진ᄃᆡ自活이라ᄂᆞᆫ것은衣食住의必要ᄒᆞᆫ物件을他人의慈惠에依치말고自己의誠實ᄒᆞᆫ勞働에依ᄒᆞ야支給홈으로써此生命을維持養成케홈을謂홈이니라

天地自然의定理로觀察홀지라도人의不可不自活할것을確示ᄒᆞᆫ證據가左에歷々ᄒᆞ니진실노否認치못할바로다

(第一) 吾人々類가各各衣食住의必要을物得ᄒᆞ라면如何히ᄒᆞ여도此를獲得할能力이具存ᄒᆞ엿도다見할지어다步有足ᄒᆞ고取有手ᄒᆞ고語有口ᄒᆞ고嗅有鼻ᄒᆞ고聞有耳ᄒᆞ고見有目ᄒᆞ고思有心ᄒᆞ니如何ᄒᆞᆫ深山大澤이라도此能力으로以할時ᄂᆞᆫ悉能開拓할것이오如何ᄒᆞᆫ猛獸毒蛇라도此能力으로以할時ᄂᆞᆫ悉能馴致할것이오如何ᄒᆞᆫ天空의雷霆이라도此能力으로以할時ᄂᆞᆫ其電光을取ᄒᆞ야吾人의燈明에供할것이오如何ᄒᆞᆫ地下의

金銀銅鐵鑛이라도此能力으로以할時는悉開放之ᄒᆞ야吾人의所用에供할것이오其他山에는山産이有ᄒᆞ고海에는海産이有ᄒᆞ니此能力으로以할時는無非吾人의所有에歸ᄒᆞ리니吾人의能力功德이亦不大哉아如斯ᄒᆞᆫ能力이吾人의게具存ᄒᆞᆫ것은政是吾人의自活義務이合을證明함이라譬컨ᄃᆡ平常跨馬帶劍ᄒᆞ고戰術을講ᄒᆞ며軍略을究ᄒᆞ야勇氣勃々何日何時라도戰爭에適用할軍人은君國을爲ᄒᆞ야不惜生命獻身的義務이合갓치吾人의此世에生存ᄒᆞ미所謂生存競爭의戰場에處ᄒᆞᆷ이라其生活에適用할能力을具備한것이不亦宜乎아

(第二) 正直히勞働ᄒᆞ는者의게는必有相當之成功ᄒᆞ니此는吾人의不可不自活ᄒᆞᆷ을斷定ᄒᆞᆫ第二證이니라

大槪만히働ᄒᆞ는者는賃金을만히取ᄒᆞ고져게働ᄒᆞ는者는賃金을져게取ᄒᆞ며善을務ᄒᆞ는者는善ᄒᆞᆫ報酬를受ᄒᆞ고惡을務ᄒᆞ는者는惡ᄒᆞᆫ報酬를受ᄒᆞᆷ은天地自然의約束이라世間에雜技軍不少ᄒᆞ야不勞而一獲千金之利를收코ᄌᆞᄒᆞ는者ㅣ誠是不理之甚이ᄂᆞ或엇써케되면其詐計에巧當ᄒᆞ야一夜之內에大富豪되는橫數ㅣ亦非不無나然이나諺에曰惡錢不帶身이라ᄒᆞ여스니其輩의墜落窮困이早晩에在ᄒᆞᆷ은火를觀ᄒᆞᆫ듯明確ᄒᆞ고農業家가거름을充分히ᄒᆞ며勞働을不惜ᄒᆞ고誠實히畊作에從事ᄒᆞ는農民이熱而惰ᄒᆞ며寒而怠ᄒᆞ야畊之種之를不以其時ᄒᆞ고거름等事를視之度外ᄒᆞ는農民보담多額의秋收를獲得ᄒᆞᆷ은亦非當然至極之事實也哉아余ㅣ幼在塾時에聞於師ᄒᆞ니曰昔有分田地以讓於三子者ᄒᆞ니二兒은畊作에懶惰無匹ᄒᆞ야每年租稅를未納ᄒᆞ고末弟는畊種焉勤々ᄒᆞ

고除培焉孜々ᄒᆞ야租稅等納을不待官促ᄲᅮᆫ더러父母를自己의堂上에快養ᄒᆞ고도猶有儲積이라一日에二兄이來言於末弟曰父母而愛子偏頗ᄒᆞ야以良田으로讓於汝ᄒᆞ고以薄畝로與於我等ᄒᆞ야養口體ᄂᆞᆫ姑舍ᄒᆞ고猶致年貢之未納ᄒᆞ니自今以汝之所領으로換我之所有가可也라ᄒᆞ미末弟ㅣ少不恨於心ᄒᆞ고快然應諾ᄒᆞ야畊作을一層勉勵ᄒᆞ미所獲이乃復如前이라然이나兄等은一向怠懶ᄒᆞ야畊種除培를不以其時ᄒᆞ니良田玉畓인덜其柰不勉에何오或年洪水에田地多有流落ᄒᆞ야村々大蒙其害ᄒᆞ여스되唯此末弟之所領은少無缺處ᄒᆞ야莖肥穗秀ㅣ勝於例年이라是時에御史ㅣ巡聞ᄒᆞ고其父兄의게孝悌盡力ᄒᆞ야皇天의冥助ᄒᆞᆷ이라ᄒᆞ고나라에奏請ᄒᆞ야特以國田으로褒賞ᄒᆞ엿다ᄒᆞ니盖此末弟의孝悌ㅣ진실노可賞有餘라彼의勤實正直으로勞働한結果ㅣ地味의厚薄을不拘ᄒᆞ고五穀을豊産ᄒᆞ야父母를奉養ᄒᆞ고兄等의不足을補ᄒᆞᆫ것이實不可不褒賞이라而兄은自家의怠惰를不思ᄒᆞ고地味의瘠薄을怨恨ᄒᆞ야弟의所領과換한後에도猶告不登ᄒᆞ야終始困窮ᄒᆞ니是ᄂᆞᆫ基因於勤慢之何者耶오故로正直히勞働ᄒᆞᄂᆞᆫ者의게ᄂᆞᆫ相當의成功을必奏ᄒᆞᆷ을可觀ᄒᆞᆯ지니라

(第三) 是에反ᄒᆞ야勞働치안을時ᄂᆞᆫ貧困苦痛이所到에來襲ᄒᆞ야此生命을危難케ᄒᆞ니此亦吾人의不可不自活ᄒᆞᆷ을明示ᄒᆞᆫ第三證이니라

怠懶에處身ᄒᆞᄂᆞᆫ者ᄂᆞᆫ種々의惡念을發ᄒᆞ야或女色을思ᄒᆞ며或遊興을思ᄒᆞ며或美食珍饌을思ᄒᆞ야도不勤勉結果ㅣ一文錢이無ᄒᆞ야遂犯詐僞竊盜强盜等其他種々罪惡ᄒᆞ고勞働에處身ᄒᆞᄂᆞᆫ者ᄂᆞᆫ粗食粗飮料라도甘食

ᄒᆞ야晝則忙於仕事ᄒᆞ고夜則憊於晝疲ᄒᆞ야不知前後而熟睡ᄒᆞ니惡念이何從而萠乎리오故로勞働치아니면貧困苦痛이來襲ᄒᆞ야此生命을能히維持케못할것은自然의法則인바不可避也者ㅣ니라

以上三點은不働之天則이ᄆᆡ働치아니면食지못ᄒᆞᆫ다ᄂᆞᆫ金言을確證ᄒᆞᆷ이라되ᄆᆡ勞働은物件을得ᄒᆞᄂᆞᆫ뒤必須의條件이라何人이던지勞働의道를蹈치안코ᄂᆞᆫ必要物을求ᄒᆞᆯ權利가無ᄒᆞ니勞働으로써勞働은換할지연뎡不勞働으로써勞働은決코換치못ᄒᆞᆯ지라더ㅣ金錢으로勞働을換ᄒᆞᆷ은金錢이即勞働을代表ᄒᆞᆷ이오物品으로勞働을換ᄒᆞᆷ은物品이即勞働을代表함이라米ᄂᆞᆫ物品이니粒々이農民의辛苦勞働을表現ᄒᆞᆷ이안이며金銀銅貨ᄂᆞᆫ金錢이니個々가吾人의勤勉勞力을表現ᄒᆞᆷ이아니리오故로天下에何人이던지彼의不勞働으로써我의勞働을要求ᄒᆞᆯ權利ㅣ업스며我亦我의不勞働으로써彼의勞働을要求ᄒᆞᆯ權利ㅣ업ᄂᆞᆫ지라然이나有例外ᄒᆞ니即勞働에不堪者ㅣ是也라病疾或體格不完全의故障됨으로到底自活에能치못ᄒᆞᆯ者ᄂᆞᆫ自活의義務를負치못ᄒᆞᆯ지라步行을無足者의게强치못ᄒᆞ며聞見을盲啞의게勸치못ᄒᆞᆷ과如ᄒᆞᆷ이라大抵自活에必要條件이有二ᄒᆞ니曰勤勉曰節儉이라不勤ᄒᆞ고自活코자ᄒᆞᆷ은是ᄂᆞᆫ臥ᄒᆞ야秋風에自然이써러지ᄂᆞᆫ實果를待ᄒᆞᆷ과如ᄒᆞᆫ지라天下ㅣ豈容此理리오節儉이라ᄂᆞᆫ것은爲己爲他에財物을有益ᄒᆞᆫ事에만用ᄒᆞ야雖分厘라도浪費치안ᄂᆞᆫ것을云ᄒᆞᆷ인데되ᄆᆡ勤勉으로써如何이金錢을儲蓄ᄒᆞ여도此를一方으로浪費ᄒᆞᆯ時ᄂᆞᆫ勤勉의餘功이殆無ᄒᆞᆯ지라西哲의니란바最少儲者ㅣ無最貧之理ᄒᆞ고最多儲者ㅣ無最富之道라

ᄒᆞ니盖至言之謂也哉연뎌

東西洋을比較的으로觀察ᄒᆞ면國의風俗不同ᄒᆞᆫᄃᆡ因ᄒᆞ여國家의關係됨이亦非淺鮮이라西洋人은不拘男女老少ᄒᆞ고各勉其業ᄒᆞ야苟非不具癈疾之限에ᄂᆞᆫ皆自勞自活ᄒᆞ야人에依ᄒᆞ야遊食ᄒᆞᄂᆞᆫ者ㅣ업ᄂᆞᆫᄃᆡ我大韓人은是에反ᄒᆞ야互相依賴ᄒᆞ니父子相依ᄒᆞ며兄弟相賴ᄒᆞ야一家ᄂᆞᆫ姑舍ᄒᆞ고朋友親戚ᄭᆞ지라도他의遺饋에依코자ᄒᆞ니全國人口가雖曰二千萬人이라ᄒᆞ나實際生業에務從ᄒᆞᄂᆞᆫ者ᄂᆞᆫ四百萬人이나五百萬人에不過ᄒᆞ고其餘ᄂᆞᆫ無非徒手遊食消費로爲事ᄒᆞ니夫如是면一家의繁昌은말ᄒᆞᆯ것도업고一國의發達도容易히不可望이라盖國家라ᄂᆞᆫ것은人民團合에依ᄒᆞ야成立된者라人民이弱ᄒᆞ면國家가弱ᄒᆞ고人民이强ᄒᆞ면國家가强ᄒᆞᆷ은元亨利貞인즉國家의富貧强弱이實係于人民이라故로一人이自活獨立ᄒᆞ면一家가自活獨立ᄒᆞ고一家가自活獨立ᄒᆞ면一國이自活獨立ᄒᆞᄂᆞ니一個人의影響이國家에關係됨이顧何如哉아彼自活思想이極端에馳達ᄒᆞ야己의親ᄭᆞ지도不顧ᄒᆞᆷ갓ᄐᆞᆫ것은吾輩의決斷코不取ᄒᆞᄂᆞᆫ바어니와一人分의人이되라ᄒᆞᄂᆞᆫᄃᆡᄂᆞᆫ父子兄弟間이라도生活上에ᄂᆞᆫ各自獨立ᄒᆞ야他를累縛지안키로各掛於心ᄒᆞ야一身을處ᄒᆞᆯ感覺을不可不定이니라

勃興時代에積極的

梁大卿

自有史以來로一國의盛衰興廢ᄂᆞᆫ如何ᄒᆞᆫ邦國을勿論ᄒᆞ고盛ᄒᆞᆫ時代를當ᄒᆞ여ᄂᆞᆫ經濟上에如許ᄒᆞᆫ恐慌과外交上에如許ᄒᆞᆫ壓迫을當ᄒᆞ여도能히ᄡᅥ此를排除ᄒᆞ고步々前進ᄒᆞᄂᆞ

니比컨ᄃᆡ吾人이幼穉時代로부터身體와精神이漸々發達ᄒᆞ야壯年에進達ᄒᆞᆯ時代에ᄂᆞᆫ비록千萬의困難이前路에縱橫ᄒᆞ여슬지라도此를擠排ᄒᆞ고完成域에發展ᄒᆞᆷ이進々不已ᄒᆞᆷ과갓치國家振興의狀態도斯와如ᄒᆞᄂᆞ其生命에至ᄒᆞ여ᄂᆞᆫ吾人의生命과國家生命이全然不同ᄒᆞ니吾人의肉體的生命은一次亡歸ᄒᆞ면다시形臭가無ᄒᆞ거니와國家의生命은此와反ᄒᆞ야盛運을當ᄒᆞ면衰亡을誡ᄒᆞ며衰運을當ᄒᆞ면勃興을期圖ᄒᆞ니國家의生命은此를無窮에永續ᄒᆞ기可能ᄒᆞ리로다歷史를參考컨ᄃᆡ彼羅馬全盛時代와西班牙가西曆一千五百年頃에사라센人에게非常ᄒᆞᆫ壓迫을受ᄒᆞ여스나國民의共同一致ᄒᆞᄂᆞᆫ精神으로國勢를挽回ᄒᆞ얏고其後사라센人을國外로驅逐ᄒᆞᆯ當時에國土가廣大치못ᄒᆞ며人民도ᄯᅩᄒᆞᆫ甚少ᄒᆞ여스ᄂᆞ銳氣所向에사라센人을一打驅逐ᄒᆞ고爾來戰爭의勢를乘ᄒᆞ야各種의新事業이蔚然勃興ᄒᆞ며於是에亞米利加를發見ᄒᆞ고於南於此에領土를多有ᄒᆞ야儼然ᄒᆞᆫ一大强國을成立ᄒᆞ얏고獨逸聯邦으로觀ᄒᆞᆯ지라도普魯士一國으로興起ᄒᆞ야歐洲에서覇權을掌握ᄒᆞᆷ도一時ᄂᆞᆫ勃興의盛運을乘ᄒᆞ야積極的行動으로至大ᄒᆞᆫ障礙를排除ᄒᆞᆷ에由ᄒᆞ엿고希臘은歐洲에蕞爾ᄒᆞᆫ一小國이라西曆一千四百五十四年에土耳其에게幷呑ᄒᆞᆫ비되야其無數ᄒᆞᆫ殘虐을被ᄒᆞᆷ이四百年이더니一千八百五十年에至ᄒᆞ야希臘의愛國黨이秘密會를組織ᄒᆞ야擧義圖謀ᄒᆞ다가土耳其軍의捕獲을被ᄒᆞ얏스나愛國者의滿腔熱血이愈益奮發ᄒᆞ야國會議會를開ᄒᆞ고政府를設ᄒᆞ며憲法을制定ᄒᆞ고殘虐無道ᄒᆞᆫ土耳其로血戰七八年에希臘의獨立軍이死亡盡滅ᄒᆞ되其國民의獨立思想은

十五

萬敗不挫ᄒᆞ미於是에英法兩國이其國民의志節을欽歎ᄒᆞ야希臘의獨立을公認홈에至ᄒᆞ얏스니此로써觀ᄒᆞ면愛國의義士가荊棘間에奮起ᄒᆞ야百難不屈로獨立을克復홈은其因이何에在ᄒᆞᆫ고必是積極的主義로人文이不亡ᄒᆞ고其國이不亡홈이로다

試看ᄒᆞ라自古로國이興ᄒᆞᄂᆞᆫ原因을探究ᄒᆞ면都是興ᄒᆞᄂᆞᆫ것도興ᄒᆞᆯ原因이有ᄒᆞ고衰ᄒᆞᄂᆞᆫ것도衰ᄒᆞᆯ原因이有할이로다

大抵興ᄒᆞᆯ原因은何오曰積極的主義니此時代에ᄂᆞᆫ敵兵의武力과政界上侵奪과財政上貧窮과文學上劣等에非常ᄒᆞᆫ恐慌이有ᄒᆞᆯ지라도强烈無比ᄒᆞᆫ公共國體의精神이國內에充溢ᄒᆞ면此를積極的勃興時代라可謂ᄒᆞᆯ진저

壯哉라今日我韓의愛國義士가發起ᄒᆞᆫ國債報償이여果以成功也成功也며可以償還哉償還哉어다於是乎報償의責任이熟輕熟重이리오我二千萬이同一ᄒᆞᆫ責任과同等ᄒᆞᆫ義務를各自負擔ᄒᆞ고積極的主義로獻身的精神을喚起ᄒᆞ야目下大機會를勿失ᄒᆞ고成功을力期코져ᄒᆞ니此ᄂᆞᆫ實로我國勃興時代의積極的主義라可謂ᄒᆞ리로다

人格修養과意志鞏固

郭漢七

本題ᄂᆞᆫ表面으로暫觀ᄒᆞ면平々凡々ᄒᆞ야趣味가一無ᄒᆞᆫ듯ᄒᆞ나此를깁히싱각ᄒᆞ면決코不然ᄒᆞ니吾儕青年學生은此를深究치아니치못ᄒᆞᆯ것이라吾儕青年時代에最大要務로余가싱각ᄒᆞᄂᆞᆫ것은人格의修養이니萬一自己의心本이公正치못ᄒᆞ고品格이卑劣ᄒᆞ야方正치못ᄒᆞ면學問을修ᄒᆞ야何處에用ᄒᆞ며

知識을得ᄒᆞ야何目的을達ᄒᆞ리오半知半解의徒가所謂學問이니知識이니ᄒᆞ고鼠尾만침비오면世上理致를다ㅣ흔자아는듯시眼下에無人이오口로는大言壯談을如喫冷飯ᄒᆞ야英雄이니豪傑이니有志니愛國이니國權回復이니무엇이니무엇이니ᄒᆞ는等說로世人을驚倒ᄒᆞᆯ만ᄒᆞ나其實心膓을穿觀ᄒᆞ면一定ᄒᆞᆫ主志가無ᄒᆞ야滿腹經綸이都是私欲의奴隷ᄲᅮᆫ이오實地行動으로觀ᄒᆞ면人의模範되기난姑舍ᄒᆞ고都是一時欺人的手端에不過ᄒᆞ니如此ᄒᆞ고야能히其眞面의不露가久키望ᄒᆞ며事業의成就를期키能ᄒᆞ리오余가如許ᄒᆞᆫ志氣言行을非難코져홈이아니라余는如許ᄒᆞᆫ志氣言行이往々假面裏로從出홈을慨嘆ᄒᆞ노라

嗚呼라我同胞青年諸君아ㅣ奮起치못ᄒᆞᆯ가？假面을速脫ᄒᆞ고眞面으로써活動을快試치못ᄒᆞᆯ가？今日의吾輩青年은國家의後續者요他日의先導者라人을指導코져ᄒᆞ면몬져人의標範될만ᄒᆞᆫ人格을修養ᄒᆞ며主旨를確立ᄒᆞ고一定ᄒᆞᆫ目的을向往치아니ᄒᆞ면無柁의風船이太平洋에泛々ᄒᆞ야所向을不知홈과如ᄒᆞ니엇지써智識이智識의役務를盡ᄒᆞ며學問이學問의效能을發ᄒᆞ리오余가學問과智識을非定ᄒᆞ는것이아니라吾儕青年은況今日과如ᄒᆞᆫ時代에生ᄒᆞ야스니學問智識을一層注意ᄒᆞ야勤勉發達치아니치못ᄒᆞᆯ것이로다然이나人格과學問을一家에比ᄒᆞ면人格은基礎와棟樑에相當ᄒᆞ고學問은室內粧飾品에相當ᄒᆞ니吾輩青年된者엇지此에注意치아니ᄒᆞ야其本은忘ᄒᆞ고다못其末만追求ᄒᆞ리오故로余는大聲叫呼ᄒᆞ되品格修養이青年의第一先務라ᄒᆞ노라

我同胞가海外各國에出學을開始ᄒᆞᆫ지于今

十餘載에其間如何ᄒᆞᆫ好結果를얼마ᄶᅳᆷ本國에載歸ᄒᆞ엿스며幾許의好個模範이此間에派出ᄒᆞ얏ᄂᆞᆫ고前轍이既覆에後車를再驅ᄒᆞ야前後轍이相續ᄒᆞ되頓然不覺ᄒᆞ니嗚呼라我青年同胞아ㅣ精神이有ᄒᆞ나無ᄒᆞ나此實今人으로ᄒᆞ여금先人을嘆惜ᄒᆞ며後人으로ᄒᆞ여금ᄯᅩ今人을嘆惜케ᄒᆞᆯ者이로다云々치말지어다我ᄂᆞᆫ實노國을愛ᄒᆞ며同胞를爲ᄒᆞ야異日大志를立ᄒᆞ면泯滅에臨ᄒᆞᆫ二千萬同胞를水火中에셔救出ᄒᆞᆫ다고!! 一身의計를未立ᄒᆞ고엇지一國의計를圖ᄒᆞ며小事에不勤ᄒᆞᄂᆞᆫ者엇지大事에當ᄒᆞᆯ資格이有ᄒᆞ리오古聖이不云가文質이彬々然後에君子니라ᄉᆡᆼ각ᄒᆞ면青年時代ᄂᆞᆫ人生의一平生을決定ᄒᆞᄂᆞᆫ時代요萬般의準備를貯蓄ᄒᆞᄂᆞᆫ時代니渡世最要의關門이며ᄯᅩ青年時代의吾人의心境은春日芳園에花를探ᄒᆞᄂᆞᆫ蜂蝶과恰似ᄒᆞ야東風을乘ᄒᆞ면東으로向ᄒᆞ고西風을乘ᄒᆞ면西으로向ᄒᆞᆷ이로다ᄯᅩ云치말지어다丈夫의志氣가鐵石갓다고!! 平日에ᄂᆞᆫ堅强ᄒᆞᆫ듯ᄒᆞ던男子의志氣도一次激浪이來襲ᄒᆞ야逆境에卷入ᄒᆞ면春雨東風에殘雪녹듯아니ᄒᆞᄂᆞᆫ가? 然則品格修養의要素ᄂᆞᆫ何에在ᄒᆞᆫ고余ᄂᆞᆫ曰ᄒᆞ되志意를鞏固케ᄒᆞᆷ에在ᄒᆞ다ᄒᆞ노라通古今世界上에偉人이라稱ᄒᆞᄂᆞᆫ人物은何處가普通人과異ᄒᆞᆫ고ᄒᆞᆫ면非他라意志鞏固에在ᄒᆞ도다非常ᄒᆞᆫ危險을當ᄒᆞ여도心事가自若處理ᄒᆞ며普通人의不及ᄒᆞᆯ困難을當ᄒᆞ여도一心所向에千辛萬艱을忍耐ᄒᆞ야最後의大勝利를占得ᄒᆞᄂᆞ니基督教의祖宗되난의上帝의獨生子耶穌를見ᄒᆞ라頑冥無知ᄒᆞᆫ衆生을罪惡中에셔救出코저風餐露宿으로晝夜를不撤ᄒᆞ고千萬困難을盡嘗ᄒᆞ며眞理를傳播ᄒᆞ다가빌라도裁判所에引出되

야十字架上에寶血을流ᄒᆞ엿스나其無窮의生命과不朽의事業은今日二十世紀天下萬國이다ㅣ崇奉感謝ᄒᆞ며稱頌讚美ᄒᆞᄂᆞᆫ一大宗敎主人이되엿스니偉哉라

耶穌의意志鞏固가何以至此며愛人如己를何以極此오嗚呼라吾輩國民이今日如此ᄒᆞᆫ世界에生ᄒᆞ야人間된事業을成就코져ᄒᆞ면鞏固ᄒᆞᆫ意志와非常ᄒᆞᆫ決心이有ᄒᆞᆫ然後에야庶達ᄒᆞᆯ것거ᄂᆞᆯ何故로本源을捨ᄒᆞ고末流만取ᄒᆞᄂᆞᆫ고我의敬愛ᄒᆞᄂᆞᆫ學生諸君이여如許ᄒᆞᆫ不拔의志氣를學問界에셔믄求코져ᄒᆞᄂᆞᆫ가如許不拔의志氣가必要치아님으로認定ᄒᆞᄂᆞᆫ가何以至此오余ᄂᆞᆫ다못一言으로써告ᄒᆞ되英雄의本色은公善에服從홈에在ᄒᆞ고人格修養의本源은眞理를信仰홈에在ᄒᆞ다ᄒᆞ노라

불학무식ᄒᆞᆫ, 집안의, 가ᄉᆞ싸홈을, 구경홈 (긔서)

회원 리원붕모친백씨

나ᄂᆞᆫ, 본ᄅᆡ, 무식ᄒᆞᆫ녀인이라, 셰월의, 가고오ᄂᆞᆫ것도, 아지못ᄒᆞ고, 초로에, 뭇치여, 감농이나ᄒᆞ고, 물길이, 동ᄌᆞᄒᆞ기와, 간간, 침지나, ᄒᆞ여닙고, 그렁저렁, 륙십년을, 지내여, 오ᄆᆡ, 그사이에, 다른일도, 만히지ᄂᆡ보앗거니와, 한ᄂᆞᆯ은, 손에, ᄉᆞ리를잡고, 니웃집을간즉, 그집쥬인녀인의얼골에, 불편ᄒᆞᆫ기ᄉᆡᆨ이, 가득ᄒᆞ엿기로, 내뭇기를, 이즈음몸이, 편치아니ᄒᆞ시오ᄒᆞᆫ즉, 대답ᄒᆞ여ᄀᆞᆯᄋᆞᄃᆡ, 녀편네가되여, 그집안일이나, 그가장의흠담을, 다른사ᄅᆞᆷ의게, 말ᄒᆞᄂᆞᆫ거시, 참아름답지못ᄒᆞ나, 셜프고, 하기막키ᄂᆞᆫ일을, 누의게, 다말ᄒᆞ릿가, 참지못ᄒᆞ와, 두어말ᄉᆞᆷᄒᆞ올이다, 소위가장이라ᄒᆞᄂᆞᆫ이가, 평ᄉᆡᆼ

에, 후슈와잡기로만, 일을숨고, 집안일은, 조곰도, 도라보지아니ᄒᆞᄆᆡ, 밥지을, 식, 쩌러진지가, 몰서, 석달이, 되엿ᄉᆞ되, 녀편네의, 수단으로는, 도시ᄒᆞᆯ수업서서, 울당과바주를, 뜻어쎅고, 쏠쩌러진지도, 벌서녁당동안이라, ᄎᆞᆷ아굴머죽지는, 못ᄒᆞ여서, 이ᄃᆡ더ᄃᆡ, 한되두되식, 비러다가, 기름자가, 얼는얼는ᄒᆞ는, 죽물인만져 지여, 비알에풀이나, 겨우ᄒᆞ여오ᄆᆡ, 이제는, 다시, 구구ᄒᆞᆫᄉᆞ정도, ᄒᆞᆯ곳이별노업서, ᄒᆞᆯ수업시, 련사ᄒᆞᆯ을, 번져시ᄂᆡ여, 잇든ᄎᆞ에, 하오리간만에, 남편이, 드러왓기로, 셰셰ᄒᆞᆫ졍을, 다고ᄒᆞᆫ즉, 드른체만체, 침목베고, 눕고말기로너무답답ᄒᆞ여서, 두어마듸말노, 한탄ᄒᆞᆫ즉이ᄯᅢ남편은, 누어서, 오지도아니ᄒᆞ는잠을자는체ᄒᆞ고, 아즉도, ᄉᆡᆼ각ᄒᆞ는거시, 누구를, 속히고, 돈을쎄앗스면, 엇지ᄒᆞ면, 두젼

본젼을, 엇을가ᄒᆞᄂᆞᆫ것뿐이라, 그거동을보ᄆᆡ, 가슴이, 더욱답답ᄒᆞ여, 겨졍소리를, 종종히, 들녓더니, 펄젹니러나면셔, 눈을부르쓰고, ᄒᆞ는말이, 귀아프고, 소란히ㅣᄒᆞ고, 압제로, 말을ᄒᆞ기에, 녀편네를, 아모리즘ᄉᆡᆼ굿치, ᄃᆡ접ᄒᆞ고죽을물건굿치, 되여잇ᄉᆞ나, 이경황에, ᄃᆡᄒᆞ야서야, 좀ᄉᆞ히ᄎᆞᆷ을수가 업기로, 두어말노, 대답ᄒᆞ엿더니, 대답ᄒᆞᆫ다고, 큰목침을드러, 사정업시, 치기로, ᄒᆞᆯ수업시, ᄆᆡ만맛고, 잇노라ᄒᆞ기에, 나도두어말노, 위로ᄒᆞ고, 집에도라와, 좀ᄉᆞ히ᄉᆡᆼ각ᄒᆞᆫ즉, 대져, 녀ᄌᆞ라, ᄒᆞ는거슨, 웨그리쳔ᄒᆞᆫ물건이, 되엿는고 당초지ᄉᆞ, ᄉᆡᆼ각ᄒᆞ면, 이세상ᄉᆡᆼ겨나셔, 나히이십셰가, 근당ᄒᆞ도록, ᄉᆡᆼ부모의, 양육을, 밧어, 거의, 일비지력이라도, 부모의게, 도아갑ᄒᆞᆯ만ᄒᆞ면, 일평ᄉᆡᆼ에, 한번도보고, 알지못ᄒᆞ든, 싀부모와

남편을섬기게되며、불ᄒᆡᆼ이、셰상사리나、
빈한ᄒᆞᆫ집안을맛나면、약ᄒᆞᆫ몸에、각ᄉᆡᆨ일은
남편들보다도、더무겁게、맛하살피고、그
즁에도、남편이나、불ᄒᆡᆼ히、잘못맛나면、오
ᄂᆞᆯ、저녁인과ᄀᆞᆺ치、세식은、ᄒᆞᆫᄌᆞ굼고、일평
ᄉᆡᆼ고로음즁에、한셰상을、보닐터히니、앗
갑도다、이를위ᄒᆞ여、셰상에ᄉᆡᆼ겻단말인고
?ᄉᆡᆼ각ᄒᆞ면、조곰도、살ᄆᆞ음이、업지마ᄂᆞᆫ
그럿치못ᄒᆞᆯᄉᆞ돍이잇ᄉᆞ니、태초에、텬ᄉᆡᆼ만
민ᄒᆞ실ᄯᆡᆨ에ᄂᆞᆫ、남녀가、등급잇게、ᄂᆡ신거
시아니오、다ᄀᆞᆺᄒᆞᆫᄉᆡᆼ명과、인격을주셧ᄉᆞ미
한ᄯᆡᆨ자미잇ᄂᆞᆫ셰상은졍 코잇슬지라、그리
치를、ᄇᆞᆰ히아ᄂᆞᆫ、뎌、영미국과그밧게、셔양
문명ᄒᆞᆫ각나라에셔ᄂᆞᆫ、남녀의동등권을、완
젼히ᄒᆞ고、학문과、교휵을、ᄀᆞᆺ튼졍도로、ᄀᆞ
ᄅᆞ쳐셔、각사ᄅᆞᆷ이、문명ᄒᆞ미、자연그집안
이、화목ᄒᆞ고、샤회가、문명ᄒᆞ며、나라히、
부강ᄒᆞ엿거니와、도라보건ᄃᆡ、우리나라사
ᄅᆞᆷ은、우물속에、머구리소견으로、이왕에
업든거슨、덥허놋코、이져지도라ᄒᆞ여、저
러오ᄂᆞᆫ、루쳔년습관을、조곰도ᄀᆞᆺ치지못ᄒᆞ
고、무식ᄒᆞᆫ거시、짝이업ᄉᆞᄃᆡ、비ᄒᆞᆯᄉᆞ샹은、
하나도업고、다른사ᄅᆞᆷ의、션ᄒᆞᆫ일ᄒᆞᄂᆞᆫ거슬
보면、싀긔와、미움만、가득ᄒᆞ여、엇던흉계
로던지、방ᄒᆡ만ᄒᆞ랴ᄒᆞ고、다만알기쉽고、
ᄒᆡᆼᄒᆞ기쉬온、남속이기와、도졀질ᄒᆞᄂᆞᆫ일에
나、손이셜나셔、소위나라일에도、츰례ᄡᅡ
ᄂᆞᆫ일이、즁々ᄒᆞ니、슬프다、뎌、불학무식ᄒᆞᆫ
쟈의게、나라일을맛기면、나라를、결단닐
터히오、샤회를、쥬장ᄒᆞ면、샤회를、멸망식
힐지라、그런고로、명々ᄒᆞᆫ하ᄂᆞᆯ이、대한을
도라보샤、나라가온ᄃᆡ、춍준ᄒᆞ신쳥년류학
ᄉᆡᆼ을、일본과、미국에、보ᄂᆡ엿ᄉᆞ니、불원간
에、문명ᄒᆞᆫ빗치、대한반도샹에빗、칠거

二十一

손짐쟈ᄒᆞ고, 손가락을, 곱아, 그ᄂᆞᆯ을기ᄃᆞ리거니와, 다만, 몬져, 한말을, 미국파, 일본에, 계신류학ᄉᆡᆼ여러분씌붓ᄂᆞ니, 여러분이, 문명ᄒᆞᆫ공긔즁에, 각종학문을, 비호와, 뛰여나는ᄉᆞ샹들을, 만히엇어가지고, 본국에, 도라오샤, 젼국동포의게, 문명을젼달ᄒᆞ여, 부강발달ᄒᆞ온후에는, 술먹고, 잡기ᄒᆞ는쟈ㅣ도, 업셔질터히오, 남녀의동등권도, 완젼ᄒᆞ겟지요? 불근영광, 태극긔를, 륙대부쥬샹에, 뎨일놉히, 달어놋코, 대한뎨국, 만세, 억만세로, 만세가를, 불너봅세다

조고마ᄒᆞᆫ정셩을표ᄒᆞ기위ᄒᆞ여 찬셩금일원을봉뎡ᄒᆞ오니지필의용비나보틔여쓰시옵소셔

편쟈(編者)갈ᄋᆞ되, 우리나라이, 멧쳔년이ᄅᆡ로, 우에잇는쟈는, 아ᄅᆡ잇는쟈를, 압제ᄒᆞ고, 권력잇는쟈는 권력업는쟈를, 압제ᄒᆞ며, 돈잇는쟈는, 가난ᄒᆞᆫ쟈를, 압제ᄒᆞ고 남ᄌᆞ는, 녀ᄌᆞ를, 압제ᄒᆞ는풍쇽이, 사ᄅᆞᆷ마다, 골슈에져져, 압제쥬는쟈는, 의례이, 나만못ᄒᆞᆫ쟈에게는, 압제쥬는쥴로, ᄉᆡᆼ각ᄒᆞ며, 압제밧는쟈도, 의례이, 밧는것으로, ᄉᆡᆼ각ᄒᆞ야, 심지어, 아ᄅᆡ잇는쟈는, 입이이셔도 말ᄒᆞ지못ᄒᆞᆫ다는, 쇽담이, 잇스니, ᄎᆞᆷ, 가탄ᄒᆞᆫ일이로다, 당초,(當初)하ᄂᆞ님이, 우리사ᄅᆞᆷ을, ᄂᆡ실ᄯᅢ에, 남녀의별은, 잇슬찌언뎡, 일반사람되는ᄌᆞ격에야, 엇지놉고낫즌쟈별이, 잇스리오, 또, 부부가, 화ᄒᆞᆫ연후에야 ᄒᆞᆫ집안이, 온젼이화ᄒᆞ고, ᄒᆞᆫ집안이, 화ᄒᆞᆫ후에야, ᄒᆞᆫ나라이, 온젼이, 화ᄒᆞ깃거ᄂᆞᆯ, 우리나라는, 엇더냐ᄒᆞ면, 녀ᄌᆞ는, 다못, 남ᄌᆞ의미인물건으로, ᄉᆡᆼ각ᄒᆞ야, 녀ᄌᆞ에게는, 교휵도, 아니ᄒᆞ고, 만반ᄉᆞ를, 남ᄌᆞ가, 다, 압제

로, 명령ᄒᆞ되, 연약ᄒᆞ고, 불상ᄒᆞᆫ녀ᄌᆞᄂᆞᆫ, 남ᄌᆞ에게, ᄃᆡᄒᆞ야, 조곰도, 항거ᄒᆞᆯ힘이업셔, 일평ᄉᆡᆼ을, 남ᄌᆞ의죵노릇ᄒᆞ고, 지ᄂᆡᄂᆞᆫ데, 불학무식ᄒᆞᆫ사람의집안은, 오히려, 말ᄒᆞᆯ것업거니와, 쇼위, 셰상에, 츌립ᄒᆞ고, 좀, 학문잇다ᄒᆞᄂᆞᆫᄉᆞ람들즁에도, 쳡을어더, 본쳐을, 무슈히, 박ᄃᆡᄒᆞᄂᆞᆫ일이며, 가ᄉᆞᄂᆞᆫ, 도라보지, 아니ᄒᆞ고, 쥬ᄉᆡᆨ잡기로, 몸을맛치되, 불상ᄒᆞᆫ녀ᄌᆞᄂᆞᆫ, 호소ᄒᆞᆯ곳이, 업셔, 혹, 심ᄒᆞ면, ᄌᆞ살ᄒᆞᄂᆞᆫ부인도, 잇스며, 자살치, 아니ᄒᆞᆯ지라도 일평ᄉᆡᆼ을, 슬픈가온데, 눈물로, 보ᄂᆡᄂᆞᆫ녀ᄌᆞ, 우리나라가온데, 몃ᄇᆡᆨ만일쑈, 이갓흔녀ᄌᆞ에게, ᄃᆡᄒᆞ야, 나ᄂᆞᆫ, 만곡동졍의 눈물를 금치못ᄒᆞ노라이셰상에, 갓흔사람으로ᄉᆡᆼ겨나셔, 엇지영광이, 남ᄌᆞ에게, 만코, 녀ᄌᆞ에게, 젹으며, 갓흔녀ᄌᆞ로, 이셰상에, ᄉᆡᆼ겨ᄂᆞ셔, 엇지셔양에ᄂᆞᆫ, 영광이, 져러ᄐᆞᆺ, 만ᄒᆞᆫ데, 동양에ᄂᆞᆫ, 이러ᄐᆞᆺ, 심ᄒᆞᆫ 교휵은, 말ᄒᆞ되, 녀ᄌᆞᄂᆞᆫ, 완력(腕力)이, 남ᄌᆞ에밋지못ᄒᆞ미, 불가불, 남ᄌᆞ의, 죵노릇ᄒᆞᆯ슈밧게업다ᄒᆞ니, 이거시, 엇지만물의령장(靈長)이라ᄒᆞᄂᆞᆫ, 사람의말이리오, 더, 쌍々이, ᄶᆞᆨ을무어, 일ᄉᆡᆼ을, 유쾌히지ᄂᆡᄂᆞᆫᄉᆡ와, 짐ᄉᆡᆼ을, 볼지어다, 이거시, 도시말ᄒᆞ면, 우리나라녯ᄂᆞᆯ도덕(道德)과, 학문의완젼치못ᄒᆞᆷ으로, 된거시라, 지금일됴일셕에, 다, 변키ᄂᆞᆫ, 어려오ᄂᆞ, 국민의교휵과, 녀ᄌᆞ의교휵을, 발달시키면, 옛날악ᄒᆞᆫ풍쇽은, 졈졈, 사러져업셔지고, 남녀동등권과, 부부화락ᄒᆞᆫ, 가뎡(家庭)을, 죠직ᄒᆞᄂᆞᆫ, ᄉᆡ운슈가, 불원에, 오리라ᄒᆞ노라

平和會議에對ᄒᆞᆫ余의感念

友洋生 崔錫夏

東西各報館의所道를據ᄒᆞᆫ즉今年荷蘭海牙府에셔第二平和會議를開ᄒᆞᆫ다ᄒᆞ니吾人이平心思之컨ᄃᆡ現今世界ᄂᆞᆫ詐欺師의活動時代로다何者오國際公法이發達ᄒᆞ도록不仁不義ᄒᆞᆫ侵略行爲ᄂᆞᆫ各國間에日益增加ᄒᆞ고平和主義가廣布傳播ᄒᆞ도록殘忍暴惡ᄒᆞᆫ强食弱肉政略은日益甚焉ᄒᆞ니嗟홉다뉘가此世界에人道가有ᄒᆞ다謂ᄒᆞ리오由是觀之컨ᄃᆡ今番平和會議도亦是二三强國의政略中으로出홈이라斷言ᄒᆞ리로다然이ᄂᆞ再三思之ᄒᆞᆯ지어다吾人은宇宙間에發生ᄒᆞᆫ者ㅣ라엇지社會原理와天下風潮를脫出ᄒᆞᆯ슈有ᄒᆞ리오生存競爭은社會原理가아니며民族帝國主義ᄂᆞᆫ天下風潮가아닌가自己一個人이此原理에抵抗ᄒᆞᄂᆞᆫ社會가不許홈에奈何며自己一個人이此主義를抛棄ᄒᆞᄂᆞᆫ天下大勢가不許홈에奈何오然ᄒᆞᆫ즉吾人은此原理原則을利用ᄒᆞᄂᆞᆫ者ᄂᆞᆫ此時代에셔能히生存을保全ᄒᆞᆯ者ㅣ오利用ᄒᆞ지못ᄒᆞ고한갓時勢를罵詈ᄒᆞᄂᆞᆫ者ᄂᆞᆫ人爲陶汰를免ᄒᆞ지못ᄒᆞᆯ者라故로余ᄂᆞᆫ侵略ᄒᆞᄂᆞᆫ者를憎視ᄒᆞᄂᆞᆫ것보담更一層被侵ᄒᆞᄂᆞᆫ弱虫을唾罵ᄒᆞ야曰汝도同一ᄒᆞᆫ人類오彼도同一ᄒᆞᆫ人類어ᄂᆞᆯ何故로彼의奴僕臣妾이되야彼의脚下에셔一世를終ᄒᆞᄂᆞ뇨ᄒᆞ노라

世界文明이進步홈을從ᄒᆞ야列强의侵略方法도日益進步ᄒᆞ야曰經濟曰保護로人國을竊盜ᄒᆞ니其奇々妙々ᄒᆞᆫ方法을一々히擧論키難ᄒᆞ도다今回平和會議도其名義ᄂᆞᆫ優美ᄒᆞ야世界으로ᄒᆞ여곰歎服케ᄒᆞᄂᆞᆫ其實은滅國新法을發明ᄒᆞ기爲ᄒᆞ야集會ᄒᆞᄂᆞᆫ者ㅣ니

人道의方面으로觀察ᄒᆞ면一分의價値가無ᄒᆞ다謂ᄒᆞᆯ슈잇스ᄂᆞ天下大勢의方面으로觀察ᄒᆞ면必然的產物이라然ᄒᆞᆫ즉此會ᄅᆞᆯ利用ᄒᆞᄂᆞᆫ者ᄂᆞᆫ强者ㅣ오能者ㅣ오適者ㅣ오傍觀ᄒᆞᄂᆞᆫ者ᄂᆞᆫ弱者ㅣ오劣者ㅣ오愚者ㅣ라

嗚呼라二千萬同胞여今回平和會議에對ᄒᆞ야如何ᄒᆞᆫ感念을抱ᄒᆞᄂᆞ뇨? 記臆ᄒᆞᆯ지어다伊太利建國英雄嘉富耳이가巴里列國代表者會議席에서무ᄉᆞᆷ烈言壯談을發ᄒᆞ야奧相의魂膽을驚動ᄒᆞ고列國의同情을得ᄒᆞ야畢竟自國의獨立을回復ᄒᆞ얏ᄂᆞ뇨曰「奧國은我의鐵鎖오自由의公敵이오獨立의仇讐오名譽的歷史ᄅᆞᆯ有ᄒᆞᆫ伊太利全國自由民族의蟊賊이라」 偉哉라此言이여何等氣槪며何等膽量고當時ᄂᆞᆫ奧國이蠻力으로써伊太利ᄅᆞᆯ壓制征服ᄒᆞ던時代ㅣ라嘉富耳ᄂᆞᆫ絶代外交家ㅣ 稀世愛國家ㅣ라此等侮辱을豈可默視리오此會ᄅᆞᆯ利用ᄒᆞ야列國代表者의前에서奧國의蠻行을一々擧論ᄒᆞᆷ에奧相이抗議ᄒᆞ야曰此ᄂᆞᆫ國際上禮言이아니라然이ᄂᆞ列國代表者가一人도奧相의言을傾聽ᄒᆞ지아니ᄒᆞ고嘉富耳의게同情을表ᄒᆞ야互相接語ᄒᆞ야曰不意伊太利國中에如此ᄒᆞᆫ人傑이有ᄒᆞ도다其後에伊太利가自主獨立의大目的을達ᄒᆞᆫ것은此會에서列國의同情을得ᄒᆞ야歐洲輿論을喚起ᄒᆞᆷ에基因ᄒᆞᆷ이多ᄒᆞ도다嗟홉다二千萬同胞여夜半鷄鳴이惡聲이아니라三千里江山中에一個嘉富耳가有乎아無乎아

人族의貴寶ᄂᆞᆫ精神과志氣라 (寄書)

唐岳石菱生

大凡水火에陷한人도把岸撲焰ᄒᆞᆯ精神을保

有ᄒᆞ면能히其生을回ᄒᆞᄂᆞᆫ道가有ᄒᆞ고恥辱을受ᄒᆞᆫ人도臥薪嘗膽ᄒᆞᆯ志氣를持長ᄒᆞ면能히其侮를禦ᄒᆞᄂᆞᆫ日이有ᄒᆞᆯ지라彼婢顔奴膝에阿諛苟容ᄒᆞ며割肉饋人에自以爲揚々得々ᄒᆞ야恬不知耻ᄒᆞᄂᆞᆫ者ᄂᆞᆫ足히掛齒ᄒᆞᆯ바無ᄒᆞ거니와現我遑々樓屑ᄒᆞᄂᆞᆫ全國同胞ᄂᆞᆫ各其自己의精神과志氣를勿失ᄒᆞᆯ지어다萬一此精神과志氣를一朝見奪ᄒᆞ면其人이雖曰世界學問을無不能通이나또ᄒᆞᆫ足히他人의一伶慧ᄒᆞᆫ奴隸에不過ᄒᆞᆯ지니엇지活々潑々ᄒᆞᆫ義務的事業을實行ᄒᆞ야能히國家의耻辱을雪ᄒᆞ며家族의水火를抹ᄒᆞᆯ希望이有ᄒᆞ리오然則吾輩가今日最急務로要ᄒᆞᆯ者ᄂᆞᆫ即一般同胞의精神과志氣를皷吹振作ᄒᆞ야몬져其趨向의目的을確立ᄒᆞᆫ然後에各種學問의文明利器와世界列邦의良法美規를參考敎育ᄒᆞᆷ이可ᄒᆞᆯ지니德國의比斯麥이大功을樹ᄒᆞᆫ後에小學校敎師의게拜謝ᄒᆞᆷ과日本의維新基礎가福澤諭吉氏의게由始ᄒᆞ다ᄒᆞᆷ도亦是這間消息을略指ᄒᆞᆷ이로다今에外洋에出遊ᄒᆞᄂᆞᆫ諸君의熱心結果로成立된日本에在ᄒᆞᆫ太極學會와米洲에在ᄒᆞᆫ共立協會ᄂᆞᆫ即秋陽의精神과冬栢의志氣로皚然團合ᄒᆞᆫ者니誰가敢히此精神을奪ᄒᆞ며其志氣를抑ᄒᆞ리오其影響의力이足히國內敎育家의師範이되야將次德日의文明實效를我邦에見ᄒᆞᆯ日이不遠ᄒᆞᆫ줄確信ᄒᆞ기로一言을特述ᄒᆞ야玆에仰賀ᄒᆞ노라

憲法 續

郭漢倬

第三節 憲法과國民

領土外에居住ᄒᆞᄂᆞᆫ國民이라도本國憲法을適用ᄒᆞ깃ᄂᆞ냐ᄒᆞᆯ던ᄃᆡ、아모리領土以外에

居住ᄒᆞᆯ디라도憲法의適用을得ᄒᆞᆫ다호리니大韓國民되ᄂᆞᆫ者ᄂᆞᆫ領土內에居住與否를不問ᄒᆞᆯ디니라

第四節　憲法과領土

新領土를統治權下에　ᄒᆞ라면憲法이ᄂᆞ法律의規定을要ᄒᆞᄂᆞᆫ디日本에ᄂᆞᆫ如斯ᄒᆞᆫ明文이無ᄒᆞᆷ으로써新隷ᄒᆞᄂᆞᆫ領土라도總히統治權의使行되ᄂᆞᆫ範圍、即憲法適用의區域이라解ᄒᆞᆯ디니、前者에臺灣이日本의領地가될時에憲法이即時、此新領地에行用與否에對ᄒᆞ야疑問이生ᄒᆞ야ᄉᆞᄂᆞ明治二十九年法律第六十三號가發布된今日에ᄂᆞᆫ憲法이其新領土에對ᄒᆞ야行用됨이明白ᄒᆞ니라

第三章　統治權

第一節　統治權과主權의區別

國家란者ᄂᆞᆫ一定ᄒᆞᆫ土地上에統一的으로組織된人民의團體를謂ᄒᆞᆷ이오其組織ᄒᆞᄂᆞᆫ權力을統治權이라稱ᄒᆞᄂᆞ니、即統治權은治者가被治者를治理ᄒᆞᄂᆞᆫ權을指ᄒᆞᆷ이니、即命令을下ᄒᆞ야命令에服從티아니ᄒᆞᄂᆞᆫ者가有ᄒᆞᆯ時에ᄂᆞᆫ强制로遵奉케ᄒᆞᆷ을得ᄒᆞᄂᆞᆫ權을指ᄒᆞᆷ이라故로此統治權이無ᄒᆞᆯ時에ᄂᆞᆫ國家ᄂᆞᆫ成立키不能ᄒᆞᄂᆞ니、統治權은國家의生命이라可謂ᄒᆞᆯ디니라、或은統治權과主權을混同ᄒᆞᄂᆞᆫ者이有ᄒᆞᄂᆞ然이ᄂᆞ主權과統治權은其性質이判然殊異ᄒᆞ니此二者의性質이同一타思量ᄒᆞᆷ은不可ᄒᆞ니라

所謂統治權云者ᄂᆞᆫ治理ᄒᆞᄂᆞᆫ權力이ᄂᆞ主權云者ᄂᆞᆫ最上、最高ᄒᆞᆫ權力을指ᄒᆞᆷ인故로如或統治權이最高ᄒᆞᆯ時에ᄂᆞᆫ此를主權이라云ᄒᆞᆷ은可타ᄒᆞ려니와萬一統治權이最高티아닌時에도此를主權이라云ᄒᆞ야其國의統治者를主權者라　ᄒᆞᆷ은甚大ᄒᆞᆫ誤謬이니라

尚且統治權의特有ᄒᆞᆫ點을擧ᄒᆞ면如左ᄒᆞ니

第一　統治權은分割더못홀者이니라
(例證略)

第一　統治權은固有훈權이니라

此點에ᄒᆞ야ᄂᆞᆫ在地方團體의有훈自治權과其性質이相異ᄒᆞ니地方團體의有훈自治權은其團體의固有훈權力이아니라統治者의委任을依ᄒᆞ야受훈權力인故로統治者가任意로此權을回收ᄒᆞᄂᆞᆫ事를得ᄒᆞᄂᆞ然이ᄂᆞ統治權은固有훈者요他處로서此를繼受훈者이아닌故로其國家가滅亡티만아니ᄒᆞ면他處로서此를回收ᄒᆞᄂᆞᆫ것이니라

第三　統治權은不對等者間에行ᄒᆞᄂᆞᆫ權力

統治權은已往屢々이說明홈과如히治理ᄒᆞᄂᆞᆫ權力임으로命令者와服從者間에行ᄒᆞᄂᆞᆫ者이니라

歷史譚 第七回

朴容喜

比斯麥傳附　續

其五

鐵血政略의所自出

所謂鐵血政略은무삼意味뇨抑武斷政略을謂홈인가抑戰爭政略를謂홈인가萬一武斷政略의意味면임의千餘年前에아렉산더ㅣ(마게도니아國大王亞歷山大王이是也라)와앗지라(匈奴牙國先代의英王의名이라)와,밋데무진(元太祖징깃쓰汗이是也라)에飜弄훈비며如若戰爭政略의意味라홀진된此亦시ㅣ사와아웅우스쓰(前者ᄂᆞᆫ後者의叔이니다ㅣ羅馬의名將覇王이라)와,밋지무일(몬골帝國의先祖라)의運用훈비요決코比公의濫觴이아니라然則後世에서比公의政略을特히鐵血政略이라稱홈은何故

뇨即比公이一千八百六十二年에大王웰헬름一世의相印을受ᄒᆞ고아비니온旅中에서伯林으로回向ᄒᆞ야國會에臨ᄒᆞᆯ시ᄯᅦ에普國上下가數百年間戰鋒에厭倦ᄒᆞ야다ㅣ安息을希望ᄒᆞᄂᆞᆫ지라比公이旅行中에折來ᄒᆞᆫ橄欖의一枝를國會에贈給ᄒᆞ고大叫曰

進步黨諸君이여僕이諸君과ᄀᆞᆺ지平和維持ᄒᆞᆷ에對ᄒᆞ야이橄欖을標準으로定코져ᄒᆞᄂᆞ아직平和時代ᄂᆞᆫ到達치아니ᄒᆞᆷ을余ᄂᆞᆫ確信ᄒᆞ노라

國會一同이一場드른後에다ㅣ呵々大笑ᄒᆞᄂᆞᆫ지라比公이다시勵聲大吼曰

今日目前의大急務ᄂᆞᆫ決코議院의議決과通過로滿足ᄒᆞ기難ᄒᆞ고但只唯一의血과鐵로라야運命을決定ᄒᆞ깃노라

後人이鐵血政略의文字를通用ᄒᆞᆷ은、곳、當의一千八百六十二年九月二十九日比公의時演說로由出ᄒᆞᆷ이니即能强能柔ᄒᆞ야或外交로弄絡도ᄒᆞ며或戰爭으로壓迫도ᄒᆞᄂᆞᆫ意味니換言ᄒᆞᆯ진된彼數輩ᄂᆞᆫ비록莫大의版圖와絶世의偉業을暫成ᄒᆞ얏시ᄂᆞ前後의分別업시領土擴大에만留意ᄒᆞ얏고比公은不然ᄒᆞ야一邊으론獨逸帝國을創成ᄒᆞ며他面으로ᄂᆞᆫ祖國의永久ᄒᆞᆫ平和를鴻謀ᄒᆞ야萬世의基礎를定ᄒᆞᆷ에在ᄒᆞ니엇지偉大치아니ᄒᆞᆫ가彼數輩ᄂᆞᆫ但只版圖擴大에熱中ᄒᆞ야人馬를妄斬ᄒᆞ얏고比公은不然ᄒᆞ야生命을保護ᄒᆞ며財產을完保키爲ᄒᆞ야不得已이人馬를犧牲에供ᄒᆞᆷ이니、엇지彼此間의政略이相異치아니ᄒᆞ뇨佛帝나파레온三世의服肱베네뎃지ㅣ伯이일직比公을平和의雠며文明의敵이라評論ᄒᆞ얏시니其評論의適當與否ᄂᆞᆫ何如ᄒᆞ던지比公을平地風波라指目ᄒᆞᆫ一勾ᄂᆞᆫ非不無意로다何故뇨比公이獨逸帝國創立

파日耳曼聯邦統一에對ᄒᆞ야센마ᄀ(丁抹)오스타리아(墺地利)후란스(佛蘭西)를犧牲에供ᄒᆞ얏고數十萬貔貅를枯骨에歸ᄒᆞᆫ故라

然이나國民이되야國民의義務에鞠躬盡瘁ᄒᆞ는者ㅣ가、엇지祖國의光榮과父邦의富强에不得已ᄒᆞᆫ犧牲에拘礙ᄒᆞᆯ가ᄲᅮᆫ아니라又況優劣勝敗는社會의通理며武裝的平和는人世의常觀에世態를當ᄒᆞ야外交의機先를豫擭ᄒᆞ며武斷의機微를前揣ᄒᆞᆫ者를엇지平和의讎와文明의敵이라猥評ᄒᆞᆯ가然則平地風波의釀出은時勢의所致요非公의所知로다

地震說

朴相洛(譯)

地震은地殼中의造山力即地球의收縮으로生ᄒᆞ는力과大關係가有ᄒᆞ니一地方에地震이有ᄒᆞ면其全大陸에波及ᄒᆞᆯᄲᅮᆫ아니라近來發見ᄒᆞᆫ精密ᄒᆞᆫ器械로試見ᄒᆞ면我東亞의地震이歐洲西岸地方ᄭᆞ지感ᄒᆞᆫ다ᄒᆞ니其影響의大ᄒᆞᆫ것을可想ᄒᆞᆯ지니라

地震의記錄은太古歷史中에도往々記載ᄒᆞ여이스나此等記錄은地震中最大ᄒᆞᆫ者에止ᄒᆞᆯᄲᅮᆫ이오其微震에至ᄒᆞ야는無論太古人의感知ᄒᆞᆯ바이아니라今日은緻密ᄒᆞᆫ器械로因ᄒᆞ면人의通常感得치못ᄒᆞᆯ微動이라도此를知키能ᄒᆞ나니吾人이通常不動ᄒᆞ는줄로思惟ᄒᆞ는地盤은恒常多少의震動을不息ᄒᆞ는것이라

地震의大ᄒᆞᆫ者는天災中의最恐ᄒᆞᆯ者이니大地震갓치短時刻間에大面積地에大害를生ᄒᆞ는것이無ᄒᆞ고또此地球面에는微震이라도地震이全無ᄒᆞᆫ地方은無ᄒᆞ니故로吾人은

何日何時에如何ᄒᆞᆫ地方이激震을當ᄒᆞ야歷遺의慘害를被ᄒᆞᆯᄂᆞᆫ지期키難ᄒᆞ도다然이나幸數百年來大地震을未見ᄒᆞᆫ地方이不少ᄒᆞ고南米와日本等과如ᄒᆞᆫ島國地方에地震이最多ᄒᆞ니如此ᄒᆞᆫ地震國에셔ᄂᆞᆫ大建築物과層屋等을建造ᄒᆞᆯ時에一層의注意를要ᄒᆞ야堅固케아니ᄒᆞ면普通地震에도顚倒의禍를免치못ᄒᆞᆯ지라

地震ᄒᆞᆯ時에地盤의動搖ᄂᆞᆫ吾人의身體가此를感ᄒᆞ고想像ᄒᆞᄂᆞᆫ것갓치ᄂᆞᆫ大치아니ᄒᆞ니近來日本에셔用ᄒᆞᄂᆞᆫ地震器械로因ᄒᆞ야見ᄒᆞᆫ則地盤이上下에一밀니米突(三里三毛)을動搖ᄒᆞ면人의身體에ᄂᆞᆫ大端喫驚ᄒᆞᆯ만ᄒᆞᆫ大地震이라故로二十乃至三十밀니米突(六分六里乃至九分九里)動搖ᄒᆞᄂᆞᆫ地震은全市의家屋을一時에다ㅣ轉覆ᄒᆞᆯ만ᄒᆞ도다또地盤의動搖ᄒᆞᄂᆞᆫ方面도從來ᄂᆞᆫ다못橫振과縱振二種類에屬ᄒᆞᆫ줄로知ᄒᆞ엿스나今日에至ᄒᆞ여ᄂᆞᆫ地震은此二種類外에種々錯雜의方向이有ᄒᆞᆫ것을發見ᄒᆞ엿ᄂᆞᆫᄃᆡ其中縱動搖가多ᄒᆞ면吾人은上下로震動을感ᄒᆞ고橫動搖가多ᄒᆞ면水平으로震動을感ᄒᆞᄂᆞ니上方으로衝上ᄒᆞᄂᆞᆫ震動은或時에ᄂᆞᆫ猛烈ᄒᆞᆫ結果를生ᄒᆞ도다西曆千八百八十三年七月二十八日伊太利이스기야島에大地震이有ᄒᆞ엿슬時에몬져地底에셔轟鳴이有ᄒᆞᆫ後에猛烈ᄒᆞᆫ震動이直下로突然衝上ᄒᆞᄆᆡ其衝上의勢力은數萬噸되ᄂᆞᆫ爆發藥을地下에셔爆發ᄒᆞᄂᆞᆫ氣勢로一擊下에同島가사미지요라ᄒᆞᄂᆞᆫ全市를破壞ᄒᆞ엿ᄂᆞᆫᄃᆡ家屋과其他物을空中에投上ᄒᆞ엿고또西曆千七百八十三年伊太利가라부리야地震時에도御影石山頂은家屋과及人과갓치空中에投揚高飛ᄒᆞ고市街의敷石은亦是空中에砲彈과如히飛揚ᄒᆞ

엿다ᄒᆞ며其他千八百八十五年一月二十五日아이스린드大地震時에도地面에數多ᄒᆞᆫ大隙裂이生ᄒᆞ야其中으로泥水가噴出ᄒᆞ고砂石을飛ᄒᆞ며山嶽을崩ᄒᆞᆫ거시無數ᄒᆞ엿고其他大地震의例ᄂᆞᆫ다ㅣ枚擧키難ᄒᆞᄂᆞ昨年春에米國桑港에大地震이有ᄒᆞ야華麗를極ᄒᆞ던桑港全市를一朝焦土에歸ᄒᆞ며幾百人名의慘害를當ᄒᆞᆫ것과臺灣에ᄯᅩ大地震이有ᄒᆞ야非常ᄒᆞᆫ災害를被ᄒᆞᆫ것은當時內外新聞에喧傳ᄒᆞᆫ바이오ᄯᅩ日本은世界中地震國의第一이니古來大地震으로被傷ᄒᆞᆫ人命과損害ᄂᆞᆫ實로大陸人의像想치못ᄒᆞᆯ바이라

地震이海底와或海岸地方에起ᄒᆞ야其動搖가水에感ᄒᆞ면海水ᄂᆞᆫ非常ᄒᆞᆫ激動을受ᄒᆞ야激浪을起ᄒᆞ며或沸騰ᄒᆞᄂᆞᆫ狀態로十餘尺을空中에激揚ᄒᆞ야船舶을沈沒ᄒᆞᄂᆞᆫ例가ᄯᅩᄒᆞᆫ不少ᄒᆞ니라近來學說을依ᄒᆞ면海嘯ᄂᆞᆫ海底或海岸에起ᄒᆞᄂᆞᆫ地震과或海底에火山破裂과氣壓의激變或颶風의原因等으로起ᄒᆞᆫ다ᄒᆞ니世界에서海嘯에被ᄒᆞᆫ災害도此를一々히枚擧키未遑ᄒᆞᄂᆞ近世의著大ᄒᆞᆫ者ᄂᆞᆫ日本明治二十九年六月十五日三陸의大海嘯라此日午後에此地方에微地震이有ᄒᆞ고夜八時頃에東方에서噪然ᄒᆞᆫ聲이初發ᄒᆞ야此聲이漸々接近ᄒᆞ며最後에ᄂᆞᆫ霹靂이落來ᄒᆞᄂᆞᆫ轟聲을發ᄒᆞ며非常ᄒᆞᆫ高浪이三回市街를侵襲ᄒᆞ엿ᄂᆞᆫ데初回에ᄂᆞᆫ激浪의高가二丈許에達ᄒᆞ엿스며次回에ᄂᆞᆫ三丈許第三回에ᄂᆞᆫ五丈或七丈에達ᄒᆞᆫ處가有ᄒᆞ엿고其被害區域은陸前海岸으로부터陸中을經ᄒᆞ야陸奧海岸에達ᄒᆞ니此時數分間에死者가二萬七千名이오破壞家屋이一萬二千이며十九隻船舶이다ㅣ陸地로引上ᄒᆞ엿ᄂᆞᆫ데其中數百噸되ᄂᆞᆫ一船은海岸을距ᄒᆞᆫ一千五百尺距離麥

田에飄入ᄒᆞ엿스나別ᄒᆞᆫ損害가無ᄒᆞ다ᄒᆞ엿더라

地震의原因

地震이起ᄒᆞᄂᆞᆫ原因에對ᄒᆞ야ᄂᆞᆫ學者의說이一致치아니ᄒᆞᄂᆞ其原因이一이아니오種々ᄒᆞᆫ關係로生ᄒᆞᄂᆞᆫ것은確實ᄒᆞᆫ事實이라日本과南米西岸赤道直下附近은世界中地震이最多ᄒᆞᆫ地方이니此等地方의地震은火山破裂과關係가有ᄒᆞ나最激烈ᄒᆞᆫ地震에至ᄒᆞ면大概ᄂᆞᆫ火山破裂과直接關係가無ᄒᆞᆫ듯ᄒᆞ도다米國미시십ㅣ河平原은火山이一無ᄒᆞᄂᆞ往々大地震이有ᄒᆞ고歐羅巴洲에伊太利의가라부리야、墺國、希臘等地에ᄂᆞᆫ火山이無ᄒᆞ되地震이甚多ᄒᆞ니라玆에地震을起ᄒᆞᄂᆞᆫ數三原因을略擧ᄒᆞ면

一、火山이噴火ᄒᆞᆯ時에ᄂᆞᆫ此附近地方에地震을起ᄒᆞᄂᆞᆫ事이有ᄒᆞ니火山은即地震의一原因이라故로此를火山地震이라稱ᄒᆞᄂᆞᆫ데此地震은區域이極狹ᄒᆞ야全地球를震撼ᄒᆞᆯ勢力이無ᄒᆞ니라

二、大地震의過半數ᄂᆞᆫ山脈의成立과關係가有ᄒᆞ니即山脈이成立ᄒᆞᆯ時에ᄂᆞᆫ地面에斷層을生ᄒᆞ야地盤의一大部分이上下或縱橫으로陷下ᄒᆞ며또ᄂᆞᆫ地球의內部ᄂᆞᆫ漸次冷却ᄒᆞᆷ으로써其外皮가漸々收縮ᄒᆞ야地中에罅裂을生ᄒᆞ면地層이陷落ᄒᆞ야地震을誘起ᄒᆞᄂᆞ니如此ᄒᆞᆫ地震을斷層地震이라稱ᄒᆞᄂᆞ니라

三、地上의水가恒常地中에浸入ᄒᆞ미地層의罅裂을流通ᄒᆞ야內部에浸入ᄒᆞᆯ時에其通路에在ᄒᆞᆫ物質을溶解ᄒᆞ야此에大空洞을生ᄒᆞ면地盤이陷落ᄒᆞ야地震을起ᄒᆞᄂᆞ니此를陷落地震이라稱ᄒᆞᄂᆞ니라

此外에또地震의起源은太陰과直接關係가

有ᄒᆞ다ᄂᆞᆫ一說이有ᄒᆞ니潮汐의原因은今日學說의說明ᄒᆞᄂᆞᆫ바太陰과太陽의引力이라海水가此引力을感ᄒᆞ야昇降ᄒᆞᄂᆞᆫ것갓치地殼도多少此引力으로因ᄒᆞ야變化를受ᄒᆞᆫ다ᄒᆞᆷ이니地殼이海水의定期的으로昇降ᄒᆞᆷ과갓치多少太陰太陽의引力의感動을受ᄒᆞ면地中에斷層을生ᄒᆞ야斷層地震을生ᄒᆞᆫ다ᄒᆞᄂᆞ아즉確實ᄒᆞᆫ證據ᄂᆞᆫ發見ᄒᆞᆷ에至치못ᄒᆞ엿도다

動物의智情

金洛泳

猿猴類

大抵吾人々類와他動物의分別되ᄂᆞᆫ거시다만一標準에잇다ᄒᆞ니何를謂ᄒᆞᆷ인고曰世界人類에ᄂᆞᆫ何如ᄒᆞᆫ野蠻의民族을莫論ᄒᆞ고宗敎心不有ᄒᆞᆫ쟈ㅣ가無ᄒᆞ거니와他動物에ᄂᆞᆫ

此尊敬ᄒᆞᆯᄆᆞ음이젹음이라ᄒᆞ니實狀宗敎心은純潔ᄒᆞᆫ感情에比較的高等ᄒᆞᆫ智識을加味ᄒᆞᆫ것인ᄃᆡ動物의感情이나人類의感情이나其差違ᄂᆞᆫ莫論ᄒᆞ고動物은아모리人生과同一ᄒᆞᆫ高等智識이有ᄒᆞ다ᄒᆞᆯ지라도곳宗敎心의有無로觀察ᄒᆞ면容易히觀解ᄒᆞᆯ거시며俗諺에云ᄒᆞ되猿猩은人生보다頭髮七毛가少ᄒᆞᆫ고로人이完全히되지못ᄒᆞ엿다ᄒᆞᄂᆞ니이것도一面의眞理를說明ᄒᆞᆫ것이라ᄒᆞ리로다

距今八九年前에英國人포ㅣ을쏜쏘이라稱ᄒᆞᄂᆞᆫ者ㅣ二三同志로더브러印度支那內地를探險ᄒᆞᆫ事가有ᄒᆞ니一日은偶然히北緯線十二度東經線百〇四度地에踏到ᄒᆞᆫ즉山深谷奧ᄒᆞ고樹陰闇憺ᄒᆞᆫ裡에一種叫聲이怯聞ᄒᆞ거ᄂᆞᆯ一行이跫音을齊止ᄒᆞ고聲의從來處를眺覗ᄒᆞ니一群猿類가自枝遷枝ᄒᆞ며飛蹈相譟ᄒᆞᄂᆞᆫ지라그動靜을一層詳察ᄒᆞ니彼等

은普通猿類보다奇異ᄒᆞᆫ點이多ᄒᆞᆫ지라於是乎一行이好奇心을驅馳ᄒᆞ여엇지ᄒᆞ면됴ᄒᆞᆯ가ᄒᆞ여彷徨ᄒᆞᆯ時에其中에平生勇敢으로自任ᄒᆞ든싼쏘이가奮然히獵銃을揮提ᄒᆞ고猿猴의一群을追ᄒᆞ면셔墜後ᄒᆞᆫ바一匹을捕獲ᄒᆞ미被捕ᄒᆞᆫ猿이싼쏘이를仰視ᄒᆞ며哀乞ᄒᆞᄂᆞᆫ聲을出ᄒᆞ여「命은救ᄒᆞ여주읍소셔」ᄒᆞ고頻々히叫出ᄒᆞᄂᆞᆫ지라猿인줄노만ᄉᆡᆼ각ᄒᆞ엿든此動物이아남地方語를通用ᄒᆞᄂᆞᆫ人類이미一行이다驚惋치아니ᄒᆞᆫ자無ᄒᆞ엿ᄉᆞ며僥倖一行中에아남語를能解ᄒᆞᄂᆞᆫ者가잇서種々의問答을試見ᄒᆞ고비로소人類인줄노無疑測定ᄒᆞ엿다ᄒᆞ니原來此猿類와恰似ᄒᆞᆫ人類ᄂᆞᆫ모아라稱ᄒᆞᄂᆞᆫ人種인ᄃᆡ此地方深山에一部落을構成住居ᄒᆞ여恒常아남地方에出入ᄒᆞ며貿易을交通ᄒᆞᄂᆞᆫᄃᆡ무엇시던지아남語를用ᄒᆞᆫ다ᄒᆞ고또彼等이多少團決心이有ᄒᆞ여一種社會와如ᄒᆞᆫ體裁를備有ᄒᆞ엿다ᄒᆞ니要컨ᄃᆡ人類와相差가無ᄒᆞ나그러나其骨格形貌와態度擧動이到底히猿類에屬ᄒᆞᆯ수밧게無ᄒᆞᆫ즉一行中에만일아남語를通解ᄒᆞᆫ者가업셧드면彼모아人種은到底히人生의資値를未得ᄒᆞ엿ᄉᆞ리로다

此世에如此한人猿中間의人種이多有ᄒᆞ니만일彼等으로一步를轉ᄒᆞ면動物도되고人生도될더히로다猿類ᄂᆞᆫ其進化系統이吾人類와最近ᄒᆞᆫ故로可謂人類로進化ᄒᆞᆯ만ᄒᆞᆫ動物이라고도ᄒᆞᆯ거시요動物노退化ᄒᆞᆯ만ᄒᆞᆫ人種이라고도ᄒᆞᆯ거시며其中에猩々과狒々은너무進化ᄒᆞᆫ知識을持有ᄒᆞ여모아와近似ᄒᆞᆫ거시多ᄒᆞ고猿類와ᄂᆞᆫ反遠ᄒᆞᆷ이多ᄒᆞ더라年前에一旅人이亞剌比亞產獵犬을牽伴ᄒᆞ고一處에到ᄒᆞ여一群狒々이平原에逍遙遊戱ᄒᆞᆷ을遇ᄒᆞ니其所牽獵犬은生平에猛惡ᄒᆞᆫ肉

食獸와奮鬪嫺熟ᄒᆞᆫ者라此狒々을一見ᄒᆞ고直時向走ᄒᆞ여襲擊ᄒᆞᆯ勢를示ᄒᆞ미雌狒은此勢를恐怖ᄒᆞ며逃去ᄒᆞ고雄狒은俺然不動ᄒᆞ여咆哮의聲을出ᄒᆞ며牙를咬切ᄒᆞ고手로地를打擊ᄒᆞ여敵의來ᄒᆞ기만苦待ᄒᆞ는容貌를作示ᄒᆞ미아모리猛惡ᄒᆞᆫ野獸라도敢前키不能ᄒᆞ겟는시라此로因ᄒᆞ여平生惡戰에嫺熟ᄒᆞ던猛犬들이敢히얼픗進襲지못ᄒᆞᆯᄌᆞ음에老狒이此機會를乘ᄒᆞ여生後僅滿五六朔의幼狒을遺存ᄒᆞ고峨々ᄒᆞᆫ絶壁上으로逃去ᄒᆞ거늘其時에야獵犬들이乘勢追進ᄒᆞ여岩上에獨殘ᄒᆞᆫ幼狒을包圍ᄒᆞᆯ시旅人ᄉᆡᆼ각에는뎌가련ᄒᆞᆫ幼狒이必然獵犬의食餌가되엿스리라ᄒᆞ엿드니忽然一老狒이飛鳥와如ᄒᆞ게絶壁에셔奔下ᄒᆞ여身毛를大振ᄒᆞ고凄惡ᄒᆞᆫ一叫聲으로群犬中에割入ᄒᆞ여危機一髮間에在ᄒᆞᆫ幼狒을攫取ᄒᆞ여群集을鯨波ᄀᆞᆺ치斥散ᄒᆞ고瞬時間에絶壁上으로引去救出ᄒᆞ미群犬은다만露牙狂吠ᄒᆞᆯ뿐이요群狒은拍手大笑ᄒᆞ엿다ᄒᆞ더라原來此老狒의所業은二大意味가有ᄒᆞ니一은彼等의多少를勿論ᄒᆞ고一致團結心으로써社會組織ᄒᆞᆯ줄을아는거시오二는艱難에相救ᄒᆞ며緩急에相助ᄒᆞ여其情만人生과如ᄒᆞᆯ뿐不啻라其智識上에도胸中에可侮치못ᄒᆞᆯ見識을持有ᄒᆞ고正當防禦點에秋毫도間然홈이無ᄒᆞ고一定ᄒᆞᆫ法則을從ᄒᆞ여進退ᄒᆞ며往々히吾人의可及지못ᄒᆞᆯ바智識을證明홈이多홈이니然則人生과其他動物間區別點은果然宗敎心이唯一標準이될가ᄒᆞ는疑問이生ᄒᆞ느니만일此猿類로모아와如히아남語를解ᄒᆞ는時期에達ᄒᆞ면혹은ᄉᆞᄉᆞ로宗敎心잇는거ᄉᆞᆯ말ᄒᆞᆯ지도未知ᄒᆞ리로다吾人은狒々의言語를未解ᄒᆞᆫ즉如斯ᄒᆞᆫ事는容易히斷定치못ᄒᆞ리로다(未完)

今日

友古生

天地億萬劫無量ᄒᆞᆫ中에人生의須更百年이有ᄒᆞ고此百年中에吾人의生存競爭ᄒᆞᄂᆞᆫ今日이有하니今日은即百年의小ᄒᆞᆫ者ㅣ오百年은即今日의大ᄒᆞᆫ者ㅣ라今日이無ᄒᆞ면昨日昨年을追究할슈無ᄒᆞ고今日이無ᄒᆞ면來日來年을期待할슈無ᄒᆞᆫ지라故로今日이有ᄒᆞᆫ後에吾의一生이有ᄒᆞ고今日이有ᄒᆞᆫ後에吾의萬事가有할것이니吾生과今日의密接ᄒᆞᆫ關係가엇지多大湥重치아니ᄒᆞ리오슬푸다物換星移間에來々往々ᄒᆞᄂᆞᆫ者ᄂᆞᆫ天이오煙生雲散中에送々迎々ᄒᆞᄂᆞᆫ者ᄂᆞᆫ人이라此有限의命으로其無限ᄒᆞᆫ時日에生存ᄒᆞ야此短小한心力으로其遠大ᄒᆞᆫ功業을作成코져할진ᄃᆡ訪花隨柳의步法과飲風醉月의生涯로엇지可得할슈有ᄒᆞ리오大抵人生의千事萬業이時를因ᄒᆞ야亡ᄒᆞ고時를因ᄒᆞ야興함은自然ᄒᆞᆫ理則이라故로吾人의生活과事業이過去現在未來에屬ᄒᆞ야過去의善惡이現在의禍福을釀出ᄒᆞ고現在의勞苦가未來의安樂을造成ᄒᆞ야此因彼果가互相關係됨은多言을不待할지라嗚呼라山高水麗東半島ᄂᆞᆫ우리大韓帝國이오聖繼神承五百年은우리大韓皇室일세於我同胞兄弟들아今日이是何日고猛風驚浪에一行이失楫ᄒᆞ고枯草病葉에恩露가猶存이라黑甜鄕裏에醉ᄒᆞᆫ꿈을어서ᄭᆡ여血心鐵志로自由城을建築ᄒᆞ세奮起ᄒᆞ라同胞들아今日이是何日고四千年우리古國과二千萬우리生靈이爲墟爲灰ᄒᆞ야永滅不生홀도惟今日이오神聖ᄒᆞᆫ我大韓帝國은忠良한우리大韓臣民의大韓帝國이되고忠良ᄒᆞᆫ我大韓臣民은神聖ᄒᆞᆫ우리大韓

帝國의大韓臣民이되야光武日月下에太極旗를놉히달고千々萬々歲에自由로生息ㅎ고獨立으로往來홈도惟今日이오亡國의賤族으로如牛如馬ㅎ야奴隷에隊伍홈도惟今日이오中興의功臣으로出將入相ㅎ야世界를捲舒홈도惟今日이라今日이여今日이여今日은吾의生命이오今日은吾의財產이라우리는今日과同死生偕興亡ㅎ야今日로우리의獨立體를作ㅎ고自由用을爲ㅎ야千秋萬代에今日로ㅎ여곰自由獨立의우리大紀念日을作定할지어다今日이여今日

江戶十五景 附廣告

發見人 李承瑾

江戶者는東京古號也ㅣ라本人이來留數禩에遍覽市內十五區名所ㅎ고最奇觀者十五景을一朝新發見ㅎ와玆에無料頒布

ㅎ오니有志同胞는不遠千里ㅎ고 來臨奇觀ㅎ심을爲要 者奇異ㅎ고(滋味)잇쇼즈세보시오

麴町區、靖國神社

坂高九段有神社靖國忠臣烈士魂若使當年功未捷五千萬衆敢生存

神田區、大都會

百般物貨大都會三井銀行吳服商天造人工皆自足西人咸頌我東洋

本鄕區、太極學校

天高飄太極旗章韓國英才敎育塲望裏長安何處是文明從此振西洋

芝區、新橋驛

愛宕山頭月半橫新橋汽笛一聲行可憐此地紅顔淚千里阿郞夜出征

下谷區、上野公園

上野公園下谷區西鄕銅像立千秋德川古跡

今安在江戶城中水自流

淺草區、淩雲閣

一閣淩雲十二層東風送客夜高登紅燈遙望
芳原路兒女笙歌各所能

赤坂區、靑山墓地

西風策馬過靑山立石重々古墓間芳艸王孫
歸去後浮雲流水百年間

四谷區陸軍練兵場

釼戟橫天白日長滿城壯觀練兵場凱旋當日
爭歌舞高坐東鄕平八郞

牛込區(陸軍)(政治)大學校

陸軍學校八幡町政治大家早稻田此地同窓
多少客腦頭咸戴大韓天

小石川區砲兵工廠

白日雷霆震動天砲兵工廠火筒烟々光一霽
東京市漠々乾坤海島邊

京橋區商廛

銀座京橋大路通漢陽城市一般同船來物品
爭交易博覽會開三月中

日本橋區、魚物廛

龜甲金鱗滿載船買人生業暮朝天通衢爭利
多消息昨日誰家又百錢

本所區、兩國橋

千尋鐵架半天橫五大橋中最有名橋外隅田
川上月漁歌互答兩三聲

深川區、商船學校

商船學校在深川戰艦養兵四十年三島武威
從此振波羅陷落海東天

麻布區、華族邸

晚作山中老宰相杜門謝客養精神當年已盡
功名計白首歸來臥壽春

漢城仲春再渡東京

一愚 金太垠

十一年前羇旅客、大韓門外倚春風、萬國俱瞻忠正竹、千秋不朽勉庵虹 何必父老言無奈、極處仁天理有通、幸負平生溫飽志、 曉星鯨海又征東、

農園

養豚說

金鎭初

△豚의發育

豚의年齡은他의動物과갓치年齒로써判別홈을得ᄒᆞᄂᆞ牛馬羊等과갓치精細히知ᄒᆞ기ᄂᆞᆫ難ᄒᆞ니라然이ᄂᆞ種豚外에ᄂᆞᆫ四歲以上은飼養ᄒᆞᆯ必要가無ᄒᆞᆫ지라一般豚은一歲에其發育이大槪完成ᄒᆞᄂᆞᆫ故로二三歲에至ᄒᆞ면다屠殺홈으로其年齡判別의必要가無ᄒᆞ며또牡ᄂᆞᆫ其鼻上에皺가在ᄒᆞ고牝ᄂᆞᆫ其下腹이

垂ᄒᆞ면이로써豚의老齡을知ᄒᆞᄂᆞ니라

豚의齒數ᄂᆞᆫ總四十四枚로上下顎이共히同數인ᄃᆡ곳切齒ᄂᆞᆫ十二枚犬齒ᄂᆞᆫ四枚臼齒ᄂᆞᆫ二十八枚라犬齒의形狀과위ᄂᆞᆫ豚의年齡및種類를因ᄒᆞ야異ᄒᆞ니牡豚은下顎犬齒가大段히發育ᄒᆞ고牝豚은脫換ᄒᆞ지안ᄂᆞ니라

豚의體量은其種類와年齡과및飼養을因ᄒᆞ야一樣치아니ᄒᆞ나大槪小種은二百斤以上大種은八百斤以上에達ᄒᆞ니平均ᄒᆞ면四百斤의生體를生ᄒᆞ니라

蕃殖年齡은九個月이면蕃殖用으로使홈이有ᄒᆞᄂᆞ一般은滿一歲豚으로種用ᄒᆞᄂᆞ니라

遊牝期ᄂᆞᆫ二週間內외로一周ᄒᆞᄂᆞᆫᄃᆡ限三日可量連續ᄒᆞ고또哺乳兒가無ᄒᆞ면分娩後三日乃至九日에遊牝期가再來ᄒᆞᄂᆞ니라

懷胎日數ᄂᆞᆫ十六週間乃至十七週間에及ᄒᆞ니곳百二十日乃至百三十日인ᄃᆡ平均百二

十日이며分娩回數ᄂᆞᆫ野生ᄒᆞᄂᆞᆫ種곳野猪ᄂᆞᆫ一年一回式이나家飼ᄒᆞᄂᆞᆫ種곳家豚은一年二回式三回式蕃殖ᄒᆞ고其一回의産兒數ᄂᆞᆫ四頭、八頭、十二頭、二十頭可量分娩ᄒᆞᄂᆞ니라

豚의飼料ᄂᆞᆫ植物質及動物質인ᄃᆡ大概其數種을擧ᄒᆞ면根菜類、葉菜類、穀類、穀粉、糠木實、果實、蔬菜殘物、酪農殘滓、農産製造粕、肉類等이니라

豚舍ᄂᆞᆫ清潔히ᄒᆞ야乾燥ᄒᆞᆫ敷床을與ᄒᆞ며浴水를與ᄒᆞ야豚의發育을促進ᄒᆞᆯ지니라

△豚의種類　豚의種類ᄂᆞᆫ左와如히大中小三種에分ᄒᆞ니

甲大種

(一)졔쓰다ㅣ화이도種

「졔쓰다ㅣ화이도」種은米國「펜실봐니야」洲에서改良ᄒᆞᆫ것인ᄃᆡ今日은亞米利加全洲에廣히散布된지라곳千八百十八年에英國「벳드후올드샤」에서一對의白豚을「펜실베니야」에輸入ᄒᆞ야當地在來發과交配ᄒᆞ야得ᄒᆞᆫ者라頭小鼻尖ᄒᆞ야臉肉이善히種達ᄒᆞ고耳ᄂᆞᆫ少垂ᄒᆞ며四肢ᄂᆞᆫ稍小ᄒᆞᄂᆞ蕃殖力은非常히强ᄒᆞ야一回에通常八匹乃至十六匹을産ᄒᆞᄂᆞ니라

(二)大요ㅣ욕샤이야種

大요ㅣ욕샤이야은種大耳種과英國小種과交配ᄒᆞ야得ᄒᆞᆫ것이라[illegible]長ᄒᆞ고鼻ᄂᆞᆫ適長ᄒᆞ며額은廣ᄒᆞ야大[illegible]有ᄒᆞ니大耳ᄂᆞᆫ直立ᄒᆞ야前方으로傾[illegible]額骨은鼻骨上에鈍角으로立ᄒᆞ고臉과및頸은充實ᄒᆞ며胸과및背ᄂᆞᆫ廣ᄒᆞ야眞直ᄒᆞ고尾의上部ᄂᆞᆫ强大ᄒᆞᄂᆞ下部ᄂᆞᆫ反此ᄒᆞ야細ᄒᆞ고肩은斜ᄒᆞ야肋骨이廣張ᄒᆞ고腹은垂下치아니ᄒᆞ고四肢ᄂᆞᆫ短細ᄒᆞᆫ지라體格만如此ᄒᆞᆯ뿐不啻라또蕃殖力도

甚强ᄒᆞ야一産에十二匹十四匹以上을生ᄒᆞ야乳育ᄒᆞᄂᆞ니生後十個月乃至十二個月에至ᄒᆞ면肥腴에適ᄒᆞ야二百五十斤乃至四百四十五斤에達ᄒᆞ고充分이成長ᄒᆞ면五百斤乃至六百二十五斤에達ᄒᆞᆯ뿐더러良肉도他에比ᄒᆞ면堅固ᄒᆞ야貯藏ᄒᆞ기易ᄒᆞᆫ지라

乙中種

(一)박ㅣ샤야種

「박ㅣ샤이야」種은「데아포리단」種과支那種과交配ᄒᆞ야改良ᄒᆞᆫ것인데頭ᄂᆞᆫ稍短ᄒᆞ야甚廣ᄒᆞ며또充實ᄒᆞ고額은直立ᄒᆞ고鼻部ᄂᆞᆫ眞直ᄒᆞ야長ᄒᆞ며廣ᄒᆞ고胸廓은長深ᄒᆞ야圓ᄒᆞ고肋骨은張ᄒᆞ고四肢ᄂᆞᆫ短健ᄒᆞ며皮膚ᄂᆞᆫ暗色或眞黑色으로長密ᄒᆞᆫ黑色細毛를被ᄒᆞ되頭部에ᄂᆞᆫ白班을有ᄒᆞ고四肢와尾端에ᄂᆞᆫ白色을有ᄒᆞᆫ것을良種이라云ᄒᆞᄂᆞ니此種은性質이活潑ᄒᆞ야山林原野에牧飼ᄒᆞᆷ을得

ᄒᆞᆯ뿐더러貪食ᄒᆞᄂᆞᆫ特質이有ᄒᆞ야良飼를不要ᄒᆞ고善히生長ᄒᆞ며一歲乃至一歲半에肥腴ᄒᆞ야三百五十斤乃至五百斤에達ᄒᆞ고其肉도極히良美ᄒᆞᆫ지라

(二)포ㅣ란도자이나種

「포ㅣ란도자이나」種은米國오하ㅣ오洲에셔其在來種과「박ㅣ種샤이야」種과支那種과交配ᄒᆞ야成ᄒᆞᆫ것이라頭ᄂᆞᆫ尖小ᄒᆞ야少凹ᄒᆞ고耳ᄂᆞᆫ小ᄒᆞ야垂ᄒᆞ고頸은厚ᄒᆞ야充實ᄒᆞ고尾ᄂᆞᆫ捲施ᄒᆞ며肋部ᄂᆞᆫ圓ᄒᆞ고關節(骨部)은强大ᄒᆞ고皮膚ᄂᆞᆫ硬厚ᄒᆞ야薔薇色을呈ᄒᆞ며脆弱ᄒᆞ고毛ᄂᆞᆫ深厚ᄒᆞ야黑色或灰色으로光澤이有ᄒᆞᄂᆞᆫ脇과頸에ᄂᆞᆫ毛髮이捲施ᄒᆞ고或은頭部와밋四肢에白紋이有ᄒᆞᆫ지라然而此種의特色은蕃殖力이著大ᄒᆞ며氣候風土의變化에馴化ᄒᆞ기容易ᄒᆞᆫ者라

丙小種

(一)에셋구쓰種

「에셋구쓰」種은即小黑種이라英國에서愛養ᄒᆞᄂᆞᆫ것인데「네아포리단」種牡와支那種牝와交配ᄒᆞ야生ᄒᆞᆫ지라其體形은雖小ᄒᆞᄂᆞ發育은實로白種보다速成ᄒᆞᄂᆞ니「삿후륵」과밋「삿졧구쓰」도亦同ᄒᆞ니라

(二)小욕ㅣ샤이야種

此ᄂᆞᆫ即小白種이라支那豚의交配를因ᄒᆞ야得ᄒᆞᆫ것인데體의發育이甚速ᄒᆞ야八個月乃至十個月에至ᄒᆞ면成熟ᄒᆞ야屠殺에適ᄒᆞ고其體重은一百十二斤乃至二百斤에達ᄒᆞᄂᆞ니라放牧에ᄂᆞᆫ不適ᄒᆞᄂᆞ酪農製造殘滓의多ᄒᆞᆫ地方에最適ᄒᆞ고肉質은細美ᄒᆞ야風味가佳ᄒᆞ고蕃殖力은비록大치못ᄒᆞᄂᆞ飼養이良好ᄒᆞ면蕃殖도亦良好ᄒᆞ니라

(未完)

日本東京警視廳組織

張 啓 澤

一、職員　警視總監、(警務使)警視、(警務官)警察醫長、技師、警部、(總巡)警視屬、技手消防士、警察醫、消防機關士、通譯、

一、職員의定員　警視總監一人　警視二十七人　警察醫長一人　警部、警視屬、消防士、警察醫、消防機關士、合二百四十四人 以上各官의定員은主務大臣의認可를經ᄒᆞᆫ後警視總監이此를定置ᄒᆞᆷ 技師、技手、通譯、警視廳에서須要를從ᄒᆞ야一定ᄒᆞᆫ俸給預算定額內에此를定ᄒᆞᆷ

一、職員의官等　警視總監은高等官一等二等(勅任)警視은又分總監官房主事、第一部長、第二部長、이니高等官三等乃至六等(奏任)警

察署長은高等官三等乃至六等(奏任) 警視警察署長은高等官六等乃至八等(奏任) 技師ᄂᆞᆫ高等官三等乃至八等(奏任) 警部、警視屬、技手、消防士、警察醫、消防機關士、通譯、以上은判任官一等乃至五等

一、警視總監의職務權限

一、主務大臣의指揮를承ᄒᆞ야東京府下의警察及消防事務를管理ᄒᆞᆷ

一、主務의關ᄒᆞᆫ其職權又特別의委任에依ᄒᆞ야管內一般及其他一部에對ᄒᆞ야廳令을發ᄒᆞ며其制定ᄒᆞᆫ規則에拾圓以內의罰金、又拘留에處ᄒᆞᄂᆞᆫ制裁를附ᄒᆞᄂᆞᆫ事를得ᄒᆞᆷ

一、各省의主務에關ᄒᆞᆫ警察事務ᄂᆞᆫ各省大臣의指揮監督을承ᄒᆞ며高等警察事務ᄂᆞᆫ內閣總理大臣의指揮監督을承ᄒᆞᆷ

一、東京府下의警察事務에對ᄒᆞ야서ᄂᆞᆫ島司、郡、市、區長、及町、村長、을指揮監督ᄒᆞᄂᆞᆫ權이有ᄒᆞᆷ

一、其職權에屬ᄒᆞᆫ事務의一部를島司에게委任ᄒᆞᄂᆞᆫ事를得ᄒᆞᆷ

一、島司의處分或命令이定規에違ᄒᆞ며又公益을害ᄒᆞ며職權을犯할時에ᄂᆞᆫ其處分命令을取消ᄒᆞ며又停止ᄒᆞᄂᆞᆫ權도有ᄒᆞᆷ

一、所部官吏를指揮監督호ᄃᆡ奏任官의功過ᄂᆞᆫ內務大臣에게報告ᄒᆞ고判任官以下의進退ᄂᆞᆫ總監이專行할事

一、廳中處務에細則을改良ᄒᆞ며更設ᄒᆞᄂᆞᆫ事를得ᄒᆞᆷ

一、或事故가有할時에ᄂᆞᆫ警視廳의上席警視가其職務를代理ᄒᆞᆷ

一、其他法令에依ᄒᆞ야分別ᄒᆞᆫ職務權限

一、組織

一、警視總監官房　警視廳에總監官房을置ᄒᆞ고廳員의進退、身分、文書、高等警察、外事、會計、에關ᄒᆞᆫ事項及他課又各部署의主務아不屬ᄒᆞᆫ事項을掌ᄒᆞ며其事務及分掌이如左

第一課
- 秘書 ― 秘密文書廳員의進退、賞罰、敍位、受勳、恩給、扶助、其他身分及官印管守儀式警察消防官吏에彰功에關ᄒᆞᆫ事
- 文書 ― 各課係의成按審査及制規立案官報報告公文編纂保存飜譯寫字統計製圖圖書의購責保管貸借本廳出版物並他에主管에屬ᄒᆞ지아니ᄒᆞᆫ庶務에關ᄒᆞᆫ事
- 往復 ― 文書의收受發送淨書及來廳者引接公報通知錄其他分達等의印刷配布에關ᄒᆞᆫ事
- 電信 ― 電信電話非常報知機의通信架設保修電信工夫의備入解備警報及天氣豫報의通信並揭示의關ᄒᆞᆫ事
- 保安 ― 集會及政社政治上에係ᄒᆞᆫ不逞의徒取締豫戒令의執行爆發物에關ᄒᆞᆫ事

第二課
- 外事 ― 公使舘員領事舘員의名籍調査外國文書의檢閱飜譯及通譯並外國人에係關ᄒᆞᆫ事
- 檢閱 ― 新聞紙雜誌出版物及著作物並碑文墓標의檢閱에關ᄒᆞᆫ事

第三課
- 出納 ― 國庫及地方稅에關ᄒᆞᆫ收支豫算決算及金錢出納에關ᄒᆞᆫ事
- 用度 ― 物品의調度廳舍等의修築地所建物의保管其處分官設及不用品의處分保管의金錢物件郵便及運搬物發送守部給仕小使馬丁職工等의進退其他의身分人足雇入舟車馬의供給並廳中에關ᄒᆞᆫ事

官房에主事一人을置ᄒᆞ고警視로此를稱ᄒᆞ며警視總監의命을承ᄒᆞ야官房의事務를掌理ᄒᆞ고部下의官吏를監督할事

每課에各々課長一人을置ᄒᆞ되官房第二課長은主事로此를充ᄒᆞ며第一課長及第二課長은警部又警視屬으로此를充ᄒᆞ되上官의命을承ᄒᆞ며其課의事務

를掌理ᄒᆞ며部下의官吏를監督ᄒᆞ고秘書保安及檢閱에ᄂᆞᆫ各係長을置ᄒᆞ되警部又警視屬으로薦充할事 (未完)

第二回 乘衆皷勇截激浪去 怪物放光衝艦舳來

朴容喜

却說린고룬號가ᄒᆞ도손灣을出發ᄒᆞ야亞多羅洋으로眞向ᄒᆞ야一向怪物搜索에熱中ᄒᆞᆯ식,ᄯᅢ에艦長팔로ㅣ가下令曰勿論某人ᄒᆞ고怪物發見者에ᄂᆞᆫ賞金二千弗을給ᄒᆞ리라ᄒᆞ미乘艦一同이無不激勵ᄒᆞ야或은肉眼으로或은望遠鏡으로不分晝夜ᄒᆞ고遠眺近探ᄒᆞ며아氏主僕도賞金에貪着홈은아니나最初目的을達코져ᄒᆞ야彼此或巖礁에擋碎ᄒᆞᄂᆞᆫ白浪과遠距離에出沒ᄒᆞᄂᆞᆫ鯨羣을怪物로誤認홈도非一非再러라於焉之間에力士넷드란드와相親ᄒᆞ야彼此藺頗之誼로相愛相慕ᄒᆞ며間々넷氏의北氷洋猛獸毒魚의討滅ᄒᆞᆫ景況도探問ᄒᆞ더라六月三十日에某處에達ᄒᆞ미米國捕鯨船몬로ㅣ號船長이린고룬號에來請ᄒᆞ기를同號가四五日間來一群巨鯨를進擊ᄒᆞ나漁叉가不透에勢可難捕인ᄃᆡ드른즉貴艦의넷氏ᄂᆞᆫ天下力士오漁叉의善手라ᄒᆞ니暫時그才能을借得ᄒᆞ기를切望ᄒᆞ노라ᄒᆞᄂᆞᆫᄃᆡ잇ᄯᅢᄂᆞᆫ正是乘艦一同이넷氏의技能을一見코져ᄒᆞ던ᄯᅢ라다ㅣ搏手喝采ᄒᆞᄂᆞᆫ지라넷氏가即時便船에移乘ᄒᆞ야千斤의漁叉를左支右攀ᄒᆞ고巨鯨을追尾ᄒᆞ야霎時間에狙投ᄒᆞ더니其心臟를貫徹ᄒᆞ야即地立斃ᄒᆞ고ᄯᅩ再擊之下에連斃數頭ᄒᆞ미兩隻一同이無不稱揚ᄒᆞ더라七月六日午後三時頃에南米洲南端호른岬에達ᄒᆞ야다시太平洋搜索에從事ᄒᆞ나怪物은一向藏跡ᄒᆞ야去處가

杳漠ᄒᆞᆫ지라彼此間十分注意ᄒᆞ야或水面에浮上ᄒᆞᄂᆞᆫ魚族의背面과天涯에現出ᄒᆞᄂᆞᆫ龍*卷*에迷惑ᄒᆞᆫ일도枚陳키難ᄒᆞᆯ너라

龍卷은颶風이驟作ᄒᆞ야氷波를空中으로卷上ᄒᆞᄂᆞᆫ現象이니大槪夏節에我國人이(龍오른다ᄒᆞᆷ은)이現象를誤認ᄒᆞᆷ인듯

如此이린고룬號가赤道直下經度百十度를經ᄒᆞ야太平洋中央를歷探ᄒᆞᆫ後支那日本及朝鮮海邊을一々覔出ᄒᆞᆯ식애氏ᄂᆞᆫ심々破寂으로콘셀과넷氏로다부러韓日淸의歷史를槪論ᄒᆞ야曰저淸國은古來에偉人傑士가不少ᄒᆞ나數千年間專制之下에士氣가浸滯ᄒᆞ고民心이離散ᄒᆞ며政虐吏奸에怨情이滿腔ᄒᆞ야個人的主義에一般傾向ᄒᆞᆫ고로自然國自國民自民ᄒᆞ며君自君我自我ᄒᆞ야以世界四分之一以上人數로城下之盟과發塚之辱을不免ᄒᆞ니可憐ᄒᆞ며、이朝鮮도數千年來支那風에同化ᄒᆞᆫ바되야弊風惡習을形喩키難ᄒᆞᆯ뿐더러終始支那의屬隷로獨立의思想을專失ᄒᆞ야該國々士乙支文德梁萬春金庾信李舜臣朴堤上等의精神은小無ᄒᆞ고所謂上等社會ᄂᆞᆫ狐假虎勢之格으로漁民虐氓은目不忍見이며所爲事業은買春花鬪로子寢午起요恐喝號令으로討索賄賂而已며且其下等社會ᄂᆞᆫ奔命不及으로更無餘地ᄒᆞ야一同이國民的精神을沒却ᄒᆞᆫ고로往來ᄒᆞᆷ이등신一般일뿐더러世界潮流가如何이變動ᄒᆞᆷ도不知ᄒᆞ고但只高談峻論으로악가운歲月만虛送ᄒᆞ니未久에必然外國의蹂躪됨은姑捨ᄒᆞ고內國의富源과外洋의財泉은다ㅣ他人의手에歸ᄒᆞᆯ지며非但止此라如此더라도尙未悟覺ᄒᆞᄂᆞᆫ時에ᄂᆞᆫ滅亡의怒濤에卷去ᄒᆞᄂᆞᆫ비되리니哀ᄒᆞᆷ다그러나聖經에일너시되信ᄒᆞ라我를、信ᄒᆞᄂᆞᆫ者ᄂᆞᆫ永久의福을바

들지며歸依ᄒᆞ라我를　歸依ᄒᆞᄂᆞᆫ者에ᄂᆞᆫ無限의幸을쥬리라我ᄂᆞᆫ他人이아니라곳弱ᄒᆞᆫ者에强ᄒᆞᆷ이되며病든者에나음이라ᄒᆞ셧시니眞哉라此訓이여聖哉라此敎로다萬一彼等이彼等의困辱을早覺ᄒᆞ고速々히眞理의眞狀을猛覺ᄒᆞ야肉體의慾望(私心)을버리고靈魂의滿足(公心)을求ᄒᆞ야救主를確然이信仰ᄒᆞ며十字의血를十分信依ᄒᆞᄂᆞᆫ時에ᄂᆞᆫ「救主ᄂᆞᆫ最히弱ᄒᆞᆫ者에더옥同情을表ᄒᆞᆷ신다ᄒᆞᆫ」ᄒᆞᄂᆞ님의말삼에依ᄒᆞ야將來에極樂의天堂과最强의國을得ᄒᆞ리라但日本은諸君도임의見聞ᄒᆞᆫ빈즉不要更陳ᄒᆞ노라。

乘艦一同이임의二個月間搜索ᄒᆞ나每日數十次式疑似物에奔命惶々ᄒᆞᆯ뿐이ᄆᆡ다ㅣ倦厭의氣와思鄕의懷를禁치못ᄒᆞ야各其光陰을虛費ᄒᆞᆷ이早歸ᄒᆞᆷ만不如ᄒᆞ다ᄒᆞᄂᆞᆫ지라아氏가從容이艦長팰로ㅣ다려닐너曰吾儕가怪物를討滅코저ᄒᆞ야滄溟에漂流ᄒᆞᆫ지數月間에未嘗不一日이如三秋나不避晝夜ᄒᆞ고一向搜索ᄒᆞᆷ은人類를爲ᄒᆞ야怪物을除去코저ᄒᆞᄆᆡ여ᄂᆞᆯ不幸이怪物은片影半點또不現ᄒᆞᄆᆡ熱心이已熄ᄒᆞ야最初에地浪家艦ᄒᆞ고萬死不辭로決心ᄒᆞ엿던勇士도只今은다ㅣ厭情이滿腔ᄒᆞ야이搜探을捉雲逐霧로看做ᄒᆞᄆᆡ不若衆心을姑從ᄒᆞ야歸航ᄒᆞᆫ다稱托ᄒᆞ고歐洲近海를去々搜索ᄒᆞᆷ이爲好라勸誘ᄒᆞᄆᆡ이에艦長이一行의게約束ᄒᆞ기를自今으로三日間만太平洋搜索에從事ᄒᆞᆫ後歸航ᄒᆞ기로作定ᄒᆞ고衆勇을皷舞ᄒᆞ야更一層平生의熱心으로怪物探出에發憤忘食케ᄒᆞ니ᄯᅢᄂᆞᆫ곳九月二日이라如此이二日間從事ᄒᆞ나消息이永絶에落望을難喩라第三日의探討를終ᄒᆞᆫ後即時回梶코저ᄒᆞ니ᄯᅢ에린고룬號ᄂᆞᆫ(北三一—東一三六八)度間에在ᄒᆞᆫᄃᆡ鯖

蜓一帶(日本)은遠距離雲霧中에隱臥ᄒᆞ야고白浪錦波ᄂᆞᆫ天涯에飜湧ᄒᆞᄂᆞᆫᄃᆡ自然의聲과無形의吼에感傷ᄒᆞᆯ뿐而已러라少焉에夕陽이橫射ᄒᆞ야天地가紫然터니無心ᄒᆞᆫ雲霞ᄂᆞᆫ眼界에斷連ᄒᆞᄂᆞᆫᄃᆡ還巢의水鳥ᄂᆞᆫ空間에倦飛ᄒᆞ며淸冷의風은英雄兒의襟懷를惹起ᄒᆞᄂᆞᆫᄃᆡ半天의明月은造化翁의照夜鏡을九天에掛懸ᄒᆞᆫ듯萬一李忠武로이景光을再演ᄒᆞ얏던덜當時閒山島의愛國吟「水國秋光暮寒驚孤月照」의悲懷를難禁ᄒᆞᆯ지며蘇子로復活ᄒᆞ엿던덜赤壁上의絶世咏「哀吾生之須臾羨大洋之無窮」의理性을高吼ᄒᆞᆯ뿐일너라아氏가正히이懷抱에感激ᄒᆞ야喟然長歎ᄒᆞ미콘셀이慰勞ᄒᆞ야曰古來에英雄俊才가다ㅣ東西에奔走ᄒᆞ며萍水에漂流ᄒᆞ야他人의춤아못ᄒᆞᆯ冒險과非常ᄒᆞᆫ困難를지ᄂᆡᆫ후에비로소屹然ᄒᆞᆫ事業을成就ᄒᆞ얏ᄉᆞ오니

主公은過이今番遠征을悲觀치맙소서 上帝가必然吾人의眞誠을洞察ᄒᆞᄉᆞ最初의目的을得達케ᄒᆞ오리다ᄒᆞ더니言이未了에甲板上一邊에셔落雷와갓ᄒᆞᆫ소ᄅᆡ잇서大叫ᄒᆞ야曰怪物々々이라ᄒᆞᄂᆞᆫ지라一行이急々히其勇士處로蝟集ᄒᆞ야觀望ᄒᆞᆫ즉넫氏가멀니二十餘里海上을指示ᄒᆞ야曰이겻이怪物이아니뇨ᄒᆞᄂᆞᆫ지라衆人이圓目正視ᄒᆞ니一片光線이乍明乍滅ᄒᆞᄂᆞᆫᄃᆡ非燐非火며雯小雯大ᄒᆞᄂᆞᆫᄃᆡ非魚非獸라大如鐵鍼ᄒᆞ고形似橢圓이라衆人이十分疑訝ᄒᆞ야다ㅣ面々相對ᄒᆞᆯ뿐이러니애氏가默視良久에닐너曰光輝ᄂᆞᆫ電氣性이라必然潛水暗行犀의所爲인듯ᄒᆞ다ᄒᆞ고一同觀察ᄒᆞᆯ뿐이러니忽然該怪物이린고룬號로前進衝來ᄒᆞᄂᆞᆫ貌樣이라一行이다ㅣ手戰足舞ᄒᆞ야面如土色이러니該怪物이린고룬號의周圍를一回ᄒᆞᆫ後非常ᄒᆞᆫ光

輝를發ᄒᆞ고또二三十里外로退去ᄒᆞ더니또再次襲來ᄒᆞ야二十餘間外에서光輝가消滅ᄒᆞ면서다시不知去處러니艦底를潛航ᄒᆞ야艦舳에忽然再現ᄒᆞᄂᆞᆫᄃᆡ光線이四射에難可正視며또其怪物의進退가如彈如星에難可砲擊이라如此이該怪物이五六次襲來襲去ᄒᆞᄃᆡ衆人이다ㅣ魂飛魄散ᄒᆞ야엇디ᄒᆞᆯ줄를아지못ᄒᆞ고艦長팔로ㅣᄂᆞᆫ必死之力을다ᄒᆞ야前避後走ᄒᆞ며左向右轉ᄒᆞ나該怪物의進退迅速과出沒無比에無可奈何라亦是幾分의恐惶心을難免ᄒᆞ야아氏다려닐너曰該怪物이貴君의推測ᄒᆞᆫ바犀族인듯ᄒᆞ나討滅의手段이無ᄒᆞᆷ에柰何오아氏가對答曰이怪物은不可不砲擊外에ᄂᆞᆫ別無妙策이ᄂᆞ只今夜深風動에進退不便ᄒᆞ니防禦地로暫避ᄒᆞ얏다가明日에追擊ᄒᆞᆷ만不如ᄒᆞ다ᄒᆞ고이에徐々이安全點으로退去ᄒᆞᆫ즉該怪物도亦是不知去處러라次日天明에艦長及아、넷兩氏가怪物討滅方針을彼此相討中忽然海上에一怪聲이響來ᄒᆞᄂᆞᆫ지라乘艦一同이다ㅣ攻擊의機械를準備ᄒᆞ고甲板上에整列ᄒᆞ야觀望ᄒᆞ니ᄯᅢᄂᆞᆫ午後二點이라天無點雲에日光이在頂ᄒᆞ고强風이激浪에怒濤가鳴動ᄒᆞᄂᆞᆫᄃᆡ五十里許海上에光線이灼々ᄒᆞ더니또不知去處라同三時頃에艦舳에서넷氏가大呼ᄒᆞ야曰怪物々々이라ᄒᆞᄂᆞᆫ지라急速히가본즉十餘里海上에楕圓體黑褐色의一個怪物이略一「야ㅣ드」(三英尺)의背面을水面에現出ᄒᆞ고截浪而去에水波가爲動ᄒᆞ고光線이四散이라此時에一行이다ㅣ該怪物攻擊에無不熱中이ᄂᆞ但該怪物의神速ᄒᆞᆷ에ᄂᆞᆫ無可奈何라팔로ㅣ氏도十分激昻ᄒᆞ야火力을倍加ᄒᆞ야追尾ᄒᆞ나終始難及ᄒᆞᆯ뿐더러或砲擊도ᄒᆞ나亦無効力이오但只氣萬丈火千仞

일뿐이러라如此이數日間或退或逐도ᄒᆞ나別로히着手ᄒᆞᆯ機會가無ᄒᆞ더니九月六日夜十一時頃에西方三十里海上에該怪物이復現ᄒᆞ야光輝가射出에不進不退ᄒᆞ며不潛不動에如休似眠이라衆人이다ㅣ該怪物이數日間疲勞를不耐ᄒᆞ야休眠ᄒᆞᄂᆞᆫ줄노推測ᄒᆞ고宿鳥之射와穴兎之襲을擧行코져ᄒᆞ야擧踵趾行之勢로該怪物에近接ᄒᆞ야넷氏로ᄒᆞ야곰端艇에移乘ᄒᆞ야千斤의漁叉를持ᄒᆞ고略數十尺相距에至ᄒᆞ야一平生死力으로猛然狙擊ᄒᆞᆫ즉腹部에正中ᄒᆞ더니鏘然一聲에漁叉ᄂᆞᆫ粉碎ᄒᆞ고電光도隨滅ᄒᆞ더니忽然水湧川鬪ᄒᆞ며浪激波坼ᄒᆞ고天回地轉ᄒᆞ며艦傾船斜ᄒᆞ고舵折舳碎ᄒᆞ며穴穿隙生ᄒᆞ야世界無比의米國軍艦린고룬號가沈覆의悲境에至ᄒᆞ니라

世界珍聞

○目下歐羅巴諸國의陸海軍費의總計平分額이略一日에八百萬圓可量이라ᄒᆞ니ᄎᆞᆷ武裝的平和時代에大修羅場이로다

○近着米報를據ᄒᆞᆫ즉米國鐵道大王하리만氏ᄂᆞᆫ鐵道事業에從事ᄒᆞᆫ지겨우六年間에直轄ᄒᆞᄂᆞᆫ鐵道延長이一萬五千里니總資本金이十一億弗內外며또其外에資本金十二億弗되ᄂᆞᆫ延長이一萬三千哩의鐵道와밋三大汽船會社의管理權을掌ᄒᆞ얏ᄃᆞᄒᆞ니ᄎᆞᆷ石崇의石崇이라ᄒᆞᆯ만ᄒᆞ더라

○伯林電을據ᄒᆞᆫ즉現今長距離寫眞에對ᄒᆞ야獨逸뮨닛히大學教授고룬氏가四年間勞神焦思ᄒᆞᆫ結果時間은비록二十分可量걸이ᄂᆞ能히千百哩外에在ᄒᆞᆫ物形도撮影ᄒᆞᄂᆞᆫ寫眞機械을發明ᄒᆞ엿ᄃᆞ더라

○歐洲最初의玉篇은千六百七十七年倫敦에서出版ᄒᆞᆫ英語字典이라ᄒᆞ니支那最初에編集ᄒᆞᆫ바漢時楊雄의所著ᄒᆞᆫ漢文玉編에年代를比較ᄒᆞᆯ진ᄃᆡ曾孫벌이나될는지

○英國々民中百分之六十九는勞働者요、二十八은中等社會오、三은上等社會라ᄒᆞ니此로써世界各國의槪形을窺知ᄒᆞᆯ지라참近世歐洲人士의言必稱勞働主義가理敎가잇도다

○米國敎育熱心者록펠라ㅣ氏가니우욕「紐育」市學務局에前後二回에國民敎育費五千四百萬弗(一億八百萬圓)을寄附ᄒᆞ야는ᄃᆡ如此한莫大의寄附金은世界에無類며同氏의敎育熱心도古今第一이라더라

○近頃米國商工務省貿易統計表를據ᄒᆞᆫ즉昨年同國貿易總額이三十一億千八百八十五萬七千百九十三弗인ᄃᆡ內에輸出增加가再昨年보다一億七千餘萬弗이며輸入增加는一億四千餘萬弗이라니同國의商工業發達은참吃驚할너라

○某養豕雜誌를據ᄒᆞᆫ즉養豕의數가米國이四千七百萬頭요獨逸(德)이千七百萬頭요墺國이千二百萬頭요法國이七百萬頭요英國이三百萬頭요日本이二十三萬頭라니養豕ᄒᆞ는데라도米國이第一이러라

○近日獨逸에서는琉璃沐浴桶이盛行ᄒᆞ는ᄃᆡ大槪其淸潔無比와價額廉低와製造簡易ᄒᆞᆷ인고라더라

○獨逸二十一大學校內의學生數가凡四萬五千百三十六人인ᄃᆡ內에女學生도不小ᄒᆞ며또各專門統計를據ᄒᆞᆫ즉神學部에新敎徒가二千二百八名이요舊敎徒가一千七百八名이요法學生이一萬二千百四十六名이요醫學生이七千九十八名이요哲學歷史及語

學生이一萬九千八百十五名이요數學及科學生이六千二百三十四名인ᄃᆡ內에醫學生이年々增加ᄒᆞᆫ다더라

○紐育電을據ᄒᆞᆫ즉米國陸軍部의一技師가戰鬪用空中飛行艇을發明ᄒᆞ얏ᄂᆞᆫᄃᆡ能히空中에上ᄒᆞ야敵軍에爆發彈을投ᄒᆞᆷ에至極히便利ᄒᆞ며進退도任意自由라더라

○米國統計局長파와ㅣㅅ氏의計算을據ᄒᆞᆫ즉米國의富ᄂᆞᆫ千九百年엔ᄂᆞᆫ百七十七億弗이요千九百四年에ᄂᆞᆫ二百十四億弗에增加ᄒᆞᆫ지라、이를千八百九十六年의英國의富(百十五億弗)와露邦의富(六十二億弗)에對比ᄒᆞᆯ진ᄃᆡ大略相同ᄒᆞ더니近年에ᄂᆞᆫ兩國의富를合ᄒᆞ야도米國에不及이라더라

○南阿美利加洲데비아ㅅ金剛石鑛에目下使用ᄒᆞᄂᆞᆫ鑛夫數ᄂᆞᆫ二萬五千九百九十五人(內에白人이二千七百三十四人이라)이요一個月俸給總額은百七十九萬八千六百元인ᄃᆡ昨年度同鑛經費總額은三千五百○四萬千八百十圓이요純利益은二千百○三萬五千三百六十圓이라더라

○英國론돈(倫敦)에ᄂᆞᆫ目下救貧工場數가三十一이며所養貧民數가八萬人인ᄃᆡ其維支費ᄂᆞᆫ一年에略一千一百萬圓可量이라더라

○英國海峽툰넬(隧道)開鑿費ᄂᆞᆫ略一億六千萬圓可量이라佛廷은開鑿을熱望ᄒᆞ나英國은佛의陸軍을恐懼ᄒᆞ야始終不應ᄒᆞᆫ다더라

○接吻의(입맛치ᄂᆞᆫ)害 巴里醫學博士날팟세氏의說을據ᄒᆞᆫ즉口鼻ᄂᆞᆫ病源의黴菌을無數이貯藏ᄒᆞᆫ貯蓄所라黴菌學을引證ᄒᆞᆯ진ᄃᆡ人唇의一粴平方中에四萬可量의黴菌이棲息ᄒᆞᄂᆞ니大人은病人外에ᄂᆞᆫ比較的害

가小ᄒᆞ나小兒에ᄂᆞᆫ最히傳染力이速ᄒᆞ야이로緣ᄒᆞ야死亡ᄒᆞᄂᆞᆫ者年〻數十萬에不下ᄒᆞ다더라

○有名ᄒᆞᆫ電氣學者米人에디손氏ᄂᆞᆫ生來에公益上必要ᄒᆞᆫ電氣發明이不知其數라同氏가只今五十九歲의高齡에達ᄒᆞ야도手不釋卷이不下古聖일ᄲᅮᆫ더러今後로ᄂᆞᆫ純粹의科學을專心硏究ᄒᆞᆫ다더라

○汽船最初發明者ᄂᆞᆫ로쌔ㅣ드、풀톤이니愛蘭人(後에移住米國ᄒᆞ니라)이라풀톤氏가數年間勞神焦思ᄒᆞᆫ結果最初에佛國에셔試驗ᄒᆞᄂᆞᆫ船材不良으로事歸畵餠ᄒᆞ미奮心盡力ᄒᆞ야更一層硏究ᄒᆞᆫ後同汽船製造法을紐育居왓도와쌧ㅣ톤二人에게詳敎ᄒᆞ야一千八百六年에一個蒸汽船을製造ᄒᆞ야一千八百八年八月에進水式을擧行ᄒᆞᆫ즉如意活動ᄒᆞ니라同船의命名은구렐몬드號니即汽船의始祖라長이百三十三呎이요深(船高)이七呎이요廣이十八呎이더라

(但同船은中央에機械물방아의水輪과如ᄒᆞᆫ回轉輪을附ᄒᆞᆷ)

○有名ᄒᆞᆫ靈魂主義極端反對者伊太利人法醫學者롬ᄇᆞ로쏘氏ᄂᆞᆫ近來非常이靈魂主義에傾依ᄒᆞᄂᆞᆫᄃᆡ同氏의說을據ᄒᆞᆫ즉同氏가千八百九十二年에一盲女를診察ᄒᆞᄂᆞᆫᄃᆡ目瞪口呆ᄒᆞᆯ일은同女가能히以耳見物ᄒᆞ며以膝嘗物ᄒᆞ고또足指로써臭氣를嗅感ᄒᆞ야能히數十間外의人跡을探知ᄒᆞ고二週間內外의일을豫知ᄒᆞᆷ은斷定코科學力으로ᄂᆞᆫ解釋키難ᄒᆞᆷ으로至今ᄭᆞ지頑執不動의實理主義를變ᄒᆞ야靈魂主義에歸依ᄒᆞ엿다더라

●**寄書** 平安北道鐵山郡鷹山里居吳熙源氏가本會에對ᄒᆞ야新貨三十圓을贊助ᄒᆞ고寄書ᄒᆞᆷ이如左ᄒᆞ니

僕以鄙人生長遐陬性鈍質錮知短識淺坐惟井觀立亦墻面昧眼時事違心世道昏々醉睡於鎖國夢界茫然罔知其有所作爲何乃天風不變人事大作六洲開鎖五洋通漕歐西政治文明瀛東才藝發達洋溢於各國新報轉相刋布以至輪播於各坊窮蔀上自卿相士民之序下暨僮僕輿儓之賤莫不耳慣而目詳口傳而心誦僕亦與有聞焉肆使家男尙殷送於日本東京投入中學慣通理氣之學然後欲入大學專門等學校融會格致之效塡充間架之實而極知其才鈍質弱定難期其成就然亦有賢於已故也僕雖愚陋茫昧不足掛齒於人而是心是理之具亦類於人見聞其外邦之良法美規也卽思慕效之心激昂奮發於杜膓撑腹之間而不能自己者顧今國步艱危急於一線而無人思其挽回思之痛心寧欲溘然昨歲仲冬家兒自東京學會投送一報忙披閱之乃 貴刊太極學報也擎誦主復言理順直志義忠固此不惟擎人心地拭人耳目而其所克復獨立之權挽回國脈之漸從自有望則豈不惟民國之幸但惟

貴會遙在外邦只以寄附之金而難可支保零鎖則雖感有初慮鮮克終故謹將參拾圜金略表同情以補其萬一之費千萬之幸統希愛亮

恅草不備

平安北道寧邊宣尙範氏가本會에對ᄒᆞ야新貨伍圓을贊助ᄒᆞ고寄書ᄒᆞᆷ이如左ᄒᆞ니

樂哉라太極學會之創立이며喜哉라太極學報之發刊이며今此生存競爭의時에際ᄒᆞ여弱肉强食ᄒᆞ며優勝劣敗ᄂᆞᆫ不待贅論이어니와蓋天之生斯民也에國之東西와時之古今을勿論ᄒᆞ고厥初禀賦ᄂᆞᆫ均是同一ᄒᆞ거ᄂᆞᆯ强弱優劣之懸絶은其故安在오世人이皆言ᄒᆞ되韓國은未開之國이라ᄒᆞ니果然乎아彼開

明國人도亦非四目兩口요同是人也어든奈之何彼强我弱ᄒᆞ며彼勝我敗아亶在於學問之何如也라於是에內國人士가奮發激勵ᄒᆞ여志存興復일세今日에某會를組織ᄒᆞ며明日에某報를發刊ᄒᆞ고且學校之擴張이不爲不多이언마ᄂᆞᆫ或以財政窘拙ᄒᆞ며或以教師之不材로鮮克有終ᄒᆞ여往々히龍頭蛇尾의歎을未免이더니猗歟壯哉라日本에留學ᄒᆞᄂᆞᆫ同胞諸君이여倜儻ᄒᆞᆫ大志를抱ᄒᆞ고萬里異域에決心同盟ᄒᆞ며組此會刊此報ᄒᆞ여使內地昏闇世界에如吾聾聵之輩로闢此未開ᄒᆞ며見此未見ᄒᆞ야斯圖開發民智ᄒᆞ여挽回國權ᄒᆞ니玆非百折不屈ᄒᆞ며萬難不撓之熱誠所注면豈可得乎아是吾所以樂且喜者也라自不勝蹈舞贊祝之忱ᄒᆞ야新貨五圜與代金一圜四十錢을略表微誠ᄒᆞ오니勿以捐金으로視之ᄒᆞ고以心一片으로視之ᄒᆞ시옵惟祝太極學會萬歲無極

早稻田大學事件顚末

早稻田大學校에서ᄂᆞᆫ由來로春季를當ᄒᆞ면學徒들이國會를模擬ᄒᆞ야設行ᄒᆞᄂᆞᆫ所謂擬國會라ᄒᆞᄂᆞᆫ것이有ᄒᆞᆫᄃᆡ假政府와及進步黨이니保守黨이니ᄒᆞᄂᆞᆫ等各政黨을組織後에大臣과各黨頭目等은該校講師와及社會上名士를請聘任定ᄒᆞ고各樣問題를提出ᄒᆞ야各自의主張으로一時盛大ᄒᆞᆫ論戰을開ᄒᆞᄂᆞᆫ慣例가有ᄒᆞ더니今春에도此를例年과如히三月三十日에設行ᄒᆞᆯ豫定인ᄃᆡ該校生徒田淵豊吉이라ᄒᆞᄂᆞᆫ一狂悖學生의提出ᄒᆞᆫ바植民政策이라ᄂᆞᆫ題目下에我大韓臣民된者로ᄒᆞ여곰目不忍睹ᄒᆞ며口不敢傳ᄒᆞᆯ文字를記列ᄒᆞ야該校廣告場에揭示ᄒᆞᆫ지라該校在學我學生들이三月二十六日에此揭示를始見

ᄒᆞ고憤氣를不勝ᄒᆞ야即時該校學監高田早苗에게此事由를質問ᄒᆞᆫ則學監對答이元來此擬國會ᄂᆞᆫ本校에셔干涉ᄒᆞᄂᆞᆫ것이아니요生徒들이主幹設行ᄒᆞᄂᆞᆫ것인즉其討議問題等에對ᄒᆞ여셔도本校에셔ᄂᆞᆫ參涉이一無ᄒᆞᆷ으로今次討論問題도如何ᄒᆞᆫ問題가提出된것을全然不知ᄒᆞᆫ것이라然이나萬一君等의質問ᄒᆞᄂᆞᆫ事實이果然問題에上ᄒᆞ여스면君等의激憤도無理가아니고또生徒를監督ᄒᆞᄂᆞᆫ責任은本校에在ᄒᆞᆫ則本學監은其失體의責을諸君에게謝罪ᄒᆞ노라ᄒᆞ고即時事由를查實後에該揭示文은撤消ᄒᆞᆫ지라該校에在學ᄒᆞ든我學生十六人이其翌日에會議ᄒᆞ고總代二八을다시學監에게送ᄒᆞ야請求ᄒᆞ되如此ᄒᆞᆫ狂悖學生은貴校規則에依定處罰(退學)ᄒᆞ야後弊를斷케ᄒᆞ야달나ᄒᆞᆫ則學監對答이該揭示文은의믜撤消ᄒᆞ엿고또本學監이全校를代表ᄒᆞ야諸君에게謝罪ᄒᆞᆫ것과生徒田淵豊吉은招致譴責ᄒᆞ엿슨즉幸須恕諒ᄒᆞ라ᄒᆞᄂᆞᆫ시라其後에 數次總代를送ᄒᆞ야强硬ᄒᆞᆫ態度로交涉ᄒᆞ여스나學監의答이該學校에셔ᄂᆞᆫ如此ᄒᆞᆫ生徒에게對ᄒᆞ야處罰ᄒᆞᆯ規則이無ᄒᆞ다ᄒᆞ고終乃我學生의主張을聽入치아니ᄒᆞ거ᄂᆞᆯ我學生들이此에一層憤激ᄒᆞ야如此狂悖生徒와ᄂᆞᆫ吾儕가同窓受學ᄒᆞᆯ슈업다ᄒᆞ고十六人이一齊히自請退校ᄒᆞ엿더라其翌日에此所聞이全我留學生界에傳播되미一般學生의激昂이如火에連日留學生監督廳에齊會ᄒᆞ야累次總代도派送交涉ᄒᆞ며善後策을討究ᄒᆞ더니本月二日에該學校에셔總代一人이警部를帶同ᄒᆞ고留學生監督廳에來到ᄒᆞ야彼의失體을千萬謝罪ᄒᆞ고該學生田淵豊吉은이믜退學식켜슨즉諸君은某條誤解치마시고和解ᄒᆞ여달나ᄒᆞᆷ

으로該事件이爲先落着된貌樣이더라

○各國紳士大演說

今番日本東京에서開ᄒᆞᆫ萬國學生基督敎青年大會에東西洋二十六國代表者가來會ᄒᆞᆫ中我韓國에서ᄂᆞᆫ紳士尹致昊金奎植姜泰膺金貞植閔濬鎬諸氏가來參ᄒᆞᆫ지라諸氏一行이我留學生界에平和福音을傳ᄒᆞ기爲ᄒᆞ야神田橋外의一宏大ᄒᆞᆫ演說場을貰得ᄒᆞᆫ後英米印度淸露瑞士瑞典等各國에서來ᄒᆞᆫ名士諸氏를請邀演說ᄒᆞ고尹致昊金奎植兩氏가輪次로繙譯의勞를執ᄒᆞ엿ᄂᆞᆫ데每次來會者가百餘名或數百名에至ᄒᆞ엿스니如此ᄒᆞᆫ好機會ᄂᆞᆫ千秋에再遇키難ᄒᆞᆫ깃고또此로因ᄒᆞ야我學生界精神上에非常ᄒᆞᆫ感化를注入ᄒᆞ여슬뿐아니라傳道事業에도莫大ᄒᆞᆫ好結果를生ᄒᆞ엿다ᄒᆞ더라

○會事要錄

去月二十四日總會에서金志侃氏가野外運動ᄒᆞ기를動議ᄒᆞ미滿座一致로可決되여運動日字ᄂᆞᆫ來月二十一日(日曜日)로定ᄒᆞ다

○本月七日總會에서金志侃氏動議ᄒᆞ되我韓留學生監督韓致愈氏가遞任되야不遠間에還國ᄒᆞᆯ터인ᄃᆡ該氏ᄂᆞᆫ本會에對ᄒᆞ야特別ᄒᆞᆫ贊成員만될뿐아니라兼ᄒᆞ야本會所轄太極學校々長인즉該氏의게對ᄒᆞ야特別送別會를開ᄒᆞ쟈ᄒᆞ미金淵穆氏再請으로可決ᄒᆞ고來十四日(日曜日)로定ᄒᆞ다

○監督韓致愈氏送別會

十四日午前八時에會員이限百餘名可量出席開會ᄒᆞ얏ᄂᆞᆫᄃᆡ會長張膺震氏가開會辭를

述ᄒᆞᆫ後에全永爵氏가韓致愈氏의事歷을陳述ᄒᆞ고金志侃氏가祝辭를述ᄒᆞᆫ後에韓致愈氏가登壇ᄒᆞ야懇篤ᄒᆞᆫ辭意로惜別을先述ᄒᆞ고諸學員들의將來와現界의活動ᄒᆞᆯ方針을盖述ᄒᆞ미滿場會員이拍手喝采ᄒᆞ는中降壇閉會ᄒᆞ고同十時半에茶菓로餘興을畢ᄒᆞ다○本月七日에本會에셔第一回(三月條)募集ᄒᆞᆫ國債報償金十八圓五十六錢을皇城新聞社로付送ᄒᆞ다○米國桑港에在ᄒᆞᆫ共立協會河邊支會에셔日本東京에在ᄒᆞᆫ二十一人斷指學生에게保助金三十圓三十錢을本會로付送ᄒᆞ엿기로即時總代一人을定ᄒᆞ야該學生에게傳ᄒᆞ다

○會員消息

本會員洪正求氏는脚氣治療次로去月三十日에京都에往ᄒᆞ다○本會員全台憲氏는昨年十一月에還國ᄒᆞ엿다가去月三十日에東京에渡來ᄒᆞ다○本會員方元根氏는京都에往ᄒᆞ다○副會長崔錫夏月前에埼玉縣에靜養次로旅行ᄒᆞ얏다가本月十四日에東京에上來ᄒᆞ다○本會員金基現氏는腦病이生ᄒᆞ야治療次로本月十四日下午三時半新橋發列車로還國ᄒᆞ다○本會員金淵穆氏는順天中學校三年生으로金瀅穆玄僖運金志健邊鳳現柳東勳金基斑諸氏는一年生으로入學ᄒᆞ고吳相殷李相根兩氏는成城中學校二年生으로入學ᄒᆞ고朴寅喜氏는明治學院一年生으로入學ᄒᆞ고金鎭瑢氏는京華中學校一年生으로入學ᄒᆞ고金晩圭氏는長崎商業學校에入學ᄒᆞ고○李正煥氏는海城中學校에入學ᄒᆞ고金鎭植秋永淳洪性郁吉敬承郭漢七諸氏는明治中學校에入學ᄒᆞ고崔容化氏는早稻田大學校에入學ᄒᆞ다

○學界消息

○留學生監督韓致愈氏ᄂᆞᆫ太極學校々長으로學校와本會事에熱心盡力ᄒᆞ더니今次遞任還國時에本會에入會ᄒᆞᆷ을請ᄒᆞᆫ故로卄四日任員會決議로許入ᄒᆞ다

○太極學校創立以來數年間을熱心敎授ᄒᆞ던藤井孝吉氏가地方商業學校敎授로日間發程ᄒᆞᄂᆞᆫ故로去二十四日下午에本會에서送別會를開ᄒᆞ고氏의功績을感謝ᄒᆞ다

○我國官費生中二十五人이今番東京府立中學校에서卒業ᄒᆞ얏ᄂᆞᆫᄃᆡ氏名이如左ᄒᆞ니
尹台鎭、魚允斌、崔鳴煥、崔容化、金台鎭、楊致中、劉秉敏、朴有秉、林大奎、張基榮、趙鍾觀、張潤遠、李相穆、李相旭、李相鎭、趙鏞殷、趙鳳九、吳一純、李康賢、洪昌植、玄檀、金聖睦、高珠演、金永植、全錫弘、諸氏더라

○新入會員

朴載灝 朴庠鎔 張舜基 沈瓊燮 李鳳九 許檍 崔昌鳳 閔在賢 崔浚晟 崔元植 柳晩秀 趙東熙 鄭冕鎬 洪聖淵 朴忠緖 安暎洙諸氏가入會ᄒᆞ다

○太極學報第五回
義捐人氏名

吳熙源氏 參拾圓
鄭錫迺氏 參 圓
宣尙範氏 伍 圓
盧正益氏 貳 圓
米國桑港共立協會河邊支會參拾圓參拾錢

光武十一年四月廿七日印刷
光武十一年五月三日發行
明治四十年四月廿七日印刷
明治四十年五月三日發行

●代金郵稅並新貨拾貳錢

日本東京市本鄉區元町二丁目六十六番地太極學會內
編輯兼發行人 張膺震

日本東京市本鄉區元町二丁目六十六番地太極學會內
印刷人 金志侃

日本東京市本鄉區元町二丁目六十六番地
發行所 太極學會

日本東京市京橋區銀座四丁目一番地
印刷所 敎文館印刷所

太極學報第九號
光武十年九月二十四日
明治三十九年九月二十四日 第三種郵便物認可
光武十一年五月三日
明治四十年五月三日 發行(每月廿四日一回發行)

明治卅九年九月廿四日 光武十年九月二十四日 第三種郵便物認可

光武十一年五月廿四日發行 (每月廿四日一回)

太極學報

第十號

太極學會發行

廣告

本報를購覽코져ᄒᆞ시ᄂᆞᆫ이ᄂᆞᆫ本發行所로通知ᄒᆞ시되價金은每朔爲替로換送ᄒᆞ심을敬要

本報ᄂᆞᆫ有志人士의購覽을便宜케ᄒᆞ기爲ᄒᆞ야出張支店을如左히定ᄒᆞᆷ

皇城中署東闕罷朝橋越便

朱翰榮書舖(中央書館內)

北美合衆國加州玉蘭市

韓人共立新報社內(林致淀住所)

特別廣告

(萬種書籍의俱備흠은本館의特色)

○內外圖書出版

○教科書類發兌

○新聞雜誌取次

○學校用品販賣

(配達郵料의不要흠은讀者의經濟)

皇城中署罷朝橋越邊

本店 (中央書館) 朱翰榮

平安北道宣川邑川邊

支店 (新民書會) 安濬

太極學報第十號目次

太極學報

第十號

光武十一年五月廿四日 (發行)
明治四十年五月廿四日

演說 四月二日日本東京神田區和强樂堂에서

印度에基督教勢力

印度國紳士 샏ㅣ 쓰 氏
本國紳士尹致昊氏(繙譯)
白岳子(筆記)

(此演說은本記者가傍聽隨記ᄒᆞ야抄錄成文ᄒᆞᆫ者이라文意가或演說ᄒᆞᆫ本人의眞意를十分表現치못ᄒᆞᆫ處도不少ᄒᆞᆯ짓고또本人의眞意를沒却ᄒᆞᆯ憂慮도有ᄒᆞ오며文體의責任等은一切本記者에게在ᄒᆞ오니讀者 恕諒ᄒᆞ시오)

我ᄂᆞᆫ印度國首府칼카ㅣ타에사ᄂᆞᆫ人이오我ᄂᆞᆫ本是商人이나機會만有ᄒᆞ면耶穌가我를罪惡中에셔救出ᄒᆞᆫ거슬他人에게傳播ᄒᆞᆷ으로써唯一의樂을삼ᄂᆞᆫ故로今日諸君前에셔耶穌의看證人이되야一言을演述ᄒᆞᄂᆞᆫ機會를得ᄒᆞᆫ거ᄉᆞᆫ本人의無上ᄒᆞᆫ榮光이옵ᄂᆞ이다本人의從來ᄒᆞᆫ國과貴國이地方은비록相隔ᄒᆞᄂᆞ形便은相同ᄒᆞᆫ거시有ᄒᆞ니此ᄂᆞᆫ即此二國이今日世界上에셔一般勢力을失ᄒᆞᆫ거시라故로我印度

人士가一思此에至ᄒᆞ면心이傷ᄒᆞ고膽이裂ᄒᆞᆷ을禁키不能ᄒᆞ니其故何在오我印度가世界五分一의人口를有ᄒᆞᆫ大國으로獨立의權을一失ᄒᆞ고今日과如ᄒᆞᆫ慘境에臨迫ᄒᆞᆫ거시라然이나我國人士中에國家를爲ᄒᆞ야깁히思慮ᄒᆞᄂᆞᆫ人은도리혀此로써幸이라ᄒᆞᄂᆞᆫ人도有ᄒᆞ니此ᄂᆞᆫ我國이如此히된거슬幸으로삼ᄂᆞᆫ거시아니라此間에無限ᄒᆞᆫ苦楚를盡ᄒᆞ고知識과實力을養成ᄒᆞᆫ後人民의精神을完全히ᄒᆞ여써異日의基礎가될거슬意味ᄒᆞᄂᆞᆫ거시니此을一個人에比ᄒᆞ면人의最貴ᄒᆞᆫ者ᄂᆞᆫ眞正의智慧와心靈이是라然則此間에此高貴ᄒᆞᆫ智力과心靈을十分完成케ᄒᆞᄂᆞᆫ機會가有ᄒᆞᆫ거슬幸으로삼ᄂᆞᆫ거시오

假令國이强ᄒᆞ야獨立權을自主ᄒᆞ고農工商業을發達ᄒᆞ며兵備를擴張ᄒᆞ야勢力을扶植ᄒᆞᆷ은今日物質的開化를表現ᄒᆞᄂᆞᆫ거시ᄂᆞ然이나다못陸海軍의强大와製造工塲의多少로써만은眞으로世界上에大國이라ᄒᆞᆯ資格이完備치못할거시오然則世界上에가장尊敬ᄒᆞᆯ만ᄒᆞᆫ國은如何ᄒᆞᆫ資格을備有ᄒᆞᆫ깃소此ᄂᆞᆫ他아니라眞正의智識을發達ᄒᆞ고心靈的義의生活을經營ᄒᆞᄂᆞᆫ國民이라고余난斷言ᄒᆞ기를不憚ᄒᆞ오故로余ᄂᆞᆫ言ᄒᆞ되我印度有志人士ᄂᆞᆫ今日과如ᄒᆞᆫ慘狀으로써禍를삼지아니ᄒᆞ고此機會를利用ᄒᆞ야實力을養成ᄒᆞᆷ으로써唯一의希望點을達코져ᄒᆞᆷ이니我國과同一ᄒᆞᆫ境遇에在ᄒᆞᆫ貴國人士도目前의狀態로써失望치마시고永遠의方針을硏究ᄒᆞ시기切望ᄒᆞ옵나이다

然則今日貴國人의急先務ᄂᆞᆫ智識과心靈上의先導者가되기를自任ᄒᆞᆷ에在ᄒᆞ리니其方便으로言ᄒᆞ면諸君의耳에別로히新奇한言은아니나眞個의道理가耶穌를信奉ᄒᆞᆷ에在

ᄒᆞ다ᄒᆞ오世人은往々基督으로써西洋의基督이라言ᄒᆞᄂᆞᆫ人이有ᄒᆞ나實은東方에서降生ᄒᆞ신基督이오또ᄂᆞᆫ東方의基督뿐아니라全世界의救主요

我印度에耶穌敎가傳來ᄒᆞᆫ거슨自今百餘年前에在ᄒᆞ엿스나發達ᄒᆞ기난實로五十年以來의事이라我印度에ᄂᆞᆫ元來種々의敎가多ᄒᆞ니百餘年前에各種敎徒가五百萬에達ᄒᆞ엿ᄂᆞᆫ데其中多大數ᄂᆞᆫ偶像을崇拜ᄒᆞᄂᆞᆫ敎徒라印度偶像敎의敎堂을見ᄒᆞ면日本과淸國等地의寺院과恰如ᄒᆞ니偶像은木石으로多造ᄒᆞ엿고또此中에回々敎를信ᄒᆞᄂᆞᆫ人은偶像은崇拜치아니ᄒᆞ나마호멧트를崇拜ᄒᆞᄂᆞᆫ거시오此外에또佛敎徒一千萬名假量을除ᄒᆞ면三億萬人口中에셔耶穌를信ᄒᆞᄂᆞᆫ人은三百萬에不過ᄒᆞᆫ지라其數를比較ᄒᆞ면如此히僅少ᄒᆞ나其勢力은最大ᄒᆞ다ᄒᆞ깃고또我印度에셔以來異敎徒間에셔ᄂᆞᆫ同居同食만아니ᄒᆞᆯ뿐아니라甚ᄒᆞ면言語를不交ᄒᆞᄂᆞᆫ傾向이有ᄒᆞᆫ故로耶穌를信ᄒᆞᄂᆞᆫ人도往々此를恐ᄒᆞ야信奉ᄒᆞᄂᆞᆫ事를隱匿ᄒᆞ고外面에發表치아니ᄒᆞᆫ事이不少ᄒᆞ엿스며또印度에ᄂᆞᆫ古來種々ᄒᆞᆫ惡風이多ᄒᆞᆫ中에小兒를殺ᄒᆞ야써所謂水神에祭ᄒᆞᄂᆞᆫ惡風이有ᄒᆞ야每年此祭壇의犧牲되ᄂᆞᆫ可憐ᄒᆞᆫ小兒數가幾千을不知ᄒᆞ더니耶穌敎傳入ᄒᆞᆫ以後로ᄂᆞᆫ如此ᄒᆞᆫ惡風은全然斷跡되엿소

또次에言ᄒᆞᆯ거슨我印度風俗에家丈이死ᄒᆞ면其寡婦ᄂᆞᆫ火葬으로殉死ᄒᆞᄂᆞᆫ惡風이有ᄒᆞ더니耶穌敎가傳來ᄒᆞᆫ以後에頓然一變ᄒᆞ엿고또其時宣敎師떠ㅡ氏의誠力으로學堂을設立ᄒᆞ고西洋의新敎育을主張ᄒᆞ미人民은此로써耳目을開ᄒᆞ야眞個의人을作ᄒᆞ고또人民間에堅固ᄒᆞᆫ團躰力이生ᄒᆞ며凶年을當

ᄒᆞ면幾千萬의小兒를死境에셔救出ᄒᆞᆷ도耶穌敎의功績이라我國은地方이廣漠ᄒᆞᆷ으로年年이處々에셔凶年이無ᄒᆞᆫ時가無ᄒᆞ야人民의餓死가幾萬을難算ᄒᆞᄂᆞᆫ데此時에人으로ᄒᆞ여곰感泣ᄒᆞᆯ者ᄂᆞᆫ宣敎師의慈善事業이라距今十年前에大飢饉이有ᄒᆞ야二百萬名이死ᄒᆞ엿ᄂᆞᆫ데其時에米國各敎會中에셔許多ᄒᆞᆫ穀物을輸送ᄒᆞ야救濟方策에盡力ᄒᆞ엿고其中에또感動ᄒᆞᆯ거슨南洋羣島中에居ᄒᆞᄂᆞᆫ食人ᄒᆞᄂᆞᆫ蠻種이一次耶穌敎를信奉ᄒᆞᆫ以後로文化가開發ᄒᆞ야其時莫大ᄒᆞᆫ義捐金을募送ᄒᆞᆫ奇觀이有ᄒᆞ엿소

또我印度國에耶穌敎의大勢力은印度人民의種々ᄒᆞᆫ階級을打破ᄒᆞᆫ거시라元來我印度國의社會制度ᄂᆞᆫ數多의等級이有ᄒᆞ야上級人은下級人을蔑視ᄒᆞ며下等社會에屬ᄒᆞᆫ人은上等人의家에入ᄒᆞᆷ을不許ᄒᆞ며下等人의手에接ᄒᆞ엿던飮食은上級人이此를食치아니ᄒᆞᄂᆞ니故로上級에屬ᄒᆞᆫ人은如何ᄒᆞᆫ愚物이라도恒常上等人이오下級에屬ᄒᆞᆫ人은如何ᄒᆞᆫ財産과如何ᄒᆞᆫ敎育이有ᄒᆞᆫ聰俊이라도永遠이下等社會의賤役과名稱을免치못ᄒᆞ더니耶穌敎가入來ᄒᆞᆫ以後로如此酷毒ᄒᆞᆫ等級의制度가거의蹤跡을斷케되엿시니此ᄂᆞᆫ我印度人의幸福이오

此外에또印度에ᄂᆞᆫ許多殘惡ᄒᆞᆫ風俗이多ᄒᆞᆫ데其中尤甚ᄒᆞᆫ거슨兒婚이是라男兒와女兒가四五歲에達ᄒᆞ면婚姻을定ᄒᆞᄂᆞᆫ데萬一定ᄒᆞᆫ後에新郞될男兒가不幸死亡ᄒᆞ면其女兒寡婦ᄂᆞᆫ一平生을再婚치못ᄒᆞᄂᆞᆫ弊習이有ᄒᆞ더니此亦耶穌敎入來ᄒᆞᆫ以後에全然一變ᄒᆞ엿스며此外에또耶穌敎의勢力이社會上에無數ᄒᆞᆫ福音을傳播ᄒᆞᆫ거슨一一히枚擧키難ᄒᆞ옵고最後에我一個人에經驗을一言으로

써諸君에게告코져ᄒᆞ옵ᄂᆞ이다
我印度國에ᄂᆞᆫ元來貴國과如히一般人民에高尙ᄒᆞᆫ倫理思想이有ᄒᆞᆫ데余도本是我國倫理道德의觀念은實로世界無雙ᄒᆞᆫ거ᄉᆞ로思維ᄒᆞ엿더니聖經에馬太福音을工夫ᄒᆞᆫ然後야비로서前日坐井觀天ᄒᆞ던我를發見ᄒᆞᆫ거시오
또耶穌敎에ᄂᆞᆫ他敎에셔見치못ᄒᆞᄂᆞᆫ二段의特色이有ᄒᆞ니
第一은確定ᄒᆞᆫ事
假令上帝에對ᄒᆞᆫ思想과人에對ᄒᆞᆫ道理思想으로吾人이確實이行ᄒᆞᆯ事를明確히指定ᄒᆞᆫ것
第二ᄂᆞᆫ道德上倫理上에良敎訓을與ᄒᆞᆷ에止ᄒᆞᆯ뿐아니라能히此를實行ᄒᆞᆯ만ᄒᆞᆫ能力을與ᄒᆞᄂᆞᆫ事
吾人이日常言語上行爲上思想上事業上等에日々이犯ᄒᆞᄂᆞᆫ罪惡은實로測量키難ᄒᆞ도다此로因ᄒᆞ야煩悶을生ᄒᆞ며畢竟은一身을滅亡ᄒᆞᄂᆞᆫ悲境에至ᄒᆞᄂᆞ니然則吾人을如此ᄒᆞᆫ險谷中에셔救出ᄒᆞᆯ者ᄂᆞᆫ誰오唯願諸君은一時를猶豫치마시고耶穌前에來ᄒᆞ야永遠ᄒᆞᆫ靈魂의安息을速受ᄒᆞ시기를切望

演說

修身의必要

四月八日日本東京神田橋和强樂堂에셔
美國에일大學校學士印度巡行總務에듸쉬우쓰氏

金奎植氏翻譯
白岳子筆記
(文体의責任은記者이게在ᄒᆞᆷ)

同志學生諸君이여余가今日諸君을對ᄒᆞ야

設話홀機會를得ᄒᆞᆫ거슨實노感謝ᄒᆞ오余가過去十餘年間을美國英國印度쌔마실논等地에서青年培養에從事ᄒᆞ다가今次日本에來ᄒᆞ엿ᄂᆞᆫᄃᆡ余ᄂᆞᆫ本是此로써一生의職務를삼ᄂᆞᆫ고로今日諸君의게對ᄒᆞ여修身의必要라ᄂᆞᆫ問題로一言을陳코져ᄒᆞ오

此世에生活ᄒᆞᄂᆞᆫ吾人은誘惑으로더부러恒常戰鬪홀運命을有ᄒᆞᆫ者요人은思ᄒᆞ면實노罪惡의奴隷라홀만ᄒᆞ오青年을墜落케ᄒᆞᄂᆞᆫ誘惑은種々有ᄒᆞᆫᄃᆡ不精ᄒᆞᆫ思想으로從來ᄒᆞᄂᆞᆫ結果를暫間比喩ᄒᆞ면大抵문둥이라ᄒᆞᄂᆞᆫ病이最初始作홀時에ᄂᆞᆫ外貌에發現치아니ᄒᆞ고隱然히連漫ᄒᆞ여畢竟은全身에一時에發現홀ᄲᅮᆫ아니라血脉이枯涸ᄒᆞ고骨節이腐朽홈과ᄀᆞᆺ치人의罪惡의細菌은不潔ᄒᆞᆫ思慮로從出ᄒᆞᄂᆞᆫ것이오然則思慮ᄂᆞᆫ何로브터從出ᄒᆞᄂᆞᆫ고ᄒᆞ면思慮ᄂᆞᆫ心으로브터生ᄒᆞ야行爲의根本이되ᄂᆞᆫ고로人의思慮ᄂᆞᆫ品行點의根源이니人이一次思慮의種子를誤植ᄒᆞ면不正ᄒᆞᆫ行爲의果實을結홀거슨當然ᄒᆞᆫ理勢라有名ᄒᆞᆫ心理學者의言에人이思想이不足ᄒᆞ면人을弱ᄒᆞ게ᄒᆞᆫ다ᄒᆞ니腦髓에서四肢의運動을總察ᄒᆞᄂᆞᆫ器關이病ᄒᆞ나면全身体에病이從生홀거슨또ᄒᆞᆫ必然ᄒᆞᆫ結果로다

余가我國에在홀時에一友人이有ᄒᆞ엿ᄂᆞᆫᄃᆡ其人은平時에温和ᄒᆞᆫ好人이라此人이一次某處에往ᄒᆞᄂᆞᆫ途中에越便에서一女子가秋波로써暗招홈을見ᄒᆞ고最初에ᄂᆞᆫ妖物이라責ᄒᆞ고過去ᄒᆞ엿스나其後에또數次此를當ᄒᆞᆫ則自然心中에此女子를忘키不能ᄒᆞ야畢竟罪를犯ᄒᆞ고乃己ᄒᆞ엿스나心中에셔良心의責을不勝ᄒᆞ야自殺코져ᄒᆞ다가軟弱ᄒᆞᆫ心이成치못ᄒᆞ고自後로ᄂᆞᆫ如此不正ᄒᆞᆫ行爲가習慣을成ᄒᆞ야許多ᄒᆞᆫ罪惡을作行ᄒᆞᄂᆞᆫ中運

命의末路가此好友를悲慘ᄒᆞᆫ境遇로誘去함에至ᄒᆞᆫ지라此時에此人이心中에一身을如此히誤陷한바其時犯罪의始初를回思ᄒᆞ면胸懷가燃上ᄒᆞ야自殺함에至ᄒᆞ엿시니此因原은ᄯᅩ한最初不正ᄒᆞᆫ心에셔由起ᄒᆞᆷ이라此로由ᄒᆞ야觀ᄒᆞ면最初罪惡의根本은不正ᄒᆞᆫ思와不正한見과不正한言等으로發出ᄒᆞᆷ이니余ᄂᆞᆫ泥溝의汚水一杯를寧飮할지연졍淫談悖說을聞ᄒᆞ야余의心을腐케ᄒᆞ기ᄂᆞᆫ願치아니ᄒᆞ오

吾人이各各自己의心中을顧察ᄒᆞ면誰가醜行醜言醜思中에一이라도無한者이有ᄒᆞ리오年前西國에一不正한青年이不正ᄒᆞᆫ行爲로自己의一身만罪惡窟에墜落할ᄲᅮᆫ아니라隣家에花와如ᄒᆞᆫ潔白ᄒᆞᆫ處女을百端으로誘出ᄒᆞ야罪에謀陷ᄒᆞᆫ結果로私兒을生ᄒᆞᆫ所聞이世上에露現되ᄆᆡ此青年이受罰을恐ᄒᆞ야汽車로逃走ᄒᆞ다가中路에셔巡檢에게被捉되야도라오난길에六穴砲로自殺ᄒᆞᆫ지라此時에其女子ᄂᆞᆫ青年에死를聞ᄒᆞ고心懷가悲欝ᄒᆞ야一時에情慾으로如此ᄒᆞᆫ醜罪에陷ᄒᆞᆫ거슬깁히後悔ᄒᆞᄂᆞ往者莫及으로亦發狂自處ᄒᆞ엿스니大抵罪惡의値ᄂᆞᆫ다못死가有할ᄲᅮᆫ이라此青年男女가犯罪의罰을死로ᄡᅥ償함과갓치吾人이不知間에犯ᄒᆞᄂᆞᆫ罪도ᄯᅩ한罰은免치못할거시라彼男女가墜落ᄒᆞᆫ結果로如何한有益이生ᄒᆞ엿스며其私生兒ᄂᆞᆫ父母에罪로因ᄒᆞ야世上의虐待를受ᄒᆞ리니此可憐ᄒᆞᆫ小兒ᄂᆞᆫ何罪로父母의罰을傳受ᄒᆞᄂᆞᆫ고

諸君은思할지어다吾人은種子를植한以上의果實은得치못ᄒᆞᄂᆞᆫ거시라幾年前에余의一友人이余의如此ᄒᆞᆫ忠告를도리혀指笑ᄒᆞ더니三十餘年後에更逢ᄒᆞᆫ則其人이이믜口

脣을腐失ᄒᆞᆫ거ᄉᆞᆯ見ᄒᆞ엿소如此히罪惡은人의肉體만滅亡할ᄲᅮᆫ아니라心을ᄯᅩ한腐敗ᄒᆞ야世事의成功力을滅却ᄒᆞ며或一家族을滅亡ᄒᆞ고往々此로因ᄒᆞ야病毒을後代에傳染ᄒᆞ면子孫으로ᄒᆞ여금永遠의苦痛을受케ᄒᆞᄂᆞ니罪惡의結果가如何히重大ᄒᆞᆫ거ᄉᆞᆯ推想ᄒᆞᆯ지라

然則諸君은罪惡을脫ᄒᆞ고自由의人이되야永遠의幸福을享코져ᄒᆞᄂᆞᆫ뇨罪惡의奴隷를肯作ᄒᆞ야永遠의苦痛을受코져ᄒᆞᄂᆞ뇨余도學生時代에經驗ᄒᆞ엿거니와人事ᄂᆞᆫ不平이多ᄒᆞ고怨望이多ᄒᆞ고嫉妬가多ᄒᆞ고煩悶이多ᄒᆞ며人은ᄯᅩᄉᆡᆼ각ᄒᆞ면軟弱孤獨ᄒᆞ야힘이無ᄒᆞᆫ者이라一時도心中에平和가無ᄒᆞ엿더니一次耶穌에게歸依ᄒᆞᆫ以後로난心中에不滿이無ᄒᆞᆷ으로胷懷가和平ᄒᆞ고ᄯᅩ凡事에非常ᄒᆞᆫ힘을得ᄒᆞ엿스니耶穌ᄂᆞᆫ吾人의思와見과行爲를正潔히할ᄲᅮᆫ만아니라弱ᄒᆞᆫ者에强을與ᄒᆞ시고貧ᄒᆞᆫ者에富를與ᄒᆞ시고苦痛이有ᄒᆞᆫ者에樂을與ᄒᆞ시고煩悶ᄒᆞᄂᆞᆫ者에게平和의福音을쥬시난救主요(中略)

心理學에人이一事를길게ᄉᆡᆼ각ᄒᆞ면畢竟은此ᄉᆡᆼ각의結果를實地로行ᄒᆞᆷ에至ᄒᆞᆫ다ᄒᆞ니惡ᄒᆞᆫᄉᆡᆼ각을特有ᄒᆞ면惡ᄒᆞᆫ行爲을現出ᄒᆞᆷ은火上에火藥을加ᄒᆞᆷ보다明瞭ᄒᆞᆫ거시오諸君은一國의先導者라諸君이一國을救出코져ᄒᆞ면몬져各々自己의一身을救出치아니치못ᄒᆞᆯ지라此世文明의先祖되ᄂᆞᆫ埃及이一等國으로滅亡을不免ᄒᆞᆫ거슨其國民의不正ᄒᆞᆫ行爲와罪惡의結果요巴比倫의滅亡도ᄯᅩᄒᆞᆫ同轍에歸ᄒᆞ엿고ᄯᅩ中古에希臘이全世界文明의始祖로써世界를統一ᄒᆞ다가畢竟은罪惡으로써滅亡을自招ᄒᆞ엿ᄉᆞ며一時에全盛을極ᄒᆞ든羅馬國도亦然ᄒᆞ도다

希臘의大哲學士아라쓰토델의言에人이自由를得ᄒᆞ랴면大人이아니면不能이라ᄒᆞ엿ᄉᆞ니吾人이自由를得ᄒᆞᆷ에注意코져ᄒᆞ면몬져大人이됨에注意치아니치못ᄒᆞᆯ거시라切望ᄒᆞ건ᄃᆡ諸君은耶穌에歸依ᄒᆞ야大人을成ᄒᆞ고自由를得ᄒᆞ며義에就ᄒᆞ고膽略을得ᄒᆞ야異日國家의基礎가되기를

美國獨立戰爭時에쌔트리킨氏의言에余의게自由權을與ᄒᆞ든지不然ᄒᆞ면死를與ᄒᆞ라ᄒᆞ엿스니眞個의自由를得ᄒᆞᆫ人인然後에야一國을自由ᄒᆞ고眞個의自由를得ᄒᆞᆫ國民인然後에야其國의自由를得ᄒᆞᄂᆞ니一身의自由를不得ᄒᆞ고엇지一國의自由를期圖ᄒᆞ리오諸君中에幾人이나國을愛ᄒᆞ며身을愛ᄒᆞ며自由를願ᄒᆞᄂᆞ뇨願ᄒᆞ시ᄂᆞᆫ諸君은速히救主前에나와聖經羅馬人書十章十節의言을思ᄒᆞ고此를信ᄒᆞ야自服ᄒᆞ시오(中畧)

西國에一貧寒ᄒᆞᆫ婦人이愛子를有ᄒᆞ엿ᄃᆡᄂᆞᆫ成長後에此愛兒를中學校에入學식혀學問을修養케ᄒᆞ랴ᄒᆞᆫ즉其父親이言ᄒᆞ기를我ᄂᆞᆫ貧寒ᄒᆞᆫ勞働者라元來學資도供給ᄒᆞᆯ道理가無ᄒᆞ거니와我와ᄀᆞᆺ치勞働ᄒᆞ야家計를支保ᄒᆞ자ᄒᆞᆫ즉其婦人이言ᄒᆞ되此兒ᄂᆞᆫ敎育을아니치못ᄒᆞᆯ지라學資ᄂᆞᆫ내가針裁를ᄒᆞ든지픔파리를ᄒᆞ든지엇더케支辦ᄒᆞ겟다ᄒᆞ고此愛子를學校에入學식혓더니未幾에其父親은死去ᄒᆞ고愛子ᄂᆞᆫ大學校에入ᄒᆞ엿ᄂᆞᆫᄃᆡ然則家丈도無ᄒᆞ고財產도無ᄒᆞᆫ이慈母ᄂᆞᆫ幾年間을洗濯針裁等으로晝宵를不撤ᄒᆞ고勞力ᄒᆞ여大學校學資를支給ᄒᆞᆫ거시요此愛子가幾年만에工夫를畢ᄒᆞ고一富家同接과作伴ᄒᆞ야故鄕에도라온즉母親은多年間苦勞에顔色이焦悴ᄒᆞ야衰老ᄒᆞ엿고愛子ᄂᆞᆫ健强ᄒᆞᆫ一靑年을成ᄒᆞᆫ지라此時其同接이

此青年의母親을指ᄒᆞ면셔彼老婦人은何人인고ᄒᆞᆫ즉此時青年이萬一可憐ᄒᆞᆫ母親의神聖ᄒᆞᆫ恩愛를回憶ᄒᆞ고人子의道理를略解ᄒᆞ엿스면彼老婦人은余의母親이라고即答ᄒᆞ엿슬거슬富豪兒의侮蔑을恐ᄒᆞ야慈母를指ᄒᆞ야洗濯老婆라ᄒᆞ엿도다母親을不知ᄒᆞ고도리혀恥笑로여엿ᄉᆞ니諸君은이青年을엇더케ᄉᆡᆼ각ᄒᆞᄂᆞ뇨諸君은耶穌를誰라ᄉᆡᆼ각ᄒᆞᄂᆞ뇨或諸君中에ᄂᆞᆫ耶穌를다못偉人으로만崇拜ᄒᆞᄂᆞᆫ이도有ᄒᆞ겟고或은上帝의子로知ᄒᆞᆯ지라도世間의區々ᄒᆞᆫ評論을恐ᄒᆞ야敢히公言치못ᄒᆞ리도有ᄒᆞᆯ듯ᄒᆞ오老母ᄂᆞᆫ彼青年의洗濯老婆요兼ᄒᆞ여慈愛ᄒᆞᄂᆞᆫ母親이며耶穌ᄂᆞᆫ上帝의獨生子요兼ᄒᆞ야吾人의救主라耶穌가諸君愛ᄒᆞ기를慈母가其子愛ᄒᆞ기보다更深ᄒᆞ야人類의罪惡으로一身을代殺ᄒᆞ엿ᄉᆞ니諸君은至今도知치못ᄒᆞ노라言ᄒᆞ겟ᄂᆞ뇨慈母를知치못ᄒᆞᆫ다言ᄒᆞ리오(下略)

習慣改良論

嗚呼라習慣의難變이여如何ᄒᆞᆫ習慣을勿論ᄒᆞ고人이一次習慣에陷ᄒᆞ면容易이此를脫出키難ᄒᆞ도다吾人이形體를此世에寄留ᄒᆞᆫ以上에ᄂᆞᆫ此世의規則 (法律과道德을總含) 에服從ᄒᆞ야善良ᄒᆞᆫ習慣을作ᄒᆞᆯ것은人類가社會的共同生活을營ᄒᆞᄂᆞᆫ上에必要ᄒᆞᆫ條件이라然이ᄂᆞ此規則이라ᄒᆞᄂᆞᆫ것은制限이有ᄒᆞᆫ死物이오吾人의生活ᄒᆞᄂᆞᆫ狀態ᄂᆞᆫ時代의變遷과智識發達의程度를從ᄒᆞ야變遷不止ᄒᆞᄂᆞᆫ者ㅣ니故로習慣도ᄯᅩᄒᆞᆫ社會規則의變遷에應ᄒᆞ야變改치아니치못ᄒᆞᆯ것이라然이나吾人은恒常過去習慣即過去狀態에姑安키易ᄒᆞ고新事爲를實行키難ᄒᆞᆫ者이라故로過去習慣中에多少ᄒᆞᆫ缺點을看破ᄒᆞ면

면서도此를勇斷快革ᄒᆞ는氣象이少ᄒᆞ고新事爲의長處를自認ᄒᆞ면서도此를容易히人에先ᄒᆞ야實行ᄒᆞ는勇力이少ᄒᆞᆫ것은아마一般人性의弱點인듯ᄒᆞ도다高尙ᄒᆞᆫ理想을實現ᄒᆞ는使命을帶來ᄒᆞᆫ吾輩靑年勇斷前進ᄒᆞ는氣象에富ᄒᆞᆫ吾輩靑年은恒常如此ᄒᆞᆫ點에對ᄒᆞ야烱眼으로此를洞察치아니치못ᄒᆞ려니와個中寒心ᄒᆞᆫ者는舊日閉門自活ᄒᆞ든時代의自尊的思想으로頑惡ᄒᆞᆫ舊習慣을固守不變ᄒᆞ는者니其害毒이엇지少타謂ᄒᆞ리오我國은本是四千年歷史를有ᄒᆞᆫ文化의舊邦이라一般國民의善良ᄒᆞᆫ習慣으로論ᄒᆞᆯ지라도無論少치아니ᄒᆞ거니와또他方面으로觀察ᄒᆞ면今日時代에適合치못ᄒᆞᆫ惡習慣이또ᄒᆞᆫ少타謂치못ᄒᆞᆯ지라我國이不幸數百年來太平無事ᄒᆞᆫ結果로一軆國民의思想이浮華文弱에流ᄒᆞ야怠惰로習을成ᄒᆞ고種々ᄒᆞᆫ惡習慣이千枝萬葉으로社會上에害毒을流及ᄒᆞᆷ이實로底止ᄒᆞᆯ바를不知ᄒᆞ되一人도此에對ᄒᆞ야大聲叫呼로痛快ᄒᆞᆫ革新을主張ᄒᆞ는者이無ᄒᆞ니三千里疆土中에아즉曙光이未到ᄒᆞ야迷夢이未破ᄒᆞ얏는가二千萬人口中에一快男兒가無ᄒᆞ냐?

第一 階級의制度를打破ᄒᆞᆯ지라

我國의社會制度는實로種々ᄒᆞᆫ階級이有ᄒᆞ니上으로는無數ᄒᆞᆫ層節에在ᄒᆞᆫ兩班列과下으로는또ᄒᆞᆫ無數ᄒᆞᆫ階級에在ᄒᆞᆫ常놈列이此間에連尾相接ᄒᆞ야等差級數를作成ᄒᆞ니其許多ᄒᆞᆫ名色에至ᄒᆞ야는到底余輩의枚擧키未能ᄒᆞᆯ者이로다

可使國民이其國家와社會上에偉大ᄒᆞᆫ功績을表彰ᄒᆞ는者에對ᄒᆞ여는國家가如此ᄒᆞᆫ人에게特典을施與ᄒᆞ며社會가尊敬을다ᄒᆞ야一은其人의功勞를慰勞ᄒᆞ고一은國民에奬

勵ᄒᆞᄂᆞᆫ實을擧케ᄒᆞᆷ은古今萬國의通則이오人事의當然ᄒᆞᆫ理勢라然이나此로ᄡᅥ其代々子孫이此恩典에參預케ᄒᆞ야異日에無數ᄒᆞᆫ弊端이此로由ᄒᆞ야釀出ᄒᆞ고其子孫으로ᄒᆞ여곰도리혀無爲無能의人物을作케ᄒᆞᆷ은不可ᄒᆞᆫ지라我國의情形을回顧ᄒᆞ면一般國民의頭腦에所謂門閥觀念이深印ᄒᆞ야用人에門閥을先見ᄒᆞ며交際에門閥을相爭ᄒᆞ고甚至於婚姻等事에門閥을擇ᄒᆞ며所謂上級兩班은中級兩班을抑壓ᄒᆞ고中級兩班은下級兩班을抑壓ᄒᆞ며下級兩班은常놈을抑壓ᄒᆞ야如此히互相謀害侵奪ᄒᆞᆷ으로ᄡᅥ事業을作ᄒᆞ니如此ᄒᆞ고야엇지國民의眞正ᄒᆞᆫ團合을期望ᄒᆞ며一國의富强을云々ᄒᆞ리오見ᄒᆞᆯ지어다彼平等自由로生命을삼ᄂᆞᆫ美國人民은四百萬黑奴의平等自由權을爲ᄒᆞ야南北의大戰爭을不謝치아니ᄒᆞ얏ᄂᆞᆫ가一天에二日은無ᄒᆞ고人外에人은또無ᄒᆞ도다天性의英邁愚魯와學識의多少로因ᄒᆞ야人格의優劣은生ᄒᆞᆯ지언정엇지人되ᄂᆞᆫ資格에야差別이有ᄒᆞ리오完全ᄒᆞᆫ獨立을作成ᄒᆞᆯ我國民은富國强兵의實을擧코져ᄒᆞ면몬져如此ᄒᆞᆫ階級의制度를打破ᄒᆞ고人身賣買의惡習을禁止ᄒᆞ며可憐ᄒᆞᆫ奴婢를一幷解放ᄒᆞ고四民平等의制를期圖ᄒᆞᆯ것이라

第二、蓄妾의怪習을撲滅ᄒᆞᆯ지라

甚哉라蓄妾의害毒이여一身을此로由ᄒᆞ야亡ᄒᆞ고一家를此로由ᄒᆞ야滅ᄒᆞ며一國이此로由ᄒᆞ야衰ᄒᆞ도다此蓄妾ᄒᆞᄂᆞᆫ怪習은我東洋諸國의共通ᄒᆞᆫ慣習이나其中尤甚ᄒᆞᆫ者ᄂᆞᆫ我國이니我國의所謂中流以上社會에屬ᄒᆞᆫ人物은此蓄妾으로ᄡᅥ紳士의依例件行事로思ᄒᆞ고從此一般人民이此로ᄡᅥ男子의特權으로知ᄒᆞ야蓄妾ᄒᆞᄂᆞᆫ者恥됨을不知ᄒᆞ고또

社會가如此ᄒᆞᆫ者에對ᄒᆞ야半點의非難을不加ᄒᆞ니엇지人事에如此히矛盾ᄒᆞ고不公平ᄒᆞᆫ事가有ᄒᆞ리요軟弱ᄒᆞᆫ婦女子의게對ᄒᆞ야ᄂᆞᆫ婦德이니貞節이니志操이니ᄒᆞ고烈女ᄂᆞᆫ二夫를不更ᄒᆞᆫ다ᄒᆞ야靑春寡婦로ᄒᆞ여곰再嫁를不許ᄒᆞ면셔엇지男子의게ᄂᆞᆫ如此特權을許與ᄒᆞᆯ理가何에在ᄒᆞᆫ뇨다못男子가腕力이强ᄒᆞᆷ으로써만言ᄒᆞ면此ᄂᆞᆫ도리혀禽獸에도不及ᄒᆞᄂᆞᆫ行爲라엇지萬物의靈長이라自稱ᄒᆞᄂᆞᆫ人類의行ᄒᆞᆯ바ㅣ리오彼禽獸의配偶를見ᄒᆞᆯ지어다人類의一夫一婦의制ᄂᆞᆫ天理의定ᄒᆞᆫ바ㅣ라同是此世의一般人類로婦女를男子의一玩弄物로知ᄒᆞᄂᆞᆫ거ᄉᆞᆫ上古黑闇時代男子의腕力的自慾的思想에不過ᄒᆞᆷ이라ᄯᅩ蓄妾의害로言ᄒᆞ면一々히枚擧키未遑ᄒᆞ나此로因ᄒᆞ야自己一人의身勢만誤ᄒᆞᆯᄲᅮᆫ아니라一家의平和를攪亂ᄒᆞ며大ᄒᆞ면其影響이一國의禍端을招致ᄒᆞᄂᆞᆫ例가今古에不稀ᄒᆞ니平等自由를愛好ᄒᆞᄂᆞᆫ維我國民은今日노爲始ᄒᆞ야一般社會上에셔蓄妾ᄒᆞᄂᆞᆫ惡習을驅出ᄒᆞᆯ지어다

第三、怠惰의風習을一掃ᄒᆞᆯ거시라

人의生命은活動에在ᄒᆞ니人이萬一此世에셔勞力을卑賤厭惡ᄒᆞᄂᆞᆫ者ᄂᆞᆫ此世에셔生存ᄒᆞᆷ을不許ᄒᆞ니如此ᄒᆞᆫ人은死ᄒᆞᆷ이可ᄒᆞᆯ지라農者ᄂᆞᆫ節期를不失ᄒᆞ고農業에勤勉從事ᄒᆞ며商者ᄂᆞᆫ商業에忠實ᄒᆞ고醫者ᄂᆞᆫ活人에不怠ᄒᆞ며仕者ᄂᆞᆫ仕者의責任을盡ᄒᆞ고學生은學生의職分을盡ᄒᆞ야如此히人人이各自의天職을盡ᄒᆞ야써生命의資本을供給ᄒᆞᆷ은人生人活의原則이라我國은數百年來로一般國民이怠惰로習을成ᄒᆞ야子ᄂᆞᆫ父의게依賴ᄒᆞ야勞力치아니ᄒᆞ고弟ᄂᆞᆫ兄에게依賴ᄒᆞ며親戚은親戚을依賴ᄒᆞ고少許의餘裕가有ᄒᆞᆫ

家門子弟는神聖ᄒᆞᆫ此勞動으로써羞耻를反作ᄒᆞ야全國에遊衣徒食ᄒᆞ는寄生虫이幾許를難算ᄒᆞ니如此ᄒᆞ고其國이貧弱치아니ᄒᆞ면此는常理의違反ᄒᆞ는것이라人事多端ᄒᆞᆫ今日을當ᄒᆞ야彼列國々民은時間과勞力을經濟的으로利用ᄒᆞ야富强의步武를益進ᄒᆞ거ᄂᆞᆯ一國의基礎를完定할責任을雙肩에負擔ᄒᆞᆫ維我國民은自今으로爲始ᄒᆞ야三千里版圖中에서怠惰神을逐出ᄒᆞᆯ지어다

以上列擧ᄒᆞᆫ者는其中最顯著ᄒᆞᆫ者의二三實例를略指ᄒᆞᆷ이니此外에早婚ᄒᆞ는惡習이며婚禮喪禮의虛飾이며其他枚擧코져ᄒᆞ면限이無ᄒᆞ도다如此ᄒᆞᆫ惡習慣이國民의敎育發達ᄒᆞᆷ을從ᄒᆞ야漸次消滅ᄒᆞᆯ것은當然ᄒᆞᆫ理勢니他邊으로思ᄒᆞ면如此ᄒᆞᆫ惡習慣이國民敎育에至大ᄒᆞᆫ影響을及ᄒᆞᆯ것은ᄯᅩᄒᆞᆫ當然ᄒᆞᆫ趨勢라然則今日國民을指導ᄒᆞ는地位에在ᄒᆞᆫ人士엇지此點에注意치아니ᄒᆞ고可ᄒᆞ며一般國民이今日大革新을要ᄒᆞ는機運을當ᄒᆞ야如此ᄒᆞᆫ惡習慣을人에先ᄒᆞ야勇進改革ᄒᆞᆷ에一步를躊躇ᄒᆞᆯ餘地가有ᄒᆞ리오

講壇 學園

韓國興復은英雄崇拜에在ᄒᆞᆷ

友洋 崔 錫 夏

頃年에日本에有名ᄒᆞᆫ一政治家가英國大英雄글라드스돈氏를尋訪ᄒᆞ야互相對語ᄒᆞᆯᄉᆡ글氏ㅣ曰日本人이英雄崇拜ᄒᆞᄂᆞᆫ公德心이有乎아答曰明治維新后에ᄂᆞᆫ此公德心이漸次衰退ᄒᆞᆫ다ᄒᆞᆫᄃᆡ글氏ㅣ曰此ᄂᆞᆫ可惜ᄒᆞᆫ現象이라何國을勿論ᄒᆞ고完全히立憲政治를實行ᄒᆞ라면此公德心이第一必要ᄒᆞ니今后로ᄂᆞᆫ日本人은英雄崇拜心을養成ᄒᆞᆷ이一大急務라云ᄒᆞ얏다더라

友洋生이曰글氏의所論은金石之論이라可謂ᄒᆞ리로다國의文明程度의如何를勿論ᄒᆞ고其國民이人物을崇拜ᄒᆞᄂᆞᆫ公德心이有ᄒᆞ면其國이必興ᄒᆞ고此公德心이無ᄒᆞ면其國이必衰ᄒᆞᄂᆞ니라今日世界列强의文明史를觀ᄒᆞ니有名英雄과無名英雄이共心協力ᄒᆞ야造成ᄒᆞᆫ結果라假使當年米國獨立時에華盛頓部下에無數ᄒᆞᆫ無名華盛頓이無ᄒᆞ얏스면米國이엇지其目的을達ᄒᆞ얏스며獨逸帝國成立時에比斯麥部下에無數ᄒᆞᆫ無名比斯麥이無ᄒᆞ얏스면獨逸이엇지今日의隆盛를致ᄒᆞ얏스리오

我韓同胞여昔日阿弗利加北岸에雄據ᄒᆞ야當時天下에莫强莫大ᄒᆞᆫ羅馬帝國으로雌雄을相決ᄒᆞ던갈다고國이何故로一朝에如許ᄒᆞᆫ亡國의慘狀을演出ᄒᆞ얏ᄂᆞ뇨是ᄂᆞᆫ非他라嚴冬雪寒에十萬鐵騎를率ᄒᆞ고飛鳥도能越치못ᄒᆞᄂᆞᆫ伊太利알푸스山을踰越ᄒᆞ야羅馬軍과百戰百勝ᄒᆞ야自國의威名을天下에表揚ᄒᆞᆫ盖世英雄한니발을容納치못ᄒᆞᆫ結果가아닌가

我同胞여我韓에英雄을崇拜ᄒᆞᄂᆞᆫ公德心이有乎아無乎아此를爲先政治社會에求ᄒᆞ니可히見ᄒᆞᆯ슈無ᄒᆞ고有志人社會에求ᄒᆞ니亦然ᄒᆞ고平民社會에求ᄒᆞ니亦然ᄒᆞ고學生社會에求ᄒᆞ니亦然ᄒᆞ도다然則此弊習의根源은何處에在ᄒᆞ뇨第一最大ᄒᆞᆫ原因은閥族制度에在ᄒᆞ도다何者오閥族制度ᄂᆞᆫ人物의優劣로標準을不立ᄒᆞ고階級으로標準을ᄉᆞᆷᄂᆞᆫ者ㅣ라故로아무리不世人傑이有ᄒᆞ더라도自己의同班이아니면崇拜ᄂᆞᆫ勿論ᄒᆞ고嫉妬追擊으로一大快事를ᄉᆞᆷ은지라故로此弊習이各社會에傳染ᄒᆞ야一大風潮를作ᄒᆞ야韓人의腦中에셔滔々暗流ᄒᆞ도다先日某新聞에韓人을評論ᄒᆞᆫ語句가如左ᄒᆞ니

韓人의人物如何ᄂᆞᆫ決코韓人의게探問ᄒᆞ야知ᄒᆞᆯ슈無ᄒᆞ니라何則고彼等의人物評論은公平ᄒᆞᆫ理想보담炎凉ᄒᆞᄂᆞᆫ感情中으로出ᄒᆞᄂᆞᆫ故ㅣ라

此等語句기비록誹謗心으로出ᄒᆞ얏스나其批評中에多少眞理가包含ᄒᆞᆫ것은非認ᄒᆞᆯ슈無ᄒᆞ다ᄒᆞ노라余ㅣ曰我韓人은動必我韓에人物이無ᄒᆞ야事業을經營ᄒᆞᆯ슈無ᄒᆞ다ᄒᆞ니此言이眞乎아假乎아

友洋生이曰英雄豪傑이何代無之리오自國에英雄이無ᄒᆞ다ᄒᆞᆷ은英雄을容納치아니ᄒᆞᄂᆞᆫ遁辭오自國에英雄이有ᄒᆞ다ᄒᆞᆷ은英雄을協助ᄒᆞ고崇拜ᄒᆞᄂᆞᆫ公德心을謂ᄒᆞᄂᆞᆫ快言이라ᄒᆞ노라借問ᄒᆞ노니英雄이라ᄒᆞᆷ은英雄이自稱ᄒᆞᄂᆞᆫ語句ㅣ냐世人이造作ᄒᆞᄂᆞᆫ語句ㅣ냐가余ᄂᆞᆫ思ᄒᆞ되英雄이라ᄒᆞᆷ은世人이認許ᄒᆞᆫ名稱이라ᄒᆞ노니然則何故로我韓同胞ᄂᆞᆫ한갓我韓에英雄이無ᄒᆞ다고冷笑ᄒᆞ고至誠血心으로英雄을製造ᄒᆞ지아니ᄒᆞᄂᆞ뇨認許ᄒᆞ지아니ᄒᆞᄂᆞ뇨

我韓의將來事業은未知數ㅣ라非常ᄒᆞᆫ精力과非常ᄒᆞᆫ方法을要ᄒᆞᄂᆞ니엇지二三志人의舌端筆端으로全國々民을活動케ᄒᆞᆯ슈有ᄒᆞ리오반다시健固ᄒᆞᆫ中心點과偉大ᄒᆞᆫ原動力을造作ᄒᆞ야全國々民의精神을統一團合ᄒᆞ야一動一靜에全國이影響ᄒᆞᄂᆞᆫ大機關을組成ᄒᆞ여야其最后目的을庶幾可達리니是ᄂᆞᆫ即英雄崇拜라ᄒᆞ노라

教育의目的

禹敬命(譯)

如何ᄒᆞᆫ目的을爲ᄒᆞ야人을教育ᄒᆞᆷ인지即人을教育ᄒᆞ야到達코져ᄒᆞᄂᆞᆫ目的은何에在ᄒᆞᆫ고此問題에對ᄒᆞ여ᄂᆞᆫ古來學者의所言이不一ᄒᆞᄂᆞ然이ᄂᆞ此를一言으로論ᄒᆞᆯ진ᄃᆡ大抵教育의目的은幼弱ᄒᆞᆫ人을善導ᄒᆞ야獨立自裁ᄒᆞᄂᆞᆫ域에達케ᄒᆞ야써將來社會上에立ᄒᆞ야能히人된職分을完全케ᄒᆞᆷ에在ᄒᆞ다謂ᄒᆞ리로다

此에人의職分이라ᄒᆞᄂᆞᆫ言에對ᄒᆞ야ᄂᆞᆫ人々의思量ᄒᆞᄂᆞᆫ바亦各異ᄒᆞ니或은人의職分은人의道德的生活을完成ᄒᆞᆷ에在ᄒᆞ다ᄒᆞ며或은人으로ᄒᆞ여곰天賦의性質을完成케ᄒᆞᆷ에在ᄒᆞ다ᄒᆞ며或은人生의道德的品性을確立ᄒᆞᆷ에在ᄒᆞ다謂ᄒᆞ야其所論이各異ᄒᆞᄂᆞ畢竟同一ᄒᆞᆫ意義를有ᄒᆞ고또ᄒᆞᆫ十分의解釋을盡치못ᄒᆞ엿도다

大抵人은生長後許多ᄒᆞᆫ境遇에處ᄒᆞ야活動ᄒᆞᆯ運命을有ᄒᆞᆫ者이니다못自己一個人의生活만能케ᄒᆞᆯ뿐아니라凡ㅣ人된職分이라ᄒᆞᄂᆞᆫ거ᄉᆞᆫ其種々ᄒᆞᆫ境遇에處ᄒᆞ야一々이此에對ᄒᆞᆫ義務를完全히遂行ᄒᆞᆷ으로由ᄒᆞ야비로셔完盡ᄒᆞᆷ을得ᄒᆞᆯ것이라其關係가쟈못複雜ᄒᆞᄂᆞᆫ大略區別ᄒᆞ면次와如ᄒᆞ니

一 自己에對ᄒᆞᆫ關係
一 家族에對ᄒᆞᆫ關係
一 國家에對ᄒᆞᆫ關係
一 社會에對ᄒᆞᆫ關係
一 自然에對ᄒᆞᆫ關係

即人은何人을不論ᄒᆞ고成長ᄒᆞᆫ後에ᄂᆞᆫ同是以上列擧ᄒᆞᆫ關係間에立ᄒᆞ야活動ᄒᆞᆯ運命을有ᄒᆞᆫ者니所謂人類의普通職分이라ᄒᆞᄂᆞᆫ거ᄉᆞᆫ此等活動全範圍에對ᄒᆞᆫ義務를圓滿케ᄒᆞᆷ에在ᄒᆞ다謂ᄒᆞᆯ지라自己에對ᄒᆞᆫ關係ᄂᆞᆫ人은自己의生命을保存하고自己의智識을增進ᄒᆞ며自己의道德을完成하ᄂᆞᆫ義務가有ᄒᆞ고家族에對ᄒᆞᆫ關係ᄂᆞᆫ人은家族間에서生長ᄒᆞ야家族에一員으로生涯를送ᄒᆞᄂᆞᆫ者이며家族의幸福을增進ᄒᆞ며繁昌을經營ᄒᆞᄂᆞᆫ義務가有ᄒᆞ고國家에對ᄒᆞᆫ關係ᄂᆞᆫ人은國家의一員으로生活ᄒᆞ야國家의保護가有ᄒᆞᆫ後에其

生을安ᄒᆞ며其業에服ᄒᆞᆷ을得ᄒᆞ니人間의幸福은實로完全ᄒᆞᆫ國家的生活로因ᄒᆞ야其最高度에達함을得ᄒᆞ깃고人類의進步發達도또ᄒᆞᆫ此로由ᄒᆞ야完成ᄒᆞᆷ을得ᄒᆞᆯ것이니故로國家的生活을營ᄒᆞᄂᆞᆫ거ᄉᆞᆫ人類一般의目的에適合ᄒᆞᆫ者라謂ᄒᆞᆯ지라然則人은國家의有用ᄒᆞᆫ一分子로其國家의隆盛發達에盡力ᄒᆞᆯ義務가有ᄒᆞ며또社會에對ᄒᆞᆫ關係ᄂᆞᆫ人은一般人類社會間에生存ᄒᆞ야此와相離치못ᄒᆞᆯ關係가有ᄒᆞ고社會의文化로因ᄒᆞ야其心身諸力의完全ᄒᆞᆫ發達을遂ᄒᆞᄂᆞᆫ者이며人은또社會에對ᄒᆞᆫ義務로社會의文明開化를增進ᄒᆞ며其不完全ᄒᆞᆫ點을改良ᄒᆞ야써後繼者로ᄒᆞ여금其文化의恩惠를浴케ᄒᆞᆯ義務가有ᄒᆞ고自然에對ᄒᆞᆫ關係ᄂᆞᆫ凡社會의進步發達은專혀自然을利用ᄒᆞᄂᆞᆫ如何에關係ᄒᆞᆷ인則人은自然의理法에從ᄒᆞ야厚生의資를供ᄒᆞ며

또自然을愛護ᄒᆞ는道를取치아니치못ᄒᆞᆯ거시라即人生의職分은以上의境遇에處ᄒᆞ야各々其義務를完盡ᄒᆞ는者ㅣ니如此ᄒᆞᆫ人은다못一個人으로價値가有ᄒᆞᆯ뿐만아니라社會의立ᄒᆞ면極히有用ᄒᆞᆫ人됨을得ᄒᆞ깃고此로由ᄒᆞ야人間의理想과社會運步의目的이平行發展ᄒᆞᆷ을得ᄒᆞ리로다

人의職分이此와如ᄒᆞ면教育의目的은言을不待ᄒᆞ고自明ᄒᆞᆯ거시니即教育의目的은人으로ᄒᆞ여금將來成長ᄒᆞᆫ後에獨立自裁的으로以上種々의關係間에立ᄒᆞ야適當히身을處ᄒᆞ며其義務를完盡케ᄒᆞ기爲ᄒᆞ는準備를與ᄒᆞ는데在ᄒᆞ다謂ᄒᆞᆯ지라

此目的을達ᄒᆞ기爲ᄒᆞ야教育上에左記의方法을講치아니치못ᄒᆞᆯ지니

一 教育을受ᄒᆞ는人으로ᄒᆞ여금成長ᄒᆞᆫ後以上各樣의義務를完全케ᄒᆞ기爲ᄒᆞ야幼時로부터其身体의健全强壯ᄒᆞᆫ發達을遂케ᄒᆞ는事이니即体育이是也요

一 教育을受ᄒᆞ는人으로ᄒᆞ여금將來道德的生活을完成케ᄒᆞ기爲ᄒᆞ야幼時로부터道德上行爲에律從케ᄒᆞ는事이니即德育이是也요

一 教育을受ᄒᆞ는人으로ᄒᆞ여금將來處世上에必要ᄒᆞᆫ智識과技能을學得케ᄒᆞᆷ이니即智育이是也라

華盛頓의日常生活

座右銘 (八號續)

李 勳 榮

十六 他人이何如ᄒᆞᆫ事에든지盡力ᄒᆞᆫ데對ᄒᆞ야는設或失敗ᄒᆞ여슬지라도此에非難을加ᄒᆞ는

等事를말지어다

十七

他人에게忠告를ᄒᆞ든지或譴責을ᄒᆞᆯ時라도此를公然이ᄒᆞᆯ가或秘密이ᄒᆞᆯ것을思ᄒᆞ고또如何ᄒᆞᆫ時期에ᄒᆞ며如何ᄒᆞᆫ言語로ᄒᆞᆯ것을熟思ᄒᆞ라假令叱責ᄒᆞ야도怒氣를帶치말고溫和淸爽ᄒᆞᆫ顏色을示ᄒᆞ라

十八

如何ᄒᆞᆫ時如何ᄒᆞᆫ處所에셔受ᄒᆞᆷ을不問ᄒᆞ고他人의諫告에對ᄒᆞ야ᄂᆞᆫ恒常感謝ᄒᆞᆫ意를表ᄒᆞ라

十九

重大ᄒᆞᆫ用務에對ᄒᆞ야셔ᄂᆞᆫ冷評戱弄을交치말고銳ᄒᆞᆫ諧謔은破치말지어다自己만일滑稽諧謔의일을語ᄒᆞ면스ᄉᆞ로此에對ᄒᆞ야笑치말ᄂᆞ

二十

他人을叱責ᄒᆞᄂᆞᆫ데先ᄒᆞ야스ᄉᆞ로非難이無ᄒᆞᆫ行爲를守ᄒᆞ라實例ᄂᆞᆫ敎訓보다도有力ᄒᆞᆷ을因ᄒᆞᆷ이니라

二十一

他人을對ᄒᆞ야ᄂᆞᆫ恒常非難의言을發치말ᄂᆞ

二十二

輕率이風說을信ᄒᆞ고他人에게侮辱를加치말ᄂᆞ

二十三

衣服에對ᄒᆞ야ᄂᆞᆫ適切을守ᄒᆞ라

二十四

自己가美服을着ᄒᆞ야셔도他人이美服을不着ᄒᆞᆫ데對ᄒᆞ야戱弄치말지어다

二十五

自己의名譽를重케ᄒᆞ코저ᄒᆞ면善히善美ᄒᆞᆫ品性이有ᄒᆞᆫ人과交ᄒᆞ라單히此에止ᄒᆞᆯ지라도惡ᄒᆞᆫ伴侶間에立ᄒᆞᆫ것보다優勝치아닌가

二十六
談話에ᄂᆞᆫ惡意或嫉妬의分子를含치말ᄂᆞ此實愛ᄒᆞ얍즉ᄒᆞ고嘉ᄒᆞ얍즉ᄒᆞᆫ徵候라憤怒의原因이有ᄒᆞ면道理로써此를支配ᄒᆞ라

二十七
友人의秘密을發ᄒᆞᄂᆞᆫ等不遜ᄒᆞᆫ行爲를말지어다

二十八
嚴格ᄒᆞ고學識이有ᄒᆞᆫ人前에ᄂᆞᆫ野卑輕率ᄒᆞᆫ言을發치말고또無學識ᄒᆞᆫ者에對ᄒᆞ야難問題를提出ᄒᆞ거나或信키難ᄒᆞᆫ問題들論치말지어다

二十九
歡喜ᄒᆞᆫ時에悲哀ᄒᆞᆫ일을言치말고他人이此를語ᄒᆞ면可成的其問題를轉케ᄒᆞ라自己의親友外에ᄂᆞᆫ夢事를語치말ᄂᆞ

三十
他人이歡喜ᄒᆞ야樂ᄒᆞᆯ時를際ᄒᆞ야俄然히其諧謔을破치말ᄂᆞㅣ또如何ᄒᆞᆫ處所에셔든지高笑를發치말고假令相當ᄒᆞᆫ理由가有ᄒᆞ야도他人에不幸에對ᄒᆞ야談柄을숨지말ᄂᆞ

三十一
眞心이든지諧謔이든지有害ᄒᆞᆫ言을發치말나假令好機會가有ᄒᆞ야도他人을愚弄ᄒᆞᄂᆞᆫ等行爲를말지어다

三十二
急速치말지어다鄭重ᄒᆞ고友誼ᄒᆞ라第一에人事次에ᄂᆞᆫ他人의言을聽ᄒᆞ고最後에此에答ᄒᆞ라談話ᄒᆞᆯ時에沈思默量에耽ᄒᆞᆫ行爲를作지말지어다

三十三
他人의名譽를傷ᄒᆞᄂᆞᆫ等行爲를말고他人을稱揚ᄒᆞ야도極端에到치말지어다

三十四

自己를歡迎ᄒᆞᄂᆞᆫ지否ᄒᆞᄂᆞᆫ지有疑ᄒᆞᆫ處所에
行치말ᄂᆞᆫ不問ᄒᆞᄂᆞᆫ데助言을與치말며此를
與ᄒᆞᆯ지라도簡潔히ᄒᆞ라

三十五

兩人이爭論ᄒᆞᄂᆞᆫ際에其一方에加치말지어
다

三十六

他人의缺點을叱責지말ᄂᆞᆫ如此ᄒᆞᆫ것은兩親
敎師先輩의ᄒᆞᆯ範圍ㅣ니라

三十七

他人의所有品을熟視ᄒᆞ고此를非難ᄒᆞ며其
由來을聞糺치말지어다

三十八

多人數가集會ᄒᆞᆫ席上에外國語를用치말ᄂᆞᆫ
重大ᄒᆞᆫ事件을處ᄒᆞᆯ時ᄂᆞᆫ正色을缺치말지어
다

三十九

語ᄒᆞ기前에思ᄒᆞ라不完全ᄒᆞᆫ發音을ᄒᆞ지말
며自己의言語를急速히發치말며秩序잇ᄂᆞᆫ
明晰ᄒᆞᆫ言을發ᄒᆞ라

四十

他人이語ᄒᆞᄂᆞᆫ中에ᄂᆞᆫ스ᄉᆞ로注意ᄒᆞ야聽ᄒᆞ
고聽衆에妨害말며他人이言語에躊躇ᄒᆞ야
도此를助力ᄒᆞᄂᆞᆫ等行爲를말며他人이談話
를終ᄒᆞᄂᆞᆫ時々지ᄂᆞᆫ此를中斷ᄒᆞ며或此에答
ᄒᆞᄂᆞᆫ等行爲를取치말지어다

四十一

實務에就ᄒᆞ야ᄂᆞᆫ適當ᄒᆞᆫ時에他人과應接ᄒᆞ
라 多人數間에서번々치못ᄒᆞᆫ일을말지어
다

四十二

他人에對ᄒᆞ야比較ᄒᆞ지말며德行的勇敢에
就ᄒᆞ야群衆中에一人을稱揚ᄒᆞᆯ時에ᄂᆞᆫ同一
ᄒᆞᆫ일노他人을稱揚치말지어다

四十三

事實의如何를不知ᄒᆞ고輕率히風說을語치말며他로부터聞ᄒᆞᆫ일에ᄂᆞᆫ漫然히其人의氏名을指示치말지어다

四十四

他人의用務를知코져ᄒᆞᄂᆞᆫ好奇心을有치말ᄂᆞ니他人이密談ᄒᆞᆯ時에ᄂᆞᆫ此에接近치말지어다

四十五

到底히不成될일을企치말ᄂᆞ그러ᄂᆞ自己의約束을嚴守ᄒᆞᄂᆞᆫ데注意ᄒᆞ라

四十六

他人에對ᄒᆞ야憤怒ᄒᆞ얌즉ᄒᆞᆫ理由가有ᄒᆞ야도語事ᄒᆞᆯ際에ᄂᆞᆫ激情에亘치말고恒常分別力을用ᄒᆞ라

四十七

自己의先輩가他人과語ᄒᆞᆯ時에此를聞ᄒᆞ고或此에對ᄒᆞ야笑를洩치말지어다

四十八

假令不正ᄒᆞᆫ말이有ᄒᆞ야도不在者에險口을말ᄒᆞ지말지어다

四十九

自己의食事에愉快ᄒᆞᆫ色을示치말며賤卑ᄒᆞᆫ心으로食事를ᄒᆞ지말며食卓에依치말고食物上에缺點을發覺치말지어다

五十

如何ᄒᆞᆫ일이起ᄒᆞ야도食卓에셔怒치말ᄂᆞ니怒ᄒᆞ얌즉ᄒᆞᆫ理由가有ᄒᆞ야도其所에셔此를表發치말나恒常愛嬌가有ᄒᆞᆫ顔色을持ᄒᆞ라

五十一

食卓上部에스ᄉᆞ로席를占치말되上席을占ᄒᆞᄂᆞᆫ것이自己의義務든가或一家의主人으로붓터受命ᄒᆞᆫ時에ᄂᆞᆫ此限에不在ᄒᆞᄂᆞ니라

五十二

神에일을스스로語홀時ᄂᆞᆫ正色ᄒᆞ고端正ᄒᆞ라兩親이如何히貧困ᄒᆞ야도此를尊敬ᄒᆞ고從順을盡ᄒᆞ라

五十三

休養時에라도人格을高케ᄒᆞ고罪惡的行爲에陷치말지어다

零細ᄒᆞᆫ費用을愼ᄒᆞ라小ᄒᆞᆫ漏洩이라도大般을沈케ᄒᆞᄂᆞᆫ이라 후랑클닌

辛苦가무워신지不知ᄒᆞᄂᆞᆫ人ᄀᆞᆺ치不幸ᄒᆞᆫ것업도다 데메트리아쓰

立法司法及行政의 區別과意義 八號續

金永爵

(一) 法規를制定홈은君主大權에屬ᄒᆞ고議

會의議決을經홈을依ᄒᆞ야此를行ᄒᆞᄂᆞᆫ것이原則이라(몬데스큐氏)의定式은立法權은專혀議會에屬ᄒᆞᆫ것이라ᄒᆞ고君主ᄂᆞᆫ不裁可權을依ᄒᆞ야此를妨害ᄒᆞᄂᆞᆫ外에全혀立法에參與홈을不得ᄒᆞᆫ다ᄒᆞᄂᆞᆫ데反ᄒᆞ야今日立憲君主國의立法도亦議會의議決뿐依ᄒᆞ야成立되ᄂᆞᆫ것은아니니議會의決議를經ᄒᆞ고君主가此를裁可홈을依ᄒᆞ야行ᄒᆞᄂᆞᆫ것이라諸國憲法이或은立法權은君主와議會의兩院이協同ᄒᆞ야此를行ᄒᆞᆫ다ᄒᆞ고或은君主ᄂᆞᆫ議會의協贊으로此를行ᄒᆞᆫ다云ᄒᆞᄂᆞ다ㅣ其言辭가異홀뿐이오其意ᄂᆞᆫ同ᄒᆞᆫ것이라

그러나此ㄱ絶對原則은아니라憲法이ᄂᆞᆫ法律을依ᄒᆞ야特히授權이有ᄒᆞᆫ特에ᄂᆞᆫ議會의協贊을不經ᄒᆞ고도此를定홈을許ᄒᆞᄂᆞ니即一切ᄒᆞᆫ法規가例外가無ᄒᆞ고다立法이라ᄒᆞ야議會의議決을要홈이아니오一定ᄒᆞᆫ範圍

에就ᄒᆞ야行政權의機關도亦法規를定ᄒᆞᆷ을得ᄒᆞ나니라三權分立主義의今日憲法意義ᄂᆞᆫ다못憲法或法律의授權이有ᄒᆞᆫ時、外에ᄂᆞᆫ法規를定코저ᄒᆞ면總히議會의決議를經ᄒᆞᆷ을要ᄒᆞᆫ다云ᄒᆞᆷ에不過ᄒᆞ도다故로今日立憲國에ᄂᆞᆫ國家의制定ᄒᆞᆫ法規ᄂᆞᆫ議會의議決及君主의裁可를依ᄒᆞ야成立ᄒᆞᆫ것과專혀君主의裁可ᄲᅮᆫ依ᄒᆞ야成立된것二種이라其議會의決議를經ᄒᆞᆫ것은特히此을稱ᄒᆞ야法律이라ᄒᆞ고法律의名稱은다못此種法規에ᄲᅮᆫ適用되ᄂᆞᆫ것이라其議會에議決을不經ᄒᆞᆫ것은此를概括ᄒᆞ야命令이라謂ᄒᆞᄂᆞ니法律로써法規를定ᄒᆞᆷ은法規의原則이라命令으로써此를定ᄒᆞᆷ은憲法이나或法律이此를授權ᄒᆞᄂᆞᆫ時에例外라

(二) 國權으로써個人間權利의相爭을裁判ᄒᆞ고또個人에게刑罰을課ᄒᆞᆷ은此를司法權의作用이라ᄒᆞ야原則으로裁判所權限에屬케ᄒᆞ고裁判所가其相爭을裁斷ᄒᆞ며또刑罰을課ᄒᆞᆷ은專혀法規에準據ᄒᆞᄂᆞᆫ것인ᄃᆡ自己의主意所見에據ᄒᆞᆷ을不得ᄒᆞᄂᆞ그러ᄂᆞ其法規를適用ᄒᆞᆷ은自己의獨立解釋에依ᄒᆞᄂᆞᆫ것이오他의權力을爲ᄒᆞ야制縛되ᄂᆞᆫ일이無ᄒᆞ나此를司法權의獨立이라謂ᄒᆞᄂᆞ니라그러ᄂᆞ司法權이裁判所의屬ᄒᆞᄂᆞᆫ原則도必코絶對의原則이아니라憲法或法律의特別ᄒᆞᆫ規定에依ᄒᆞ야此를行政權의機關에屬케ᄒᆞᄂᆞᆫ事도有ᄒᆞᄂᆞ니라

(三) 立法權及司法權의外國權의作用은總히君主의大權에屬ᄒᆞ야君主ᄂᆞᆫ或國務大臣의補弼로써親裁ᄒᆞ야此를行ᄒᆞ고或其下에隷屬된官廳에命ᄒᆞ야此를行케ᄒᆞᄂᆞ니此所謂行政權이라行政權의機關을汎稱ᄒᆞ야政府라謂ᄒᆞᄂᆞ니라그러ᄂᆞ此原則에도亦例外

가有ᄒᆞ도다憲法或法律의特別ᄒᆞᆫ規定에依ᄒᆞ야議會의協贊을要ᄒᆞᄂᆞᆫ것이有ᄒᆞ고就中國家財政에就ᄒᆞ야ᄂᆞᆫ其協贊의必要ᄒᆞᆫ것이多ᄒᆞ도다或裁判所其他政府의權力에依ᄒᆞ야制縛되지안ᄂᆞᆫ他獨立ᄒᆞᆫ機關에屬케ᄒᆞᆷ도有ᄒᆞ니라

(四) 立法行政及司法은서로對等獨立ᄒᆞᆫ地位를有ᄒᆞᆫ것이아니라法律은憲法下에活動ᄒᆞᄂᆞᆫ國家의最高ᄒᆞᆫ意思라司法은恒常法律下에活動ᄒᆞ야다못法律을實在ᄒᆞᆫ處所에適用ᄒᆞᆯᄲᅮᆫ아라行政도亦法律範圍內에活動ᄒᆞ야憲法或法律이特히例外를定ᄒᆞᆫ外에ᄂᆞᆫ行政으로써法律을破ᄒᆞᆷ을不許ᄒᆞᄂᆞ니라今日立憲君主國의三權分立主義에要ᄒᆞᄂᆞᆫ바도大略以上과如ᄒᆞ나學理上及實際上에明晰ᄒᆞᆫ解釋은오히려詳細ᄒᆞᆫ說明을要ᄒᆞ도다

第二　立法의觀念

(一) 形式의意義의法律과實質의意義의法律

立法이라ᄂᆞᆫ것은法律이定ᄒᆞᆫ國權의作用을云ᄒᆞᆷ이라法律이라ᄂᆞᆫ것은其本來의意義에就ᄒᆞ야ᄂᆞᆫ法規를云ᄒᆞᆷ과同然ᄒᆞᆫ意義라即立法이라云ᄒᆞᆷ은國權을依ᄒᆞ야法規를制定ᄒᆞᄂᆞᆫ作用을意味ᄒᆞᆷ이라所謂三權分立說의最初의定式에ᄂᆞᆫ立法權은議會에屬케ᄒᆞᆷ이可ᄒᆞ다ᄒᆞ야凡有ᄒᆞᆫ法規를制定ᄒᆞᄂᆞᆫ듸ᄂᆞᆫ議會權限에屬케ᄒᆞᆷ을意味ᄒᆞᆫ것이라그러ᄂᆞ議會ᄂᆞᆫ스ᄉᆞ로行政實際에當ᄒᆞᄂᆞᆫ機關이아니오또何時든지集會ᄒᆞᄂᆞᆫ機關이아닌故로一切法規의細大를勿論ᄒᆞ고一々히議會의議決을經ᄒᆞᄂᆞᆫ것은國家及國民利益에適合ᄒᆞᆷ이아니라故로實際上에ᄂᆞᆫ如何ᄒᆞᆫ國이든지憲法과或特別ᄒᆞᆫ規定을依ᄒᆞ야一定ᄒᆞᆫ範圍에議會의協贊을不經ᄒᆞ고命令으로써法規를

制定홈을得ᄒᆞᄂᆞ니라더옥日本國은命令權의範圍가他諸國에比ᄒᆞ면一層廣汎ᄒᆞ도다一方으로ᄂᆞᆫ法律을定ᄒᆞᄂᆞᆫ作用은아니나國民利害에密接ᄒᆞᆫ關係ᄀᆞ有ᄒᆞᆫ것에至ᄒᆞ야ᄂᆞᆫ特히議會에議決을經ᄒᆞᄂᆞᆫ것이必要홈으로如此ᄒᆞᆫ데就ᄒᆞ야ᄂᆞᆫ性質上法規를定ᄒᆞᄂᆞᆫ것이아니오形式上普通法規와ᄀᆞᆺ치法律로ᄒᆞ야議會에議決ᄒᆞ노써行홈이常例라故로實際上으로國權에依ᄒᆞ야法規를制定ᄒᆞᄂᆞᆫ作用과法律이라ᄒᆞ야議會의議決을經ᄒᆞ고行ᄒᆞᄂᆞᆫ作用과ᄂᆞᆫ定코全然一致되ᄂᆞᆫ것이아니라以此로法律은其第一의意義外에又第二의意義를有ᄒᆞᄂᆞᆫ데至ᄒᆞᆫ지라第二에意義ᄂᆞᆫ專혀其形式의重ᄒᆞᆫ것을置ᄒᆞ야即性質上法規의定不定을不問ᄒᆞ고總히一定ᄒᆞᆫ方式으로써會議의議決을經홈을依ᄒᆞ야行케되ᄂᆞᆫ國家의意思表示라此를法律이라謂ᄒᆞ고性質上法規를定ᄒᆞᄂᆞᆫ것이라도法律이라ᄒᆞ야議會의議決을不經ᄒᆞᆫ것은此를法律이라稱치은나이라

學者가第一意義의法律을稱ᄒᆞ야實質意義의法律이라謂ᄒᆞ고第二를稱ᄒᆞ야形式意義의法律이라謂ᄒᆞ도다實質意義의法律은全혀法規라云홈과同홈으로余輩ᄂᆞᆫ自此로此意義의法律을指ᄒᆞ기爲ᄒᆞ야恒常法規라云ᄒᆞᄂᆞᆫ語를用ᄒᆞ깃고單히法律이라云ᄒᆞᆯ時ᄂᆞᆫ純全ᄒᆞᆫ形式意義의法律을意味홈이라法律과法規ᄂᆞᆫ如此히相異ᄒᆞᄂᆞᆫ二者全然히無關係홈은아니라反히立法權의範圍를論ᄒᆞᄂᆞᆫ되ᄂᆞᆫ法規의觀念이極히重要ᄒᆞᆫ關係가有ᄒᆞ도다何也오總히法規를制定ᄒᆞᄂᆞᆫ데ᄂᆞᆫ原則으로法律을要ᄒᆞ고命令으로法規를定홈은다못憲法이ᄂᆞᆫ或法律이特히授權ᄒᆞᆫ時를限ᄒᆞᄂᆞᆫ故니라

(未完)

東西兩洋人의數學思想

金洛泳(譯述)

(一)自然的及人爲的의發達

大抵數學의發端은二種原因이有ᄒᆞ니第一은人類社會生活上에必要요第二ᄂᆞᆫ人心社會公益上에必要가是라有史以來世界人類의發達起原을講究ᄒᆞ건ᄃᆡ如何ᄒᆞᆫ國土에如何ᄒᆞᆫ人民을勿論ᄒᆞ고均一히此第一原因으로數學의思想을發起치아니ᄒᆞᆫ者無ᄒᆞ니此所謂數學의發端이요物의多寡를計ᄒᆞ며物의大小를度ᄒᆞ다ᄒᆞᆷ은言文學의發端이니所謂人類가相集ᄒᆞ면言語를通ᄒᆞ고相離ᄒᆞ면文字를用ᄒᆞ여其意思를互相交換ᄒᆞ야言文學과數學이同時發達ᄒᆞᆫ所以로써現世와如ᄒᆞᆫ文化를致ᄒᆞᆫ거ᄉᆞᆫ東西洋史乘에證明이昭著ᄒᆞ니곳人類가社會를組織ᄒᆞᆫ以後에物을計算ᄒᆞᄂᆞᆫ方法은結繩의政과象形의文字ᄀᆞᆺᄒᆞᆫ거시同時代에肝要를惹起ᄒᆞᆫ거신ᄃᆡ第一原因은다만人類의智識을發達ᄒᆞᄂᆞᆫᄃᆡ用ᄒᆞᄂᆞᆫ要素인고로此原因으로써起ᄒᆞᆫ文과數의知識은智力競爭에不過ᄒᆞ더니其知識이進就ᄒᆞᄂᆞᆫᄃᆡ로純朴ᄒᆞ던風習은狡黠을作ᄒᆞ고親睦의慣習은爭奪노變ᄒᆞ여畢竟은社會로써慘逆ᄒᆞᆫ悲境에陷沫케ᄒᆞ엿ᄉᆞ며古代聖賢들과其他指導者들은人類生存上必要로起ᄒᆞᆫ第一原因되ᄂᆞᆫ文과數를矯正ᄒᆞ여第二原因에誘導식힘으로社會의幸福을增進케ᄒᆞ엿도다

然則第一原因은自然　의發達이요第二原因은人爲的의發達이니吾人人類社會로自然的發達에만一任ᄒᆞᆯ時ᄂᆞᆫ一變ᄒᆞ여智識의增進이되고再變ᄒᆞ야智力의競爭이되고三變ᄒᆞ여智力의爭奪을行ᄒᆞᆷ에至ᄒᆞᄂᆞ니더桀

紂ᄂᆞᆫ眞正ᄒᆞ다云ᄒᆞ고堯舜은騙詐ᄒᆞ다云ᄒᆞᄂᆞᆫ荀子의性惡說은自然的智識發達上으로觀察치아니ᄒᆞᆫ所以니故로此自然的發達되ᄂᆞᆫ第一原因을矯正ᄒᆞ기爲ᄒᆞ야人爲的發達되ᄂᆞᆫ第二原因으로써人智를啓發식혀人類의性은善이라稱ᄒᆞ야自然的發達되ᄂᆞᆫ智識을善의方向에ᄭᅳᆯ進케ᄒᆞ엿ᄉᆞ며

第二原因도第一原因을接踵而起ᄒᆞ야其起原이頗히遼遠ᄒᆞ니곳古代帝王과其他指導者들이第一原因으로由起ᄒᆞᆫ人類智識競爭의弊를禁正ᄒᆞ기爲ᄒᆞ야設行ᄒᆞᆫ方法이니其國土를從ᄒᆞ야差異가或有ᄒᆞ나亦是人文發達上에自然히經過ᄒᆞᆯ만ᄒᆞᆫ原因이됨으로써其最初時代에ᄂᆞᆫ宗敎와其他敎理를造用ᄒᆞ야人民의게其智識發達됨이宗敎及敎理에基因ᄒᆞᆫ거ᄉᆞ로써爲主敎傳ᄒᆞ야人心에信仰을固定케ᄒᆞᆫ거시大槪大同小異ᄒᆞᆫ거신ᄃᆡ며人類의知識發達은社會의公益을圖ᄒᆞᆷ에在ᄒᆞ다고斷定ᄒᆞᆫ孟子의性善說이即此니이ᄂᆞᆫ第一原因으로第二原因에歸正케ᄒᆞᆫ거시라謂ᄒᆞ리로다要컨ᄃᆡ人類의知識發達史ᄂᆞᆫ人類生活上에必要로起ᄒᆞᆫ自然知識의發達노始起ᄒᆞᆫ것이미此를第一原因이라稱ᄒᆞ고其次에其弊害를矯正ᄒᆞᆯ만ᄒᆞᆫ宗敎나敎理를基因ᄒᆞ야人心에信仰을與ᄒᆞᆷ으로써第二原因을組創ᄒᆞ고此로由ᄒᆞ야自然히發達되ᄂᆞᆫ智識을誘導식힌二種變化가生來ᄒᆞ엿더라

(二) 統一方法과分派方法

各國人智의自然的發達形蹟은前陳과如히大同小異ᄒᆞ야第二原因人智의發達을矯正ᄒᆞᆷ으로甲乙의差異가生ᄒᆞ엿ᄉᆞ니甲은第二原因을從ᄒᆞ야第一의原因이殆히消滅ᄒᆞᆷ에歸ᄒᆞ고乙은第一原因과第二原因을兩段相竢ᄒᆞ야進步發展ᄒᆞᆫ거신ᄃᆡ甲便을稱ᄒᆞ야統

一方法이라ᄒᆞ고乙을稱ᄒᆞ여分派方法이라ᄒᆞ니라

東洋의人文發達이上古에ᄂᆞᆫ西洋보다몬져되여西洋에漸次傳達ᄒᆞ엿것만은恒常統一方法을由ᄒᆞ여人智의發達을圖ᄒᆞᆫ所以로爾後逡巡進步가되지못ᄒᆞ고도로혀西洋文化가古代에ᄂᆞᆫ蒙昧莫甚ᄒᆞ엿더니中世紀以來로古代의統一方法을脫去ᄒᆞ고分派方法을執行ᄒᆞ엿슴으로今日如許ᄒᆞᆫ進展을致ᄒᆞ엿ᄉᆞ니比言ᄒᆞ면東洋人은松과如히乾燥地에生長ᄒᆞᄂᆞᆫ것과楊柳와如히沾濕ᄒᆞᆫ地를됴화ᄒᆞᄂᆞᆫ植物을其性質의合不合은不擇ᄒᆞ고同一ᄒᆞᆫ土塊上에倂植ᄒᆞ여生長을圖ᄒᆞᆷ과如ᄒᆞ니이ᄂᆞᆫ枯凋ᄒᆞᆯ一例요彼西洋人은各種植物의適性ᄃᆡ로土質을擇ᄒᆞ여分派生長케ᄒᆞᆷ과如ᄒᆞᆫ故로東洋人의移植ᄒᆞᆫ文化ᄂᆞᆫ特種特質노枯凋ᄒᆞ엿고西洋人의移植ᄒᆞᆫ文化ᄂᆞᆫ其性質을從ᄒᆞ여各히發達ᄒᆞᆷ에至ᄒᆞ엿더라大抵統一方法下에在ᄒᆞᆫ科學은宗敎其他敎理로一土塊內에收縮되여生長만못ᄒᆞᆯ뿐아니라만일科學中其宗敎々理에背離ᄒᆞᄂᆞᆫ性質의科學으로思惟ᄒᆞᆯ時ᄂᆞᆫ此를異端이라ᄒᆞ며邪術이라排斥ᄒᆞ여荒蕪土에投竄이되게ᄒᆞ고分派方法에ᄂᆞᆫ人爲的第二原因을由ᄒᆞ야自然的第一原因의智識을矯正ᄒᆞᆫ後에各科學은其發育의適合ᄒᆞᆫ土地를撰擇生育ᄒᆞᆷ으로써其進步의結果가完全ᄒᆞ엿ᄂᆞᆫᄃᆡ東洋人의異端이라邪術이라排斥ᄒᆞᆫ거ᄉᆞᆫ西洋人들이拾得ᄒᆞ여有益ᄒᆞᆫ科學을構成ᄒᆞᆫ거시多ᄒᆞ니假令卜星術이星學이되고煉金術이化學이된거ᄉᆞᆫ其一例며東洋의巴比倫人印度人의數學은天象을觀測ᄒᆞ기爲ᄒᆞ야修用ᄒᆞ엿고埃及人은天象觀測과建築等事에만爲用ᄒᆞ여修ᄒᆞ엿ᄉᆞ나到底히數學으론獨立ᄒᆞ지못

ᄒᆞ엿고清國人도易理와天象觀測에每樣用供ᄒᆞ엿ᄉᆞ나周公時에겨우六藝中末位에編入홈에不過ᄒᆞ엿ᄉᆞ며此等諸國이算術과代數學과幾何學들의知識도已爲持存ᄒᆞ엿ᄉᆞ나希臘에傳達ᄒᆞ기ᄭᆞ지ᄂᆞᆫ更히進步된거시無ᄒᆞ되希臘人은數學을獨立식혀研究ᄒᆞᆫ結果로畢境一科學을숨아現世의盛行ᄒᆞᄂᆞᆫ各種　數學을組織홈에至ᄒᆞ엿ᄉᆞ니假令印度의九執術은進化ᄒᆞ여算術과代數學이되엿고埃及의測量術과支那의周髀經은進步ᄒᆞ여幾何學과三角術이되엿ᄉᆞ니以上과如히太古브터文化가如許히發達ᄒᆞᆫ東洋諸國아엇지ᄒᆞ여印度ᄂᆞᆫ今日一死灰ᄲᅮᆫ이요埃及은餘痕도尋ᄒᆞᆯ處가無ᄒᆞ고四千餘年同人種帝의歷史를둔大韓帝國과支那帝國은猶然儒教下에束縛ᄒᆞ여손톱만ᄒᆞᆫ勝古發達이ᄒᆞ뇨? 非他라數學이儒教統一下에在ᄒᆞᆫ所以로다 (未完)

教育이不明이면 生存을不得

朴庠鎔

上下古今屢千年ᄒᆞ며縱橫東西數萬里ᄒᆞ니胡爲乎富며胡爲乎強이며胡爲乎貧이며胡爲乎弱고ᄒᆞ면多設學校ᄒᆞ야民智發達者ᄂᆞᆫ以之而富且強焉ᄒᆞ며以之而得爲生存於自由獨立之世ᄒᆞ고學校不興ᄒᆞ야民智閉塞者ᄂᆞᆫ由此而貧且弱焉ᄒᆞ며由此而永致死亡於保護依賴之下ᄒᆞ나니西儒之言에生存競爭은天演也오優勝劣敗ᄂᆞᆫ公例也라ᄒᆞ니夫其言이如此故로其學이如此ᄒᆞ고其學이如此故로現今列強이森立ᄒᆞ야誇技眩能ᄒᆞ고張牙舞爪ᄒᆞ야涉五洋而跨六洲ᄒᆞ야東西馳走

者滔滔是强食弱ᄒᆞ며富呑貧者也라竊念天演公例之說이豈不違背於仁義道德之語乎아雖然이나仁義道德도非愚鈍蒙昧者의所得以有之也乃聰明睿智者의得以全而有之온況乎强弱競爭之世에豈不優者勝而劣者敗ᄒᆞ고智者得而愚者失乎아勝者난主ᄒᆞ고敗者ᄂᆞᆫ奴ᄒᆞ며得者ᄂᆞᆫ樂ᄒᆞ고失者ᄂᆞᆫ憂ᄒᆞ며得而勝者ᄂᆞᆫ生ᄒᆞ고失且敗者ᄂᆞᆫ死ᄒᆞ나니凡有知覺運動之性者雖尋常言論과汗漫說話라도期欲求勝於人이온況於國家存亡과民族生死之大關係者아乎自有天地以來로無時不有競爭焉ᄒᆞ니太古洪荒은人獸競爭時代也라夏禹之鑄鼎也에刻惡獸毒虫之像ᄒᆞ야使人民으로辨其形而避之케ᄒᆞ시고伯益이烈山澤而焚之ᄒᆞ야使禽獸로剷其居而屛迹然後에始乃人得以生存於世ᄒᆞ며安樂於斯ᄒᆞ니此非生存競爭之天演而優勝劣敗之公例乎아禽獸ᄂᆞᆫ有天然的爪牙蹄角之利用而竟乃人類勝而禽獸敗者ᄂᆞᆫ有機檻網罟之具而以爲之制之也니然ᄂᆞᆫ則此ᄂᆞᆫ因聖人之敎育而人類得以生存也라噫라禽獸之患이旣除에人類之競爭이興焉ᄒᆞ야戈風刀雨가無快霽之天ᄒᆞ고腥塵流血이無淨掃之日ᄒᆞ야現二十世紀ᄂᆞᆫ又競爭之結果而死生之機會也라試一思之ᄒᆞ라今日我韓形便이居何等地位而受如何待遇也오言念及此에不覺大聲疾呼也라若不學不問ᄒᆞ고因循舊習而猶能使國家獨立ᄒᆞ고民族盛殖則捨是安閒事業而孰欲赴洋留學ᄒᆞ야以作勞悴也리요四千年　祖國興亡과二千萬同胞生死가擔在吾靑年兩肩ᄒᆞ니願吾同胞兄弟ᄂᆞᆫ幸勿歸之以運數運數ᄒᆞ고莫或爲之於明日明日ᄒᆞ시고決意勇進於今日今時ᄒᆞ시오大夜將曙에日巳中天矣라甘作桃園一塲春ᄒᆞ야不知

楚漢興亡耶아同胞同胞여如學之된奚若工商富之源也며甲兵强之具也리요吾强乎아未也라吾富乎아未也라吾生乎아未也라吾死乎아未也라然則不富不强不生不死而幷立於强食弱肉之世는譬若醉漢이橫道鼾睡於猛虎之口而罕有不被其搏噬者也니嗚呼同胞여學問成就ᄒᆞ야已墜之　國權을回復ᄒᆞ며已死之民氣을扶植홈도吾輩의게在ᄒᆞ고知識未開ᄒᆞ야使幾十年沈滯殘弱之　國으로重陷於萬仞坑塹而更不擧顔對人케홈도吾輩의게在ᄒᆞ니同胞同胞여勿爲坐在於前日資格而猛勵勇思ᄒᆞ야換成新面目別人物ᄒᆞ야超出萬㘬地獄而齊進于光明世界ᄒᆞ야使四千年　祖國으로居優勝地位而使二千萬同胞로永享生存於泰平世界케홈을千萬血祝

歷史譚 第八回

朴容喜

比斯麥傳 續

其六

國家的社會主義의比斯麥

一千八百七十八年五月十一日에德帝웰헬름一世가운텔덴린덴街를通幸홀식忽然一社會黨이驀地에皇帝를狙擊ᄒᆞᆫ지라比公이此에大驚悟ᄒᆞᆫ비有ᄒᆞ야人類史上의新紀元이라稱홀만ᄒᆞᆫ國家的社會主義를主唱ᄒᆞ니라何故오比公이外交手段과鐵血政略으로마는永久이帝國을支保키難홀뿐아니라精神的統治의必要를猛覺ᄒᆞ고只今까지慣用ᄒᆞ던外交政策을精神的內治圈裡로一轉ᄒᆞ야社會普濟研究의熱中ᄒᆞ니라

其國家的社會主義「一千八百八十四年四月의提出ᄒᆞᆫ議案이라」는大志가如左ᄒᆞ니

余는基督教徒로結合ᄒᆞᆫ國家를歡迎ᄒᆞ노니何則고이國家는社會的觀念이多大ᄒᆞ야國家結合이一層堅固ᄒᆞ며全國幸福이隨而增進ᄒᆞᆯ緣故로라

世上의貧富의懸隔은無可奈何나富貴ᄒᆞᆫ者가貧寒ᄒᆞᆫ者을救濟ᄒᆞᆷ은이亦義務니國家는이義務를盡善사키기爲ᄒᆞ야固有의權力으로節制ᄒᆞᆯ事라

然이나各黨派에反對ᄒᆞᆫ비되야中止되얏다가一千八百八十八年頃에大部分은可決되니라當時國務卿마ㅣ쏄은國會에演說ᄒᆞ야

曰

이思想界의一大紀元을開展ᄒᆞᆫ萬國法制中에無儔ᄒᆞᆫ獨逸帝政의卒先完成ᄒᆞᆫ光榮의大事業은建國의大業以上에優越ᄒᆞ며또帝國結合의一層鞏固ᄒᆞᆫ紐帶라稱ᄒᆞᆯ만ᄒᆞ다嘆賞ᄒᆞ더라

比公이일직이議案可決前에사람다려일러

曰

余는我의計畫의即地成功을希望ᄒᆞ는者는아니나必然何時던지成功ᄒᆞᆯ줄노確信ᄒᆞ노니何故오余의計畫을主張ᄒᆞᆷ이아니라이計畫中에眞理의潛勢가伏在ᄒᆞᆫ故라ᄒᆞ더라

嗚呼라方今武裝的平和時代에列國到處에公의鐵血政略을蹈襲치안는者ㅣ不無ᄒᆞ고勞働問題振作에對ᄒᆞ야公의이國家的社會主義를應用치안는者ㅣ不無ᄒᆞ니、진실노鐵血政略의泰斗며國家的社會主義의祖宗이란評言이헛되지안토다

模範的의比斯麥

公의爲人이倜儻獲落에蠖蟄虎躍은임이記載ᄒᆞ얏거니와其意氣의活發과心神의絕倫이可이後生의標準ᄒᆞᆯ만ᄒᆞ비許多ᄒᆞᆫ故로公

의一生中二三의凜風潛德을記載ᄒᆞ노라

(一) 일직라인河에船遊타가咏歌曰

閒聽兮萬頃金波撞岸之聲
歸來兮一輪明月照心之時

(二) 一日은伯林公園에逍遙ᄒᆞᆯ시刺射裡에一兇漢이所持의六穴砲로公을亂射ᄒᆞ나、다ㅣ맛지안을ᄲᅮᆫ얼가公이兇漢을自捕ᄒᆞ야邏卒에付ᄒᆞ고悠然이歸家ᄒᆞ야滿堂門客과談笑가自若ᄒᆞ미客無有知者러니凶報가一聞에老帝웰헬룸一世가大驚ᄒᆞᄉᆞ公의私第로促駕來臨ᄒᆞ신後에야坐賓이凶變을始知ᄒᆞ고其沈着不撓가古昔베네딕트、스피노사에不下ᄒᆞ다고、感嘆不已ᄒᆞ더라

「스피노사」는(一六三二ㅡ一六七七)年間和蘭의有名ᄒᆞᆫ哲學者이니一日은默考에、熱中ᄒᆞ야부랏셀街를垂首彷徨ᄒᆞᆯ시矢庭에一刺客이스피노사를狙擊(六穴砲로)ᄒᆞ는ᄃᆡ飛丸이스피노사의衣服을掠去ᄒᆞᄂᆞᆫ지라스피노시가擧頭瞥見에依前垂首而去ᄒᆞ미刺客이感服ᄒᆞ니라」

(三) 후란구후홀드의條約이임의이르미公이巴里에騎驅ᄒᆞ야凱旋門(나파레온一世의凱旋門이니略八百萬圓을投費ᄒᆞ야建築ᄒᆞ니라)을通過ᄒᆞᆯ시一佛兒가殺氣가騰々에公을爆擊코져ᄒᆞ는氣色이宛然ᄒᆞᆫ지라公이馬頭를回轉ᄒᆞ야其男兒에向往ᄒᆞ야溫言順辭로烟草火(맘베불)를請ᄒᆞᆫᄃᆡ至今가지憤氣沖天ᄒᆞ던愛國者가忽然怒變爲笑曰好男兒好男兒라고嗟嘆ᄒᆞ고敢히狙擊지못ᄒᆞ니公의勇敢이大概如此ᄒᆞ더라

評曰豈非李龍城之再活耶아

(四) 一日은公이某郊로旅往ᄒᆞᆯ시某停車場

에서一洋鞋商과問答할時에公도亦是一鞋商이라自稱하고離別할時에일너日伯林某洞某地에總理大臣所住邸라門牌한處가僕의鞋店이니來訪하라하고作別하더라

(五) 公이후리ㅣ드릿히스루ㅣ에退棲할時에隣近婦女가公의庭園에在한最愛의花枝를折去하거늘一日은公이일너日淑女요져ㅣ花草로하야곰余의禿頭와갓케되게말라曉諭하더라

評曰其於四五하야는疑乃黃相國之復現이로다

(六) 론돈(倫敦)찰ㅣ스記者챠ㅣ스、로ㅣ에氏가比公의外交에卓越함을記載하야曰巴里重圍時에第三共和政府建設者의一人빠ㅣ블이平和談判委員이되야公과會見할식公이卷烟을贈與한대빠ㅣ블은本來喫烟을不嗜하야公의好意를辭却하는지라

公이빠ㅣ블다려일너日大凡激昂한交涉을하는際에喫烟이大段必要하니何則고指間에挾持한卷煙에留意되야心身의動靜이一層敏活함으로從而凡事에謹愼不燥할뿐外에卷上하는煙龍과馥芳한香氣에五感이靜閒하며心身이灑落하야臨事不亂에圭角을可收며談判을得中에圓滑을可期而外交家의任務는圓滿公平의在하미貴下는深諒하라云々하더라

評曰빠ㅣ블은佛國激烈政黨之一人也라故로比公이有此諷刺而可謂言中有言에讀有餘味는只望血壯靑年은勿以嗜煙者로爲傑出하야不有畵虎成狗之嘆耳라

(七) 석라드스톤ㅣ(英國의大政治家也라)이安息日에敎堂에셔政敵과握手한雅量

에相反ᄒᆞ야公은政敵을심의嫉視ᄒᆞᆷ은短處리謂ᄒᆞᆯ지니僞善의顏色으로敵黨과談笑ᄒᆞᄂᆞᆫ者보담不屈의容貌로正大이處事ᄒᆞᄂᆞᆫ者ㅣ가寧有倍勝ᄒᆞ도다

(八) 일직巴里에駐剳ᄒᆞᆯ際에佛國政治家쑤ㅣ과歷史兼政治家세소ㅣ와各々處世觀을自書ᄒᆞᆯ식

세소ㅣ가先書曰

余ᄂᆞᆫ經驗上多大의寬恕忍容의必要를學習ᄒᆞ얏시나一無所忘이로라

쑤ㅣ이連書曰

余ᄂᆞᆫ公活上經歷으로自察컨ᄃᆡ余의寬恕忍容의美德은先天的自備ᄒᆞᆫ비로라

比公이臨終에揮筆曰

余ᄂᆞᆫ先天的痴質로有聞隨忘ᄒᆞᆯ뿐이요後天的學得ᄒᆞᆫ바ᄂᆞᆫ唯獨自我에對ᄒᆞ야非常ᄒᆞᆫ寬大自恕가緊要ᄒᆞᆫ줄로自覺ᄒᆞ노라

嗚呼라公의政略外交ᄂᆞᆫ先天的稟賦라엇지時運의寵兒라漫言ᄒᆞᆯ가모리엘의所謂「比公은日耳曼을大케ᄒᆞ고日耳曼人을小케ᄒᆞᆫ者ㅣ라」批評ᄒᆞᆷ이진실로最適當타ᄒᆞᆯ지로다

支那地理 續

韓明洙

長江下流域 에江蘇、浙江 安徽三省이有ᄒᆞ니浙江、安徽의一部ᄂᆞᆫ南北嶺의餘脈이連亘ᄒᆞ얏스ᄂᆞ其外ᄂᆞᆫ平坦ᄒᆞᆫ廣野요長江이其中央東西로流ᄒᆞ고大運河ᄂᆞᆫ其南北으로貫ᄒᆞ야運便이多ᄒᆞ고物産은米、棉花、蠶絲가出ᄒᆞ며江蘇沿岸은出入이少ᄒᆞ나浙江沿岸은杭州灣으로붓터良港과舟山列島가多ᄒᆞ니라上海ᄂᆞᆫ楊子江支流吳松江左岸에在ᄒᆞ니長江流域과及北支那地方貿易의中

心地가되야蠶絲、棉花、麥稈眞田、鷄卵等을輸出ᄒᆞ고人口는六十二萬이요蘇州는上海西北의有ᄒᆞ니蠶業이繁盛ᄒᆞ야楊子江으로絹織을輸運ᄒᆞ야各處로出ᄒᆞ며杭州는錢塘을臨ᄒᆞᆫ故로水利가最好ᄒᆞ고七十萬人口가住居ᄒᆞ야絹織物를爲業ᄒᆞ는바手巧가精細ᄒᆞ며其東에寧波가有ᄒᆞ니海産物의市場이요絹布、棉花、蠶絲도亦多ᄒᆞ니라江寧은楊子江右岸에在(昔稱南京)ᄒᆞ고鎭江은江寧東便의有ᄒᆞ니此西地方에産品中陶器、緞、綢、紋織이世界에有名ᄒᆞ고水陸의交通과風景의秀麗와魚鹽의豊富홈이全國에第一이요蕪湖는楊子江南岸에在ᄒᆞ니(即江寧西南이라)製絲、製茶、飼養의業이豊盛ᄒᆞ고四川地方으로븟터筏乘이流下ᄒᆞ는故로木材도不少ᄒᆞ니라

長江中流域　에三省이有ᄒᆞ니湖北은漢水의流域이요湖南은洞庭湖를回圍ᄒᆞ고江西는번陽湖가中央을占ᄒᆞ얏스니水上交通이皆好ᄒᆞ며湖北에는棉花、阿片、銅、鐵、湖南과江西에는茶와石炭等礦産이産出ᄒᆞ고漢水、長水가會合ᄒᆞ는漢口는支那內地商業의中心地니水陸의通路가四通八達ᄒᆞ야物貨의貿易과集散에盛大홈이上海의支次니輸出品에主要는茶、豆類、豆糟、藥材、木油等이요人口는八十五萬이라自此로長江을上ᄒᆞ면沙市、宜昌이니宜昌西에南北兩嶺의山勢가能層ᄒᆞ고高險ᄒᆞ니自古로有名ᄒᆞᆫ三峽이라武昌、漢陽은漢口와鼎足의勢를成ᄒᆞ니武昌에住民은半이나船居ᄒᆞ고水上에서市街交易ᄒᆞ고紡績과及絹織物을製出ᄒᆞ며漢陽에는槍砲局과鐵政局을設ᄒᆞ고兵器를製作ᄒᆞ니라岳州는洞庭湖와長江의會合處인故로湖南船路가當地를經ᄒᆞ야

洞庭湖、湘水를溯ᄒᆞ야 湘潭ᄭᆞ지達ᄒᆞ며

九江은鄱陽湖畔에有ᄒᆞ니茶、陶磁器、가産ᄒᆞᄂᆞ니라

長江上流域 은南에貴州、北에四川이有ᄒᆞ니四川은古蜀地라山脈이四圍ᄒᆞ야特別히一區를成ᄒᆞ야交通은不便ᄒᆞᄂᆞ他地方에比ᄒᆞ면物産이豊富ᄒᆞ니農産은茶、蠶絲、阿片이요鑛産은石炭、銅、鐵、石油니라貴州ᄂᆞᆫ地味가薄瘠ᄒᆞ고水銀이特産이며昔日에蠻夷의地方인故로三苗等蠻人이多ᄒᆞ니라重慶은上流域에物貨가集散ᄒᆞᄂᆞᆫ大市場이요其西北에成都ᄂᆞᆫ古蜀漢의都邑인故로市街가壯麗ᄒᆞ고織物、染物、刺繡等工業이發達ᄒᆞ니라珠江은南支那山地間을東西로貫流ᄒᆞ얏고福建은閩江流域에屬ᄒᆞ야스니其沿海一帶에出入交通이多ᄒᆞ고良港과島嶼가羅列ᄒᆞ야스며福州、厦門에貿易港이有ᄒᆞ고其對岸에臺灣이有ᄒᆞ니라福州ᄂᆞᆫ古來로外國貿易市場인故로外國人居留地와通信局等이有ᄒᆞ고人口百萬이니라馬尾ᄂᆞᆫ閩江을臨ᄒᆞᆫ小邑이니有名ᄒᆞᆫ船政局이有ᄒᆞ고厦門은福州西南에在ᄒᆞᆫ小島ㅣ니外人의居留地가有ᄒᆞ니라

珠江流域 에廣東、廣西、雲南三省이有ᄒᆞ니雲南、廣西ᄂᆞᆫ山地가多ᄒᆞᆫ故로鑛産이特多ᄒᆞ고廣東은南方一帶가海濱이니南清貿易의中心市場이라人口가二百萬이요市街가狹隘ᄒᆞ야人民이河上에船居ᄒᆞᄂᆞᆫ者多ᄒᆞ고絹、茶가輸出의主가되ᄂᆞ香港에貿易이盛大ᄒᆞᆫ故로此地에貿易키不振ᄒᆞᄂᆞ니라珠江上流ᄂᆞᆫ急湍이니梧州가開港場이요下流域은平野가廣開ᄒᆞ고物産이多出ᄒᆞ며氣候가溫和ᄒᆞ니廣東、四川이라稱ᄒᆞᄂᆞᆫ地니라山頭ᄂᆞᆫ廣東의東海를臨ᄒᆞ얏스니漁利가多

ᄒᆞ니라英領地香港島는珠江口에在ᄒᆞᆫ一小島니九龍半島와相對ᄒᆞ야其間이自然히良港이되니라其市街는빅토리아라稱ᄒᆞ니上海와갓치東洋貿易의中心이라本港은自由貿易港이니阿片、砂糖、麵粉、食鹽等의貿易의主品이요茶、絹이其次이며九龍半島附近도英領이되니라澳門은葡萄牙領에開港場으로昔日은繁盛ᄒᆞ더니香港이開港된後로商況이不振ᄒᆞ니라廣州灣은雷州半島側에在ᄒᆞ니光武二年에其沿海々지佛國租借地가되니라

滿州　는東部平原에一部를占ᄒᆞ고蒙古高原의東部에在ᄒᆞ니盛京、吉林、黑龍江三省으로分ᄒᆞᆫ故로東三省이라고도稱ᄒᆞ니라其西部는興安嶺이요東部一帶는長白山脈이니此山脈이更히南走ᄒᆞ야遼東半島가成ᄒᆞ얏스니其兩山脈間을滿洲平野라稱ᄒᆞ야松花江、遼河、鴨綠江의三水域으로分ᄒᆞ니라遼東은光武二年에露國셔其南端旅順口와及大連灣을租借ᄒᆞ야大連灣內南部에大連市를開ᄒᆞ고東淸鐵道敷設權를圖得ᄒᆞ야滿洲中央에하러빈市를中心ᄒᆞ야南은滿洲를貫通ᄒᆞ야旅順、大連ᄭᆞ지至ᄒᆞ고北으로시베리아東으로우라지오스톡에達ᄒᆞ는大鐵道를設ᄒᆞ고山海關으로牛莊에至ᄒᆞ는北淸鐵道도設ᄒᆞ니라地味는肥沃ᄒᆞ고氣候는冬寒夏熱에高度니平地는高粱、大豆가産ᄒᆞ고ᄯᅩ牧場이多ᄒᆞ며山地는大森林과金、鐵石炭이産ᄒᆞ니라牛莊은遼河下流左岸에在ᄒᆞ니滿洲産物를輸出ᄒᆞ며外國居留地가有ᄒᆞ니라

蒙古는蒙古高原東에在ᄒᆞ니其中央에東西로五百里南北으로二百五十里되는고비戈壁이라稱ᄒᆞ는砂漠이有ᄒᆞ니漢北을外蒙古

라稱ᄒᆞ고漢南을內蒙古라稱ᄒᆞ니氣候는無論大陸性이요人口도稀疎ᄒᆞ며外蒙古에賣買城은露國境이接近ᄒᆞ야庫倫과갓치露淸의陸路貿易市塲이니라

新疆　은蒙古高原西部니天山山脈이中央을橫斷ᄒᆞ야天山北路天山南路를分ᄒᆞ얏스니氣候寒暑의差가甚ᄒᆞ며農産物이伊犁타림兩河沿岸에多ᄒᆞ며카시가가域內에大都會니라

西藏　은亞細亞中央에一區를成ᄒᆞ얏스니牧畜을爲業ᄒᆞ고랏사가首府니喇嘛敎主가實로此地에政治를行ᄒᆞᄂᆞ니라

住民　滿洲에는쑹구스族、新疆은돌도族、西藏은西藏族、蒙古、靑海는蒙古族이住ᄒᆞ고支那本部에는漢族이最多數요또有權力ᄒᆞ니北方은文化가低ᄒᆞ야質朴簡素ᄒᆞᆫ性이有ᄒᆞ고中部及廣東은習俗이華美ᄒᆞ고民智가發達ᄒᆞ니라言語는東西가相異ᄒᆞ고南北이不同ᄒᆞ고宗敎는上流社會는儒敎요其他는佛敎、道敎를信奉ᄒᆞ고喇嘛敎는西藏、滿洲、蒙古、耶穌敎는支那本部에一部、回々敎는新疆、유다야敎는河南一部셔信行ᄒᆞᄂᆞ니라政治는自古로王朝의興亡이頻繁ᄒᆞ야現今淸朝는三百年前에滿洲셔起ᄒᆞ야支那現領土를統一ᄒᆞᆫ君主專制니北京에中央政府가有ᄒᆞ고軍機處、內閣總理衙門、六部(吏、戶、禮、兵、刑、工)等이有ᄒᆞ고十八省에八總督、十八巡撫를置ᄒᆞ고漢人과滿人二派가內外行政을保守ᄒᆞ며兵備는陸軍에八旗綠旗、練軍의名稱으로分ᄒᆞ얏스니八旗兵은漢、滿、蒙古의三種으로組織ᄒᆞ고綠旗兵은漢人으로編制ᄒᆞ얏고練軍은八旗、綠旗中에서撰拔ᄒᆞ야新式에訓練을經ᄒᆞᆫ것이요海軍은北洋、南洋、福建廣東四艦隊가有ᄒᆞ

나라國民教育은國子監、書院、府學、州學、縣學等과家塾이有ᄒᆞ야經史、詩文을教ᄒᆞ고新學問은學校를設立ᄒᆞ고教授ᄒᆞᄂᆞᆫ應用ᄒᆞᆯ能力이姑劣ᄒᆞ니라

(未完)

心臟運動과血液循環의要論

李奎濚

心臟의血液은即生活體의現象에最要ᄒᆞᆫ關係가有ᄒᆞᆫ者라心臟은胸廓內에位ᄒᆞ고左右兩肺間에在ᄒᆞ야此에十字形으로中隔ᄒᆞᆫ四腔의區別이有ᄒᆞ니其上二腔을左右의房이라云ᄒᆞ고下二腔을左右의室이라云ᄒᆞ며其中隔ᄒᆞᆫ壁의開口部에ᄂᆞᆫ各々辨이有ᄒᆞ야此에서血行의受容과壓逐을應ᄒᆞ야迭相開閉ᄒᆞᄂᆞᆫ機能이有ᄒᆞ니라

心臟의運動은心壁의一張一縮ᄒᆞᆷ이互相交換ᄒᆞᆷ이라此를三節에區別ᄒᆞ니房收縮、室收縮、及休憩、가是也ㅣ라然이나休憩時에當ᄒᆞ야ᄂᆞᆫ房室이共히弛緩ᄒᆞ고房收縮時에ᄂᆞᆫ室이休息ᄒᆞ며室收縮時에ᄂᆞᆫ房이弛緩ᄒᆞᄂᆞ니此弛緩時의休憩를名ᄒᆞ야擴張이라云ᄒᆞᄂᆞ니라

心悸搏動은左胸第五肋間 (第四肋間은罕有ᄒᆞᆷ) 의一小部요乳線의稍히內方에在ᄒᆞ야感覺ᄒᆞ고又目擊할跳動이有ᄒᆞ니此ᄂᆞᆫ即心臟運動을由ᄒᆞ야起ᄒᆞᄂᆞᆫ者라又身體의位置를變ᄒᆞ면多少間其部位及强弱을變ᄒᆞᆷ도有ᄒᆞ니라

心音은健康人의心臟部에耳를直接ᄒᆞ거나或은聽診器를接ᄒᆞ면二種의雜音이聞ᄒᆞᄂᆞ니此를第一　第二의心音으로區別ᄒᆞᆷ

第一心音은多少低濁ᄒᆞ고長ᄒᆞ야室의收縮

時에正發ᄒᆞ고
第二心音은淸朗高調ᄒᆞ고短ᄒᆞ야半月瓣(大動脈口에在ᄒᆞᆷ)의閉鎖時에適發ᄒᆞ며
又此兩音의間에短ᄒᆞᆫ間歇時가有ᄒᆞ야第一音과第二音의間에셔短ᄒᆞ고第二音과其次로發來ᄒᆞᄂᆞᆫ第一音의間에至ᄒᆞ야ᄂᆞᆫ稍長ᄒᆞ니라
又此心臟運動의傳達을由ᄒᆞ야脈波를起ᄒᆞ되脈性에ᄂᆞᆫ頻脈及稀脈과速脈及遲脈의區別이有ᄒᆞ니라
(第一) 頻脈及稀脈은一定時間譬컨ᄃᆡ一分時間中에脈搏의員數가多할時ᄂᆞᆫ此를頻脈이라云ᄒᆞ고少할時ᄂᆞᆫ此를稀脈이라云ᄒᆞᄂᆞ니熱性病에在ᄒᆞ야ᄂᆞᆫ脈搏이顯著히增加ᄒᆞ야百二十乃至其以上에達ᄒᆞ며又健康體에在ᄒᆞ야ᄂᆞᆫ四十搏에降ᄒᆞᆷ이有ᄒᆞᄂᆞ然이나大抵病健의人에在ᄒᆞ야此兩界限을越ᄒᆞ야增減ᄒᆞᆷ은甚罕ᄒᆞ니라若呼吸의數가增加할時에ᄂᆞᆫ大槩脈搏을少加ᄒᆞᄂᆞ니然而深速의呼吸은脈搏을增加호ᄃᆡ淺速의呼吸은感應을致ᄒᆞᆷ이無ᄒᆞ니라
(第二) 速脈及遲脈은脈波를因ᄒᆞ야動脈管의擴張及收縮ᄒᆞᆷ이緩慢할時에ᄂᆞᆫ遲脈이라云ᄒᆞ고此를反할時ᄂᆞᆫ速脈이라云ᄒᆞᄂᆞ니라
脈數ᄂᆞᆫ健康人의大人에就ᄒᆞ야一分時間에男子ᄂᆞᆫ七十一乃至七十二요女子ᄂᆞᆫ八十至가平均이라云ᄒᆞ나左의狀을隨ᄒᆞ야增減ᄒᆞᆷ이有ᄒᆞ니라

年齡比較表

年齡	一分時間의脈數
初生兒	一三〇乃至一四〇
一年	一二〇乃至一三〇
二年	一〇五
三年	一〇〇

四　年	九七
五年乃至九年	九四乃至九〇
十　年	九〇
十一年乃至二十年	七
廿一年乃至五十年	七〇乃至七二
五一年乃至六十年	七四
六一年乃至八十年	七九
八一年乃至九十年	八〇

其他筋肉動作、動脈血壓의亢進、食物의攝取、體溫亢進、疼痛感覺、消化管內의不快感覺、嘔氣、精神亢進、情慾發動等은共히脈搏을疾速케ᄒᆞ며又竪立은橫臥에比ᄒᆞ면脈搏이多少增加ᄒᆞ고音樂은人獸가共히心動을疾速케ᄒᆞ야血壓을亢進ᄒᆞ며高壓을有ᄒᆞᆫ空氣中의棲息은脈搏을減少ᄒᆞ고又晝夜의時期를從ᄒᆞ야脈數의增減은最要ᄒᆞᆫ條件에屬ᄒᆞᆫ지라此에增減됨은僅히二三搏이

니大槪體溫의昇降과互相併行ᄒᆞᄂᆞ니라

血液의循環은血液이連綿ᄒᆞᆫ血管系統中에運行ᄒᆞ야其巡回ᄒᆞᆷ이環과如히晝夜不息ᄒᆞᄂᆞᆫ者라其始에ᄂᆞᆫ心室에發ᄒᆞ야上ᄒᆞ야主血管에入ᄒᆞ야枝梢에散布ᄒᆞ고終에ᄂᆞᆫ大集合幹(卽大靜脈)을通過ᄒᆞ야心房에還歸ᄒᆞᆷ을云ᄒᆞᆷ이라此를三種으로區別ᄒᆞ니大循環小循環、門脈循環、이是也라

大循環은血液이心의左房으로左室에落下(此時에ᄂᆞᆫ二尖瓣或僧帽瓣이開閉ᄒᆞᆷ)ᄒᆞ야左室노大動脈에出(此時에ᄂᆞᆫ三半月瓣이開閉ᄒᆞᆷ) ᄒᆞ야上行ᄒᆞ야毛細管綱으로其小枝에散布ᄒᆞ야更히全身靜脈을成ᄒᆞ고二條의大靜脈을通ᄒᆞ야心의右房으로返入(此時에에ᄂᆞᆫ下大靜脈開口部에在ᄒᆞᆫ요스닥氏瓣과大冠狀靜脈開口部에在ᄒᆞᆫ데베스氏瓣이共히開閉ᄒᆞᆷ) ᄒᆞᆷ을云ᄒᆞᆷ이요

小循環은心의右房에返入ᄒᆞᆫ血液이同右室에落下(此時에ᄂᆞᆫ三尖瓣이開閉ᄒᆞᆷ)ᄒᆞ야肺動脈에入(此時에ᄂᆞᆫ三半月瓣이開閉ᄒᆞᆷ)ᄒᆞ야其肺內의毛細管網을周流(老廢ᄒᆞᆫ靜脈血이此時에再新ᄒᆞ야動脈血을成ᄒᆞᆷ)ᄒᆞ야四條의肺靜脈으로由ᄒᆞ야心의左房에歸來ᄒᆞᆷ을云ᄒᆞᆷ이요

門脈循環은其實은靜脈系統에屬ᄒᆞᆫ毛細管系統(肝臟內)內의血液運行에不外ᄒᆞ나然이나間或此를別種의循環으로看做ᄒᆞᆷ이有ᄒᆞ니라此循環은諸內臟의靜脈이互相輻湊ᄒᆞ야門脈을成ᄒᆞ고又分岐ᄒᆞ야毛細管을成ᄒᆞ며再次로互相集合ᄒᆞ야肝靜脈을成ᄒᆞ야直히下大靜脈에開口ᄒᆞᆫ道路를云ᄒᆞᆷ이라

人體血液의全量은大人에在ᄒᆞ야ᄂᆞᆫ體重의十三分之一이요初生兒ᄂᆞᆫ十九分之一이되며又其一回循環ᄒᆞᄂᆞᆫ時間은一分時中에脈搏이七十二에在ᄒᆞᆫ人에ᄂᆞᆫ二三、二秒時가되고又平均二十七回의心收縮에當ᄒᆞ니라此血液은間斷이無케運行ᄒᆞ야身體諸部의溫度를生케ᄒᆞ니即體溫이라云ᄒᆞᆷ

體溫은身體의各部를隨ᄒᆞ야各異ᄒᆞ니라

動物體에有ᄒᆞᆫ勢力의根源

朴相洛(譯)

禽鳥가空際에飛翔ᄒᆞ며或美音을發ᄒᆞ고獸類가山野에馳奔ᄒᆞ며或鳴吼ᄒᆞ고吾人이勞働或思慮를作ᄒᆞᄂᆞᆫ等時에ᄂᆞᆫ반다시다ㅣ多少의勢力(energy)을消費치아니치못ᄒᆞᄂᆞ니直接으로此力을動物에게供給ᄒᆞᄂᆞᆫ資料가食物에在ᄒᆞᆫ것은說明을不待ᄒᆞ고自明ᄒᆞᆯ것이라大槪食物이動物에對ᄒᆞᆫ關係ᄂᆞᆫ石炭이蒸汽機關에對ᄒᆞᆫ關係와如ᄒᆞ야其供給을怠慢ᄒᆞᆯ時에ᄂᆞᆫ其勢力은持續키不能ᄒᆞ도다動

物의食物은此를間接或直接으로植物에셔取來ᄒᆞᄂᆞᆫ것이며動物에勢力을與ᄒᆞᄂᆞᆫ者ᄂᆞᆫ植物이라然則植物은如何ᄒᆞᆫ作用으로動物의食物될만ᄒᆞᆫ物質을作成ᄒᆞᄂᆞᆫ고ᄒᆞ면植物은根으로吸收ᄒᆞᄂᆞᆫ水分과葉으로吸入ᄒᆞᄂᆞᆫ炭酸瓦斯（炭酸瓦斯ᄂᆞᆫ或炭氣라稱ᄒᆞᄂᆞᆫ氣體ㅣ니物體가燃燒ᄒᆞᆯ時에發生ᄒᆞ며또動物이呼吸ᄒᆞᆯ時에吐出ᄒᆞᆷ）를日光의作用으로써所謂同化作用을行ᄒᆞ야澱粉을作ᄒᆞ고此澱粉은다시糖類로變化ᄒᆞ야植物體를循環ᄒᆞᆯ時에更變植物의組織을搆成ᄒᆞ고其殘餘ᄂᆞᆫ再次澱粉이되야植物體中에貯藏ᄒᆞᄂᆞᆫ것이라

植物은또澱粉外에動物의食物中必要不缺ᄒᆞᆯ蛋白質을作ᄒᆞᄂᆞ니此蛋白質은炭素水素酸素窒素硫黃五元素로成ᄒᆞ엿ᄂᆞᆫᄃᆡ此도亦是澱粉과如히植物이根과葉으로吸收ᄒᆞᆫ各元素가日光의作用을受ᄒᆞ야生成ᄒᆞᄂᆞᆫ것이라如此히生長ᄒᆞᆫ植物은體內에貯藏ᄒᆞᆫ澱粉蛋白質或植物自身이動物의食物이되야動物에게勢力을給與ᄒᆞᄂᆞᆫ者이라然則植物이同化作用을行ᄒᆞᄂᆞᆫ것은全혀日光의力으로由ᄒᆞᆷ이니動物의有ᄒᆞᆫ勢力은言ᄒᆞ면結局太陽光線의有ᄒᆞᆫ勢力의變化ᄒᆞᆫ者에不外ᄒᆞᆫ것을可知ᄒᆞᆯ것이로다

以上論述ᄒᆞᆫ바ᄂᆞᆫ다못生活ᄒᆞᄂᆞᆫ動物의有ᄒᆞᆫ勢力의根源에不過ᄒᆞᄂᆞ其他風이樹木을動搖ᄒᆞᄂᆞᆫ것과水가水車를回轉ᄒᆞ며或蒸氣가機關을運轉ᄒᆞ고電氣가光과音響을發ᄒᆞᄂᆞᆫ것과或風을起케ᄒᆞ며水를地球上에셔循環케ᄒᆞᄂᆞᆫ根源等을討究ᄒᆞ면畢竟太陽의勢力으로歸치안ᄂᆞᆫ者無ᄒᆞ도다萬一太陽의光線을供給치아니ᄒᆞᆯ時에ᄂᆞᆫ水의蒸發（雨의成立ᄒᆞᄂᆞᆫ原因）空氣의膨脹（風의起源）等이

停止될뿐아니라地球는即時冷却ᄒᆞ고從此로空氣와水分과如ᄒᆞᆫ者도다ㅣ地球의內部에吸收되며此와同時에地球上의動植物의生存은全滅에歸ᄒᆞ고地球는다못暗憺ᄒᆞᆫ一死塊에不過ᄒᆞᆷ에至ᄒᆞᆯ지라然而今日太陽의光力도無限永久이依持ᄒᆞᆯ者이아닌則幾千萬年後에ᄂᆞᆫ實地로如此慘憺ᄒᆞᆫ境遇에到達ᄒᆞᆯ거시必然ᄒᆞᆫ者니라

養豚說 九號續

金鎭初

△種類의撰定　種類의撰定은先히自家의農業方法에適合치아니치못ᄒᆞᆯ지오또風土氣候와經濟上緩急과用途의如何를因ᄒᆞ야種類를變更치아니치못ᄒᆞᆯ거시라故로或은種豚蕃殖을目的으로ᄒᆞ야猪兒의販賣를有利로ᄒᆞ고或은猪兒를購入肥盈ᄒᆞ야販賣得利ᄒᆞᄂᆞᆫ者도有ᄒᆞ니各々自家의事情을考量ᄒᆞ야注意ᄒᆞᆯ거시니라

(一) 生肉用豚을目的으로ᄒᆞᄂᆞᆫ境遇에ᄂᆞᆫ早熟種으로肥膉이良好ᄒᆞ고肉質이善良ᄒᆞᆷ을撰擇ᄒᆞᆯ거시오別로純粹雜種에ᄂᆞᆫ意를用ᄒᆞᆯ必要가無ᄒᆞ니라

(二) 만일酪農業、農産製造等의副産物이富ᄒᆞ고「하암、베ㅣ콘」(猪肉을鹽漬ᄒᆞᆫ것)製造에適當ᄒᆞᆫ地方에ᄂᆞᆫ大中種中으로適種을撰定ᄒᆞᆯ바오또夏期放牧에良好ᄒᆞᆫ地方이多有ᄒᆞ면더옥、小種은비록早熟性이有ᄒᆞᆯ지라도放牧에適當ᄒᆞᆫ大種을撰定ᄒᆞᆯ지니라

(三) 蕃殖用에供給코져ᄒᆞ면其種類의特徵을具備치아니치못ᄒᆞᆯ바오또遺傳力이强ᄒᆞ고多産ᄒᆞᆷ을要ᄒᆞ니곳純粹種이緊要ᄒᆞ니라

以上各種의撰定을要ᄒᆞᆯ時에ᄂᆞᆫ如何ᄒᆞᆫ種이던지産兒ㅣ多ᄒᆞᆷ을撰擇코져ᄒᆞ면其母畜의

産兒ㅣ多혼者를擇ᄒᆞ거시나그體質이虛弱혼者ᄂᆞᆫ分娩後數日間에甚히差違를生ᄒᆞ니此等母豚은速爲屠殺홈이得策이라만일此等母豚을飼養後回復發達을期爲ᄒᆞᄂᆞᆫ等은往々失敗의原因이되ᄂᆞ니라

△飼養法　飼養法도其土地의物産等을因ᄒᆞ야差가有ᄒᆞ니比喩ᄒᆞ면米國에서ᄂᆞᆫ夏期ᄂᆞᆫ良好혼牧塲과圃上에放牧ᄒᆞ고多少의穀實을與ᄒᆞ며秋期에及ᄒᆞ면玉糖을主良物로ᄒᆞ고他의穀物과酪農副産物은補用ᄒᆞ며英國에서ᄂᆞᆫ夏期ᄂᆞᆫ放牧ᄒᆞ야도秋冬은흔히馬鈴薯(倭蕉)을給與ᄒᆞ고燕麥大麥其他穀實의挽割者ᄂᆞᆫ補用으로ᄒᆞ며丁抹瑞典에서ᄂᆞᆫ酪農産을與飼ᄒᆞ고燕麥은其次로ᄒᆞ니是皆農業經濟上副産物의利用等에起因혼거시라

(一)姙豚　豚은脂肪이過度홈에至ᄒᆞᄂᆞᆫ弊ㅣ有ᄒᆞ야屢々히受胎치못홈에至ᄒᆞ고過度의肥腦은또흔히受胎後에分娩의困難을生ᄒᆞᄂᆞᆫ故로姙豚은過度의肥腦이되지안음을注意ᄒᆞ고또飼料에도容積이大치아니ᄒᆞ고少量으로濃厚혼것을要ᄒᆞ니곳穀類와糟粕類等이라然이나其胃腸에刺激될食品은嚴絶홀지니라

(二)猪雛를分娩ᄒᆞ면其哺乳上에注意홀지니母豚은往々豚兒生育을等閑ᄒᆞ야哺乳치안ᄂᆞᆫ事도有ᄒᆞ며或은猪兒의犬齒로써乳嘴를傷케ᄒᆞᄂᆞᆫ故로哺乳를嫌惡ᄒᆞᄂᆞᆫ境遇에至ᄒᆞᄂᆞᆫ事도有혼지라또猪兒數가過多ᄒᆞ야乳房의發育이不良혼時ᄂᆞᆫ育兒上에頗히不利홀지니其虛弱혼것은屠殺홈이可혼지라若不然ᄒᆞ면全部가다ㅣ不利를蒙ᄒᆞᄂᆞ니라哺乳期內에生育의不良홈은發育上에乃終々지不完全홈을免치못ᄒᆞᄂᆞᆫ지라哺乳期略二

個月以內로ᄒᆞ되其期間內에猪兒ᄂᆞᆫ自由로柵中으로出入ᄒᆞ야飼槽에셔食을求ᄒᆞ게裝置ᄒᆞ야其發育의發達을計홈이必要ᄒᆞᄂᆞ니라

(二) 猪兒ᄂᆞᆫ四肢健康홈으로써四五日을經ᄒᆞ면晴溫ᄒᆞᆫ日에ᄂᆞᆫ母豚과ᄀᆞᆺ치屋外에出遊ᄒᆞᄂᆞᆫ지라猪兒의飼料ᄂᆞᆫ副産的糟粕類를ᄒᆞᆫ이用ᄒᆞᆯ時ᄂᆞᆫ燐酸石灰等을時々로與ᄒᆞ야骨格의形成을完全케ᄒᆞᆯ지니라

(三) 去勢(불알가르ᄂᆞᆫ것)ᄂᆞᆫ一個月乃至二個月에行ᄒᆞᄂᆞ니라

(四) 肥膃法　豚을肥膃ᄒᆞ야一般히秋期와初冬에市場의需用을供給ᄒᆞᄂᆞᆫ것이一은夏期放牧을最ᄒᆞ야早市場에出홈이더욱有利ᄒᆞᆫ時代오一은農場의副産物과殘滓等이豊富ᄒᆞ야肥膃에適ᄒᆞᆫ時代라其肥膃法을行ᄒᆞᄂᆞᆫᄃᆡᄂᆞᆫ第一第二第三의順序를依ᄒᆞ야滋養率의濃度를次第로減少ᄒᆞᄂᆞ니第一期ᄂᆞᆫ生長이더욱旺盛ᄒᆞᄂᆞᆫ故로蛋白質物이豐富ᄒᆞᆫ것을用ᄒᆞ고第二期ᄂᆞᆫ蛋白質物을減少ᄒᆞ야脂肪을增加ᄒᆞ고第三期ᄂᆞᆫ漸々脂肪量을多히ᄒᆞ야其肥膃을完全히ᄒᆞᄂᆞᆫ지라

(四) 豚牢ᄂᆞᆫ溫暖ᄒᆞ야空氣의流通이善良홈이可ᄒᆞ고各區의側壁은平滑히ᄒᆞ야堅强ᄒᆞᆫ板張을付ᄒᆞ야凹凸을無케ᄒᆞ고其側壁의高ᄂᆞᆫ限四尺쯤ᄒᆞ야天上을共通히ᄒᆞ고床은淸潔히保持ᄒᆞ야時々로適度의鋸屑와蓐草等을與ᄒᆞ며床板은木板도可ᄒᆞ나石과煉瓦造가最良ᄒᆞᆫ지라

의뢰ᄒᆞ고사ᄂᆞᆫ거시독립ᄒᆞ고죽ᄂᆞᆫ것만갓지못홈

朴 允 喆

聖人有訓曰人之生也直ᄒᆞ니罔之生也ᄂᆞᆫ幸

而免이라ᄒᆞ시니盖人之生理ᄀ本直而不直則罔也라何謂之理直고人受天地之中而生ᄒᆞ니得五行之秀者也라反是者ᄂᆞᆫ罔이니理爲氣偏之所拘ᄒᆞ고心爲形役之所害者也라第以今日宇內之大勢로言之ᄒᆞ면生々皆是人이요面々便是人이로되人而能人이라야人乃人也니夫爲人依賴者是罔之生也요自爲獨立者ㅣ是生也直ㅣ謂也라寧爲獨立而死연뎡毋爲依賴而生이니死生이亦大矣라生且苟生이면生猶爲恥요死於當死면死猶爲榮이니噫嘻悲夫라好生惡死ᄂᆞᆫ人之常情也라乃徒知生之欲而爲人依賴타가所依者不可爲依ᄒᆞ고所賴者ㅣ不足爲賴則反不如無生而死也猗玆獨立之說也며國以獨立而自主ᄒᆞ고人以獨立而自由인즉推之萬事이何所不濟리요然而或値時運不齊ᄒᆞ야以身殉國者ㅣ有之ᄒᆞ니當死而死者ㅣ不愈於依賴之生則第觀於閔忠正崔勉菴之事에可以爲鑑而惟我青年同胞ᄂᆞᆫ以其百戰不屈之志氣로衆心合一ᄒᆞ야勿失祖國之精神ᄒᆞ고一致修進ᄒᆞ시오人之生死ᄂᆞᆫ由於靈魂之聚散ᄒᆞ고國之存亡은在於精神之有無이오니少勿忘慮ᄒᆞ고拜向祖國而哭我獨立ᄒᆞ며歌我獨立에各持獨立之力ᄒᆞ야閉門春寂々ᄒᆞᆫ舊日我公館에已揭獨立之旗을勉哉々々

學窓夜雨偶想
交友感化

石蘇 李東初

錚々一聲山寺鐘에輒無甚麽意思而押開半面障子ᄒᆞ니萬里天容은温雲氣勢隱々ᄒᆞ고三更夜政은細兩聲息蕭々로다于斯時也에自顧自晒而沈入物思ᄒᆞ니恒生藏胸之念과

臨時觸物之懷가簇々惹起로다蒼海西白雲臺下는想彼父母之國이오靑邱東萬年址中에恠底烏鵲之居로다經之營之에保持有策乎며鞭之朴之에驅逐有術歟아請爾休之ᄒᆞ라毋過忘想이라ᄒᆞ고仍閉障子而對坐學燈ᄒᆞ야轉把心綱ᄒᆞ고改向念頭而顧探當我身分上之要務ᄒᆞ니時代則學生時代요從事則學問從事로다時分勿違ᄒᆞ며事乎勿泛ᄒᆞ라勉學力行은護身銳術也오修德養志는立世之基本也라可鑑哉學乎며可尙哉行也여不學而知者有幾며不知而行者有誰耶아旣曰學之爲好며行之云好로ᄃᆡ其亦如何而學ᄒᆞ야增廣我常識也며如何而行ᄒᆞ야高尙我品格乎아惟讀惟誦에默會獨愼은不可稱活學而不能得活用故로人而不可不外受他人之感化而乃作自由自立之一体니於是乎에大覺交友之感化로다噫라惟彼至重者交友也오極貴者交友로다少而慰我導我之良師요大而興家復國之團体로다抑亦太險者交友也요甚怕者交友로다少而辱我滅我之惡魔요大而傾家敗國之暴徒로다可不愼哉며豈不誡哉아古人曰成立之難은如昇天ᄒᆞ고覆墜之易는如炮毛而其志業之成否가關乎交友之如何라ᄒᆞ고又曰與君子遊而如入芝蘭之室ᄒᆞ야久而不聞其香ᄒᆞ며與小人居而如入鮑魚之肆ᄒᆞ야久而不嗅其臭라ᄒᆞ니豈是芝蘭이不香이며鮑魚가無臭乎아久漸而化之ᄒᆞ야終無感覺이로다由此視之컨ᄃᆡ盖人이從其居所交處ᄒᆞ야自變天性而猶作習慣ᄒᆞ야以爲素稟天性之外에化成別個天性者乎인저試看籠中鶴ᄒᆞ라玄裳縞衣丹頂으로一擧雙翼에翺翔宇宙之間ᄒᆞ며出騰白雲之上ᄒᆞ고朝遊幽靑松園타가暮歸淡靄靑霞洞일시吟名區之風ᄒᆞ며含勝地之水ᄒᆞ야惟意所

適에無所不至ᄒᆞ며從侶求友에不外族類라淸閒意思ᄂᆞᆫ悅若仙客ᄒᆞ고淡秀態度ᄂᆞᆫ恰似玉郞이로다以此三千羽族中超卓之禽으로一朝에擒歸人間之手ᄒᆞ야畜飼籠中에由來歲月深ᄒᆞ니開籠而不知出ᄒᆞ며出而不知飛ᄒᆞ고下庭伴鷄鶩라가日暮復籠이라嗚呼라是因境遇而改化天性ᄒᆞ야忘却宇宙爽豁之樂ᄒᆞ고不覺竹籠狹窄之嫌이로다馴染之理豈獨在此鶴乎아可以人而亦如鶴이로다凡惟年齒猶未壯ᄒᆞ야智慮猶不成確實ᄒᆞ고才識未發達ᄒᆞ야思想不深奧ᄒᆞ고翻覆人事不當見ᄒᆞ며炎凉世態不經歷之少年輩ᄂᆞᆫ多因其居處交之良否ᄒᆞ야可爲善可爲惡ᄒᆞ며可爲賢俊可爲庸夫오亦可爲英雄烈士ᄒᆞ며又可爲賤卒劣奴ᄒᆞᄂᆞ니此ᄂᆞᆫ溯考古史而燦如之事實也라少年之質은比若白素ᄒᆞ니染以朱則赤ᄒᆞ고染以藍則靑이리니厥初擇友ᄒᆞ야生來結伴에何不省察가身在鄕國ᄒᆞ야親炙家庭之壯嚴敎育ᄒᆞ며常傍師傅之顯明龜鑑일지라도金蘭交契에以文會友之道ᄂᆞᆫ須不可欠者이온況我留學生者ᄂᆞᆫ離親戚棄墳墓ᄒᆞ고遠航海洋ᄒᆞ야今處社會敎育之地ᄒᆞ니各隨其學校ᄒᆞ야縱有秩序的規律이나敎養輔益何得完賴리오多求良友ᄒᆞ야互相責善에以助成德이豈不美哉아古人曰不知其人커든先視其友라ᄒᆞ니義勇忠武之班에豈有懦弱卑劣之徒며聰慧端雅之列에敢入魯鈍淫蕩之輩乎아同氣相求ᄒᆞ고同類相隨ᄂᆞᆫ人情之常也라且萬年之成敗가何其不藉交友乎아先自學術文藝商賈로以至扶國家建偉勳之大事히達志成望이實多由交友之力이오戮身汚名ᄒᆞ야誤錯一生도亦所致交友之事라加之才非交則不用ᄒᆞ고名非交則不顯이오義非交則不立이오邪念이非交則不起

요粃行이非交則不遂리라夫人之惡事는概在乎飮色儉三事而色儉는多從飮酒而發이어니와飮之始習은從何處而生乎아父母가勸飮其子者有誰乎며兄姊勸酒其弟者有誰乎며師傅勸盃其門人者有誰乎아父母兄姊師傅는皆可爲禁之斥之로되終猶至嗜飮은豈非交友之導因耶아我之交友正直ᄒᆞ며我之交友嚴格ᄒᆞ며我之交友雅潔而我獨敢至耽飮溺色ᄒᆞ야遂陷竊盜之不道德者ㅣ未之有也니라稽古而徵之ᄒᆞ고顧今而驗之라도能奏大功ᄒᆞ야高揭芳名者와中途墮落ᄒᆞ야悽若炮毛者ㅣ多所關交友ᄒᆞ니今日吾輩猛省謹步者ㅣ亦非此耶아外以上所論이稍傾蕪雜ᄒᆞ야極知偏迂나亦不無鑑識一種일세感而爲記ᄒᆞ노라

愛國歌

李源益

(一)우리大韓帝國基礎磐石ᄀᆞᆺ치굿고
文明之運富强之期潮水ᄀᆞᆺ치미러
萬國中에頭等으로永遠無窮

(二)우리大韓太極旗號日月ᄀᆞᆺ치놉고
禮義之風敎育之化星辰ᄀᆞᆺ치펴저
八域內에同一ᄒᆞ게安樂無窮

春日散步吟

菊庵 李奎濚

閒屐逍遙路向東洞天漸隔市聲中櫻花村落蕭々雨楊柳池塘處々風故國精神頻入夢殊方節物各成功夕陽歸路扶殘醉野外紅塵拂面紅

夜觀上野博覽會

蘭谷 李熙璥

博覽夜市放遊蹤男女肩磨爭逐逿各館彩燈

星萬斛滿園紅樹雪千重國民産業方振起物品機關備設供回首鄉園多感慨痛飮樽酒曳歸笻

詠春　　又松　鄭寅河

花雨柳煙處々多滿園晴景蝶紛過踏來芳草夕陽路更有黃鸝枝上歌

海底旅行奇譚

第三回 主僕漂浪命如浮萍 三士投海心似鐵石

朴容喜

且說아氏가甲板上에서넷드란드의投叉를望見타가艦体의動搖가甚히激烈함으로避身無策ᄒᆞ야艦外에搖落한비되야將次三閭를從游케된刹那에多幸이昔日演習ᄒᆞᆫ泳術의德으로水上에浮上ᄒᆞ야左顧右眄ᄒᆞ니黑暗々漆夜에咫尺을難辨이요但只潮水를從ᄒᆞ야漂去漂來러니忽然前面에一個物体가流動ᄒᆞ난듯ᄒᆞᆫ지라心中에避亂短艇인줄노推測ᄒᆞ고大聲을發ᄒᆞ야救濟를哀乞ᄒᆞ나辛若之餘에心身이疲盡ᄒᆞ야音聲이不出함으로海底에浸去ᄒᆞᆯ뿐이러니意外에콘셀과넷氏가來援ᄒᆞᆷ으로萬死一生을得ᄒᆞ나杳茫ᄒᆞᆫ滄溟에依處가更無ᄒᆞ야萬一僥倖이河馬海蛇에毒齒를不遇ᄒᆞ면鳩頭之浸믄相期러니이아니天助가아닌가前面에一個岩礁体가現出ᄒᆞ난지라三士가盡力泳逐ᄒᆞ야그水上現出處에攀上ᄒᆞ야ᄌᆞ서이살펴보니岩礁이아니요곳堅如鐵石의怪体러라석는秋九月(但陽曆으로)曉頭이라海風이乍起에雲霞가四散ᄒᆞ고半月이微現에錦波가玲瓏이러라三士가이怪体에對ᄒᆞ야一邊으로는驚駭ᄒᆞ며一邊으로는疑訝할際에아氏가愕然發言

曰이怪物이魚獸도안니며岩礁도아니요곳潛行의鐵艦이라然而이鐵艦이다幸이浮上함으로一時의連命은得ᄒᆞ얏스나未久에復沈홈에奈何오間隙이나잇스면이艦內에드러가臨機應變타가不幸運盡ᄒᆞ야彼等의猛毒ᄒᆞᆫ手下에死ᄒᆞ더릭도只今束手浸沒ᄒᆞ는거보다倍勝ᄒᆞ나無奈無隙에奈何오ᄒᆞ고彼此對面相嘆할섇이러니忽然暴風이怒吼에波濤가激天ᄒᆞ고艦內에有聲ᄒᆞ야恰似指揮러니鐵艦이漸沈ᄒᆞ난지라아氏及콘셀은仰天長嘆ᄒᆞ야曰此所謂「回看月已斜今夜宿誰家」之格이라ᄒᆞ고眩然下淚할섇이러니이ᄯᅢ에넷드란드氏는怒氣가衝天에頭髮이上指ᄒᆞ고氣高万丈에不勝憤激之勢로擧足撞艦ᄒᆞ며大叫曰汝輩도亦是人類거던何其無禮아ᄒᆞ더니이소릭가內艦에達ᄒᆞ얏는지該艦이忽然沈去를中止ᄒᆞ더니閂然一聲에艦門이小開ᄒᆞ면셔一壯士가艦外에現出ᄒᆞ야橫竪數說後에다시艦內에入去ᄒᆞ더니須臾에容貌가怪偉ᄒᆞᆫ壯士八人이艦上에再出ᄒᆞ야三人을艦內로引導ᄒᆞ야一暗黑室에牢入ᄒᆞ고鎖去ᄒᆞ난지라三人이益々疑訝ᄒᆞ야그室의構造와位置를알고져ᄒᆞ야各其手撫足探ᄒᆞ니左觸者난壁이며右接者는卓이요前撞者난콘셀이며後衝者는넷氏라三人이本座에復坐할ᄉᆡ넷氏가怒鳴ᄒᆞ야曰이아니野蠻奴의剝肉庖間이아니뇨? 콘셀이對答ᄒᆞ야曰이거슨所謂釋迦佛의阿鼻地獄이라네ᄒᆞ고一邊으로난呵々大笑ᄒᆞ며一邊으로는疑訝不已러니略三十分間經過後에忽然灼然ᄒᆞᆫ光線이室內에照散ᄒᆞ야反射의光輝에目難開視라三人이彼此間擧手蔽目ᄒᆞ고以隙仰見ᄒᆞᆫ즉天井에一個半圓球燈을倒懸ᄒᆞ얏는ᄃᆡ縷眼難窺러라이ᄯᅢ에넷氏는彼野蠻

等이三人을害ᄒᆞ러오ᄂᆞᆫ줄노推測ᄒᆞ고腰帶의短劒을拔ᄒᆞ야鐵壁에隱依ᄒᆞ면셔猛虎賁河之氣와獅子博兎之勢로그八來를姑待ᄒᆞᄂᆞᆫ지라아氏가慇然曉喩ᄒᆞ야曰萬一彼等이吾輩의言語를不納ᄒᆞ고無禮의擧動에着手ᄒᆞᄂᆞᆫ時에ᄂᆞᆫ其時에腕力으로相對흠도未晩ᄒᆞ다ᄒᆞ며굴셀도挽留ᄒᆞ야曰넷氏요閣下ᄂᆞᆫ妄動치말고凡事를從容이處置ᄒᆞᆯ지여다萬一妄動ᄒᆞᄂᆞᆫ時에ᄂᆞᆫ來歷과情形相通은姑捨ᄒᆞ고反招其怒ᄒᆞ야自陷禍亂之兆이라說諭ᄒᆞ미넷氏도亦是回心ᄒᆞ야收斂納鞘ᄒᆞ고蟄在一隅ᄒᆞ더라이ᄯᅢ에房中이靜寂에四顧無物ᄒᆞ며鐵門이嚴鎖에波聲도不聞ᄒᆞ고相照者ᄂᆞᆫ唯光이요所感者ᄂᆞᆫ唯悲라彼此默然垂首에如懷如思러니忽然悶然一聲에鐵門이左開ᄒᆞ면셔壯士二人이入來ᄒᆞ더라

※河馬ᄂᆞᆫ海洋에息棲ᄒᆞᄂᆞᆫ動物인ᄃᆡ形容이馬에近似ᄒᆞᆫ고로河馬라名稱ᄒᆞᆫ것이니本是陸地에居處ᄒᆞ던動物인고로長時間水下에蟄伏치못ᄒᆞ고一定ᄒᆞᆫ時間에水上에浮上ᄒᆞ야空氣를呼吸흠으로冷血動物(魚族蚯蚓)과判異ᄒᆞ야溫血을有ᄒᆞᄂᆞ니라以故로動物學에ᄂᆞᆫ此等獸族을棲水獸族이라名稱ᄒᆞᄂᆞ니鯨、海豹、膃虎、海象、河馬、海驢、海狗等은다此科에屬ᄒᆞᆫᄃᆡ一般天性이遲鈍頑迷ᄒᆞ며從而神經感覺이遲鈍흠이그特質이니라

但蝦蟆等類도表面上으로ᄂᆞᆫ亦是棲水獸族에疑似ᄒᆞᄂᆞ그發育次序와先腮後肺等異點이不小흠으로別노히兩棲虫類라名稱흠

+海蛇ᄂᆞᆫ熱帶海洋에棲息ᄒᆞᄂᆞᆫ爬虫類니丈이數十尺이며圓如棟樑ᄒᆞᆫᄃᆡ能卷鯨鯢而嚼呑ᄒᆞᄂᆞ니라本爬虫類ᄂᆞᆫ一般性質이猛

毒ᄒᆞ며ᄯᅩ系統的塊形神經系를有ᄒᆞᆷ으로비록中斷ᄒᆞ더ᄅᆡ도그主管的塊形神經球믄온存ᄒᆞᆫ時에ᄂᆞᆫ頭生足躍ᄒᆞᆷ이그特徵이니라此爬虫類에ᄂᆞᆫ海蛇、毒蛇、蝮、飯匙倩(日人之稱하부者是也니人若被咬則毒甚命危라)、蚺蛇、響尾蛇、大蟒、蜈蚣、蜥蜴(俗稱동아빔者是也니熱帶地方所産者ᄂᆞᆫ與我國所産者로甚異ᄒᆞ야長過五六尺이요形如鰐魚라) 等이다此類에屬ᄒᆞᄂᆞ니다冷血動物이니라

注意本海底旅行에但只光線ᄯᅩᄂᆞᆫ半球燈이라稱ᄒᆞᆷ은곳電氣及電燈을稱ᄒᆞᆷ이니大槪第十二回에네모ㅣ奇計忽倒蠻敵이라ᄒᆞᆫ秘密을先洩ᄒᆞᆷ을不好ᄒᆞᆷ이라ᄒᆞᆫᄃᆡ大槪電氣作用을詳說ᄒᆞ라면越卷疊章ᄒᆞᄂᆞᆫ고로難可一々記載ᄂᆞ大凡電氣를動作ᄒᆞᆷ에摩擦發電作用과化學作用이有ᄒᆞ니前者ᄂᆞᆫ곳器械와器械를摩擦ᄒᆞ야電氣를發케ᄒᆞᆷ이니곳水力電氣回輪電氣等이是也요後者ᄂᆞᆫ化學作用을利用ᄒᆞ야電池內에發電藥品(假令鹽化암모니움과水를同盛ᄒᆞ야發電케ᄒᆞᆷ과如ᄒᆞᆷ)을스코、(十)極곳陽極(又稱積極)과(一)極곳陰極(又稱消極)의排置로電流를ᄯᅡ이나마라名稱ᄒᆞᄂᆞᆫ機內에流通케ᄒᆞᆫ즉ᄯᅡ이나마의大小를從ᄒᆞ야그逆流의電力도隨而等比倍加ᄒᆞᄂᆞ니이를應用ᄒᆞ야或機械電車等도任意運轉ᄒᆞ며或電燈電話電信等도任意使用ᄒᆞᆷ

安昌浩氏의人格

月 旦 生

我韓同胞ᄂᆞᆫ記臆乎아年才二八에獨立協會에서獻身的精神으로爲國盡瘁ᄒᆞ던安昌浩氏를

世人은不忘乎아萬里米洲에單身渡去ᄒᆞ야

有志同胞와共心協力ᄒᆞ야暗黑ᄒᆞᆫ韓人社會에共立協會를設立ᄒᆞ야支離ᄒᆞᆫ同胞를團結收合ᄒᆞ야滿腔血誠으로國家事業을經營ᄒᆞ야天涯萬里에新朝鮮을開拓ᄒᆞᆫ安昌浩氏를

月旦生이曰大凡人을評論ᄒᆞᆯ셰에將來人物을判決ᄒᆞᄂᆞᆫ것은過渡人物을判決ᄒᆞᄂᆞᆫ것보덤幾百倍ᄂᆞ困難ᄒᆞᄂᆞ다만獨立協會와共立協會에셔活動ᄒᆞ던範圍로써同氏를稱譽ᄒᆞᄂᆞᆫ것은豹의一斑을窺見ᄒᆞᆷ과恰似ᄒᆞ다ᄒᆞ노라歲屬光武十一年이오時維二月이라月之初吉에我太極學會僉員이滿腔血誠으로同氏를歡迎ᄒᆞ니骨格이偉魁ᄒᆞ고威儀가堂々ᄒᆞ고對人接語에敬虔博愛의精神이滿面充溢ᄒᆞ더라紹介者를依ᄒᆞ야登壇演說ᄒᆞ니說去說來에一言一句가人의肝臟을感動케ᄒᆞᆷ으로滿堂會員이擧皆稱歎曰杳稀有ᄒᆞᆫ雄辯家라不意今者에韓國有志人社會에如此ᄒᆞᆫ人物이有ᄒᆞ도다ᄒᆞ더라

月旦生이曰同氏의雄辯을愛ᄒᆞᆷ은決코其三寸舌의縱橫에不在ᄒᆞ고其雄辯이其人格과一致暗合ᄒᆞᆷ에在ᄒᆞ다ᄒᆞ노라同氏의歷史ᄂᆞᆫ樂劇보덤悲劇이多ᄒᆞ고成功보덤失敗가多ᄒᆞ야過去의事蹟으로써現今의人格을評論키難ᄒᆞᄂᆞ同氏의理想은杳我韓同胞의最好模範이되도다何를謂ᄒᆞᆷ이뇨十數年來로東馳西走ᄒᆞ야非常ᄒᆞᆫ患難苦楚를經過ᄒᆞ얏스되百折不屈ᄒᆞᄂᆞᆫ精神과猛進無退ᄒᆞᄂᆞᆫ勇氣ᄂᆞᆫ去益鞏固ᄒᆞ야眼中에過去現今이無ᄒᆞ고다만未來의信念이有ᄒᆞ도다一言으로蔽ᄒᆞ야曰同氏ᄂᆞᆫ悲觀的思想이充滿ᄒᆞᆫ我韓國民中에非常ᄒᆞᆫ樂觀的勇將이오蒸爾不振ᄒᆞᄂᆞᆫ我韓同胞中에奮鬪的人物이라ᄒᆞ노라同氏ᄂᆞᆫ須臾라도責任의重大ᄒᆞᆷ을勿忘ᄒᆞᆯ지어다

會員消息

本月六日下午三時半에前監督(本會員)韓致愈氏가新橋發列車로還國ᄒᆞ다○本會員李寶鏡氏가觀親次로還國ᄒᆞ엿다가去月二十五日에東京에渡來ᄒᆞ다○本會員池熈鏡氏ᄂᆞᆫ觀親次로本月六日下午三時半에還國ᄒᆞ다○本會員洪承逸氏가觀親次로本月二十日下午十時半에還國ᄒᆞ다○本會員文一平氏가昨年十一月에還國ᄒᆞ엿다가本月十七日에東京에渡來ᄒᆞ다

○紳士渡來　鄭雲復安昌鎬兩氏가遊覽次로本月十六日에東京에渡來ᄒᆞ다

○學生渡來　平安北道博川居宋旭鉉韓益燮兩氏와平南江西居康鼎燮李德教金炳億三氏와京城居李圭廷氏가遊學에壯志를決ᄒᆞ고本月十七日에渡來ᄒᆞ얏ᄂᆞᆫᄃᆡ該一行中李圭廷氏ᄂᆞᆫ年今十四에出洋遊學의決志ᄒᆞ야스니ᄎᆞᆷ令人欽嘆不已ᄒᆞ깃더라

○監督到任　新任留學生監督申海永氏가去月二十五日에到任視務ᄒᆞ더라

○前太極學校教師藤井孝吉氏가金澤商業學校教師로被聘되야本月七日에新橋列車로出發ᄒᆞ다

新入會員

韓明洙　徐允京　柳種洙　張世瑀　金潤英
姜敬燁　金志健　韓文善　姜振遠　張景洛
李寅鶴　洪淳沃　朴璋淳　鄭運奎　黃錫翹
金崙圭　石用鋭　李東初　諸氏가入會ᄒᆞ다

太極學報第六回 義捐人氏名

安炳烙氏　伍圓　李允燦氏　參圓

崔在源氏 壹圓 金錫泰氏 伍圓
鄭元明氏 貳圓

會事要錄

本會에서二十一人斷指學生을爲ᄒᆞ야內地各新聞에廣告募集ᄒᆞᆫ救助金第二回新貨壹百八十八圜을收錢所大韓每日申報社에서本會로付送ᄒᆞ얏기會計金鎭初氏를總代로定ᄒᆞ야該學生에게傳致ᄒᆞ다○去月二十八日總會에서金鎭初氏가動議ᄒᆞ되本會에셔新聘ᄒᆞᆫ太極學校敎師伊藤良吉氏의歡迎會를開ᄒᆞ쟈ᄒᆞ미一致可決되얏ᄂᆞᆫᄃᆡ本月五日에該氏歡迎會를開ᄒᆞ다○西友學會々員李政秀氏가二十一人斷指學生에게捐助金三圓을本會로付送ᄒᆞ얏기即時總代一人을定ᄒᆞ야該學生게傳致ᄒᆞ다○海蔘威에居住ᄒᆞᄂᆞᆫ我同胞諸氏가日本東京에在ᄒᆞᆫ二十一人斷指學生에게捐助金五十二圜五十錢을總代徐相龜氏가今次安昌浩氏便에本會로付送ᄒᆞ얏기即時總代一人을定ᄒᆞ야該學生에게傳致ᄒᆞ다

○本會에서募集ᄒᆞᆫ國債報償金第二回（四月條）條二拾九圜四十九錢을皇城新聞社로付送ᄒᆞ다

兩氏歡迎會

本月十九日에鄭雲復安昌浩兩氏의歡迎會를開ᄒᆞ얏ᄂᆞᆫᄃᆡ會長張膺震氏가開會辭를述ᄒᆞ고副會長崔錫夏氏가祝辭ᄒᆞᆫ後에鄭雲復氏ᄂᆞᆫ學生界에做業方針과品行에對ᄒᆞ야懇篤ᄒᆞᆫ勸勉으로演說ᄒᆞ고安昌浩氏ᄂᆞᆫ內國視察ᄒᆞᆫ情況大槩의現今實業界의經濟恐惶ᄒᆞᆫ情形으로一塲演說ᄒᆞ고姜麟祐氏의答辭가有ᄒᆞᆫ後에會長의閉會辭로閉會ᄒᆞ다

光武十一年五月廿七日印刷
光武十一年六月三日發行
明治四十年五月廿七日印刷
明治四十年六月三日發行

●代金郵稅並新貨拾貳錢

日本東京市本鄉區元町二丁目六十六番地太極學會內
編輯兼發行人　張膺震

日本東京市本鄉區元町二丁目六十六番地太極學會內
印刷人　金志侃

日本東京市本鄉區元町二丁目六十六番地
發行所　太極學會

日本東京市京橋區銀座四丁目一番地
印刷所　教文館印刷所

太極學報第十號

光武十年九月二十四日
明治三十九年九月二十四日 第三種郵便物認可

光武十一年五月三十一日
明治四十年五月三十一日 發行(每月廿四日一回發行)

明治卅九年九月廿四日
光武十年九月二十四日 第三種郵便物認可

光武十一年六月廿四日發行（每月廿四日一回）

太極學報

第十一號

太極學會發行

廣告

本報를購覽코져ᄒᆞ시ᄂᆞᆫ이ᄂᆞᆫ本發行所로通知ᄒᆞ시되價金은每朔爲替로換送ᄒᆞ심을敬要

本報ᄂᆞᆫ有志人士의購覽을便宜케ᄒᆞ기爲ᄒᆞ야出張支店을如左히定ᄒᆞᆷ

皇城中署東闕罷朝橋越便

朱翰榮書舖(中央書舘內)

北美合衆國加州玉蘭市

韓人共立新報社內(林致淀住所)

廣告

今番本國京城有志人社會에서本報發刊에同情을表ᄒᆞ시고
賛成金募集을發起ᄒᆞ심에對ᄒᆞ야國內有志ᄒᆞ신
僉位께오셔滿腔의誠心으로同情을表ᄒᆞ시샤莫大ᄒᆞᆫ金額을
醵集寄來ᄒᆞ엿ᄉᆞ옵기玆에
僉君子의高義를感佩鳴謝ᄒᆞ옵ᄂᆞ이다

在日本東京 **太極學會** 敬告

太極學報
賛成員 **僉位座下**

太極學報第十一號目次

論壇

講壇

藝 園

雜 纂

雜 報

太極學報

第十一號

光武十一年六月廿四日 (發行)
明治四十年六月廿四日

希望의 曙光

白岳子 張膺震

大哉라希望美哉라希望이여希望은人生々活의源泉이오活動의前鋒이라青年男兒가風霜을苦鬪ᄒᆞ며旅總寒燈下에孜々勤勉ᄒᆞ야學業에從事ᄒᆞᆷ도其瞑々ᄒᆞᆫ想裡에ᄂᆞᆫ未來의英雄이有ᄒᆞ고富貴와功名이有ᄒᆞ고一切의大事業을包藏ᄒᆞᆫ無數ᄒᆞᆫ希望이胸中에滿々ᄒᆞᆷ이오夏日炎天에農夫가膏汗을流ᄒᆞ면서耕耘에努力不怠ᄒᆞᆷ도穀秋가一到ᄒᆞ면豊富ᄒᆞᆫ收穫을得ᄒᆞ야ᄂᆞᆫ冬天溫室에皷腹太平으로一家平和의團欒을甘夢自慰ᄒᆞᄂᆞᆫ希望이胷算을支配ᄒᆞᆷ에由ᄒᆞᆷ이라況古今東西에大希望이無ᄒᆞ고大活動을試ᄒᆞᆫ者ㅣ誰가有ᄒᆞ며大希望을不立ᄒᆞ고大事業을建設ᄒᆞᆫ者誰가有ᄒᆞ뇨

近來我國民中에絕望의聲이漸高ᄒᆞ고特我青年輩中에絕望病에罹ᄒᆞ야自暴自棄ᄒᆞᄂᆞᆫ者ㅣ比々有之라ᄒᆞ니果是眞耶非耶아萬一我青年腦中에不幸如此ᄒᆞᆫ傾向이有ᄒᆞ면此ᄂᆞᆫ容易히看過치못ᄒᆞᆯ現象이로다人은或謂호ᄃᆡ今日我國

民中에志氣가稍有ᄒᆞᆫ者ㅣ時勢를洞察ᄒᆞ면國家의前途를憂慮ᄒᆞ고種族의危機를切慨ᄒᆞᄂᆞᆫ餘에心慮所致로此에至ᄒᆞᄂᆞᆫ거시亦人情事理이避免치못ᄒᆞᆯ者라ᄒᆞ나余ᄂᆞᆫ答ᄒᆞᄃᆡ若我國民中에實노如此ᄒᆞᆫ人士가有ᄒᆞ면其情勢ᄂᆞᆫ可憐ᄒᆞ야同情의淚를揮灑ᄒᆞᆯ만ᄒᆞ나其實은時勢를洞觀ᄒᆞᆫ者이아니오赤心으로國을憂ᄒᆞᄂᆞᆫ者도아니오眞誠으로種族을爲ᄒᆞᄂᆞᆫ者도아니오다못身體가健全치못ᄒᆞ고精神이完全치못ᄒᆞᆫ寄生虫類弱輩의遁辭的假稱이라ᄒᆞ노라試思ᄒᆞ라我人類가太初混沌時代를經由ᄒᆞ야今日과如ᄒᆞᆫ文化의程度에到達ᄒᆞᄂᆞᆫ中間에如何許多ᄒᆞᆫ悲慘歷史와如何許多ᄒᆞᆫ奮鬪歷史가幾度를難算ᄒᆞ고反復不息ᄒᆞᄂᆞᆫ事實을記臆치못ᄒᆞᄂᆞᆫ가猛獸를驅逐ᄒᆞ며山野를開拓ᄒᆞ여今日과如ᄒᆞᆫ良田沃土를變作ᄒᆞ고風雨寒暑의侵害가有ᄒᆞ면此를豫防ᄒᆞᆷ에家屋과衣服을制定ᄒᆞ고禽獸를馴致ᄒᆞ야ᄂᆞᆫ勢力을代用ᄒᆞ며一切의自然을征服ᄒᆞ야人類生活의資本을供給ᄒᆞᆷ으로써試見ᄒᆞᆯ지라도我祖先의幾多奮鬪勞力ᄒᆞᆫ歷史를昭々ᄒᆞᆫ事實이如此히證據ᄒᆞᆷ이아닌가此로써觀ᄒᆞ면人이一次呱々의聲을發ᄒᆞ고生命을此世界에托ᄒᆞᄂᆞᆫ時에ᄂᆞᆫ同時에奮鬪치안치못ᄒᆞᆯ運命을先天的으로帶來ᄒᆞᄂᆞᆫ者이라故로人이身體가强壯치못ᄒᆞ고意志가堅固치못ᄒᆞ고智識의思想과道德의觀念이發達치못ᄒᆞ야到底奮鬪ᄒᆞᆯ能力이未有ᄒᆞᆫ者ᄂᆞᆫ勢不得已生存을難保ᄒᆞ고能力을具有ᄒᆞᆫ者ᄂᆞᆫ快樂의生活을營ᄒᆞᄂᆞᆫ거시오且吾人一代의生命은百年을不逾ᄒᆞ나國家의生命은此와不同ᄒᆞ야千代萬代에無窮ᄒᆞᆫ壽命을保有ᄒᆞᄂᆞᆫ者ㅣ니今日東西列邦이各其國民을敎育ᄒᆞᄂᆞᆫ主旨도亦是此에體ᄒᆞ야今日激

烈ᄒᆞᆫ競爭塲에堪當勇立ᄒᆞᆯ만ᄒᆞᆫ人物을養成ᄒᆞᆷ으로써第一의目的을定ᄒᆞᄂᆞᆫ거시라故로勝地에占據ᄒᆞᆫ者ᄂᆞᆫ快樂ᄒᆞᆫ生活노人事에樂觀이多ᄒᆞᆷ에反ᄒᆞ야敗位에處ᄒᆞᆫ者ᄂᆞᆫ黑暗前途에一點光明을未認ᄒᆞ고希望이從絶ᄒᆞ야塵世風波에感生ᄒᆞᄂᆞᆫ者ㅣ煩苦ᄲᅮᆫ이오人事飜覆에悲觀이多ᄒᆞ야身勢를自嘆ᄒᆞ며人을怨ᄒᆞ며世態의無情을恨ᄒᆞ며天道의不公을愁訴ᄒᆞ다가畢竟에ᄂᆞᆫ自滅自盡ᄒᆞᄂᆞᆫ慘運을未免ᄒᆞᄂᆞ니可憐ᄒᆞ다彼人의人生을觀察ᄒᆞᄂᆞᆫ거시여 西哲이言을傳ᄒᆞ되天은自助ᄒᆞᄂᆞᆫ人을助ᄒᆞᆫ다ᄒᆞ엿ᄉᆞ니自暴自棄ᄒᆞ야自己의運命을自力으로開發치아니ᄒᆞᄂᆞᆫ者의게何處에無用安値ᄒᆞᆫ幸福이多々ᄒᆞ야幸福을兩下ᄒᆞᆯ理가有ᄒᆞ며拱手不動ᄒᆞ고八字나運數의來到를坐待ᄒᆞᄂᆞᆫ人의口中에飮食이自步自入ᄒᆞᆯ理致가何에有ᄒᆞ리오故로奮鬪ᄂᆞᆫ希望의花를發ᄒᆞ고希望은奮鬪의根을作ᄒᆞ면此間에幸福의果實이自然成熟ᄒᆞ리라고斷言ᄒᆞ기를余ᄂᆞᆫ不憚ᄒᆞ노라

試看ᄒᆞ라皎々ᄒᆞᆫ白雪이大地를包覆ᄒᆞ야山河ᄂᆞᆫ다氷門을堅鎖ᄒᆞ고北風이肌膚를裂ᄒᆞ야萬物이다慘憺ᄒᆞᆫ景色을呈ᄒᆞᄂᆞᆫ冬日寒天에吾人이萬一過去의經驗이無ᄒᆞ엿스면不遠ᄒᆞᆫ將來에陽春이和氣를一放ᄒᆞ야萬和方暢에荒野古木이다芳草綠葉으로新容을畵粧ᄒᆞ고鳥歌蝶舞ᄂᆞᆫ自然의妙曲을調和ᄒᆞ며山谷樹陰에涓々ᄒᆞᆫ清泉은天理循環의消息을傳達ᄒᆞ야大地가忽焉에無上ᄒᆞᆫ樂園으로一變ᄒᆞᆯ줄을誰가能히豫期思測ᄒᆞᆯ者ㅣ有ᄒᆞ리오吾人이비록數千年過去의歷史ᄂᆞᆫ能通ᄒᆞᆯ지라도寸步의來頭ᄂᆞᆫ未辨ᄒᆞᄂᆞᆫ人類ㅣ니暫思ᄒᆞ면吾人類의無知無爲ᄒᆞᆫ거슬可嘆ᄒᆞᆯ만ᄒᆞ나他邊으로再思ᄒᆞ면此가即吾人의게

希望을與ᄒᆞᄂᆞᆫ唯一의發源이오또吾人으로ᄒᆞ여곰希望의大小와活動의如何로從ᄒᆞ야如何ᄒᆞᆫ事業이라도成功치못ᄒᆞᆯ거시無ᄒᆞᆫ秘訣을吾人의게默示ᄒᆞᆷ이아닌가然則吾人은다못目下의現象으로써悲觀이니絶望이니碌々無氣力ᄒᆞᆫ愚痴를吐出ᄒᆞᆯ今日이아니오다못力量의及ᄒᆞᄂᆞᆫᄃᆡ로奮鬪의生活을自覺ᄒᆞᄂᆞᆫ거시可ᄒᆞ며力量을培養코져ᄒᆞᆷ에ᄂᆞᆫ第一身體를鍛鍊ᄒᆞ며精神을修養ᄒᆞ고智識을力學ᄒᆞ야奮鬪生活에適合ᄒᆞᆫ人物되기를自期ᄒᆞᆯ거시라況吾輩青年이前途가萬里ᄀᆞᆺ고抱負가山海와如ᄒᆞᆫ者야!

余ᄂᆞᆫ恒常思ᄒᆞ되此世의最可憫ᄒᆞᆫ者ᄂᆞᆫ富家의豪兒子弟와 今日所謂 開明國에 生ᄒᆞᆫ青年이라ᄒᆞ노라 僥倖祖先의 餘澤으로一身의勞苦를不煩ᄒᆞ고 寵兒의 生涯를享受ᄒᆞ나活動의餘地가無ᄒᆞᆷ으로其心中에ᄂᆞᆫ一點遠大ᄒᆞᆫ希望이無ᄒᆞ고高尙ᄒᆞᆫ思想이無ᄒᆞ고强固ᄒᆞᆫ志氣가無ᄒᆞ고人의天職을不解ᄒᆞ며人生의人生된眞意를未解ᄒᆞ고惛々懵々으로醉生夢死의生活을唯營ᄒᆞ야自身이如何ᄒᆞᆫ處地에在ᄒᆞᆫ것도自覺치못ᄒᆞᄂᆞᆫ者ㅣ往々有ᄒᆞ도다何則고非常ᄒᆞᆫ希望과高尙ᄒᆞᆫ思想과强固ᄒᆞᆫ志氣ᄂᆞᆫ非常ᄒᆞᆫ苦楚鍛鍊으로從出ᄒᆞᄂᆞᆫ것이오幸福의價値ᄂᆞᆫ幾多의慘鬪悲境을經ᄒᆞ야自手로購得ᄒᆞᆫ者이아니면其眞價實味ᄂᆞᆫ到底認定치못ᄒᆞᆯ거시니平時吾人의身體가健康ᄒᆞᆯ時에ᄂᆞᆫ一念慾望이追求에汲々ᄒᆞ야身體康健이如何ᄒᆞᆫ幸福됨을未覺ᄒᆞ다가一朝病床에臥ᄒᆞᄂᆞᆫ時에야身体康健이人間幸福에最重ᄒᆞᆷ을始覺ᄒᆞ리니實價를不報ᄒᆞ고得來ᄒᆞᆫ幸福은決코其眞價를表現치못ᄒᆞᄂᆞᆫ거시라壯哉快哉로다今日吾輩青年의力量을欲試ᄒᆞᄂᆞᆫ新舞臺ᄂᆞᆫ各方面에無數

을開ᄒᆞ고吾輩青年男兒의活動手腕을晝宵로苦待ᄒᆞ도다

青年諸君아吾輩가幸同時代同地方에生ᄒᆞ야同舟渡世ᄒᆞᄂᆞᆫ中에不幸激浪을遭遇ᄒᆞ야一時非常ᄒᆞᆫ困厄을當ᄒᆞ니此時에다ㅣ入水自盡ᄒᆞ면已어니와苟或彼岸에達ᄒᆯ希望이半點이라도有ᄒᆞ면絶望이니無所爲니ᄒᆞ야浮沉轉覆을天運에一任ᄒᆞ고仰天號泣ᄒᆞ며死滅을坐待ᄒᆞᆷ이可ᄒᆞ나一生의氣力을다ᄒᆞ야死而後에已ᄒᆯ決心으로同心合力ᄒᆞ야奮鬪를不屈ᄒᆞ면九死中에一生을救出ᄒᆞᄂᆞᆫ道理가無ᄒᆞ나其國에生ᄒᆞ야其國에衣食ᄒᆞ고其國에長ᄒᆞᄂᆞᆫ以上에ᄂᆞᆫ其國民의職分을다치아니ᄒᆞ야祖先의罪人을作ᄒᆞ고千秋의汚點을吾代青史上에殘留ᄒᆞᄂᆞᆫ거시吾輩의忍視ᄒᆯ바이냐人이希望이一絶ᄒᆞ면其形體ᄂᆞᆫ昆虫과如히비록動ᄒᆞᄂᆞ精神上으로ᄂᆞᆫ死ᄒᆞᆷ이已久ᄒᆞᆫ者이라青年諸君아死人을作지말고遠大ᄒᆞᆫ希望을維持ᄒᆞ며遠大ᄒᆞᆫ希望을實現ᄒᆞᆷ에勇進ᄒᆯ지어다아아希望!!! 아아希望!!! 青年諸君!!! 青年諸君!!!

精神的敎育의必要

李東初

世稱文明、開化世ᄒᆞ고人稱學術、實業人ᄒᆞ야形式的粹然ᄒᆞ기ᄂᆞᆫ黔卅驢와髣髴如ᄒᆞ고質實的輕佻ᄒᆞ기ᄂᆞᆫ机上塵과依俙然ᄒᆞ도다惟斯先進國、社會에서도精神修養의特別敎育方策을研究ᄒᆞᆷ이肝腎緊要ᄒᆞᆫ際會인ᄃᆡ況我邦社會ᄂᆞᆫ百步讓後ᄒᆞ야其被敎育體가潔似素質ᄒᆞ여先近墨則黑ᄒᆞ며先點朱則赤ᄒᆞ리니倘彼浮輕ᄒᆞᆫ敎育에染指치勿ᄒᆞ고最初로부터精神的敎育을涵養ᄒᆞ야完美ᄒᆞᆫ域에期達케ᄒᆞᆷ이我邦敎育에對ᄒᆞ야殊更必要

ᄒᆞ도다、

大抵教育의根本은三要素로써成立ᄒᆞᆫ지라此三要素者ᄂᆞᆫ何를稱홈이뇨 即家庭과社會와學校를謂ᄒᆞᆫ바인ᄃᆡ今에此三者가互相히如何ᄒᆞᆫ關係로ᄡᅥ如何히存在ᄒᆞ야如何히發達된根源意味를贅論ᄒᆞᆯ지로다、 唯彼家庭教育과社會教育이라ᄒᆞᄂᆞᆫ兩者中에何者가吾人々族上에率先顯行ᄒᆞ엿ᄂᆞ냐、 竊相溯考컨ᄃᆡ生活程度ㅣ幼穉ᄒᆞ며法文秩序ㅣ無造ᄒᆞᆫ古昔時代에ᄂᆞᆫ社會教育은强稱擬有라도家庭教育이라홈은影子도不成ᄒᆞ엿슬지라、 搆木爲巢ᄒᆞ며摘實爲食ᄒᆞ야屯解無常에或知有母而不知有父ᄒᆞ며或知有王而不問兄弟라强者怒而殺弱ᄒᆞ며優者慴而壓劣ᄒᆞ야除我祿而俸享ᄒᆞ고推其位而尊崇ᄒᆞ니嘗顙頓首之例禮와握手接吻之儀式이偶[illegible]發達ᄒᆞ니此에生存上의必須關係로由ᄒᆞ야自然히社會制裁ㅣ生ᄒᆞ며自然히社會教育ㅣ行홈이로다、換言ᄒᆞ면元始酋長制度가漸愈發達ᄒᆞ야多數人族이酋長으로中心機關을合아ᄡᅥ其聚團을保維ᄒᆞ니由是로其漸이國家組織을形成홈에遂至ᄒᆞ엿도다、 於斯之間에個々家々의庭訓은彼社會에對ᄒᆞᆫ生活上關係를從ᄒᆞ야被練成習ᄒᆞ이니此家庭教育의立脚地ᄂᆞᆫ即往代社會教育이라、 然則此가彼의轉化로ᄡᅥ反勉順應ᄒᆞᄂᆞᆫ지라、 然이ᄂᆞ吾人은其性質粹粗互ㅣ差ᄒᆞ며其觀念廣狹ㅣ相反ᄒᆞᆫ故로家庭教育을偏受ᄒᆞᆫ者ᄂᆞᆫ或社會教育을無視ᄒᆞ며社會教育에達觀된者가或家庭教育에全昧ᄒᆞ야隱忍暗匿之習이成ᄒᆞ며殘暴妖惡之弊ㅣ生ᄒᆞ야家庭이不得敦睦ᄒᆞ며社會가傾向亂境ᄒᆞ야世綱을難支일세於是乎에所謂學校教育者ㅣ生來ᄒᆞᆫ所以로다然則學校教育은家

庭教育의精神과社會教育의意思를疏通之ᄒᆞ며調和之ᄒᆞᆫ統一的機關이로다故로我國ㅣ幾百年以前부터國學州序鄕塾之設로收養國士ᄒᆞ엿스니世事顚末과人道參酌의由催ᄒᆞᆷ을可知ᄒᆞ리로다、

孔子生於周末ᄒᆞ샤制禮作樂ᄒᆞ야ᄒᆞ之國學ᄒᆞ고入而詠歌ᄒᆞ며出而舞蹈ᄒᆞ야協和萬方ᄒᆞ며發達六藝케ᄒᆞ니盖是建國의基礎固定ᄒᆞ며家庭과社會渾化케ᄒᆞᄂᆞᆫ積極的方針이오

我世宗大王께오셔國文으로飛龍御天歌百餘章을御製ᄒᆞ샤官民間에頒布ᄒᆞ야享祀燕飮에必須使謳謠케ᄒᆞ시니此以禮樂之用으로家庭社會恭協同和케ᄒᆞᄂᆞᆫ大政雄略이로다、 實際教育은其根底를道德으로涵養ᄒᆞ야陽春갓튼餘澤이其末梢에流及ᄒᆞᆷ에仗俑이發顯되라야此可謂完全教育이어늘目下時勢에ᄂᆞᆫ如斯完全教育에處ᄒᆞᆫ區域이甚稀太尠ᄒᆞ니實所慨嘆者로다、今에我鄰邦日本의教育進化ᄒᆞᆫ程度를引論컨ᄃᆡ曾在封建時代ᄒᆞ야ᄂᆞᆫ神儒佛三道가混化ᄒᆞ야所謂武士道라ᄒᆞᄂᆞᆫ一道가産出ᄒᆞ엿ᄂᆞᆫᄃᆡ此道發展力으로士氣寛雄ᄒᆞ야國民魂을大和魂이라別稱ᄒᆞ며日本男子라勇呼ᄒᆞᄂᆞᆫ精神이腦髓에刺衝ᄒᆞ야上流社會로부터下級細氓ᄭᆞ지武士道를欽尙渴仰ᄒᆞᆷ에忠義俠烈之談을聞ᄒᆞᆫ則三尺童子도必泣必奮ᄒᆞᄂᆞᆫ氣習이行ᄒᆞᆫ지라、 德川家康이幕府政體로國學을欲起ᄒᆞ야天海僧正으로顧問을合고羅山法印으로大學頭職을授ᄒᆞ야昌平黌을作起ᄒᆞ고宋學을鼓吹ᄒᆞ니各藩諸侯ㅣ爭承其風ᄒᆞ야藩學이皆興ᄒᆞ고降至文政ᄒᆞ야文章才學이簇起ᄒᆞ야文武並煥ᄒᆞ니十室之邑에도不無藏書之處ᄒᆞ며三家之莊에도必有腰劍之士라

此ᄂᆞᆫ武士道라ᄒᆞᄂᆞᆫ不成文의敎典이中心宗標됨이러니明治維新初政一擧에千丈堤一時潰ᄒᆞ며天柱折地軸裂ᄒᆞᄂᆞᆫ듯시忽廢封建ᄒᆞ야乃作郡縣ᄒᆞ며幾百萬武士의精神魂魄과갓치信賴ᄒᆞ든帶劒佩刀를嚴禁ᄒᆞ며多大數愚民의未來家宅과갓치仰重ᄒᆞᄂᆞᆫ高菴大刹를試破ᄒᆞ야一場風波에改革舊頑ᄒᆞ고新進主義로泰西文物을輸入ᄒᆞ니當此時代以來로本守之習性은自嫌圖改ᄒᆞ고外來之風氣만渴仰汲々ᄒᆞ니不識不知間에信標가頹倒ᄒᆞ야個々家庭은改良中에紛擾ᄒᆞ며一般社會ᄂᆞᆫ混亂紛雜ᄒᆞ야莫知所從이라現今에學校之設備ᄂᆞᆫ雖曰足矣나學校ᄂᆞᆫ不過是技術之敎場이오實無內養薰淘ᄒᆞ니勢無奈로人氣輕浮ᄒᆞ야假飾的外華文明에만誘醉汨昏ᄒᆞ야事尙者ᄂᆞᆫ但以表强而已로다於是乎오慓悍猾獰이日盛年增ᄒᆞ야不顧他隣之迷惑難儀ᄒᆞ고我利我利一攫手段으로淩逼侵掠의獘瘼이起홈이라回顧經歷ᄒᆞ며忖度長遠ᄒᆞ야固有의神佛儒三体化爲一体ᄒᆞᆫ武士道를再唱ᄒᆞ야必解更張을果如不調之琴이라야民化復興에國體固完이어니와若不此之爲면何必詎能久乎아此是彼邦當路者의殫力渴忙ᄒᆞ야擧公企圖할바라、

我邦敎育狀態ㅣ如何ᄒᆞ냐? 官立學校니私立學校니普通學校니專門學校類가多數昌起ᄒᆞ엿ᄂᆞᆫ듸其課程은엇지든지新學問이오其生徒ᄂᆞᆫ我國同胞오其敎師ᄂᆞᆫ招聘ᄒᆞᆫ日本敎師라此敎師를渡航費니往還費니宅舍費니俸給費니ᄒᆞᄂᆞᆫ多額經費를國帑金中으로支拂ᄒᆞᄂᆞᆫ듸敎鞭을執ᄒᆞᄂᆞᆫ彼敎師가如何ᄒᆞᆫ學識과如何ᄒᆞᆫ德量과如何ᄒᆞᆫ方略으로我邦學生에게臨ᄒᆞ나不可不一問이로다、假令新智識을輸入ᄒᆞᆫ드ᄒᆞ며日本主義를吹皷

홈ᄃᆞ할지도此智識輸入과此主義鼓吹ᄂᆞᆫ我國同胞에對ᄒᆞ야有失而無得이라、홀지로다何者오輸入吹鼓의所得만갓ᄒᆞ면好矣好矣엇마ᄂᆞᆫ經濟上點一의所失과青年頭腦養成ᄒᆞᄂᆞᆫ精神上一點所失이其所得보담幾百倍ᄂᆞ되ᄂᆞᆫᄃᆡ對ᄒᆞ야何爲何爲할고可不猛省가現今日本留學ᄒᆞᄂᆞᆫ我同胞中에小槖金短日月로別無實學ᄒᆞ고稍解日語者ㅣ忽失純良性ᄒᆞ며沒却道義心ᄒᆞ고墮落輕佻浮薄者ㅣ往々有之云ᄒᆞ니豈是偶然哉아必有原因矣로다我韓國은古往今來에仁義禮智로一大標準을ᄉᆞᆷ은國家라故로閉鎖時代로論컨ᄃᆡ其家庭教育과其社會教育은全相一致ᄒᆞ엿ᄃᆞ可謂할지로다此은宗教信仰念이鄭重ᄒᆞ며德義慈愛心이特厚ᄒᆞᆫ故로君師의게忠良敬順ᄒᆞ며父兄의게溫恭友篤ᄒᆞ며親族關係의誼重恩厚와男女關係의有別操潔홈은上下間에習與成性ᄒᆞ야禮義東邦이라稱할만ᄒᆞᆫ價值가잇ᄂᆞᆫ지라如斯히純然ᄒᆞᆫ家庭과社會가一致ᄒᆞᆫ疆域에入處竦居ᄒᆞ엿든人間이突然間開放主義로外邦에躍出ᄒᆞ야未曾有、生不觀ᄒᆞ든奇態千萬의儼々物華가眼目에觸ᄒᆞ며學校家庭社會의杆格이左差右異ᄒᆞᆫ異樣教授를少受ᄒᆞ니思가自然紛亂ᄒᆞ고思想이如廣如取ᄒᆞᆫ지라文物은皮相面에拘泥ᄒᆞ고觀察은精神點에不到ᄒᆞ니悟歎自國之貧弱ᄒᆞ며卑視自己之劣陋ᄒᆞ야固守善習도嫌惡圖改ᄒᆞ며自己信念을搖遷破壞ᄒᆞ야言必稱國亡ᄒᆞ엿스니家亡我亡이라ᄒᆞ며自暴自棄에終化爲悖類ᄒᆞ니癡愚甚矣며蒙昧極耳로다此로由ᄒᆞ야觀할지라도鑑札이昭々ᄒᆞᆫ事이어ᄂᆞᆯ惟彼國中의素養이不充分ᄒᆞᆫ青年子弟를外國教師의게專擔시히여語學等初步를學홈에무ᄉᆞᆫ精神이湧起ᄒᆞ며무ᄉᆞᆫ思想

이闡發ᄒᆞ리오、大凡吾人類ᄂᆞᆫ土地饒瘠과氣候寒煖을隨ᄒᆞ야人種各殊ᄒᆞᆫ氣習을作ᄒᆞᆷ이니識看昆虫ᄒᆞ라寄生於青草者ᄂᆞᆫ其形이青ᄒᆞ고寄生於黑木者ᄂᆞᆫ其體黑이라物理旣然이어든我邦人民인들土習慣例不有之理ㅣ이슬리오土習을不顧ᄒᆞ며慣例를不養ᄒᆞ고彼外人의게內空外殼을模倣식히면其頭腦가果決코腐病할지라故로年少輩의然々發々之氣를挫折치말고撫養ᄒᆞ며恢々廓々ᄒᆞᆫ德性을培養ᄒᆞ면셔文明學識界에登上케ᄒᆞᆷ이敎育의必要로다然則我邦境內에能當其任者ㅣ有誰乎아當場急需ᄂᆞᆫ容或難辨이어니와時而企圖則不在難事라蔚々葱々儒林間에能通書經大學家와雄文巨擘著作家ᄂᆞᆫ不暇指數라此輩ᄂᆞᆫ徒唱不遇之歎ᄒᆞ고退居山高水長ᄒᆞ야貪午眠於學田ᄒᆞ며掛丁冠於芸牕이라臨風月而興漫이오觀山水而志樂이라開卷에璇璣玉衡之夢談이오裁詩에玉液瓊汁之志言이라論古事而達觀이나問時色則閉口라跡已遯之所致오腦未新之爲因이라如斯儒生學者를新聲一鼓下에朗々招隱操로募集于中央師範學校ᄒᆞ야爲先舊染의頭腦를新空氣로洗滌然後에敎育學을硏究식히여學成而卽派各地方學校ᄒᆞ야地方敎育을擔任케ᄒᆞ며其生徒의信賴受訓ᄒᆞᆷ이外國敎師에對ᄒᆞ야事半功倍되리로다文明敎鞭으로頭腦를打明ᄒᆞ야內擴充以道義德望ᄒᆞ며外達練以學術技藝ᄒᆞ야敎育上三要素를折衷完美케ᄒᆞ고青年頭腦骨子裏에三千里江山은卽我土地니限死保全이오二千萬人衆은卽我同胞니捨已愛重ᄒᆞ리라ᄂᆞᆫ字義를印象刻鏤케ᄒᆞ면我韓帝國獨立大權이圓球上에特立ᄒᆞᆷ도在此ᄒᆞ고我韓帝國太極異彩가環宇內에高揭ᄒᆞᆷ도在此ᄒᆞ리로다

東西兩洋人의數學思想(承前)

椒海 金洛泳(譯述)

(三) 自然的原因으로發達된것

今에史乘을因ᄒᆞ여東西洋人의數學이如何히進步된거ᄉᆞᆯ考察코져ᄒᆞᆷ에ᄂᆞᆫ몬져그順序로數學의發端되ᄂᆞᆫ第一原因即人類生活上必要로起ᄒᆞᆫ自然的發達브터陳述ᄒᆞᆷ이可ᄒᆞᆯ지라前陳과如히第一原因은最古有史以前口碑時代브터起因ᄒᆞ엿ᄉᆞᆫ즉不可不最古ᄒᆞᆫ史料를依ᄒᆞ야考察ᄒᆞᆷ이必要ᄒᆞ리로다三千年乃至五千年以上古代를溯考컨ᄃᆡ數學의發端이最古ᄒᆞᆫ國으로其事蹟을史乘에傳ᄒᆞᆫ者ᄂᆞᆫ巴比倫。支那。埃及。印度。四國이요其後를繼續ᄒᆞᆫ者ᄂᆞᆫ希臘인ᄃᆡ距今四千年以前브터巴。支。埃。印。四國은이믜國家를建ᄒᆞ고人民을支管ᄒᆞ엿슴으로其國人의智識이일즉히自然發達을致ᄒᆞ엿ᄉᆞ며此를因ᄒᆞ여數學思想은一般生活上必要로由起ᄒᆞᆫ인줄을準信ᄒᆞᆯ것이요또그發達ᄒᆞᆫ順序ᄂᆞᆫ第一次에人民의日常生業上計算으로數學思想을生ᄒᆞ고第二次ᄂᆞᆫ天象觀測으로由ᄒᆞ여其生業上計算에時間이符件ᄒᆞᆷ인줄을知ᄒᆞ여更一層進展된거ᄉᆞᆫ以上各國이다同軌로다希臘人의數學思想發達은紀元前六百年乃至七百年時代브터起ᄒᆞ엿ᄂᆞᆫᄃᆡ더희ᄂᆞᆫ일즉히印度와埃及에交通이有ᄒᆞ여多大ᄒᆞᆫ數學思想을模得ᄒᆞᆫ고로自然的發達의數學思想이少ᄒᆞ거니와巴比倫。支那。印度。埃及。此四國은希臘보다千有餘年以前一交通이無ᄒᆞᆯ時代에數學思想을發ᄒᆞᆫ고로各其自發의知識이며順序方法이互相比同ᄒᆞᆫ거ᄉᆞᆫ吾人의異常타稱ᄒᆞᄂᆞᆫ所以로다今左에此事蹟

을陳述ᄒᆞ노니巴・埃・支・印・四國은일즉人民의蕃殖이極ᄒᆞ엿슴으로其生業上計算을必要로녁여指頭로써物의數를計ᄒᆞᆯ식自然十進法을用ᄒᆞ여數를記ᄒᆞ엿고巴比倫人은十進法以外에星學上關係로六十進法을用ᄒᆞ여數를記ᄒᆞ엿ᄉᆞ며支那에ᄂᆞᆫ口碑時代브터計算器로算盤을用ᄒᆞ엿고巴比倫은其近傍亞細亞諸國의商業中心點이된고로「아바카쓰」라稱ᄒᆞᄂᆞᆫ算盤을用ᄒᆞ엿더라其後此四國人民의知識은天象觀測即星學의端緒를發明ᄒᆞ엿고其主治者와指導者들은天時推測ᄒᆞᄂᆞᆫ것ᄉᆞ로써建國의基礎를삼엇고一年을十二月即三百六十五日로定ᄒᆞ엿ᄉᆞ니以上三千年乃至四千年以前에天文을仰觀ᄒᆞ고地理를俯察ᄒᆞᆫ諸事가더四國史乘에徵明이昭著ᄒᆞ엿ᄉᆞ며그結果로埃及에ᄂᆞᆫ紀元前二千百八十年頃에有名ᄒᆞᆫ金字塔을建ᄒᆞ엿고巴比倫에ᄂᆞᆫ紀元前二千百四十七年頃에天文觀測法을造ᄒᆞ엿고淸國에셔ᄂᆞᆫ더욱일즉히堯舜當時에璿璣玉衡이라ᄂᆞᆫ渾天儀를製ᄒᆞ여天象을觀測ᄒᆞ며曆法을定ᄒᆞ엿고印度의梵歷도支那와伯仲ᄒᆞ여其起因이甚遠ᄒᆞ도다如此히第二次에起ᄒᆞᆫ數學思想은第一次에起ᄒᆞᆫ日常生活計算上에時間을加ᄒᆞ여數學의應用을一層高尙케ᄒᆞ엿더라

此四國人民이일즉天象觀測에從事ᄒᆞᆫ事蹟은星學上歷史에細詳ᄒᆞ미此를除略ᄒᆞ고다만天象觀測을由ᄒᆞ야地理를損察ᄒᆞ고數學思想을應用ᄒᆞᆫ一二例를示陳코져ᄒᆞ노니大抵三角形의三邊의長이各々三。四。五。될時ᄂᆞᆫ그三角形을直角三角形이된다ᄒᆞᄂᆞᆫ거ᄉᆞᆫ埃及人과支邦人의일즉이發見ᄒᆞᆫ바ㅣ라埃及에셔ᄂᆞᆫ建築法이進步ᄒᆞ여殿堂과大厦

을建築ᄒᆞᄂᆞᆫ되ᄂᆞᆫ繩張師라稱ᄒᆞᄂᆞᆫ技師가有ᄒᆞ여直角三角形을應用ᄒᆞ야家屋의方位를決定ᄒᆞ엿ᄂᆞᆫ되다만南北의方位ᄂᆞᆫ太陽의南中으로써決定ᄒᆞ엿ᄉᆞ니即埃及의金字塔이此方位를決定ᄒᆞᆫ標準이요南北의方位ᄂᆞᆫ容易ᄒᆞ엿ᄉᆞ나東西의方位를決定ᄒᆞ기ᄂᆞᆫ埃及人의甚히至難ᄒᆞᆫ바ㅣ라繩張師가此方位를決定ᄒᆞᆷ에ᄂᆞᆫ몬져已知의南北線을定ᄒᆞ여二介의杭을立ᄒᆞ고長이四되ᄂᆞᆫ繩을係張ᄒᆞ고長이三。五。되ᄂᆞᆫ二繩의各一端을兩杭各端에結着ᄒᆞᆫ後에此二繩의他端을結着ᄒᆞ여引張ᄒᆞ고그結着點을地上에置ᄒᆞ고第三의杭을立ᄒᆞᆯ時ᄂᆞᆫ長이三되ᄂᆞᆫ繩의方向으로東西의方位를삼엇다ᄒᆞ니至今此를觀컨되南北線에直角으로直線을引劃ᄒᆞᆫ다ᄒᆞᆷ은今日普通中等教育上에서一直線에垂線을區劃ᄒᆞᄂᆞᆫ問題니幾何學畵法에極히容易ᄒᆞᆫ一問題라그러나當時學問의組織이無ᄒᆞᆯ셕에ᄂᆞᆫ直角이라고名稱ᄒᆞᆫ「定義」를두기도어려운고로當時人民의知識으로ᄂᆞᆫ決定치못ᄒᆞ엿더니後世셔리(希臘)國學者테루스、피자쏠나쓰、유ㅣ크릿드、等이埃及幾何學을取ᄒᆞ야證明ᄒᆞ기ᄭᆞ지ᄂᆞᆫ此方法이오릭동안繩張師의秘法裡에埋沒되여世上에知用ᄒᆞᆫ者無ᄒᆞ엿더라

거의同時代에支那人은直角三角形의三邊이三。四。五。되ᄂᆞᆫ것을知得ᄒᆞ엿ᄉᆞ니支那에서ᄂᆞᆫ直角三角形을句股形이라稱ᄒᆞ고直角을包有ᄒᆞᆫ二邊을句股라稱ᄒᆞ고斜邊을玄이라稱ᄒᆞ여句三。股四。玄五。로써句股率이라稱ᄒᆞ엿고此句股理를建築法에應用ᄒᆞ엿스며埃及人은金字塔으로南北의方位를定ᄒᆞ엿ᄉᆞ나支那에셔ᄂᆞᆫ上古브터南北의方位를定ᄒᆞᆫ事蹟이昭然ᄒᆞ니假令一神話를擧

明홀진ᄃᆡ黃帝ㅣ蚩尤로더브러涿鹿野에셔戰홀時에蚩尤가大霧를作ᄒᆞ야兵士가道를迷失케ᄒᆞ거늘帝ㅣ指南車를作ᄒᆞ야四方을指示홈으로써畢竟蚩尤를擒獲ᄒᆞ엿고紀元前千百年頃에交趾南越裳氏가重譯而來ᄒᆞ야白雉를獻貢ᄒᆞ고其使者歸路에迷ᄒᆞ거늘周公이指南의制로軿車五乘을賜ᄒᆞ미使者載歸ᄒᆞ엿다ᄒᆞ엿ᄉᆞ며또支那建築師도方位를知ᄒᆞ야句股法을應用ᄒᆞ엿ᄉᆞ며四書典制에도匠人營國、定九緯九經、匠人建國、識日出日入之景、曲者中鈞、直者中繩、이라ᄒᆞ엿ᄉᆞ니緯와經은南北線과東西線이요九經九緯라홈은支那規矩理가九九八十一로出ᄒᆞ엿ᄉᆞ며凡數를乘法으로生ᄒᆞᆫ거시되ᄂᆞᆫ고로建築師가天象을由ᄒᆞ야經營ᄒᆞᆫ거ᄉᆞᆫ支那와埃及이同一ᄒᆞ더라埃及에ᄂᆞᆫ自來로나일가河가汎濫ᄒᆞᄂᆞᆫ고로陸地測量ᄒᆞᄂᆞᆫ거슬必要로삼엇ᄉᆞ니故로直角三角形의數와밋幾何學의應用을啓發ᄒᆞ엿고

支那에셔ᄂᆞᆫ大禹가洪水를治홀時에句股法을據ᄒᆞᆫ일은周髀算經에記載ᄒᆞ엿다ᄒᆞᄂᆞ니以上地理學의應用으로數學의知識을自然히發達식힌事蹟이埃及과支那가同一ᄒᆞ도다

進步의三階級

文一平

一個人의發達이던디一社會의進就던디恒常三層階級을經由ᄒᆞᄂᆞ니即獨斷、懷疑、聽明이是라몬저一個人에就ᄒᆞ야觀察ᄒᆞ면最初七八歲幼少時代에ᄂᆞᆫ思想이單純ᄒᆞ야每樣他人의行動을模倣할ᄲᅮᆫ이오每事를自己의意見으로判斷치못하ᄂᆞᆫ故로父母의談話를確信하고師長의命令을嚴守하야是非를不辨하고한갓獨斷盲從ᄒᆞ다가漸次十六七

歲長成時代에至하야智識이稍進ᄒᆞ면自然히父母의談話와師長의命令을疑訝ᄒᆞ고其他凡百事爲에懷疑치아님이업ᄂᆞ니大盖疑訝ᄂᆞᆫ研究의發源이라故로疑訝의漸大함을隨하야眞理의益顯함을得할거시ᄂᆞ然이나吾人이此에注意ᄒᆞᆯ者ᄂᆞᆫ青年이品行을墜落하야學問을抛함도此際에在ᄒᆞ고精神을修ᄒᆞ야事業을成함도此際에在ᄒᆞ니此ᄂᆞᆫ實로一生의運命을判定ᄒᆞᄂᆞᆫ時代로다此疑訝點이次第로光明線을發見하기에至ᄒᆞ야社會의事情을透視ᄒᆞ며天地의理法을略解하면社會와他人과學校와長上의게反抗치안코一致順從ᄒᆞ야其義務에服ᄒᆞ야써固有한責任을盡하ᄂᆞ니此ᄂᆞᆫ實로聰明의域에達ᄒᆞᆫ所以라此를皮相으로見ᄒᆞᆫ則第一階級의獨斷盲從과其形態가近似하ᄂᆞ實은不然ᄒᆞ니先은事物을透視치못ᄒᆞ고盲從ᄒᆞᆷ이오後ᄂᆞᆫ事物을透視하고順從ᄒᆞᄂᆞᆫ大差異가有ᄒᆞ도다總括ᄒᆞ야言ᄒᆞ면第一은獨斷의盲從이오第二ᄂᆞᆫ懷疑의研究오第三은聰明의一致라是以로世間의教育家들은其生徒의年齡時期를詳考ᄒᆞ야管理訓鍊의方法을講究ᄒᆞᆷ이此로由ᄒᆞᆷ이라

以上은但히個人에對ᄒᆞ야說明한바ᄂᆞ此進步의階級을更移하야國家社會에推論ᄒᆞ면大抵一治一亂의跡이亦是此三階級을經由하도다其例를擧ᄒᆞ건ᄃᆡ支那文武周公의政治가八荒에普及ᄒᆞ야周室의文化가郁々ᄒᆞᆫ盛運을極함은聰明一致의時代라然이ᄂᆞ此聰明一致가亘久하미再流ᄒᆞ야獨斷盲從에陷ᄒᆞ니即周末戰國의初이오獨斷盲從이未幾에又一變하야懷疑時代를生ᄒᆞ니蘇張의合從連衡과韓商의法律制度와荀孟의天性善惡의論과吳孫의兵家强覇의術과其他百

家의論議가天下에紛紜ᄒᆞ야甲論乙駁에一日도不定ᄒᆞ고王侯將相은干戈를各擁ᄒᆞ야土地를相爭함으로春秋戰國의活劇을演出ᄒᆞ니此際에思想界에ᄂᆞᆫ孔孟의聖이有ᄒᆞ사盛히先代聖王의郅治를稱ᄒᆞ야統一을計ᄒᆞᄂᆞ時期가未至ᄒᆞ야能行치못ᄒᆞ엿고其末에ᄂᆞᆫ秦始皇이起ᄒᆞ야英雄의姿와武斷의風으로四海를倂呑하고客臣의說를嘉納하야儒生을坑ᄒᆞ며諸子百家書를焚하고드듸여法律命令으로써天下無上의教를삼아人民으로하야금敢히國家의政令을評論치못하게ᄒᆞ고獨斷盲從으로統一코져하엿스ᄂᆞ能히其功을奏치못ᄒᆞ고다시懷疑의波瀾을生ᄒᆞ야秦의治가二世에敗ᄒᆞ엿도다此ᄂᆞᆫ다못世界歷史의一部分에不過ᄒᆞᄂᆞ만약世界全般의歷史를觀察할디라도亦然ᄒᆞ야一治一亂의跡이此三層階級에升降ᄒᆞ야서로循環할다름이로다

然則今日我帝國의現象은如何하오本朝以前은姑舍하고我太祖씌옵서　登極ᄒᆞ시미遠近이悅服하고國境이安堵ᄒᆞ야其德化涵育과文運隆盛이聰明一致의時代러니此時代가愈久愈變ᄒᆞ야獨斷盲從에至ᄒᆞ엿고또由此로幾度의變遷이不息ᄒᆞ야輓近數十年부터懷疑時代가漸露ᄒᆞ더니爾來에尤甚ᄒᆞ야ᄂᆞᆫ大懷疑時代가되야賣國賊이니排日黨이니ᄒᆞ고舊學問이니新智識이니ᄒᆞ고異端이니正道니ᄒᆞ며假令十人이有ᄒᆞᆫ則十人이意見이各殊ᄒᆞ고二人이有ᄒᆞᆫ則二人의言論이不同ᄒᆞ야七零八落에互相角逐ᄒᆞ며三分四裂에互相嫉猜ᄒᆞᆷ으로全國이沸騰ᄒᆞ야殆히止할바를不知ᄒᆞ니참危急ᄒᆞᆫ秋로다然이나此懷疑時代가極度에旣達ᄒᆞ얏슨則不遠에又一變ᄒᆞ야光明時代가到達ᄒᆞ리니我同

胞人士는此三階級의理則에深히用心ᄒᆞ야
써雄飛의準備를勿怠할지어다

實業界의一嚆矢

鄭錫迺

夫國家의盛衰와强弱이實業의發達與否에直接으로重大ᄒᆞᆫ關係를有ᄒᆞᆷ은자못魚에水와人에空氣와同一ᄒᆞᆫ原理라故로現今世界列邦中에雄大富强ᄒᆞ야國威를宇內에宣揚ᄒᆞᄂᆞᆫ者는其國內人民이格致ᄒᆞᆫ明理로實地事業을振興ᄒᆞᆫ所以오萎靡衰弱ᄒᆞ야國柄을他人에見奪ᄒᆞᄂᆞᆫ者는其國內人民이腐敗ᄒᆞᆫ習慣으로實地事業을夢想ᄒᆞᆫ所由라如此히人民의實業上에向背ᄒᆞᄂᆞᆫ影響이國家에及ᄒᆞᆷ은吾人이日夜로目擊ᄒᆞᄂᆞᆫ바라智者를不待ᄒᆞ고可知ᄒᆞᆯ지니不須長提어니와嗟乎라我韓從來의實業界情況을顧察ᄒᆞ건ᄃᆡ進就發達은姑舍ᄒᆞ고固有ᄒᆞᆫ巨大利益을他人에讓與ᄒᆞ고國步民力이日益固瘁ᄒᆞ니此는財政의所致에만專歸치못ᄒᆞᆯ지라亦人民의實業上觀念이幼稚ᄒᆞ야開導ᄒᆞᄂᆞᆫ機關이未備ᄒᆞ고擴張ᄒᆞᄂᆞᆫ方針에暗昧ᄒᆞᆷ이니由是로憂國經世의士가往々浩歎을良覺더니何幸近者에來此同胞의有志諸君이實業同志會를組織ᄒᆞ고文明諸國의實業社會上進就ᄒᆞᄂᆞᆫ美法良規를研究ᄒᆞ야內地의實業을啓迪ᄒᆞᄂᆞᆫ一大機關을完成ᄒᆞ고國家의實力을養成ᄒᆞ기로自期ᄒᆞ니我韓人된者진실로耳目이有ᄒᆞ야國內現象을見聞ᄒᆞᆫ者는誰가此意를不贊ᄒᆞ리오目下存亡의秋를當ᄒᆞ야國家의政令과法律을改良ᄒᆞᆯ計劃과人民의精神과智識을開牖ᄒᆞᆯ方針은我留學ᄒᆞᄂᆞᆫ青年의義務로自任ᄒᆞᄂᆞᆫ바어니와就中에實業을發達ᄒᆞ야國民의元力을保有케ᄒᆞᆷ이急先의所務

라昔者에孔子不云乎아百姓이足이면君誰與不足이리오ᄒᆞ셧스니民足ᄒᆞ야國富홈은理의必然ᄒᆞᆫ者니此ᄂᆞᆫ卽實業同志會의創立ᄒᆞᆫ所以라大凡社會의人類가其所供ᄒᆞᄂᆞᆫ衣食住三者ᄂᆞᆫ須臾라도不可缺ᄒᆞᆯ物品이니此ᄅᆞᆯ裕餘케ᄒᆞ려ᄒᆞ면今者所謂實業을發達케홈에在홈이라嗚呼라今日은何日고星布列國이富强을相尙ᄒᆞ며生存을競爭ᄒᆞᄂᆞᆫ積極的時代라비록同洲同文同色의人種이라도德義ᄅᆞᆯ不顧ᄒᆞ고殘忍ᄅᆞᆯ是肆ᄒᆞ니아々皇天이豈其無知시리오吾輩ᄂᆞᆫ如此ᄒᆞᆫ時日을當ᄒᆞ야家國永保ᄒᆞᆯ事業과方策을講求ᄒᆞ야共分코져ᄒᆞ노니惟我同胞여勉哉勉哉어다

歷史譚 第九回

시싸ㅣ(該撒)傳(一) 朴容喜

古之崇拜人物也에有二大標準ᄒᆞ니一曰理想的人物卽標準的聖賢이是也요他日時代的人物卽仰望的豪兒가是也라然而國家도亦知人事ᄒᆞ야人方患腫之時에ᄂᆞᆫ雖用六昧나反不如一片膏藥이요國家正歪之秋에ᄂᆞᆫ假使百釋迦로復生ᄒᆞ고千彌勒이來扶라도亦不如一明達好男兒之一刀兩斷也ᄂᆞᆫ用各有時ᄒᆞ며應以其物故也라然則當此醒風이頻襲ᄒᆞ고血雨時作之節ᄒᆞ야可不求諸億萬年無窮之基礎於聖賢(宗敎)而兼養百敗不屈之氣(一般國民的豪濶精神)於此秋ᄒᆞ야以成進而作二十一世紀之大國民ᄒᆞ며退而成國民的屹立之唯我ᄒᆞ야遺芳百歲之爲哉아而東西數千年間에聽俊이簇出ᄒᆞ야莫非我々之人物과仰望之渴兒나未免彼此長短之歎而唯彼羅馬人傑시싸ㅣ (又稱카이싸ㅣ라) 者庶合於現東渴望之其人故로略舉其傳ᄒᆞ야切望人々比伯에個々시싸ㅣ로以

講壇
學園

定二十一世紀之基礎를伏所渴望이라

쑤리야스、시싸ㅣ는紀元前百年七月十二日에羅馬에誕生ᄒᆞ얏는ᄃᆡ父는게여야스、시싸ㅣ며母는아우레리야夫人이니곳靴形半島의甲族이요羅馬帝都의華門이더라시싸ㅣ가生來에天才가卓越ᄒᆞ고意氣가出衆ᄒᆞ며學問을嗜好ᄒᆞ야軍略政治法律歷史語學數學建築等術及詩文에無所不能ᄒᆞ며雄辯이如流ᄒᆞ더라氏는本是貴族派로貴族의跋扈를甚히疾視ᄒᆞ야平民黨首領마리야스와相結ᄒᆞ야平民黨派의一名이되니라

當初에羅馬는本是靴形半島中部타이빠ㅣ河畔의一市名이러니漸次領土를擴張ᄒᆞ야紀元前百五十年頃에는西으로는스펜半島東으로는小亞細亞一帶南으로는亞弗利加北部北으로는只今의希臘墺匈南部마게도니아佛蘭西南方을統有ᄒᆞ야地中海를彼等의池라驕矜ᄒᆞ던時代라古來의質朴勤勉의特色이一變ᄒᆞ야只今은輕薄浮華의懶民에不過홀뿐아니라貴族의腐敗는筆難盡記며平民의流難는目不忍見이라於是乎憂國志士삭라쓰카스兄弟가慨歎을不勝ᄒᆞ던次에前後相繼ᄒᆞ야民政官(內部長官)이된지라田園의制度를改革ᄒᆞ야貧富平均을經營ᄒᆞ다가貴族의嫉殺ᄒᆞᆫ바되니라그러ᄒᆞ나貴族의橫暴는日甚ᄒᆞ고平民의寃抑은月加ᄒᆞ야彼此軋轢홀次에小亞細亞에反亂의暴起ᄒᆞ야貴族等이計無出處라不得已이平民黨首領마리야스로ᄒᆞ야곰右反亂을討平케ᄒᆞ니라於是乎平民黨의勢力도漸次增加ᄒᆞ야撰擧의自由와權利의平等을主張ᄒᆞ미自然貴族과水火相極之格으로互相反目ᄒᆞᄂᆞᆫ時代러라

시싸ㅣ가幼時로부터마리야스의寵愛ᄒᆞᆫ배

되야十三歲頃에임의某神殿의神官의名譽를得ᄒᆞ니라그러나紀元前八十八年에마리야스가病死ᄒᆞᆫ後로平民黨의勢力이頓挫ᄒᆞ야日々貴族派에殘殺ᄒᆞ는비될ᄲᅮᆫ이러라그러나시싸ㅣ는小不危懼ᄒᆞ고非但마리야스의餘黨을糾合ᄒᆞᆯᄲᅮᆫ아니라貴族派首領슈라의仇讎신나의女ᄭᅩᆯ네라를娶ᄒᆞ니그英敢大膽은眞可吃驚ᄒᆞᆯ너라於是乎슈라가大怒ᄒᆞ야離婚을强命ᄒᆞ다가不從ᄒᆞᆷ을보고그財產을沒收ᄒᆞ며剝奪官職ᄒᆞ고放逐國外ᄒᆞ미시싸ㅣ의運命이危機間髮이라이에시싸ㅣ가그親友某某로슈라에懇請ᄒᆞ야纔保餘命ᄒᆞ니라ᄯᅢ에或人이슈라다려일너曰시싸ㅣ는一無用의少年이라殺之無益이라ᄒᆞᆫ되슈라가撓頭ᄒᆞ야曰未來의貴族을蹂躪ᄒᆞᆯ者는이少年이라ᄒᆞ더니果然后日에如合符節ᄒᆞ니참英雄이知英雄이러라

紀元前八十一年에시싸ㅣ가小亞細亞에從軍ᄒᆞ야미티렌에셔殊功을이르고後數年間逐北轉戰ᄒᆞ다가슈라의訃報를聞ᄒᆞ고羅馬에立歸ᄒᆞ니ᄯᅢ는곳執政레피다가슈라의制度를轉覆코져ᄒᆞ야執政가듀라스와互相敵視ᄒᆞ미平民黨餘派는勢力을挽復코져ᄒᆞ야레피다에爭先附助ᄒᆞ나시싸ㅣ는貴族黨의勢力强大와레피다의無能을洞察ᄒᆞ고屹然中立ᄒᆞ던次려라시싸ㅣ가임의歸國ᄒᆞᆫ後곳平民黨의民心을收合코져ᄒᆞ야暴官ᄯᅩᆯ베라(前에執政을지는者라)의罪惡을聲討ᄒᆞ니ᄯᅢ에ᄯᅩᆯ베라는貴族의援助를得ᄒᆞ야不至見罪나시싸ㅣ의名聲은일노부터內外에振動ᄒᆞᆯᄲᅮᆫ아니라그屈指의雄辯과快活의意氣는羅馬의民心을操縱ᄒᆞᆯ만ᄒᆞ더라ᄯᅢ에또希臘人을爲ᄒᆞ야안드니야스의暴虐을聲擊ᄒᆞ니라

시싸ㅣ가自己의雄辯을更一層硏磨코져ᄒᆞ야希臘海上一小島로ㅣ데스에留ᄒᆞ난修辭學名家모로ㅣ門下에往赴ᄒᆞᆯ시中路에海賊의捕虜가되야贖身料數百金을與ᄒᆞᆫ後에야贖身케되여스되시싸ㅣ는小不惶怯ᄒᆞ고擧動이自若ᄒᆞ며言語가快々ᄒᆞᆯ뿐아니라恒常該殺人如麻ᄒᆞ며慓悍如狠의海賊다려嘲弄ᄒᆞ야曰余가萬一歸國之日에는汝輩을다捕磔ᄒᆞ리라ᄒᆞ되賊黨은외이려시싸ㅣ를快活灑落ᄒᆞᆫ人物로指目ᄒᆞ더라 (後에시싸ㅣ가該賊黨을擊滅ᄒᆞ니라)

시싸ㅣ가被留ᄒᆞᆫ지三十八日後곳로ㅣ데스島에赴ᄒᆞ야모로ㅣ門下에熱心究學ᄒᆞᆫ後小亞細亞로向ᄒᆞᆯ석에미스데ㅣ듸가作亂ᄒᆞ야勢甚猖獗ᄒᆞ거늘시싸ㅣ가四方에發檄募兵ᄒᆞᆫ즉兵士가시싸ㅣ의聲名을듯고雲集霧起ᄒᆞ는지라시싸ㅣ가官軍과聯結ᄒᆞ야所向壟破ᄒᆞ니라紀元前七十四年에羅馬에歸ᄒᆞ야一向愛人下士ᄒᆞ며散財廣救ᄒᆞ니名聲이振國ᄒᆞ고民望이盡歸라此時에貴族等이百方沮害코져ᄒᆞ나時已晩矣며內에시세로ㅣ와如ᄒᆞᆫ羅馬第一雄辯家는시싸ㅣ를評論ᄒᆞ야曰彼의行動擧止가簒奪者의傾向을包藏ᄒᆞᆷ은明若觀火나그臨細不遺에毫厘能察은참未來羅馬共和國을破壞ᄒᆞᆯ만ᄒᆞᆫ如何의雄圖와何等計畫을排抱ᄒᆞᆫ지難可窺及이라ᄒᆞ더라紀元前六十八年頃財政監督官奉職時에伯母쥬리야氏(前平民黨首領마리야스의夫人이라)와愛妻쏠네야가死亡ᄒᆞᆫ지라於是乎시싸ㅣ가益々平民黨派의人心을收合코져ᄒᆞ야葬儀를盛大이ᄒᆞ며悲哀ᄒᆞᆫ演說로兩夫人의淑德과마리야스、신나二人의功德寃抑을悲鳴頌贊ᄒᆞ고그肖像을葬列에同搬ᄒᆞ니日後로貴族의攻擊은層生疊加ᄒᆞ고平民

의同情은日增月深ᄒᆞ더라

如此이시싸ㅣ가임의公然ᄒᆞᆫ平民黨의首領이된지라이에시싸ㅣ가一計을案出ᄒᆞ야슈라가破棄ᄒᆞᆫ바마리야스의肖像과戰勝紀念碑를深夜를乘ᄒᆞ야다시公會場에建設ᄒᆞ니라翌朝에平民等이蝟集觀覽에莫不憤慨어ᄂᆞᆯ시싸ㅣ가一邊으로ᄂᆞᆫ貴族等을飜弄ᄒᆞ며一邊으로ᄂᆞᆫ平民黨을安慰ᄒᆞ니爾來론시싸ㅣ의聲名이如雷灌耳ᄒᆞ야莫不仰望이러라

少年百科叢書

童蒙物理學講談

椒海生

本書ᄂᆞᆫ內國地方理學講論會青年들과小學校中學校生徒諸君의一次參考에供키爲ᄒᆞ야記述ᄒᆞ오

(一) 우리地球

ᄯᅩ세호「急起乎」雞鳴聲에、困夢을醒起ᄒᆞ여、東牕을推看ᄒᆞ면、東天에불구렷시、둥그럿케、소ᄉᆞ올나오ᄂᆞᆫ太陽、그勇猛이、엇더케큰지、茫々ᄒᆞᆫ滄海를披ᄒᆞ고、뭉깃뭉깃올나오면、어둡고캄々턴、어제밤은、어ᄃᆡ로도라가고、져근듯둥낫이되면、학도들은、학校에가노라고、牧童들은소머이러가노라고、各々其職務들을보러奔走히往來ᄒᆞ고、山禽野獸와、水魚江鳥들도、各其食餌를求ᄒᆞ노라고、다、忽忙히지닐식、太陽도、一處에、그냥留止ᄒᆞ지아니ᄒᆞ고、天의東端에서、中天을새ᄯᅮᆯ너셔、午正이되엿다가、ᄯᅩ暫時間에、西山그늘에隱去ᄒᆞ면、사람들은、一日業務에、疲困ᄒᆞ엿다가、다시元氣를養生ᄒᆞ노라고、各其집으로歸來ᄒᆞ며、山海에動物들도、終日覓食에奔走ᄒᆞ다가、安眠ᄒᆞ기爲하여、各其棲穴로도라갈ᄶᅦ、이ᄯᅢ에、淸

快ᄒᆞᆫ玉顔으로、반갑게、東嶺에、笑出ᄒᆞᄂᆞᆫ明月은、不夜政治를、掌握ᄒᆞ고、놉고도、暗澹ᄒᆞᆫ大空에、 반쟉반쟉ᄒᆞᄂᆞᆫ、星數들도、天然ᄒᆞᆫ景象을、자랑ᄒᆞᆯ뎍에、 그거시、엇지그럿케、곱고도、神奇ᄒᆞᆫ고、 봄바름에滿開花와、夏天에陰綠葉이며、 秋陽에黃熟實과、冬節에眞白雪은、 한길ᄀᆞᆺ치、싱각ᄒᆞᆯᄉᆞ록、그美麗ᄒᆞᆫ거슬、嘆賞치아니ᄒᆞᆯ슈엽스나、그러나、暴風이怒號ᄒᆞᄂᆞᆫ晝와、淫雨가急注ᄒᆞᄂᆞᆫ夕에ᄂᆞᆫ、此世界가、暗漠ᄒᆞ기無限量ᄒᆞ고、슬프고무셔움이、 누구던지、다、ᄀᆞᆺ지요、저근듯후에、雨가止ᄒᆞ고、雲이捲ᄒᆞ면、親愛ᄒᆞᆫ太陽이、 또다시東空에、高出ᄒᆞ여、 西邊에、美麗ᄒᆞᆫ虹橋를建ᄒᆞ야、 此世로써、 또우리의居住ᄒᆞᆯ家園을、 變成ᄒᆞᄂᆞ니、이세상의、千變萬化ᄂᆞᆫ、ᄐᆡ더、怪ᄒᆞ고可笑ᄒᆞᆫ것도만코、무셥고즐거운것이이럿케만ᄒᆞᆫ즉、 이것들을낫낫치、學得ᄒᆞ면、莫大ᄒᆞᆫ긔봉과、有益을엇을지라、 그런고로、그中에、가장滋味잇ᄂᆞᆫ것만、取ᄒᆞ여、니야기ᄒᆞ오리다

(一二) 알키메데쓰의니야기

近頃은、人智가漸次進展ᄒᆞ여、 무ᄉᆞᆷ物件이던지、거의人工으로、製作ᄒᆞᄂᆞᆫ今日世上이되엿소、綿紬絲ᄂᆞᆫ、蠶繭外에ᄂᆞᆫ、되지못ᄒᆞᄂᆞᆫ줄노 싱각ᄒᆞᄂᆞᆫ것이더니、近頃에ᄂᆞᆫ、琉璃를、가늘게、느루어、실을製造ᄒᆞ야、 이것으로、紬緞을織出ᄒᆞ며、 또樹木의皮筋을、細紡ᄒᆞ여、 그우에무ᄉᆞᆷ藥을施ᄒᆞ면、아모런晴日이라도、生絲인지、絹布인지、分辨ᄒᆞ기어렵다고ᄒᆞ며、 또人造金이나、알미니움、(鑛物名) ᄀᆞᆺᄒᆞᆫ것도、外面으로보기ᄂᆞᆫ、온젼히、天然ᄒᆞᆫ黃金ᄀᆞᆺ치보히난고로、돈만ᄒᆞᆫ사룸이、가젓스면、알미니움金의指環이라도純金指環으로、信知ᄒᆞ기、容易ᄒᆞ오

學問이라는거슨、元來이世上을、보배롭게整理ᄒᆞ는거시엇마는、此世의狡滑ᄒᆞᆫ者들이、此를利用ᄒᆞ여、大段히可憎ᄒᆞᆫ、거즛일을、行ᄒᆞ는者가、만흐니、一邊으로、無用의일이、되겟스나、이것도、또ᄒᆞᆫ學問의힘으로、豫防ᄒᆞᆯ수가잇슬지라、앗가金指環일노싱각ᄒᆞᆯ지라도、그重量(무게)을、다라보앗스면、그重量이무거운거슨、純金指環이分明ᄒᆞ겟고、알미니움金은、가바여운것이니、그가바야온指環은、알미金인줄을알어슬더히지요

少年諸君、 諸君이假令三兩重純金으로동곳을만들녀고銀匠이의게맛취엿다가만돌어온後에彼銀匠이가三兩重에서幾分重을減ᄒᆞ고다른무슴鑛物을混入ᄒᆞ지아니ᄒᆞ엿는가疑訝가날수도잇슬지라、 이疑訝를풀냐면、엇지ᄒᆞ면됴ᄒᆞᆯ가、알아내기가、甚히困難ᄒᆞ겟지요、이것[illegible]、至今브터二千二百數十年前에잇섯소、이것을알아낸者는、有名ᄒᆞᆫ大理學士알키메듸쓰라、뎌의恩人이요、親友되는시라큐ㅣ쓰國王히ㅣ로 라ᄒᆞ는님군이、金冕旒冠을지으려고、黃金塊를、金工의게맛겨、나종지어온후에、王이彼銀工이、彼金塊中一部를、盜取ᄒᆞ엿나보다고、疑心이叢生ᄒᆞ여도、分明히알수가업슴으로、근심ᄒᆞ다가、알키메듸쓰의게맛겨、알나ᄒᆞ거늘、알키메듸쓰도、변통이업셔서、져뎡ᄒᆞ다가、엇던날、沐浴ᄒᆞ려고、沐浴湯에드러안진즉、 물이汪々히넘치는지라、이ᄯᅢ에、大理學者、문득싱각ᄒᆞ되、만일、더金冠에무슴他質物이、混入ᄒᆞ여그高가、커졋스면、이金冠과、또이金冠과갓ᄒᆞᆫ、무긔의黃金을、ᄯᅡ루ᄯᅡ루、물담은器에 沈入ᄒᆞ면、그ᄃᆡ로、물이넘치겟지ㅣ이넘친물

을、따로따로、모호와、따라셔、그무긔가、不同ᄒᆞ여、金冠을沈入ᄒᆞ엿슬時에、넘친물의무긔가、만ᄒᆞ면、此ᄂᆞᆫ거즛이로다、이싱각을透得ᄒᆞ고셔ᄂᆞᆫ、無限히깃버、엇지ᄒᆞᆯ바ㅣ를알지못ᄒᆞ고、급히沐湯에셔飛出ᄒᆞ여、알앗다、알앗다ᄒᆞ면셔、歸家ᄒᆞ여、이것을應用ᄒᆞ야히ㅣ로ㅣ王의잘대답ᄒᆞ미、 王이大喜ᄒᆞ여、크게褒賞ᄒᆞ엿다ᄒᆞ니、만일指環을ᄒᆞ려ᄒᆞᆯ딕에도、이럿케ᄒᆞ엿스면、眞僞를確然히알거시외다

이大理學者ᄂᆞᆫ、 至今브터二千百九十年前에、歐羅巴洲、南便에、잇ᄂᆞᆫ地中海中島、即今以太利南便、시실니、시라큐쓰市에셔、生ᄒᆞ엿ᄂᆞᆫᄃᆡ、그才質이非常ᄒᆞᆫ天才라、닐즉히理學을工夫次로아프리카南端에셔、當時學問의中心點되든아력산드리아府ᄭᆞ지가셔、各種學問을、習得ᄒᆞ야、今日世界上에셔、가쟝必要로쓰ᄂᆞᆫ、各樣製具와、理術을發明ᄒᆞᆫ거시多ᄒᆞ오、지금그中한둘을、니야기ᄒᆞ리다

前에말ᄒᆞᆫ바ㅣ、무릇水中에沈ᄒᆞᆫ物은、該物이推溢ᄒᆞᆫ水의놉히와、同一ᄒᆞᆫ무게를減ᄒᆞᆫ다ᄒᆞᄂᆞᆫ定義를著出ᄒᆞ엿ᄉᆞ니、이ᄂᆞᆫ、至今도物理學上에有名ᄒᆞᆫ比重計測法이라、 假令十九兩重되ᄂᆞᆫ黃金塊를、水中에잠그고、그무게를測量ᄒᆞ면、前무게가변ᄒᆞ여、十八兩重이되ᄂᆞ니、이減ᄒᆞ여진一兩重은、沈存ᄒᆞᆫ黃金과同一ᄒᆞᆫ水의놉히라、고로黃金은、물의十九倍가重ᄒᆞ다고도ᄒᆞ고、或은黃金의比重이十九라고도、作定ᄒᆞ엿소、

더욱滋味잇ᄂᆞᆫ일이잇ᄉᆞ니、 뎌시라큐쓰市가、以太利國의一部되ᄂᆞᆫ로마의게、被攻될時에、極妙ᄒᆞᆫ戰器를지어、로마人을놀나게ᄒᆞ엿고、또큰反射鏡을지여、日光을빗최

여、海岸으로驅來ᄒᆞ는敵軍의戰艦을、燒陷ᄒᆞ엿다ᄒᆞ고、또이외에、槓杆을發明ᄒᆞ여、有益ᄒᆞ게쓸줄을알고、일즉골ᄋᆞ되「枕을다고、그리ᄒᆞ면、地球를動ᄒᆞ여보겟다」ᄒᆞᆫ일도잇다ᄒᆞ오、만일諸君이、長棒一箇의끗을、큰岩石下에ᄭᅵ자놋코、그밋에、무숨벼ᄀᆡ를、괴여논후에、멀니셔他端을누르면、以前에ᄭᅥ쳐手로만은、조곰도動케못ᄒᆞ던것이로ᄃᆡ、쉽게動ᄒᆞ지아니ᄒᆞ옵ᄂᆞ잇가、이거시곳槓杆의効力이라、만일더긴棒을가져、地球에벼ᄀᆡ를괴이고、다른끗ᄒᆞᆯ누를수가、잇ᄉᆞ면、地球도、또ᄒᆞᆫ動ᄒᆞ기쉬울터히지마는、ᄒᆞᆯ수업는일은、벼ᄀᆡ괴일곳이無ᄒᆞᆷ이라、고로此賢人도、枕木만잇스면ᄒᆞ고、말ᄒᆞᆫ듯ᄒᆞ와다、이러ᄒᆞᆫ大賢人도、죽엄에는無可奈가되여、今前二千百十二年頃에、로마將軍마ㅣ셀쓰가、시라큐ㅣ쓰市를、攻取ᄒᆞᆯ식、일즉그賢名을聞ᄒᆞ고、軍中에下令ᄒᆞ여、賢人의家族들은、잘보호ᄒᆞ라ᄒᆞ엿것마는、令이遲下ᄒᆞ엿든지、方今敵兵이、물밀듯驅來ᄒᆞᆯ지라도賢人은、모리우헤서、數學圖를그려노코、研究ᄒᆞ고잇는거슬、로마兵丁一人이、아모싱각업시刺殺ᄒᆞ엿는지라、마셀ᄉᆞ將軍이、이일을알고、ᄃᆡ단비창히녀여、그럿케奔走ᄒᆞᆫ戰場에셔도、禮를具ᄒᆞ여埋葬ᄒᆞ고、其家族은善히保護ᄒᆞ엿소、

賢人이죽은후百三十七年에、로마大雄辯家시세로라稱ᄒᆞ는者ㅣ시실니島太守가되여、到任ᄒᆞᆯ식、同市악크리쎈틴門側에、荊棘이荒茂ᄒᆞ여잇는賢人의墳墓를見ᄒᆞ고、古事를想感ᄒᆞ여、涕流ᄒᆞ엿다ᄒᆞ오

此外에알키메듸쓰螺旋이라稱ᄒᆞ는器械가잇ᄉᆞ니、이것도、히ㅣ로ㅣ王을爲ᄒᆞ여造ᄒᆞᆫ바라、王의軍艦底에沈溜ᄒᆞᆫ水를、汲出ᄒᆞ는

되用ᄒᆞ엿다ᄒᆞ나、今日도、沼이나、川水를、말날時에ᄂᆞᆫ이것으로、水를汲盡ᄒᆞᄂᆞ니、大凡今日文明이、다若此ᄒᆞᆫ先覺者의透得ᄒᆞᆫ것이라、諸君들은、二千餘年人智가今日과ᄀᆞᆺ치、啓發되지못ᄒᆞᆫ時에、이런有名ᄒᆞᆫ賢人이有ᄒᆞᆫ거슬、깁히ᄉᆡᆼ각ᄒᆞ고、무ᄉᆞᆷ物件을、볼ᄯᅵ라도、無心히보지말고、每樣注意ᄒᆞ여、無上의新發明者들이되기를、바라옵ᄂᆞ이다。

樹木의니야기

朴相洛

樹木이우리人生과如何히重ᄒᆞ고ᄯᅩ大ᄒᆞᆫ關係가直接間接으로多ᄒᆞᆫ것은누구시던지ᄉᆡᆼ각ᄒᆞ여보면다ㅣ아실것이오第一直接ᄒᆞᆫ關係로言ᄒᆞ면우리人生이日常의安樂ᄒᆞ게居處ᄒᆞᄂᆞᆫ家屋도萬一材木이無ᄒᆞ야스면到底今日과ᄀᆞᆺ치如許히完全ᄒᆞ게美麗ᄒᆞ게建造키不能ᄒᆞ고或은太古의黑暗ᄒᆞᆫ穴居時代를至今ᄭᆞ지脚免치못ᄒᆞ여슬ᄂᆞᆫ지도測知키難ᄒᆞ오設令人智가漸次發達되야石材와土材로만家屋을建造ᄒᆞᆫ다ᄒᆞᆯ지라도木材로建造ᄒᆞᄂᆞᆫ데比較ᄒᆞ면其便利ᄒᆞᆫ點과其完美ᄒᆞᆫ點이前者가엇지後者에比ᄒᆞᆯ슈잇스리오今日과ᄀᆞᆺ치發達된西洋各國에셔家屋을만이煉瓦石(벽돌)으로建築ᄒᆞᆯ지라도其內面에ᄂᆞᆫ반ᄃᆞ시木材를用ᄒᆞ야完美를加ᄒᆞᄂᆞ니樹木이如此히吾人生活上에一日도無치못ᄒᆞᆯ家屋建築에如何히大ᄒᆞᆫ關係가有ᄒᆞᆫ것을可히알거시오ᄯᅩ設令米肉蔬菜가如何히多積ᄒᆞ여슬지라도萬一其燃料되ᄂᆞᆫ樹木이無ᄒᆞ면엇지飮食을料理ᄒᆞ야吾人에게美味를供ᄒᆞᆯ슈잇스며ᄯᅩ吾人이樹木의恩澤을不賴ᄒᆞ면溫暖ᄒᆞᆫ室內에셔家族을團欒ᄒᆞ며嚴冬雪寒

을經過홀수잇스며其他吾人의日用器俱와凡百物品이樹木으로製造ᄒᆞᄂᆞᆫ者ㅣ其數를算出키不能ᄒᆞ야此世界에셔萬一樹木을除去ᄒᆞ면吾人類ᄂᆞᆫ一日이라도生活을完保키難ᄒᆞ리니世人은往々金銀珠玉으로써만唯一의貴寶를삼으나萬一樹木이無ᄒᆞ야吾人이完全ᄒᆞᆫ生活을未保ᄒᆞᄂᆞᆫ境에至ᄒᆞ면金銀珠玉이엇지貴할바잇ᄉᆞ리오故로樹木의貴重ᄒᆞᆫ것이決코他重寶에不下홀것이ᄂᆞ幸我地球上에ᄂᆞᆫ樹木이多量히散布ᄒᆞ야人類의生活ᄒᆞᄂᆞᆫ資力을無時로供給홈으로吾人은其感謝ᄒᆞᆫ情과貴重ᄒᆞᆫ價値를太半이ᄂᆞ忘置不念홈이라如此히樹木이直接으로만吾人生活에關係홀뿐아니라間接의關係가또ᄒᆞᆫ少타謂치못ᄒᆞ리로다第一은衛生上關係라人類ᄂᆞᆫ一體動物이呼吸할時에ᄂᆞᆫ所謂炭氣를吐出ᄒᆞ고空氣中에在ᄒᆞᆫ酸素를吸入ᄒᆞ야血液을淸潔케ᄒᆞ고血脉의循環을圓滑케ᄒᆞ야生命을維持케홈은諸君의이믜知悉ᄒᆞᄂᆞᆫ바이니吾人은決코飮食으로만生命을保全ᄒᆞᄂᆞᆫ者이아니오空氣를呼吸ᄒᆞᆫ然後에야生命을保存ᄒᆞᄂᆞᆫ것이라然則此地球上에居生ᄒᆞᄂᆞᆫ十六萬々人類와其他動物이片時를不息ᄒᆞ고空氣中에셔酸素를取吸ᄒᆞ고炭氣를吐出ᄒᆞ며動物뿐아니라各色物體가燃燒ᄒᆞᄂᆞᆫ時에도酸素를取ᄒᆞ야ᄂᆞᆫ炭氣로變作ᄒᆞᄂᆞ니此地球上에定限이有ᄒᆞᆫ空氣中酸素를如此히吸盡ᄒᆞ야幾百年後에空中에酸素ᄂᆞᆫ盡ᄒᆞ고炭氣만積餘ᄒᆞ면一般動物은生命을保存치못홀것이라然이ᄂᆞ天然의作用은一妙案을付與ᄒᆞ야一般動物로ᄒᆞ여금如此ᄒᆞᆫ慘境에陷홀것을免ᄒᆞ게ᄒᆞ엿스니卽樹木의作用이是라樹木의生活ᄒᆞᄂᆞᆫ法則은根의作用으로土壤中에滋養分과水分을吸收ᄒᆞ고葉

의作用으로空氣中에在ᄒᆞᆫ炭氣를吸取ᄒᆞ야營養을供ᄒᆞᆫ後에는다시酸素를吐出ᄒᆞ야空氣를新鮮케ᄒᆞ면動物은ᄯᅩ此酸素를吸取ᄒᆞ고炭氣를吐出ᄒᆞ면樹木의葉은此炭氣를吸取ᄒᆞ고酸素를吐出ᄒᆞᆷ으로地球上에空氣는大略一定ᄒᆞᆫ酸素의量을包含ᄒᆞ야動物의生活을經營케ᄒᆞ도다故로吾人이衛生法을適當히行ᄒᆞ야身體를健康케ᄒᆞ고져ᄒᆞ면第一滋養分의食物과適當ᄒᆞᆫ運動과衣服을清潔히ᄒᆞᄂᆞᆫ等事ᄂᆞᆫ言을待ᄒᆞᆯ바無ᄒᆞ거니와第二ᄂᆞᆫ晝宵로間斷업시呼吸ᄒᆞᄂᆞᆫ空氣를아모록新鮮케ᄒᆞᄂᆞᆫ것이唯一의方策이니此ᄂᆞᆫ家屋附近에樹木을多數이培植ᄒᆞ면此樹木이空氣中으로酸素만製送할ᄲᅮᆫ아니라元來空氣中에ᄂᆞᆫ細小ᄒᆞᆫ塵埃가非常히混雜浮遊ᄒᆞ야此世界를所謂紅塵世界라ᄂᆞᆫ古來의俗談이有ᄒᆞᆫ데如此不潔ᄒᆞᆫ空氣가風이되야流動ᄒᆞᆯ時에라도萬一家屋附近周圍에樹木이繁茂環匝ᄒᆞ야이스면空氣ᄂᆞᆫ此樹木의密葉을濾過入來ᄒᆞᆫ즉多量의塵埃ᄂᆞᆫ樹葉에다ㅣ附着停滯ᄒᆞ고比較的清潔ᄒᆞᆫ空氣를吸收ᄒᆞ리니是故로外國에서人口稠密ᄒᆞᆫ都會處等地에樹木을特別히奬勵培植케ᄒᆞᆷ은衛生上에如此至大ᄒᆞᆫ關係가有ᄒᆞᆷ으로因ᄒᆞᆷ이라此ᄲᅮᆫ아니라吾人이日常經驗ᄒᆞᄂᆞᆫ바에裸々ᄒᆞᆫ僧山赤土地에往ᄒᆞ면身體에爽快ᄒᆞᆫ氣象이無ᄒᆞ며精神에清新ᄒᆞᆫ感想이無ᄒᆞ고樹木이盛茂ᄒᆞᆫ地方에往ᄒᆞ야山川은다ㅣ錦繡와如ᄒᆞ고綠陰影裏에囀々ᄒᆞᄂᆞᆫ鳥歌를見聞ᄒᆞᆯ時에ᄂᆞᆫ自然心身이爽快ᄒᆞ고感想이清新ᄒᆞ야塵世界에是々非々ᄒᆞᆫ罪惡生活을頓忘ᄒᆞ고一種自然의美想을感發ᄒᆞᄂᆞ니然則樹木은美學上으로도吾人의精神修養에可無치못할者이니我國人士가日本地方에踏入ᄒᆞᆯ時에最

初에感得ᄒᆞᄂᆞᆫ者ᄂᆞᆫ此樹木의美想일듯樹木의效用은此에안할뿐아니라樹木이繁茂ᄒᆞ야大森林을成ᄒᆞ면能히其地方의氣候를多少變ᄒᆞ며水旱의災를防備ᄒᆞᄂᆞᆫ效力이有ᄒᆞ오

太抵太陽의光線이地面을直射ᄒᆞᆯ時에ᄂᆞᆫ此地面의熱이다시空中으로反射ᄒᆞ면地球面에包在ᄒᆞᆫ空氣ᄂᆞᆫ直接太陽의熱을受ᄒᆞ야熱度가上ᄒᆞᄂᆞᆫ거시아니오此地面의反射熱로因ᄒᆞ야熱度가上昇ᄒᆞᄂᆞᆫ者이니萬一地面上에森林이繁茂ᄒᆞ면樹木의枝葉은太陽熱을受ᄒᆞᆷ이地面보다少ᄒᆞᆫ故로反射熱이亦少ᄒᆞ믜金石을流ᄒᆞᄂᆞᆫ夏節炎天에라도森林이多ᄒᆞᆫ地方에ᄂᆞᆫ多少清凉ᄒᆞᆫ風味를感할것이오또雨가地面에降下ᄒᆞ야다시蒸潑ᄒᆞᆯ時에도樹木의枝葉은雨滴을直接으로受ᄒᆞ야蒸潑ᄒᆞᄂᆞᆫ作用을一層더盛大히行ᄒᆞᄂᆞᆫ故로如此ᄒᆞᆫ種々의關係가其地方의雨量을增加ᄒᆞᄂᆞᆫ거시오또樹木이無ᄒᆞᆫ地方에ᄂᆞᆫ雨가下ᄒᆞᆯ時에ᄂᆞᆫ土壤이直接으로雨水를受ᄒᆞ야土地가다ㅣ픠이고또雨水가地下에浸濕ᄒᆞᄂᆞᆫ度가少ᄒᆞ야洪水가一時에大漲ᄒᆞ되森林이多ᄒᆞᆫ地方에ᄂᆞᆫ樹葉이몬져雨滴을受ᄒᆞ야其勢를殺ᄒᆞᆫ後에地面에傳達ᄒᆞ면土地도如許히픠일理가無ᄒᆞ고또ᄂᆞᆫ落葉이積置ᄒᆞ야雨水가地下에浸入ᄒᆞᄂᆞᆫ度도多ᄒᆞ며또積堆ᄒᆞᆫ落葉은雨水의流下를妨害ᄒᆞᆷ으로洪水의急漲ᄒᆞᄂᆞᆫ害를減ᄒᆞ고設若洪水가生ᄒᆞᆯ지라도地盤이樹根으로緊堅ᄒᆞ야破損의度를減ᄒᆞᆯ거시며또地下에浸濕된水量이多ᄒᆞ야此가漸次로流下ᄒᆞ면旱災를當할지라도井水와川水의涸渴을免ᄒᆞᆯ수잇ᄉᆞ니以上列擧ᄒᆞᆫ者로觀ᄒᆞ면樹木이우리人生과如許히緊重ᄒᆞᆫ關係가有ᄒᆞᆫ거ᄉᆞᆯ可히알거시오그러나우리나라

의情形을回顧ᄒᆞ면數十年來로樹木培植ᄒᆞᄂᆞᆫ道ᄂᆞᆫ一絶ᄒᆞ고斧斤이無時로入ᄒᆞ야數百年來養置ᄒᆞᆫ森林을一朝에斫滅ᄒᆞ고僻地深山에ᄂᆞᆫ無知ᄒᆞᆫ農夫들이火田을耕墾ᄒᆞ노라고그죠ᄒᆞᆫ山林을火로써攻滅ᄒᆞ야全國到處에禿山만우둑우둑서서國運의襄頽를罵笑吊憫ᄒᆞᄂᆞᆫ듯從此로旱災가連至ᄒᆞ며如許不大ᄒᆞᆫ霖雨가有ᄒᆞᆯ지라또洪水가直溢ᄒᆞ고洪水가有ᄒᆞ여도川岸江堤로樹木이稠密ᄒᆞ면如許ᄒᆞᆫ慘害ᄂᆞᆫ免ᄒᆞᆯ거시어ᄂᆞᆯ我國이數十年以來로ᄂᆞᆫ特히水旱의災가年々이無ᄒᆞᆫ時가업고處々에無ᄒᆞᆫ處이업스니此ᄂᆞᆫ樹木濫伐의餘殃이라ᄒᆞᆯ거시오또近來都會處에ᄂᆞᆫ以此로柴價가極騰ᄒᆞ야年々凍死의慘狀이幾許를不知ᄒᆞ되所謂有志ᄒᆞ드ᄂᆞᆫ人士와同胞를爲ᄒᆞ야憂慮ᄒᆞ드ᄂᆞᆫ人士々지라도다못時代의變遷을慨嘆치아니ᄒᆞ면此를天運에一歸ᄒᆞ고其救濟ᄒᆞᆯ方策의根本을究研치아니ᄒᆞ니엇지嘆惜할者이아니리오然則今日我國人民의急々히할事業은實로枚擧ᄒᆞᆯ수업스나어서樹木을培養ᄒᆞ야全國에鬱葱ᄒᆞᆫ森林을作ᄒᆞᄂᆞᆫ거시의急務中의또急先務ᄒᆞᆯ거시라其方策으로言ᄒᆞ면種々ᄒᆞᆫ方面으로硏究할餘地가多ᄒᆞ나第一은我國民된者가一年中에一日或二日式植木日을作定ᄒᆞ고此日에ᄂᆞᆫ반다시全國人民이一齊히植木에從事케ᄒᆞᆯ거서라此를實行ᄒᆞᆯ時에ᄂᆞᆫ몬져各處學校生徒들로ᄒᆞ여금此를試驗ᄒᆞ야先例를示ᄒᆞᆫ後에一村一坊이此를效行케ᄒᆞ고各處一村一坊이此를幷時에行ᄒᆞ게되면全國에施行ᄒᆞ기가如許히困難ᄒᆞᆫ事業이아닐듯ᄒᆞ오

心臟運動과 血液循環의 要論(續)

李奎濚

皮膚의 温度

閉鎖ᄒᆞᆫ腋窩의温度ᄂᆞᆫ三十六度四九乃至三十七度二五가常溫이되ᄂᆞ니其檢溫의法은醫家에셔用ᄒᆞᄂᆞᆫ水銀計檢溫器를局部에安置ᄒᆞ야少ᄒᆞ야도十五分時를經ᄒᆞᆫ後에其水銀이管中에昇騰ᄒᆞᆷ을隨ᄒᆞ야度目을計홈

(一)足蹠中央　三二、二六　(二)아히리스腱의近傍　三三、八五　(三)下腿前面의中央　三三、○五　(四)腓腸部中央　三三、八五　(五)膝膕　三五、○○　(六)上腿中央　三四、四○　(七)鼠蹊屈側　三五、八○　(八)心搏動部　三四、四○

右ᄂᆞᆫ악우이氏가温暖二十一度의室內에셔衣服을着홈이無ᄒᆞᆫ健壯男子를直立ᄒᆞᆫ後에檢溫器球形部의下面을皮膚에觸ᄒᆞ야測ᄒᆞᆫ者라

腔洞內의温度

(一)口腔舌下　三七、一九　(二)陰膣　三八、○三　(三)直腸　三八、○一　(四)尿道　三七、三○

又此體温은諸般의感應을隨ᄒᆞ야變化ᄒᆞᆷ이有ᄒᆞ니라

(一) 氣候의感應　體温은緯度의氣候가異ᄒᆞᆷ에在ᄒᆞ야ᄂᆞᆫ全혀同一이니此ᄂᆞᆫ實노注意할要點이라如此ᄒᆞᆫ故로若温地方에棲息ᄒᆞ던人이寒地方에移居할時에ᄂᆞᆫ體溫의低下ᄒᆞᆷ이甚少ᄒᆞ나寒地方으로溫地方에轉할時ᄂᆞᆫ其體温의昇騰이比較的으로顯著ᄒᆞᆷ을見할거시요又正帶地方에住ᄒᆞᄂᆞᆫ人의體温은寒冷ᄒᆞᆫ冬時에ᄂᆞᆫ温暖ᄒᆞᆫ夏時보담○、一乃

至○、三의度가至홈이低此其常例라

(二) 新陳代謝의感應　糞은化學的抱合物의分解를由ᄒᆞ야發生ᄒᆞᄂᆞᆫ者니即炭酸과尿素를生ᄒᆞ야此를排泄ᄒᆞᄂᆞᆫ故로温發生의量은此兩種排泄物의分量과一致併行치아니치못할거시요又多食의後에ᄂᆞᆫ新陳代謝機가活潑홈으로由ᄒᆞ야體温이亦二三分昇騰ᄒᆞᄂᆞ니此를消化熱이라云ᄒᆞ며饑餓에陷할時에ᄂᆞᆫ平時보담新陳代謝機의作用이甚弱홈으로由ᄒᆞ야體温의低下홈이三十六度六分에至ᄒᆞᄂᆞ니라

(三) 年齡의感應　初生兒ᄂᆞᆫ一種特別의差異가有ᄒᆞ니分娩後에即其體温을測ᄒᆞ면母體의膣보담殆히○、三度가高ᄒᆞ야三十七、八六度를示호ᄃᆡ二時乃至六時를經ᄒᆞ면○、九度가沉降ᄒᆞ고十二時乃至三十六時、後에ᄂᆞᆫ再次昇騰ᄒᆞ야哺乳兒의中等温三十七度四五分을現ᄒᆞ나初週間에ᄂᆞᆫ不正의變化를來키易ᄒᆞ며但哺乳兒ᄂᆞᆫ睡眠中에其體温이○、三四乃至○、五六이沉降ᄒᆞ고長久히泣할時에ᄂᆞᆫ二三分이昇騰ᄒᆞ고老人은新陳代謝機의作用이弱홈으로써温을生홈이亦少ᄒᆞᆫ故로恒常凍冷키易ᄒᆞ야暖衣의重襲홈을要ᄒᆞᄂᆞ니라

(四) 晝夜의感應　晝夜의時間을從ᄒᆞ야體温의昇降홈은年齡의老少에關홈이毫無ᄒᆞ고恒常一定不變ᄒᆞᄂᆞ니今에此를概論ᄒᆞ면左와如ᄒᆞᄂᆞ니라

晝間에ᄂᆞᆫ體温이連綿昇騰ᄒᆞ야夕五時乃至八時에至ᄒᆞ야其最高度에達ᄒᆞ고夜間에ᄂᆞᆫ漸々下降ᄒᆞ야翌朝三時乃至六時에至ᄒᆞ야其最低度에達ᄒᆞ되中等體温은朝食後三時에在홈

(五) 身體障害의感應　體部에刺絡홈이有

할時에는體温이初에는沉降ᄒᆞ며其次에는惡寒을發ᄒᆞ야二三分을昇騰ᄒᆞ얏다가二三日後에는更히常度에復ᄒᆞ고且多量의急性出血에는半度乃至二度가沉降ᄒᆞ고其出血이彌久ᄒᆞ면三十一度乃至二十九度에下降ᄒᆞᆷ도有ᄒᆞ니라

(六) 毒物의感應　毒物中에特히哥羅彷謨、格羅拉爾、實芰多爾斯、規尼涅等은體温을沉降케ᄒᆞᄂᆞ니此는其一半分이温發生의原基된組織의分子的分解를妨碍ᄒᆞ며一半은温의放散機를亢進케ᄒᆞᆷ에因ᄒᆞᆷ이요且其他의毒物은反對의原因으로體温을昇騰케ᄒᆞᆷ도有ᄒᆞᆷ

(七) 疾病의感應　疾病의體温沉降은或温發生을減少케ᄒᆞᆷ에由ᄒᆞ며(新陳代謝의減少) 或은温放散을增加ᄒᆞᆷ에因ᄒᆞ되體温의昇騰은即熱性病이니其最高熱은四十四度五六分에至ᄒᆞᆷ도有ᄒᆞ니라是故로(하이에케루)氏의說를從ᄒᆞ야人의常温이直腸內에在ᄒᆞ야三十七度一三分이平均이되는故로此以上에昇할時에는熱性温으로看做ᄒᆞ고此以下에降할時에는虛脫温으로看做ᄒᆞᆷ이라ᄒᆞ니라

我農界의前途

金鎭初

案頭에瞑目ᄒᆞ고且憂且嘆ᄒᆞ다가我農界의前途를思ᄒᆞ니岌々ᄒᆞ야累卵과如ᄒᆞ도다人足家給ᄒᆞ야奢侈를競ᄒᆞ는富豪가無ᄒᆞ면飢寒에泣ᄒᆞ는窮民도無ᄒᆞ고個强國富ᄒᆞ야弱肉을食ᄒᆞ는隣强이無ᄒᆞ면滅亡에陷ᄒᆞ는憐國이無ᄒᆞᆯ지라舊時의豊裕ᄒᆞᆫ生活과泰平ᄒᆞᆫ社會는다시可히夢想치도못ᄒᆞᆯ이로다事實로써觀察ᄒᆞᆷ에我農界는今에實로一大危機

에瀕ᄒᆞ야스니我同胞ᄂᆞᆫ擧目視之여다全國邑村間所謂農村을調査ᄒᆞ면財政의恐慌만當ᄒᆞᆯᄲᅮᆫ아니라吾人이立着ᄒᆞ야生活ᄒᆞᄂᆞᆫ農地(家屋土地田畓山林)도ᄯᅩᄒᆞᆫ外人의侵掠에蠶食이되야日을過ᄒᆞ면日로甚ᄒᆞ고月을過ᄒᆞ면月로甚ᄒᆞ고年을過ᄒᆞ면年으로甚ᄒᆞ니만일以此로看過ᄒᆞ면其前途ᄂᆞᆫ不言可想이로다

請看ᄒᆞ라外人의勢力은勃々ᄒᆞ야可히禦치못ᄒᆞᆯ時를當ᄒᆞ야我農界ᄂᆞᆫ內憂外患이交々臻到ᄒᆞ야氣息이奄々ᄒᆞ야方今瀕死의逆境에沈淪ᄒᆞ얏도다噫라是何兆也오吾人은其理由를左와如히述ᄒᆞ노니

(一) 靑年子弟의奢侈淫靡라

風俗이素朴ᄒᆞ고人情이敦厚ᄒᆞᆫ美風을遺ᄒᆞᆫ我農界도思慮無ᄒᆞ고定見이無ᄒᆞᆫ年少子弟가徒然히都會의弊風을模ᄒᆞ며雜類의陋俗을倣ᄒᆞ야奢侈淫靡가俗을成ᄒᆞ야昔日의面影을不留ᄒᆞ니實로可嘆者라如此ᄒᆞᆫ弊風을去益助長ᄒᆞ야意氣軒昻ᄒᆞᆫ靑年도卑屈輕佻의徒로化ᄒᆞ야王侯貴人前에셔도不屈ᄒᆞ던頭首라도外人의게垂下ᄒᆞ야負債ᄒᆞ야뎌되여金縛이되야一種의奴隷가될ᄲᅮᆫ만아니라甚至於土地家屋ᄭᆞ지라도幷히掠奪되야父母同生과妻子眷率이다死境에將至ᄒᆞᆯ이니其流弊ㅣ可히容易히醫치못ᄒᆞᆯ이로다此浮浪子의弊毒이여小而言之ᄒᆞ면其家를亡케ᄒᆞ고大而言之ᄒᆞ면其國을亡케ᄒᆞ도다豈不懼哉리오

(二) 智識의蒙昧라

世人이口를開ᄒᆞ면卽曰甚哉라我政界에人材ㅣ乏ᄒᆞ야外交不振ᄒᆞ고內治不擧ᄒᆞ야互相姑息因循ᄒᆞ야獨力으로國家를負ᄒᆞ고立ᄒᆞᄂᆞᆫ士를未見이라ᄒᆞ니若그러ᄒᆞ다然이나

目下吾人이日夜로憂懼ᄒᆞᄂᆞᆫ것은ᄎᆞ라리我實業界에偉人이絶無ᄒᆞᆷ에在ᄒᆞ도다

偉人도絶無ᄒᆞ고智識도蒙昧ᄒᆞ야從來의我農界가受働的이며從屬的이라如斯히受働的從屬的으로爲ᄒᆞ야農業이萎靡ᄒᆞ고農民의權利가更히揮發치못ᄒᆞᆯ뿐더러近來에ᄂᆞᆫ外人의來侵을忌避ᄒᆞ야家屋田畓을賣買ᄒᆞ고山巷을尋去ᄒᆞ난者ㅣ多ᄒᆞ니是何蒙昧오生存을競爭ᄒᆞ며弱肉을强食ᄒᆞᄂᆞᆫ此時를當ᄒᆞ야엇지他人의來侵을抗拒치아니ᄒᆞ고避逃만ᄒᆞ리오外人이來侵ᄒᆞᄂᆞᆫ目的은吾人의所有物을奪코져ᄒᆞᄂᆞᆫ바인즉吾人은所有物을以死守之하야見奪이無하여야生命을保存하고國家를維持ᄒᆞ겟난ᄃᆡ此을抗拒치아니ᄒᆞ고返히自己의所有物을外人의게渡給ᄒᆞ고他人이不往하난山巷不毛의地를向하야安樂을求코져ᄒᆞ니이엇지寒心치아니리오

(三) 海外의趨勢라

米穀은我主要農産物의第一이오我農民의唯一의財源이오我國家經濟의要樞를左右ᄒᆞ난者라然而此主要한農産物이라도近年外國人의게壓倒되야木綿與煙草等이年々減少할뿐더러東隣에在한日本은素是貧寒한小國으로近年人口蕃盛하야生活의困難을當한際에我國의土地肥沃하고氣候善良ᄒᆞ야我農業에난世界第一이라ᄒᆞ난말을聞ᄒᆞ고爭先而渡ᄒᆞ야我農界를占領코져ᄒᆞ니이엇지恐懼치아니ᄒᆞ리오

要컨ᄃᆡ我韓農界난危急存亡의秋라此時를當ᄒᆞ야我韓同胞가大決心으로農業을維持擴張ᄒᆞ지아니면獨立經營도虛地에歸할것이오國權回復도水泡에歸할것이니二千萬人이此大問題에對하야確固한方策을講究

ᄒᆞᆯ지어다

집안에셔、어린아희、기라는법

禹 敬 命

(뎨일) 음식멕이는데주의ᄒᆞᆯ일

음식을、ᄉᆞᆨ키는(消化)힘은、사ᄅᆞᆷ의、년령(年齡)에、좃ᄎᆞ、갓지아니ᄒᆞ니、그런고로、어린아희의게、음식을、멕일ᄯᅢ에는、몬져、그、년령에、주의ᄒᆞ는거시、필요ᄒᆞ외다、아모리、자양분(滋養分)이、만흔음식이라도、만일、그、물건의、셩질과、ᄯᅩ음식ᄆᆡᆫᄃᆞᆫ、방법이、아희의、년령과、젹당ᄒᆞ지아니ᄒᆞ면、아희가、그、음식을、먹은후에、몸에、리롭지못ᄒᆞᆯᄲᅮᆫ아니라、도리혀、몸을ᄒᆡ롭게、ᄒᆞ는거시오、어린아희는、아즉먹는물건을、ᄉᆞᆨ키는、힘이、극히연약ᄒᆞᄆᆡ、이ᄯᅢ에는、아모조록、ᄉᆞᆨ키기、쉬운거슬、멕이는거시、필요ᄒᆞ니、아희가、나은지、한一일년동안、니(齒)가、아즉、나지아니ᄒᆞ여슬동안에는、그어머니의、졋슬멕이난거시、텬연의、법이는、외국에셔는、소졋슬、(牛乳)멕이는거시、아희의、양ᄉᆡᆼ에도、극히조코、그、모친되는이에게 、ᄒᆡ(害)가、밋지아니ᄒᆞᆷ으로、ᄒᆞᆫ이소졋스로、아희를、기르는거시오、이갓치、일년가량을、길너、니(齒)가、나게되면、이ᄯᅢ부터는、졋멕이기는、폐ᄒᆞ고、아모조록、ᄉᆞᆨ키기쉬운것、가령말ᄒᆞ면、죽과、미움가탄거슬、멕이고、륙칠세 되면、그ᄯᅢ부터는、ᄒᆡᆼ용사람의、먹는음식을、멕이되、미온것은、아모조록、멕이지아니ᄒᆞ고、ᄯᅩ물을、극히、죠심ᄒᆞ야、멕일거시라

음식의、분량(分量)은、ᄯᅩᄒᆞᆫ、그、ᄉᆞᆨ키는、힘이강ᄒᆞ고、약ᄒᆞᆫ것과、몸에젹당ᄒᆞᆯ거슬、보아、뎡ᄒᆞᆯ거시니、곳、몸의발달이、왕셩ᄒᆞ

야、음식을셕키는힘이、 만ᄒᆞᆫ사람에게는、음식에、분량도、만을것이라、어린아희는、일변으로、싱각ᄒᆞ면、몸의、발달ᄒᆞ는거시、극히쇽ᄒᆞ고、왕셩ᄒᆞ나、음식을、셕키는힘은、아즉、극히연약ᄒᆞ야、음식을、ᄒᆞᆫᄯᅢ에、만히먹이기는、ᄒᆞᆯ수업사니、어린아희일수록、음식을여러번에、논나셔、ᄒᆞᆫ번에、조곰식、ᄆᆡᆨ이게ᄒᆞ되、나은지、일년가량된、아희는、두시간동안에、ᄒᆞᆫ번식、ᄆᆡᆨ이고、사오세셔지든、세시간동안、ᄒᆞᆫ번식、먹이면、젹당ᄒᆞ오、그러나、음식은、일뎡ᄒᆞᆫ시간을、졍ᄒᆞ여、두고、먹이는거시、셕키기도、잘ᄒᆞ고、몸을튼튼ᄒᆞ게、ᄒᆞ는데、극히필요ᄒᆞ니、아희를、아모조록、어려슬ᄯᅢ부터、일뎡ᄒᆞᆫ、시간에、음식을、먹게ᄒᆞ는습관(習慣)을、기르는거시、필요ᄒᆞᆫ거시라、만일、아희에게、음식을、무시로、과도ᄒᆞ게、먹이든지、부졍ᄒᆞᆫ、음식을、먹이면、아희의、창자는、연약ᄒᆞ야、다ㅣ셕키지、못홈으로、혹 식독(食毒)도、싱기며、코와、ᄎᆞᆷ을흘녀、몸의건강(健康)을、희롭게ᄒᆞ나니、부모되신이들、엇지、주의ᄒᆞ지아니ᄒᆞ깃소

(제이) 의복입히는일

우리사람의、의복이라ᄒᆞ는거슨、다못、살을가리울ᄲᅮᆫ이아니라、기후(氣候)의、덥고찬데、되ᄒᆞ야、우리몸의、피부(皮膚살과가축)를、뎌당ᄒᆞ게、보호(保護)ᄒᆞ는거스로써、주요(主要)를、삼나니、특별이、어린아희에게、의복을、너피되、의복을、너머ᄶᅡᆨ、입히면、가심을、눌너、숨쉬는데、희롭게ᄒᆞ고、혈ᄆᆡᆨ(血脈)도라가는ᄃᆡ、방희(妨害)가、잇슬거시니、ᄋᆞ희의、의복은、아모됴록、너그럽게짓는거시、됴코、어려슬ᄯᅢ브터、의복을、너머두텁게、입히면、피부가、연약ᄒᆞ야져

셔、조곰ᄒᆞ야도、감긔가、들니기쉽고、병나기쉬우니、아모됴록、의복을、뎍당ᄒᆞ게、입히기를、쥬의ᄒᆞᆯ거시오

(뎨삼)청결(淸潔)ᄒᆞ게ᄒᆞᆯ일

ᄋᆞᄒᆡ의、쥬위(周圍)를、아모됴록、청결ᄒᆞ게、ᄒᆞᄂᆞᆫ거ᄉᆞᆫ、ᄋᆞᄒᆡ의、몸을、건강(健康)ᄒᆞ게ᄒᆞᄂᆞᆫ데、필요ᄒᆞᆯ뿐아니라、어린ᄋᆞᄒᆡ의、졍신을、교육ᄒᆞᄂᆞᆫ데도、큰、관계가、잇ᄉᆞ니、ᄋᆞᄒᆡ의、몸을、항샹목욕시켜、청결ᄒᆞ게ᄒᆞ며、방안에ᄂᆞᆫ、ᄂᆞᆯ빗과、공긔(空氣)를、잘、통ᄒᆞ게ᄒᆞ고、의복과、각ᄉᆡᆨ긔구(器具)와、이불갓튼거슬、일졀、다、청결ᄒᆞ게ᄒᆞ야、쟝셩ᄒᆞᆫ후ᄭᆡ지라도、이、습관을、일치안케、ᄒᆞᆯ것이라

(뎨사)운동시키ᄂᆞᆫ일

몸은、항샹、뎍당ᄒᆞᆫ、운동을、ᄒᆞᆫ후에야、건젼(健全)ᄒᆞ게、발달이、되ᄂᆞ니、몸은、튼튼ᄒᆞ게、ᄒᆞ랴면、뎍당ᄒᆞᆫ、운동은、아니ᄒᆞ지못ᄒᆞᆯ거시라、운동ᄒᆞᄂᆞᆫᄃᆡ、ᄃᆡᄒᆞ여、주의ᄒᆞᆯ일을、잠간들어、말ᄒᆞ면

(가)일긔청명ᄒᆞᆯᄯᆡ에ᄂᆞᆫ、아모됴록、집밧게、나아가셔、놀게、ᄒᆞᆯ거시오

(나)운동ᄒᆞᄂᆞᆫ、시간을、뎡당ᄒᆞ게ᄒᆞ야、어린ᄋᆞᄒᆡ로、ᄒᆞ여곰、너머、갓부게、하지아니ᄒᆞᆯ거시오

(다)아모됴록、사지(四肢)를、평균ᄒᆞ게、운동시킬거시오

(라)운동ᄒᆞᆯᄯᆡ에、위험ᄒᆞ고、ᄒᆡ가잇ᄉᆞᆯ거ᄉᆞᆫ、금지ᄒᆞᆯ거시라

(뎨오) 잠지우고쉬ᄂᆞᆫ일

우동ᄒᆞ여、몸이곤ᄒᆞ고、갓분ᄯᆡ에、편안ᄒᆞ게、쉬면、몸의、갓분것도、회복ᄒᆞ고、온몸의、혈ᄆᆡᆨ(血脈)을、청신ᄒᆞ게ᄒᆞ야、졍신과、몸이、다시활동(活動)ᄒᆞᆯ만ᄒᆞ게、되ᄂᆞᆫ거시라、만일、활동만、ᄒᆞ고、쉬지아니ᄒᆞ면、혈

믹에、청신ᄒᆞᆫ、피는、다ᄒᆞ고、그、결과로、몸이곤ᄒᆞ고、갓붐을、니기지、못ᄒᆞᆯ지라、그런고로、사ᄅᆞᆷ의、몸의강건ᄒᆞᆫ거슨、뎍당ᄒᆞ게、쉬는것으로써、졈졈、발달되는거슬、알지라、그즁에、가장완젼ᄒᆞ게、쉬는거슨、자는거시니、사ᄅᆞᆷ이、낫에、활동ᄒᆞ야、곤ᄒᆞ고、갓본거슬、밤의、자는거스로써、졍신과、몸의운동을、젼혀쉬게ᄒᆞ야、회복ᄒᆞ고、혈믹을、청신케ᄒᆞ야、몸의셩셩ᄒᆞᆫ、긔운을、다시、엇는것이니、어린ᄋᆞᄒᆡ의、잠자는데、뒤ᄒᆞ여셔는、부모되신이、특별히、주의ᄒᆞᆯ거시라、잠자는、시간은、년령에、좃차、각각다른데、잠자는、시간을、비교ᄒᆞ면

한셜노브터、두셜ᄭᆞ지는　一日에、열두시로、열네시、동안

두셜브터、셰ᄭᆞ지는　一日에、열두시간、가량

륙셰로、십셰ᄭᆞ지는　一日에、열ᄒᆞᆫ시간、가량

십셰로、십오셰ᄭᆞ지는　一日에、아홉시간、혹열시간

십오셰、이샹은　一日에、닐곱시간、혹여ᄃᆞᆲ시간

水의니야기

NYK生

水의性質及狀態

諸君이여淨潔ᄒᆞᆫ琉璃盃에淸水를盛看ᄒᆞ시오그져는色도업고臭도업스며飮嘗ᄒᆞ여보아도甘味도아니오酸味도아닌一盃淸水ᄲᅮᆫ이지오마는他物染色을混入ᄒᆞ면靑黃赤黑色으로隨變ᄒᆞ며또만일他質物을混入ᄒᆞ면其臭其味가易變ᄒᆞᄂᆞ니假令麝香을溶入ᄒᆞ는香水가되고암모니윰이라는化學藥을劑

入ᄒᆞ면小便비슷ᄒᆞᆫ惡臭를生ᄒᆞ며砂糖을溶入ᄒᆞ면甘飴水가되고食鹽을溶入ᄒᆞ면鹹水가되여色과味와臭가여러번變更도ᄒᆞ고幻化도ᄒᆞ여吾人의食物上에新鮮ᄒᆞᆫ약렴도되엿스며華麗ᄒᆞᆫ粧具와奇麗ᄒᆞᆫ玩物도되엿도다。

더奔流ᄒᆞᄂᆞᆫ川溪水ᄂᆞᆫ日夜로流去ᄒᆞ고圓湛ᄒᆞᆫ池塘水ᄂᆞᆫ四時에沉鎖ᄒᆞ니川水池水가何等異質이有ᄒᆞᆷ인가試驗ᄒᆞ여圓ᄒᆞᆫ器皿으로川水를汲取ᄒᆞ면其形이圓ᄒᆞ여지고方角된器皿으로池水를盛取ᄒᆞ면其形이方角을成ᄒᆞᄂᆞ니此가所謂水ᄂᆞᆫ器의方圓을隨ᄒᆞ고人은友의善惡을由ᄒᆞᆫ다ᄒᆞᆫ古諺과ᄀᆞᆺ치水ᄂᆞᆫ一定ᄒᆞᆫ形狀을不有ᄒᆞᆫ物이로다。

高山峻峯絶壁上에重疊ᄒᆞᆫ岩石間에서졸々流下ᄒᆞᄂᆞᆫ無數의細流가谿谷間에瀑落ᄒᆞ여源泉을始成ᄒᆞ고幾百回屈曲ᄒᆞᆫ山岳을抱流ᄒᆞ야終末에ᄂᆞᆫ洛東江淸川江ᄀᆞᆺᄒᆞᆫ大河도되고또川과河가注合ᄒᆞᄂᆞᆫ곳에ᄂᆞᆫ幾百隻軍艦을蟻集ᄒᆞ고億千放砲火를相交ᄒᆞᄂᆞᆫ海戰場의大海를成ᄒᆞ엿ᄂᆞ니저럿트시絶頂에서谿谷에落下ᄒᆞ고江河에서大海에流注ᄒᆞᄂᆞᆫ거슨다高處에서低處로流去ᄒᆞᄂᆞᆫ水의性質이요流去ᄒᆞᆫ다云ᄒᆞᄂᆞᆫ作用은우리地球에引力이라稱ᄒᆞᄂᆞᆫ大力이有ᄒᆞ여地球上一般諸物을吸引ᄒᆞᄂᆞᆫ故로起ᄒᆞᆫ所以로다。 水盆에水를充入ᄒᆞ고盆底에一孔을穿出ᄒᆞ면盆內의水가其孔으로噴出ᄒᆞᄂᆞ니이ᄂᆞᆫ水盆中에水의重量이力이되여盆底를壓ᄒᆞᄂᆞᆫ所以니所謂水壓力이此라然則이壓力은底만壓ᄒᆞᆯᄲᅮᆫ이아니라試驗ᄒᆞ여盆의側面에一孔을穿ᄒᆞ여봅세다亦是그噴出ᄒᆞᄂᆞᆫ水線은前貌樣과如히差違가無ᄒᆞ리니이도水의重量이力이되여側面을壓ᄒᆞᄂᆞᆫ所以인즉水壓力은底部

에도잇고側面에도잇서셔또ᄒᆞᆫ深ᄒᆞ면深ᄒᆞᆯᄉᆞ록力이高度에達ᄒᆞᄂᆞᆫ고로瓮이나釭을上方은狹小케ᄒᆞ고下方은廣厚케ᄒᆞᄂᆞᆫ거시此理由ᄅᆞᆯ應用ᄒᆞᆷ이로다。

一天이晴朗ᄒᆞ여紅塵이不飛ᄒᆞᄂᆞᆫᄂᆞᆯ에庭畔小池에ᄯᅥ잇ᄂᆞᆫ우리蘆葉舟ᄂᆞᆫ完然히琉璃盤上에緊載ᄒᆞᆫ듯前後左右에搖動이無ᄒᆞᆯ時에水面은半點의凹凸形이無ᄒᆞ고眞平面을布成ᄒᆞᄂᆞ니此ᄅᆞᆯ水平이라稱ᄒᆞ며此ᄅᆞᆯ利用ᄒᆞ여土地ᄅᆞᆯ測量ᄒᆞᄂᆞᆫᄃᆡ用ᄒᆞᄂᆞᆫ水準器ᄅᆞᆯ製出ᄒᆞ엿도다六七月頃淸明ᄒᆞᆫᄂᆞᆯ太陽이暴洒ᄒᆞᆯ제滌暑次로淵沼邊에臨ᄒᆞ여서쳐음ᄉᆡᆼ각에ᄂᆞᆫ太陽이이갓치暴晒ᄒᆞ니此淵水도必然寒凉ᄒᆞᆫ趣味가無ᄒᆞ리라自度ᄒᆞ고아모ᄉᆡᆼ각업시投入ᄒᆞ면表面은暖ᄒᆞ나裏面은寒冷ᄒᆞ기無比ᄒᆞ미그冷度ᄅᆞᆯ難堪ᄒᆞ여速히投出ᄒᆞᄂᆞᆫ事도有ᄒᆞ나此가何理由인가大抵水ᄂᆞᆫ熱을受ᄒᆞ면輕ᄒᆞ여져서上升ᄒᆞ고受熱되지못ᄒᆞᆫ水ᄂᆞᆫ重ᄒᆞ여下方으로沈入ᄒᆞ여寒冷ᄒᆞᆷ이라試驗ᄒᆞ여琉璃湯鑵에水ᄅᆞᆯ盛入ᄒᆞ여炭火上에ᄉᆞᆯ이면셔手指ᄅᆞᆯ가만히너어檢温ᄒᆞ면水泡가鑵底에셔上面으로浮上ᄒᆞ야上面은温煖ᄒᆞ고下面은아즉冷ᄒᆞ여잇ᄂᆞ니이ᄂᆞᆫ重ᄒᆞ고輕ᄒᆞᆫ것의分間이라此ᄅᆞᆯ疑訝커든木葉과石을가져一時에水中에投入ᄒᆞ여볼지어다石은即時水下에沈入ᄒᆞ고木葉은그냥水上에汎出치아니ᄒᆞ든가이ᄀᆞᆺ치輕ᄒᆞᆫ水温은浮上ᄒᆞ고重ᄒᆞᆫ水寒은沈下ᄒᆞᄂᆞᆫ거슬水의對流라稱ᄒᆞᄂᆞ니라。鐵湯鑵이왕ㅣ왕울어오쟈져근듯풀젹풀젹水泡가鑵口ᄅᆞᆯ立衝ᄒᆞᄂᆞ니이ᄂᆞᆫ水中에이믜交錯ᄒᆞ엿든바空氣가受熱을因ᄒᆞ야膨脹(부프러올으ᄂᆞᆫ모양)ᄒᆞᆷ이라此時ᄂᆞᆫ湯水의熱이攝氏寒暖計로一百度에昇達ᄒᆞᆫᄯᅢ니木炭과石炭의力으로ᄂᆞᆫ아모리

激烈ᄒᆞᆫ熱을興起ᄒᆞᆯ지라도百度以上에昇進ᄒᆞ기不能ᄒᆞ며所謂沸騰ᄒᆞᆫ다ᄂᆞᆫ作用은空氣의壓力을反抗ᄒᆞ여起ᄒᆞᄂᆞᆫ것이니白頭山上峰又ᄒᆞᆫ高處에ᄂᆞᆫ空氣가稀薄ᄒᆞ여壓力이弱ᄒᆞᆫ고로平常百度熱이아니면펄々끌치아니ᄒᆞ든거시此高處에서ᄂᆞᆫ九十度쯤되면불서沸騰ᄒᆞᆫ다ᄒᆞ니試驗ᄒᆞ여砲手의게多年高山에서狩獵ᄒᆞᆫ經歷談을드러보시오飯이나羹이나煮炊ᄒᆞᆯ時에ᄂᆞᆫ얼마쯤넉넉히沸炊ᄒᆞ여잘되엿거니安心ᄒᆞ고匙箸를下ᄒᆞ면其飯은半熟되고其羹은生煮ᄒᆞ여畢竟은失敗를致見ᄒᆞᆫ다ᄒᆞ니此ᄂᆞᆫ空氣의壓力으로反抗ᄒᆞᄂᆞᆫ關係를잘注意치아니ᄒᆞᆫ所以로다。

炭材를久燃ᄒᆞ야鐵罐의水를連續沸騰ᄒᆞ면水ᄂᆞᆫ漸次其形을變ᄒᆞ여隱了ᄒᆞᄂᆞ니果然何處로逃漏가되엿ᄂᆞᆫ가幽靈의仙魔術로自形을變幻ᄒᆞ야吾人의眼目을暗迷케ᄒᆞᆷ인가試驗ᄒᆞ여볼지어다鐵罐의水가왕ㅣ왕 끌을時에罐口로吐出ᄒᆞᄂᆞᆫ바무슴氣가잇지아니ᄒᆞᆫ가이거시所謂蒸氣라稱ᄒᆞᄂᆞᆫ바오濃白ᄒᆞᆫ湯氣ᄂᆞᆫ蒸氣가再次其形을變ᄒᆞᆫ거시로다

冬節이되면盆缸과水瓮의水가그ᄃᆡ로凝結ᄒᆞ여琉璃板을붓친드시되고極寒ᄒᆞᆫ地方에서ᄂᆞᆫ池淵川溪가그ᄃᆡ로凝結ᄒᆞ여天然ᄒᆞᆫ橋杠이되ᄂᆞᆫ고로人馬며牛車가無難히渡往渡來ᄒᆞ며兒孩들은自由의勇技를各誇ᄒᆞ노라고氷滑(어럼지치기)을일솜ᄂᆞ니더럿케水가其自由로流邁ᄒᆞ던性質을一變ᄒᆞ야凝結ᄒᆞᆯ時에ᄂᆞᆫ此를氷이라名稱ᄒᆞᄂᆞ니此ᄂᆞᆫ攝氏寒暖計空度에達ᄒᆞ면恒常이作用이되ᄂᆞᆫ지라此空度를氷點이라稱ᄒᆞᆷ이其緣由요또水가冷ᄒᆞᆷ을從ᄒᆞ여漸々其積을減ᄒᆞ야寒暖計四度에下ᄒᆞ면其積이第一적어지고또만얄其以下가되면도리혀其積이殖ᄒᆞ고同一ᄒᆞᆫ

量으로積이殖ᄒᆞ면質이粗疎ᄒᆞ여져서가비[illegible]지고가바여워지면浮上ᄒᆞᄂᆞᆫ理致인고로上方은恒常下便보다寒冷ᄒᆞ여몬저結凍ᄒᆞᄂᆞᆫ거시例私라그럼으로水의表面만氷이結張ᄒᆞ고下面은根本ᄃᆡ로되ᄂᆞᆫ거시니此ᄂᆞᆫ잘理解되엿ᄂᆞ보오만일水가더런性質이無ᄒᆞ엿든덜池塘과江河가우헤브터아리ᄭᆞ지一度에凍盡ᄒᆞ여거게居生ᄒᆞ든魚類ᄂᆞᆫ氷의炮炙이되고말이니그다음히ᄂᆞᆫ魚類를求見ᄒᆞ기도어려웟스리로다。天地間의모든物體가겨우七十餘種의元素로成立ᄒᆞ엿ᄂᆞᆫᄃᆡ其中에水ᄂᆞᆫ무合元素로된거신고試驗ᄒᆞ여水를器에入ᄒᆞ고硫酸이라ᄂᆞᆫ化學藥을조곰加添ᄒᆞ고器底에ᄂᆞᆫ二介의導線을貫ᄒᆞ고其端에ᄂᆞᆫ조고마ᄒᆞᆫ白金板을結係ᄒᆞ야其上을二箇琉璃管으로覆掩ᄒᆞ고앗가그導線에電氣를通ᄒᆞ면白金板에져은泡가ᄉᆡᆼ겨이거시漸次管으로ᄊᆞ루룩ᄊᆞ루룩올나가셔上部에溜ᄒᆞᄂᆞ니此가即ᄭᅢ스(氣)라ᄒᆞᄂᆞᆫ것이라이ᄭᅢ스가一便管에가득히될時에다른一便에ᄂᆞᆫ半分쯤ᄯᅩ다른ᄭᅢ스가溜ᄒᆞᄂᆞ니이ᄭᅢ스ᄂᆞᆫ무엇인고몬저其一便에가득히된琉璃管을手指로押取取出ᄒᆞ여洋火(셩냥)를켜셔ᄃᆡ이면管의底方에셔가만히燃燒ᄒᆞᄂᆞ니이ᄂᆞᆫ水素라稱ᄒᆞᄂᆞᆫ元素요其次에半管쯤되여잇ᄂᆞᆫ管도前것과ᄀᆞᆺ치取出ᄒᆞ여켯다가새천셩냥불ᄃᆡ를近抵ᄒᆞ면火가盛히起燃ᄒᆞᄂᆞ니此ᄂᆞᆫ酸素라稱ᄒᆞᄂᆞᆫ거시라그런즉水ᄂᆞᆫ酸素一、水素二、의元素로된거시미萬一其確據를更探코져ᄒᆞ거든前에實驗ᄒᆞᆫ反對로ᄒᆞ면水를作ᄒᆞᆯ지니ᄯᅩ實驗ᄒᆞ여봅세다一斤듣々ᄒᆞᆫ琉璃管의側面에二箇白金線을插入ᄒᆞ고管에ᄂᆞᆫ水銀을가득히ᄎᆡ워其口를押取ᄒᆞ여水銀器中에倒立ᄒᆞ고護謨管을水銀中으로너허琉璃管에導引ᄒᆞ고水素사스와酸素사스를二과一의比로吹入ᄒᆞ면사스ᄂᆞᆫ輕ᄒᆞᆫ고로管의上部에溜ᄒᆞ고水銀은逐下ᄒᆞ여管中에二色々스만되ᄂᆞ니其次에琉璃管口를護謨板으로押置ᄒᆞ고電氣를通ᄒᆞ고導線端에火花를飛ᄒᆞ면무合爆發ᄒᆞᄂᆞᆫ樣으로聲을出ᄒᆞ며琉璃管口를늣추어노흐면水銀은全部가다시管中에上ᄒᆞ고上部에僅少ᄒᆞᆫ水滴을止ᄒᆞᄂᆞ니此ᄂᆞᆫ即水、酸二元素가電氣의火花로交擾ᄒᆞ여水를만단것이니前者를水의氣分解라ᄒᆞ고後者를水素酸素의化合이라電稱ᄒᆞᄂᆞᆫ거시외다

學窓餘談 (一)

吳錫裕

法。

法은共同生活의必要條件이니라、共同生活이라ᄂᆞᆫ것은二人以上의人이共通ᄒᆞᆫ目的으로써有無相通ᄒᆞ며多寡相應ᄒᆞ야其生存을保全ᄒᆞᆷ을云ᄒᆞᆷ이라元來自然界에生을保ᄒᆞᄂᆞᆫ者ᄂᆞᆫ死를避ᄒᆞ고生을欲ᄒᆞᆷ은是其天禀이라故로스ᄉᆞ로避死欲生ᄒᆞᄂᆞᆫ以上에ᄂᆞᆫ서로競爭ᄒᆞ야弱者ᄂᆞᆫ强者의게被壓ᄒᆞ고强者ᄂᆞᆫ己의强을誇特ᄒᆞ야弱ᄒᆞᆫ者를制ᄒᆞ고自己ᄒᆞ을노自由로生存코쟈ᄒᆞ야其局終에自然淘汰의行ᄒᆞᆷ은不可爭의事實이라生存을競爭ᄒᆞᄂᆞᆫ場裏에一己自力으로써其競爭에不堪ᄒᆞᆯ時에ᄂᆞᆫ同類共同一致ᄒᆞ야外敵을向ᄒᆞ야當ᄒᆞᆯ지니是ᄂᆞᆫ其生存을保全ᄒᆞᄂᆞᆫᄃᆡ必要ᄒᆞᆫ狀態라故로其結果ᄂᆞᆫ同類共同團體의鞏固ᄒᆞᆫ者ᄂᆞᆫ勝을占ᄒᆞ고만일不然ᄒᆞᆫ者ᄂᆞᆫ敗를取ᄒᆞ야自然이消滅ᄒᆞᄂᆞ니此ᄂᆞᆫ宇宙間自然의狀態오또ᄒᆞᆫ自然의數ㅣ니라

吾人々類도此觀念은決斷코差異업ᄂᆞᆫ지라

되미人類는社會的動物이라반다시集合體로써生活할것이오自己一人만固有獨立ᄒᆞ야는到底生活키不能ᄒᆞᆫ故로人類가되야서는家를作ᄒᆞ며家ㅣ集ᄒᆞ야親族을作ᄒᆞ며村을作ᄒᆞ며郡縣을作ᄒᆞ야畢竟에國을成立ᄒᆞ는되至ᄒᆞ니人類가此共同團體를離ᄒᆞ야는生活을完圖치못ᄒᆞᆯ거슨可證ᄒᆞᆯ지로다然則共同團體를維持ᄒᆞ는되는一秩序가不可無也ㅣ니라

元來人類의品質이智力、腕力、年齡、强、弱、性質、其他種々의生活ᄒᆞ는狀態로因ᄒᆞ야個人間에優劣을生ᄒᆞᆯ거슨必然ᄒᆞᆫ理致라故로此優劣을制ᄒᆞ는方法이無ᄒᆞᆯ時는自然優劣에任ᄒᆞ야一共同團體中에서도弱肉은强食되고智者는他를壓制ᄒᆞ야屈從케ᄒᆞ고腕力者는他를奴隸를삼아不平等으로ᄒᆞ야곰더옥不平等이되게ᄒᆞ야畢竟平和를維持치못ᄒᆞᆯ境에至ᄒᆞ리니此不平等을公平히ᄒᆞ고또ᄒᆞᆫ共同으로ᄒᆞ야곰幸福를均享케ᄒᆞ야圓滿完全ᄒᆞᆫ生活을全社會에周及케ᄒᆞ랴면一條件即規律에不可不依케ᄒᆞᆯ지니라

此共同團體의人類가可依할規律은內部와外部에分ᄒᆞ야此에使依케ᄒᆞᆷ을秩序라謂ᄒᆞᆷ이니即內部에屬할것은彼의夫婦相和ᄒᆞ며朋友相信ᄒᆞ는等인되或分爲道德ᄒᆞ며或分爲宗敎ᄒᆞ고또外部에屬할것은一權力으로써强行ᄒᆞ야其規律에必依케ᄒᆞ는故로此外部의秩序에依ᄒᆞ야强者로ᄒᆞ야곰服從케ᄒᆞ야決斷코弱者를壓制치못ᄒᆞ게ᄒᆞᆷ으로此規律을法이라稱ᄒᆞᄂᆞ니故로曰法은共同生活의必要條件이니라

藝園

肇夏偶作　石蘇 李東初

第看机曆此時何。况是夏行春已過。柳絲烟織村猶繪。麥畝風添野欲波。佳節逢人歡更足。故國在目夢偏多。此身逈立競爭外。愛聽平和一曲歌

肇夏郊外行　同作

綠草間々白水湲。無空野色畫中斑。逌來市閙洗塵肚。氣自灑然心自閑。

偶吟　小山 宋旭鉉

三千里外伴萍浮。學界山川入壯遊。鄉音隔耳頻歸夢。物色砭眸每釀愁。鍊金當作警人鐸。斫木必裁濟世舟。借問何郞歌愛國。東天高處一回頭。

海底旅行奇譚

第四回 言語不通艦長空去 點心不饋壯士震怒

朴容喜

却說三士가正히默思ᄒᆞᆯ時에二個壯士가入來ᄒᆞ는ᄃᆡ一人은骨格이通中에筋肉이硬直ᄒᆞ며兩眼이炯々에威風이凜々ᄒᆞ고一人은身長이軒昂에兩眼이淸逸ᄒᆞ며隆準廣額에面如白玉이라兩人이다水獺皮帽子를峨冠ᄒᆞ고海豹革鞋를穿用ᄒᆞ얏시며모록고革外套에土耳其製短劒을腰帶ᄒᆞ얏더라

(水獺及海豹臘虎(此外에海驢海狗膃肭等屬)은北氷洋에産出ᄒᆞ는ᄃᆡ于中(北五〇—六五、東一四〇—一六〇)度間에多産ᄒᆞ며就中露領감닷가半島近海가爲最ᄒᆞᆫᄃᆡ그毛皮가軟暖ᄒᆞᆷ으로價直이百餘圓

에上ᄒᆞᆷ
製革에ᄂᆞᆫ德佛間에處ᄒᆞᆫ모록고國이有名ᄒᆞᆫᄃᆡ只今聖經에씨ᄂᆞᆫ革製冊衣ᄂᆞᆫ만히同國所産이니라
欽哉治造에ᄂᆞᆫ土耳其와日本이世界에有名ᄒᆞᆷ)
兩人이入來ᄒᆞ더니小不開口ᄒᆞ고但只三士의容貌만熟視ᄒᆞ다가아氏에向ᄒᆞ야開口ᄒᆞᄂᆞ何國言語인지難可了解라아氏가爲先佛語와랏덴(羅甸)語로來歷을詳說ᄒᆞᄂᆞ但只傾耳ᄒᆞᆯᄲᅮᆫ이요小不理解ᄒᆞᄂᆞᆫ貌樣이라이에콘셀과밋넷氏가各其德語英語로說明ᄒᆞᄂᆞ一向如前ᄒᆞᆯᄲᅮᆫ이러니突然立去ᄒᆞᄂᆞᆫ지라넷氏가高聲大叫曰汝沒學之海賊아ㅣ英德佛等國語도不知ᄒᆞᄂᆞᆫ沒廉恥의蠻奴로다殺我則速々히下手ᄒᆞᆷ이可ᄒᆞ지何其相窘之甚耶아ᄒᆞ고聲々大呼ᄒᆞ며아氏及콘셀이十分勸留ᄒᆞ야曰吾儕가可히擧動을細察ᄒᆞᆯ거시요妄動치말지어다넷氏가對答ᄒᆞ야曰너가엄의다아노라아氏가繼問曰然則彼兩人은何邦産物이뇨넷氏가對答曰彼等은곳人非人島産이니라아氏가微笑ᄒᆞ야曰人非人島ᄂᆞᆫ至今가지地圖에不載ᄒᆞᆯᄲᅮᆫ아니라余의觀察로ᄂᆞᆫ비록彼等의言語ᄂᆞᆫ難解ᄂᆞ佛南所産인듯ᄒᆞ다고如此이說往說來로二時間을浪費ᄒᆞ얏더니突然鐵門이復開ᄒᆞ면서一了頭(쏘이) 가入來ᄒᆞ야衣裳三領을與ᄒᆞ더니少焉에料理를卓上에陳列ᄒᆞ고出去ᄒᆞᄂᆞᆫ지라三士가會坐ᄒᆞ야飢虎之勢와渴狼之格으로揷來ᄒᆞᆫ즉味盡山河ᄒᆞ고炙得英佛이라곳法國巴里의ᄭᅳ란드호뎰旅店과英國리파불의아델네호뎰旅店의料理를接口ᄒᆞᆷ과一般이며洋刀肉串에ᄂᆞᆫ다(Z)字를刻銘ᄒᆞ얏더라이ᄯᅴ에넷氏及콘셀은飢渴ᄒᆞᆫ지半餘日에이美

味를飽食一場ᄒᆞ고不勝魂困ᄒᆞ야依卓睡去ᄒᆞ고아氏도疲困을難堪ᄒᆞᄂᆞ思往思來에百感이交起ᄒᆞ야六月十日乘艦以來로린고룬號乘衆의行衛如何홈의始末에念及ᄒᆞ야展轉落淚타가於焉間에亦是就眠ᄒᆞ니라小頃에俄然開目ᄒᆞᆫ즉四肢가如繫에呼吸이窒息ᄒᆞ고電光이愴然에艦內가寂寞이러니移刻에콘셀及넷氏도不勝窒息ᄒᆞ야呆然起坐ᄒᆞ면서相呼氣窒ᄒᆞ고넷氏ᄂᆞᆫ또大叫曰彼等이吾儕를窒殺ᄒᆞᄂᆞᆫ도다ᄒᆞᄂᆞᆫ지라아氏가懇喩ᄒᆞ야曰不然ᄒᆞ다一人一時間에所吸의酸素量은空氣量百七十六핀트(一핀트ᄂᆞᆫ三合一四六이라)中에包含ᄒᆞᆫ全量이요一時間所吐의炭素量은所吸酸素量과同量이라然則只今酸素가消盡ᄒᆞ고炭素가充滿홈으로如此홈이니未久에이鐵艦이如何ᄒᆞᆫ方法으로新空氣를換入ᄒᆞᄂᆞᆫ거ᄂᆞᆫ未知ᄂᆞ必然化學的이ᄂᆞ또ᄂᆞᆫ機械的으로水上에浮出ᄒᆞ야新空氣를換入홈에不過ᄒᆞ다고說諭터니言未訖에忽然鮮氣가襲入ᄒᆞ면서新舊가相換ᄒᆞ더라

「空氣中에ᄂᆞᆫ些少의他元素도混在ᄒᆞᄂᆞ大略空氣를五로平分ᄒᆞ면其中에四ᄂᆞᆫ窒素며一은酸素라動物은이酸素를吸收ᄒᆞ고生存ᄒᆞᄂᆞᆫ거시니라」

此時에넷氏ᄂᆞᆫ窒息의困苦ᄂᆞᆫ姑免ᄒᆞ얏시ᄂᆞ飢渴을不勝ᄒᆞ야了頭의午餐을遲送홈에十分激怒ᄒᆞᄂᆞᆫ지라콘셀이安喩ᄒᆞ야曰넷氏요貴下ᄂᆞᆫ如此이妄動치말고艦內의定ᄒᆞᆫ規則을守홈만不如ᄒᆞ다ᄒᆞ미넷氏曰君의沈着은可謂過度로다萬一如此이規則만姑守ᄒᆞ면餓鬼를免ᄒᆞᆯᄂᆞᆫ지ㅣ如此이數時間을經過ᄒᆞᄂᆞ了頭가尙且未來ᄒᆞ더라大槪그睡眠을驚擾ᄒᆞᆯ가念慮ᄒᆞ야不來홈이니眞所謂好意가

反讐之格이라넷氏가益々憤怒燥暴ᄒᆞ더라ᄯᅥ에艦體ᄂᆞᆫ水底幾千尺에沈下ᄒᆞᄂᆞᆫ듯ᄒᆞᆫᄃᆡ四面은寂寞ᄒᆞ고電光ᄆᆞᆫ灼々ᄒᆞᆫ지라아氏主僕이出來事를不解ᄒᆞ야甲則疑惧戰慄ᄒᆞ고乙則恬然變色ᄒᆞᆯᄲᅮᆫ이러니有頃에鐵門이乍開ᄒᆞ면셔了頭가入來ᄒᆞᄂᆞᆫ지라넷氏가大喝一聲에躍身蹴倒ᄒᆞ고左打右擊에跨腹壓喉ᄒᆞ미其勢가甚激에難可挽留ᄒᆞ며了頭ᄂᆞᆫ叫苦一聲에已如絶命이라아氏主僕이不勝慌怯ᄒᆞ야不知所出이러니忽然門外에셔法語로大叫ᄒᆞ야曰넷氏ᄂᆞᆫ過이激怒치말지며아君은余의所言을暫聽ᄒᆞ라ᄒᆞᄂᆞᆫ지라이ᄯᅥ에아氏主僕은姑捨ᄒᆞ고넷드란드도胸轟身戰을不勝ᄒᆞ야丁立呆見ᄒᆞᆯᄲᅮᆫ이러라

世界談叢

夢蝶

世界第一大都會英京론돈의一年間警察費ᄂᆞᆫ約二千萬圓이오警吏의總數ᄂᆞᆫ一萬七千二百二人인ᄃᆡ最高給의警吏ᄂᆞᆫ年俸이約八千圓이며最下給의警吏ᄂᆞᆫ六百六十六圓許量이라더라

現今世界의最可畏ᄒᆞᆯ거ᄉᆞᆫ肺病이며且貧寒ᄒᆞᆷ으로攝生不充分ᄒᆞᆫ貧民에最多ᄒᆞᆫᄃᆡ假令米英에其例를推算ᄒᆞᆯ진ᄃᆡ米ᄂᆞᆫ約二十萬이며英은約五萬可量의患者가有ᄒᆞᆫᄃᆡ貧民數의約十分之一以上을占有ᄒᆞᆫ지라故로此事에對ᄒᆞ야憂慮ᄒᆞᄂᆞᆫ者不小러니近日紐育第五街에在ᄒᆞᆫ싸부디스트寺院牧師엥읏드博士가肺病院建設을熱心唱起ᄒᆞᄂᆞᆫᄃᆡ同氏의說을據ᄒᆞᆫ즉一年에約一千萬圓만費用ᄒᆞ며

三萬可量의生命을可救라云々ᄒᆞᆫ다더라

○縮緬(지리멘)一匹에繭五千介 縮緬이라名稱ᄒᆞᄂᆞᆫ비단은日本貴女의愛用品인ᄃᆡ重量은百二十目(메)요原料의生糸ᄂᆞᆫ百五十目라ᄂᆞᆫᄃᆡ百五十目의生糸製造所用의繭이一斗五升即五千介라、 然則이五千介의蠶虫을飼養홈에費用ᄒᆞᄂᆞᆫ桑葉重量은約二十七貫目가入用된다더라

○麒麟이라ᄂᆞᆫ動物은墺國南方쌀강半島北帶에多産ᄒᆞᄂᆞᆫᄃᆡ그角은産地를從ᄒᆞ야或二介나또ᄂᆞᆫ三介이며頸長은約七尺餘인ᄃᆡ所嗜의食物은아가샤라稱ᄒᆞᄂᆞᆫ木葉이요二三介月間飮水치아니ᄒᆞ고도生活ᄒᆞᄂᆞᆫᄃᆡ可憐ᄒᆞᆫ거슨同獸가天性이强悍치못홈으로他獸의殺害를多被ᄒᆞ고또生來天啞로臨死之境에도一聲도吼지못ᄒᆞᆫ다더라

○米人올드리버라稱ᄒᆞᄂᆞᆫ者ᄂᆞᆫ木製洋靴를穿用ᄒᆞ고신시나치로부터너우올레안싸지略千六百哩되ᄂᆞᆫ海上을約四十日間에步行到達ᄒᆞ얏ᄯᅡ니이와갓치進步ᄒᆞ면畢竟에ᄂᆞᆫ海洋이平地가되겟더라

○米廷은고로라드州움곰쌍우레地方에셔略二十八萬에ㅣ커(略十萬町步)된ᄂᆞᆫ空地를開墾키爲ᄒᆞ야灌漑費로三十億圓을支出ᄒᆞ얏ᄂᆞᆫᄃᆡ該地ᄂᆞᆫ足히三百萬人生을養給홀만ᄒᆞ다더라

○英人메손은그愛犬뎃돈을紐育居우레리아에게一萬圓에賣渡ᄒᆞ얏ᄂᆞᆫᄃᆡ該犬은能히샤람以上의智聰이有ᄒᆞ야無所不能이라더라

○米國ᄒᆞᆫ도손鐵道會社事務所 (方今紐育市에築設中) ᄂᆞᆫ二十三層의大廈라四十個의事務室이有ᄒᆞᆫᄃᆡ一萬人可量可容이요그築費ᄂᆞᆫ八百萬弗인ᄃᆡ昇降機三十九坐를設

ᄒᆞ야上下케ᄒᆞᆫ다라

○目下印度膠所用이日日增加홈으로培植地도逐次增加ᄒᆞᄂᆞᆫᄃᆡ其重要產地ᄂᆞᆫ錫蘭島에十萬에거馬來島에十五萬에거墨西哥에二十七萬五千에거合二十萬町步의地面을費用ᄒᆞᆫ다더라

○米國報를據ᄒᆞᆫ즉昨年度同國官公私立學校의總經費額이三億七千六百九十九萬六千四百七十五圓이라더라

大隈伯의我國甛菜糖業談

○韓國의甛菜(砂糖蕃)糖業의有利홈은余가임의明治卅七年頃에滿韓經營에對ᄒᆞ야意見을公布홀時에大綱說明ᄒᆞ얏거니와米國富豪甛菜經營者쯔ㅣ지、모르싼이此事業의有望홈을是認ᄒᆞ고韓國에사름을가만이派遣ᄒᆞ야數介所에栽培ᄒᆞ야十分好結果를收ᄒᆞᆫ지라故로該氏가精細ᄒᆞᆫ設計를具ᄒᆞ야余와面會를求ᄒᆞᆫ後日本政府의承認을懇囑ᄒᆞ얏던次日露戰雲이爾後連續未收홈으로空然歸國ᄒᆞ얏ᄂᆞᆫᄃᆡ그ᄯᅥ모르싼이專門技師와同伴ᄒᆞ고韓國에入ᄒᆞ야適當ᄒᆞᆫ處所를定ᄒᆞ고鐵道敷設의計畫도定ᄒᆞ얏다더라

△大槪韓國의同事業은國家(日本自國을指홈)의經綸에對ᄒᆞ야多大ᄒᆞᆫ貢獻은姑捨ᄒᆞ고個人(日本人을指홈)의根着的事業으로도最히有望ᄒᆞ며日本의韓國經營에對ᄒᆞ야도希望ᄒᆞᄂᆞᆫ바太半을成功홈은余의確信ᄒᆞᄂᆞᆫ비며

△또北海道의甛菜成熟期에霖雨多降홈으로糖分이減少ᄒᆞ며地面이狹窄홈으로輪作을不得ᄒᆞ야損害不少홈과ᄂᆞᆫ大相不同ᄒᆞ야

氣候가適中에地面이廣濶ᄒᆞ며雇賃이極廉에供給原料가豊富ᄒᆞ야無一不具ᄒᆞ오

△ᄒᆞ니諸君ㅣ奈翁이歐洲大陸政策으로甜菜糖業에對ᄒᆞ야莫大의保護와無上의奬勵를加ᄒᆞᆫ結果只今歐洲에此業發達進步ᄂᆞᆫ非但喫驚ᄒᆞᆯ뿐아니라그用費의莫大홈도相關읍시大段ᄒᆞᆫ利益을收ᄒᆞ오니이用費도아니걸이고氣候도適中ᄒᆞᆫ如意珠화수분의大事業에着手ᄒᆞ면그好成績은唾手可得ᄒᆞᆯ거시요云々

雜報

△本國京城有志人社會에서本學報發刊에對ᄒᆞ야滿腔의同情을表ᄒᆞ사莫大ᄒᆞᆫ賛成金을發起募送ᄒᆞ고懇切ᄒᆞᆫ書函을送來홈이如左ᄒᆞ니

敬啓者兪星濬等은親愛ᄒᆞ고信賴ᄒᆞᄂᆞᆫ太極學會會長張膺震貴下의게致書ᄒᆞ노라萬里異域에家族的團欒을已忘ᄒᆞ고國家的思想을益發ᄒᆞ야學窓餘日에學會를另設ᄒᆞ야互相的知識을交換ᄒᆞ고雜誌를刊行ᄒᆞ야國民的精神을鼓發ᄒᆞ니在內同胞의欽視顒望이於是乎切且懇焉이라本人等이特히有感ᄒᆞ야貴會雜誌發刊에對ᄒᆞ야同情을表示ᄒᆞᆯ次로同志間에發起ᄒᆞ엿더니幸히不過幾人間社會에不少ᄒᆞᆫ賛成을得ᄒᆞ야金額六百十三圓을醵集仰呈ᄒᆞ오니此金額은他處에使用치마시고專히雜誌維持에保供ᄒᆞ심을爲望ᄒᆞ오며玆에特히紹介치아니홈을不得ᄒᆞᆯ事ᄂᆞᆫ右金額中에現在學員等이또ᄒᆞᆫ滿腔同情으로艱難ᄒᆞᆫ金額을出義홈이니此를記憶勿忘ᄒᆞ시옵쇼셔敬具

光武十一年六月十七日

兪星濬 盧伯麟 魚瑢善 元應常
兪承兼 羅壽淵 權鳳洙 趙齊桓
張 燾 石鎭衡

博覽會內韓國婦人의事件

日本東京博覽會에出品된韓國婦人事件으로內外輿論을喚起ᄒᆞᆫ것은世人이共知ᄒᆞᄂᆞᆫ바ㅣ라左에其顚末을記載ᄒᆞ노라

月前에我留學生一部가博覽會觀覽次로上野公園에往ᄒᆞ야該會出品物을順次閱覽ᄒᆞ고第五號朝鮮館附屬水晶館에往ᄒᆞ야觀覽料十錢을出附ᄒᆞ고該館入門에入ᄒᆞ니暗黑洞中과恰似ᄒᆞ야咫尺을不分이라手攀足探ᄒᆞ야該館內에探入ᄒᆞ니四壁은水晶으로製成ᄒᆞ야玲瓏照人ᄒᆞᄂᆞᆫ데豈其料之리오其中에本邦婦人一名과通譯一名이椅子에倚坐ᄒᆞ얏ᄂᆞᆫ데婦人의服裝은本邦賤業婦의模形으로裁成ᄒᆞ얏고顔面에ᄂᆞᆫ白粉紅脂로淋漓塗粧ᄒᆞ야各國觀覽人으로ᄒᆞ여곰一種恠々ᄒᆞᆫ感念을起케ᄒᆞ도다於此에觀覽ᄒᆞ던我學生等이驚訝ᄒᆞ야該館主人을尋訪ᄒᆞ야其事件의始末을問ᄒᆞᆫ즉其槪意에曰此水晶館은朝鮮館附屬으로築成ᄒᆞᆫ것인데貴邦婦人을藏置ᄒᆞᆫ것은特別ᄒᆞᆫ原因이有ᄒᆞᆫ바아니라當初朝鮮館을建設ᄒᆞᆫ本意ᄂᆞᆫ日本統監府에셔實業家와協議ᄒᆞ야韓國事情을日本에紹介ᄒᆞ기爲ᄒᆞᆷ이니觀覽者를多引치아니ᄒᆞ면其目的을達ᄒᆞᆯ슈無ᄒᆞᆫ지라故로韓國事情에精通ᄒᆞᄂᆞᆫ日本人飯田鐵之助氏와商議ᄒᆞ야韓國大邱에셔其婦人을雇來ᄒᆞ야水晶館內에置ᄒᆞ고樂器의看守를依托ᄒᆞ고每月相當ᄒᆞᆫ月給을出給ᄒᆞᄂᆞᆫ바ㅣ니무엇이貴邦人의體

面에汚損이되ᄂᆞᆫ뇨ᄒᆞᆷ에我學生이答曰貴下의言이我儕의意見과大相不同ᄒᆞᆫ것은非他라貴下ᄂᆞᆫ日本人을標準ᄒᆞ고觀察ᄒᆞᄂᆞᆫ故로其婦人의事件이我韓國에對ᄒᆞ야體面을損傷ᄒᆞᄂᆞᆫ비아니라稱ᄒᆞᄂᆞ我韓人이我韓國을標準ᄒᆞ고觀察ᄒᆞ면三尺童子라도此事件에我韓國에重大ᄒᆞᆫ侮辱됨을明々可知라貴下의言이水晶館을設立ᄒᆞ고觀覽料를取ᄒᆞᄂᆞᆫ것은專혀美術的으로造成ᄒᆞᆫ家屋에對ᄒᆞᄂᆞᆫ것이라辯明ᄒᆞᄂᆞ誰人이던지此水晶館에入ᄒᆞ야觀察ᄒᆞ면韓國婦人이重要ᄒᆞᆫ觀覽品이된다謂치아니ᄒᆞᆯ人이無ᄒᆞ리니此件이韓國에恥辱되지아니ᄒᆞ면如何ᄒᆞᆫ事件이國恥民辱이되겟ᄂᆞ뇨頃年大阪博覽會에셔奸商輩가韓國婦人二名을野蠻人類館에置ᄒᆞ고觀覽料를取ᄒᆞᆫ歷事가有ᄒᆞᆫ데今番貴館에셔ᄒᆞᄂᆞᆫ方策이刑式으로論ᄒᆞ면該事件과逈殊ᄒᆞᆫ듯ᄒᆞᄂᆞ實質로觀察ᄒᆞ면少無差異니貴下ᄂᆞᆫ人道와倫埋의觀念을再三思之ᄒᆞ야速히該婦人을歸國케ᄒᆞ라ᄒᆞ고一場辯論을終了ᄒᆞᆫ後에該婦人과通譯을招見ᄒᆞ고爲先其姓을問ᄒᆞ니婦人의姓名은鄭命先이오通譯의姓名은朴恒良이라當初渡日時에ᄂᆞᆫ鄭氏ᄂᆞᆫ其事情을詳知치못ᄒᆞ고다만朴恒良과日本人의所言을聞ᄒᆞ고東京博覽會에往ᄒᆞ면翫景도잘ᄒᆞ고營利도不少ᄒᆞᆫ줄로知ᄒᆞ고來ᄒᆞ얏더니意外에如此ᄒᆞᆫ境遇를當ᄒᆞ니所道를不知라ᄒᆞ고無言中에悽愴ᄒᆞᆫ愁色이眉間에暗動ᄒᆞ야吾人의게非常ᄒᆞᆫ慘感을起케ᄒᆞ도다朴哥로論之ᄒᆞ면韓國男子라이무리衣食의關係로爲ᄒᆞ야如許ᄒᆞᆫ狀態를做出ᄒᆞ얏다云ᄒᆞᄂᆞ國民의體面에損傷ᄒᆞᄂᆞᆫ事爲를不憚行之ᄒᆞ니엇지其責任을免ᄒᆞᆯ슈有ᄒᆞ리오婦人에至ᄒᆞ야ᄂᆞᆫ生計의困難으로由ᄒᆞᆯ뿐아니라

元來不學無識ᄒᆞ야무엇이國家에榮譽가되며侮辱이되ᄂᆞᆫ지不知ᄒᆞ고또渡日之初에如許ᄒᆞᆫ事況이層生ᄒᆞᆯ것을不知ᄒᆞᆷ으로由ᄒᆞᆷ이니吾人은此에對ᄒᆞ야批評ᄒᆞᆯ餘地가無ᄒᆞ고다만同情의感淚를禁키不能ᄒᆞ도다故로我學生中一部分이救濟方策을講究ᄒᆞ기爲ᄒᆞ야五六次水晶館主人과直接或間接으로交涉談辨ᄒᆞ되終是好結果를得치못ᄒᆞ야面々相覰ᄒᆞ고苦心惱神만ᄒᆞ얏더니

何幸天道가有心ᄒᆞ고同種이相憐일ᄉᆡ該婦人救主를派送ᄒᆞ니其人은誰也ㅣ오即京城居內部參書官閔元植氏라氏ᄂᆞᆫ月前에日本宮內省視察로日本에渡來ᄒᆞ야東京芝區에셔滯留ᄒᆞ더니學生間에셔這箇消息을聞ᄒᆞ고또該問題로爲ᄒᆞ야韓日兩國人間에不好ᄒᆞᆫ感情이起ᄒᆞ야彼此에不利益ᄒᆞᆯ것과該婦人이水晶館에出品物이되야我韓國家에恥辱이되야世界萬國觀覽者의게嘲笑罵詈를買ᄒᆞᆯ것을平心思之ᄒᆞ고水晶館에往ᄒᆞ야該館主를見ᄒᆞ고屢次談辨ᄒᆞ야其眞相을探知ᄒᆞ고警視廳에個人資格으로血心交涉ᄒᆞ야婦人의所費數百元을自爲擔當ᄒᆞ고其婦人을歸國케ᄒᆞ얏시니嗚呼라我同胞여我韓二千萬同胞가皆以同氏之心으로爲心이면何患團體之不合이며國家之不興이리오我韓國에如此ᄒᆞᆫ義人이有ᄒᆞᆷ을欣賀感謝ᄒᆞ노라

○北美悲報　北美韓人共立協會總會長宋錫俊氏ᄂᆞᆫ元來本國에셔도敎人의自由를主唱革新ᄒᆞ던愛國志士라年前에美國에渡往ᄒᆞ야千萬辛苦를經盡ᄒᆞ며到處마다國民精神을皷發ᄒᆞ며同會總會長으로日夜食寢을忘ᄒᆞ고孜々勤務ᄒᆞ더니不幸去五月十日上

午七時에逝世ᄒᆞᆫ訃音이本會에來到ᄒᆞ니氏와如ᄒᆞᆫ會長을失ᄒᆞᆫ共立會의不幸과氏와如ᄒᆞᆫ先導者를失ᄒᆞᆫ北美에在ᄒᆞᆫ我同胞의不幸은다시言ᄒᆞᆯ바無ᄒᆞ거니와氏와如ᄒᆞᆫ前途多望ᄒᆞᆫ愛國志士를失ᄒᆞᆫ我一般國民의不幸이여！

○共立新報擴張　北美에在ᄒᆞᆫ韓人共立協會에셔己往브터共立新報를刊行ᄒᆞᆷ은世人의共知ᄒᆞᄂᆞᆫ바어니와該報의活版諸具가未備ᄒᆞ야謄寫刊出에苦難이莫甚ᄒᆞᆫ中劇烈ᄒᆞᆫ震災의艱難ᄒᆞᆫ境遇를屢經ᄒᆞ엿스되百敗不屈ᄒᆞ고一向前進ᄒᆞ더니今番更一層擴張ᄒᆞ기爲ᄒᆞ야晝夜로血汗勞苦를忍耐ᄒᆞ고勞働ᄒᆞᆫ金錢을鳩聚ᄒᆞ야活版諸具를購入ᄒᆞ고今年四月브터第二卷第一二號가刊行되엿스니壯哉라我同胞여勉哉어다我同胞여

○北美桑港我同胞大同保國會에셔本會에公函ᄒᆞ고本學報에贊助金新貨八환과斷指學生의게義捐金十四圓을寄送ᄒᆞ엿기玆에其熱誠厚誼를鳴謝ᄒᆞ노라

○美領布哇에居留ᄒᆞᄂᆞᆫ我同胞들이組織ᄒᆞᆫ親睦會에셔親睦회報를發行ᄒᆞ야各處에付送ᄒᆞ얏더라

○浦港美聞　俄領海參威에居留ᄒᆞᄂᆞᆫ韓人界에ᄂᆞᆫ從來韓人學校가無ᄒᆞ엿더니今年四月頃에該地에居留ᄒᆞᄂᆞᆫ我同胞들이啓東學校를設立ᄒᆞ고青年子弟들의게愛國血誠을培養敎授ᄒᆞᆫ다니此ᄂᆞᆫ我韓文明의新萠이라一般同胞여相賀相樂ᄒᆞ옵셰다

會事要錄

本月二日에日本內務省視察員閔元植氏를請邀ᄒᆞ야演說ᄒᆞ다○同九日에視察員閔元植氏가學生界의有益ᄒᆞᆫ거스로演說ᄒᆞ고本

會에入會ᄒᆞ기ᄅᆞᆯ請願ᄒᆞᄂᆞᆫ고로許入ᄒᆞ다◯十五日平南永柔郡支會長李治魯氏가報告ᄒᆞ되本人이本郡李花學校高等科ᄅᆞᆯ卒業ᄒᆞ고平壤測量學校에入學홈으로所任을視務키不能ᄒᆞ와玆에請願이라ᄒᆞ엿더라

◯本月노爲始ᄒᆞ야ᄂᆞᆫ內國各處學校의處所ᄅᆞᆯ아ᄂᆞᆫᄃᆡ로本會學報ᄅᆞᆯ發送ᄒᆞ야有爲靑年의觀覽에供ᄒᆞ여그學識의萬分之一이라도有助케ᄒᆞ기로十六日任員會에셔決定ᄒᆞ다

◯本月十六日總會에셔朴相洛氏가北美桑港韓人共立協會總會長宋錫俊氏의追吊會ᄒᆞ기ᄅᆞᆯ動議ᄒᆞᄆᆡ金載汶氏再請으로可決되야日字ᄂᆞᆫ本月三十日노定ᄒᆞ고諸般節次ᄂᆞᆫ任員會에專任ᄒᆞ다

會員消息

申成鎬。莊源台。金炯奎。金溶重。裴永淑。南宮營李潤柱諸氏ᄂᆞᆫ夏期放學에覲親次로發程歸國ᄒᆞ다

昨年冬間에歸國ᄒᆞ엿든金賢俊氏ᄂᆞᆫ客月中旬에再次渡來ᄒᆞ엿더라

金載熈李勳榮兩氏ᄂᆞᆫ攝養次로長野縣地方에往留ᄒᆞ다

新入會員

平北博川韓益燮。同宋旭鉉。平南江西郡金炳億。李德敎。京城李圭廷。平北義州崔忠昊。平南殷山安希貞。京城閔元植。平北泰川白宗洽。平南殷山朴允喆諸 氏가今番에入會하다

永柔郡支會新入會員

金憲燾。朴在善。金志侹。金相哲。康義璟。

車濟重。金命峻。金贊植。安光鎬。金元根。李禧敦諸氏가入會ᄒᆞ다

大極學報第七回義捐人氏名

朴泳孝氏 百 圓

朴泳孝氏 百 圓再次梁大卿氏 參 圓

張世璃氏 伍 圓 金崙圭氏 壹 圓

閔元植氏 貳拾圓每朔 鄭雲復氏 伍 圓

金駿玨氏 壹 圓 金鵬玨氏 伍拾錢

李秉瑚氏 貳 圓 金釆瑚氏 貳 圓

康益錄氏 貳 圓 朴奉龍氏 貳 圓

○京城有志人社會에서本報를爲ᄒᆞ야贊成金募集發起홈에對ᄒᆞ야出義ᄒᆞ신僉位의氏名이如左ᄒᆞ니

閔衡植氏 壹百圓

李 甲氏 張宗植氏 金圭鎭氏 李根洪氏

李夏榮氏 張憲植氏 柳東作氏 金경中氏

金彰漢氏 各十圓

鄭永斗氏 西原龜三氏 尹致旿氏 鄭永澤氏

李會九氏 趙鎭泰氏 韓萬源氏 李源兢氏

鄭東植氏 國分哲氏 韓昌洙氏 白瀅洙氏

閔元植氏 兪星濬氏 崔錫敏氏 洪在祺氏

朴斗榮氏 朴承祖氏 康斗鉉氏 張世基氏

各五圓

卞鍾獻氏 李秉和氏 崔文鉉氏 咸台永氏

李鍾協氏 李建鎬氏 各四圓

申海永氏 魚瑢善氏 金基肇氏 李容楨氏

金正穆氏 李源國氏 金晦秀氏 李秀京氏

池逸燦氏 李益釆氏 金灌植氏 各三圓

張宇根氏 吳聖根氏 各二圓五十錢

李寅植氏 太明軾氏 朴晚緖氏 金斗漢氏

尹致昭氏 崔獻圭氏 李敦修氏 李晚圭氏

閔健植氏 李斗淵氏 李舜夏氏 玄 㮾氏

趙在赫氏 兪承秉氏 金洛憲氏 吳榮根氏
玄　采氏 徐丙業氏 孫錫基氏 趙秉澤氏
金兌植氏 朴仁昌氏 李用錫氏 白寅基氏
金永壽氏 趙彰漢氏 安鍾和氏 張　燾氏
尹性普氏 金宅鎭氏 李容成氏 柳甲秀氏
陸鍾冕氏 金祥演氏 李範世氏 劉文煥氏
尹晶錫氏 成文永氏 呂炳鉉氏 高源植氏
黃義正氏 石鎭衡氏 趙齊桓氏 李建春氏
李玄九氏 吳在豐氏 羅壽淵氏 元應常氏
李肯萬氏 李淵穆氏 安鍾元氏 柳一宣氏
權鳳洙氏 崔台鉉氏 李　儁氏 申佑善氏
鄭在洪氏 李鍾泰氏 李鍾宇氏 李膺鍾氏
閔丙斗氏 宋之憲氏 李健承氏 李鳳載氏
李憲珪氏 李東暉氏 各二圜
金義善氏 一圜五十錢
崔敬淳氏 尙　灝氏 朴泓鎰氏 洪箕周氏
成夔永氏 郭漢英氏 朴容九氏 崔秉相氏

金泰善氏 李秉憲氏 劉漢鳳氏 柳基永氏
沈宜軾氏 李元植氏 尹世鏞氏 韓普源氏
白南奭氏 韓悳淳氏 金永甲氏 劉秉弼氏
金夏鼎氏 金大熙氏 陳熙星氏 申海容氏
安昌善氏 金成喜氏 玄公廉氏 李鼎來氏
金然鴻氏 安義淳氏 金元植氏 朴士善氏
李尙林氏 李君弼氏 尹憲求氏 劉重烈氏
安基祚氏 李吉善氏 崔慶鎬氏 李元球氏
洪鍾佶氏 李浩稙氏 朴成圭氏 金希洙氏
南宮薰氏 尹明燮氏 成樂英氏 吳禧善氏
沈夏慶氏 朴治勳氏 金英鎭氏 任冕淳氏
洪仁杓氏 李元稙氏 安鍾五氏 元大圭氏
趙重完氏 朴泰慶氏 李明煥氏 兪鉦秉氏
李善鎬氏 李重乭氏 金鎭漢氏 朴聖欽氏
李能世氏 梁在謇氏 金澤基氏 趙經九氏
李海朝氏 金秉萬氏 李哲相氏 洪在箕氏
洪淳澤氏 李浩昇氏 崔鍾洛氏 柳芝秀氏

金學轍氏 金 薰氏 沈鍾協氏 黃義民氏
洪璿杓氏 徐相浩氏 李秉穆氏 崔漢膺氏
金相天氏 朴晶東氏 朴稚祥氏 金纘濟氏
河益泓氏 朴起東氏 安衡中氏 閔衡基氏
徐丙珪氏 趙臣鏞氏 各壹圓
徐庸熙氏 李應善氏 金孝鎭氏 尹泰榮氏
安性眞氏 劉文相氏 元泳義氏 金奎炯氏
洪允祖氏 具然欽氏 成樂憲氏 金淳鎔氏
李公雨氏 鄭源錫氏 洪正裕氏 金鍾호氏
林應鎭氏 孫應駿氏 安炳奎氏 成哲永氏
鄭鎭泰氏 吳世章氏 李元植氏 李萬鍾氏
沈相定氏 金炳奭氏 沈宜性氏 元濟商氏
李海東氏 李奭永氏 安基宅氏 徐丙植氏
河泰瑞氏 洪承駿氏 崔永澤氏 韓泰源氏
李和鍾氏 金圭洛氏 安國承氏 趙載鳳氏
趙弘奎氏 洪淳龜氏 姜重遠氏 柳 玩氏
申沃鉉氏 安景運氏 各伍拾錢

許 炳氏 洪鍾安氏 各四拾錢
李允洙氏 洪達厚氏 金相益氏 崔鳳韶氏
柳靖鉉氏 韓相威氏 趙重協氏 崔南敎氏
尹榮根氏 尹敎興氏 金觀植氏 趙琥九氏
李弼殷氏 金 林氏 各參拾錢
任璟宰氏 金商翊氏 各貳拾伍錢
朴潤台氏 康世鎭氏 李奎宰氏 咸錫奎氏
咸錫澤氏 李敎升氏 權泰完氏 具升會氏
劉載兢氏 趙東敏氏 李基烈氏 金基賢氏
趙良元氏 林正奎氏 柳海昌氏 權轍相氏
趙台煥氏 各貳拾錢
朱翰益氏 金鍾協氏 各拾伍錢
安宅洙氏 南廷圭氏 李敬儀氏 柳志衡氏
金元培氏 權泰亨氏 李鍾淵氏 高榮錫氏
乭두熙氏 鄭奭朝氏 李炳懋氏 尹熙榮氏
李根國氏 各拾錢 劉鍾洪氏
安基祺氏 尹秉煥氏 金明煥氏 各一圓

光武十一年六月廿七日印刷
光武十一年七月五日發行
明治四十年六月廿七日印刷
明治四十年七月五日發行

●代金郵稅並新貨拾貳錢

日本東京市本郷區元町二丁目六十六番地太極學會內
編輯兼發行人 張膺震

日本東京市本郷區元町二丁目六十六番地太極學會內
印刷人 金志侃

日本東京市本郷區元町二丁目六十六番地
發行所 太極學會

日本東京市京橋區銀座四丁目一番地
印刷所 教文館印刷所

太極學報第十一號

光武十年 明治三十九年 九月(二十四日) 第三種郵便物認可

光武十一年 六月 [illegible]日 明治四十年七月 [illegible]日 發行(每月廿四日一回發行)

治卅九年九月廿四日
武十年九月二十四日
第三種郵便物認可

光武十一年七月廿四日發行（每月廿四日一回）

太極學報

第十二號

太極學會發行

廣告

本報를購覽코져ᄒᆞ시ᄂᆞᆫ이ᄂᆞᆫ本發行所로通知ᄒᆞ시되價金은每朔爲替로換送ᄒᆞ심을敬要

本報ᄂᆞᆫ有志人士의購覽을便宜케ᄒᆞ기爲ᄒᆞ야出張支店을如左히定ᄒᆞᆷ

皇城中署東闕罷朝橋越便

朱翰榮書舖(中央書館內)

北美合衆國加州玉蘭市

韓人共立新報社內(林致淀住所)

特別廣告

(萬種書籍의俱備홈은本館의特色)

○內外圖書出版

○教科書類發兌

○新聞雜誌取次

○學校用品販賣

(配達郵料의不要홈은讀者의經濟)

皇城中署罷朝橋越邊

本店 (中央書館) 朱翰榮

平安北道宣川邑川邊

支店 (新民書會) 安濬

○廣○告

今番本國京城有志人社會에서本報發刊에同情을表ᄒᆞ시고
贊成金募集을發起ᄒᆞ심에對ᄒᆞ야國內有志ᄒᆞ신
僉位께오셔滿腔의誠心으로同情을表ᄒᆞ시샤莫大ᄒᆞᆫ金額을
醵集寄來ᄒᆞ엿ᄉᆞ옵기玆에
僉君子의高義를感佩鳴謝ᄒᆞ옵ᄂᆞ이다

在日本東京 太極學會 敬告

太極學報
贊成員 僉位 座下

太極學報第十二號目次

文藝

雜纂

講

壇

太極學報

第十二號

光武十一年七月廿四日
明治四十年七月廿四日 (發行)

國之興旺在於公富

韓興教

△蓋人生於天地之間ᄒᆞ야初焉莫不有自然的幸福이언마ᄂᆞᆫ及其中與末也ᄒᆞ야思想이不齊ᄒᆞ고事業이各殊故로革舊就新者ᄂᆞᆫ爲賢ᄒᆞ고因循姑息者ᄂᆞᆫ爲愚ᄒᆞ며勞而不倦者ᄂᆞᆫ爲富ᄒᆞ고遊而不厭者ᄂᆞᆫ爲貧ᄒᆞᄂᆞ니此皆古今之常理也라彼賢愚之別은竢後閑暇而詳說이오今焉單擧以貧富之例ᄒᆞ노라

試觀東西古今之史ᄒᆞ면富而貧이幷不外乎上項二件而已로되其所向은各其不同ᄒᆞ니何以言之오先論東洋則在昔漢武遠征之時에卜式은以民間之巨富로憂國庫之罄竭ᄒᆞ야出粟累萬斛而輸納于大司農(與度支部로略同)고로庶免經用之困乏ᄒᆞ얏고次言西洋則在和(和蘭)西(西班牙)戰爭之時에오린디、위리암公은以和蘭貴族之巨富로憤敵勢之猖獗ᄒᆞ야捐金累鉅萬而組織義勇艦隊ᄒᆞ야擊退西軍ᄒᆞ고唱導獨立ᄒᆞ얏시며且今日歐米列强과與日本之某

ㄷ資本家는築工場、 設會社ᄒᆞ야雇用貧民ᄒᆞ고立學校、 創義塾ᄒᆞ야敎養孤兒ᄒᆞ니如此等人物은可謂一國之公富오其餘許多慈善家事業은不遑枚擧니라

惜哉라我邦은數百年于玆에但聞如彼之富人而未聞如是之事業ᄒᆞ니何其反比例之甚也오上自朝廷으로權門勢族이出當要路에設官肆於政海ᄒᆞ야爭攫官金ᄒᆞ야用之不竭而紅腐滿倉호ᄃᆡ不問蒼生之疾苦ᄒᆞ고下至州郡ᄒᆞ얀土豪鄕愿이扼腕藉力에布民網於鄕曲ᄒᆞ야侵漁殘民ᄒᆞ야永爲子孫之計策고로富者益富ᄒᆞ고貧者益貧ᄒᆞ니然而國欲富强인ᄃᆞᆯ豈能得乎아可憐其末流之弊가非止經濟界之恐惶이라自招隣邦之侮辱ᄒᆞ니在於昔日엔猶或可也어니와際斯時也에도因循姑息而終是毋改乎아

不俟은其於救弊之方에只有一策ᄒᆞ니何也오全國內三百六十餘郡에平均學數라도一郡之千石饒富者(百石資本家가合十爲一故로打入算中)가少不下四五家이니略計其財産즉千石資本金이可爲十萬元內外也라捐其十分之一이면一郡總合金額이優爲四五萬元假量也이니以是合資而設共同實業會社ᄒᆞ야使失業遊離之民으로勸勉勞役ᄒᆞ야分明賞罰ᄒᆞ고且有外國實學卒業生이어든無漏雇用而製出新式物品ᄒᆞ야爲先設貿易場於都會ᄒᆞ야以定其權限ᄒᆞ고以通其有無호ᄃᆡ郡々如是ᄒᆞ고道々如是則其結果는終歸乎大韓實業界之興旺이리니那時也에外人商權이自然滅却이며國之富强이必濫觴于此즉外債報償을何足憂哉며自主獨立을何云脫矣리오幸望全國內資本家僉君子는渙然省悟ᄒᆞ야以營私肥己之慾望으로爲公共主義ᄒᆞ고以傳子遺孫之誠力으로爲

國家長策ᄒᆞ야滌去舊汚ᄒᆞ며吸收新氣ᄒᆞ야靜言三復于此篇而如右項實施則彼幾多公富가豈獨專美於古哉리오

良心論

白岳 張膺震

夫人類ᄂᆞᆫ如何ᄒᆞᆫ階級에在ᄒᆞᆫ者를不問ᄒᆞ고心中에一種良心의作用이有ᄒᆞ야人이於社會上凡百行爲에此良心에滿足ᄒᆞᆫ動作을行ᄒᆞ면自己의中心이愉快ᄒᆞᆯ뿐아니라一般社會가此로由ᄒᆞ야幸福과利益을享受ᄒᆞᆷ으로社會ᄂᆞᆫ如此ᄒᆞᆫ人을指ᄒᆞ야善人或君子라稱頌ᄒᆞ며尊敬奬勵ᄒᆞ고人이萬一此良心에違背ᄒᆞᄂᆞᆫ行爲를作ᄒᆞ면自己의中心만不快苦悶ᄒᆞᆯ뿐아니라一般社會가其不美ᄒᆞᆫ影響을被ᄒᆞᆷ으로如此ᄒᆞᆫ人을指ᄒᆞ되不良無道의人이라ᄒᆞ며或惡人이라稱ᄒᆞ야排斥을務圖ᄒᆞ며如何ᄒᆞᆫ惡漢悖類가一時情慾의奴隷가되야常規에違脫ᄒᆞᄂᆞᆫ不良ᄒᆞᆫ行爲를敢行ᄒᆞ엿슬지라도其心中에ᄂᆞᆫ必然良心의苛責을自覺ᄒᆞ야光明ᄒᆞᆫ社會上에其厚面을自若高擧ᄒᆞ기難ᄒᆞ리로다

大抵此良心이라ᄒᆞᄂᆞᆫ거ᄉᆞᆫ最初如何ᄒᆞᆫ動機로因ᄒᆞ야吾人에心中에發生ᄒᆞᆷ인고吾人이此를常識으로觀察ᄒᆞᆯ지라도良心의作用은決코突然히起ᄒᆞᆫ者이아니오心과幷時에起源ᄒᆞ야心의發達ᄒᆞᆷ을從ᄒᆞ야써漸次發達ᄒᆞᆫ거시라故로他動物에도心이有ᄒᆞᆫ樣으로見ᄒᆞ면他動物도人과如히良心의發達ᄒᆞᆯ要素ᄂᆞᆫ具有ᄒᆞ엿ᄉᆞᄂᆞ此要素가發生ᄒᆞᆯ機會를未有ᄒᆞᆫ거ᄉᆞ로做見ᄒᆞᆯ거시니假令木炭石炭等은寶物中最貴ᄒᆞᆫ金剛石과全혀同一ᄒᆞᆫ炭素質을具有ᄒᆞ야金剛石을組成ᄒᆞᆯ만ᄒᆞᆫ要素ᄂᆞᆫ有ᄒᆞ엿ᄉᆞᄂᆞ組成ᄒᆞᆯ機會가未有ᄒᆞᆷ과殆如ᄒᆞᆫ

妄ᄒᆞ도다良心의起源에對ᄒᆞ야ᄂᆞᆫ古來東西洋學者間에種々ᄒᆞᆫ說이多ᄒᆞ니스펜사學派의主張ᄒᆞᄂᆞᆫ바ᄂᆞᆫ經驗說이是ㅣ라此說에人의良心은元來最初부터心中에有ᄒᆞᆫ者이아니오人이社會生活上에外圍의種々ᄒᆞᆫ感化를受ᄒᆞ고種々ᄒᆞᆫ經驗을經ᄒᆞ야一定ᄒᆞᆫ年期에達ᄒᆞ면良心이突然히發生ᄒᆞᆫ다ᄒᆞᄂᆞᆫ거시라人이社會에셔種々ᄒᆞᆫ束縛과制裁를受ᄒᆞᄂᆞᆫ데假令第一은社會的制裁ㅣ니人이惡行爲를行ᄒᆞ면社會가此을排斥ᄒᆞ고第二ᄂᆞᆫ政治的制裁ㅣ니人이惡行爲에犯ᄒᆞ면罰을加ᄒᆞ고第三은宗敎的制裁等이是ㅣ니人이如何ᄒᆞᆫ慾念으로不良의行爲를作코져ᄒᆞ나如此種々ᄒᆞᆫ制裁에對ᄒᆞ야幾分忌憚의心이有ᄒᆞᆷ으로其慾念을十分滿足키不能ᄒᆞ고大部分은自抑치아니치못ᄒᆞᆯ境에至ᄒᆞᆫ則如此ᄒᆞᆫ慣習이積之又積ᄒᆞ면其心中에漸々道德心의萠芽가發生ᄒᆞᄂᆞᆫ거시니換言ᄒᆞ면最初制裁에對ᄒᆞᆫ恐怖心이良心의起源이됨이라ᄒᆞᆷ이라然則今日과如ᄒᆞᆫ良心은最初로부터存在ᄒᆞᆫ者이아니오幾多의年代를累經ᄒᆞ야發達ᄒᆞᆫ거시나今日吾人은此發生의根源을忘ᄒᆞ고良心이最初부터完全히具存ᄒᆞᆫ거스로誤認ᄒᆞᄂᆞᆫ거시라主張ᄒᆞ고또此說에反對ᄒᆞ야起ᄒᆞᆫ者ᄂᆞᆫ良心先天論이是ㅣ니此說의主張ᄒᆞᄂᆞᆫ바ᄂᆞᆫ大抵人의良心은天賦의作用이라故로良心의作用은貴賤上下男女를勿論ᄒᆞ고一體如一ᄒᆞ야人이生ᄒᆞᆯ時에先天的으로帶來ᄒᆞᆫ거시라ᄒᆞ며또以上兩極端說을調和코져ᄒᆞᄂᆞᆫ第三說이有ᄒᆞ니此說은吾人의良心은經驗의結果로發生ᄒᆞᆫ者이ᄂᆞ他邊으로思ᄒᆞ면先天的性質을又有ᄒᆞ도다今日吾人의有ᄒᆞᆫ바道德心即良心은自己一身의經驗으로만得ᄒᆞᆫ者이아니라自己의經驗으로

得ᄒᆞᆫ者ᄂᆞᆫ僅少ᄒᆞ고代々祖先의經驗으로得ᄒᆞᆫ結果가吾人에게遺傳ᄒᆞᆫ것이大部分을占ᄒᆞᄂᆞ니此ᄂᆞᆫ即自己一身에對ᄒᆞ면先天的性質을有ᄒᆞᆫ거시라故로良心의發達ᄒᆞᆫ歷史ᄂᆞᆫ個人的經驗이아니오人種的經驗이라主張ᄒᆞᄂᆞᆫ此說도畢竟은스펜사學派經驗說에社會的進化를添加說明ᄒᆞᆫ者에不過ᄒᆞ도다今日一般學者間에셔認定ᄒᆞᄂᆞᆫ바ᄂᆞᆫ人類ᄂᆞᆫ元來發達ᄒᆞᆯ만ᄒᆞᆫ良心의芽가有ᄒᆞ야此芽가外界의適當ᄒᆞᆫ機會를遭遇ᄒᆞ야發達ᄒᆞ엿다ᄒᆞᆷ이라然則스펜사派의唱道ᄒᆞᄂᆞᆫ社會的制裁政治的的制裁宗教的制裁等은良心發達의起源이아니오良心發達의境遇로見ᄒᆞᄂᆞᆫ거시適當ᄒᆞ도다

良心은如此히社會에셔養成ᄒᆞᆫ者이라故로良心의作用은單只自己一身의善을目的ᄒᆞᆯᄲᅮᆫ이아니라同時에社會共公의善이됨이오良心은進步를不息ᄒᆞᄂᆞᆫ者이라故로良心의作用은時代를從ᄒᆞ야異ᄒᆞ고境遇를從ᄒᆞ야殊ᄒᆞ며教育의如何와智識과精神發達의程度를從ᄒᆞ야人々의良心이同一치아니ᄒᆞ도다然이ᄂᆞ人의思想이社會에셔養成되야大同小異ᄒᆞᆷ과如히良心도大同小異ᄒᆞᆫ共通部分을有ᄒᆞᄂᆞ니今日의社會制度와法律規則等은即各人의理想中에셔此共通一致ᄒᆞᄂᆞᆫ部分을抽象製定ᄒᆞᆫ者이라然이ᄂᆞ理想이一次社會制度와道德法律規則等形式으로變成ᄒᆞ면此等實際的形式은死物이라進步가無ᄒᆞ고人의理想은活物이라發達을暫時도不息ᄒᆞ야變遷이繼續ᄒᆞᄂᆞ니此ᄂᆞᆫ人類生活上에時代의變遷과人智發達의程度를從ᄒᆞ야一般社會制度와道德法律等一切의形式을時代에適合ᄒᆞ게改良치아니치못ᄒᆞᆯ理由ㅣ니라

良心은心의一方面이니全體의意識이道德的으로活動홀時에表現ᄒᆞᄂᆞᆫ狀態라故로心에智情意의三作用이有홈과如히心의一狀態되ᄂᆞᆫ良心에도此三作用이有ᄒᆞ니第一良心의智的作用은理想을求ᄒᆞᄂᆞᆫ것과또此로因ᄒᆞ야善惡을識別ᄒᆞᄂᆞᆫ作用이오第二良心의情的作用은吾人이善行爲를行홀時에ᄂᆞᆫ動作前後에一種難言의愉快ᄒᆞᆫ感想을感得ᄒᆞ깃고惡行爲를作홀時에ᄂᆞᆫ其前後에中心에苦痛을感홈이오第三良心의意的作用은命令的態度를執ᄒᆞ야良心이不許ᄒᆞᄂᆞᆫ行爲ᄂᆞᆫ抑制ᄒᆞ고良心이是認ᄒᆞᄂᆞᆫ行爲ᄂᆞᆫ此를實行케ᄒᆞᄂᆞᆫ力을給與홈이니善行爲를行케ᄒᆞᄂᆞᆫ動機를作홈이라如此히良心은三作用이有ᄒᆞ니良心의發達은即此三作用의發達이라智的作用의發達은漸次高尙ᄒᆞᆫ理想을立ᄒᆞ야善惡을明白히識別케ᄒᆞ며意的作用은意志를强固케ᄒᆞ고理想의是認ᄒᆞᄂᆞᆫ거슬實行케ᄒᆞ야如此히良心이進步ᄒᆞ면道德이進步ᄒᆞᄂᆞ니故로道德의進步ᄂᆞᆫ三方面이有ᄒᆞ도다理想을立ᄒᆞᄂᆞᆫ거슨自己의現在狀態가種々ᄒᆞᆫ點에滿足치못홈을自覺홈에서起由홈이라然이나此自覺力이極端에出ᄒᆞ야人은絕對的不完全ᄒᆞᆫ動物이라自力으로ᄂᆞᆫ如何ᄒᆞᆫ事業을經營홀能力이無ᄒᆞ며人은罪惡의肉塊라如何ᄒᆞᆫ理想을自力으로立홀能力이絕對的無ᄒᆞ다ᄒᆞ면此ᄂᆞᆫ道德의範圍를脫ᄒᆞ고宗教의救助에歸依ᄒᆞᄂᆞᆫ以外에ᄂᆞᆫ다시如何ᄒᆞᆫ方法이更無ᄒᆞ도다道德의行爲ᄂᆞᆫ自己의缺點을自力으로改良ᄒᆞ야自己를漸次完全ᄒᆞᆫ域에發展케ᄒᆞ고自己의理想을追求ᄒᆞᄂᆞᆫ거시오또理想에反ᄒᆞᄂᆞᆫ慾念은良心의意的作用이此를禁止ᄒᆞᄂᆞ吾人은恒常有力ᄒᆞᆫ慾念의攻擊을當ᄒᆞ면心中에서激烈ᄒᆞᆫ

善惡의戰爭이不息ᄒᆞᄂᆞ니故로道德의生活은戰鬪的生活이라稱ᄒᆞᆯ만ᄒᆞ도다然이ᄂᆞ此時에理想에合ᄒᆞᆫ者를立ᄒᆞ고反ᄒᆞᆫ者를抑制ᄒᆞ야如此히許多의修養을積ᄒᆞ면後에ᄂᆞᆫ良心의命令을從ᄒᆞ야實行ᄒᆞᄂᆞᆫ거시習慣을成ᄒᆞ야善을行ᄒᆞᆷ에考察을不要自行ᄒᆞ게되고理想에反ᄒᆞᄂᆞᆫ慾念이心中에셔如許히發生치아니ᄒᆞ며如何ᄒᆞᆫ事爲에當ᄒᆞ야應機處理ᄒᆞᆯ지라도此行爲가自然良心에違反치아니ᄒᆞ게되면此를德이라稱ᄒᆞᄂᆞ니德은即善行爲의習慣을云ᄒᆞᆷ이라

德은睿智、勇氣、節制、正義、忍耐、博愛等種々의分類가有ᄒᆞᄂᆞ此ᄂᆞᆫ大體形式的分類에不過ᄒᆞᆷ이오其根本은다ㅣ良心의指揮를實行ᄒᆞᄂᆞᆫ意思에在ᄒᆞᆷ인則此意思가種々ᄒᆞᆫ境遇에應ᄒᆞ야種々ᄒᆞᆫ形式으로現出ᄒᆞ도다假令戰爭에對ᄒᆞ면勇氣가되고同胞에對ᄒᆞ면博愛가되며君에對ᄒᆞ면忠이되고父母에對ᄒᆞ면孝가되며友에信이되고惡한慾念에對ᄒᆞ면克己節制가되고其他機에應ᄒᆞ고境遇에因ᄒᆞ야良心은種々ᄒᆞᆫ形體로現出ᄒᆞᄂᆞ此各形體間에ᄂᆞᆫ互相不離에關係가有ᄒᆞ니何者오此種々ᄒᆞᆫ形體가名稱은雖異ᄒᆞᄂᆞ其根源은一是唯一良心에셔發ᄒᆞᆷ인즉朋友에게信이無ᄒᆞᆫ者父母에게孝가有키不能ᄒᆞ고父母에게孝가無ᄒᆞᆫ者君에게忠이有키不能ᄒᆞ며正義를不愛ᄒᆞᄂᆞᆫ者博愛心이有키不能ᄒᆞ며眞正ᄒᆞᆫ勇氣를有키不能ᄒᆞᄂᆞ니故로古語에忠臣을孝子의門에셔求ᄒᆞ라ᄒᆞᆷ이亦是這間消息의一端을表示ᄒᆞᆷ이라

以上에概論ᄒᆞᆫ바良心된價値에至ᄒᆞ야ᄂᆞᆫ未開人에良心이나文明人의良心이異同이無ᄒᆞ거니와其作用과表現ᄒᆞᄂᆞᆫ形體에至ᄒᆞ야ᄂᆞᆫ時代를從ᄒᆞ야變遷ᄒᆞ믹古人今人의良心

이不同홀거시오敎育의程度와智識發達의程度를從ᄒᆞ야各人의良心이不一홈인則文明人의良心과未開人의良心이亦差異가有홀거시라今日所謂道學先生等의嗟嘆ᄒᆞᄂᆞᆫ바世道가頹敗ᄒᆞ고人心이漸惡ᄒᆞ야上古聖代의純美ᄒᆞᆫ風化ᄂᆞᆫ다시此世에得見홀슈업다ᄒᆞᄂᆞ此ᄂᆞᆫ但皮相的觀察이라上古時代에ᄂᆞᆫ人種이稀少ᄒᆞ고人智가未開에思想이單純ᄒᆞ야今日과如히生存上에如許激烈ᄒᆞᆫ競爭의趨勢가無ᄒᆞ고由此其間에拔群ᄒᆞᆫ偉人이一出ᄒᆞ면此을指導感化홈에方便이容易ᄒᆞ엿스리니今日에比ᄒᆞ면多少純良質朴의風俗은不無ᄒᆞ엿슬거시ᄂᆞ今日追想ᄒᆞᄂᆞᆫ바와如히엇지人々君子에家々道德으로完全無缺ᄒᆞᆫ社會가有ᄒᆞ엿스리오此ᄂᆞᆫ但尙古諱新ᄒᆞᄂᆞᆫ曲學者의迷夢에不過ᄒᆞ도다今日世道人心이雖云微危ᄂᆞ惡이滅ᄒᆞ고善이勝홈은必定ᄒᆞᆫ理勢ㅣ니吾人이如何ᄒᆞᆫ方面에如何ᄒᆞᆫ活動을試홀지라도自己良心의指揮만聽從ᄒᆞ면設令此가一般社會에共公善에合치못ᄒᆞᆫ다홀지라도庶幾乎不遠ᄒᆞ리로다

韓國의將來文明을論홈

文一平

有史以來로世界文明이滔々進行에累々變遷하야드듸여今日東西歷史의會合的時代에至하얏도다其文明의來歷을溯究하건듸諸國이各異하니古昔에猶太는宗敎로써地上에神聖한天國을建設하고希臘은文藝와學術로써隣邦에傳播하며羅馬는帝王의主義로써世界에君臨하얏고近世에降至하야

英國은海上權을掌握하야海外에多大한殖民地를開拓하며米國은自主自由의權을益々發達케하야完全한共和國體를組織하고德國은科學과政治로써世界에獨步하며佛國은人間的思想과感情으로써宇內에廣布하니此는其國民의固有한特質을因하야文明의趣가各異한바라如此各異한文明으로써世界舞臺에서各自의活劇을演하다가畢竟元氣가疲勞하면即其國이衰頹하고其代에他國이繼起하야隱然히前者의職을轉任하ᄂᆞ니其例를試擧하건ᄃᆡ古時에希臘이廢하미羅馬가盛하고近世에淸國이敗하미日本이興하지안이하얏ᄂᆞᆫ가此로由하야觀ᄒᆞ니世界文明이陽氣의大勢와如히間斷업시輪次廻轉하야太古에其原이東亞에서發生하야슬제耀々彬々ᄒᆞᆫ旭下에東亞諸民族은活劇을演하ᄂᆞᆫ噫彼西洋諸國은黑々暗々한洞中에蠢動을試하더니此勢가西洋에漸移함을隨하야東洋은漸黑漸暗하고西洋은愈文愈明하야希臘으로부터今日에至ᄒᆞᆫ지라然이나天道ᄂᆞᆫ至公ᄒᆞ사變易이無ᄒᆞᆫ故로此勢가再轉하야十數年前부터東洋의長夜乾坤에返照하야以前疲勞沈靜하얏든諸民族이光輝ᄒᆞᆫ新文明天地에다시活動雄飛코자하니即日本이是오其次ᄂᆞᆫ我韓일듯하도다元來我韓이支那의文物을輸來한當時에詩書禮樂이蔚興하야文明程度가反히先進國支那를凌駕하고日本과其他未開諸邦을開導指揮하ᄂᆞᆫ師表가되야其職分을盡하더니元力이漸弱하야這間幾百年에晝夜를不分하며春秋를却忘하고一向困睡하야鼻聲이如雷하거ᄂᆞᆯ於是에群盜가隙을窺하고闖入하야各樣寶物과財貨를奪取하며甚至人을侵害코자하미此時에비르서幾個人이目을

先醒하고見혼즉東天에曙色이方漸에群盜가任意橫行하야殺氣가騰々하거놀先覺人이慌㥘憤鬱하야大聲疾呼로夢人을提醒하되夢人이尙此不知에賊勢는益肆하더니忽然甲午砲聲에幾個가驚起하며於焉甲辰砲聲에又幾個가驚起하야互相提醒하며互相警戒하니從此로擧國이皆醒할터이니如干盜賊을何患하리오아아二千萬兄弟아速起하라紅日이東出하니東洋文明의時代라余는思量호니我國이世界舞臺에超登할機會인줄確信하노라然則如何혼精神으로써如何한文明을做出홀고호면曰我國民이倫理思想에最富함은抑世界의共知하는바라如此固有한特質로써一切權謀術數는棄하고一視同仁의天意를體하야上天의代命으로世界의橫道를討伐剿誅하고萬國安全의方針을講究하야平和의鍵을秉함이即我國民의特質에適合하도다 白頭山脈 脊骨되고黃海水로手足을삼은我國三千里疆域은腐敗혼世界에逈出하니如此絕勝秀美한山川風土에養育生長하야君臣父子夫婦兄弟朋友의道가正한我國民은正義公道의神聖한劍으로私慾을氾濫호는殘賊을排除掃蕩하고微弱을扶持誘掖하며驕傲을掣肘壓倒하야靑天白日下에世界의私心을根絕하고스사로道德上의帝王이되야天地大道에化身하야萬國民을警醒할지여다

天下大勢를論홈

友洋 崔錫夏

英雄이時勢를造호고時勢가英雄을造호니英雄과時勢는密接혼關係가有호도다故로一國의英雄이되랴면一國의時勢를不可不知오一世의英雄이되랴면一世의時勢를不

可不知라盖世英雄那破崙이何故로一朝에取敗ᄒᆞ야滄海孤島의囚客이되얏ᄂᆞᆫ고重大ᄒᆞᆫ原因은非他라十九世紀ᄂᆞᆫ戰國時代가旣過ᄒᆞ고平和時代가到來ᄒᆞ얏거ᄂᆞᆯ時勢의變遷을全然不知ᄒᆞ고ᄒᆞᆫ갓人의君國을僭竊妄奪ᄒᆞᆫ所以가아닌가然이ᄂᆞ時勢ᄂᆞᆫ吾人의仇敵이아니오도리여良友가되ᄂᆞ니是를利用ᄒᆞᄂᆞᆫ者ᄂᆞᆫ强者오優者오是를利用지못ᄒᆞᄂᆞᆫ者ᄂᆞᆫ愚者요劣者니라

嗟홉다二千萬同胞여我韓民族이天下大勢를能히利用乎아否乎아日淸戰爭時에所營이何事며日俄戰爭時에所營이何事오火及棟梁에燕雀이不知ᄒᆞᄂᆞᆫ態度로高枕肆志ᄒᆞ다가廣厦千萬間이飛灰殘堆를成ᄒᆞᆯ時에始驚始哭ᄒᆞ니悔之何及고是ᄂᆞᆫ非他라時勢를傍觀만ᄒᆞ고活用치못ᄒᆞᆫ故ㅣ라然이ᄂᆞ一敗ᄂᆞᆫ兵家의常事니何必長論가來事를不可不究로다

回顧ᄒᆞ고全球의外交界를周察ᄒᆞ니西洋은外交의原動力이오東亞ᄂᆞᆫ外交의目的物이로다

鐵血宰相比斯麥이普法戰爭에大勝利를得ᄒᆞ고千里一瀉의氣勢로獨逸帝國을統一ᄒᆞ니數十年法國掌中에在ᄒᆞ던世界外交의中心點이德國에移來ᄒᆞ니라比斯麥이歐洲現狀을維持ᄒᆞ기爲ᄒᆞ야一面으로德奧伊三國同盟을締結ᄒᆞ야國威를四方에表彰ᄒᆞ며一面으로法國이他國에接近홈을防備ᄒᆞ더니國際上分合은一個人의能力으로오릭左右ᄒᆞᆯ바아니라比斯麥이辭職後千八百九十五年頃에俄法의同盟이成立ᄒᆞ니德國이背腹兩間에對敵을受ᄒᆞ야外交上勢力이自然減退홈에至ᄒᆞ니라

德國現皇帝윌헴二世ᄂᆞᆫ英傑의主라即位ᄒᆞᆫ

初에는法國에種々敵意를表示ᄒᆞ더니俄法兩國이携手同盟홈을見ᄒᆞ고忽然히對法政策을變改ᄒᆞ야凡般機會를乘ᄒᆞ야好誼를表홈에至ᄒᆞ고또東亞에셔俄國과協約을求ᄒᆞ야精神上으로俄法同盟을冷化케ᄒᆞ고俄國으로ᄒᆞ여곰東亞에勢力을扶植ᄒᆞ야歐洲에셔壓迫ᄒᆞ는勢力을減殺케ᄒᆞ니라日淸戰役에德國이俄法과協約ᄒᆞ야遼東半島還附問題에對ᄒᆞ야日本에抵抗ᄒᆞᆫ것이此等政略으로由홈이라

比斯麥이去後에德國의外交政策은或은法國에友誼를求ᄒᆞ며或은俄國에秋波를送ᄒᆞ니其主義가進取的이아니오防備的에不過ᄒᆞ도다此間機會를利用ᄒᆞ야俄國은東亞에셔活動ᄒᆞ야滿淸經營에最大利益을占得ᄒᆞ고歐洲에셔飛躍ᄒᆞ야諸般外交問題에一々干涉ᄒᆞ야多數列强을虎視眈々ᄒᆞ니事實上으로世界外交의中心點이俄國에歸ᄒᆞ얏도다一盛은一衰를招ᄒᆞᄂᆞ니孰能知之리오俄國이頃年에極東日本과開戰ᄒᆞ야連戰連敗의地位에立ᄒᆞ야포스마스의媾和條約을締結ᄒᆞ니形式上으로觀ᄒᆞ면俄國의所失이樺太一部에不過ᄒᆞ나精神上으로論ᄒᆞ면亞東大經營이一時頓挫을當ᄒᆞ얏스니從來의威權을維持ᄒᆞ라면多少間遜色이有치아니홀介無ᄒᆞ도다

一倒一立ᄒᆞ고一敗一勝은外交界의常態라英國이幾十年以來로俄國의侵略政策을防備ᄒᆞ기爲ᄒᆞ야勞心焦思ᄒᆞ더니日俄戰爭에俄國이一敗塗地를當ᄒᆞ니豈其默坐리오千載一遇의好機會를得ᄒᆞ얏도다元來孤立으로써名譽를숨던英國이日本과破格의同盟을結ᄒᆞ야亞東의領土를保障ᄒᆞ고또歐洲外交舞臺에活動ᄒᆞ야法伊西諸國과友誼를敦

篤케ᄒᆞ야一面으로俄國에對ᄒᆞ며一面으로德國에對ᄒᆞ니世界外交家의視線이英國에集中ᄒᆞᆷ에至ᄒᆞ도다然而俄國은中槍之虎라其瘡痍가平快ᄒᆞ기ᄭᆞ지ᄂᆞᆫ暫時間外部의活動을中止치아니ᄒᆞᆯ슈無ᄒᆞᄂᆞ德國은英氣勃々ᄒᆞᄂᆞᆫ新興國이라歐洲陸軍界에獅子의地位ᄅᆞᆯ占領ᄒᆞ얏스니英國의外交上成功을見ᄒᆞ고엇지拱手傍觀ᄒᆞ리오今日英德兩國의關係ᄂᆞᆫ敵愾心이極端에達ᄒᆞ얏도다頃者에英西兩國元首가갈다게나에會合ᄒᆞ야友誼ᄅᆞᆯ親密케ᄒᆞ고西班牙新軍艦製造에對ᄒᆞ야英國이凡般保護ᄅᆞᆯ與ᄒᆞ기로約定ᄒᆞᆫ지라德國諸新紙가英國을罵詈ᄒᆞ야曰英國이西國軍艦製造에對ᄒᆞ야援助ᄒᆞᆫ다ᄒᆞ니是何心爲오是ᄂᆞᆫ必是英國軍事上政治上으로西國軍艦을利用ᄒᆞ야德國을壓制코져ᄒᆞᆷ이라云々由是觀之컨ᄃᆡ英德兩國은現今外交界에兩原動力이되야서로覇權을爭ᄒᆞᄂᆞᆫ듯ᄒᆞ도다那破崙의外交權이德國에移ᄒᆞ고德國의外交權이俄國에移ᄒᆞ얏더니日俄戰爭以後에大局이一變ᄒᆞ야外交의中心點이英德兩國間에往來ᄒᆞ야孰勝孰負ᄅᆞᆯ容易이判決ᄒᆞᆯ슈無ᄒᆞᄂᆞ現今現象으로論ᄒᆞ면德國은摩洛哥問題以後로列國의同情을少失ᄒᆞ야失策이多ᄒᆞᄂᆞ英國은天下時勢가自國에適當ᄒᆞᆷ을利用ᄒᆞ야一面으로日英同盟을方法으로ᄉᆞᆷ아印度地方을保證ᄒᆞ고一面으로羅甸民族諸國과協和同力ᄒᆞ니其外交上勢力이鞏固確實ᄒᆞ도다然이ᄂᆞ吾人이此間에大端히注意ᄒᆞᆯ者ㅣ有ᄒᆞ니何者오即近日德米兩國의接近問題라德米兩國은元來南米殖民問題에利害關係가相反ᄒᆞᆷ으로써多年間側目視之ᄒᆞ더니近間에德國이英國外交系統에屬ᄒᆞᄂᆞᆫ諸國의掣肘ᄅᆞᆯ被ᄒᆞ야恒常焦思中이더니

世界時勢가德國으로ᄒᆞ여곰伴侶를米國에求케ᄒᆞᆫ지라先月以來로米國에好意를表ᄒᆞ니若如此ᄒᆞᆫ現象이繼續ᄒᆞ면不遠間에德米兩國이携手協力ᄒᆞᆯ듯ᄒᆞ도다嗟홉다今日我韓은外交의軌道에脫出ᄒᆞ야世界上問題와東洋問題ᄂᆞᆫ勿論ᄒᆞ고自國의問題에對ᄒᆞ야셔도發言權이無ᄒᆞ니豈不痛哉아然이나皇天이自助者를助ᄒᆞᆫ다ᄒᆞ얏스니今後로我同胞가自助精神을不失ᄒᆞ면엇지機會가無ᄒᆞ리오故로余ᄂᆞᆫ於此에我韓國民은外交上思想을更一層養成ᄒᆞ야列國의一合一分이我韓에如何ᄒᆞᆫ影響이有홈을研究ᄒᆞᆯ義務가有ᄒᆞ다ᄒᆞ노라

아ㅣ吾人의最敬最愛ᄒᆞᄂᆞᆫ東洋은如何ᄒᆞᆫ時局을當ᄒᆞ얏ᄂᆞ뇨一言으로形容ᄒᆞ면列國外交界의目的物이되얏도다試看ᄒᆞ라安南等地ᄂᆞᆫ法國의勢力範圍오楊子江一帶ᄂᆞᆫ日英의勢力範圍오膠州灣은德國의勢力範圍오支那東北部ᄂᆞᆫ日俄의勢力範圍가아닌가大盖列强의帝國主義集合點은恒常衝突이多生ᄒᆞ야彼도不能犯ᄒᆞ고此도不能犯ᄒᆞ야셔로蚌鷸相持의態度를持ᄒᆞ더니近世ᄂᆞᆫ列國間에利益分割法이發達ᄒᆞ야一國內에셔數國의利益이衝突ᄒᆞᄂᆞᆫ時에ᄂᆞᆫ互相妥議ᄒᆞ야比例法으로其利益을均割ᄒᆞ고其國의主人公의게ᄂᆞᆫ秋毫도容喙權을不許ᄒᆞᄂᆞ니라於此에吾人이大端히注意ᄒᆞᆯ것은自國內에一强國의壓迫力을排斥ᄒᆞ기爲ᄒᆞ야他强國의勢力을함부로援用ᄒᆞ면도리여他强國의利用을被ᄒᆞ야速亡을招ᄒᆞᄂᆞ니라

今番에側目相視ᄒᆞ던日法兩國이倉卒間協約을締結ᄒᆞ야對淸問題와東亞現狀維持政策을確立홈에世人의評論이不一ᄒᆞ나是ᄂᆞᆫ現今列强이慣用ᄒᆞᄂᆞᆫ兩國政策相認法則을

了解ᄒᆞ면其協約의眞相을明白可知라相認法則은非他라甲國이乙國에對ᄒᆞ야言ᄒᆞ기를我國은貴國의某々政策에反對치아니ᄒᆞ리니貴國은我國의某々政策에反對치말나云ᄒᆞ고互相協和홈을謂홈이니近日日法協約도此精神으로出産ᄒᆞᆫ것이라日法兩國이別로歷史上關係ᄂᆞᆫ無ᄒᆞᄂᆞ日淸戰役에一次衝突ᄒᆞᆫ以後로ᄂᆞᆫ서로感情이不快ᄒᆞ야對東亞政策에每々相疑不信ᄒᆞ더니近日英國이法國에接近ᄒᆞᆫ結果로써日本이英國의紹介를得ᄒᆞ야法國과協約을結ᄒᆞ얏스니日本의外交上一成功이라謂ᄒᆞ리로다大盖協約은條約과性質이大不相同ᄒᆞ야保證力이微々ᄒᆞ야一時事件을協定홈에不過ᄒᆞᄂᆞᆫ此協約은歐人의評論과ᄀᆞᆺ치日法兩國이東亞에對ᄒᆞᆫ現狀維持政策에ᄂᆞᆫ確固ᄒᆞᆫ効力이有ᄒᆞ야今後로ᄂᆞᆫ兩國이容易히抵抗衝突ᄒᆞᆯ理由ᄂᆞᆫ無ᄒᆞᆯ듯ᄒᆞ도다此協約에對ᄒᆞᆫ列强의感想을見ᄒᆞᆫ즉俄國은日俄戰爭以後에瘡痍가尙未快復ᄒᆞ야暫時池中物에自甘ᄒᆞᆯ슈外에無ᄒᆞᆫ즉東亞現狀을維持홈에假設的贊成을表ᄒᆞ고또法國은自國의同盟國이라此等關係로써日法協約에贊成ᄒᆞ고其外英伊等國은勿論贊成의意思를表ᄒᆞ고德米兩國은某國에對ᄒᆞᆫ感情이不好홈으로써表面으로ᄂᆞᆫ贊成ᄒᆞᄂᆞ內面으로ᄂᆞᆫ不悅ᄒᆞᄂᆞᆫ態度가有ᄒᆞᆫ듯ᄒᆞ도다

以上列國의關係를略察홈에東亞에셔活動ᄒᆞᄂᆞᆫ列强의勢力擴張問題ᄂᆞᆫ暫時間現狀을維持홈에別異ᄒᆞᆫ衝突이無ᄒᆞᆯ듯ᄒᆞᄂᆞ一個未知數ᄂᆞᆫ支那人의外交政策이라支那人이今日ᄀᆞᆺ치寂々然不動ᄒᆞ면列强이協約的手段으로現地位를保持ᄒᆞ려니와萬一神州萬里에風雲兒가出ᄒᆞ야四億萬兵卒을指揮活動

ᄒᆞ면垓下一戰이八年楚覇王을折倒ᄒᆞᆯᄉᆔ有ᄒᆞ도다吾人은刮目相待ᄒᆞ노라

嗟흡다余의最敬最愛最服從ᄒᆞᄂᆞᆫ二千萬同胞여한갓韓國의前途에對ᄒᆞ야失望落膽치말고內로實力을養成ᄒᆞ야國의基礎를鞏固케ᄒᆞ고外로天下大勢를善察ᄒᆞ야活動의機會를失치말지어다始如處女라가後如脫兎가是孫兵仙의秘訣이니라猛省! 猛省!

愛國心의淵源은愛我心에在홈

高宜煥

何人을勿論ᄒᆞ고愛我心이無ᄒᆞ다ᄒᆞ고自言키ᄂᆞᆫ可ᄒᆞ거니와愛國心이無ᄒᆞ다ᄒᆞ고自言키ᄂᆞᆫ不能ᄒᆞ리로다何謂오我란거ᄉᆞᆫ心理的의心神과生理的의肉體가合成된名稱物이며國이란거ᄉᆞᆫ團體的의人民과位置的의土地가合成된名稱物에不過ᄒᆞ나니故로國과我ᄂᆞᆫ各々其二數以上의條件를具備ᄒᆞᆫ者이며我와國은本來一體가되ᄂᆞ니換言ᄒᆞ면不可分의名稱物이라可謂ᄒᆞᆯ지로다何則고以上에言ᄒᆞᆫ바와ᄀᆞᆺ치我란거ᄉᆞᆫ即土地에對ᄒᆞᆫ人民이며國이란거ᄉᆞᆫ即人民에對ᄒᆞᆫ土地ㅣ니或人이有ᄒᆞ야我가我ᄂᆞᆫ能히愛ᄒᆞ거니와國을愛홈은不知라ᄒᆞ면是ᄂᆞᆫ前例에比ᄒᆞ건ᄃᆡ國이人民만有ᄒᆞ고土地를不有ᄒᆞ며我가心神만有ᄒᆞ고肉體를不有홈과如ᄒᆞ야國이其主權을行키不能홈과我가其生命을保有키不能홈에何가異ᄒᆞ리요國과我의相倚存立ᄒᆞᄂᆞᆫ形勢ᄂᆞᆫ鳥의兩翼과車의兩輪과如ᄒᆞ야國이我에分立치못ᄒᆞ며我가國에離生치못ᄒᆞ나니故로愛國이라홈은特異ᄒᆞᆫ名辭가아니요다못吾輩의活動目的의中有力ᄒᆞᆫ一大部分

이며吾人의生活手段中必要ᄒᆞᆫ一大方法이로다萬一國家의名義를不立ᄒᆞ고同族團結의必要가無ᄒᆞ고라도人類平等自由의生活을營ᄒᆞᆯ슈有ᄒᆞ고永遠의安樂을享受ᄒᆞᆯ方便이有ᄒᆞ면今日星羅列國이何를苦ᄒᆞ야國民의義務이니稅納이니種々ᄒᆞᆫ名目으로徵收ᄒᆞᆫ바艱難ᄒᆞᆫ財政의大部分을兵費에盡充ᄒᆞ며不寧惟是라義務兵이니國民兵이니ᄒᆞ는名目으로壯丁을徵拔ᄒᆞ미一邊으로一國經濟生產의大損害가生케ᄒᆞᆯ뿐아니라他邊으로는飢寒에迫泣ᄒᆞ는可憐ᄒᆞᆫ人民이生케ᄒᆞᆯ理由가何에有ᄒᆞ리오自近數世紀以來科學의發達이著大ᄒᆞ야輪船輪車等과如ᄒᆞᆫ交通機關이發明된以後로는各國人民頭腦中에帝國主義의思想이益感ᄒᆞ니同族을相愛ᄒᆞ는心이더욱堅固ᄒᆞ고異族을區別ᄒᆞ는傾向(精神上)이더욱甚ᄒᆞ야他族의犧牲으로서自己幸福의增進ᄒᆞ는資料를供給코져ᄒᆞ는野心殺伐爭奪의腥風이暫時도休止ᄒᆞᆯ바를不知ᄒᆞ니此時를當ᄒᆞ야苟或自己의生命을愛ᄒᆞ는心이有ᄒᆞ면勢不得已侵我者를防禦ᄒᆞ고害我者를敵誅치아니치못ᄒᆞᆯ지라然則自己의生命을保全코져ᄒᆞ면國家의生命을保全치아니치못ᄒᆞ깃고國家의生命을保存코져ᄒᆞ면義務兵을不可不徵發이오租稅를不可不收納이오同族이不可不團結이오敎育을不可不振興이오戰爭을不可不避也라昭々ᄒᆞᆫ殷鑑을見치못ᄒᆞ는가北米洲의主人公되던紅人種은白人의壓迫驅害를被ᄒᆞ야今也則其形跡도殆絕ᄒᆞᆷ에至ᄒᆞ엿고元日本의主人되던아이누人種은至今北海道一隅에蟄伏ᄒᆞ야漁獵으로一縷의殘命을僅保치아니ᄒᆞ는가猶太人은亡國의罪로到處에서虐殺迫害를當ᄒᆞ되此를憐恤ᄒᆞ는者도無

홈을聞치못ᄒᆞᄂᆞᆫᄀᆞ頃者日本某新聞에記載ᄒᆞᆫ바를見ᄒᆞᆫ則ᄒᆞ여ᄉᆞ되半亡國ᄒᆞᆫ彼韓人族中에도他國人의有치못ᄒᆞᄂᆞᆫ二大自由를有ᄒᆞ엿ᄉᆞ니一曰埋葬의自由라韓人은古米來習俗으로人이死ᄒᆞ면此를如何ᄒᆞᆫ官有地에라도任意으로埋葬홈을得홈이오二ᄂᆞᆫ曰家宅基地의自由撰定이라人民이如何ᄒᆞᆫ空地에든지家宅을任意로建ᄒᆞ면其基地ᄂᆞᆫ自己의所有物이되ᄂᆞᆫ거시라ᄒᆞ엿고又曰近來日本人이韓國에移住ᄒᆞᄂᆞᆫ者日로增加ᄒᆞᄆᆡ韓人等은其田土住家를高價로日人에게賣渡ᄒᆞ고山中으로漸次退臣ᄒᆞ니萬一幾年後에日本人이山을占據ᄒᆞᄂᆞᆫ日에ᄂᆞᆫ彼等은天上으로昇ᄒᆞ랴ᄂᆞᆫ지地下로入ᄒᆞ랴ᄂᆞᆫ지蓋野蠻人이文明人에對ᄒᆞᆫ狀態ᄂᆞᆫ如此히滅亡홈이라고北海道의아이누人種과北米洲의紅人種의例를列擧ᄒᆞ야嘲笑ᄒᆞᄂᆞᆫ筆法을弄ᄒᆞ엿ᄉᆞ니嗟我同胞아此新紙의所載가本意ᄂᆞᆫ我韓人을凌蔑嘲笑홈에出ᄒᆞ여ᄉᆞᄂᆞ其事實은我國人의實情을指摘忠告홈이로아嗟我人士아愛國心의本源을推究ᄒᆞ며愛我心의眞意를勿忘ᄒᆞ고二十世紀生存競爭의風潮聲을吹入ᄒᆞ야五百年來壓制國民의頭腦를滌去ᄒᆞ고新精神을喚起ᄒᆞ야文明의福利와活動의自由를共有케ᄒᆞᆯ지어다

立法司法行政의區別과其意義

(十號續)

全永爵

法規의觀念

法規라ᄂᆞᆫ것은意思主義와意思主體의關係로其意思發動의限界를定ᄒᆞ야此를拘束ᄒᆞᄂᆞᆫ一般抽象的法則을謂홈이라其觀念의第一要素ᄂᆞᆫ意思主體之相互關係에就ᄒᆞ야其

學 園

意思發動을限界ᄒᆞᄂᆞᆫ데在ᄒᆞ니라

法은人類가自由意思의主體되ᄂᆞᆫ데其存在의根據를置ᄒᆞᆫ지라 人類生活이 ᄆᆞᆫ일他의生物과同ᄒᆞ야專혀自然力에依ᄒᆞ야支配ᄒᆞᄂᆞᆫᄇᆡ되고自由意思의活動餘地ᄀᆞ無타ᄒᆞ면法은自初로存在ᄒᆞᆷ을不得할것이라 法은ᄯᅩ人類가共同ᄒᆞ야社會的生活을營ᄒᆞᄂᆞᆫ데其根據를置ᄒᆞ얏도다 人類가 만일互相孤立ᄒᆞ야生活ᄒᆞ고相互의關係가無타ᄒᆞ면法의存在ᄂᆞᆫ意味가無할것이라法은人類共同生活에其自由意思의發動을規律ᄒᆞᆫ것이라換言ᄒᆞ면其意思發動의影響되ᄂᆞᆫᄇᆡ가單히自己一身에止ᄒᆞᆯᄲᅮᆫ만아니라共同生活의他人類에及ᄒᆞᄂᆞᆫ影響限度에就ᄒᆞ야此를制限ᄒᆞ고此를規律ᄒᆞᄂᆞᆫ것이라法의規律ᄒᆞᄂᆞᆫᄇᆡᄂᆞᆫ惟人類意思發動에在ᄒᆞ며人類意思에不基ᄒᆞᆫ自然의顯象은法이規律ᄒᆞᆯᄇᆡ아니니라人類의意思로單心理作用에止ᄒᆞ야外界動作에發現치ᄋᆞᆫ은것은法의關知ᄒᆞᆯ바아니라法은但外界動作에發現ᄒᆞᆫ意思의發動을規律ᄒᆞᆯᄲᅮᆫ이라意思發動에基ᄒᆞᆫ動作은此를意思行爲라云ᄒᆞ고單히行爲라謂ᄒᆞᄂᆞ니라以此로意思에不基ᄒᆞᆫ動作과區別ᄒᆞ며人類의行爲ᄂᆞᆫ或法이認許ᄒᆞ야他人의意思自由에影響을及치못ᄒᆞ게ᄒᆞᆷ도有ᄒᆞ니如此ᄒᆞᆫ行爲ᄂᆞᆫ法律上無關係ᄒᆞᆫ範圍로此를自然ᄒᆞᆫ自由에放任ᄒᆞ며法은此를保護ᄒᆞᄂᆞᆫ事도無ᄒᆞ고ᄯᅩ此를禁止ᄒᆞᄂᆞᆫ事도無ᄒᆞ니라他人에게影響을及게ᄒᆞᄂᆞᆫ行爲에對ᄒᆞ야ᄂᆞᆫ法은或此를認許도ᄒᆞ며或此를禁止도ᄒᆞ고或ᄉᆡ로其能力을附與도ᄒᆞ며或其與ᄒᆞ얏든能力을褫奪ᄒᆞᆷ도有ᄒᆞ니라共同ᄒᆞᆫ生活에就ᄒᆞ야人類行爲에如此ᄒᆞᆫ限界를定ᄒᆞᆫ것이法規의第一要點이라그러ᄂᆞ人類行爲의自由를拘束ᄒᆞ야其

限界를定ᄒᆞᆫ것이다法規됨은아니라法規의觀念은其一般抽象的法規됨이第二의要素가될것이라實在ᄒᆞᆫ處所에關ᄒᆞ야人類의行爲를拘束ᄒᆞᆷ은法規를定하는것이아니오法規는抽象的으로엇더ᄒᆞᆫ標準을定ᄒᆞ야其標準에適合ᄒᆞᆯ時는此를適用ᄒᆞᆷ을謂ᄒᆞᆷ이라豫備로一般法則을定ᄒᆞ는事無ᄒᆞ고個々의實在事件의起ᄒᆞᆷ을當ᄒᆞ야其事件에應ᄒᆞ야人類行爲에限界를定ᄒᆞ는事도亦此를想像ᄒᆞᆷ을得ᄒᆞᆯ지라古代의裁判은如此ᄒᆞᆫ數多의實例를供ᄒᆞᆫ지라裁判官은一定ᄒᆞᆫ準則을據ᄒᆞ야裁判을宣告ᄒᆞᆷ이아니오個々ᄒᆞᆫ事件에應ᄒᆞ야適宜ᄒᆞᆫ處分을爲ᄒᆞᆫ지라如此ᄒᆞᆫ時代에는裁判官은法規를適用ᄒᆞᆷ이아니오自己의決定을依ᄒᆞ야新히人類行爲를限界ᄒᆞ며此를拘束ᄒᆞ얏도다法規는實在ᄒᆞᆫ一事件에適用되는것이아니라如何ᄒᆞᆫ場所에는如何々ᄒᆞᆫ結果ᄀᆞ生ᄒᆞ리ᄅᆞ고抽象的으로定치ᄋᆞ나치못ᄒᆞᆯ지라想象키難ᄒᆞᆫ多數ᄒᆞᆫ不特定ᄒᆞᆫ事件에適用되얌즉ᄒᆞᆫ것이法規의特色이라汝는人을殺ᄒᆞᆫ故로死刑에處ᄒᆞᆫ다云ᄒᆞᆷ이法規ᄀᆞ아니오凡人을殺ᄒᆞᆫ者는死刑에處ᄒᆞᆫ다云ᄒᆞᆷ이法規라甲은乙의子라故로甲은乙을扶養ᄒᆞᆯ지어다ᄒᆞᆷ이法規ᄀᆞ아니오凡爲人之子ᄒᆞ야親을扶養ᄒᆞᆯ義務ᄀᆞ有ᄒᆞ다ᄒᆞᆷ이法規의性質이라 (法規의觀念이一般抽象的法則으로要素를作乎아否乎아以此로近時獨逸國法學者間에激烈ᄒᆞᆫ論爭이有ᄒᆞᆫ問題라) 然이나一方에就ᄒᆞ야는凡一般的法則이다法規ᄅᆞ고誤解치아님을要ᄒᆞ노라法規는一意思主라他意思主體의關係ᄀᆞ其意思發動을限界ᄒᆞᆷ이不可ᄒᆞ도다意思主體는即人格者라一個人과團體를不問ᄒᆞ고法이認ᄒᆞ야셔意思의主體ᄀᆞ되는것이라人格과人

格間에關係를定ᄒᆞᆫ者ㅣᄋᆞ니면一般抽象的法則을定ᄒᆞᆫ것이라도法規觀念에屬지ᄋᆞᆫ은것이라法規라云ᄒᆞᆯ時에ᄂᆞᆫ恒常多數의意思主體ㅣ相互關係를有ᄒᆞᆫ것으로其前提를삼은지라故로團體的內部에ᄲᅮᆫ效力을有ᄒᆞ고他의意思主體와關係ㅣ無ᄒᆞᆫ法則은法規ㅣᄋᆞ니라國家도亦法規下에服從ᄒᆞᆷ을要ᄒᆞᄂᆞ然이나其法規ᄅᆞᄂᆞᆫ性質을有ᄒᆞᆷ은國家ㅣ他의人格即一個人或他團體에對ᄒᆞᆫ關係其意思의發動을制限ᄒᆞᆫ時에限ᄒᆞᄂᆞ니라ᄆᆞᆫ일此에反ᄒᆞ야國家機關內部에ᄲᅮᆫ效力이有ᄒᆞ고一個人或他團體에對ᄒᆞᆫ關係에就ᄒᆞ야此를拘束지못ᄒᆞᄂᆞᆫ것은法規의性質이無ᄒᆞᆷ이라國家機關內部에ᄲᅮᆫ效力을有ᄒᆞᆫ一般法則은此를汎稱ᄒᆞ야行政規則이라云ᄒᆞᆷ을得ᄒᆞᆯ지라行政規則은法規ㅣᄋᆞ니라以上에述ᄒᆞᆫ것과如ᄒᆞᆫ二要素를備ᄒᆞᆫ것은廣意義의法規라此意義의法規ᄂᆞᆫ但國家制定에係ᄒᆞᆫ法規ᄲᅮᆫᄆᆞᆫᄋᆞ니라市町村其他地方自治團體의自主權에基ᄒᆞᆫ法規를包含ᄒᆞ얏고ᄯᅩ制定法規ᄲᅮᆫᄆᆞᆫᄋᆞ니라習慣法도包含ᄒᆞ얏도다其發生源因의何에在ᄒᆞᆷ은全然히法規觀念에關係ㅣ無ᄒᆞ도다그러나法規ᄅᆞᄒᆞᄂᆞᆫ語ᄂᆞᆫ往々狹ᄒᆞᆫ意義에用ᄒᆞ야習慣에基ᄒᆞᆫ法規를除外ᄒᆞ고專히制定法規ᄲᅮᆫᄆᆞᆫ意味ᄒᆞ며或又一層狹意義에公共團體의自主法을除外ᄒᆞ고但國家制定ᄒᆞᆫ法規ᄲᅮᆫᄆᆞᆫ用ᄒᆞᄂᆞᆫ事有ᄒᆞ니此에論ᄒᆞᄂᆞᆫ問題即國家作用分類에就ᄒᆞ야ᄂᆞᆫ最後意義를用ᄒᆞᆷ이便利ᄒᆞ도다此意義의法規ᄂᆞᆫ抽象的標準으로써國家와個人과團體間이며或個人과團體相互間에其意思의發動을限界ᄒᆞᆫ國權의意思表示라國權을依ᄒᆞ야法規를制定ᄒᆞᄂᆞᆫ作用은實質意義에立法이니라

法規의觀念이專혀國家作用의客觀的性質에基ᄒᆞᆫ觀念에反ᄒᆞ야法律의觀念은全然히其形式에依ᄒᆞᆫ觀念이라法律은憲法上에定ᄒᆞᆫ一定ᄒᆞᆫ形式으로써此를定ᄒᆞ고此形式으로써ᄒᆞᄂᆞᆫ國家의作用은形式意義의立法이니라 未完

歷史譚 第十回

朴容喜

시싸ㅣ(該撤)傳(二)

ᄯᅢ에宗敎監督長官（羅馬의第一有勢力之官職也라） 메테라스가病死ᄒᆞᆫ지라元老院議員等은다가듀라스로代補코져ᄒᆞ거늘시싸ㅣ가平民黨의人心을收納ᄒᆞ야가듀라스의勢力을壓倒ᄒᆞ고豫想外에宗敎監督長官의職에被撰ᄒᆞ니라

ᄯᅢ에가디린이라稱ᄒᆞᄂᆞᆫ者作亂ᄒᆞ다가시세로ㅣ의窮料ᄒᆞᆫ비되야其黨렌듀라스세세싸스와다伏誅ᄒᆞ니라그러나시싸ㅣᄂᆞᆫ그無能을先察ᄒᆞᆫ故로袖手傍觀ᄒᆞ다가렌듀라스等의誅戮ᄒᆞᆷ에對ᄒᆞ야民會召集ᄒᆞ야衆議를廣問ᄒᆞ며羅馬憲法을지키고古來의習慣을一遷ᄒᆞ며妄殺을行치말기를主張ᄒᆞ니이거시곳시싸ㅣ의能援能完의手段이라國家의憲法과習慣으로干城을삼어正々方々히貴族等과相支ᄒᆞ며彼等의搆陷ᄒᆞᆷ의對ᄒᆞ야ᄂᆞᆫ如流의雄辯으로使人身竦케ᄒᆞ더라

於焉間에歲月이如流ᄒᆞ야紀元前六十二年이되니라이ᄯᅢ에시싸ㅣ에無二의大敵이現出ᄒᆞ니그大敵은誰某뇨곳至今ᄭᅡ지東方을經略ᄒᆞ던名將폼페이가凱旋ᄒᆞᆷ에對ᄒᆞ야擧國이贊揚에如狂如醉ᄒᆞ며仰望跪行에唯命是從이라故로시싸ㅣ의至今ᄭᅡ지流汗血得

흔勢力도危如累卵이어늘於是乎시싸ㅣ도폼페이에西敵홀만흔功績을成ᄒᆞ야民心을收合코져ᄒᆞ야暗히폼페이의勢力을不悅ᄒᆞᄂᆞᆫ富豪貴族구랏사스와相結ᄒᆞ며또自己ᄂᆞᆫ西班牙太守를奔走周旋ᄒᆞ야該地로赴任홀석某友가시싸ㅣ다려戲言ᄒᆞ야曰兩雄이勢不能並立은古今通例라、然則未來에君余間에如何흔衝突이生홀지難可豫想이라ᄒᆞᄒᆞ거늘시싸ㅣ가改容正色ᄒᆞ야曰貴下ᄂᆞᆫ安心ᄒᆞ라余가羅馬內에在ᄒᆞ야ᄂᆞᆫ비록第二流의地位에立ᄒᆞ더ᄅᆡ도羅馬以外에在ᄒᆞ야ᄂᆞᆫ第一流의人物이됨을自信ᄒᆞ노라ᄒᆞ더라西班牙在任時에一日은亞歷山大王의傳記를縱覽라가擲卷長嘆曰彼ᄂᆞᆫ余의同年頃에임의席捲宇內ᄒᆞ얏거ᄂᆞᆯ余ᄂᆞᆫ尙未能建一微功ᄒᆞ얏시니碌々人生이라與草同腐에恨奈何오ᄒᆞ고髀肥之嘆과駿馬之嘶에不勝悲感ᄒᆞ더라

시싸ㅣ가一到西國後로練兵積草ᄒᆞ며內治外略ᄒᆞ야版圖를廣大이ᄒᆞ며人心을悅服케ᄒᆞ니라紀元前六十年에羅馬에凱旋ᄒᆞ야平民黨歡迎之下와貴族派反目之場에執政官이되니라이에시싸ㅣ가폼페이와구랏사스를調和케ᄒᆞ야所謂羅馬史上의有多흔三頭政治를組織ᄒᆞ니라

當初에폼페이ᄂᆞᆫ平民黨의推薦으로立身揚名흔고로비록小亞細亞로부터凱旋ᄒᆞᄂᆞ自然貴族派의敵視를바드며또貴族派首領가듀라스、구랏사스二人의寃敵을不免흔고로勢不得已平民黨에左袒치아니치못홀지라그러나平民黨內에셔ᄂᆞᆫ시싸ㅣ가임의牛耳를執흔고로無可奈何ㅣ니此時乎시싸ㅣ가곳그手腕을翻弄홀機會러라。폼페이가決然左袒흠은ᄯᅢ에폼페이가元老院에自己

가參酌ᄒᆞᆫ東方法律의裁可와兵士封土의認定을建議홈에對ᄒᆞ야不許홈에激怒ᄒᆞ야斷然平民黨에入籍ᄒᆞ니라이에시싸ㅣ가폼페이를領首로仰擧ᄒᆞ고富豪구랏사스(貴族黨首領)와結托ᄒᆞ야有名ᄒᆞᆫ三頭政治를組織ᄒᆞ니이ᄯᅢ에貴族等은三人의調和가到底히不可能으로만推測ᄒᆞ얏다가晴天霹靂之格으로彼等의勢力이墮地乃己ᄒᆞ니라

三頭政治의目的은元老院政權을減奪ᄒᆞ며自己等의所欲을任意執行홈이니곳共和政體를變ᄒᆞ야少數政體即半專制的政體을組立홈이더라

三頭政治가임의完成ᄒᆞᆫ後로執政官시싸ㅣᄂᆞᆫ貴族派를兵力으로恐迫ᄒᆞ야彼等의最히嫌惡ᄒᆞᄂᆞᆫ田制改革案을通過ᄒᆞ며간파니야의沃野를人民에分給ᄒᆞ며東方에對ᄒᆞᆫ폼페이의政令을裁可ᄒᆞ고其女듀리야를폼페이에嫁ᄒᆞ야舅甥之分을結ᄒᆞ고勢力의根據를더욱盤固케ᄒᆞ니羅馬共和政體의柱石愛國家카토가仰天長嘆曰彼等이彼等의官位를鞏固케ᄒᆞ고져ᄒᆞ야極賤의婦女를交換ᄒᆞᆫ다ᄒᆞ더라

童蒙物理學講談 (二)

(뉴톤의引力發明)

椒海 金洛泳

諸君、世人이皆是難疑ᄒᆞᆫ거슨研究ᄒᆞ되容易ᄒᆞᆫ거슨夢中에도考究치아니ᄒᆞ니此가一種의難關이라大抵難疑中에ᄂᆞᆫ容易ᄒᆞᆫ解答이有ᄒᆞ나容易中에ᄂᆞᆫ極難未解의疑問이疊生ᄒᆞᄂᆞ니何則고容易ᄒᆞᆫ거슨너무쉽게녁혀공부치아니ᄒᆞᄂᆞᆫ所以라故로余ᄂᆞᆫ至易의問題로니야기코져ᄒᆞ오

諸君、秋節을當ᄒᆞ야果木園에至ᄒᆞ면銀杏과各果實이후두둑후두둑落來ᄒᆞ지요誰가만일其理由를問ᄒᆞ면諸君은엇지對答ᄒᆞ시려오아마濃熟된ᄭᆞ닭에그ᄭᅩᆨ지가腐朽自落ᄒᆞᆫ다고ᄒᆞ겟지오마ᄂᆞᆫ風撓도無ᄒᆞ고人打도업시무슴絲線으로結引ᄒᆞᄂᆞᆫ모양ᄀᆞᆺ치落來ᄒᆞᆷ은異常치아니ᄒᆞ오닛가여긔一種趣味잇ᄂᆞᆫ니야기가有ᄒᆞ오距今二百三十五年前即西歷千六百六十八年夏에自己의通學ᄒᆞ든大學校에서疫病이大熾ᄒᆞᄂᆞᆫ고로學校가休學이되ᄂᆞᆫ지라自己故鄕웰스쏘푸에歸來ᄒᆞ야前工을復習獨修ᄒᆞ던뉴톤이라ᄒᆞᄂᆞᆫ사ᄅᆞᆷ이有ᄒᆞ엿ᄂᆞᆫᄃᆡ一日은와屋에炎氣가酷甚ᄒᆞᆫ고로一次滌暑次林檎樹陰下에至ᄒᆞ니方丈盛熟ᄒᆞᆫ林檎數個가忽然自己足前에落下ᄒᆞᄂᆞᆫ지라假令例私의人에면何等想念업시奔走히拾食은ᄒᆞ엿슬넌지未知ᄒᆞ거니와此人은決고如許의凡人이아니ᄆᆡ某事에던지極히注意ᄒᆞ든터히라風撓도無ᄒᆞ고人打도업시空然落來ᄒᆞᄂᆞᆫ거ᄉᆞᆫ何故뇨?아마人의眼目에未見ᄒᆞᄂᆞᆫ大力이有ᄒᆞ야此果를引下ᄒᆞᄂᆞᆫ가보다고疑慮가層生ᄒᆞ여其後各樣事物에多數의實驗을行ᄒᆞ고必竟은日과月에ᄭᆞ지라도研究觀測ᄒᆞ여나종에ᄂᆞᆫ宇宙間에引力이有ᄒᆞ야서로吸引ᄒᆞᄂᆞᆫ줄을明白히解析ᄒᆞ엿ᄉᆞ니此所謂뉴톤의萬有引力이是로다

그런데엇더케林檎이自然落下ᄒᆞᄂᆞᆫ거슬知ᄒᆞᆯ고?林檎과地球間에引力이作用ᄒᆞᆷ으로써引落된거시라만일如許히引落된거시면은엇지ᄒᆞ여林檎이다沒落ᄒᆞ지아니ᄒᆞᄂᆞᆫ고ᄒᆞᄂᆞᆫ疑問이有ᄒᆞ겟ᄉᆞ나이ᄂᆞᆫ林檎과地球間에働ᄒᆞᄂᆞᆫ引力이弱ᄒᆞᆫ고로無理히彼果實을引離ᄒᆞ기不能ᄒᆞᆫ所以웨다

또如何ᄒᆞᆫ물건이던지互相引合ᄒᆞᄂᆞᆫ것이면書案上에잇ᄂᆞᆫ二箇球도引合ᄒᆞ기爲ᄒᆞ야轉來相合ᄒᆞᆯ터힌ᄃᆡ何故로此等事가無ᄒᆞᆫ고ᄒᆞᄂᆞᆫ疑訝가有ᄒᆞ겟스나此亦引合이未有ᄒᆞᆷ은아니로ᄃᆡ兩箇球와地球의引合ᄒᆞᄂᆞᆫ力이强ᄒᆞᆫ고로書案에付着ᄒᆞᆫ貌樣이되여相近치못ᄒᆞᄂᆞᆫ거시웨다

引力은宇宙의極端々지含有ᄒᆞᆫ고로月이地球의周圍를日々回轉ᄒᆞ여每夕燦爛玲瓏ᄒᆞᆫ面을吾人의게照對ᄒᆞᄂᆞᆫ것도月과地球間에引力의所由요地球가太陽의周圍를一年三百六十五日間에一度廻轉ᄒᆞ야晝와夜를變ᄒᆞᄂᆞᆫ것도亦是地球와太陽間에引力이作用ᄒᆞᄂᆞᆫ所以며潮水의起因도亦地球와月及太陽間引力作用에不過ᄒᆞ고또地球上에萬物이重量(무게)잇ᄂᆞᆫ것도全혀此引力이働作ᄒᆞᄂᆞᆫ바오무겁다ᄒᆞᄂᆞᆫ거슨其物件과地球가引合ᄒᆞᄂᆞᆫ바라고로地球面에作用ᄒᆞᄂᆞᆫ引力을制限ᄒᆞ여重力이라ᄒᆞ옵ᄂᆞ다그런데여긔滋味잇ᄂᆞᆫ일이有ᄒᆞ오만일此重力이働作을忽止ᄒᆞ면如何의成樣이될가 此地球上에萬物은무엇시던지무게가업서지겟ᄉᆞ니비록金石을擧上ᄒᆞ려ᄒᆞ되少許의重이無ᄒᆞᆯ터히오아모리弱力ᄒᆞᆫ男子女子少兒라도泰山ᄀᆞᆺᄒᆞᆫ巨石을運轉도ᄒᆞ며泰山ᄀᆞᆺᄒᆞᆫ鐵塊를擧投ᄒᆞᆯ거시오諸君의居住ᄒᆞᄂᆞᆫ大家高屋이라도能히ᄯᅥ가지고다닐터히니이거시가장便利ᄒᆞᆷ즉ᄒᆞ나그러나또極히安心치못ᄒᆞᆯ理由가잇소假令睡寢ᄒᆞᆯᄯᆞᆼ안에라도家屋이江海에投落ᄒᆞ거나地高處의人家가低卑ᄒᆞᆫ一深谷에나或은月近處에落去ᄒᆞᆯ디경이면이거시莫大ᄒᆞᆫ不幸이될거시오더욱可笑ᄒᆞᆯ거슨더天空에何物이던지投ᄒᆞ면그ᄃᆡ로거긔留止ᄒᆞ고決코落來치아니ᄒᆞᆯ터히며또我의身

이一次엇지잘못되여空中에飛上ᄒᆞ면그져는原本處에回來키不能ᄒᆞᆯ허히오一層大思ᄒᆞ여引力이宇宙에働作을止ᄒᆞ엿다ᄒᆞ면엇더ᄒᆞᆯ가? 몬져地球의一日一轉도定止될거신즉晝와夜가업셔질터히오一年一週ᄒᆞ던것도업셔질터힌즉春夏秋冬의四時도無ᄒᆞᆯ지라然則我大韓이春花笑香ᄒᆞ고百鳥咏溫ᄒᆞᆯ時節에此引力의働作이止ᄒᆞ엿스면언제ᄭᆞ지던지그ᄃᆡ로잇슬터히니和樂이無比ᄒᆞᆯ즉ᄒᆞ나運刼不美ᄒᆞ여極寒當節에如許히되면큰변이겟소我大韓人이寒冷을不堪ᄒᆞ여沒數히凍死ᄒᆞ고말지니然則今日宇宙의排布가果然誠美치아니ᄒᆞ오닛가

此事를始究ᄒᆞᆫ大理學者뉴톤은距今二百六十二年前에英國링코룬洲웰스쏘푸라는鄕村에生ᄒᆞ엿는ᄃᆡ其父親은生世前에死去ᄒᆞᆫ고로그母親의養育을受ᄒᆞ여同村小學校에셔조곰工夫ᄒᆞ고十二歲에ᄭᅳ란삼市中學校에入ᄒᆞ여最初에는懶惰ᄒᆞᆫ셔닭에席次가언제던지末席을未免ᄒᆞ더니一日은其上席에잇는同學의게凌辱을當ᄒᆞ고憤心이大發ᄒᆞ여急히工夫ᄒᆞ여其友를勝ᄒᆞ고其後는工夫에趣味를附ᄒᆞ고一層勤勉ᄒᆞ여不過幾學期에級長이되고其後는언제던지首席을他人의게不讓ᄒᆞ엿다ᄒᆞ오」此人은根本弱質이라平生穩度를됴화ᄒᆞ고學友들과는遊戲ᄒᆞ기도시려ᄒᆞ고다만무슴機械作戲만됴화ᄒᆞ여風車(바람갑이)水時計紙鳶이며日時計를作ᄒᆞ고四輪自働車를製造ᄒᆞ더니十五歲에當ᄒᆞᆫ즉身體肥大ᄒᆞ고筋力이康壯ᄒᆞᆫ고로母親의農業을助役ᄒᆞ랴고中學校를中止ᄒᆞ고웰쓰쏘푸村에歸ᄒᆞ엿소其後에일이잇셔往々히忠實ᄒᆞᆫ雇者가되여ᄭᅳ란삼市에往ᄒᆞ여勞働ᄒᆞ든暇隙에라도書籍을勤覽ᄒᆞ미其

親戚들이此人의工夫心이殷富ᄒᆞᆫ거슬見ᄒᆞ고農夫될거슬可惜히녁여그母親씌强勸ᄒᆞ야다시前中學校에入學ᄒᆞ엿더라여긔셔工夫ᄒᆞᄂᆞᆫ동안其母親이此子의完好ᄒᆞᆫ性質을見ᄒᆞ고그뒤를잘도아千六百六十一年에ᄂᆞᆫ至今도有名ᄒᆞᆫ켄푸릿지大學에入學ᄒᆞ야거긔셔卒業ᄒᆞ고得業士가되엿다가三年을經ᄒᆞ여學士가되고그翌年二十八歲에同大學에敎官이되여光學을敎授ᄒᆞᆯ식各種의實驗上研究로學問의大成功을得ᄒᆞ고드듸여英京倫敦府學士會々員으로被選되니이ᄂᆞᆫ容易未得ᄒᆞᄂᆞᆫ名譽의地位더라　此時에研究ᄒᆞᆫ거슨大段困難ᄒᆞᆫ거시나그러나亦是滋味가有ᄒᆞᆫ거시라其一二條를擧陳컨듸反射鏡을始製ᄒᆞ여스며只今도有用ᄒᆞᆫ望遠鏡（萬里鏡）을改良ᄒᆞ고其外에日光에對ᄒᆞ여各樣現象을調理ᄒᆞ엿ᄉᆞ니大抵日光은다만보기에ᄂᆞᆫ白色이나此色을三稜琉璃柱面에通ᄒᆞ면種々의色이現ᄒᆞᄂᆞ니처음白色의太陽도彩色으로染理ᄒᆞᆫ듯시훌늉ᄒᆞ게보히고또이琉璃로窓隙을遮ᄒᆞ고透入ᄒᆞᄂᆞᆫ光線을受ᄒᆞ면越便暗壁에種々異色의縞帶가現ᄒᆞ며此를査見ᄒᆞ면紅、橙黃、黃、綠、靑、藍、紫의七色이順次並列ᄒᆞᄂᆞ니此大理學者가此를發明ᄒᆞ여色帶라名稱ᄒᆞ엿더라

諸君도往々히虹을見ᄒᆞ시지요如許히燦爛ᄒᆞᆫ거시엇지ᄒᆞ여되ᄂᆞᆫ가？이ᄂᆞᆫ水蒸氣（물김）가空中에凝結ᄒᆞ여極少ᄒᆞᆫ水滴이되여만히集合ᄒᆞᄂᆞᆫ곳에日光이當照ᄒᆞ면水滴들이앗가琉璃의되든것과ᄀᆞᆺ치日光을七色에分變ᄒᆞ여더럿듯ᄒᆞᆫ美麗의狀態가現ᄒᆞᄂᆞᆫ거시외다通常諸物에ᄂᆞᆫ色이다잇ᄉᆞ미幾許間이라도其理를分解ᄒᆞ엿소？만일누가뭇기를뎌ᄭᅩᆺ은何故로赤色이고葉은綠色인가ᄒᆞ

면諸君은不平ᄒᆞᆫ顔色으로對答ᄒᆞᄃᆡ그거ᄉᆞᆫ赤ᄒᆞᆫ고로赤ᄒᆞ고綠ᄒᆞᆫ고로綠ᄒᆞ지거긔야무ᄉᆞᆷ별일이有ᄒᆞ랴ᄒᆞᆯ거시나그러나此答은完全ᄒᆞᆫ答이아니로다뎌牡丹花片은日光中이赤色만餘存ᄒᆞ여他六色은花片으로吸過ᄒᆞᄂᆞᆫ고로赤으로見ᄒᆞ고葉은其中綠色만餘存ᄒᆞ고他六色은葉으로吸過ᄒᆞᄂᆞᆫ고로綠으로見ᄒᆞᆫ다云ᄒᆞᆷ이當然ᄒᆞᆯ지라然則何故로花片은赤色만餘ᄒᆞ고葉은綠色만存ᄒᆞᄂᆞ뇨ᄒᆞ면다만그質에되여잇ᄂᆞᆫ理由라고說明ᄒᆞᆯ外에ᄂᆞᆫ不能ᄒᆞ리니銅錢의赤이던지金錢의黃이던지皆是同一ᄒᆞᆫ所由나其中銀錢은不可不희게보힐거ᄉᆞᆫ日光을受ᄒᆞᄂᆞᆫᄃᆡ로그냥잇서서조곰도吸收ᄒᆞᆷ이無ᄒᆞ니이ᄂᆞᆫ白色ᄲᅮᆫ될理由외다此學者ᄂᆞᆫ數學이高尙ᄒᆞ여今日高等敎育의數學을發見ᄒᆞᆫ거시多ᄒᆞ오然故로其名望이다만英國서ᄲᅮᆫ만아니라멀니外國에轉播ᄒᆞ여欽仰치아니ᄒᆞᆫ者가無ᄒᆞ엿ᄂᆞᆫ고로일즉병이잇슬時에ᄂᆞᆫ歐羅巴全洲가근심ᄒᆞ엿고其後佛國學士會院에서氏를數理學者라ᄒᆞ여其功을彰明ᄒᆞ고其他各國에名譽會員이되엿더라　千七百三年에ᄂᆞᆫ自國의有名ᄒᆞᆫ學士會院長으로推撰되여卒世ᄒᆞ기ᄭᆞ지二十五年間을連續ᄒᆞ다가一千七百二十七年爽快ᄒᆞᆫ天氣에永眠을成ᄒᆞ엿ᄂᆞᆫᄃᆡ只今도倫敦府有名ᄒᆞᆫ웨스트밍스터大寺院에氏의墳墓가在ᄒᆞ외다

學窓餘談(二)

吳鎬裕

國家

國家라稱할時에ᄂᆞᆫ一見ᄒᆞ면國과家를併稱한말갓흐나그러치안코單히國이라함과同義ㅣ니國家라ᄂᆞᆫ것은一定한土地와밋人民

으로基礎를삼아成立한無形의團體라最高의權力으로써統御홈을意味홈인故로近世의國家의觀念은左의三個條件을具備한然後에야可得ᄒᆞᄂᆞ니

第一　土地　或領土라고도稱ᄒᆞᄂᆞᆫᄃᆡ國民의居住하ᄂᆞᆫ一定한處所니彼ㅣ水土를逐ᄒᆞ야各地에轉居홈갓흔것은國家라할수업고반다시一定한土地로自己의領土를삼고永久의存在함을表示치아니면不可혼지라國家를身體에譬喩ᄒᆞ면軀體와恰似ᄒᆞ니其國의主權이絕對的으로行動ᄒᆞᄂᆞᆫ範圍內를稱한者ㅣ니라

第二　臣民　臣民은國家의一要素라其人數의多少ᄂᆞᆫ論할것이업ᄂᆞ니假令多數의人民이集合ᄒᆞ엿더라도遽然히國家라稱치못할지라其人民이各々國을成立한一分子됨을自覺ᄒᆞ고써共同ᄒᆞ야生活를維持ᄒᆞ기爲ᄒᆞ야團結함을要ᄒᆞᄂᆞ니故로一國內에種々의人類가集合ᄒᆞ여도或社會를組織할지연뎡決코一國을成立지못하리니ᄃᆡ마國民과國民의區別이有한所以니라

第三　主權　主權은最高한權力인ᄃᆡ國民을支配ᄒᆞᄂᆞᆫ權이有ᄒᆞ고國民은此權力을絕對無限으로服從ᄒᆞᄂᆞᆫ故로此를統治權이라稱ᄒᆞ니治者가被治者에對하ᄂᆞᆫ强制力이라此主權라有ᄒᆞ야國民을統治ᄒᆞ고秩序를維持ᄒᆞᄂᆞᆫᄃᆡ만일國家가되고此主權이無할時ᄂᆞᆫ此ᄂᆞᆫ對等되ᄂᆞᆫ人民의集合團體라單히社會라稱함은得하려니와國家라稱홈은得지못할지니라

國家ᄂᆞᆫ以上三個의要素로써組織ᄒᆞ야獨立自存ᄒᆞᄂᆞᆫ人格이有ᄒᆞ니人格이라ᄂᆞᆫ것은스사로權利를得ᄒᆞ고스사로義務를負ᄒᆞ야恰然이한사람갓치諸般行動을ᄒᆞᄂᆞ니라國家

는其國體와政體의如何에因ᄒᆞ며또國際法上完全한主權의有否에基ᄒᆞ야諸種에分類함을得ᄒᆞᄂᆞᆫ故로左에記述ᄒᆞ노라

(一) 國體로觀察한國家의種類

○君主國　君主國이라ᄂᆞᆫ것은君主國體의國家라ᄒᆞᄂᆞᆫ意義인ᄃᆡ君主가主權를總攬ᄒᆞᄂᆞᆫ國家를謂함이니天皇、皇帝또王의尊號를有ᄒᆞ고國民의最上高位를占ᄒᆞᆫ一人의君主가主權을總攬ᄒᆞᆫ者ㅣ니我國을始ᄒᆞ야日淸、露、獨、英、이此에屬ᄒᆞ고

○民主國　民主國이라ᄂᆞᆫ것은民主國體의國家라ᄒᆞᄂᆞᆫ意義인ᄃᆡ國民全體가主權을總攬ᄒᆞᄂᆞᆫ國家를謂ᄒᆞᆷ이니如此民主國에서國民全體가主權을總攬ᄒᆞᆫ다ᄒᆞ나實際ᄂᆞᆫ多衆의國民이共同ᄒᆞ야行使키不能ᄒᆞᆷ으로써如何한一人을選擧ᄒᆞ야써其主權을行使케ᄒᆞ고通常此를稱ᄒᆞ야大統領이라ᄒᆞ니現今民主國의主되ᄂᆞᆫ國은北米合衆國과佛國이此에屬ᄒᆞᄂᆞ니라

(二) 政體로觀察한國家의種類

○專制國　專制國이라ᄂᆞᆫ것은專制政體의國家라ᄒᆞᄂᆞᆫ意義인ᄃᆡ主權의行動이各個機關에分配치안코專히一人의手에存ᄒᆞᆫ國家를謂ᄒᆞᆷ이니盖主權은唯一인故로可히分치못할者ㅣ나其作用은立法、司法及行政의三種에可別할지라此三種의作用을各個機關에分配치안코同一人이此를專行하ᄂᆞᆫ것이即專制政體ㅣ니現今에現著한專制國은露國等이此에屬ᄒᆞ고

○立憲國　立憲國이라ᄂᆞᆫ것은立憲政體의國家라ᄒᆞᄂᆞᆫ意義인ᄃᆡ憲法을設ᄒᆞ야主權行動의自由를制限ᄒᆞᄂᆞᆫ國家를謂ᄒᆞᆷ이니即主權의行動이各個機關에分配되여立法은議會로하야곰行케ᄒᆞ고行政은政府로ᄒᆞ야곰

行케ᄒᆞ고司法은裁判所로ᄒᆞ야곰行케ᄒᆞᄂᆞᆫ政體를立憲政體라ᄒᆞᄂᆞ니英、米、獨、佛、日、其他數國이此에屬ᄒᆞᄂᆞ니라

(三) 國際法上으로觀察ᄒᆞᆫ國家의種類

○全部主權國　全部主權國이라ᄂᆞᆫ것은主權의全部를享有ᄒᆞᆫ國家를謂ᄒᆞᆷ이니主權의全部를享有ᄒᆞᆫ以上에ᄂᆞᆫ假令其行使에制限을受ᄒᆞ더라도全部主權國되ᄂᆞᆫᄃᆡ無妨ᄒᆞ니故로永久局中立國갓ᄒᆞᆫ國도此에屬ᄒᆞᄂᆞ니라全部主權國에ᄂᆞᆫ單獨國과結合二種이有ᄒᆞ니

○單獨國　單獨國이라ᄂᆞᆫ것은一個의國家가스사로全部의主權을有ᄒᆞ야他國과聯結ᄒᆞᆫ바업슴을謂ᄒᆞᆷ이니英吉利、露西亞、佛蘭西、日本、等諸國이此에屬ᄒᆞ고

○結合國　結合國이라ᄂᆞᆫ것은二個以上의國家의結合에因ᄒᆞ야된者를謂ᄒᆞᆷ이니其結合은或外交上事項으로도되며或內治上事項으로도되ᄂᆞ니結合國에ᄂᆞᆫ聯邦國、君合國、政合國、合衆國等諸種類가有ᄒᆞᄂᆞ니라

○聯邦國　聯邦國이라ᄂᆞᆫ것은多數의國家의集合에因ᄒᆞ야組成된一國家를謂ᄒᆞᆷ이니聯邦에ᄂᆞᆫ반다시各國間에共通ᄒᆞᄂᆞᆫ如何ᄒᆞᆫ事項이이슴을要ᄒᆞᄂᆞ니其共通ᄒᆞᆫ事項에就ᄒᆞ야ᄂᆞᆫ各國家의主權을合ᄒᆞ야一을作ᄒᆞ야써外國에對ᄒᆞᄂᆞ니其外國에對ᄒᆞᄂᆞᆫ利害關係의共通事項에ᄂᆞᆫ聯邦國이主權을行使ᄒᆞ고其以外事項에ᄂᆞᆫ依然히聯邦을組織ᄒᆞᆫ各國家에서主權을有ᄒᆞᄂᆞ니故로聯邦國은其聯合ᄒᆞᆫ事項에關ᄒᆞ야ᄂᆞᆫ自由로外國과條約을締結ᄒᆞ며또其他行爲를可히得行ᄒᆞ나其共通ᄒᆞᆫ事項의範圍를超越ᄒᆞ야ᄂᆞᆫ各國家의有ᄒᆞᆫ主權을不得侵害ᄒᆞᄂᆞ니獨逸國이是也요

○君合國　君合國이라ᄂᆞᆫ것은二個以上의國家가君主의身體로써結合ᄒᆞᆫ者를謂ᄒᆞᆷ이니即二個以上의國家가單히君主를同一히ᄒᆞᄂᆞᆫᄃᆡ不過ᄒᆞ고其他事項에就ᄒᆞ야ᄂᆞᆫ서로關聯되ᄂᆞᆫ바업ᄂᆞ니白耳義國과공고ㅣ國이한가지로레오폴도二世陛下를戴ᄒᆞᆫ것갓ᄒᆞᆫ것이是其一例니라君合國를組成ᄒᆞᆫ各國家가其君主를同一히ᄒᆞ야도國際法上其人格은喪失치안코ᄯᅩᄒᆞᆫ其稱號或政體를異樣으로ᄒᆞ야도何等關係가無ᄒᆞ니라如此君合國을組成ᄒᆞᄂᆞᆫ各國家가依然히人格이有ᄒᆞᆫ故로其中一國이他國과條約을締結ᄒᆞ여도其條約의效力이單히締結ᄒᆞᆫ國家만羈束ᄒᆞ고他의結合分子되ᄂᆞᆫ國家에ᄂᆞᆫ何等影響이업ᄂᆞ니故로白耳義國이엇ᄯᅥᆫ國家와엇던條約을締結ᄒᆞ야도其條約이白耳義國만羈束ᄒᆞ고공고ㅣ國은此로爲ᄒᆞ야痛痒의憾이毫無ᄒᆞ니라

○政合國　政合國이라ᄂᆞᆫ것은二個以上의國家가政治上如何한事項에就ᄒᆞ야結合ᄒᆞ야써外國에當ᄒᆞᆷ을謂ᄒᆞᆷ이니政合國은單히國際法上에서만結合國의關係가有ᄒᆞ고國內法上에서ᄂᆞᆫ何等關聯이無ᄒᆞ니政合國의著名ᄒᆞᆫ者ᄂᆞᆫ墺太利國과匈牙利國이是也라此二國은外務와軍務와밋此에關ᄒᆞᆫ財政事項에만就ᄒᆞ야結合ᄒᆞ고以外事項에ᄂᆞᆫ아뭇關係업시各別이行動ᄒᆞᄂᆞ니라政合國과君合國間에重要ᄒᆞᆫ差異ᄂᆞᆫ政合國에在ᄒᆞ야ᄂᆞᆫ其中一國이他國과交戰ᄒᆞᆯ時ᄂᆞᆫ結合ᄒᆞᆫ一方의國家도ᄯᅩᄒᆞᆫ交戰國이되나君合國에在ᄒᆞ야ᄂᆞᆫ不然ᄒᆞ니라

○合衆國　合衆國이라ᄂᆞᆫ것은聯邦國과ᄎᆡ多數國家의結合에依ᄒᆞ야組成된者ㅣ나其組成ᄒᆞᆫ各國家ᄂᆞᆫ國際法上에ᄂᆞᆫ國家가아니

오單히國內法上에서만國家되ᄂᆞᆫ點이聯邦國을組成ᄒᆞᆫ各國家와不同ᄒᆞ니合衆國의外國에對ᄒᆞᄂᆞᆫ關係에就ᄒᆞ야ᄂᆞᆫ合衆國이主權을獨有ᄒᆞ고此를組成ᄒᆞᆫ各國家ᄂᆞᆫ何等의權利가無ᄒᆞ니라合衆國의顯著ᄒᆞᆫ國은北亞米利加合衆國이오其他墨西哥國도ᄯᅩᄒᆞᆫ此에屬ᄒᆞᄂᆞ니라

○一部主權國　一部主權國이라ᄂᆞᆫ것은主權의一部를享有치못ᄒᆞᆫ國家를謂ᄒᆞᆷ이니一部主權國의享有치못ᄒᆞᆫ權利ᄂᆞᆫ通常外國과交戰ᄒᆞᄂᆞᆫ權利니라其一部主權國의交戰權을倂有ᄒᆞᆫ國家를上主權國이라ᄒᆞ니如此히一部主權國은엇던一部의權利를享有치못ᄒᆞᆫᄃᆡ止ᄒᆞᆫ故로其以外權利ᄂᆞᆫ當然히享有ᄒᆞ야其範圍內事項에就ᄒᆞ야ᄂᆞᆫ外國과條約을締結ᄒᆞ며其他行爲를得行ᄒᆞ고ᄯᅩ他國과交戰을不得ᄒᆞᆫ다ᄒᆞ나上主權國의承諾을得할時ᄂᆞᆫ此權利가亦有ᄒᆞ니라一部主權國의主되ᄂᆞᆫ國은保護國과附庸國이니

○保護國　保護國이라ᄂᆞᆫ것은外國에對ᄒᆞ야自國의安全을保持ᄒᆞ기爲ᄒᆞ야自國의對外主權一部(通例交戰權)를割ᄒᆞ야他國(即上主權國)에讓與ᄒᆞ야其保護에依ᄒᆞ야存立發達을期코져ᄒᆞᄂᆞᆫ一部主權國을謂ᄒᆞᆷ이오

○附庸國(又屬國)　附庸國은保護國과갓튼한一部主權國이라ᄒᆞ나保護國갓치自己의意思에依ᄒᆞ야他國과條約에基因ᄒᆞ야一部主權國되ᄂᆞᆫ것이아니오上主權國의自由行動에依ᄒᆞ야一部主權國됨을謂ᄒᆞᆷ이니假令甲國이乙國으로써附庸을삼ᄂᆞᆫ意思를發表ᄒᆞ야他國家가此에對ᄒᆞ야承認을與할時ᄂᆞᆫ乙國은곳甲國의屬國이되ᄂᆞ니安南國이佛國의屬國된것이是其一例니라

○獨立國 獨立國이라ᄂᆞᆫ것은毫末도他國의制限을不受ᄒᆞ야一切主權을享有ᄒᆞ고또其主權을完全히行使ᄒᆞᄂᆞᆫ國家를謂홈이니英、米、佛、獨、等其他數國이此에屬ᄒᆞ고

○不完全獨立國(又半獨立國) 不完全獨立國이라ᄂᆞᆫ것은主權의一部를享有ᄒᆞ여도他一部가他國에屬ᄒᆞ든가또主權行使ᄒᆞᄂᆞᆫᄃᆡ就ᄒᆞ야他國의制限을受ᄒᆞ든가ᄒᆞᄂᆞᆫ國家를謂홈이니即主權의享有行使에엇더ᄒᆞᆫ制限을受ᄒᆞᄂᆞᆫ國家를不完全獨立國又半獨立國이라稱ᄒᆞᄂᆞ니라

養鷄說

金鎭初

鷄ᄂᆞᆫ有史以前부터吾人의게飼養된바ᄂᆞᆫ明白ᄒᆞ나其幾千前何地에셔비로소馴化되얏ᄂᆞᆫ지ᄂᆞᆫ詳言ᄒᆞ기難ᄒᆞ도다然이나學者의說을由ᄒᆞᆫ즉鷄의原産地ᄂᆞᆫ亞細亞東南部、馬來群島、近傍인ᄃᆡ此로부터四方에擴張ᄒᆞ야支那波斯等諸國에飼養이盛旺ᄒᆞ야漸次其傳播區域이大ᄒᆞ고西曆紀元六百年前에小亞細亞及歐羅巴南部로브터速히歐洲全部에普及ᄒᆞᆫ것이라ᄒᆞ도다

我國에셔ᄂᆞᆫ自古以來로文化의開發이早達ᄒᆞ야生活의程度ㅣ高ᄒᆞ며養生의觀念이進ᄒᆞ야卵肉의需用이多홈으로써中年에ᄂᆞᆫ養鷄의事業이興盛ᄒᆞ얏스나近年에ᄂᆞᆫ何故를爲홈인지卵肉의需用이尤多홈을不拘ᄒᆞ고該事業이漸々退步ᄒᆞ니實로可嘆ᄒᆞ도다農家의副業은其數ㅣ多ᄒᆞ나費用과勞力을要홈이少ᄒᆞ고利益이大ᄒᆞᆫ者ᄂᆞᆫ養鷄事業이라我국農家에셔現今도鷄를飼養홈이不少ᄒᆞ나其數가數羽乃至數十羽式에不過ᄒᆞ고또

其飼養法이甚이不完全ᄒᆞ야毫末도留意치아니ᄒᆞ고種類를撰擇치아니ᄒᆞ야徒然히舊習慣을改치아니ᄒᆞ니養鷄의進步가自然遲々ᄒᆞ도다此ᄂᆞᆫ全혀見利의念이乏ᄒᆞ고改良進步의觀이淺ᄒᆞᆷ을由ᄒᆞᆫ것이나時勢의進步ᄂᆞᆫ何時던지如斯ᄒᆞᆷ을不許ᄒᆞ야世의進運에能히伴치못ᄒᆞ면不識不知之間에滅亡에終ᄒᆞᆷ을未免ᄒᆞᄂᆞ니라故로農家ᄂᆞᆫ須臾라도間斷이無히意를用ᄒᆞ야養鷄의業을勉勵ᄒᆞ야自他의利益을計ᄒᆞ지아니치못ᄒᆞᆯ이로다

我國의養鷄上에其改良ᄒᆞᆯ點이多ᄒᆞ나就中더욱必要ᄒᆞᆫ것은種類의改良이라傳來種類의劣等者ᄂᆞᆫ捨ᄒᆞ고善良者를撰ᄒᆞ며또外國種中에도肉用鷄와卵用鷄와肉卵兼用鷄等의優等種이多ᄒᆞ니此를擇求ᄒᆞ야飼養ᄒᆞᆯ지라盖舊來의劣種은一羽가一年에産卵ᄒᆞᄂᆞᆫ數가五六十個에不過ᄒᆞ나外國의良種은一年에能히二三百個를産出ᄒᆞᄂᆞᆫ者도有ᄒᆞ니其優劣의差ㅣ何如ᄒᆞ뇨農家된諸同胞ᄂᆞᆫ雖一日이라도急速히舊來의劣種을改良ᄒᆞᆯ지여다

其次에ᄂᆞᆫ飼養法의改良이라從來我국의農家ᄂᆞᆫ飼養法에도一向不完全ᄒᆞᆫ方法으로ᄒᆞ야鷄舍의構造ㅣ粗疎ᄒᆞ며汚穢ᄒᆞ야防寒防暑의備ㅣ不俱ᄒᆞ며治病防病의術이無ᄒᆞ고飼料의善惡을講치아니ᄒᆞ니農家에셔副業을如此히等閑이ᄒᆞ고야엇지財政의恐慌을當치아니ᄒᆞ리오此를憂ᄒᆞ야玆後로養鷄의法을續號揭載ᄒᆞ야讀者의參考를삼고저ᄒᆞ노라

衛生談片

李 奎 濚

△動植兩界의力質交換

張力(潛力)과活力(動力)　張力이라ᄒᆞᄂᆞᆫ者ᄂᆞᆫ物體中에潛在ᄒᆞ야姑未發動ᄒᆞᄂᆞᆫ바力이요活力이라ᄒᆞᄂᆞᆫ者ᄂᆞᆫ即張力으로ᄒᆞ여곰運動에變化ᄒᆞᄂᆞᆫ力이니譬컨ᄃᆡ卷纏ᄒᆞᆫ撥條及塔架에安置ᄒᆞᆫ巖石은即張力을包有ᄒᆞᆫ者ㅣ요此에衝突을與ᄒᆞ야運動에變化ᄒᆞ난者ᄂᆞᆫ即活力이라

大凡有機體ᄂᆞᆫ張力이富ᄒᆞᆫ數多의化學的抱合物을含蓄ᄒᆞᆫ者니此抱合物은其搆造가甚히複雜ᄒᆞ고且親和力의飽和力이甚少ᄒᆞᆫ故로單體로分解ᄒᆞᆯ傾向이頗大ᄒᆞ니라

動物의必要ᄒᆞᆫ食物은다ㅣ植物中에存在ᄒᆞ니彼滋養分의三主要物되ᄂᆞᆫ脂肪、含水炭素、蛋白質노부터至於水及無機成分ᄭᅡ지植物中에屬지아니ᄒᆞᆫ者ㅣ一無ᄒᆞ니라

此等의滋養分은共히化學的構造가複雜ᄒᆞᆫ으로써多量의張力을包有ᄒᆞ니라人은此食物의一定ᄒᆞᆫ量을攝取ᄒᆞ면呼吸을由ᄒᆞ야吸攝ᄒᆞᆫ空氣의酸素가此와結合ᄒᆞ야燃燒의作用을賦與ᄒᆞᄂᆞᆫ故로化學的張力을溫으로變換ᄒᆞ나니此燃燒의產遺物은其構造가即單一ᄒᆞᆫ物體가됨은無疑ᄒᆞ니라

今에此를說明ᄒᆞᆯ진ᄃᆡ大抵力이라ᄒᆞᄂᆞᆫ거시最初에ᄂᆞᆫ何로由ᄒᆞ야來ᄒᆞ얏ᄂᆞ냐ᄒᆞ면即植物은太陽의光線을吸收ᄒᆞ야其活力을受蓄ᄒᆞᆫ者라故로日光을不賴ᄒᆞ면其生活을保치못ᄒᆞ고且空氣及地中에셔炭酸、水、暗謨尼亞、窒素를攝取ᄒᆞ며動物體ᄂᆞᆫ其排泄物되ᄂᆞᆫ炭酸、水、暗謨尼亞、尿素를植物에授與ᄒᆞ나니要之컨ᄃᆡ植物은日光에셔其光線의活力을攝取ᄒᆞ야張力으로變換ᄒᆞ며此를各部分에布與ᄒᆞ야其生長發育을營ᄒᆞᄂᆞᆫ此複雜ᄒᆞᆫ化學的抱合物을作ᄒᆞ며且太陽의活力을自己의張力으로變化ᄒᆞ고動物은此食物

을攝取ᄒᆞᆫ後에酸化作用으로써其附與ᄒᆞᆫ바複雜抱合物을分解ᄒᆞ며且其張力을自體의活力으로移用ᄒᆞᄂᆞᆫ者ㅣ卽無疑ᄒᆞ니라

△人體呼吸의新陳代謝

呼吸의目的은彼의酸化作用에必要ᄒᆞᆫ分量의酸素를體內에輸入ᄒᆞ며老廢의炭酸을體外에排除홈에在ᄒᆞ니肺臟은該機能을最히活潑케營ᄒᆞᄂᆞᆫ者ㅣ라

呼吸을外呼吸과內呼吸의二類에區別ᄒᆞ니外呼吸은外氣와呼吸器(肺及皮膚)의血液瓦斯間에成ᄒᆞᆫ바의瓦斯交換을云홈이요內呼吸은大循環의毛細管血液과身體組織間에起ᄒᆞᆫ바의瓦斯交換을云홈이라

(甲) 外呼吸　口及鼻呼吸　安靜呼吸　運動할際에鼻腔이清淨할時에ᄂᆞᆫ恒常口門을閉鎖ᄒᆞ야呼吸을營ᄒᆞ나니此時에鼻의機能은

(一) 吸息할際에預히空氣를溫暖케ᄒᆞ야寒冷空氣의肺內面刺戟을防禦ᄒᆞ나니프로히氏의說을據ᄒᆞᆫ즉中等溫의時에ᄂᆞᆫ體溫과空氣의溫이其差異가大約九分의五를溫暖케ᄒᆞᆫ다云ᄒᆞ니라

(二) 吸入氣에ᄂᆞᆫ水蒸氣를飽和케ᄒᆞ야其乾燥를減少케ᄒᆞ며肺臟의內面을刺戟지안토록ᄒᆞᄂᆞ니라

(三) 空氣中에混ᄒᆞᆫ바의塵埃를粘液面에附着케ᄒᆞ야氈毛上皮를因ᄒᆞ야再次로此를排除ᄒᆞ고ᄯᅩ鼻의汾泌物은或分裂菌에對ᄒᆞ야消毒作用을致홈으로써鼻呼吸은傳染病感染의危險을豫防ᄒᆞᄂᆞᆫ效用이有ᄒᆞ니라

(四) 有害物을混和ᄒᆞᆫ汚穢空氣를嗅神經에依ᄒᆞ야知覺홈이有ᄒᆞ니라

若口를開ᄒᆞ야呼吸을營할時ᄂᆞᆫ空氣ㅣ毫라도鼻腔을通過홈이無ᄒᆞ니此를由ᄒᆞ야觀할

진딕鼻腔에何等障礙가無한時에ᄂᆞᆫ決코口呼吸을不營할거시니라

皮膚呼吸　健康人의二十四時間에皮膚로失ᄒᆞᄂᆞᆫ바의呼吸은體重에對ᄒᆞ야六十七分의一에至ᄒᆞ다云ᄒᆞ고또活潑ᄒᆞᆫ筋肉도同一의作用을致ᄒᆞ며皮膚의酸素를吸攝ᄒᆞᄂᆞᆫ量은或排泄炭酸의容量과同ᄒᆞ다ᄒᆞ며或은此보담消稀ᄒᆞ다云ᄒᆞ고其排泄ᄒᆞᄂᆞᆫ炭酸의量은肺로排泄ᄒᆞᄂᆞᆫ量에殆히二百二十分의一에至ᄒᆞ며酸素의攝取ᄂᆞᆫ百八十分의一에至ᄒᆞᆷ으로써皮膚의呼吸機ᄂᆞᆫ甚히微弱ᄒᆞ다云할지라

(乙) 內呼吸　　大循環은毛細管의身體諸器과組織間의行에ᄒᆞᄂᆞᆫ바의瓦斯交換이니即組織의生活中에其含炭素有機質이漸漸酸化ᄒᆞ야炭酸을釀生ᄒᆞᆷ은專히此作用을因ᄒᆞᆷ이라其要件을左에略述ᄒᆞᆷ

(一) 酸素를吸取ᄒᆞ야炭酸을産生ᄒᆞᄂᆞᆫ要地ᄂᆞᆫ組織內에在ᄒᆞᆫ지라今에此를論할진딕盖毛細管中의血液은速히酸素를變ᄒᆞ야炭酸을釀ᄒᆞ나然이나酸素가富饒ᄒᆞᆫ血液을體外에셔温保ᄒᆞᆷ에ᄂᆞᆫ其變化ㅣ甚히緩慢ᄒᆞᆷ으로써見ᄒᆞ면酸素ᄂᆞᆫ毛細管中에在ᄒᆞ야血液보담速히組織中에入ᄒᆞᆷ이分明ᄒᆞ니라

(二) 血液도亦是各組織과如히酸素를消耗ᄒᆞ야炭酸을産生ᄒᆞᄂᆞ니即體外에放瀉ᄒᆞᆫ血液은速히酸素를減ᄒᆞ야炭酸을增ᄒᆞ며또窒息者의無酸素血液中에酸素를加ᄒᆞ면即時酸化ᄒᆞᄂᆞᆫ事實에照ᄒᆞ야明確ᄒᆞ고

(三) 肺臟도其組織中에셔酸素를消耗ᄒᆞ야炭酸을形成ᄒᆞᄂᆞ니루ㅣ또우이히氏의說과如히眞空을成ᄒᆞᆫ肺臟의血管中에動脈血을注入ᄒᆞ면其血液中酸素를減少ᄒᆞ야炭酸을增加ᄒᆞᆷ이確實ᄒᆞ다云ᄒᆞ니라

隨時로血液中에現存ᄒᆞᄂᆞᆫ炭酸及酸素ᄂᆞᆫ其全量이僅에四瓦에不過ᄒᆞ나然이나一日中에排泄ᄒᆞᄂᆞᆫ炭酸은九百瓦요攝取ᄒᆞᄂᆞᆫ酸素ᄂᆞᆫ七百四十四瓦를算홈이有ᄒᆞ니此로由ᄒᆞ야觀ᄒᆞ면瓦斯의交換됨이實노疾速홈을推知할지라

休業之夏에別同契諸君子ᄒᆞ야歸國序

金 炳 億

燕趙市慷慨場에擊罷漸離之筑ᄒᆞ고金陵亭豪士座에泣下王公之淚라가挈手彷徨ᄒᆞ야環首四顧ᄒᆞ니瘴海炎天에疊ㄷᄒᆞᆫ雲壘와鯤程萬里에不平ᄒᆞᆫ江聲은便是吾人別離之氣象也로다彼昔之所謂別離上餘韻에吳州見月之思와桃潭不及之情은思則思矣오情則情矣로되不過詩人騷客의浪吟唱和之態而決非吾儕今日之事也요一盃酒로送陽關路ᄒᆞ고長短說노問東流水ᄂᆞᆫ其綢繆繾綣之跡을似可取矣로되類皆酒朋醉徒의一塲春風之情而亦非吾儕今日之志也라然則惟我歸國ᄒᆞ시ᄂᆞᆫ諸君子ᄂᆞᆫ其事安在며其志安在오人皆曰星燧曠濶에昏晨을久闕타가歸寧父母ᄂᆞᆫ諸君子之志也라호되余謂非此之爲也요人皆曰缺界絕壤에河漢을相望타가却看妻子도諸君子之志也라호되余謂非此之爲也라夫萍水萬里에形骸를寓ᄒᆞ고天涯一方에星霜을隔ᄒᆞ야劈破煩惱ᄒᆞ고備嘗辛苦라가休業의期를當ᄒᆞ야行將歸國에陟岵之情과孔嘉之樂이人情에對ᄒᆞ야誰曰無有리오마ᄂᆞᆫ然事猶有急於此ᄒᆞ니嗟我大韓國今日之情況이여切膚之患과燃眉之迫이瀕於朝暮頃刻之間이어ᄂᆞᆯ寒心哉라本國之同胞여痛哭哉라本國之同胞여愛惜哉라本國之同

文

藝

胞여鷄既鳴矣오天欲曙矣라夢何如是長이며醉何如是甚고別天異地에電雷가震作ᄒᆞ고乍晴乍陰에風雨가驟至ᄒᆞ여漏宇泄屋之勢危如積卵ᄒᆞ니時則並起同作ᄒᆞ여棟梁椽榭闑閾之材와樞戶甍榱壁廡之資를斲之者斲ᄒᆞ고斫之者斫ᄒᆞ며築之者築ᄒᆞ고搆之者搆ᄒᆞ며塗之者塗ᄒᆞ야各勤服役以後에야基礎를確定ᄒᆞ고大厦를維葺ᄒᆞ야足以占棲息之地여늘猶以盤古世思想으로坐談天皇ᄒᆞ야慣習之病과聵聾之疾이痛入骨髓에其勢幾至喪身이로되不知猛省ᄒᆞ고墨守兎株ᄒᆞ니如此不已면將於胥溺에何오然則必有先知先覺者提撕喚醒ᄒᆞ야同歸正鵠而後에야庶幾免於鯨呑虎視之窟이니即此而觀ᄒᆞ면今日諸君子之歸國이其志豈謂偶然哉아大底渠屋을將建에良工은無一日之閑ᄒᆞ고大業을將成에志士는無瞬時之安ᄒᆞ나니始知諸君子之此時此行이出於鞠躬盡瘁ᄒᆞ야終身不休者也로다嗟乎嗟乎라歸去兮歸去兮여諸君子之歸去兮여草草行裝에所著者는何오但壽世丹備急丸也요薄薄短衫에所袖者는何오但指南針羅盤鏡也라登車焉有慨然澄淸之志ᄒᆞ고渡航焉有擊棹誓水之歌ᄒᆞ야智慧의鈒과光明의拳으로打碎千百年痴迷之膜이斷在於一月之間이니余謂諸君子之歸去兮여實爲本國之幸福焉이어다

外國에出學ᄒᆞ는親子의게

(母親의書簡)

椒海

愛子福孫아이거시웬일이냐汝의母나는身勢를自嘆ᄒᆞ고世事에憾恨ᄒᆞ야過夜一夕을눈물노시우다가今朝에汝의書信을接得ᄒᆞ미幸혀됴흔긔별이나잇서心懷를自慰할가

ᄒᆞ엿더니웬일이냐落第가무엇이냐再三再四披閱ᄒᆞ되夢中事갓기만ᄒᆞ여ᄎᆞ라리夢事가되여라心祝ᄒᆞ엿더니漸々疑心이풀녀悅然히ᄭᆡ다럿다大抵엇젼ᄭᆞᄃᆞᆰ에이런悲傷ᄒᆞᆫ일이ᄉᆡᆼ겻단말이냐내育格이ᄶᅵ여질듯시極痛코나福孫아汝ᄂᆞᆫ汝의父親別世ᄒᆞᆫ신일을不忘ᄒᆞ엿겟구나秋風落葉蕭々雨에쓸々ᄒᆞᆫ空房에서너와내가寂々히相對ᄒᆞ야幾日夜을ᄉᆡ우면서너ㅣ날ᄃᆞ려ᄒᆞᆫ말을닛지아니ᄒᆞ엿겟구나!

아々너ㅣ其時에무이라고말ᄒᆞ엿든가『從今以後에는、世上에서依托ᄒᆞᆯ바가母親과小子ᄲᅮᆫ이라못됴록勤實히工夫ᄒᆞ여서將來의豪壯ᄒᆞᆫ人物이되겟스니母親도아모病患업시계셔서뒤만잘도아주시면긔어히一時ᄂᆞᆫ家聲을震動ᄒᆞ며祖宗의靈光을宣揚ᄒᆞᄂᆞᆫ日이잇게스니그時ᄭᆞ지忍待ᄒᆞ며주시오』

ᄒᆞ엿지네말이그러ᄒᆞ기에、나혼자궁금ᄒᆞ고寂寞히지낼거슨조곰도ᄉᆡᆼ각지아니ᄒᆞ고汝를數萬里他國에留學보낼ᄯᅥᆨ나의所懷가엇더ᄒᆞ엿스며南大門外停車場에서母子相別ᄒᆞᆯ時에는汝도무ᄉᆞᆷᄉᆡᆼ각잇셔겟구나나는그후에恒常汝의말만信望ᄒᆞ엿다大抵汝는母를如何히依賴ᄒᆞ랴고思ᄒᆞ엿든가나는其時잇일을不忘ᄒᆞ여서드른汝의母는不忘ᄒᆞ고記憶ᄒᆞ는데들녀주던汝는汝言을食忘ᄒᆞ엿나냐?實言이냐虛言이냐落第라는긔막히는말이웬말이냐?福孫아汝는汝母를悲泣케ᄒᆞ고汝는汝母를辛苦케ᄒᆞ는고나此가家聲을震動케ᄒᆞ는것이며此가祖先의名華를宣揚ᄒᆞᆫ다든거시냐暗霧愁烟夕陽天에雲山을長望ᄒᆞ고暮月秋風三更夜에家事를遠憂ᄒᆞ는汝의父親은얼마큼嘆息ᄒᆞ여계실고?相距가멀기러僥倖일다萬一此羞耻의所

聞이他人의傳及ᄒᆞ면汝母는他人을相對ᄒᆞᆯ面目이업슬것을…… 第一汝의父親씌는무이라고心告ᄒᆞᆯ고? 汝는何事던지都是不良ᄒᆞᆫ親구의被誘되엿다고過失은他人의게推諉ᄒᆞ나너今年브터는用이넓어졋다고말ᄒᆞᆯ時마다母는잘알고잇지마는俗諺에닐으기를어베가子息의게對ᄒᆞ여셔는四足을놀니지못ᄒᆞᆫ다는것ᄀᆞᆺ히셔아마本國皇城셔만ᄒᆞ여도시골과는다른處地라又況外國에가잇스면셔야各種物價가貴騰ᄒᆞ겟거늘엇지用이少ᄒᆞᆯ야花鬪를ᄒᆞ는지술을먹는지는未知ᄒᆞ나이럭저럭躊躇ᄒᆞᆯ식速히보내는것이됴흐려니ᄒᆞ여每番差違업시應求即送ᄒᆞ는거슬汝는엇더케싱각ᄒᆞᆫ다이ᄀᆞᆺ치貧寒ᄒᆞᆫ世事中에셔學資를타셔쓰는以上에老年의母親을ᄯᅥ난거시不肖莫甚이오나前程이겨우四年間뿐이라願컨ᄃᆡ母主는좀더ᄎᆞᆷ어주시오子도家事의貧寒홈을잘싱각ᄒᆞ옵고他人이十圓쓰는것이면子는五圓쓰고他人이五圓쓰는것이면子는三圓쯤쓸可量ᄒᆞ여잘注意ᄒᆞᆯ터히니조곰도下慮치마시오』ᄒᆞᆫ誓言을反舌ᄒᆞ여孟浪踈濶ᄒᆞᆫ世情ᄀᆞᆺ치汝母를騙欺ᄒᆞ니엇지如此無情ᄒᆞᆫ心志가生ᄒᆞ엿느냐? 某年月日브터財政整理ᄒᆞᆫ다든結果로錢荒이莫甚ᄒᆞ여日本借款一千萬圓ᄒᆞ여다가日本人들居住ᄒᆞ는仁川港等地에水道敷設ᄒᆞ기國債홈박지고人病醫師도無ᄒᆞᆫ데獸疾ᄭᆞ지곳치겟다고獸醫를雇聘ᄒᆞᆫ다무숨고문宴會費라무엇무엇이령저령長頭魚그쇼리잘나먹듯시ᄒᆞ여今日은市門에셔도財路가不通ᄒᆞ여여긔撤廛、저긔廢店、日用物品도本國物은至賤ᄒᆞ고外國物은至貴ᄒᆞ여商路가싹막키고푼젼이라도돈놀處所는外國人의게被奪ᄒᆞ여엇던집안에셔는錢을보면通姓ᄒᆞ

라ᄒᆞᄂᆞᆫ時에努努僅々히蟻集ᄒᆞᆫ米穀을作錢ᄒᆞᆫ다土庄을賣渡ᄒᆞ여分々히모흔돈을汝ㅣ엇더케虛費ᄒᆞᄂᆞ냐假令同伴의被誘될時에라도汝의精神만收拾ᄒᆞ엿스면……무엇汝가分明國事를조곰도不思ᄒᆞᄂᆞᆫ가보다一昨年某月日에閔趙諸忠臣의殉節ᄒᆞ신일을ᄉᆡᆼ각ᄒᆞ거나汝브터工夫잘못ᄒᆞ면將來他人의奴隷ᄲᅮᆫ亡國ᄲᅮᆫ滅種ᄲᅮᆫ될일을ᄉᆡᆼ각ᄒᆞ여주렴汝도木石이아니여든愛國誠이最多最富ᄒᆞᆫ大韓男子의氣魂을忽失ᄒᆞᆫ단말이냐! 汝ᄂᆞᆫ家事라ᄂᆞᆫ거ᄉᆞᆯ忘却ᄒᆞᄂᆞ냐年老ᄒᆞᆫ汝母ᄂᆞᆫ汝가어셔速히工夫成功ᄒᆞᆫ후에獨立皷를내目前에셔高鳴ᄒᆞ고爀々ᄒᆞᆫ大韓帝國의光榮으로汝의名譽가生ᄒᆞ기를苦待ᄒᆞᄂᆞᆫ줄記臆ᄒᆞ여라이ᄀᆞᆺ치라도衣食ᄒᆞᄂᆞᆫ거시全혀汝의父親의蔭인줄을長久不忘ᄒᆞ여라汝ㅣ昨年브터屢次무ᄉᆞᆷ雜誌에作文一等賞을밧엇다고ᄒᆞ지마ᄂᆞᆫ나ᄂᆞᆫ아모것도未知ᄒᆞ고다만汝의出世만苦待ᄒᆞ엿든ᄃᆡ그만落第ᄒᆞ엿단말이무ᄉᆞᆷ말이냐根本브터先親의敎訓을緊受ᄒᆞᆫ汝ㅣ小說等虛談浪說에迷惑ᄒᆞ여畢竟몸을破滅되게ᄒᆞᆫ일은此母ᄂᆞᆫ아모리ᄉᆡᆼ각ᄒᆞᆯ지라도取치안켓다汝ᄂᆞᆫ本是그럿케미련ᄒᆞ지아니ᄒᆞ엿것만……

그런나過去事ᄂᆞᆫ아모리謀屑ᄒᆞ여도取返키難ᄒᆞ겟고母ᄂᆞᆫ더ᄒᆞᆯ말업다福孫아너아모됴록精神드리고心志를ᄌᆞᆸ아完全ᄒᆞ게工夫ᄒᆞ여가지고훌늉ᄒᆞᆫ人物이되여주렴내生前에國家興復ᄒᆞᄂᆞᆫ거ᄉᆞᆯ目睹ᄒᆞ쟈구나나ᄂᆞᆫ女人이라時々로부즐업슨일도有ᄒᆞ겟고道理에不合ᄒᆞᄂᆞᆫ言句가有ᄒᆞ겟스나老屈된微身이晝夜로汝가훌늉ᄒᆞᆫ人物되ᄂᆞᆫ日을苦待ᄒᆞᄂᆞᆫ줄ᄉᆡᆼ각ᄒᆞ고再次齟齬ᄒᆞᆫ形便을不逢토록ᄒᆞ여다고母가一生의원ᄒᆞᄂᆞᆫ바요日氣도漸々酷

熱ᄒᆞ니異邦氣候에甚毒ᄒᆞᆫ感氣라도不觸토록몸조섭잘ᄒᆞ엿다가夏期放學에ᄂᆞᆫ健康ᄒᆞᆫ顏色을보여다고單衣一件을郵便에付送ᄒᆞᆫ다元來時体流行品도아니오針製도不完ᄒᆞ지만은내가留心ᄒᆞ여지은것이라그러구석구입어보아라切々히당부ᄒᆞ고다시금付托ᄒᆞᄂᆞ니부ᄃᆡ安心ᄒᆞ여라福孫아

以鳥假鳴

無何狂 宋旭鉉

大文洋浩々刼에春婆夢이遽々ᄒᆞ니狂客笑가荷々로ᄃᆞ坐而凡臥而瞠ᄒᆞ야過去를逆溯ᄒᆞ며未來를向算타가一日은夏節이當到ᄒᆞ여火雲이曝壓홈의鬱蒸을難堪키로書窓을揮退ᄒᆞ고脉々히窮目ᄒᆞ니馬島孤角에暮山이蕭條ᄒᆞ고鰲海一面에殘烟이縱橫이라於是乎觸物所想이比前有異ᄒᆞ야無聊彷徨ᄒᆞᄃᆞᆫ次에忽然히越便芳草間으로翩翩ᄒᆞᄂᆞᆫ杜鵑이吾의旅窓을挾ᄒᆞ야鳴過ᄒᆞᄂᆞᆫ不如歸數三聲에故國을懸憶ᄒᆞᄂᆞᆫ愁色이一層激倍홈으로率易히輕起ᄒᆞ야落袖ᄒᆞᆫ기모노(衣名)를휘휘츤츤倒着ᄒᆞ며折齒ᄒᆞᆫ아시ᄃᆞ(屐名)를어졍쥬졍急穿ᄒᆞ고如狂如醉ᄒᆞᆫ蹣跚步로南인가北인가定處업시隨聲追後ᄒᆞ야一仰悵呼曰杜鵑아杜鵑아人情을知乎아否乎아胡爲乎不如歸오喟然未已르가回首四顧ᄒᆞ니此時ᄂᆞᆫ何時ᄃᆞᆫ지西日이薄暮ᄒᆞ엿더라遠樹ᄂᆞᆫ暗々ᄒᆞ고酸風은슈々ᄒᆞᆫᄃᆡ杜鵑은消息업시간ᄃᆡ업네、속절ᄒᆞ기、어이업셔心獨噫而自訟曰有情코有情ᄒᆞᆫ杜鵑셔야無情키도無情쿠ᄂᆞ何處去냐何處去냐同侶를失ᄒᆞᆫ듯、시所向을莫知ᄒᆞ고、갈팡질팡、ᄒᆞᄂᆞᆫ바에倏彼晴林邊寂寞處로他一非凡ᄒᆞᆫ間關聲이其然未然透耳ᄒᆞᄂᆞᆫ지르愕焉異之ᄒᆞ야、허동

지동、ᄯᆞᄅᆞ가니、平日붓렴熟視慣聞ᄒᆞ든復國鳥(복국)(本鳥ᄂᆞᆫ布穀而鳴之以복국故로俗呼以복국也) 의聲이ᄅᆞ吾爲之問曰汝何不平事로渡海來鳴耶ᄒᆞᆷ의須臾에복국이止聲俛首ᄒᆞ고令渠羽親鸜鵒로通辯對曰「余ᄂᆞᆫ昔日漢室을未復ᄒᆞ고不幸ᄒᆞ신諸葛武侯의遺魂으로世之幻代와物之變遷에轉漸流落ᄒᆞ여半島(大韓)江山羽族社會中一介寃鳥로化生되야惟寃이復國ᄲᅮᆫ임으로吐寃所發에鳴必自然的복국聲이ᄅᆞ躬鞠盡瘁ᄒᆞ야死後乃已ᄒᆞᆯ警世的으로桃李公門과桑麻壽域에遠近을不拘ᄒᆞ고東鳴曰복국西鳴曰복국일셰一鳴二鳴에催益甚焉ᄒᆞ야복복국복복국ᄒᆞᄃᆡ吁彼國人은醉生夢死로聽而不聞ᄒᆞ야響應者鮮ᄏᆞᄂᆞᆯ無可奈何ᄅᆞ世人이不信余聲인ᄃᆡ反不如歸巢藏身이ᄅᆞᄒᆞ고仍歸于空山不知處ᄒᆞ야秋月春風之所到에鳴之以不平也러니余友金公子(鶯)文明花柳國으로遊覽飽景來라가告余曰彼海外三島邦(日本)에有一名鳥ᄒᆞ야稱曰復興(부흥)(本鳥ᄂᆞᆫ鵂也而鳴之以부흥故로俗呼以부흥也) 인ᄃᆡ其氣也與君相以ᄅᆞᄒᆞ야ᄂᆞᆯ余思ᄒᆞᄃᆡ同氣相求ᄂᆞᆫ理所然也ᄅᆞᄒᆞ고絶海千里를不遠渡來ᄒᆞ야복국복국幾鳴ᄒᆞ고부흥부흥不應ᄒᆞ러니今에惟子來問ᄒᆞ니子非부흥乎아」ᄒᆞ거ᄂᆞᆯ嗚呼戱嘻ᄅᆞ何能抵答고吾亦二千萬同胞中一脈分子로推物所感에反羞ᄂᆞᆫ姑捨ᄒᆞ고淚自潛漫ᄒᆞ야呑聲躑躅ᄒᆞᄂᆞᆫ말이복국아복국아歸國커ᄅᆞ歸國커ᄅᆞ趦趄말고歸國커ᄅᆞ이ᄲᅮᆫ答辭로다同胞들아同胞들아 祖國同胞들아鼎鐺도有耳커든曾不聞복국平아復興思想不忘ᄒᆞ고復國精神修習ᄒᆞ소相彼鳥도猶可복국이온矧此人이不如ᄒᆞᆯ가이말저말ᄃᆞ버리고복국鳥를歸送ᄒᆞ니信聽코

信聽ᄒᆞ오願我同胞여

○送閔視察元植歸國

石蘇　李東初

滿駕回風散暮陰。水醒山悟月新臨。大湖萬頃三千尺。孰與吾公別意深

○聞共立協會總會長宋錫俊氏訃音感追悼而作

無何狂　宋旭鉉

共立協議獨立身。多傳酒國特醒人。腦圓半島精神月。蹤遊西洋狀態塵。世有何能回白日。天無私愛速青春。雖歸若或餘靈在。願顧東隅我一隣

○見動物園麒麟有感

春圃　柳種洙

行過園裡見麒麟。縶柵鎖門寄此身。性心不是猶凡物。出處元非爲聖人。殊方日月愁中老。故國風光夢底新。將得何年還贖路好遊獨立帝王春

○客牕雨中　爲齋　李奎濚

旅榻三朝雨意濛。與誰對酌吐心紅。晦明天理環無息。强弱人權勢不同。故國江山頻入夢。青年志業可論功。願言同胞諸君子。貴在精神一脉通

○大極學會祝詞　來堂　高元勳

西望長安却悵然。海門迢遞五雲懸。誰家產出青年子。大手挽回白日天。四宇風潮方淨地。一區烟月泰平莚。後人坐讀維新史。太極會中幾個賢

○述懷　崔昌烈

晨牕睡罷雨濛濛。强把數盃顏半紅。秋菊春蘭時有定。流螢晦月影難同。衆材撑屋知和力。良玉成章是琢功。多少吾儕今日願。堂堂國業大亨通

○斷片

又松 鄭寅河

○世人이皆是誕生에ᄂᆞᆫ喜樂ᄒᆞ고死亡에ᄂᆞᆫ悲泣ᄒᆞ니淺稚ᄒᆞᆫ吾人의思慮로深大ᄒᆞᆫ其慾心은一度噴飯難免이지大抵吾人이母胎로産落되여고々ᄒᆞᆫ啼聲을ᄯᅱ出ᄒᆞᆫ最後結果眞箇의運命이盡ᄒᆞ엿지一人二人增加ᄒᆞᆫ다고歡樂의要가無ᄒᆞ고死去ᄒᆞᆫ다고悲泣의慘을有ᄎᆞ말나生産ᄒᆞ여도其天賦의本意를未解ᄒᆞ고人生의眞價를落下ᄒᆞ야自由와權威를外人의게讓與ᄒᆞ고도意氣自若ᄒᆞ여開唇初音이便是良策이라ᄒᆞ야其足下에連踵葡蔔ᄒᆞᄂᆞᆫ者들이야生死에何等悲歡이有ᄒᆞᆯ가有志者曰今日我國은團體가急務니一人會二人集이有殊ᄒᆞ고初鼓動再忠告가必要라國權恢復도惟團体요民族支保도是團体라ᄒᆞ니춤그럴듯ᄒᆞ나웬걸我國의…… 이엇만今日形便웨如許ᄒᆞᆫ가이것더것緘口ᄒᆞ고頭腦中에各히銘存ᄒᆞᆫ大韓精神이不言而自會ᄒᆞ야有別ᄒᆞᆫ團欒을成ᄒᆞᆫ然後에야…… 陽氣所到에ᄂᆞᆫ金石이亦透라ᄒᆞ든걸

○幾百年來鎖古主義가時情無聲彈에破碎되여江湖志士들이教育을主唱ᄒᆞ야家庄을賣以充公ᄒᆞᆫ다午飯을不食ᄒᆞ고晝宵一念이在此ᄒᆞ야일것搆立한趣旨들엇던假有志者들은不平을雙唱ᄒᆞ며抵手先鬪이古鎖를更用ᄒᆞ야無限히單純ᄒᆞᆫ幼稚國民들을갈팡질팡指導ᄒᆞ고或者ᄂᆞᆫ挾雜을從事ᄒᆞ야開展의名稱이그悖戾ᄒᆞᆫ滅亡主義에回渦軌入ᄒᆞᆫ다ᄒᆞ니이못난량반들已往始作ᄒᆞᆫ거슬아모됴록發展케ᄒᆞᆫ다면未知어니와縮收가무엇시며挾雜輩들아斯民이無ᄒᆞ면汝等이誰의게雜挾을行ᄒᆞ며斯士가아니면何處에서蠻行

을行ᄒᆞᆯ가보냐內外에서就學ᄒᆞᄂᆞᆫ同志들이여外國놈教師雇入치안토록다各히教育家와教員이되자고! 어……!

○名譽ᄂᆞᆫ小人을教唆ᄒᆞᄂᆞᆫ藥餌오權威ᄂᆞᆫ傲慢을鼻噓ᄒᆞᄂᆞᆫ滑稽用具오黃金은守錢奴를培出ᄒᆞᆯᄲᅮᆫ皆是泛々ᄒᆞᆫ一朝灰塵…… 余ᄂᆞᆫ아모것도믈나다만實力을養成ᄒᆞ야無數ᄒᆞᆫ決死團을從隨ᄒᆞ야害我者를取誅ᄒᆞ고侵我者撲滅ᄒᆞ고百世青史上에芳名을遺存ᄒᆞ야後人의痛快를與ᄒᆞ자고此歷史를不見ᄒᆞ고黃土로埋掃ᄒᆞᄂᆞᆫ客은다만糞塊ᄲᅮᆫ

○太牢의美味와龍鳳의割烹이라도過度飽食ᄒᆞ면卒地에疾病을釀出ᄒᆞᄂᆞ니醴酪으로써亡國者가生ᄒᆞ리라고斷言ᄒᆞᆫ夏禹ᄂᆞᆫ青息을宿吐ᄒᆞ엿지보시오日本人의今日富强은經濟에서致ᄒᆞ엿소我國人의一日食料ᄂᆞᆫ日本人의三日料가過ᄒᆞ겟스니一日食의三分之一만貯藏ᄒᆞ면數萬噸의軍艦이一年內에멧隻이될넌지新事件도新事件이거니와已往始作ᄒᆞᆫ國債報償들……

○今日世界ᄂᆞᆫ生存을競爭ᄒᆞᄂᆞᆫ時代라外羊面內狠心으로博愛主義를喃々히詐稱ᄒᆞ고他人을培翟ᄒᆞ겟다고밋쳐놈! 제腹膓을未充ᄒᆞ고남을周旋ᄒᆞ겟다고눈걸고아옹ᄒᆞᄂᆞᆫ데被詐ᄒᆞ여더놈의거슨糞尿라도我의것보다勝ᄒᆞ다ᄒᆞ야區々히赴進ᄒᆞᄂᆞᆫ兄弟여잘注意ᄒᆞ시오

○一日은乞食者밥을求ᄒᆞ거늘余一碗을盛與ᄒᆞ고問曰子一日에幾度食事를ᄒᆞᄂᆞ냐乞者含飯答曰多則十五度요少則七度식이외다余驚曰世人은營々勤勞ᄒᆞ여도一日三時에不過ᄒᆞᄂᆞᆫ딕子ᄂᆞᆫ不勞不動ᄒᆞ고十五度食은眞是幸福이로다乞者曰余自初로乞食을져아니ᄒᆞ엿것만家産을蕩盡ᄒᆞ고如此히될

ᄒᆞ一點汗을不流ᄒᆞ고셔도飢饉은庶免이고여긔金七十二錢이餘存ᄒᆞ엿ᄉᆞ니此가余의財産이라三日은足指를不動ᄒᆞᆯ지라도可ᄒᆞ리니굿ᄐᆡ여 一日苦々히勞働ᄒᆞ여 一圓二圓收入ᄒᆞᆯ지라도必要가無ᄒᆞ올시다』 허々康壯ᄒᆞᆫ体格에有爲者가自足이如許ᄒᆞ고自棄가如斯ᄒᆞ니더乞食者도何時에高厦大屋에安樂을享受ᄒᆞ여볼가力이有ᄒᆞ고思가無ᄒᆞ면亡ᄒᆞ고思가有ᄒᆞ여도力이無면實行이難ᄒᆞ리니思와力을互相扶補ᄒᆞ여將後極樂을共同協享ᄒᆞ자고요!

○苦學生의情形

今日我同胞가海外에셔留學ᄒᆞᄂᆞᆫ者ㅣ此非常ᄒᆞᆫ艱難時代를當ᄒᆞ야誰가苦學치아니리잇ᄉᆞ리오마ᄂᆞᆫ個中에더옥嘆惜의情을不禁ᄒᆞᆯ者ㅣ有ᄒᆞ니當初에ᄂᆞᆫ本第에셔逐月辦送ᄒᆞᄂᆞᆫ僅少ᄒᆞᆫ學資로海外風霜에苦鬪를不辭ᄒᆞ고孜々學業에從事ᄒᆞ다가近來本國經濟界에非常ᄒᆞᆫ恐慌이益々切迫ᄒᆞ야商業을經營ᄒᆞ든者商業에失敗ᄒᆞ고農業에從事ᄒᆞᄂᆞᆫ者ㅣ糊口를未遑ᄒᆞᄂᆞᆫ此際를遭遇ᄒᆞ미當初僅々豫算으로其子弟를海外에派遣ᄒᆞ엿든者學費가中絶됨은事勢의固然ᄒᆞᆫ바이라況近來軍用地牧塲地等名目으로如干庄土와家屋을一朝에沒數見奪ᄒᆞ고赤手空拳으로扶老携幼ᄒᆞ야道路에彷徨ᄒᆞᄂᆞᆫ慘地에當ᄒᆞᆫ父母가那暇에其子弟의學資辦續을顧念ᄒᆞᆯ餘力이有ᄒᆞ리오今日我留學生中에ᄂᆞᆫ不幸如此ᄒᆞᆫ困境을當ᄒᆞ야旅宿의食料를未酬ᄒᆞ고學校의月謝金을辦納無路ᄒᆞ야不得已學業을中途廢歸치아니치못ᄒᆞᆯ悲境에陷ᄒᆞᆫ者甚히不少ᄒᆞ니此所謂苦學生中의苦學生團이라客月末에此苦學生諸員이會合相議ᄒᆞ

되吾輩가今日如此ᄒᆞᆫ時代를當ᄒᆞ야海外에負笈渡來ᄒᆞᆷ은但一家一身의榮樂을計ᄒᆞᄂᆞᆫ거시아니라異日國民의職分을盡ᄒᆞ야國家에獻身코져ᄒᆞᄂᆞᆫ精神이有ᄒᆞᆷ이라萬一吾儕가學業을不成ᄒᆞ고故國에歸ᄒᆞ면何面目으로同胞에對ᄒᆞᆯ顔色이有ᄒᆞ리오事機至此면生不如死라ᄒᆞ고비록如何ᄒᆞᆫ苦楚를當ᄒᆞᆯ지라도誓死不屈ᄒᆞ야學業을完成ᄒᆞ기로結盟ᄒᆞ엿스니此同胞의情地에對ᄒᆞ야義血이有ᄒᆞᆫ者誰가同情의淚를揮치아니리오其同盟書와氏名이如左ᄒᆞ니

苦學生同盟趣旨書

大凡天下萬事의一泰一否와一苦一樂이互相迭遷ᄒᆞᆷ은此其今古의一定ᄒᆞᆫ原理라現我

祖國이何等界域에瀕ᄒᆞ얏시며顧我同胞가何等狀態에在ᄒᆞ얏ᄂᆞᆫ고惟我靑年이憂憤의血誠을抱ᄒᆞ고前途의義務를擔ᄒᆞ야渡此海外에千苦를堪耐ᄒᆞ며萬難을不避ᄒᆞ야斷斷目的이學問을渴求ᄒᆞᄂᆞᆫ者ㅣ其意가엇지徒然ᄒᆞᆫᄃᆡ在ᄒᆞ리요精神의團結과思想의趣向은凡我學生이勿論官私費ᄒᆞ고同是一般이나惟我諸君은不幸今日에學資中絶ᄒᆞ야半途의廢工을未免ᄒᆞ고倂進의效果를莫遂ᄒᆞ야月謝의困迫을時受ᄒᆞ며下宿의驅逐을日被ᄒᆞ야彷徨棲屑에歇泊이無處ᄒᆞ니異域江山이面面生疎라渺漠天涯에有誰相濟리요袴下의耻辱은易逢이나漂母의一飯을難乞이라迺者本學生等이團聚一方에決心同盟ᄒᆞ야携手顚連에飢餓相視호ᄃᆡ其志를益堅ᄒᆞ고其苦를益堪ᄒᆞ야故國의精神을勿忘ᄒᆞ고前進의思想을不墜ᄒᆞ면皇天이在上이라定理不爽이니엇지轉苦就樂에志業發展ᄒᆞ야我

國勢民情의否往泰來ᄒᆞᄂᆞᆫ日을見홈이無ᄒᆞ리오是所暗祝이며如或天道無心에厄盡醫桑ᄒᆞ야此身의目的을終莫得遂ᄒᆞᄂᆞᆫ地에ᄂᆞᆫ死作大韓之義鬼가是亦甘心이라一口同聲에布此誓文

光武十一年六月十八年

李奎濴 崔昌烈 高元勳 朴濟鳳 李承鉉
宋旭鉉 成珏根 洪鍾五 金烱基 趙恩鎬
蔡基斗 劉 睦 姜振遠 咸秉元 李熙駿
趙行俊 鄭泰殷 洪鑄一 金崙圭 柳樂秀
方漢翊 洪鍾熹 洪淳玉 南찬熙 李基형
金炳億

○是何怪事　本月十五日日本東京各新聞에大書揭載ᄒᆞ여ᄉᆞ되韓國留學生慨嘆이란題下에今番海牙韓國代表者事件에對ᄒᆞ야東京에留ᄒᆞᄂᆞᆫ韓國學生等이大端憂懼慨嘆ᄒᆞ고此件에對ᄒᆞ야處々에會集凝議ᄒᆞᆫ다ᄒᆞ엿고또我韓國臣民의口不敢筆不敢의等事를云云이라ᄒᆞ엿더라此新聞記事에對ᄒᆞ야留學生等의憤慨切痛ᄒᆞᄂᆞᆫ情形은一々히記載ᄒᆞᆯ슈도업고또記載ᄒᆞᆯ餘地가無ᄒᆞ거니와留學生等이臣子의道理로國民의義務로此를十分辯明치아니치못ᄒᆞᆯ必要가有홈으로學生等이本月十六日에一齊留學生監督廳에集會ᄒᆞ야商議後에如許新聞에揭載ᄒᆞᆫ等事實이我留學生界에絶無ᄒᆞᆫ事由를俱陳ᄒᆞ야爲先留學生監督申海永氏에게請願ᄒᆞ고各新聞社에交涉取消케ᄒᆞᆫ다더라

此新聞記事가虛妄無根ᄒᆞᆫ거ᄉᆞᆫ辯明을不待ᄒᆞ고我一般同胞가認識ᄒᆞᆯ바이ᄂᆞ其各新聞에記載ᄒᆞᆫ바가一是同一ᄒᆞᆫ筆法으로出ᄒᆞᆫ듯ᄒᆞ니此가如何ᄒᆞᆫ悖類等의惡戱投書홈인지新聞記者等의誤聞誤揭홈인지抑如何ᄒᆞᆫ一

種深意味가有ᄒᆞᆷ인지我同胞ᄂᆞᆫ各自思量判斷ᄒᆞᆯ지어다

○東京留學生界에서內國에一新聞社를刱立ᄒᆞᆯ次로發起ᄒᆞ엿ᄂᆞᆫᄃᆡ留學生界에셔醵集ᄒᆞᆫ義捐金額이七千餘圓이오該發起趣旨書가如左ᄒᆞ니

眞理ᄂᆞᆫ多言의說明을不待ᄒᆞᄂᆞ니教育이盛ᄒᆞ면國이興ᄒᆞ고教育이衰ᄒᆞ면國이亡ᄒᆞᆫ다ᄒᆞᆷ은世界人類의共通理想이오我韓民族의時代精神이라然이나一定ᄒᆞᆫ目的을達코져ᄒᆞ면一定ᄒᆞᆫ方針을要ᄒᆞᄂᆞ니ᄒᆞᆫ갓國民教育論을主唱ᄒᆞ고相當ᄒᆞᆫ方針을立치아니ᄒᆞ면是ᄂᆞᆫ空想에不過ᄒᆞᆷ이니웃치猛省치아니ᄒᆞ리오大凡教育이有三ᄒᆞ니曰家庭教育이오學校教育이오社會教育이라此三者에一를缺ᄒᆞ면完全ᄒᆞᆫ教育이라稱ᄒᆞ기難ᄒᆞᄂᆞᆫ今日我韓教育界의情形을深察ᄒᆞ미國民의智識程度와生活境遇와學齡超高와其他凡般事情으로由ᄒᆞ야順序的教育을受키不能ᄒᆞᆫ者最多數에居ᄒᆞ니此等國民에對ᄒᆞ야社會教育이가장緊急ᄒᆞ고必要ᄒᆞᆯ것은明々可知라社會教育은相當ᄒᆞᆫ機關을要ᄒᆞᄂᆞ니圖書館도可ᄒᆞ고講演會도可ᄒᆞᄂᆞ比較的範圍가廣大ᄒᆞ고方針이便宜ᄒᆞᆫ것은新聞에過ᄒᆞᆯ者ㅣ無ᄒᆞ도다西人의言에云政府의權이衰ᄒᆞ야議會에歸ᄒᆞ고議會의權이衰ᄒᆞ야新聞에情ᄒᆞ얏다ᄒᆞ니近世文明各國의新聞事業이偉大ᄒᆞᆫ勢力을占有ᄒᆞᆷ을於此에可히證明ᄒᆞ리로다今日我韓人의思想界ᄂᆞᆫ黃昏岐路에何東何西을莫知ᄒᆞᆷ과恰似ᄒᆞ야動必國權維持오實力養成云ᄒᆞᄂᆞᆫ何等事가國家存亡에關係됨을茫然不知ᄒᆞ야每々國權에損傷ᄒᆞᄂᆞᆫ行爲와國家安危에牽連ᄒᆞᄂᆞᆫ事爲를行ᄒᆞ고坦然不意ᄒᆞ다가人의怒罵痛斥을被ᄒᆞ고始

疑始驚ᄒᆞ니豈不痛哉아是ᄂᆞᆫ非他라不學無識ᄒᆞ야國家精神과公同思想이無ᄒᆞᆫ故也라然則如何ᄒᆞᆫ方法으로此等弊害를救濟ᄒᆞᆯ깃ᄂᆞᆫ뇨健全ᄒᆞᆫ理想家가確論健筆로日々警醒ᄒᆞ며時々指導ᄒᆞ야腐敗ᄒᆞᆫ腦筋을打破ᄒᆞ고公平ᄒᆞᆫ德性을涵養ᄒᆞ야國家와自己가一體되ᄂᆞᆫ大原理를確然大悟케ᄒᆞᆷ이不二法門이라ᄒᆞ노라史家가評ᄒᆞ기를伊太獨立原動力이幾多英雄의政策과軍略에不在ᄒᆞ고瑪志尼의發刊ᄒᆞᆫ少年伊太利新聞에記載ᄒᆞᆫ獨立思想과自由精神에在ᄒᆞ다ᄒᆞ얏스니至哉라此言이여志士의筆端이全國人民을統一團合ᄒᆞ야鼓吹活動케ᄒᆞ얏도다今日我韓은準備時代오教育時代라英雄豪傑도教育界에要求치아니ᄒᆞᆯ슈無ᄒᆞ고忠臣烈士도教育界에期待치아니ᄒᆞᆯ수無ᄒᆞ니教育家의責任이重且大焉이로다於是乎本人等이祖國에對ᄒᆞᆫ義務를忘ᄒᆞᆯ수無ᄒᆞ야學生의身分으로淺見薄識을不拘ᄒᆞ고新聞社發起會를組織ᄒᆞ고若干義捐金을募集ᄒᆞ고社會에公布ᄒᆞ오니有志僉君子ᄂᆞᆫ一面으로贊成ᄒᆞ시고一面으로指導ᄒᆞ시와萬分一이라도社會教育의目的을達케ᄒᆞᆷ을引領切望ᄒᆞᄂᆞ이다

○大韓基督教青年會에셔至今々지ᄂᆞᆫ東京基督教青年會를借以會集ᄒᆞ더니本月初旬브터神田區西小川町二丁目五番地에一家를借搬會集ᄒᆞ더라

○學界消息

○四氏卒業　東京中央大學法律科에在學ᄒᆞ든朴勝彬氏ᄂᆞᆫ每次優等生으로名聲이內外學界에赫々ᄒᆞ더니今番卒業試驗에優等으로卒業ᄒᆞ고李珍雨。朴容泰。玄奭健三氏ᄂᆞᆫ明治大學法律科를卒業ᄒᆞ고今月十五日

에新橋發列車로發程歸국ᄒᆞ다○桑港共立協會岩泉支會長黃菊逸氏ᄂᆞᆫ還국次로去月三十日에東京에渡來ᄒᆞ야一週間留宿ᄒᆞ다가今月六日에出發ᄒᆞ다

○學生新渡來 洪廷鍍。車在殷。李學瀅。吳翊泳。金希麟。申熙燮。吳舜형。吳夏형諸氏가海外遊學의壯志를決ᄒᆞ고今月初에東京에渡來ᄒᆞ엿더라

○光武九年度에移民으로墨西哥에渡去ᄒᆞ엿던本國京城居ᄒᆞᄂᆞᆫ金仁秀氏가墨西哥에入ᄒᆞ야無數非常ᄒᆞᆫ虐待와慘辛ᄒᆞᆫ勞働으로千辛萬苦를喫盡ᄒᆞ다가數月前에虎口를脫逃ᄒᆞ야九死中一生으로米國地方에潛入ᄒᆞᆫ則美國警察官의拘禁逐出ᄒᆞᆫ비되야今番黃菊逸氏와同行東京에來到ᄒᆞ얏ᄂᆞᆫᄃᆡ旅費가絕乏ᄒᆞ여슴으로太極學會에서發起ᄒᆞ고捐助金十五圓을募集ᄒᆞ야還國ᄒᆞ게ᄒᆞ다

○會員消息

本會員이今年夏期休暇에覲親次로還國ᄒᆞᆫ諸氏가如左ᄒᆞ니

元勛常 玄僖運 金鴻亮 朴寅喜 鄭世胤
柳東秀 柳容鐸 白成鳳 郭漢七 李寅彰
朴永魯 朴廷義 洪性郁 金鎭植 邊鳳現
秋永淳 沈導澧

○本會員崔錫夏 金志侃。朴容喜。全永爵。禹敬命諸氏ᄂᆞᆫ夏期修學旅行次로本月初에各目的地에出發ᄒᆞ엿더라

○本會員池熙鏡洪承逸兩氏ᄂᆞᆫ覲親次로還國ᄒᆞ엿다가今月初에東京에渡來ᄒᆞ다

○新入會員

高元勳 金昌河 洪廷鍍 鄭治鍵 李源奎
諸氏가入會ᄒᆞ다

○本會員李承瑾 鄭錫迺。申相鎬。吳錫裕。蔡奎丙。張啓澤諸氏는今番 警務學校에서卒業ᄒᆞ다

○太極學報義捐人氏名

洪廷鍍氏 參圓

○苦學生團의情形을追聞ᄒᆞᆫ則苦學生二十七人이客月로부터麴町區三番町立身館에團會留宿ᄒᆞ며苦學의方便을硏究ᄒᆞ는中其間數朔宿食費가數百餘圓에至ᄒᆞ엿는데主人의催促이火急ᄒᆞ고待遇가冷酷ᄒᆞ되束手無策ᄒᆞ야聚首相泣ᄒᆞ는情形令人慘惻ᄒᆞ더라

○本月十六日東京各新聞에我留學生에對ᄒᆞᆫ虛妄ᄒᆞᆫ事實을搆揭ᄒᆞᆫ以後로留學生들의憤激이劇烈ᄒᆞ야連日留學生監督廳에齊會ᄒᆞ야此에對ᄒᆞᆫ善後方策과留學生이國民의義務로取ᄒᆞᆯ相當ᄒᆞᆫ手段을討議講究ᄒᆞ는中二十日新聞號外에京城風雲의急電을聞ᄒᆞ고一齊拍地痛哭ᄒᆞ엿더라

○本會員申商鎬朴相洛兩氏가本月二十二日夜新橋發列車로歸國ᄒᆞ다

光武十一年七月廿七日印刷
光武十一年八月五日發行
明治四十年七月廿七日印刷
明治四十年八月五日發行

●代金郵稅並新貨拾貳錢

日本東京市本鄉區元町二丁目六十六番地太極學會內
編輯兼發行人 張膺震

日本東京市本鄉區元町二丁目六十六番地太極學會內
印刷人 金志侃

日本東京市本鄉區元町二丁目六十六番地
發行所 太極學會

日本東京市京橋區銀座四丁目一番地
印刷所 教文館印刷所

◎特。告。

本學報、八月一朔間、夏期休暇中、臨時休刊、愛讀
僉君子 照亮焉

太極學會 告白

太極學報第十一號
光武十年九月二十四日
明治三十九年九月二十四日 第三種郵便物認可
光武十一年七月二十四日
明治四十年七月二十四日 發行(每月廿四日一回發行)

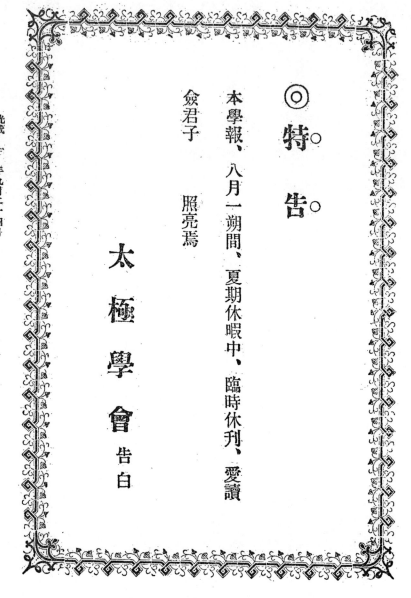

光武十年九月二十四日 明治卅九年九月廿四日 第三種郵便物認可

光武十年八月二十四日創刊

隆熙元年九月二十四日發行(每月廿四日一回)

太極學報

第十三號

太極學會發行

注意

△本報를購覽고저ᄒᆞ시ᄂᆞᆫ이ᄂᆞᆫ本發行所로通知ᄒᆞ시ᄃᆡ居住統戶姓名을詳細히記送ᄒᆞ시옵

△本報를購讀ᄒᆞ시ᄂᆞᆫ僉君子ᄂᆞᆫ住所를移轉ᄒᆞ신後에ᄂᆞᆫ急히그移轉ᄒᆞᄂᆞᆫ處所를本事務所로記送ᄒᆞ시옵

△本報ᄂᆞᆫ有志人士의購覽을便宜케ᄒᆞ기爲ᄒᆞ야出張支店及賣下所를如左히定ᄒᆞ옵

○皇城中署東闕罷朝橋越便

朱翰榮冊肆（中央書館內）

○北美桑港

韓人共立協會內（林致淀住所）

○平安南道三和鎭南浦港築垌

金元爕家

◉投書注意

一、諸般學術과文藝詞藻統計等에關ᄒᆞᆫ投書ᄂᆞᆫ歡迎ᄒᆞᆷ

一、政治上에關ᄒᆞᆫ記事ᄂᆞᆫ一切受納치아니ᄒᆞᆷ

一、投書의揭載與否ᄂᆞᆫ編輯人이撰定ᄒᆞᆷ

一、一次投書ᄂᆞᆫ返附치아니ᄒᆞᆷ

一、投書ᄂᆞᆫ完結ᄒᆞᆷ을要ᄒᆞᆷ

一、投書ᄂᆞᆫ縱十二行橫二十五字原稿紙에正書ᄒᆞᆷ을要ᄒᆞᆷ

一、投書ᄒᆞ시ᄂᆞᆫ이ᄂᆞᆫ居住와姓名을詳細히記送ᄒᆞᆷ을要ᄒᆞᆷ

一、投書當撰ᄒᆞ니이에게ᄂᆞᆫ本報當號一部를無價進呈ᄒᆞᆷ

◉會員注意

本會々員은原籍、原居地、現住所、職業（學生은目的）生年月日을詳細히記送ᄒᆞ시며現住所를移轉ᄒᆞᆯ時ᄂᆞᆫ即時其轉居ᄒᆞᄂᆞᆫ地名統戶를本會事務所로詳細通知ᄒᆞ시오

太極學報第十三號目次

講壇 學園

文藝

講壇 學園

大極學報

第十三號

隆熙元年九月廿四日
明治四十年九月廿四日（發行）

教育行政

鄭錫迺

國家가敎育에對ᄒᆞᆫ關係는各國이其制度가不一ᄒᆞ야或은英國과가치敎育으로ᄡᅥ私人의事業에放任ᄒᆞ고國家는다만監督ᄒᆞᆷ에止ᄒᆞᄂᆞᆫ者도有ᄒᆞ며或은獨逸과가치國家가敎育事業을獨占ᄒᆞ야私人의게ᄂᆞᆫ不許ᄒᆞᄂᆞᆫ者도有ᄒᆞ며或은佛國과가치國家에서도經營ᄒᆞ며ᄯᅩ私人의事業으로도許ᄒᆞᄂᆞᆫ者가有ᄒᆞ니今에敎育上에其優劣을比較ᄒᆞ면第三主義가最히完全無缺ᄒᆞ니其制度의大要를畧論컨ᄃᆡ

一、就學義務　敎育行政에關ᄒᆞᆫ公法上의가장重要ᄒᆞᆫ原則은就學義務라其內容은自己의保護ᄒᆞᄂᆞᆫ兒童으로ᄒᆞ야곰一定ᄒᆞᆫ期間에一定ᄒᆞᆫ程度의敎育을受케ᄒᆞᆷ에在ᄒᆞ니或其就學者의情況을因ᄒᆞ야多少의申縮은不無ᄒᆞ나대ᄀᆡ國民의게相當ᄒᆞᆫ學識과技能을敎授ᄒᆞᆷ은國家存立의第一要件이니故로强制力으로ᄡᅥ就學ᄒᆞᄂᆞᆫ것을義務로負擔케ᄒᆞᆷ이라

二、學校負擔　國家ᄂᆞᆫ一方으로就學의義務를命ᄒᆞ며一方으로敎育의設備를要ᄒᆞᄂᆞ니此를私人의事業에放任ᄒᆞ면完全키難ᄒᆞᆷ으로반다시國家의公力을待ᄒᆞ야或國家가ᄉᆞᄉᆞ로設立經營ᄒᆞ며或公共團體의게設立維持케ᄒᆞᄂᆞ니學校負擔이即是라其區域內의兒童의數를從ᄒᆞ야或數村에一校를設ᄒᆞ며或一村에數校를置ᄒᆞ되監督官廳이此를定ᄒᆞ고此外에도任意事業으로高等小學校와幼稚園과盲啞學校를得設ᄒᆞ고高等地方團體의義務로設立ᄒᆞᄂᆞᆫ者ᄂᆞᆫ師範과中學과實業學校가是라

三、授業料　授業에對ᄒᆞᆫ報償이라ᄒᆞ야學生이나或保護者의게徵收ᄒᆞᄂᆞᆫ公法上의手數料ᄂᆞᆫ就學義務를認定치아닌學校에서ᄂᆞᆫ法律命令을不待ᄒᆞ고管理者가自定ᄒᆞ되不納者의게對ᄒᆞ야ᄂᆞᆫ國稅滯納處分의例를依ᄒᆞ야强制力을得用ᄒᆞᆷ이라

四、在學生及卒業生의特典　在學中의學生과卒業生은學校의種類로좃차法律上種々의特典을附與ᄒᆞᄂᆞ니即入學試驗을受ᄒᆞᄂᆞᆫ資格과醫師와辯護士와官吏와學校敎員과徵兵猶豫의權이是오또一定ᄒᆞᆫ制限下에서ᄂᆞᆫ私立學校에도適用ᄒᆞᆷ을得ᄒᆞᆷ이라

五、敎育에關ᄒᆞᆫ國家事務와公共團體의事務　私立에ᄂᆞᆫ其學校의一切事務가私人의事業에屬ᄒᆞ되公立에ᄂᆞᆫ物質的設備와費用의支辨은公共團體의負擔에屬ᄒᆞ고管理와就學義務의督促及免除와敎員進退에關ᄒᆞᆫ事ᄂᆞᆫ國家事務에歸ᄒᆞᆷ이라

六、敎員　官公立學校의敎員은國家의官吏와同一ᄒᆞᆷ으로其任免과懲戒의權은普通官吏와갓치國家機關에屬ᄒᆞ야一一히其資格을審査ᄒᆞᆫ後에任命ᄒᆞᆫ고비록下級의中小

學校라도其適當ᄒᆞᆫ資格을審査ᄒᆞᄂᆞᆫ權은下級官廳의自由裁量에全任ᄒᆞᆷ이危險ᄒᆞᆫ故로法이一定ᄒᆞᆫ資格으로ᄡᅥ教員免許狀의制度를規定ᄒᆞ야師範中學高等女學校의免許狀과小學校免許狀의二種에分ᄒᆞ니後者의普通免許狀은全國에有效ᄒᆞ고特別免許狀은一地方에만得行ᄒᆞ되만일禁錮以上의刑에處ᄒᆞᆫ時ᄂᆞᆫ其效力을失ᄒᆞᆷ이오私立에도任免權은國家에不在ᄒᆞ나其資格에就ᄒᆞ야ᄂᆞᆫ一定ᄒᆞᆫ制限이有ᄒᆞᆷ이라

七、教育과宗教의關係　現今列邦이教育과宗教가各히獨立케ᄒᆞᄂᆞᆫ主義를採用ᄒᆞ나然ᄒᆞ나或法令의規定ᄒᆞᆷ을因ᄒᆞ야學科外에宗教上의教育과儀式을許施ᄒᆞᄂᆞ니라

教授와教科에對ᄒᆞ야

張膺震

教授의目的은現世人類의開化를適當히理解ᄒᆞᆯ만ᄒᆞᆫ必要ᄒᆞᆫ內容을傳授ᄒᆞ야兒童의知能을啓發ᄒᆞᄂᆞᆫ作用이라盖國民教育의目的ᄒᆞᄂᆞᆫ바ᄂᆞᆫ人이此世에生ᄒᆞ면一個人으로又ᄂᆞᆫ國家社會의一員으로相當ᄒᆞᆫ品格을保有ᄒᆞ야各自의任務를盡케ᄒᆞᆷ이니此目的을達코저ᄒᆞ면各個人으로ᄒᆞ여금現世를理解ᄒᆞ며國民의資格으로國家全体의理想目的을覺知ᄒᆞ고世上에處ᄒᆞᄂᆞᆫ데必要ᄒᆞᆫ知識과技能을傳習ᄒᆞ며漸次其主義를陶冶ᄒᆞ야觀察을穎敏히ᄒᆞ고記臆像想의作用을增進ᄒᆞ며推理判斷을精確ᄒᆞ게ᄒᆞ야處世上에不便이無케ᄒᆞᆯ거ᄉᆞᆫ論을不待ᄒᆞ고自明ᄒᆞᆫ거시니教授上에最必要ᄒᆞᆫ거ᄉᆞᆫ其時代精神에最適合

ᄒᆞᆫ敎科材料를精撰ᄒᆞᆷ에在ᄒᆞᆫ지라萬一知識의多量을注入ᄒᆞᆷ으로ᄡᅥ爲主ᄒᆞ야心的陶冶를不顧ᄒᆞ고다못雜多ᄒᆞᆫ材料를機械的으로蓄積ᄒᆞ면其人의人格을高尙케못ᄒᆞᆯ뿐만아니라習得ᄒᆞᆫ知識도活用키無路ᄒᆞ야敎授의本意가無效에歸ᄒᆞ리니然則心的修鍊을ᄯᅩᄒᆞᆫ輕視치못ᄒᆞᆯ거시라然이나ᄯᅩ萬一心的陶冶로ᄡᅥ唯一의目的을삼고知識의修養을輕視ᄒᆞ는端이有ᄒᆞ면往々偏見挾量에陷ᄒᆞᆯ뿐만아니라世事에疎遠ᄒᆞ고實際에迂濶ᄒᆞ야生活上에實用의效果를收키不能ᄒᆞ리니故로敎授의良方은一邊으로는知識의材料로ᄡᅥ感官을鍊磨ᄒᆞ야觀察을精密히ᄒᆞ고記臆豫想을增進ᄒᆞ며推理判斷을正當히ᄒᆞ고他邊으로는心的鍛鍊을更加ᄒᆞ야思想을高尙히ᄒᆞ고感情을調和ᄒᆞ며意志를鞏固케ᄒᆞ야如此히知的陶冶와心的修養이不偏不倚ᄒᆞ야兩々并進ᄒᆞᆫ然後에야敎授의眞正ᄒᆞᆫ效果를可期ᄒᆞᆯ지니然則敎科의材料撰擇과其順序排列과全科結合統一方法의良否는以上의敎授目的을成ᄒᆞ고成치못ᄒᆞ는데最大ᄒᆞᆫ關鍵이라

上古로브터今日에至ᄒᆞ도록何時代와何地方을勿論ᄒᆞ고學校에서敎授ᄒᆞ는科目은다ㅣ當時의理想目的을從ᄒᆞ야撰擇ᄒᆞ는거시니故로敎科의撰擇ᄒᆞ는方法이其時代理想의變遷을從ᄒᆞ야相異ᄒᆞᆯ거슨自然ᄒᆞᆫ理勢라舊日東洋諸國中에特히我國에서擇用ᄒᆞ든거스로觀ᄒᆞ면修身道德으로唯一의學問을삼아古代聖賢의遺書를通解ᄒᆞ고文字를知ᄒᆞ며文章을作ᄒᆞᆷ으로ᄡᅥ唯一의敎科를삼앗고其後科擧法이行ᄒᆞᆫ以後로는敎育의統一이缺ᄒᆞ야敎授의方法이不一ᄒᆞ고敎育의目的이又一變ᄒᆞ야畢竟有名無實ᄒᆞᆫ尋章摘句

의餘弊가今日에至ᄒᆞ여스되頑冥ᄒᆞᆫ腐儒와輕薄ᄒᆞᆫ開化者類ᄂᆞᆫ時代를洞察ᄒᆞ야此를挽回ᄒᆞᆯ方策을不究ᄒᆞ고迂論僻見을主張치아니ᄒᆞ면榮利窟夢에沈溺ᄒᆞ야四千年迷夢을永久히醒覺ᄒᆞᆯ機會가無ᄒᆞ니嘆惜치아니리오西洋의古代를溯考ᄒᆞ면希臘에셔ᄂᆞᆫ敎育의目的이心身을圓滿히調和發達ᄒᆞ야人生을高尙完美케ᄒᆞᆷ으로ᄡᅥ主眼을作ᄒᆞᆫ지라其敎科ᄂᆞᆫ体操와文藝二科에大別ᄒᆞ니前者ᄂᆞᆫ身体를鍛鍊ᄒᆞ고後者ᄂᆞᆫ精神을陶冶ᄒᆞ야兩者가相助調和ᄒᆞᆫ然後에아完全ᄒᆞᆫ敎育을施ᄒᆞᆫ다ᄒᆞ엿고其後文明이漸進ᄒᆞᆷ을從ᄒᆞ야所謂文明的敎科ᄂᆞᆫ最初에ᄂᆞᆫ讀法書法音樂唱歌等으로編成ᄒᆞ얏더니其後에다시文法習字辯論算術音樂幾何天文의七科로基本敎科를作ᄒᆞᆷ이此制度가中世紀ᄭᆞ지繼續ᄒᆞ엿고羅馬에셔ᄂᆞᆫ希臘의理想的見解와反ᄒᆞ야實地的敎科를主張ᄒᆞ고直接의必要와共通의利益을爲ᄒᆞ야言語의熟達과辯論의巧能으로ᄡᅥ學科의中心을삼고文法으로ᄡᅥ重要ᄒᆞᆫ敎科를作ᄒᆞ엿더니中世紀頃宗敎의勢力이擴張된後로ᄂᆞᆫ宗敎羅典語文法習字辯論術等으로主要ᄒᆞᆫ敎科를作ᄒᆞ엿고人道主義가復興ᄒᆞᆯ時代에ᄂᆞᆫ古學을主眼ᄒᆞ고實科主義가旺盛ᄒᆞᆯ時에ᄂᆞᆫ自然科學과數學으로基本敎科를作ᄒᆞ엿고實業主義가勢力을擴張ᄒᆞᆯ時에ᄂᆞᆫ實際生活에利益이有ᄒᆞᆫ敎科即讀書算術外國語實業科等으로主要ᄒᆞᆫ科目을作ᄒᆞ엿고近世에至ᄒᆞ야ᄂᆞᆫ各科學의發展이著大ᄒᆞᆷ을從ᄒᆞ야此等科學을專門으로도硏究ᄒᆞ고ᄯᅩ各科學을學校敎科中에編入ᄒᆞᆯ意見을主張ᄒᆞᆷ에至ᄒᆞ엿스니如此히學校敎科ᄂᆞᆫ時代理想의變遷을從ᄒᆞ야相異ᄒᆞ도다ᄯᅩ敎育의如何ᄂᆞᆫ國家盛衰에直接ᄒᆞᆫ大關係가

有ᄒᆞᆷ으로現時開明ᄒᆞᆫ各國에셔ᄂᆞᆫ國家가大概敎育을監督ᄒᆞ고此를干涉ᄒᆞᆷ으로써一大任務를삼아敎科와如히敎育上의重要ᄒᆞᆫ要素ᄂᆞᆫ國家가其理想ᄒᆞᄂᆞᆫ目的을從ᄒᆞ야規定을立ᄒᆞ고方針을指導ᄒᆞᆷ에至ᄒᆞᆫ지라然이나國家의理想ᄒᆞᄂᆞᆫ目的도一定不變ᄒᆞᄂᆞᆫ거시아니라時勢와人情을從ᄒᆞ야變ᄒᆞᆯ거시며此를恒常參酌改定치아니치못ᄒᆞᆯ거시오또一國內에셔라도各地方의人情과土地의狀態를從ᄒᆞ야此規定을斟酌치아니치못ᄒᆞᆯ거시라

然則普通敎育을施ᄒᆞᄂᆞᆫ데敎科ᄂᆞᆫ如何ᄒᆞᆫ標準을因ᄒᆞᆯ고ᄒᆞ면第一敎科ᄂᆞᆫ國民開化의全範圍를包含ᄒᆞᆫ總要素를撰擇ᄒᆞᆯ거시오敎授의材料ᄂᆞᆫ國民開化的生活의全範圍에셔撰擇치아니ᄒᆞ면現在를正當히理解키不能ᄒᆞ고敎授의目的을達키不能ᄒᆞ리니此等要素ᄂᆞᆫ大概今日所謂科學과技術에包括ᄒᆞᆷ을得ᄒᆞ깃스나此等科學技術도學校에셔直接으로敎授ᄒᆞᄂᆞᆫ敎科와直接으로敎授키不能ᄒᆞ야各自々由로習得ᄒᆞᄂᆞᆫ科目이不無ᄒᆞ나槪言ᄒᆞ면敎科ᄂᆞᆫ各國이當時의狀況을顧察ᄒᆞ야取捨撰擇ᄒᆞᄂᆞᆫ거시오또敎科ᄂᆞᆫ開化의全般을包括치아니치못ᄒᆞᆯ거신則科學도또ᄒᆞᆫ心的科學과物的科學이適宜히調和ᄒᆞ야統一ᄒᆞᆫ世界觀을得케ᄒᆞᄂᆞᆫ거시必要ᄒᆞ도다然이나各國의狀況이各異ᄒᆞ야敎科撰擇의方法이亦不一ᄒᆞ되大槪主要ᄒᆞᆫ科目을次第로擧論ᄒᆞ면左와如ᄒᆞ니라

(一)修身科

修身科ᄂᆞᆫ古來我東洋先進諸國敎育上에最必要ᄒᆞᆫ科目으로各敎科의首位를占ᄒᆞᆫ者라西洋諸國에ᄂᆞᆫ昔日希臘羅馬時代로브터別노히修身科가無ᄒᆞ엿고中世紀頃에至ᄒᆞ야

耶蘇敎가傳播된以後로各國이敎育上에宗敎科를特設ᄒᆞ고(法國과其他數國은除外)神學을敎授ᄒᆞ야此로써各敎科의首科를삼아今日에至ᄒᆞ도록此神學이各敎科를統一連結ᄒᆞᄂᆞᆫ基礎가된듯ᄒᆞ나東洋諸國에셔ᄂᆞᆫ事情이此와異ᄒᆞ야古來로修身道德이거의唯一의敎科가되엿슴으로人民의思想이此間에涵養되여道德의觀念이隱然히腦髓에印ᄒᆞ엿슨則今後로敎育의路에當ᄒᆞᄂᆞᆫ者가捨短取長ᄒᆞ야此를漸次改善完成케ᄒᆞᆯ道理ᄂᆞᆫ容易ᄒᆞ거니와此를根本的으로變更ᄒᆞᆯ必要ᄂᆞᆫ無ᄒᆞ깃도다

大抵兒童의良心을啓培ᄒᆞ고德性을涵養코져ᄒᆞ면此를몬져智識의方面으로誘導ᄒᆞ야善惡의區別을眞正히ᄒᆞ고善良ᄒᆞᆫ理想을搆成ᄒᆞ야行爲의結果를判斷케ᄒᆞᄂᆞᆫ作用을啓發ᄒᆞᆯ뿐만아니라修身科의敎授가適當ᄒᆞᆷ을得ᄒᆞ면道德的要素를培養ᄒᆞ고善을行코져ᄒᆞᄂᆞᆫ意思의働作을興奮ᄒᆞᆯ거시라吾人은元來發達ᄒᆞᆯ만ᄒᆞᆫ力量이有ᄒᆞ야此가自己와밋他人의經驗으로由ᄒᆞ야發達ᄒᆞ나니故로敎授上에秩序를正히ᄒᆞ고感化를施ᄒᆞ야道德의實踐을主張ᄒᆞᄂᆞᆫ거시必要ᄒᆞ도다或은謂ᄒᆞ되普通敎育上에特別히修身科를設ᄒᆞᆯ必要가無ᄒᆞ고敎授ᄒᆞᆯ時에各敎科를修身에關係가有ᄒᆞ게傳授ᄒᆞᄂᆞᆫ거시便利ᄒᆞ다ᄒᆞᄂᆞᆫ此ᄂᆞᆫ各敎科의固有ᄒᆞᆫ目的이아닌則다못如此히ᄒᆞ여셔ᄂᆞᆫ滿足ᄒᆞᆫ結果를收키難ᄒᆞ리니然則今日東洋諸國의大体로觀ᄒᆞ면修身科로써秩序잇ᄂᆞᆫ道德的敎育을施ᄒᆞ야此로뼈各敎科를統一케ᄒᆞᄂᆞᆫ거시必要ᄒᆞᆯ듯ᄒᆞ도다

(未完)

歷史譚 第十一回

시싸ㅣ(該撒)傳(三) 朴 容 喜

셕에騎兵隊ㅣ同이國金을借用ᄒᆞ고還償無路ᄒᆞ야元老院에減額ᄒᆞ야쥬기를歎願ᄒᆞ되議員等이固執不許ᄒᆞᄂᆞᆫ지라이에시싸ㅣ가百方周旋ᄒᆞ야約定金額三分之一를免除케ᄒᆞ니民心이愈悅에莫不思恩ᄒᆞᄂᆞᆫ지라由是로容易이쏠ㅣ大守의重任을得ᄒᆞ니라當初에시싸ㅣ가품페이를百方操縱ᄒᆞ야協心同力케ᄒᆞ얏시나必然後日에大衝突이生ᄒᆞᆯ줄을自期ᄒᆞ고一大功名을成ᄒᆞ야軍心을收攬코져ᄒᆞ야五年間쏠ㅣ大守되기를周旋ᄒᆞᆷ이러라臨發에後顧의禍根되ᄂᆞᆫ시세로ㅣ를除去코져ᄒᆞ야시세로ㅣ와宿寃이有ᄒᆞᆫ구로댜스를擧ᄒᆞ야民政官에任ᄒᆞ야가디린亂에國法無視와習慣不顧者를糾問放逐케ᄒᆞ니是故로시세로ㅣ도不得已이希臘으로逃避ᄒᆞ니라

시싸ㅣ가쏠ㅣ에留ᄒᆞᆫ지畧十年間大小數十戰에三百의民族과二百萬餘의人民을征服ᄒᆞ며八百의都會와百萬의人口를陷殺ᄒᆞ고只今의英德法墺等을平定ᄒᆞ며쏠ㅣ、께르만等民族을威服ᄒᆞ고紀元前五十二年頃에ᄂᆞᆫ쏠ㅣ一族알베르니ㅣ酋長벨싱에드굿그와아레샤에大戰ᄒᆞ니라셕에쏠ㅣ全族이羅馬軍의寃恨ᄒᆞ야猛酋벨싱에드굿그를總督으로推擧ᄒᆞ고쏠ㅣ軍三四十萬의率ᄒᆞ고아레샤城을來援ᄒᆞᄂᆞᆫ듸其鋒이甚銳에羅馬軍이爲之辟易이라於是乎시싸ㅣ가畢生의勇猛과絕世의雄圖로且戰且進ᄒᆞ야드듸여아레샤를陷落ᄒᆞ고벨싱에드굿그를生擒ᄒᆞ니此後로쏠ㅣ全部가시싸ㅣ膝下에待命ᄒᆞ고시싸ㅣ도人心의收攬코셔ᄒᆞ야寬大ᄒᆞᆫ政略

莫大의幣物로諸酋長을恩撫ᄒᆞ며時々盛大ᄒᆞᆫ仗儀로四方에巡遊ᄒᆞ니爾後로쏠ㅣ等諸族이驚懾所到處에ᄂᆞᆫ莫不慴伏ᄒᆞ더라

띠에羅馬墻內에서ᄂᆞᆫ시싸ㅣ의隆名이人民腦頭에深銘ᄒᆞ야勢力이逐日增加ᄒᆞᆷ으로폼페이의勢力이從而減衰ᄒᆞᆯ뿐아니라또구랏사ᄉᆞ와生隙ᄒᆞᆷ으로貴族等은權利恢復에竭力ᄒᆞ야三頭政治가瓦解에至ᄒᆞᆯ지라이에시싸ㅣ가兩人과루카에會見ᄒᆞ고再次調和ᄒᆞ며翌年에兩人을執政官으로推薦ᄒᆞ니라如此이兩人은루카條約을實行코져ᄒᆞ야民政官쓰레포니야로二種公文을發케ᄒᆞ니곳폼페이ᄂᆞᆫ스펜、쑤랏사ᄉᆞᄂᆞᆫ시리야에封ᄒᆞᄂᆞᆫ政令과시싸ㅣ의任期를五年間延長ᄒᆞᆷ이러라(後에구랏사ᄉᆞᄂᆞᆫ波斯와大戰中戰死ᄒᆞ니라)後에不幸이구랏사ᄉᆞ가戰死ᄒᆞᆷ으로三頭政治가二頭政治가되니兩虎相鬪之勢가愈益切迫ᄒᆞ더라쳠에폼페이ᄂᆞᆫ甚히시싸ㅣ를輕視不備ᄒᆞ고시싸ㅣᄂᆞᆫ外讓內圖ᄒᆞ야쏠ㅣ에遠避ᄒᆞ야鍊兵待機러니果然羅馬의失政은去益尤甚ᄒᆞ야元老院의威令이一墮塗地ᄒᆞ고폼페이의措置도日受攻擊ᄒᆞᆯ뿐이러니ᄆᆞᆺ참시세로ㅣ의刎頸之交시로ㅣ의黨과구로다ᄉᆞ의派가撰擧妨害로互相爭鬪ᄒᆞ야羅馬市內가完如逐鹿場이러니終也에시로ㅣ黨이구로다ᄉᆞ派를擊破ᄒᆞ고구로다ᄉᆞ를礫殺ᄒᆞᆫ지라由是로國之內外가騷動이莫甚ᄒᆞ나無有禁者라故로識者ᄂᆞᆫ다禍亂을豫期ᄒᆞ고羅馬政府의根本的轉覆과壟斷的帝制를차라리渴望ᄒᆞ야騷亂一掃와秩序恢復의大手腕家를拯濟萬民의抑望的良醫로認是ᄒᆞ고다폼페이를推撰ᄒᆞ야이大任을托코져ᄒᆞ던次더라

폼페이가임의貴族과握手ᄒᆞᆯ뿐아니라會에

이라ᄒᆞ니此ᄂᆞᆫ勿論前世界動物이로다또獏이라ᄒᆞᄂᆞᆫ獸ᄂᆞᆫ印度와亞弗利加에産ᄒᆞᄂᆞᆫ거신ᄃᆡ其大騾馬와同ᄒᆞ고日本國北海道에羆은長이八九尺이요体가肥大ᄒᆞ며力이强ᄒᆞ여後脚으로起立ᄒᆞ고前脚을擧ᄒᆞ야牛馬를逢ᄒᆞ면山谷間으로拋投ᄒᆞᄂᆞᆫ일이種々ᄒᆞ니라普通熊은咸鏡道及平安北道地方에棲ᄒᆞ니長이四五尺이요高가五六尺이며極寒ᄒᆞᆫ地方에ᄂᆞᆫ深雪中에白熊이라云ᄒᆞᄂᆞᆫ大獸가棲居ᄒᆞ여長이八尺以上되ᄂᆞᆫ者種々ᄒᆞᆫᄃᆡ熊類中에만大關이될ᄲᅮᆫ이아니라北極陸獸中에ᄂᆞᆫ比肩ᄒᆞᆯ者가無ᄒᆞ다云ᄒᆞᄂᆞ니라只今純粹ᄒᆞᆫ食肉類即猫族을擧陳컨ᄃᆡ其中最大者ᄂᆞᆫ虎니東南亞細亞의特産이라高가三尺餘요長이近十尺이며其次ᄂᆞᆫ百獸의王이라云ᄒᆞᄂᆞᆫ獅子라高가虎와比肩ᄒᆞ고長은五六尺에不過ᄒᆞ며亞米利加曠野에橫行ᄒᆞᄂᆞᆫ米獅及米豹도虎의副獸니米豹의高ᄂᆞᆫ二尺七寸長은五尺或六尺이며通常豹ᄂᆞᆫ高가一尺長四尺에不過ᄒᆞᄂᆞᆫ小虎類더라。人類에最近ᄒᆞᆫ猿猴類를陳述컨ᄃᆡ其大者가三四種이니一은亞弗利加西部에棲居ᄒᆞᄂᆞᆫ大狸라身長이六尺되ᄂᆞᆫ者니一般韓人보다大ᄒᆞᆯ터히오一은黑猩々이니亦是西亞弗利加所産이라生平群居ᄒᆞ여恠訝ᄒᆞᆫ惡戲로土人을困煩케ᄒᆞᄂᆞᆫ者요一은오란지라ᄒᆞᄂᆞᆫ猩々이니南洋洲ᄲᅥ니오스마드라二島에特産인ᄃᆡ低鼻圓眼에容貌醜惡ᄒᆞ고前手稍長ᄒᆞ야三尺有餘라故로手指가地에垂抵ᄒᆞ며쎌리라간반디(猿名)보다ᄂᆞᆫ一体小ᄒᆞᆫ거시나憤怒ᄒᆞᆯ時ᄂᆞᆫ獵銃을折曲ᄒᆞᆯ만ᄒᆞᆫ巨力이有ᄒᆞ야往々히婦女를攫去ᄒᆞᆫ다ᄒᆞ니以上三種猿은体軀의大와形貌가人類와恰似ᄒᆞᆫ故로土人들은此를山男이라고呼ᄒᆞ야人類의一種으로斟酌ᄒᆞ

시세로ㅣ의勸告를納ᄒᆞ야諸從코져ᄒᆞ던次에렌듀라스의反對로事皈水泡ᄒᆞ니라ᄯᅢ에시싸ㅣ가再三讓步ᄒᆞᄂᆞ少無効力ᄒᆞᆯ뿐더러彼等이議會의公議도無視ᄒᆞ고自己를公敵으로征伐ᄒᆞ기로宣言ᄒᆞᆷ을듯고即日興兵ᄒᆞ야機先에出ᄒᆞᆯ식ᄯᅢ에兵士가다알프스山北에留駐ᄒᆞᄂᆞᆫ지라於是乎手下精兵步騎略六千餘를率ᄒᆞ고羅馬로即向ᄒᆞᆯ식먼져心腹ᄒᆞᆯ렌샤스로率兵先行케ᄒᆞ고自己ᄂᆞᆫ談笑自若ᄒᆞ다가日沒後에親友數人과間道從軍ᄒᆞ야루비곤河邊에至ᄒᆞ야默思良久ᄒᆞ다가忽然絕叫ᄒᆞ야曰事已決矣라ᄒᆞ고即刻渡河ᄒᆞ야아리미남을拔ᄒᆞ니라ᄯᅢ에擧國이安堵喜避로優遊渡日라가瞥眼間警報를듯고不知所出ᄒᆞ야東徨西走ᄒᆞ며至於名將폼페이ᄒᆞ야도少不介意라가事出倉卒ᄒᆞ야周章之餘에顯然失色ᄒᆞᆯ뿐이며非難之聲은四起ᄒᆞ더라當初에폼페이가自己의勢力만徒恃ᄒᆞ고衆人다려일너曰萬一시싸ㅣ가起兵ᄒᆞᄂᆞᆫ時에ᄂᆞᆫ余가暫時間羅馬城外에出ᄒᆞ야一旦號令만發ᄒᆞ면시싸ㅣᄂᆞᆫ如反掌이라ᄒᆞ더니只今그周章狼狽의莫甚ᄒᆞᆷ을보고莫不刺笑더라ᄯᅢ에폼페이ᄂᆞᆫ手下에외히려시싸ㅣ의幾倍의戰鬪力이잇ᄂᆞᆫ지라故로폼페이ᄂᆞᆫ背城一戰코져ᄒᆞᄂᆞ無能惶怯의貴族輩에抑制ᄒᆞᆫ비되야不得已이羅馬城를버리고出走ᄒᆞᄂᆞᆫ境遇에至ᄒᆞᆯ지라故로擧國이洶々에如在渦中ᄒᆞ고男女人士ᄂᆞᆫ다폼페이의所去處로追從ᄒᆞ더라、萬一이ᄯᅢ에폼페이가人心을收合安頓케ᄒᆞ고시싸ㅣ와背城血鏖ᄒᆞ얏던덜大秦(羅馬의古稱이라)의鹿과希臘의月桂冠이뉘(誰)掌理로歸ᄒᆞ얏실ᄂᆞᆫ지未定인거슬惶怯之末에自致其亡ᄒᆞ얏시니춤羅馬柱石의人物곳雄飛의名將이如此ᄒᆞᆫ窮運에自迫

其妻쏘리아가病死ᄒᆞᆷ으로시싸ㅣ와全然相隔ᄒᆞᆫ次라貴族派에依ᄒᆞ야디데롤(任期間에ᄂᆞᆫ權如帝王이라)로推戴ᄒᆞ고西班牙及亞弗利加의大守任期를延長ᄒᆞ니라폼페이가임의最高權力을得ᄒᆞᆷ미곳反亂者를捕縛糾問ᄒᆞ고國內의騷亂을粗鎭後에곳第二次에시싸ㅣ打擊을行코져ᄒᆞ더라첨에폼페이가시싸ㅣ를視如小兒ᄒᆞ고小不介意라가그名聲이日日隆盛ᄒᆞ야自己以上에出ᄒᆞᆷ을보고猜忌心을不勝ᄒᆞ던次라드듸여시싸ㅣ를內職으로遷ᄒᆞ야그兵權을削奪코져ᄒᆞ야召還ᄒᆞᆫ즉시싸ㅣ도폼페이의心事를豫測ᄒᆞ고任期延長을要求ᄒᆞᄂᆞᆫ지라폼페이가그勢力의根深ᄒᆞᆷ에喫驚ᄒᆞ야斷然一刀兩斷코져ᄒᆞ더니맛참폼페이의軍이셀ㅣ로皈還ᄒᆞ야流言ᄒᆞ야曰시싸ㅣ의部下가다數年間疲勞를不勝ᄒᆞ야萬一交鋒之日에ᄂᆞᆫ다倒戈ᄒᆞ리라ᄒᆞᄂᆞᆫ지라이에폼페이가大喜ᄒᆞ야益不準備ᄒᆞ고但只恐迫的手段으로시싸ㅣ를壓迫코져ᄒᆞ야日後로ᄂᆞᆫ시싸ㅣ의要求ᄂᆞᆫ元老院議員等을煽動ᄒᆞ야小不認許케ᄒᆞ더라

시싸ㅣ가임의自己의要求를一不聽納ᄒᆞᆷ을보고撫釰莞爾ᄒᆞ야曰事已到此에必用此乃已라ᄒᆞ더라그러ᄂᆞ絕對的最後手段에出ᄒᆞᆷ을不好ᄒᆞ야積極的溫和主義下에元老院에建議ᄒᆞ기를萬一폼페이의西班牙太守를解任ᄒᆞ면自己도樂從ᄒᆞ마ᄒᆞᆫ듸이에民政官큐리오、안토니數人이그建議를人民에公佈ᄒᆞ미다喝采贊成ᄒᆞ되元老院에셔ᄂᆞᆫ頑執不聽ᄒᆞ고시싸ㅣ를公敵으로征伐ᄒᆞ기를主張ᄒᆞ더라ᄯᅢ에ᄯᅩ시싸ㅣ로一封書簡이來到ᄒᆞ얏ᄂᆞᆫ듸곳執政官再選에被任되기前ᄭᆞ지셀ㅣ의留守와一레죤(略六千名이라)의兵士만保有ᄒᆞᆷ을懇請ᄒᆞᆷ이라故로폼페이도

世界大動物談

KNY生

此地球上에서生活ᄒᆞᄂᆞᆫ動物은其數가數十萬種이라或大或小ᄒᆞ며或長或短ᄒᆞ야其形其体가果是千差萬別이요種々樣々이미一々陳述치못ᄒᆞ고諸種類中에其大者만撰出ᄒᆞ야左에陳述코져ᄒᆞ오

(一)哺乳類

現今陸地上에서生息ᄒᆞᄂᆞᆫ動物界에第一肥大ᄒᆞᆫ者ᄂᆞᆫ象이니亞細亞及亞弗利加에서産出ᄒᆞᄂᆞᆫ大獸라体高가八尺(木尺)至十尺이요身長이十二尺至十五六尺이며또体軀가等々ᄒᆞ게肥大ᄒᆞᆫ고로肉量이頗多ᄒᆞ고重數ᄂᆞᆫ七百五十斤至八百餘斤이요亞弗利加産出象은亞細亞의象보다좀젹은ᄃᆡ俗言에云ᄒᆞ되亞弗利加象의二介門齒가亞細亞象보다大ᄒᆞ야其長이四至五六尺이며重數가五十斤至六十餘斤이요其中最大齒ᄂᆞᆫ百斤에近當ᄒᆞ다ᄒᆞ고또象은体만大ᄒᆞᆯ뿐아니라動物界에最長壽를得ᄒᆞᄂᆞᆫ者니山野에居生ᄒᆞ면通常二百歲를經過ᄒᆞᆫ다ᄒᆞ니可謂最大動物이로다只今은亞、弗、兩洲産種만陳述ᄒᆞ엿거니와幾千年前古代를溯考컨ᄃᆡ만마우스라마스터ᄠᅥᆫ이라云ᄒᆞᄂᆞᆫ大象이잇서大陸에ᄂᆞᆫ勿論이어니와島國에도棲ᄒᆞ엿다ᄂᆞᆫᄃᆡ体大가十二尺이요身長이八尺이며長垂의毛가全体를掩覆ᄒᆞ엿다ᄒᆞ고象類外에ᄂᆞᆫ河馬라稱ᄒᆞᄂᆞᆫ大動物이잇서亞弗利加의海岸과沼澤等地에棲居ᄒᆞ니体高가七尺有餘요長이十三四尺이라顔面은廣ᄒᆞ고足脚은短ᄒᆞᆫᄃᆡ体肥ᄂᆞᆫ象과ᄀᆞᆺ치厚大치못ᄒᆞ고조곰遠距離에서見ᄒᆞ면小丘의樣貟로見ᄒᆞ며其性質은遲鈍ᄒᆞ나該地河流에乘筏來往ᄒᆞᄂᆞᆫ土

ᄒᆞᆷ에對ᄒᆞ야同情者로不覺濕袖러라
시싸ㅣ가羅馬로向ᄒᆞᆯ식諸城이다폼페이의出奔ᄒᆞᆷ을듯고開門出迎ᄒᆞᄂᆞᆫ지라故로別로히抵抗力도업시羅馬에入ᄒᆞ야寬大ᄒᆞᆫ手段과撫兒的政畧으로上下를慰撫ᄒᆞ니라大蓋起兵ᄒᆞᆷ으로부러畧十餘日間에임의羅馬를統有ᄒᆞ얏더라

시싸ㅣ가國會塲에臨ᄒᆞ야自己에對ᄒᆞᆫ國會措置를十分論駁ᄒᆞ고國賊公布의暴狀을質問ᄒᆞᆫ後怒鳴ᄒᆞ야曰余가將次이를폼페이에探問ᄒᆞ려라ᄒᆞ고自我의匡明正大ᄒᆞᆷ과彼此의是非曲直을切々痛論ᄒᆞᆫ後다시일너曰是非가임의分明ᄒᆞ고余의名譽도온젼ᄒᆞᆷ을어더신즉이ᄂᆞᆫ余의幸福이라余ᄂᆞᆫ只今舊怨을忘却ᄒᆞ고다시폼페이와握手코져ᄒᆞ노니諸君은忘勞相助ᄒᆞ라ᄒᆞ더라然이나폼페이가出奔ᄒᆞᆯ時에揚言ᄒᆞ기를自己와同去치아니ᄒᆞᄂᆞᆫ者ᄂᆞᆫ다시싸ㅣ와가치公敵으로看做ᄒᆞᆫ다ᄒᆞᆷ으로怯彼察此에居中調和ᄂᆞᆫ姑捨ᄒᆞ고開口ᄒᆞᄂᆞᆫ者도一無ᄒᆞ더라ᄯᅢ에시싸ㅣ가國庫金을賑出ᄒᆞ야軍費를辦給ᄒᆞ고北쏠ㅣ地方에往ᄒᆞ야調兵鍊馬라가忽然폼페이一黨이西班牙에勃起ᄒᆞᆷ을듯고ᄒᆡ비아스를先派ᄒᆞᆫ後親히鐵騎九百餘와往援ᄒᆞ야不過月餘에國內를掃平ᄒᆞ고羅馬에歸ᄒᆞ야畧十一日間에大網必要ᄒᆞᆫ改革을加ᄒᆞ니곳債主의權利制限과前後放逐者를一切歸國ᄒᆞᆷ을得케ᄒᆞᆷ과쓰란스과다니人에羅馬市民과同等公權을許ᄒᆞᆷ이더라

六尺有餘요長이十二三尺이요頸長이四尺許라淸國地方所産은兩峰駝니背上에兩種肉瘤가有ᄒᆞ야天然ᄒᆞᆫ鞍具를作ᄒᆞᆫ者요亞弗利加와波斯國地方所産은單峰駝니背上에一個肉瘤가有ᄒᆞ고体格이兩峰駝보다少ᄒᆞᆫᄃᆡ背上瘤ᄂᆞᆫ滋養分을貯蓄ᄒᆞᄂᆞᆫ바ㅣ肉袋라飼法의粗沃을從ᄒᆞ야或大或小ᄒᆞᄂᆞᆫ것이요ᄯᅩ水袋가有ᄒᆞ야 一次飮蓄ᄒᆞ면十餘日頃을不飮ᄒᆞ고도足히支生ᄒᆞᄂᆞᆫ고로亞剌比亞其他地方隊商들이沙漠旅行ᄒᆞᆯ時에ᄂᆞᆫ此獸를乘ᄒᆞ더라象、海馬、犀、麒麟、駱駝ᄂᆞᆫ다外國産物이요我國에ᄂᆞᆫ何獸가最大ᄒᆞᆫ고아마牛일듯ᄒᆞ오此ᄂᆞᆫ我國셔만最大獸가될ᄲᅮᆫ아니라世界牛族中에ᄂᆞᆫ最大點을有ᄒᆞᄂᆞ니犀駱駝보다도리혀大ᄒᆞᆯ지도未知로다。 歐羅巴와米國의野原에棲居ᄒᆞᄂᆞᆫ비존（새파ㅣ로）라云ᄒᆞᄂᆞᆫ野牛가頗大ᄒᆞ며高가六尺長이十尺以上도有ᄒᆞ고自頭至項에구술구술ᄒᆞᆫ毛가垂ᄒᆞ엿고。 ᄯᅩ水牛라稱ᄒᆞᄂᆞᆫ獸가有ᄒᆞ니高가四尺餘長이八尺餘인ᄃᆡ其産地ᄂᆞᆫ台灣島라該地土人들은此獸로ᄡᅧ使役의一良物을삼고。 亞剌比亞馬ᄂᆞᆫ高가五六尺長이十尺에近達ᄒᆞᄂᆞᆫ者ㅣ有ᄒᆞ며。 駱駝의一種으로騾馬에比大ᄒᆞᆯ만ᄒᆞᆫ駱羊이라云ᄒᆞᄂᆞᆫ獸가有ᄒᆞ니高가五六尺長이八九尺인ᄃᆡ産地ᄂᆞᆫ南米洲秘魯國이니該國에셔ᄂᆞᆫ有要ᄒᆞᆫ家畜이며淸國滿洲地方에四不像이라稱ᄒᆞ여非鹿非牛非駱의野獸가有ᄒᆞ니高가四尺有餘요長이七尺이며我國長白山에ᄂᆞᆫ虎及熊의巨獸가有ᄒᆞ고。 北極地方에ᄂᆞᆫ馴鹿이라名ᄒᆞᄂᆞᆫ貴蓄이有ᄒᆞ니其大ᄂᆞᆫ四不像과同一ᄒᆞ나胴이肥ᄒᆞ고。 歐羅巴와亞細亞北部에棲ᄒᆞᄂᆞᆫ麋鹿은高가牛馬의比肩ᄒᆞᆯ者有ᄒᆞ며英國셔發見ᄒᆞᆫ鹿의骨은兩角間이十一尺

人을襪擊ᄒᆞ야筏과人을共嚙ᄒᆞᄂᆞᆫ事가往々有ᄒᆞ다ᄒᆞ고또猶犀라稱ᄒᆞᄂᆞᆫ大獸가잇서亞弗利加及印度에産ᄒᆞᄂᆞᆫᄃᆡ印度犀ᄂᆞᆫ小ᄒᆞ야高가五尺長이十尺이요鼻上에一介角이生ᄒᆞ엿고弗洲犀ᄂᆞᆫ高가五尺餘요長이十二三尺이며鼻上에ᄂᆞᆫ二介角이生ᄒᆞ엿고犀角의長이二尺되ᄂᆞᆫ것ᄭᆞ지有ᄒᆞ나其質狀이牛及鹿角과ᄂᆞᆫ大異ᄒᆞᆫᄃᆡ古昔漢醫方의所謂鳥犀角이此로다。 또麒麟이라稱ᄒᆞᄂᆞᆫ獸가有ᄒᆞ야曾前東洋셔ᄂᆞᆫ聖人이出ᄒᆞ여야此獸가現ᄒᆞᆫ다ᄒᆞ엿스나元來我國及淸國等地ᄂᆞᆫ此獸의産地가아닌즉稀見物인고로此等俚說이有ᄒᆞ ᄂᆞᆫ지未知어니와亞弗利加曠野에到ᄒᆞ면此奇獸가棲居ᄒᆞᄂᆞᆫᄃᆡ其形狀은鹿과恰似ᄒᆞ여頸은非常히長高ᄒᆞ고또肥大ᄒᆞ며胴(自項至尻)은他獸보다最短ᄒᆞ고前脚은後脚보다長ᄒᆞ고足蹄로브터頭頂ᄭᆞ지ᄂᆞᆫ通常十七八尺이나二十尺되ᄂᆞᆫ일이種々ᄒᆞ나니大抵陸棲動物中에ᄂᆞᆫ体高가此에及ᄒᆞᆯ者更無ᄒᆞ겟도다頸이想應外에長大ᄒᆞᆫ故로地上食物을拾噉홈에ᄂᆞᆫ頗히困難ᄒᆞ여常平에喬木葉을摘食ᄒᆞ고奇妙히嗜ᄒᆞᄂᆞᆫ木葉은頗高의樹木이라舌이長ᄒᆞ고有力ᄒᆞ야其体長에比高處ᄂᆞᆫ어ᄃᆡ던지不及홈이無홈으로舌을伸展ᄒᆞ야小枝를曲下ᄒᆞ야其葉을食ᄒᆞᄂᆞᆫ性癖이有ᄒᆞ며萬一水를飮코져ᄒᆞ면前脚을廣踏(버려딋ᄂᆞᆫ즛)ᄒᆞ고立身을鞏固히ᄒᆞᆫ然後에야首로低ᄒᆞ더라性이溫柔ᄒᆞ여平素群居ᄒᆞᄂᆞᆫᄃᆡ萬一臘者나猛獸의게襲後가되면其頸이長ᄒᆞ여直向으로奔逃치못ᄒᆞ고全群이首를다左右로撓ᄒᆞ면서走ᄒᆞᄂᆞᆫ거시完然히時計의振子와如ᄒᆞ여一奇觀을得ᄒᆞ겟더라。 其次ᄂᆞᆫ駱駝라稱ᄒᆞᄂᆞᆫ大獸가有ᄒᆞ니亞細亞及亞弗利加沙漠地方의家畜이라高가

더라動物學上에도此三種은特히人類猿이라고呼ᄒᆞᄂᆞᆫ一籍을命名ᄒᆞ엿고其他同類彿々이라ᄂᆞᆫ것이有ᄒᆞ며

南半球大洋에孤立ᄒᆞᆫ오스틀알리아洲ᄂᆞᆫ他洲와特異ᄒᆞ야古代의哺乳類ᄂᆞᆫ오직袋鼠一族뿐이요其他豺狼猿狐等은絕無ᄒᆞᆫᄃᆡ袋鼠族中에最大者ᄂᆞᆫ깅그로라稱ᄒᆞᄂᆞᆫ野獸니頭ᄂᆞᆫ小ᄒᆞ고項은短ᄒᆞ며身의前部ᄂᆞᆫ後보다甚히發達되엿고其形은完然ᄒᆞᆫ鼠이나다만前足이極短ᄒᆞ고後脚이極長ᄒᆞ여每樣後足으로走步動作을遂ᄒᆞ며腹部에天然袋가有ᄒᆞ야危急ᄒᆞᆫ境遇를當ᄒᆞ면其子를其中에隱入ᄒᆞ고逃走ᄒᆞᄂᆞ니此ᄂᆞᆫ特種安保器를持ᄒᆞᆫ動物이로다

（未完）

童蒙物理學講談

椒海 金洛泳

깔릴레오의니야기

世界文明이進展될ᄉᆞ록漸々奔忙을驅促ᄒᆞ야環球人類로富强은圖ᄒᆞ고貧弱은避코져ᄒᆞᆯᄉᆡ優而疾者ᄂᆞᆫ得ᄒᆞ고劣而鈍者ᄂᆞᆫ不得ᄒᆞ니其優劣疾鈍을何로ᄡᅧ表出ᄒᆞ리오ᄒᆞ면此ᄂᆞᆫ即時間利用의能不能이라此를利用ᄒᆞᆷ에古代에ᄂᆞᆫ日影의出入으로만標準을삼엇슴으로晦陰ᄒᆞᆫ日은時間의분수를未知ᄒᆞ고明ᄒᆞ면晝로知ᄒᆞ고暗ᄒᆞ면夜로知ᄒᆞ야生存의競爭이渾沌天地를未脫ᄒᆞ엿더니十五六世紀頃에至ᄒᆞ야科學의發展이好運을開ᄒᆞ고各種器械를發明ᄒᆞᆯᄉᆡ時計라稱ᄒᆞᄂᆞᆫ一大奇妙의器械가發明된以來今日에至ᄒᆞ여ᄂᆞᆫ비록晦暝ᄒᆞᆫ晝間과漆暗ᄒᆞᆫ夜中에라도此器械

만持ᄒᆞ엿ᄉᆞ면時間의流邁를能知ᄒᆞᆫ야莫大ᄒᆞᆫ便利와非常ᄒᆞᆫ進步를計ᄒᆞᄂᆞᆫ故로人間社會上에ᄂᆞᆫ何處를勿論ᄒᆞ고此를持用치아니ᄒᆞᄂᆞᆫ者無ᄒᆞ니此ᄂᆞᆫ實노文明界의一大寶物이라其從來ᄂᆞᆫ讀者諸君의熟知ᄒᆞᄂᆞᆫ바이나大抵學問이라ᄂᆞᆫ거ᄉᆞᆫ透徹히知得치아니ᄒᆞ면不可ᄒᆞᆫ거신즉左에其事實을紹介코져ᄒᆞ노라

西歷紀元千五百六十四年頃에伊太利國피사府에家貧ᄒᆞᆫ一貴族이有ᄒᆞ니名은쌀닐레오라兒時브터怜悧敏捷ᄒᆞᆷ이常人에過ᄒᆞ고智慧가有餘ᄒᆞ여各種用具와器械를多數製出ᄒᆞ고間或痛心되ᄂᆞᆫ일이有ᄒᆞ면玩具製造로自慰를得ᄒᆞ더라닐즉프로렌스의近ᄒᆞᆫ란롬푸로쟈敎會에서敎를受ᄒᆞ고라탄(拉丁)語와ᄭᅳ릭(希臘)語等어려은學者語며ᄯᅩ論理學을敎受ᄒᆞ엿ᄂᆞᆫᄃᆡ其父親은其子가音樂과數學에非常ᄒᆞᆫ才質이有ᄒᆞᆷ을知ᄒᆞ고도自家의所見으로醫學을勸ᄒᆞ려ᄒᆞ다가其子의性質의不合ᄒᆞᆫ所以로ᄯᅳᆺᄃᆡ로못ᄒᆞ니라

千五百八十一年에至ᄒᆞ니時年이十八歲라피사府大學校에入學ᄒᆞ여物理植物及其他學問의講義를抄記ᄒᆞᆯᄉᆡ一日은同市에在ᄒᆞᆫ有名ᄒᆞᆫ斜立塔에至ᄒᆞ여其上에攀登ᄒᆞ니簷端에서地에抵ᄒᆞ기ᄭᆞ지垂懸ᄒᆞᆫ銅製燈籠이徵風의吹動을從ᄒᆞ여振拂ᄒᆞᄂᆞᆫ지라精神을注入ᄒᆞ여본즉異常ᄒᆞᆫ일은幅이넓히振ᄒᆞ던지좁히振ᄒᆞ던지同一ᄒᆞᆫ時間에一樣으로振拂ᄒᆞᄂᆞᆫ지라急히思ᄒᆞ기를振錘(掛鐘의錘)라ᄂᆞᆫ거ᄉᆞᆫ振ᄒᆞᄂᆞᆫ幅에ᄂᆞᆫ關係가업고一樣振ᄒᆞᄂᆞᆫ가보다ᄒᆞ엿더라　只今三尺ᄶᅳᆷ되ᄂᆞᆫ細絲一端에鉛을繫ᄒᆞ고이ᄀᆞᆺᄒᆞᆫ又一을作ᄒᆞ여櫃側에垂下ᄒᆞ고一便鉛은五寸ᄶᅳᆷ橫引ᄒᆞ고他一便鉛은一尺ᄶᅳᆷ橫引ᄒᆞ야同時에放ᄒᆞ면

後便鉛은前便鉛이撓往撓來ᄒᆞᄂᆞᆫ道보다倍도될뿐아니라兩便이同一ᄒᆞᆫ時間에振動ᄒᆞ여停止ᄒᆞ기ᄭᆞ지를니지아니ᄒᆞᄂᆞ니此를等時性이라稱ᄒᆞᄂᆞᆫ것이라彼靑年이此를應用ᄒᆞ여今日時計를作ᄒᆞ려ᄒᆞ고몬져脉計라云ᄒᆞᄂᆞᆫ脉搏세ᄂᆞᆫ器械를作ᄒᆞ고此後로屢次變更ᄒᆞ여至今의柱時計여懷中時計가되엿ᄉᆞ니더柱時計의振錘(或曰振子)를熟視컨ᄃᆡ언제던지同一ᄒᆞᆫ廣으로左右에振動ᄒᆞ고其幅이廣ᄒᆞ던지狹ᄒᆞ던지以上陳述ᄒᆞᆫᄃᆡ로거긔關係가少無ᄒᆞᆫ故로時計가眞正히時間을指ᄒᆞᄂᆞᆫ거시로다其後諸學者의實測ᄒᆞᆫ바를據ᄒᆞᆫ즉凡長이三尺三寸쯤되ᄂᆞᆫ振錘ᄂᆞᆫ一秒間에一振ᄒᆞᆫ다云ᄒᆞᄂᆞᆫᄃᆡ懷中時計ᄂᆞᆫ柱時計振子의代로 spring (ᄐᆡ협) 을用ᄒᆞᆫ것이니其理ᄂᆞᆫ全同타ᄒᆞ엿더라

이ᄀᆞᆺ한大發明者된學生이라도其時에오히려數學의知識이無ᄒᆞ엿ᄉᆞ니前陳과如히其父親이醫師가되게ᄒᆞ려고數學을敎授치아니ᄒᆞᆫ緣故인듯ᄒᆞ나그러나一日은偶然히幾何學講義를傍聽ᄒᆞ고本是天性數學의才質노初次에곳其趣味를透得ᄒᆞ고勤實히工夫ᄒᆞ여不過少數의時日노非常ᄒᆞᆫ進步를得ᄒᆞ미原來反對ᄒᆞ든其父親도此를賛成ᄒᆞ며任意ᄃᆡ로學習케ᄒᆞ엿ᄉᆞ나本來家貧ᄒᆞᆫ故로學資가缺乏ᄒᆞ여學位도未得ᄒᆞ고半途에大學을退ᄒᆞ고其鄕里프로렌스에歸ᄒᆞ니其時

五百八十七年이요時年이二十三歲러니未幾에프로렌스中學校敎師가되여學生을敎授ᄒᆞᆫ餘暇에數學物理學들을硏究ᄒᆞ여爀然ᄒᆞᆫ名譽로ᄡᅥ피사大學校敎官으도被任ᄒᆞ고三年間敎鞭을執ᄒᆞᆯᄉᆡ또有名ᄒᆞᆫ實驗으로前學說을正誤ᄒᆞ엿ᄉᆞ니此ᄂᆞᆫ古時에알리스데들이라稱ᄒᆞᄂᆞᆫ學者가主唱ᄒᆞᆫ바凡物이

落下ᄒᆞᆷ은重ᄒᆞᆫ所以라그런즉重ᄒᆞᆫ物体ᄂᆞᆫ輕ᄒᆞᆫ物体보다先落ᄒᆞᆫ다ᄒᆞᆫ定義를其後의學者들도此를助唱ᄒᆞ더니쌀닐레오教官이此를誤錯이라고主唱ᄒᆞ여種々의議論을起ᄒᆞ엿더라。諸君은如何히思ᄒᆞᄂᆞᆫ고亦是아리ᄉᆞ더틀과ᄀᆞᆺ치思ᄒᆞᄂᆞᆫ뇨此ᄂᆞᆫ大差謬이라實驗上으로確實히알고져ᄒᆞ거든二拾錢新貨一個와一圓자리一個를取ᄒᆞ여놉ᄒᆞᆫ欄干上에셔下로下落ᄒᆞ여보라必然同時에地에落ᄒᆞ겟지요쌀닐레오教官도論上證據와如히反對派學者들을率ᄒᆞ고피사府斜高塔에登ᄒᆞ여大小二個의鐵丸을下落ᄒᆞ여본즉其重數의差違ᄂᆞᆫ조곰도不拘ᄒᆞ고同時에落ᄒᆞ미反對派學者가다無言降服ᄒᆞ엿ᄉᆞ나그러나自此로衆怒를買ᄒᆞ여同大學教官을解任（勝己者厭은今古一般！）되엿더라

物体重量의別은分明有異커ᄂᆞᆯ엇지ᄒᆞ여其落下ᄂᆞᆫ同一ᄒᆞᆫ뇨至今니야기ᄒᆞ옵셰다林檎二個에其一은풀（糊）노발나右手오持ᄒᆞ고左手에ᄂᆞᆫ풀바르지아닌것을持ᄒᆞ엿다가一時에手를伸ᄒᆞ면둘다同時에地에落ᄒᆞᆯ지라糊로塗ᄒᆞ여잇든지업든지別노關係가無ᄒᆞᆫ거시로다만일二個가共付ᄒᆞ여잇ᄂᆞᆫ것이면高가倍되ᄂᆞᆫ代에一個식引ᄒᆞᄂᆞᆫ力이二인고로引力도倍가되ᄂᆞ니엇던力으로其一을引落ᄒᆞᆷ이던지그倍읫物을倍의力으로引落ᄒᆞᆷ이同一의事라馬一匹이千兩重을載ᄒᆞ면二匹은二千兩重을載ᄒᆞ리니何等疑訝가有ᄒᆞ리오如此ᄒᆞᆫ理를大學者가說明ᄒᆞ엿소其後에파듀아大學數學教官으로被任ᄒᆞ여千五百九十二年브터千九百十年ᄭᆞ지十八年間을連續視務ᄒᆞᆯ식其名聲이此時에야歐羅巴全洲에震動ᄒᆞ되各國에서來學ᄒᆞᄂᆞᆫ者가二千餘名에達ᄒᆞ여ᄉᆞ며其間에寒暖計基를發

明ᄒᆞ니此ᄂᆞᆫ一端이寒ᄒᆞᆫ硫璃管中에水를注充ᄒᆞ야其外別水盛器中에立ᄒᆞ고管中에少許의空氣를送入ᄒᆞ면空氣ᄂᆞᆫ輕物이라上에浮ᄒᆞᆯ지니暑炎을逢ᄒᆞ면管中에잇ᄂᆞᆫ空氣ᄂᆞᆫ膨脹ᄒᆞᄂᆞᆫ故로管中水가壓下ᄒᆞ고寒冷을當ᄒᆞ면管中의空氣가欠縮ᄒᆞᄂᆞᆫ고로水가壓上ᄒᆞᄂᆞ니其升降을見ᄒᆞ야大体의寒暑를見測케ᄒᆞ엿소그러나完美치ᄂᆞᆫ못ᄒᆞ엿더니其後千六百七十年頃에水銀用寒暖計가發見되엿고現世에行用되ᄂᆞᆫ것은攝氏寒暖計와華氏寒暖計兩種이니柱寒暖計ᄂᆞᆫ파렌허ㅣ트라稱ᄒᆞᄂᆞᆫ者의製作ᄒᆞᆫ華氏寒暖計인ᄃᆡ人体溫은九十八度며夏節酷熱時ᄂᆞᆫ百餘度요水의沸騰點은二百十二度며氷點은三十二度라云ᄒᆞᄂᆞᆫ거시다華氏의表요醫師와學者들이用ᄒᆞᄂᆞᆫ거슨쎌슈스라稱ᄒᆞᄂᆞᆫ者의製作ᄒᆞᆫ거신ᄃᆡ沸騰點은百度요氷點은零度며人體溫은三十七度라云ᄒᆞᄂᆞᆫ攝氏寒暖計니엇던거시던지零度以下에도度表가有ᄒᆞ야最低의溫度라도測量ᄒᆞᆯ수有ᄒᆞ야此時에ᄂᆞᆫ零度以下幾度라稱ᄒᆞ오大抵寒暖計가何故로溫度를示ᄒᆞᄂᆞ뇨ᄒᆞ면管中에ᄂᆞᆫ空氣가조곰도無ᄒᆞᆫ고로溫度의高低를隨ᄒᆞ여球中水銀이或脹或縮ᄒᆞ여每度管中水銀柱를昇降식혀眞正히溫度를示ᄒᆞᆷ이로다其後에此學者望遠鏡을改良ᄒᆞ야實物三十二倍의鏡度를製出ᄒᆞ야月世界를調査ᄒᆞ니月中에ᄂᆞᆫ明處와暗處가잇서明處ᄂᆞᆫ山峰이요暗處ᄂᆞᆫ谷壑이라ᄂᆞᆫ거슬發見ᄒᆞ엿ᄉᆞ며其外至今ᄭᆞ지何物인지未知ᄒᆞ던銀河에도望遠鏡으로窺ᄒᆞ면無數ᄒᆞᆫ星宿의合成ᄒᆞᆫ거시라ᄂᆞᆫ거슬發見ᄒᆞ엿스며其後千六百十年에教官을辭任ᄒᆞ고프로렌스府에歸ᄒᆞ니此時其理學說이로마法皇의教意를忤觸ᄒᆞ엿다ᄒᆞ

야羅馬宗敎裁判所에ᄭᅡ지被招呵嘖되엿다가僥幸免解ᄒᆞ고鄕里에歸ᄒᆞ여不幸히盲人이되엿스ᄃᆡ오히려種々의硏究를繼續ᄒᆞ야一千六百四十二年ᄭᅡ지비록一日이라도孶々不倦ᄒᆞ고前陳과如히物體의落下를調理ᄒᆞ야至今도有名ᄒᆞᆫ落下公式을發明ᄒᆞ엿ᄉᆞ니大抵今日世界의文明은此等賢人의做出ᄒᆞᆫ者라謂ᄒᆞ리로다

理科講談(小學敎員參考ᄒᆞ기爲ᄒᆞ야)

(一) 浩然子 譯

蛙

要項 蛙ᄂᆞᆫ水陸兩棲에適合ᄒᆞᆫ狀態를具備ᄒᆞᆫ事、蛙의常習과變態、蛙의種類와變色、蛙ᄂᆞᆫ農業에有益ᄒᆞᆷ、有脊動物、無脊動物

敎授 蛙ᄂᆞᆫ通常體滑ᄒᆞᆫ動物이니이ᄂᆞᆫ皮膚에서粘液(곱)이生ᄒᆞᆷ이요또皮膚에ᄂᆞᆫ皮脂腺이有ᄒᆞ야惡臭잇ᄂᆞᆫ液을分泌ᄒᆞ야外敵을防禦ᄒᆞ며또腺에貯藏ᄒᆞᆫ脂肪은冬節에地中에埋沒ᄒᆞ여寄生ᄒᆞᄂᆞᆫ養料를供ᄒᆞᄂᆞ니라。또虫을捕食ᄒᆞ기에簡便ᄒᆞᆫ大口가有ᄒᆞ며舌은其面에皺가多ᄒᆞ고舌의本底ᄂᆞᆫ下顎前端에附着ᄒᆞ엿고其端은口中에서翻轉ᄒᆞ야虫을捕食코저ᄒᆞᆯ時에ᄂᆞᆫ突然히吐出ᄒᆞᄂᆞᆫᄃᆡ恒常粘液이潤存ᄒᆞᆷ으로써虫이一次粘着ᄒᆞᆫ後에ᄂᆞᆫ逃避ᄏᆡ不能ᄒᆞ여또舌의出入이甚히敏速ᄒᆞᆷ으로써蠅、虻等이逃避ᄒᆞ기를豫期ᄒᆞ고翅를揚코저ᄒᆞ면不識不知間에이믜其口中에捕入한바가되며또吾人은蛙를見ᄒᆞᆯ時라도ᄒᆞᆫ히그舌을見ᄒᆞ기容易치아니ᄒᆞᆫ거시미舌의長短을解知ᄏᆡ未能ᄒᆞᆫᄃᆡ兼ᄒᆞ여그出入이더럿틋敏速ᄒᆞᆫᄭᅡ닭에吾人의視覺에ᄂᆞᆫ

何等感觸이無홈을由홈이라故로萬一그舌을보고저ᄒᆞ거든蛙를捕ᄒᆞ여少許의烟管脂(딋진)를그舌面에塗置ᄒᆞ라그리ᄒᆞ면더는分明水邊에至ᄒᆞ야그前足으로脂를洗去홀지니其時에舌을見홀지니라

注意　青身黃線蛙一頭를捕ᄒᆞ야觀察ᄒᆞ되其大要의點은身體가滑ᄒᆞᆫ것과口의大ᄒᆞᆫ것만觀鮮ᄒᆞ고舌의觀察은異日로讓홀지라

또鳥와魚는毛나鱗이有ᄒᆞ나蛙는毛와鱗이無ᄒᆞᆫ異同을言及홀거시라

蛙는四足을見홀지라도水陸兩捿가適宜ᄒᆞᆫ거슬足히解知홀지니이는곳前足이短ᄒᆞ게四趾를具備ᄒᆞ고吾人의手와如히動作을能히ᄒᆞ야地上에서體의前部를支ᄒᆞ기足ᄒᆞ고後足은長ᄒᆞ야五趾를備有ᄒᆞ야跳躍에만適合홀ᄲᅮᆫ아니라蹼膜(붓치발)이有홈으로뼈水中에서는游泳ᄒᆞ기도適足ᄒᆞ니라

注意　前足은四趾요後足은五趾며또蹼膜이有홈을觀察홀거시오雄과雌의區別도前足으로써觀察홈이可ᄒᆞ니雄은多少變形이되여雌의前足보다膨大ᄒᆞᄂᆞ니雌雄二頭를比看홀거시라

蛙는冬期間에地中에蟄伏ᄒᆞ야何物도食홈이無ᄒᆞ고다만皮脂腺中에貯藏ᄒᆞᆫ脂肪으로養料를숨고殆然히睡眠홈과ᄀᆞᆺ치(此를冬眠이라稱홈)ᄒᆞ다가春季溫暖ᄒᆞᆫ時에至ᄒᆞ면水田或은池溝中에入ᄒᆞ야卵을產ᄒᆞᄂᆞ니卵은蛋白樣物質노包存ᄒᆞ야寒暑의劇變을除防ᄒᆞ며他動物噬食을避ᄒᆞ야水中의黴菌의寄生을禦ᄒᆞ야孵化된後에는當場의養을作ᄒᆞ며卵은日陽의溫으로孵化ᄒᆞ면올창이(蝌蚪)가되여魚類와近似ᄒᆞ야水에서游泳을能히ᄒᆞ다가數日을經ᄒᆞ면올창이

의後足이生ᄒᆞ고또前足이生ᄒᆞ야漸次其尾가消失되여蛙가되ᄂᆞ니此後에ᄂᆞᆫ地上에셔虫類를捕食ᄒᆞ고或은水中에셔游泳을能히ᄒᆞ며幼虫되엿슬時頃에ᄂᆞᆫ全혀水棲가되ᄂᆞᆫ故로魚類와同히鰓(커섬치)或커덜미或귀지비或귀실미가有ᄒᆞ야水中의空氣를呼吸ᄒᆞ다가成虫時頃에至ᄒᆞ면鰓ᄂᆞᆫ消失되고其代에肺가存ᄒᆞ야水中에在ᄒᆞᆯ時ᄂᆞᆫ呼吸이不通되ᄆᆡ萬一呼吸코저ᄒᆞ면水上에俘出ᄒᆞᄂᆞ니蛙ᄂᆞᆫ果然兩棲類의模範이되엿도다

注意 蠑螈(장즘이類) 도亦是兩棲類나그러나만히水中에在ᄒᆞ야間々濕地에出ᄒᆞ며蛙보다稀有ᄒᆞᆫ것이ᄆᆡ此를未知ᄒᆞᆯ兒孩도有ᄒᆞᆯ지라만일多數의兒孩가此를知ᄒᆞ거든「此亦兩棲類」라고言及ᄒᆞᆷ이可ᄒᆞᆯ거시오。冬眠은蛇類에도有ᄒᆞᆫ것이나此等은氣候의劇變을忍耐키難ᄒᆞᆷ으로ᄡᅧ寒暑甚著ᄒᆞᆫ土地에셔ᄂᆞᆫ冬眠이甚히必要ᄒᆞ나一年中의溫度가殆히同一ᄒᆞᆫ赤道近傍에셔ᄂᆞᆫ必要가無ᄒᆞᆷ으로冬眠도無ᄒᆞ니라形態의變化ᄂᆞᆫ昆虫에게比較ᄒᆞᆯ거시오水中에生活ᄒᆞᄂᆞᆫ事狀(幼虫及成虫)은魚에比較ᄒᆞ여卵産은他水族의게大綱比ᄒᆞᆯ지어다。

蛙ᄂᆞᆫ種類가繁多ᄒᆞᆫ者라最大ᄒᆞᆫ体格에暗褐色되ᄂᆞᆫ者ᄂᆞᆫ蟾蜍(둑겁이)니皮膚ᄂᆞᆫ瘤狀이되여醜惡이極ᄒᆞ고通常蛙ᄂᆞᆫ全線蛙即稍美ᄒᆞᆫ者라。

雨蛙(청ᄀᆡ골이)ᄂᆞᆫ趾端에圓形吸盤을具備ᄒᆞ여樹에攀上ᄒᆞᄂᆞᆫᄃᆡ巧機로用ᄒᆞ며엇던境位를應ᄒᆞ여皮膚色이變ᄒᆞ야靑色或은褐色等이됨으로木葉枯草中에셔敵眼을避ᄒᆞ기便利ᄒᆞ니此ᄂᆞᆫ保護色이요其餘赤、蛙土蛙等屬이有ᄒᆞ야다虫類를飜ᄒᆞᆷ으로ᄡᅧ農業上有

益이多ᄒᆞ니라
注意　蛙의種類는다實物을不要ᄒᆞᆯ지라도
雨蛙는吸盤을觀察ᄒᆞ기爲ᄒᆞ야豫히準備
ᄒᆞᆯ거시라
鳥나魚나蛙等은다脊骨이有ᄒᆞᆷ으로뼈此를
有脊動物이라ᄒᆞ고昆蟲과거믜(蜘蛛)等은
다脊骨이無ᄒᆞᆫ고로總稱ᄒᆞ야無脊動物이라
ᄒᆞᄂᆞ니라
注意　有脊動物은無脊動物보다高等됨을
發見시키며吾人도ᄯᅩᄒᆞᆫ脊骨잇는거슬알
게ᄒᆞᆯ것과ᄀᆞᆺ치脊骨이有ᄒᆞᆯ지라도吾人과
他動物과는多大ᄒᆞᆫ差違가有ᄒᆞᆷ을알게ᄒᆞ
고鳥는蛙보다高等이요蛙는魚보다高等
됨을言及ᄒᆞ라
應用　蛙는無益ᄒᆞ게殺害치말나但無害ᄲᅮᆫ
아니라農業上의益蟲이니라
田을耕ᄒᆞᆯ時에往々冬眠蛙를發見ᄒᆞ는일

이有ᄒᆞ야死樣과恰死ᄒᆞ야겨우動ᄒᆞᆯᄲᅮᆫ이라
此를助護ᄒᆞ야土中에掩入케ᄒᆞ라
蛙卵은乾燥ᄒᆞ면發育이不宜ᄒᆞᆫ故로卵이
有ᄒᆞᆫ水田에水가乾少ᄒᆞᆫ일이有ᄒᆞ거든水를
引注ᄒᆞ여蛙卵이水面下에常在케ᄒᆞᆯ거시라
附記　蛙의耳目口鼻及叫囊　蛙에는吾人
과如히耳目口鼻가有ᄒᆞ며ᄯᅩ雄蛙에게는
氣에叫囊이잇서空氣를貯藏ᄒᆞ야鳴聲을
發ᄒᆞ는ᄃᆡ鳴聲은雌蛙를呼ᄒᆞ기爲ᄒᆞ야發
ᄒᆞᆷ이라
眼과口라는거슨說明을不要ᄒᆞ나耳와鼻
는說明ᄒᆞ여야ᄒᆞᆯ지니耳는眼의後方에잇
서外耳가업고圓形의皷膜이露出되엿고
鼻는頭의尖端에在ᄒᆞ여口에近ᄒᆞ고瓣을
具備ᄒᆞ여開閉를遂ᄒᆞᄂᆞ니라。

杉樹植栽造林法

椒海生

杉樹ᄂᆞᆫ元來日本國所產이라樹体ᄂᆞᆫ녹아지樹와恰似ᄒᆞ야直立ᄒᆞ고葉은젼나무葉과近似ᄒᆞᄃᆡ長成ᄒᆞᄂᆞᆫ度數가甚히迅速ᄒᆞ고또培植ᄒᆞᆷ에功力과費額을過高치아니홀뿐아니라移植ᄒᆞᆫ지十年頃이면良材가된다ᄒᆞ니此ᄂᆞᆫ日本產物中에年々히輸出額의高點을得ᄒᆞᄂᆞᆫ者라余每嘗留意ᄒᆞ여其移植諸事를問ᄒᆞ니此樹ᄂᆞᆫ拔根以後七八日을經홀지라도卒然枯死치아니ᄒᆞᆷ으로遠方에셔도移植ᄒᆞᆷ에便利ᄒᆞ며三年生(樹長一尺五六寸쯤된者)苗木千株可量에代價ᄂᆞᆫ郵稅幷十五六圜이면有足ᄒᆞ다ᄒᆞ니肥沃曠蕪ᄒᆞᆫ我國土에此杉樹를移植ᄒᆞ엿스면莫大ᄒᆞᆫ國富를致ᄒᆞ겟기로移植造林法一編을左에記ᄒᆞ야農界有志人士의叅考에供코져ᄒᆞ노라

○適當ᄒᆞᆫ土地、 杉樹ᄂᆞᆫ長成이最易ᄒᆞ야如何ᄒᆞᆫ地質에던지能히生育ᄒᆞᄂᆞ니極寒極熱의地方外에ᄂᆞᆫ何處던지植栽를行홀터히나그러나그性質이本是乾燥地ᄂᆞᆫ不適ᄒᆞ고濕氣잇ᄂᆞᆫ東向或北向山腹凹深ᄒᆞᆫ處에셔야成長이速홀뿐아니라그런곳에셔生長ᄒᆞᆫ者라야材質이良好ᄒᆞᆫ거신ᄃᆡ適地에셔五十年쯤된者ᄂᆞᆫ高가八九十尺이요周圍가三四尺에至ᄒᆞ며老大ᄒᆞᆫ者ᄂᆞᆫ高가一百五十尺에達ᄒᆞᄂᆞᆫ者가有ᄒᆞ니라

○種子 杉樹花ᄂᆞᆫ三月에開ᄒᆞ야結實은九月十月에濃熟ᄒᆞ고種子를播ᄒᆞ야發芽되ᄂᆞᆫ量은十分의七八에達ᄒᆞ되發芽ᄒᆞᆫ後에枯死ᄒᆞᄂᆞᆫ者가多홀으로뼈一年生苗木은十分의二三에不出ᄒᆞ며一升의種子로ᄂᆞᆫ大凡四萬株를得ᄒᆞ고種子를採集ᄒᆞᆫ후十個月이過ᄒᆞ

면發芽力을失ᄒᆞᄂᆞ니라

◯種子의採集　種子를採集홈에ᄂᆞᆫ四十年乃至百年生쯤되여健全ᄒᆞ고疎立ᄒᆞᆫ母樹를擇ᄒᆞᄃᆡ同樹中에도上部에結ᄒᆞᆫ種子ᄂᆞᆫ中部에結ᄒᆞᆫ種子보다其性質이下等됨으로뼈ᄒᆞᆯ수잇ᄂᆞᆫᄃᆡ로中部種子를採集ᄒᆞᆯ거시며種子를採集ᄒᆞᄂᆞᆫᄃᆡᄂᆞᆫ二種方法이有ᄒᆞ니一은球實만摘取ᄒᆞ고一은枝와幷히切取홈이라枝를幷히拆取홈에ᄂᆞᆫ樹枝의損傷이多少잇스나採集ᄒᆞ기容易ᄒᆞᆫ故로此法을用홈이可ᄒᆞ며採集時期ᄂᆞᆫ秋分前一個月間이最可ᄒᆞ고이믜採集ᄒᆞᆫ種實은二三週間쯤乾晒ᄒᆞ여鱗片의開ᄒᆞ기를待ᄒᆞ야席上에持棒打出ᄒᆞ고잘乾晒ᄒᆞ여塵芥를除去ᄒᆞᆫ후囊及袋에盛入ᄒᆞ야濕氣업ᄂᆞᆫ곳에藏置ᄒᆞᆯ지니라

◯苗圃　苗圃ᄂᆞᆫ平坦ᄒᆞᆫ地나或은北向及東北向으로조곰傾斜ᄒᆞ고東北西三面에ᄂᆞᆫ森林또堤防으로繞圍ᄒᆞ고또汲水에便利ᄒᆞ게深邃ᄒᆞᆫ地層으로된곳이最上適當ᄒᆞ며ᄉᆡ로開墾ᄒᆞᆫ跡地에大樹點在ᄒᆞᆫ處所ᄂᆞᆫ苗木을잘保護홈으로뼈苗圃에緊適ᄒᆞ며苗圃의土地ᄂᆞᆫᄒᆞᆯ수잇ᄂᆞᆫᄃᆡ로冬間에深畊ᄒᆞ여두엇다가播種前에更耕ᄒᆞ여平坦ᄒᆞᆫ方向에幅은三尺假量ᄒᆞ고長은適當ᄒᆞ게둑을만ᄃᆞᆯ고둑안에土地가萬一輕鬆(粗而不均)ᄒᆞ거든以足踏付ᄒᆞ며板片으로推而均敷ᄒᆞᆯ거시오苗圃를年々使用ᄒᆞ든處所가瘠地가되거든播種前에人糞、油糟、草灰等의肥料를施ᄒᆞᆯ지니라

◯播種　播種은處所를ᄯᆞ라變異ᄒᆞᄂᆞᆫ거시니三南地方은正月末旬京畿江原平安黃海道等處ᄂᆞᆫ二月末三月中旬이適合ᄒᆞᆫ節期니모다苗의發生ᄒᆞᆯ時ᄂᆞᆫ降霜업슴을보아셔下種ᄒᆞᆯ거시요

播種ᄒᆞᄂᆞᆫ量은一坪即四方六尺되ᄂᆞᆫ地에二

合乃至四合이요發生ᄒᆞ기ᄭᆞ지大凡三四週間을要ᄒᆞ며播種法은普通散播로ᄒᆞ되假令一升의種子면五合式兩分ᄒᆞ야縱橫振播ᄒᆞᆯ기시오播ᄒᆞᆫ후에ᄂᆞᆫ鍬（鋤）腹또ᄂᆞᆫ板子로壓付ᄒᆞ고둑과둑사이엣土를取ᄒᆞ야가싀비（荊篩）로種子가隱匿ᄒᆞᆯ마큼拂之雜之ᄒᆞ야ᄭᅡ라놋되竹竿으로押置ᄒᆞᄂᆞᆫ거시最良ᄒᆞᆫᄃᆡ壓付法을行ᄒᆞ고其上은벼집을한ᄃᆡ벌노죡或은무슴樹葉으로蔽置ᄒᆞ엿다가其中二三株가發生될時ᄂᆞᆫ樹葉을除去ᄒᆞ고高가一尺可量되ᄂᆞᆫ架棚을繫ᄒᆞ고其上에집웅貝樣으로이엉（盖草）을覆ᄒᆞ야暴雨霖雨를當ᄒᆞ면常覆ᄒᆞ고大雨外에通常夜間에ᄂᆞᆫ撥去ᄒᆞ야濕氣를受케ᄒᆞᆯ지니故로其架設은運搬에便利케홈을要ᄒᆞᆯ지라

○苗圃整理　芒種을經過ᄒᆞ야正히炎暑에至ᄒᆞ려ᄒᆞᆯ時苗圃에除炎架를設ᄒᆞ되四五尺의蘆簾을用ᄒᆞ야南面은少低ᄒᆞ고北面은少高케ᄒᆞᆯ지니이ᄂᆞᆫ日陽의暴射를除홈에必要ᄒᆞᆫ者니九月頃에至ᄒᆞ여ᄂᆞᆫ撥去ᄒᆞᆯ거시라、苗가發生ᄒᆞᆯ時브터夏季土用（小暑後十三日노至立秋間）ᄭᆞ지ᄂᆞᆫ二三週間에每樣雜草를取除ᄒᆞ고드믄드믄糞汁을施ᄒᆞᆯ거시오肥料ᄂᆞᆫ降雨前이나細雨時에施홈이最良ᄒᆞ고그럿치아니ᄒᆞ면清水를注漑ᄒᆞ여糞汁을洗去ᄒᆞᆯ지라

이믜九月末十月初에至ᄒᆞ여ᄂᆞᆫ已往除炎具에用ᄒᆞ던葭簾及茅藁로써際霜具를삼으ᄃᆡ除炎具의反對로南面은高ᄒᆞ고北面은低ᄒᆞ게ᄒᆞ고또ᄂᆞᆫ落葉과藁屑等을苗間苗上에散布ᄒᆞ여霜害를防홈도可ᄒᆞ니라

○改畝　苗의發生ᄒᆞᆫ翌年春에至ᄒᆞ야土地不凍ᄒᆞᆯ時를俟ᄒᆞ야第一回改畝를行ᄒᆞᄂᆞ니其方法은苗의下部로鎌을入ᄒᆞ야手로苗를

拔ᄒᆞ야根端으로손바닥너뷔만큼剗去ᄒᆞᆯ거시오改畝地도苗圃와如히三尺幅에適合ᄒᆞᆫ둑을만들고말둑이나손가락으로四面三四尺되ᄂᆞᆫ穴을穿ᄒᆞ고植ᄒᆞᆯ거시오此時도夏日炎天이連續ᄒᆞᆯ時ᄂᆞᆫ除炎具를用ᄒᆞ고또此年에ᄂᆞᆫ數回雜草를拔去ᄒᆞ고肥料를施ᄒᆞᆯ거시니라改畝ᄒᆞᆫ翌年滿二年生이되여苗長이八寸쯤되면此를掘取ᄒᆞ여第二回改畝法을施行ᄒᆞᆯ거신ᄃᆡ此時에도前과如히苗의根端으로한손바닥너뷔를截去ᄒᆞᄃᆡ苗와苗間距離를五六寸식間隔ᄒᆞ여植ᄒᆞ고除炎除霜은다ᄒᆞᆯ수업고다만雜草만取拔ᄒᆞ여肥料를施ᄒᆞ면可ᄒᆞᆯ거시라이것치滿三年生이되면高가一尺五寸쯤生長ᄒᆞᆷ으로ᄡᅧ此로移種苗를삼을거시오其中生長이下劣되ᄂᆞᆫ者ᄂᆞᆫ아직一年間畝에仍置ᄒᆞ고넉넉히生長식혀翌年移種苗를作ᄒᆞᄂᆞ니一升의種子로滿三年된移種苗三萬株를得ᄒᆞ면其種子도良好ᄒᆞ고손질도잘ᄒᆞᆫ줄을알지라

○**山地에植出ᄒᆞᄂᆞᆫ節季**　杉芽가漸次延長ᄒᆞᆫ時를當ᄒᆞ여힝ᄒᆞᆷ이됴흔ᄃᆡ만일不得已ᄒᆞ여其時를失ᄒᆞ엿스면芒種쯤植出ᄒᆞᆷ도可ᄒᆞᆫᄃᆡ雪量이多ᄒᆞᆫ地方에ᄂᆞᆫ秋季植出이도로혀良好ᄒᆞᆫ結果를得ᄒᆞᄂᆞ니此ᄂᆞᆫ雪下에서ᄂᆞᆫ寒氣의害를避ᄒᆞᆷ으로ᄡᅧ然ᄒᆞᆫ거시오一般京城에ᄂᆞᆫ二月中旬至三日上旬間關西關北은三月初旬브터四月中旬ᄭᆞ지三南地方은二月初브터二月末ᄭᆞ지植出ᄒᆞᆷ이可ᄒᆞ니라

○**植出의準備**　苗木을掘取ᄒᆞᆯ時ᄂᆞᆫ適當히其根端을截去ᄒᆞ며移種苗長이一尺五六寸되ᄂᆞᆫ者ᄂᆞᆫ根이퍼져五六寸의直徑을有케ᄒᆞ고枝葉도根底브터上으로四寸間은다截去ᄒᆞ며上部枝葉도適當히刷截ᄒᆞᆷ이可ᄒᆞ니라

○**苗木植付法**　此에ᄂᆞᆫ列植、方植、三角植

等의數種이有호딕其中三角植이最良호者라正三角∠形과곳치各頂點에植호여各點距離가同一케호거신고로長成홈에도各樹相賴호여雪倒風倒의害가少홀뿐만아니라同大의面積으로도他法보다苗木을增植호는利益이잇느니라杉樹는通常穴植호는거시나너무深植호던지너무强硬히根底를踏壓홈이不好호니土地差違를從호야호되乾燥호기容易호處所에는稍深호게植付호고風勢强烈호地에는稍强히踏付홀거시오植培호는距離는處時를從호야不同호나一平方에一株或二株씀立홀지니라

○補植 以上과如히山地에種植을畢호後造林地에雜草와茅艾等草가盛生호거나或은旱魃霜雪風雨等害에罹홀時에는苗木의枯死홈이叢生호느니翌年春에至호여셔는此에補植을行홀거시라、補植홈에는홀수잇는딕로秀大호苗木을用홀거시오또速히植付홈이必要홀거시며其翌々年에至호면再次補植홀必要가有홀지라도二年식이나遲緩히植栽호는者가到底히以前의植付호者와平行히生育호지못홀지라故로翌年一次만移植호는거시造林上에必要되는거슬勿忘홀지어다

○造林地의整理 山地에植付호後三年間은每年二度式樹下草를刈除호고其後는一度式홀거시며第八年以後에는다만每年夏期에蔓草만除拔호고雜草가너무繁茂치아니호處所에는每年一回식除草를行홈도可호며雜草가植付호苗木을壓倒치아니홀만호것이면될수잇는下刈를省畧호야費用을減홈이可호니라

下刈를每年二度式行홀時는初夏初秋가適

當ᄒᆞ고一度式行ᄒᆞᆯ時ᄂᆞᆫ夏의土用中에行홈이可ᄒᆞ며初秋에行ᄒᆞᄂᆞᆫ거슨山北面이南面보다早速히去ᄒᆞᆯ거시오地面이乾燥ᄒᆞ기容易ᄒᆞᆯ時ᄂᆞᆫ植付ᄒᆞᆫ年을限ᄒᆞ여夏에行치말고初秋에行ᄒᆞᆯ거시라

◯削枝　植付ᄒᆞᆫ지八九年을經ᄒᆞ여枝葉이互相連接ᄒᆞ거든削枝法을行ᄒᆞᆯ지니元來削枝ᄅᆞᆯ行홈은無節無枝ᄒᆞᆫ良材ᄅᆞᆯ造産ᄒᆞ고林木이生長上育을增進ᄒᆞ여枝葉을利用ᄒᆞ며山林火災가減少ᄒᆞ며林地의乾燥ᄅᆞᆯ防禦홈으로必要ᄒᆞᆫ目的을合음이라、削枝의方法은銳利ᄒᆞᆫ鎌刄으로ᄲᅧ枝믿동을奇麗히削去ᄒᆞ거나或은細鋸로ᄲᅧ斬切ᄒᆞ고其後鎌刄으로奇滑ᄒᆞ게削去ᄒᆞᆯ거시며普通小枝下에ᄂᆞᆫ鎌을用ᄒᆞ고大枝에ᄂᆞᆫ鋸ᄅᆞᆯ用ᄒᆞ며節期ᄂᆞᆫ陰十月中旬이最上適當ᄒᆞ고削切處가凍結ᄒᆞᆯ念慮가有ᄒᆞᆫ地에서ᄂᆞᆫ嚴冬中에行홈이不可ᄒᆞᆯ지니故로樹枝의汁液이流動을止ᄒᆞᆯ秋節이最宜ᄒᆞ니라

◯拔取　杉林이漸次生長ᄒᆞ여서로鬱結ᄒᆞ야軟弱ᄒᆞᆫ狀態ᄅᆞᆯ成ᄒᆞᆯ時에ᄂᆞᆫ拔取法을施ᄒᆞᆯ지니拔取라홈은ᄒᆞᆫ林木이他木을壓蔽ᄒᆞ거나他木의蔽壓을被ᄒᆞᄂᆞᆫ妨害ᄅᆞᆯ업시ᄒᆞ여森林으로健全ᄒᆞᆫ生育을期ᄒᆞ고또그材木을利用ᄒᆞ야幾許間의收入을得ᄒᆞ기爲ᄒᆞ야伐木期ᄭᆞ지每年行ᄒᆞᄂᆞᆫ거시라一切拔取ᄒᆞᄂᆞᆫ時ᄂᆞᆫ材木의枝葉이稀少ᄒᆞ야서로蔽觸치아니ᄒᆞᆯ만큼두ᄂᆞᆫ거시可ᄒᆞ니라

◯伐期　伐期ᄅᆞᆯ定홈에ᄂᆞᆫ種々의方法이有ᄒᆞ야杉木의材ᄅᆞᆯ利用코져ᄒᆞᄂᆞᆫ目的되로從殊ᄒᆞᄂᆞ니假令流下林ᄅᆞᆯ作코져ᄒᆞ면四五十年百年以上을要ᄒᆞᆯ쳐히오丸木緣材ᄅᆞᆯ作코져ᄒᆞ면十年乃至十五年을要ᄒᆞᆯ러히니如此히伐期도長短ᄒᆞ나그러나普通用材로産出

ᄒᆞᆷ에는六十年生브허百年生ᄭᆞ지즘伐期로撰ᄒᆞᆷ이妥當ᄒᆞ여多大ᄒᆞᆫ利益을得ᄒᆞ리로다

○杉林의保護　山林에植付ᄒᆞᆫ後브터伐採利用ᄒᆞᆯ時ᄭᆞ지長久ᄒᆞᆫ歲月을要ᄒᆞ미其間에襲來ᄒᆞ는種々의危害가不少ᄒᆞᆷ으로ᄡᅧ森林保護法을勤孜히行ᄒᆞ며獸類의妨害를防禦ᄒᆞᆷ이니此等妨害를防禦ᄒᆞᆷ에는或林圈周圍에適當ᄒᆞᆫ柵을設ᄒᆞ고ᄯᅩ暴風大雨大雪等의害를當ᄒᆞᆯ時에는臨時保護를要ᄒᆞᄂᆞ니即倒者는起立ᄒᆞ고傾者를直立호ᄃᆡ時々로他邊에繫依도ᄒᆞ며萬一企望업는者는拔去ᄒᆞᆫ후他木을補植ᄒᆞᆯ거시며杉林의最大恐害는山火라其中에도二十年生ᄶᅳᆷ되엿슬時에最多ᄒᆞ니고로山火가生ᄒᆞ기容易ᄒᆞᆫ造林地는植樹ᄒᆞᆯ始初브허五間乃至十間幅의防火線을設置ᄒᆞ고秋十月頃에雜草를刈盡ᄒᆞ고恒常清潔法을行ᄒᆞ야野火偶延의害가업시ᄒᆞ며ᄯᅩ防火線에는忍火ᄒᆞ는樹種을植ᄒᆞ는거시最上安全ᄒᆞ니此는常綠樹等이最要ᄒᆞ리로다

養鷄說

金鎭初

○養鷄의必要와利益

玆에養鷄의必要와利益의概要를陳述ᄒᆞ노라鷄卵이滋養되는것은學問이열니지못ᄒᆞᆫ幾千年前부터知ᄒᆞ나今日學者의分析을依ᄒᆞ야見ᄒᆞᆫ즉鷄卵은牛乳보럼좀不足ᄒᆞ나牛肉보담은稍多ᄒᆞᆫ滋養分이有ᄒᆞ고實際上에照ᄒᆞ야도一兩三錢重可量되는鷄卵十顆가中等牛肉十二両重可量의滋養分이含有ᄒᆞ며其普通食用品으로ᄒᆞ야도第一은他物에比ᄒᆞ지못ᄒᆞᆯ一種上品의美味가有ᄒᆞ고第二

는消化가善良ᄒᆞ야堅ᄒᆞ게熟煮ᄒᆞᆫ거시라도三時半가량되면다消化ᄒᆞᄂᆞ니라如斯히寶重ᄒᆞᆫ食用品이인즉世界諸文明國에서愛用ᄒᆞᄂᆞᆫ것은當然ᄒᆞᆫ結果라然則文明國의國民은얼마나鷄卵을食用ᄒᆞᄂᆞᆫ가云ᄒᆞ면一個年一人에對ᄒᆞᆫ消費數가英國이八十五顆오德國이七十五顆오法國이七十八顆오米國이八十五顆오伊太利가四十五顆오我韓國은十餘顆可量이라文明諸國이이러케多量으로鷄卵을消費ᄒᆞᄂᆞ니其飼養ᄒᆞᄂᆞᆫ鷄數도實노多ᄒᆞ도다即英國이三千萬羽오法國이五千萬羽오德國이五千萬羽오伊太利가二千五百萬羽오米國이八千萬羽오我韓國이一千萬餘羽可量이라然而國民의衛生思想이開ᄒᆞᆷ을從ᄒᆞ야鷄卵의需用이漸々增加ᄒᆞᆯ뿐아니라鷄肉의用도또ᄒᆞᆫ增加ᄒᆞ도다鷄肉에ᄂᆞᆫ特殊ᄒᆞᆫ美味가有ᄒᆞ야高尙淡泊ᄒᆞ고또肉質이重要ᄒᆞᆫ滋養分이有ᄒᆞᆫ故로老幼者虛弱者病人等의食料에ᄂᆞᆫ第一可히缺치못ᄒᆞᆯ營養品이라如斯히鷄肉은一方으로ᄂᆞᆫ味美ᄒᆞᆷ을賞ᄒᆞ고一方으로ᄂᆞᆫ滋養分이多有ᄒᆞᆷ으로其價格이미우高騰ᄒᆞ니比喩ᄒᆞ면歐羅巴의普通市場에서生体量一英斤에牛肉은十六錢이오豚肉은二十錢이오鷄肉은三十錢可量의高價를有ᄒᆞ니肉의種類가多有ᄒᆞᆫ歐羅巴라도如斯ᄒᆞᆫ딕況肉이라云ᄒᆞ면爲先鷄肉ᄀᆞᆺ치아ᄂᆞᆫ우리나라에야엇지除價格이漸々高치아니리오高尙ᄒᆞ고淡泊ᄒᆞᆫ鷄肉의美味를舌打ᄒᆞ면서豊裕ᄒᆞᆫ滋營分으로我韓國民의健康을保育ᄒᆞ랴면即今斯業이發達되야家々히副業으로鷄를多數히養ᄒᆞ야貧富를無論ᄒᆞ고誰人이든지卵肉의需用이容易함에至ᄒᆞ여야될거시이라

그러코또鷄羽와雞糞의用이多大ᄒᆞ니雞羽

는近來西洋에셔婦人의裝飾品으로多用ᄒᆞ고雞糞은거름될養分이만이含有ᄒᆞᆫ故로我韓은自古로此를緊要ᄒᆞᆫ肥料로知ᄒᆞ야農業界에普用ᄒᆞ야收穫의豊登을得ᄒᆞ나아직雞糞이넉〻치못ᄒᆞᆷ으로ᄡᅥ價가이高ᄒᆞ야任意로此를普施ᄒᆞ기不能ᄒᆞᆷ이라故로自此로養雞가發達ᄒᆞ야其數를加ᄒᆞ면農業界의收穫도大多ᄒᆞᆷ을生ᄒᆞ리로다

地文學講談（一）

研究生

緒言

地學이라ᄂᆞᆫ學問은古昔希臘人中에셔開牖ᄒᆞ여其一部分에致ᄒᆞ여ᄂᆞᆫ大段發展되엿더니中古時代에至ᄒᆞ여ᄂᆞᆫ諸般學問이다襄域

에陷ᄒᆞ미地學도其運命에溝陷을未免ᄒᆞ엿더라西紀九世紀（百年으로爲一紀）에至ᄒᆞ여西班牙人라바누스、마울스라稱ᄒᆞᄂᆞᆫ者의著ᄒᆞᆫ바當時諸般學術에關ᄒᆞᆫ書籍이有ᄒᆞ니此를據見ᄒᆞ면天然에關ᄒᆞᆫ學術이當時에如何히殘微ᄒᆞ엿든거슬知ᄒᆞᆯ지라故로左에該書中數節의例를揭ᄒᆞ노라

亞非利加에시오비아에一湖가有ᄒᆞ니其水가每日三度式鹽水或淡水로變ᄒᆞ고同洲트리포리스南에泉이有ᄒᆞ니其水가晝間에ᄂᆞᆫ凍氷보다寒冷ᄒᆞ여飮키不能ᄒᆞ고夜間에ᄂᆞᆫ酷熱ᄒᆞ여手로抵觸키不能ᄒᆞ고希臘國에빌나스에泉이有ᄒᆞ니其水ᄂᆞᆫ能히炬煒에火를燃ᄒᆞᆫ다ᄒᆞ고

潮汐水ᄂᆞᆫ海底에셔風을呼吸ᄒᆞᄂᆞᆫ故로因起ᄒᆞᄂᆞᆫ시시니此ᄂᆞᆫ即海底風을吹出ᄒᆞᆯ時에ᄂᆞᆫ上ᄒᆞᄂᆞᆫ潮水가되고吸入ᄒᆞᆯ時ᄂᆞᆫ下ᄒᆞ

는汐水가되고。
亞細亞에는에덴園이라稱ᄒᆞ는樂園이잇셔四時長春에寒暑가업고中央에泉이有ᄒᆞ니其水가流ᄒᆞ여四河가되고園의周圍에絶壁이圍立ᄒᆞ고暫時도不絶ᄒᆞ는火焰을吐燃ᄒᆞᆫ다ᄒᆞ고。
同州펜다폴니스에林擒樹가有ᄒᆞ니其果極美라此를拾食코져ᄒᆞ면忽然粉碎ᄒᆞ여먹지못ᄒᆞ고。
印度沿岸에ᄶᅡ푸로ᄲᅡㅣ나(錫蘭島)라云ᄒᆞ는島가有ᄒᆞᆫ대一河가其中央을貫ᄒᆞ야此를二分ᄒᆞ고其一方에는象獅及諸種의獸類가棲息ᄒᆞ고他一方에人類가住ᄒᆞ며一年中에春夏冬의三季를各二回식逢ᄒᆞᆫ다ᄒᆞ고
水晶은本是雪塊라雪이多年不鮮ᄒᆞᆯ境遇에는固結ᄒᆞ여水晶이되ᄂᆞ니라

龍石이라云ᄒᆞ는貴石이잇스니此는龍의腦髓中所藏物이라만일生龍의게셔取ᄒᆞᆫ거시아니면價額이無ᄒᆞ며生龍의게셔此를取ᄒᆞᆷ에妙ᄒᆞᆫ方法이잇ᄂᆞ니몬져龍의睡眠中을窺得ᄒᆞ고가만이其近方에呪草를散鋪ᄒᆞ면龍이即席昏醉ᄒᆞᄂᆞ니刀를持ᄒᆞ엿다가速히其腦를剝開ᄒᆞ고石을取ᄒᆞ는것인ᄃᆡ其質이透明ᄒᆞ여東方帝王만獨有ᄒᆞᆫ者니라。
石綿이라稱ᄒᆞ는石이有ᄒᆞ니鉄色을帶ᄒᆞᆫ者라一次火를燃ᄒᆞ면如何ᄒᆞᆫ方法으로던지此를消滅키不能ᄒᆞ고。
瑪瑙는燻ᄒᆞ면奇美ᄒᆞᆫ狀態를現ᄒᆞᄂᆞ니此로ᄡᅥ大河의汎流를止케ᄒᆞ며暴風을避ᄒᆞ고또舌에載ᄒᆞ면未來事를知得ᄒᆞᄂᆞ니라。」
ᄒᆞ엿ᄉᆞ니以上은마울스記事中數節이라엇

던거시던지原理原論은조곰도記說치아니ᄒᆞ고恰然히幼稚園兒孩들을教ᄒᆞᆷ에用ᄒᆞ는圖繪的寫書와ᄀᆞᆺᄒᆞ니如此ᄒᆞᆫ書說을著行ᄒᆞ든時代와今日과如히學術이隆盛ᄒᆞᆫ時代를互相比較ᄒᆞ면其間의懸隔이實노霄壤之別이되리로다學術이今日과如히進展된事歷이數百年에僅過치못ᄒᆞ니即컬넘버스가亞米利加를新發見ᄒᆞ여新世界를此世에紹介ᄒᆞ고其次에와스꼬、ᄯᅡ、ᄭᅡ마、와마젤운난等大航海者들이여러方面으로世界를乘廻ᄒᆞ야學術勃興의氣運에大刺激을與ᄒᆞᆫ起因이라此等人外에도天文學物理學等學問을大發見ᄒᆞᆫ者가不少ᄒᆞ나몬져彼三人이間接으로學術勃興을督促勸進케ᄒᆞ엿ᄉᆞᆫ즉實은學界三大偉人이라稱ᄒᆞᆷ이可ᄒᆞ리로다

컬넘버스가一千四百九十二年에新世界를發見ᄒᆞᆫ거ᄉᆞᆫ實노空前의大成功이라其事歷이엇던歷史上에든지揭載되여世人이一般共和ᄒᆞ는바어니와其他二人의航海事歷은世人이거의未知ᄒᆞ는貞樣인즉此는大不幸이라대뎌컬넘버스自己는新世界發見ᄒᆞᆫ거ᄉᆞᆫ未知ᄒᆞ고極端의思見이亞細亞東邊의島嶼를發見ᄒᆞᆫ줄노思ᄒᆞᆫ故로新地로브터歐洲로歸去ᄒᆞᆷ에西便으로航海ᄒᆞ여다풀노파ㅣ나(錫蘭島)島에至ᄒᆞ고거긔셔海路를取ᄒᆞᆯ가또는陸路를取ᄒᆞ여파레스틴을經行ᄒᆞ려ᄒᆞ는經營이잇셔더라　當時葡萄牙人中에컬넘버스의發見ᄒᆞᆫ地가東邊에잇는데더욱印度에接近ᄒᆞᆫ地라는거슬疑訝ᄒᆞᆫ者가有ᄒᆞ니何故뇨ᄒᆞ면萬一西班牙人이新地로브터歸ᄒᆞ면칼카타(印度國京)와밋當時에歐洲에셔지有名ᄒᆞ던印度國地方나야기가有ᄒᆞᆯ더힌디조곰도엽슴은必有ᄒᆞᆫ曲折이라ᄒᆞ여葡萄牙國王第二世가亞弗利加南角喜望峰

을回航ᄒᆞ야眞本의印度를探捜코져ᄒᆞ다가未果長逝ᄒᆞ고其次에마누엘王이先王의遺志를繼ᄒᆞ야와스코、ᄯᅡ、ᄭᅡ마。로ᄒᆞ여곰四艘의船과百四十八人의船員을率ᄒᆞ고千四百九十七年三月二十五日에리에스ᄲᅩᆫ港에서拔錨ᄒᆞ니此는即葡萄牙가西班牙로其優劣을競爭ᄒᆞᆷ이라ᄭᅡ마가王의命令ᄃᆡ로喜望峰을抱廻ᄒᆞ여일즉歐洲人의足跡投入되지못ᄒᆞᆫ未知界로向入ᄒᆞ니콜넘버스의航海와比較컨ᄃᆡ其所經辛苦가尤極劇甚ᄒᆞ야喜望峰에至ᄒᆞ기ᄭᆞ지暴風、洪浪、龍卷(俗에海龍이昇天ᄒᆞᆫ다ᄂᆞᆫ것)等變災를屢遭ᄒᆞᆯᄲᅮᆫ아니라船員들이未知界로向入ᄒᆞᆷ을恐怖ᄒᆞ여同盟罷工이며反擊等事를强行ᄒᆞ여故國으로向ᄒᆞ여船頭回向ᄒᆞ기를屢々히請ᄒᆞ나ᄭᅡ마ᄂᆞᆫ一向前進ᄒᆞᄆᆡ畢竟一日은水夫들의騷動脅迫이너무甚ᄒᆞᄆᆡᄭᅡ마죵용히닐너曰

君等이아모리騷動ᄒᆞᆯ지라도船을回向키不能ᄒᆞ겟고水路指針이다鐵瑣에繫ᄒᆞ여ᄉᆞ니今後前路를指導ᄒᆞ시리ᄂᆞᆫ惟一上帝ᄲᅮᆫ이라ᄒᆞ고不撓不屈ᄒᆞᄂᆞᆫ勇敢一言으로縱答ᄒᆞᄆᆡ船夫等이痛泣乃止ᄒᆞᆫ일도有ᄒᆞ엿더라

喜望峯을廻ᄒᆞ야長久ᄒᆞᆫ月日을費ᄒᆞ고翌年一月二十八日에亞弗利加東岸에出ᄒᆞ여잔뻬지ㅣ河口에達ᄒᆞ니船体도破損이多ᄒᆞ고船員中病者도多ᄒᆞᆫ故로此處에滯ᄒᆞ여病人도休養ᄒᆞ며船隻도修理ᄒᆞ야再次航行ᄒᆞ여三月一日에모잠비측구港에達ᄒᆞ여처음으로印度及亞刺比亞人의商船을遇ᄒᆞ엿스나回々敎徒들이異國船을見ᄒᆞ고敵意를狹ᄒᆞ야攘奪코져ᄒᆞᄂᆞᆫ지라武裝的衝突로此를겨우避免ᄒᆞ고大辛苦를冒ᄒᆞ고四月十五日에메링港에至ᄒᆞ니此處에서ᄂᆞᆫ極히歡待ᄒᆞᄂᆞᆫ고로水路先導人을容易히雇入ᄒᆞ야五月

十七日天氣麗明ᄒᆞ고綠陰이滴落ᄒᆞᄂᆞᆫ듯ᄒᆞᆫ景色中에印度칼카타에到着ᄒᆞ니此時에야從來夢境을回見ᄒᆞ미印度國을海島燈塔과ᄀᆞᆺ치前望ᄒᆞ고海路를着ᄒᆞᆫ듯ᄒᆞ더라칼카타王링朝셔種々의滋味잇ᄂᆞᆫ談話ᄂᆞᆫ畧之ᄒᆞ고歸路에登ᄒᆞᆯ새同年十二月에出發ᄒᆞ여千四百九十九年一月八日에메링에着ᄒᆞ고三月二日에喜望峯에達ᄒᆞ며其後種々의危險을經ᄒᆞ여八月二十九日에야故國당스河口에達ᄒᆞ니二年五個月間에船이二隻이요人員이겨우五十五人이더라葡王이大喜ᄒᆞ여ᄶᅣ마로海軍大將을任命ᄒᆞ엿더라其後에ᄶᅣ마가二度印度에再航ᄒᆞ여千五百二十三年에印度쇠아總督이되엿더니翌年十二月二十四日에印度커틴에서寂滅ᄒᆞᆫ바되엿더라

컬럼버스와、와스코·ᄯᅡᄶᅣ마보다도長路의航海를成就ᄒᆞᆫ者가有ᄒᆞ니此人은原是葡萄牙國人으로西班牙政府에致仕ᄒᆞ던자라西班牙人은葡萄人이東路를取ᄒᆞ여印度에達ᄒᆞᆷ을見ᄒᆞ고西路를取ᄒᆞ여往ᄒᆞ여도差違가無ᄒᆞᆯ줄을知ᄒᆞ고마제룰난으로ᄒᆞ여곰遂行ᄒᆞᆯ새千五百十九年九月二十日에五隻船을率ᄒᆞ고西班牙산루ᅵ카스에서解纜ᄒᆞ여翌年一月十日에南美洲몬데울데오에着ᄒᆞ고三月三十一日에파당오니야산츄리영港에到着ᄒᆞ여此地에歲를經ᄒᆞ고十一月二十七日에마제울난海峽을通過ᄒᆞ여南洋에出ᄒᆞ고翌年五月十六日에마례야나群島에至ᄒᆞ니此航海에도粮食의缺乏이며船員反擊等이大段困難ᄒᆞ나그러나此回航으로畢竟地球의團圓物인줄을確信ᄒᆞᆯ證據가立ᄒᆞ여셔普通의頭腦로도最速히信認ᄒᆞ게되엿더라其後永年間은以上과如ᄒᆞᆫ所謂發見航海며ᄯᅩᄂᆞᆫ未知國發見의航海가種々續出ᄒᆞ더니

第十八世紀에至ᄒᆞ여ᄂᆞᆫ其目的이一變ᄒᆞ야學術的探險의航海가되니其結果가크게地學의發達을促進々步식혀尙今도此種探險航海가正盛히繼續不綴ᄒᆞ니即十九世紀半頃에最上有名ᄒᆞᆫ英國차렌쟈號의海探과德國싸티엘레號의海探과米國다스칼로아號의航海夫로나위수이덴숄ㅣ드男爵이웽아號로亞細亞北岸을回ᄒᆞ야뻬링海峽을經ᄒᆞ여日本에來ᄒᆞᆷ과諾威(노위)人난센의北極洋行等이有ᄒᆞ니此ᄂᆞᆫ다學術上探險의大事業이라차렌쟈號의集得ᄒᆞᆫ結果ᄂᆞᆫ五十餘卷의大部를成ᄒᆞ여世上에出ᄒᆞ엿ᄉᆞ니此로由ᄒᆞ여大洋의表裏眞相이如何ᄒᆞᆷ을知ᄒᆞ리로다、몬뎌緒言은止ᄒᆞ고次에ᄂᆞᆫ地球地文에移ᄒᆞ여陳述코져ᄒᆞ노라

大呼江山

ＡＢ生　李承瑾

嗟我江山아!

夫江山之有名은不在乎山高水深而在於靈ᄒᆞ고江山之有靈은不在乎山明水麗而在於人傑之鍾出也ㅣ라故로印度之히마라야와埃及之나일은爲世界最高最大之山河而至今有名이不及於和島之부샤산與비파호之名者ㅣ良有以也요自中古觀之컨ᄃᆡ支那大陸에六國江山이呑入於虎秦之口而劉項之徒ㅣ屈起ᄒᆞ야崑崙黃河之靈이震動天下ᄒᆞ고歐西半球에普佛山川이崩裂於三十年火砲之聲而拿破崙比斯麥之輩가相繼ᄒᆞ야巴里柏林之强이獨立世界ᄒᆞ니由此觀之ᄃᆡᆫ其江山에非常之人이出ᄒᆞ야非常之業을成ᄒᆞᆫ然後에야非常之名이現其江山은不待此論

而古今東西에歷々可記者也ㅣ로다嗚呼ㅣ라惟我江山은檀箕舊邦이오中東隣境이라地占亞細亞東部之半島ᄒᆞ고名稱高句麗、新羅、與、百濟라面積은大畧一萬五千方里요人口는不過二千餘萬同胞ㅣ라三韓故國에五嶽三山이라長白智異金剛之峻嶺은聳出東北ᄒᆞ고鴨綠豆滿大同之長流는抱迴西南이라峰高三角ᄒᆞ니王都寧於萬年이오波深五江ᄒᆞ니軍艦列於百里라望長安於漢北ᄒᆞ고拜陵墓於嵩南이라

聖德이如天에武文習俗이라陽春白雪은文學士之詞宗이오紫電淸霜은李將軍之武庫ㅣ로다金銀銅鐵은爭誇土産之富源이오暑濕風寒은適宜溫帶之位置라嗚呼ㅣ라風雲際會에日月이幾何오水落石出ᄒᆞ니江山之眞面을不可復識이오物換星移ᄒᆞ니人事之變遷을從此可覩ㅣ로다

嗟흡다우리山嶽아!

爾不見區々三島之부샤山이名冠四境乎아産出將軍大山巖ᄒᆞ야擊退露西百萬兵ᄒᆞ엿다

嗟흡다우리江水아!

爾不見區々三島之비파호가聲動五洋乎아産出海將東鄕平八郞ᄒᆞ야擊破海上波羅艦ᄒᆞ엿다

又不見台灣之신고山色가流臭萬年에無面封入間이라　又不見黃海之교쥬만水가嗚咽千秋에令人空灑淚ᄒᆞᄂᆞ냐

嗟我江山아!

爾有靈乎아爾若有靈인딘吾將醎之호리라昇平四千年에已深雨露之恩커늘嗚呼三千里에不愧錦繡之名이며且縱難齊名於부샤비파之高大나忍作眞狀於신고고쥬之景槩

文

藝

平아鳥獸驚動에殷雷鳴於八方ᄒᆞ고蛟龍이怒號에漢水亦於三日이라軍散漁陽이오馬入烏江이라嗚呼痛哉라火焰崑崗에玉石이俱焚이로다江山이已矣라蒼生에奈何오將化爲鷸雀ᄒᆞ야栖息홀가山林이非我所占이니繒弋을可施오化爲鱣鮪ᄒᆞ야潛伏홀가川澤이非我所有ㅣ니罟網을可張이라哀痛ᄒᆞ고慟哭ᄒᆞ야蒼天에訴ᄒᆞ니蒼天이夢々이오今此浩怯慘禍ᄂᆞᆫ非天不惠라江山이不靈이니嗟我江山아爾若有靈인ᄃᆡ

今日이라도…………？

觀水論

蘭石 金炳億

一日에余가客을從ᄒᆞ야舟를乘ᄒᆞ고東으로海를渡홀세時則天淸日朗ᄒᆞ고恬波不動이라一葦의所如를縱ᄒᆞ여首를回ᄒᆞ고眸를騁ᄒᆞ니飛浮烟霞ᄂᆞᆫ扶桑枝에橫斜ᄒᆞ고點綴雲霧ᄂᆞᆫ尾閭關에歸宿ᄒᆞᄂᆞᆫᄃᆡ洋ᄒᆞᆫ水勢ᄂᆞᆫ萬頃으로穩流ᄒᆞ여上下天光이一碧無際라胸襟에源落과絶塵에思想이明鏡臺上에形骸를寓ᄒᆞ고風景을收ᄒᆞᄂᆞᆫ時로趣味一般실ᄉᆡ蓬萊山朗風園에赤松子가不遠이오武陵源落花水에朱陳邨이安在오彩鷁이高飛에布帆이無恙ᄒᆞ야潮則溯ᄒᆞ고汐則流ᄒᆞ니浮萍生涯가便是水國昇平也라於是에客이水調一歌를唱ᄒᆞ야贈余和之홀ᄉᆡ其歌에曰乘寶筏而渡迷津兮어波不揚이로다運千年而河一淸兮어緊非狂楚之汨羅라赤日出而東方明兮어吊陸士之忠魂이라嘆仲連之往蹟兮어今孰與之同歸오砥柱屹而立中流兮어亘萬古而障瀾이라逝如斯夫汪々兮어旱潦不爲

增減이라環球星而分六洲兮어停蓄江淮之期宗이라積細流而大成兮어知夫廓量之無窮이라鵬道遠於子界ᄒᆞ고亥步極於天根이라桂棹蘭檣兮泛彼兮어穩如太乙之蓮葉이라慈海恩波兮永爰兮어與君如之同樂이라客之歌也既長ᄒᆞ고余之興也不収ᄒᆞ여刹那塵間에驀地颶風이黑雲을吹ᄒᆞ며忽天盲雨가晦冥을作ᄒᆞ야鼇負背上에雷鼓電鞭之勢ㅣ閃震ᄒᆞ고黿鼉窟裡에怒濤漓浪之聲이翻覆ᄒᆞ니一葉轉蓬이危險ᄒᆞᆫ境遇에屬ᄒᆞᆫ지라邯鄲朝暮에敵鋒이急ᄒᆞ여ᄉᆞ미存亡의策을難展이오楚漢風塵에前陣이北ᄒᆞ여ᄉᆞ미死生의占을未决일석肉전心驚ᄒᆞ고唇焦鼻酸ᄒᆞ여茫然ᄒᆞᆫ前程에喪身點을自分이러니倏然漂泊ᄒᆞ야島嶼岬에達ᄒᆞ니僅히魚腹의葬을免ᄒᆞᆫ지라與客携手ᄒᆞ고攀壁登島ᄒᆞ야風浪의問題로巓末를論ᄒᆞᆯ세客이愀然整衿ᄒᆞ고促膝顧余曰凡夫天地間萬物이自然ᄒᆞᆫ性質를禀ᄒᆞ고感發의情理를具ᄒᆞ여本々色々에品形을成ᄒᆞ나니性情에就ᄒᆞ야體用을論ᄒᆞ면靜者는爲性이오動者는爲情이라故로動其情ᄒᆞ야至於極則失其性ᄒᆞ고失其性ᄒᆞ야至於極則變其形ᄒᆞ고變其形ᄒᆞ야至於極則化ᄒᆞ나니化則草腐爲螢ᄒᆞ며鷹化爲鳩之類是也라推此而觀ᄒᆞ면世尤遠而物尤變之理로抑可想矣니然則這水之蒼々者ㅣ澎湃瀝淅ᄒᆞ야鯨波如山이豈非風氣의所激으로動其情ᄒᆞ야失其性之漸乎아如此不已면一變에至於斥鹵ᄒᆞ고再變에至於桑田ᄒᆞ야今日乘舟ᄒᆞ던路가明日馳馬ᄒᆞ는場을作ᄒᆞ리라ᄒᆞᆯ식余가客에言을聞ᄒᆞ고喟然三嘆ᄒᆞ여不得已應之曰君之言이何其甚也며何其極也오大抵無窮ᄒᆞᆫ宇宙에循環의一理가靜則動ᄒᆞ고動而復靜ᄒᆞ며清則濁ᄒᆞ고濁而復清

호며盈者虧而虧反爲盈호며盛則衰而衰復爲盛호며明則晦而晦復爲明호나니君은惟知其失性變形之理요不知其復性完形之微乎아苟以一時에風氣로感發의情을因호야本性을失호고殊形을化호다홀진딕上下古今千百年에方趾圓顱의許多호人類는獸跡鳥跡에樣子를幻호고東西縱橫千萬里에星羅碁布의光明호世界는烏有曠漠에黍園을作홀지니夫豈有如此之理乎아彼荊山에美玉이질塞호時를値호야泥土中에埋홀지라도溫潤호良質은不泯호고窮壑에松柏이蹇乖호運을當호여霜雪下에壓홀지라도勁直호氣節은不朽호나니然則一日에浪風으로大海의沿革을斷言홈이어지拳石을覩호고泰山이輕호다호며一則를見호고天下에屢를廢코져호는者에異홈이有홀리오君以失性으로論海則我以復性으로觀海호노니君果不信안된問諸水瀕호라道德經에云호여스되飄風은不終日이오驟雨는不終朝라호니獰風猛雨는瞬時快霽호고鶴汀鳧渚는目下平定홀거슬不待耆龜호고余已灼想이라昔에夏禹氏治九年之水호야使民으로降邱宅土者豈非今日이며呂尚父揚鷹牧野호야使四海로一清者亦非今日乎아言未已에虹霽雲消호고氛沒風歇호야海雞一二聲에水勢一平호니蛟龍鰐魚은遠遁江湖호고龍王水伯은歸宮擇棲호야萬類水族이各得其所호니始知天理가往復無限也라於是에回棹濟海호야送客而論호노라

月下의自白

白岳春夫

大地를紅爐中에둔듯萬物의生氣를悩殺호

든酷烈ᄒᆞᆫ太陽은一陣雨西南風에그光線을次第로거두어신고西山으로드러가쟈東海上에뭉긔뭉긔峯雲을헤치면셔둥ㅣ구러케소사오ᄂᆞᆫ望月은慈悲ᄒᆞᆫ신天女가浴後의新粧으로笑顔을半開ᄒᆞ고新生命과平和의福音을一体로付與ᄒᆞᄂᆞᆫ드시森羅의萬象은太虛烟月에泰平氣象을띄여고요ㅣ히조ᄂᆞᆫ데夏夜의獨舞台로露草에셔亂鳴ᄒᆞᄂᆞᆫ버러지소리만喞々喞々宇宙의秘密ᄒᆞᆫ寂寞을써치고茫々ᄒᆞᆫ黃海水ᄂᆞᆫ浩々萬劫에無垢ᄒᆞᆫ容態로太古變遷의歷史를傳ᄒᆞᄂᆞᆫ드시無數ᄒᆞᆫ錦波를번듯치니그莊嚴의極ᄒᆞᆷ과平和의至ᄒᆞᆷ이凡夫로ᄒᆞ여금肉이解ᄒᆞ고靈이生ᄒᆞ야宇宙永遠의地에立케ᄒᆞ도다…………

셜이ᄂᆞᆫ소리로

아아! ᄂᆡ世上은진실로눈물이만앗도다!!

아아! 이놈은天地間에容立치못ᄒᆞᆯ惡漢이로다!!

두손으로가슴을안고목이메여啜泣ᄒᆞ니斷腸ᄒᆞᄂᆞᆫ더운눈물은그고싱ᄒᆞ야여위고쥬룸잡힌雙頰으로傳下ᄒᆞ며우묵ᄒᆞ고안ᄆᆡ센兩眼은敢히얼골을들어靑天을우루러보지못ᄒᆞ고人生無限의悲感을煩悶ᄒᆞᄂᆞᆫ一老人은黃海岸絶壁岩頭에抱海負月ᄒᆞ고호을노셔서一生의淚歷史를自白ᄒᆞ도다

老人은暫時無言으로섯다가셜이ᄂᆞᆫ소리로다시말을繼續ᄒᆞ되

아아! 諸行無常ᄒᆞᆫᄂᆡ의지나간世上이여!!

ᄂᆡ가至今ᄭᆞ지世上의公眼을隱避ᄒᆞ고도리혀良心의苛責을不勝ᄒᆞ야恒常自愧自慨ᄒᆞ든許多ᄒᆞᆫ秘密이이거시도리혀ᄂᆡ의心을自欺ᄒᆞ고ᄂᆡ의身을自滅ᄒᆞᆫ거시로구나!

ᄂᆡ가本是半島國貴族門中의獨子兒로발이흙을드듸지아니ᄒᆞ고錦衣玉食에生長ᄒᆞ야

激烈ᄒᆞᆫ世潮風浪에未遇ᄒᆞ고일쯕히浮世榮華에沈醉ᄒᆞ야人世의生活ᄒᆞᄂᆞᆫ거시다ㅣ이러ᄒᆞᆫ줄로싱각ᄒᆞ엿지!

ᄂᆡ가祖先傳來의閥名을씌고半島國衰敗의惡習에感染되야天賦의良心은消失ᄒᆞ고魔惡의本性은漸增ᄒᆞ니富貴우에富貴를더ᄒᆞ고榮華우에榮華를더치랴고…………

그러나上으로國家도모로고下으로同胞도모루며見聞ᄒᆞᆫ거시詔諛雜挾뿐이오비온거시……(？)이놈이風前의燈火와갓흔權勢를濫用ᄒᆞ야ᄂᆞᆫ無辜ᄒᆞᆫ同胞를死地에謀陷ᄒᆞᆫ事와不義의財物을欺取强奪ᄒᆞ야世人에게許多ᄒᆞᆫ怨恨을買積ᄒᆞᆫ거시山海도不及ᄒᆞ리로다

아아! 나ᄂᆞᆫ참이世上에最不幸ᄒᆞᆫ迷兒로다!!

아아! 이거시都是我가我가아니오惡魔가我이지!!

○○年分에ᄂᆡ가名色이牧民의職에在ᄒᆞ야不孝이니不睦이니奸淫이니事無事ㅣ니ᄒᆞᄂᆞᆫ種々虛担無根의罪名으로境內의富豪를網拿ᄒᆞ야無名ᄒᆞᆫ數多金錢을討索貪饗ᄒᆞ고아즉도虎狼의心이不足을感ᄒᆞ야暴陽에서膏汗을흘이면서男負女戴로勤勞力盡ᄒᆞ야艱辛히朝夕의生活을持去ᄒᆞᄂᆞᆫ저可憐ᄒᆞᆫ殘民에게다이놈의私腹을充ᄒᆞ랴고再度의法外收歛을强制執行ᄒᆞ다가畢竟衆怨의焦點이되야民擾를當ᄒᆞ엿지

아아! 罪塊의이몸을明々ᄒᆞ신上天이엇지ᄒᆞ여至今ᄭᆞ지이世上에서生存ᄒᆞ게두셧노?

ᄂᆡ其時에暗夜中에卒家避身ᄒᆞ다가不幸ᄒᆞ야愛子福吉이十二歲를亂民의投石下에…………아아싱각ᄒᆞ면가슴이터지도다ᄂᆡ가

權門에囑托ᄒᆞ고其亂民의首領五人을捉得ᄒᆞ야百般의惡刑을다ᄒᆞ다가二人은打殺ᄒᆞ고其餘三人은終身流役에處ᄒᆞ야至今ᄭᆞ지도數十年間을○○絕海孤島에셔苦楚에呻吟케ᄒᆞᆷ도其原因을ᄉᆡᆼ각ᄒᆞ면元來人民에게ᄂᆞᆫ秋毫의罪責이無ᄒᆞ고全혀이惡漢의狠心蛇慾이釀出ᄒᆞᆫ結果에基因ᄒᆞᆫ거시로다! 老人은목이맥혀嗚咽ᄒᆞ며

그ㅣᄲᅮᆫ일ᄀᆞ? ᄂᆡ가其後名目이濟民의位에處ᄒᆞ야上으로國恩을背反ᄒᆞ고下으로幾萬同胞로ᄒᆞ여금接足의餘地가無ᄒᆞ야哀號의怨聲이九天에撤케ᄒᆞ엿스니

아아! 이놈아!!

네가무삼面目으로生命을ᄯᅳᆺ지아니ᄒᆞ고至今ᄭᆞ지世上에사라잇나냐?

아아! 宇宙를主宰ᄒᆞ시고無始無終에계신하나님이시여!! 이불상ᄒᆞᆫ罪人을……………

飢에泣ᄒᆞ고寒에泣ᄒᆞᄂᆞᆫ幾萬의同胞가全國에充滿ᄒᆞ엿ᄂᆞᆫ데이놈은그不義로鉤聚ᄒᆞᆫ幾萬同胞의膏血을花鬪場과酒色界에投盡ᄒᆞ고오히려ᄯᅩ不足ᄒᆞ야阿片洋妾에奢侈를極ᄒᆞ다가秋夜狂風에塵夢을忽醒ᄒᆞ니可憐ᄒᆞᆫ賢室은虐待를不堪ᄒᆞ엿든가世事가艱苦ᄒᆞ든가三歲의獨子를안고後園井裏에셔一夜未歸의雙魂이되엿고祖先遺傳의大厦高閣은一朝에影도업시消去ᄒᆞ고繿縷에ᄊᆞ린五尺의이몸이널고널븐世界上에도라갈곳이업도다

아아! 今日에야人生의眞意味를覺得ᄒᆞ엿도다

이놈은國家의亂賊이오人道의公敵이오萬古에奸逆으로이天地間에容立치못ᄒᆞᆯ놈이로다

아아! 全智全能ᄒᆞ시고萬有의主人되시ᄂᆞᆫ

하나님이시여! 이半島江山에이놈과갓흔兇惡이잇스오면聖神의靈火로一網撲滅ᄒᆞ옵시고이世上에서正義로ᄒᆞ며금恒常悖理를勝케ᄒᆞ옵소서

아아 이半島國中에住所를닐코도라갈곳이업서流離呌號ᄒᆞ는幾萬의可憐ᄒᆞᆫ種族이山野에遍滿ᄒᆞ여습나이다 아아 하나님이시여저불상ᄒᆞᆫ種族에게鴻大ᄒᆞᆫ恩惠를나리우시샤飢ᄒᆞᆫ者에게飮食을주시고추어ᄒᆞ는者에게居處와衣服을주옵시며悲哀ᄒᆞ는者에게깃붐을주옵시고우는者에게慰勞를주시며渴ᄒᆞᆫ者에게聖靈의水를주시고惡ᄒᆞᆫ者에게聖神의火를나리우소서

이世上에서一切의罪惡을驅逐ᄒᆞ시고地球上에永遠히極樂의天國을建設ᄒᆞ시옵소서!!

이놈을어서罪惡의手中에서滅ᄒᆞ시와永遠ᄒᆞᆫ地獄火에投ᄒᆞ야주시옵소서

老人은말을맛치고無言으로서서黃海를바라보니밤은五更이라海天은無窮히廣濶ᄒᆞ고天地는平和의神이降臨ᄒᆞᆫ듯四方이寂寥ᄒᆞᆫ데

덤ㅣ벙ᄒᆞᆫ소릐에岩下거울갓흔水面上에月光을셔치니岩上에섯든老人 忽然이간곳업다

幸인지不幸인지?

登望鄕臺有感

無何狂 宋旭鉉

少春膽氣果如何。廿四時年適不過。會稽山靑超越刼。博浪沙白喝秦魔。拔身若到天高處。揮手將翻世亂波。試問誰家同志友。斜聽燕市健兒歌。

憶祖國

全 上

太極旗邊日下鄕。霏々情色各殊常。偉棟齊彼華山屹。寶統繼兹漢水長。小草幾需堯雨露。寸絲欲繡舜衣裳。外洋千里么麼悃。西向跪焚萬歲香。

海外贈郎詩

閨中婦

莫耽花月艶。花月醉人攸。宜惜年華逝。
年華逐水流。妾守鸞鏡影。郎期烏帽頭。
不聞華盛頓。建國倡自由。不見李提督。
破敵受降樓。男兒當如此。此外更何求。
白頭山冬々。黃海水悠々。誰知寄書處。
我有一片愁。

讀崔友洋英雄崇拜論賦次帝國山河

石蘇生 李東初

按青史而點朱 先地利而國泰 有國土者露陸 抱太西曰英海 物始盛於地宜 萬事成之自在 人傑出而鍾靈 文物新而進化 問如何耶帝國 盖絕秀其山河 鎭峯嵩於萬丈 衛海擁於三面 山之佳兮水麗必有人兮必勝 淑氣凝於舊都 瑞色蟠於新府 千年運之回歟 河兮淸鳳兮鳴 福星昭于河南 英風起乎山東 把一椎而擊皷、維新聲滿青邱、三千里之飯圖、廿百萬、之同胞、驀地驚破獅睡、齊瞠目而振腕、進兮進兮前進、萬障除如風靡 公且平大權下 群生同樂萬歲

又詠

白頭山削出靑天 漢在後而韓在前 地金片々三千里 聖化淵々五百年 莫恨版圖稍蹙爾 將想優特在宛然 肯命韓將股下辱 淮陰市子可堪憐

十可憐

Funny. A. B 生

可憐故國三千里에 四面八方大砲聲이라
可憐貴公子는 至今이야大夢醒가
可憐秋夜採蓮女는 陽江猶唱아르랑이라
可憐시골農事군은 上坪下坪愁心歌ㅣ라
可憐滄海釣魚客은 細雨斜風반나마ㅣ라
可憐城內小學童은 三々五々愛國歌라
可憐屛門募軍군은 依舊爭唱濁酒歌라
可憐絶勝送郞婦는 臥數一年二年過라
可憐西來杜鵑鳥는 江山到處북국聲이라
可憐海外留學生은 有志十年에磨劍聲을

秋感

高元勳

風蕭々雨瑟々ᄒᆞᆫ容臆孤燈에灑掃庭除ᄒᆞ고愀然整襟而危坐ᄒᆞ야搔頭悵望西南天ᄒᆞ니風霜이高潔ᄒᆞ고河漢이昭回ᄒᆞ야滿目蕭然이何莫非去國懷鄕之一大悲觀也라蹶起推臆에延佇乍徊타가旋然更坐ᄒᆞ야推想春夏時月ᄒᆞ니東園桃李와萬樹繁陰이蓊菀淋漓ᄒᆞ야鶯歌蝶舞로一年三百六十日에擬有此第一繁華矣러니噫라天時多變ᄒᆞ고物華相移라向所謂蓊菀淋漓者ㅣ今焉搖落蕭條ᄒᆞ며鶯歌蝶舞者ㅣ今焉蟲吟鴈哀ᄒᆞ야繁華時月이奄作悲觀世界ᄒᆞ엿시니此正潯陽子去官歸家之日而石帆老掛釰讀兵之夜로다天時物華도猶向變換之如此온獨吾人의思想은寧不變愚或智ᄒᆞ며舍昏就明耶아往取落葉如山積ᄒᆞ야吾人의蒙昧ᄒᆞᆫ知識과頑愚ᄒᆞᆫ

萃習을裹之于葉ᄒᆞ야向寂寞空山人跡不到處ᄒᆞ야掘萬仞坑塹而葬之埋之ᄒᆞ야雖百萬執固라도不敢擧頭出世ᄒᆞ야以惑我許多好丈夫列ᄒᆞ고歸來讀書則南華秋水가案頭方生ᄒᆞ고廣陵波濤가門外將至라其人也ㅣ思想이高明ᄒᆞ며意味ㅣ清淬ᄒᆞ고其學問也ㅣ亦蕭々落々ᄒᆞ야將有所大成就矣리니是日은即天時之變換收成而人事之賴有所興感而發起也라詩不云乎아蒹葭蒼々에白露爲霜이라ᄒᆞ니所懷云誰오惟我青年의同志諸君이로다不見夫草木之零落乎아經霜而後에必成其材ᄒᆞ나니諸君은即頹波之砥柱而大厦之棟梁也라疾風而其勢ㅣ愈勁ᄒᆞ고歲寒而其節이不凋라以其材而搆造一大厦ᄒᆞ야庇我二十萬寒士가豈非其秋也哉아

△將來의希望

希望者ᄂᆞᆫ目的指定之地니即前進之第一要點也라人孰無此希望이리요마ᄂᆞᆫ但於失意未得處에其素所希望者ㅣ易致解緩ᄒᆞ야暴棄를自甘ᄒᆞ나니嗚呼其可乎아惟我偉大ᄒᆞᆫ青年同志ᄂᆞᆫ愈失意而愈希望ᄒᆞ야必不作暴棄人乃已矣리니從此以後로希望이日進ᄒᆞ야前者文章名筆之希望이今則變而爲商工法政之卒業証矣며前此判奏親勅仕官之希望이今則變而爲陸海砲工軍人之思想矣며前此專制國民依賴政府之希望이今則變而爲自由獨立之人權ᄒᆞ리니何懼乎其意之未得이며何患乎其的之未遂乎아今日之希望於青年者ㅣ如此其要ᄒᆞ고青年之擔負於專來者ㅣ如此其重ᄒᆞ니顧我同志ᄂᆞᆫ勿失其意ᄒᆞ야以副此希望也哉ㄴ저

△時間의貴重

千金은散盡還復來로ᄃᆡ流水ᄂᆞᆫ不復西라夫時間이水와如ᄒᆞ야迅駛不息ᄒᆞ며 一去不返

ᄒᆞ나니一時之可惜이豈徒千金之貴重也耶아古人의偉大ᄒᆞᆫ事業을做ᄒᆞᆫ者ㅣ其實은時間을利用ᄒᆷ에在ᄒᆞ도다靡風이磨銅ᄒᆞ고山溜穿石은不停不息ᄒᆷ으로以ᄒᆷ이라可懼哉라時間이여時間이積ᄒᆞ야遂成一日一月一年之多ᄒᆞ나니時間을利用ᄒᆞᄂᆞᆫ者ᄂᆞᆫ青年時日에事業을成就ᄒᆞᆫ者요時間을漫度ᄒᆞᄂᆞᆫ者ᄂᆞᆫ於焉之間에蒼々者在鬢이라窮廬落葉之秋에餘恨을莫追ᄒᆞ나니時間은青年의資本이요時間을利用ᄒᆷ은即學問의要素ㅣ니可貴哉라時間이여

悲秋詞

無何狂 宋旭鉉

東房昨夜雷雨聲에 撼天動地ᄒᆞᄂᆞᆫ도다
不識不知이니근심 洪水滔天될가베거
終夜轉展生覺타가 心亂魂迷就睡ᄒᆞ니
似夢非夢恍惚間에 何許白髮一老翁이
短笻弊屣불군발로 獨立冠을버셔들고
半泣半歎ᄒᆞᄂᆞᆫ말이 我本東土鎭界帥로
劃野分州黃帝時에 白頭山靈되야잇셔
三千里의널은疆域 保全토록힘셧더니
桑田海波翻覆됨의 白頭山이袪汰ᄅᆞ세
捿接ᄒᆞᆯ處所이업셔 定處업시가든길에
너도亦是祖韓子라 니ᄅᆞᆫ사졍ᄒᆞ잣더니
時之緩急莫知ᄒᆞ고 ᄌᆞᆷ저기ᄂᆞᆫ무슴일가
이러ᄒᆞᆫ듯ᄒᆞᄂᆞᆫ소리 枕上片時ᄌᆞ든ᄌᆞᆷ을
ᄭᆡ져셔여이러ᄂᆞ니 南柯一夢안일런가
四壁徒立寂寞ᄒᆞᆫᄃᆡ 窓틈에셔우ᄂᆞᆫ바람
容에회포도두ᄂᆞᆫ듯 상머리에써운琹書
冷落ᄒᆞ기ᄶᅡᆨ이업다 어ᄉᆞ의졍뉘로ᄒᆞᆯ고
哭不得이ᄒᆞᄂᆞᆫ노ᄅᆡ 大韓魂아어ᄃᆡ잇소
物色이ᄂᆞ구경ᄒᆞ차 望思臺로올ᄂᆞ가니

어졔바음쟝마비가 이럿ᄐᆞ시무졍든가
凌天大厦千萬間에 비가슬며야단낫네
更上一層拭目ᄒᆞ니 野汰沙漲寒心터라
遺子餘孫哀々情狀 抱柱擎棟悲泣ᄒᆞ고
牧兒漁童동々거름 牛場魚磯이럿더라
愀然正襟ᄒᆞᄂᆞᆫ擧動 童子불너뭇ᄂᆞᆫᄆᆞᆯ이
一夜光陰이러ᄒᆞᆫ가 時機不常何多ᄒᆞ뇨
어이업ᄉᆞᆫ童子對答 精神업다無何狂아
井上梧에ᄆᆡ미소리 무엇스로듯고잇소
光武時節夏季雨가 昨夜間에지ᄂᆡ가고
隆熙元年新秋風이 山東角에吹來ᄒᆞ오
이ᄆᆞᆯ듯고驚惶失色 虛言이냐졍ᄆᆞᆯ이냐
네의ᄆᆞᆯ이졍ᄆᆞᆯ이면 得意秋냐,落葉秋지
우리同胞靑年드이 此時代가何時代요
羣山獨夜陸放翁이 大讀兵書ᄒᆞ든ᄯᅢ라
明春時節復來ᄅᆞ고 拱手自若ᄒᆞ지마소
瞻彼南山落來葉이 지고십허질가보냐

無情歲月秋風霜이 원슈되고원망되지
嗟呼危急吾家事는 來頭禍를豫算ᄒᆞ면
於斯尤甚猛冬運이 目下不遠ᄒᆞ엿구나
若彼草木根不固면 嚴冬寒雪엇지ᄒᆞᆯ고
嚴冬寒雪怯을ᄂᆡ여 根凍心死되게되면
陽春復來ᄒᆞ드ᄅᆡ도 葉茂枝榮ᄒᆞᆯ슈업네
同胞드라同胞드라 草木之年同胞드라
固其根心ᄒᆞ엿ᄃᆞ가 동지섯ᄃᆞᆯ설ᄒᆞᆫ풍에
自强不屈ᄒᆞ고나셔 獨立舘을重修ᄒᆞᆯ가

海底旅行奇譚

第五回 艦長慷慨絶人間界 三士艱難落別乾坤

朴容喜

却說아氏主僕이넷氏의暴行을挽留타가忽然門外의셔一壯士가法語로連呼ᄒᆞᆷ을듯고

魂不附体ᄒᆞ야不知所措러니該壯士가從容히入來ᄒᆞᄂᆞᆫᄃᆡ別非他人이오곳先頃에英法德及羅甸語를不鮮ᄒᆞ던者라三士가惶々怯々ᄒᆞ야各其一隅에竄立ᄒᆞᆫ즉該壯士가椅子에從容就坐ᄒᆞ면셔三士다려닐너曰余가英法德及羅甸語에無所不通이ᄂᆞ先頃에假粧不通ᄒᆞᆷ은無他라僉位의來歷所述이一致ᄒᆞᆷ을알고져ᄒᆞᆷ이러니果然諸君의所述이大同小異ᄒᆞᆯ뿐이라故로眞爲를判解ᄒᆞ얏노라云々ᄒᆞᄂᆞᆫᄃᆡ口調가爽滑에舌如懸河러라少頃에또닐너曰諸君은余의遲來ᄒᆞᆷ을怪異녀기거말라諸君은곳余의生活을妨害코져ᄒᆞ다가相投ᄒᆞᆷ이라故로余가諸君을如何이待遇ᄒᆞᆯ가ᄒᆞ야如此이遲滯ᄒᆞᆷ이라云々ᄒᆞᄂᆞᆫ지라아氏가對辯ᄒᆞ야曰不然ᄒᆞ다吾儕ᄂᆞᆫ貴下를妨害코셔ᄒᆞ야옴이아니요但只偶然相投ᄒᆞᆷ이라ᄒᆞᆫᄃᆡ該壯士가論駁ᄒᆞ야曰貴下가如何이辯明ᄒᆞ더ᄅᆡ도不可ᄒᆞ도다련고륜號의數月間余等을搜索ᄒᆞᆯ을엇지偶然이라ᄒᆞᆯ지며諸君의故意로該艦에乘移ᄒᆞᆷ을엇져偶然이라ᄒᆞᆯ지며君等이數次余의艦体를砲擊ᄒᆞᆷ을엇지偶然이라ᄒᆞᆯ지며넷氏가漁叉로余의艦体를狙擊ᄒᆞᆷ을엇지偶然이라ᄒᆞᄂᆞ뇨萬一이를偶然이라稱托ᄒᆞ면世間에無論某事ᄒᆞ고다偶然이라稱托치못ᄒᆞᆯ일이잇ᄉᆞ리요ᄒᆞ고言中에自有憤氣라아氏가再辯ᄒᆞ야曰貴下의所言이誠是有理ᄂᆞ然則貴下ᄂᆞᆫ何故로航來航去의船舶에衝突ᄒᆞ야無故ᄒᆞᆫ生靈으로魚龍의餌를作케ᄒᆞ얏시며流血灑汗의結果로海藻와同化케ᄒᆞ얏ᄂᆞ뇨是故로宇內가戰慄ᄒᆞ야그릇怪物노誤認ᄒᆞ고米國政府ᄂᆞᆫ人類를爲ᄒᆞ야禍根을除去코자ᄒᆞ야累萬의黃金을虛費ᄒᆞ고遠征隊를拔撰派遣ᄒᆞ야怪物을追跡ᄒᆞᆷ이요貴艦인줄노ᄂᆞᆫ小不置意ᄒᆞᆷ은貴

下의適見으로明若觀火어ᄂᆞᆯ何其相迫之甚乎아ᄒᆞᆫᄃᆡ該壯士가三詰ᄒᆞ야曰然則君等은彼等이本艦을怪物이아닌줄노是認ᄒᆞᄂᆞᆫ場裡에ᄂᆞᆫ攻擊지아니ᄒᆞᆯ줄노確信ᄒᆞᄂᆞ냐ᄒᆞᄂᆞᆫ지라아氏가現今歐洲諸國이다怪物이如何ᄒᆞᆫ物体던지이를除去ᄒᆞ야航路安存을恢復ᄒᆞᆷ에熱中ᄒᆞᆷ을推測ᄒᆞ고低首良久에默々不答ᄒᆞᆫ즉該壯士가莞爾ᄒᆞ야曰然則吾們이君等을敵視ᄒᆞᆷ도不無有理로다然則已爲仇視ᄒᆞᄂᆞᆫ場裡에ᄂᆞᆫ君等의措處ᄂᆞᆫ余의任意ᄃᆡ로ᄒᆞᆷ도君等이必然自覺ᄒᆞ리라그러ᄂᆞ萬一余가愚意를품어시면諸君이艦上에잇슬ᄯᆡ에拋棄ᄒᆞ얏실거시라何必艦內에引導ᄒᆞ얏시리요云々ᄒᆞᄂᆞᆫ지라아氏가對答ᄒᆞ야曰見人方死而不救ᄂᆞᆫ野蠻人의權利요文明社會의所行이아니라ᄒᆞᆫᄃᆡ該人이返言ᄒᆞ야曰余ᄂᆞᆫ文明社會의分子가아니라事故가有ᄒᆞ야塵世를拋棄ᄒᆞᆫ지已久에人界의法網에ᄂᆞᆫ小不拘束ᄒᆞ니人界의人事에對ᄒᆞ야ᄂᆞᆫ再次長說치말라余ᄂᆞᆫ임의人事界의所聞을듯기를不願ᄒᆞ노라ᄒᆞ면셔顔色이사變에如懷如思더니忽然ᄯᅩ憤氣가滿面에熱血이冲空ᄒᆞ고慷慨悲憤에血淚가滿眼이라（此壯士有何不合於浮世而如此逊世乎不覺覽者重疑疊感而意者必憤慨於聞人之勃扈衆小之滿延歟？）아氏가該壯士가如此이憤慨ᄒᆞᄂᆞᆫ動靜을觀察ᄒᆞ고暗思ᄒᆞ야曰嗚呼라誰知彼心中乎아萬一彼若確信神存이면必然彼의心內를이神明에ᄂᆞ明告ᄒᆞ리라ᄒᆞ고思往思來ᄒᆞᆯ셔該壯士가良久에 다시닐너曰余가비록人事界의法律에ᄂᆞᆫ拘束치아니ᄒᆞᄂᆞ仁慈의心은不異ᄒᆞ노라故로余ᄂᆞᆫ仁慈의眼으로諸君을相待ᄒᆞ야이艦內에셔無上의自由를與ᄒᆞ리라그러ᄂᆞ余가諸君에게一個要求가有

ᄒᆞ니相納ᄒᆞ깃ᄂᆞ뇨ᄒᆞ거ᄂᆞᆯ아氏가對問ᄒᆞ야曰何等要件니뇨該壯士曰今後에萬一君等과갓치人間의法網에未脫ᄒᆞᆫ者를目擊시키지못ᄒᆞᆯ時에ᄂᆞᆫ諸君을不可不一室에牢入ᄒᆞᆯ터이니이一件뿐이요其他ᄂᆞᆫ艦內에셔다諸君의自由에一任ᄒᆞ깃노라ᄒᆞᄂᆞᆫ지라아氏가그裡面은未知ᄂᆞ左右間許諾ᄒᆞᆫ즉該壯士가아氏다려닐너曰余가君의高名을안지가임의君의海底秘密이라ᄂᆞᆫ著書를愛讀ᄒᆞᆫ以來라그러ᄂᆞ爲君所憾은該著書가一班뿐이요未得完成ᄒᆞᆷ이라貴下ᄂᆞᆫ可히余의艦內에居ᄒᆞ야海底秘密의眞象을熱心研究ᄒᆞᆯ지여다다ᄒᆞᄂᆞᆫ지라아氏가그厚意에甚히感動ᄒᆞ야默謝良久에問其姓名ᄒᆞᆫ즉該壯士가對答ᄒᆞ야曰余ᄂᆞᆫ本艦의艦長네모ㅣ(네모ㅣᄂᆞᆫ佛語니猶我國之無名氏라)요此艦의命名은노ㅣ듸라스(노ㅣ디라스ᄂᆞᆫ佛語니鸚鵡螺之意也라言艦內에多小室而于其最大處에有動物이居焉이니即艦長이比自身於動物而比諸艦於殼也라)라ᄒᆞ고言訖에了頭를命ᄒᆞ야二士에料理를饋ᄒᆞ라ᄒᆞ고아氏를向ᄒᆞ야同去ᄒᆞᆷ을請ᄒᆞ거ᄂᆞᆯ아氏가네모ㅣ를從ᄒᆞ야略十二야드의廊下를經ᄒᆞ야左側의一門을開ᄒᆞ고入去ᄒᆞᆫ즉곳食堂인ᄃᆡ構造가極麗ᄒᆞ얏고所列의物品은支那陶器日本漆器埃及玻璃製品法國里昂織卓子掛며其他金銀珠玉은珖璁燦爛ᄒᆞ고所進料理ᄂᆞᆫ龜鱉의卷肉과海豚의肝臟과鯨鯢의乳酪과海老의煎油魚더라就飯之中에아氏가네모ㅣ다려問曰貴下가海洋을愛ᄒᆞᄂᆞ냐? 네모ㅣ對答ᄒᆞ야曰余ᄂᆞᆫ甚히海洋을愛ᄒᆞ노라大槪海洋이라ᄂᆞᆫ거슨動植鑛等物의無盡藏이라欲取則取ᄒᆞ며欲止則止를任余之自由ᄒᆞ고또空氣가淸爽에一適健康ᄒᆞ야臥床之憂와病魔

之患도無홀뿐아니라 水는陸에對ᄒᆞ야略三倍의廣을占ᄒᆞᆫ고로一迯不出則暴君之誅戒와奸吏之蹂躪도不及ᄒᆞ니不愛此而愛何며不有此而有何乎아ᄒᆞ는소ᄅᆡ一邊으로는仙境에屹立ᄒᆞᆫ듯ᄒᆞ고一邊으로는懷舊之思가尤切ᄒᆞ더라有頃에네모ㅣ가아氏다려닐너曰萬一貴下가木艦을周覽코져ᄒᆞ면余가忘勞相導ᄒᆞ마ᄒᆞ거놀아氏가그好意를厚謝ᄒᆞᆫ後에起身相隨ᄒᆞ야食堂後邊의二重鐵門을開ᄒᆞ고드러시니

〔漆器는日本이世界에有名홈〕

「磁器及陶器는十八九世紀頃ᄭᆞ지淸國곳支那가東西에有名ᄒᆞ얏더니近日에는法國에그聲價를쎄기니라

緋緞도十五世紀ᄭᆞ지는支那產이宇宙에轟名ᄒᆞ야甚至於羅馬婦女는黃金一斤과絹一斤과相換ᄒᆞ야極上의奢侈品으로着

用ᄒᆞ더니東羅馬皇帝유스디니아느스가耶蘇敎徒二人을支那에送ᄒᆞ야蠶種을歐洲에離殖ᄒᆞᆫ以來로歐洲人士가此事業에獻身從事ᄒᆞ야至今은非但支那에對ᄒᆞ야그染織의精巧가優越홀뿐ᄆᆞᆫ아니라法國里昻所產은舊世界人士는姑捨ᄒᆞ고新世界(南北阿美利加二大洲를指홈)婦女가年々巨萬의黃金으로壟斷買用홀大槪支那는頑冥固執으로古態ᄆᆞᆫ固守타가現今商工農等業에도自縛之格으로利益을다白晳人의掌中에歸케ᄒᆞ얏시니이홉다」

雜錄

○世界人口의增加大勢

十年間에增加ᄒᆞᆫ人口의比較

國名	一千八百九十五年	一千九百五年
俄國	一三五、000、000人	一四一、二00、000人
美國	六八、九三四、000	八三、一四三、000
德國	五二、二七九、000	六0、六0五、000
日本	四二、二七一、000	四七、九七五、000
佛國	三八、四五九、000	三九、000、000
英國	三九、三三一、000	四三、三三一、000
伊太利	三一、二九六、000	三三、六0四、000
墺國	二四、九七一、000	二七、二四一、000
匈牙利	一八、二五七、000	二0、二一四、000
西班牙	一八、一五七、000	一八、九九九、000
其他	四七、七三三、000	五四、一六六、000

一千八百九十五年으로브터千九百五年ᄭᆞ지十年間에增加數가六千三百餘萬人인ᄃᆡ俄國이最高位를占有ᄒᆞ엿더라

○國土面積과人口의比較

國名	面積 方英哩	每方哩人口
合衆國	三、五六七、三七一	二一、四人
歐羅巴俄國	二、0五二、四00	五一、三
西班牙	一九四、七四四	九五、五
匈牙利	一三五、三九二	一五三、六
佛國	二0四、三一三	一九0、七
墺國	一一五、八0三	三三五、八
德國	二0八、七二七	二九0、四
日本	一四七、四七六	三一六、九
英國	一二一、三七一	三0一、六
和蘭	一三、五五九	四0六、四
白耳義	一一、三七0	五八八、七

一方英哩에人口가最多ᄒᆞᆫ者白耳義國이니五百八十八人式이요最上稀少ᄒᆞᆫ者ᄂᆞᆫ美國이니二十一人有餘요都會處中에人口가最上稠密ᄒᆞᆫ者ᄂᆞᆫ德國항사市니一方哩에三千三百二十七人이더라

○歐美各國々債와歲出表

國名		
俄國	三三、六七五、000磅	七四七、五一八、000磅

美國	一五〇、〇三三、〇〇〇	二九六、三三三、〇〇〇
英國	一四六、九六一、〇〇〇	七六九、七三六、〇〇〇
佛國	一四三、八八九、〇〇〇	一、〇三八、三七九、〇〇〇
德國	一一〇、四四四、〇〇〇	一六一、三一四、〇〇〇
伊太利	七四、二二九、〇〇〇	五一七、二七四、〇〇〇
墺國	七三、二八三、〇〇〇	三八六、四八九、〇〇〇
匈牙利	五〇、六四〇、〇〇〇	三二六、三四三、〇〇〇

以上九個國은四百億圜의國債를有ᄒᆞ엿더라

○從來汽車에ᄂᆞᆫ二線鐵路를敷用ᄒᆞ더니英國人루이스、ᄲᅮ래난氏가ᄑᆡᆼ이를應用ᄒᆞ여一線鐵路式을發明ᄒᆞ엿ᄂᆞᆫᄃᆡ人口가極繁ᄒᆞᆫ都市處에ᄂᆞᆫ連絡ᄒᆞ기容易ᄒᆞᆫ利益을得ᄒᆞ겟고더욱戰時鐵道急設의要가有ᄒᆞᆯ時에ᄂᆞᆫ一日에、二十哩를敷設ᄒᆞ리니兵士運進에ᄂᆞᆫ無上히迅速ᄒᆞᆫ行動을成就ᄒᆞ겟다ᄒᆞ며行進休止間에도一定ᄒᆞᆫ裝置가有ᄒᆞ야任意로休止ᄒᆞ며曲迂處를當ᄒᆞ여도相當ᄒᆞᆫ設備로아모變處가無ᄒᆞ게製造ᄒᆞ엿다더라

○火星에關ᄒᆞᆫ新學說

美國ᄲᅥ스톤모스敎授ᄂᆞᆫ火星에對ᄒᆞ야深久ᄒᆞᆫ研究를積ᄒᆞᆫ者라其主唱ᄒᆞᄂᆞᆫ바學說이果然眞正ᄒᆞᆯ것ᄀᆺᄒᆞ면火星에居ᄒᆞᄂᆞᆫ少年人은六七十斤重量의物体를地球에居ᄒᆞᄂᆞᆫ吾人의筑球를擧用ᄒᆞ듯시容易히動ᄒᆞᆷ을得ᄒᆞᆯ지니元來火星에住人은地球에住人과大体上過殊의差異가無ᄒᆞ나惟獨肺臟ᄂᆞᆫ非常히巨大ᄒᆞ니이ᄂᆞᆫ無他라空氣가稀少ᄒᆞᆫ故로吾人과如ᄒᆞᆫ肺臟로ᄂᆞᆫ三四度呼吸內에必死ᄒᆞᆯ거시라ᄒᆞ고。또最近發見을據ᄒᆞᆫ건ᄃᆡ火星住人은大小人을莫論ᄒᆞ고烟草를吸ᄒᆞ며水의貴重ᄒᆞᆷ이我地球의黃金과同一ᄒᆞ며또其廣大ᄒᆞᆫ表面은사하라沙漠을見ᄒᆞᆷ과恰似ᄒᆞ니果然沙原인지도未知ᄒᆞ겟고또非常히廣大ᄒᆞᆫ運河가多有ᄒᆞ야地球上의運河로ᄂᆞᆫ到底히比較ᄒᆞ지못ᄒᆞ겟ᄂᆞᆫᄃᆡ其中一河ᄂᆞᆫ三千英

里의長을有ᄒᆞ고紐育브터桑港에至ᄒᆞᆯ만距離의深을有ᄒᆞ엿스며地球에ᄂᆞᆫ近頃에야無線電信과無線電話等을使用ᄒᆞ지마ᄂᆞᆫ火星에셔ᄂᆞᆫ古昔브터此等發達이되엿다ᄒᆞ더라

○吾人의吐出ᄒᆞᄂᆞᆫ炭酸싸스、吾人이一晝夜에吐出ᄒᆞᄂᆞᆫ炭酸ᄭᅡ스ᄂᆞᆫ十七아운쓰（十三兩六錢）라ᄒᆞ니即八時間睡眠ᄒᆞᄂᆞᆫ동안에거의六아운쓰（四兩八錢重）의有毒ᄭᅡ스를吐出ᄒᆞᆷ이라故로多數旅客이一室에宿泊ᄒᆞᆯ時에ᄂᆞᆫ空氣流通이必要ᄒᆞᆷ을可解ᄒᆞ리로다

○人体를分解ᄒᆞ야可得ᄒᆞᆯ物、一個康大ᄒᆞᆫ男子의重量이一百十二斤五兩重이라ᄂᆞᆫᄃᆡ此身体를分解ᄒᆞ면氣体三千六百四十九立方呎（三千六百四十九立方尺）로넉々히自己一身을乘揚ᄒᆞᆯ만ᄒᆞᆫ輕氣珠用水素를得ᄒᆞ겟고또七個平頭釘를製ᄒᆞᆯ만ᄒᆞᆫ鐵分을出ᄒᆞᆯ거시오、鉛筆ᄉᆞᆨ九千二百柄을製造ᄒᆞᆯ炭素와八千六十四匣성냥를製造ᄒᆞᆯ燐과其外에鹽六皿과砂糖一壜을得ᄒᆞ겟고其餘ᄂᆞᆫ水分九셜론半即二斗四升이되겟다ᄒᆞ엿더라

○職業과腦病、佛國統計家의報道를據ᄒᆞᆫ즉各職業千名에對ᄒᆞ야精神病患者의比較左記와如ᄒᆞ다더라

南業家	〇、四二	宗敎家	一、八〇
工業家	〇、六六	醫師	一、八五
僕婢	一、五五	法律家	一、八五
官吏	一、七七	美術家	一、八六
文學者	一、七七	陸海軍人	二、〇〇

○頭部의筋數、頭部에ᄂᆞᆫ七十七個筋이有ᄒᆞᆫᄃᆡ眼及眼瞼에八個、鼻에一個、唇에八個、顋에八個、舌에十一個、咽喉에十一個、頭와頭의運動에要用되ᄂᆞᆫ바十七個、頭顱에一個眉에一個라ᄒᆞ더라

○最低土地의住人、世界人民中最低土地

에住人은쌔헤미아의炭坑鑛夫니海面二千呎(二千尺)의地에居住ᄒᆞᆫ다더라

○犬聲의遠聞、輕氣球乘客의實驗談을聞ᄒᆞᆫ즉地上에서四英里高處에ᄂᆞᆫ犬聲이傳及ᄒᆞᆫ다더라

○世界最深井、德國스페렌페룽으의一井은四千百九十呎의深이요美國센트니의井은三千八百四十三呎이요、佛國에ᄂᆞᆫ二千九百五十呎이요匈牙利에ᄂᆞᆫ三千八百八十三呎의深井이有ᄒᆞ고現今採掘中에잇ᄂᆞᆫ米國빗츠파약近地의石油井은六千呎에達ᄒᆞᆯ豫定인ᄃᆡ已爲五千五呎(一英里餘)에達ᄒᆞ얏다더라

○全世界人足不到處、全世界에아직詳細히探險치못ᄒᆞᆫ土地가二千萬平方哩인ᄃᆡ其中亞弗利加에在ᄒᆞᆫ處가六百五十萬方哩요北極地方에三百六十萬哩요南極地方에五百三十萬方哩요濠洲에二百萬方哩요亞細亞에二百萬方里요其他諸島에九千萬方哩라더라

○地下市街、겔ㅣ란드、쌔시아라云ᄒᆞᄂᆞᆫ地方에ᄂᆞᆫ有名ᄒᆞᆫ地下市街가有ᄒᆞ니人口가一千有餘라此等人民은一生日光을未見ᄒᆞ고終ᄒᆞᄂᆞᆫ者據半이라ᄒᆞ며此市街의深은地下六七百處에在ᄒᆞᆯᄃᆡ天井과四壁은다岩石으로圍繞ᄒᆞ고其中에人家와劇場料理店高塔寺院等이有ᄒᆞ며建築物中에ᄂᆞᆫ寺院의搆造가더욱美麗ᄒᆞ야彫刻像을만히排置ᄒᆞ고市街ᄂᆞᆫ極히整潔ᄒᆞ야日夜電氣燈을照用ᄒᆞᆫ다더라

○歐洲의最高市府、歐洲諸國首府中에最高地位를占有ᄒᆞᆫ者ᄂᆞᆫ西班牙京城마드릿이니高山中腹에位定ᄒᆞ야海面上二千二百呎이된다더라

○最高溫度의溫泉、歐洲最高溫度의溫泉은伊太利國네로溫泉이니溫度가百八十度에達ᄒᆞᆫ다더라

○桑葉의効用、剃髮ᄒᆞᆯ時에生桑葉을摘取ᄒᆞ야잘부비여其汁液으로理髮ᄒᆞᆯ時ᄂᆞᆫ石鹼代用의効用이有ᄒᆞ고人糞及其汚物을取用ᄒᆞᆫ後에桑葉으로手足을洗ᄒᆞ면臭氣를除去ᄒᆞᄂᆞᆫ奇效가有ᄒᆞ다더라

●三校聯合　東京에在ᄒᆞᆫ韓人太極光武同寅三學校ᄂᆞᆫ今秋브터聯合ᄒᆞ기爲ᄒᆞ야本月初에各學校任員들이會同協議ᄒᆞ야合同ᄒᆞ기로決定ᄒᆞ고學校位置ᄂᆞᆫ神田區西小川町二丁目五番地大韓基督敎青年會舘으로假定ᄒᆞ고合成校名은青年學院이라稱ᄒᆞ야一邊으로諸般設備를行ᄒᆞ며一邊으로生徒를募集ᄒᆞᄂᆞᆫᄃᆡ應集生徒數가四十餘名이라本月十六日에開校式을擧行ᄒᆞ고十七日브터開學ᄒᆞ엿ᄂᆞᆫᄃᆡ班級을甲乙兩種으로分ᄒᆞ야甲種科目은英語、日本語、日本文法、會話、讀本、書取、數學、歷史、地理、修身等이요乙種科目은英語、日本語、文法、書取、讀本會話、修身、算術이라敎師ᄂᆞᆫ魚允斌、林圭、韓相愚、姜大喆、尹台鎭等諸氏가敎鞭을執ᄒᆞ고熱心敎授ᄒᆞ미將就의望이多ᄒᆞ더라

●學生渡來　夏期放學에覲親次歸國ᄒᆞ엿던一般學生들이今此開學期를當ᄒᆞ야連續渡來ᄒᆞᄂᆞᆫ데新來學生도比前增加ᄒᆞᄂᆞᆫ貟樣이더라

○紀念盛會　本月十五日은本會創立第二回紀念日이라會塲은本鄕區春木町歌舞座로定ᄒᆞ고當日午前八時에會員及來賓合百餘名이會集ᄒᆞ야會長張膺震氏가開會辭를述ᄒᆞᆫ後金鴻亮、全永爵、崔錫夏諸氏가鱗次登壇ᄒᆞ야本會의發展ᄒᆞᆫ史歷과內地同胞의

留學生을苦待ᄒᆞᄂᆞᆫ等說이며其他峻功ᄒᆞᆫ言論과活潑ᄒᆞᆫ動作으로一場演說ᄒᆞ미滿場會衆이拍手喝采ᄒᆞ야無非活湧氣象이라因ᄒᆞ야正式은閉ᄒᆞ고茶菓式을擧行ᄒᆞᆯ식各樣歌舞로餘興을盡ᄒᆞ고同午后一時에閉會ᄒᆞ다

○本會通常會日은每日曜日이더니八月三十日任員會々議로今後에ᄂᆞᆫ每土曜日午后二時半으로作定ᄒᆞ고會所ᄂᆞᆫ神田區西小川町二丁目五番地大韓基督教青年會館으로臨時假定ᄒᆞ다

◎會員消息

○今年七月에明治大學校警務科를卒業ᄒᆞᆫ本會員吳錫裕、中相鎬、鄭錫迺三氏ᄂᆞᆫ去七月에歸國ᄒᆞ고張啓澤氏ᄂᆞᆫ警務實習에從事ᄒᆞ고李承瑾氏ᄂᆞᆫ早稻田大學에入學ᄒᆞ다

○本會員朴載熙、李允燦、姜鱗祐、李熹喆、諸氏ᄂᆞᆫ早稻田大學에入學ᄒᆞ고文一平、李寶鏡兩氏ᄂᆞᆫ明治學院中學部에入學ᄒᆞ고李圭廷、吳익泳兩氏ᄂᆞᆫ青山學院中學部에入學ᄒᆞ고閔在貿、梁大鄕、楊致中、金龍鎭諸氏ᄂᆞᆫ明治大學에入學ᄒᆞ다

○本會員全鴻亮、金鎭植、秋永淳、裴永淑、郭龍周、崔　麟、李潤柱、柳東秀、邊鳳現、柳容鐸、趙東熙、金志侃、朴容喜、朴寅喜諸氏ᄂᆞᆫ夏期休學에覲親次로歸國ᄒᆞ엿다가本月初에一齊渡來ᄒᆞ다

太極學報義捐人氏名

李德教氏	貳圜	李圭廷氏	壹圜
宋旭鉉氏	五十錢	張永翰氏	拾圜
鄭濟原氏	貳圜	閔泳綺氏	參拾圜
權重顯氏	參拾圜	李寅鶴氏	貳拾圜
李趾鎔氏	參拾圜		

光武十年八月廿四日創刊
隆凞元年九月二十日印刷
隆凞元年九月二十四日發行
明治四十年九月二十日印刷
明治四十年九月廿四日發行

●代金郵稅並新貨拾貳錢

日本東京市本鄉區元町二丁目六十六番地太極學會內
編輯兼發行人　張膺震

日本東京市本鄉區元町二丁目六十六番地太極學報內
印刷人　金志侃

日本東京市本鄉區元町二丁目六十六番地
發行所　太極學會

日本東京市牛込區辨天町二十六番地
印刷所　明文舍

大極學報第十三號

光武十年九月二十四日
明治三十九年九月二十四日 第三種郵便物認可

隆熙元年九月二十四日
明治四十年九月二十四日 發行（每月廿四日一回發行）

種郵便物認可

十年八月二十四日創刊

隆熙元年十月二十四日發行(每月廿四日一回)

太極學報

第十四號

太極學會發行

注意

△本報를購覽코져ᄒᆞ시ᄂᆞᆫ이ᄂᆞᆫ本發行所로通知ᄒᆞ시되居住姓名統戶를詳細히記送ᄒᆞ시며代金은郵便爲替로本會에交付ᄒᆞᆷ을要ᄒᆞᆷ
△本報를購覽ᄒᆞ시ᄂᆞᆫ僉君子셔셔住所를移轉ᄒᆞᄂᆞᆫ이ᄂᆞᆫ速히其移轉處所를本事務所로通知ᄒᆞ시옵
△本報ᄂᆞᆫ有志人士의購覽을便宜케ᄒᆞ기爲ᄒᆞ야出張所及特約販賣所를如左히定ᄒᆞᆷ

皇城中署東闕罷朝橋越便
朱翰榮冊肆(中央書舘內)

平安南道三和鎭南浦港築垌
金元爕家

平安北道定州郡南門內
洪成麟商店

北米國桑港韓人共立協會內
林致淀住所

◉投書注意

一、諸般學術과文藝詞藻統計等에關ᄒᆞᆫ投書ᄂᆞᆫ歡迎ᄒᆞᆷ
一、政治上에關ᄒᆞᆫ記事ᄂᆞᆫ一切受納치아니ᄒᆞᆷ
一、投書의揭載與否ᄂᆞᆫ編輯人이撰定ᄒᆞᆷ
一、一次投書ᄂᆞᆫ返附치아니ᄒᆞᆷ
一、投書ᄂᆞᆫ完結ᄒᆞᆷ을要ᄒᆞᆷ
一、投書ᄂᆞᆫ縱十二行橫二十五字原稿紙에正書ᄒᆞᆷ을要ᄒᆞᆷ
一、投書ᄒᆞ시ᄂᆞᆫ이ᄂᆞᆫ居住와姓名을詳細히記送ᄒᆞᆷ을要ᄒᆞᆷ
一、投書當撰ᄒᆞ시이에게ᄂᆞᆫ本報當號一部를無價進呈ᄒᆞᆷ

◉會員注意

本會々員은原籍、原居地、現住所、職業(學生은目的)生年月日을詳細히記送ᄒᆞ시며現住所를移轉ᄒᆞᆯ時ᄂᆞᆫ即時其轉居ᄒᆞᄂᆞᆫ地名統戶를本會事務所로詳細通知ᄒᆞ시오

太極學報第十四號目次

論壇 講壇 學園

太極學報

第十四號

隆熙元年十月廿四日
明治四十年十月廿四日 〔發行〕

勞働과人生

綱島梁川先生의絕筆

(中央公論所載)

此論文은、日本精神界의偉人、故梁川先生의絕筆이라、本譯者가、未成ᄒᆞᆫ思想과、未鍊ᄒᆞᆫ筆力으로、此를讀者諸君에게、紹介ᄒᆞᄂᆞᆫ地位에、當突이立ᄒᆞ나、原作者의眞意所在를、沒却ᄒᆞᆯ憂만有ᄒᆞᆯ뿐이아니라、新文의体裁가、往々舊文体와懸殊ᄒᆞ야、了解키難ᄒᆞᆯ念慮가多々ᄒᆞ오니、幸讀者諸彥은恕諒ᄒᆞ시오。

白岳春史

(一)

大將뿌ー스(耶蘇敎會中에救世軍組織을新創ᄒᆞᆫ英國人이니至今生存)云ᄒᆞ되勞働ᄒᆞᆫ우에勞働ᄒᆞ고、또다시ᄒᆞᆫ번勞働ᄒᆞ라 ᄒᆞ여스니、彼ᄂᆞᆫ八十年生涯를、不斷의活動으로、勞働ᄒᆞᆫ人이라。彼의勞働은權化라。余ᄂᆞᆫ뿌ー스의名을耳聞ᄒᆞᆯ時마다、몬져此一事에想到ᄒᆞ야・스스로

思惟ᄒᆞ되、彼의生涯에서、他一切을除去ᄒᆞᆯ지라도、此一事(勞働)가足히ᄲᅧ彼로ᄒᆞ여금不朽의人이되게ᄒᆞ리로다。讀者여誤解치말지어다、余가此에「勞働」이라謂ᄒᆞᄂᆞᆫ거슨반다시彼가軍隊(救世軍)組織으로ᄡᅥ社會的慈善的事業이世人의耳目을炫耀케ᄒᆞᄂᆞᆫ것ᄲᅮᆫ意味ᄒᆞᄂᆞᆫ거시아닌거슬。外形에表顯ᄒᆞᆫ社會的事業은아즉余의所謂勞働의內容을盡ᄒᆞᆫ거시아니라。手ᄅᆞᆯ動ᄒᆞ고足을動ᄒᆞᆷ과갓치、眼目에뵈이지아니ᄒᆞᄂᆞᆫ精神上의思索瞑想도ᄯᅩᄒᆞᆫ勞働이아닌가、現實的物質的의事功만活動이라云ᄒᆞ기ᄅᆞᆯ止ᄒᆞᆯ지어다、思ᄅᆞᆯ天地의悠久에騁ᄒᆞ고、憂ᄅᆞᆯ千載의後에托ᄒᆞᄂᆞᆫ거시亦是偉大ᄒᆞᆫ活動이아닌가。至誠으로ᄡᅥ念佛ᄒᆞ나이라도他이爲ᄒᆞ야捧ᄒᆞᄂᆞᆫ것도亦是人道에對ᄒᆞᆫ働作ᄅᆞᆯ리。맛당히遊ᄒᆞᆯ處에遊ᄒᆞᄂᆞᆫ거시、ᄯᅩᄒᆞᆫ形을換ᄒᆞᆫ働作이오、活動이라。

(二)

「勞働」이라云ᄒᆞᄂᆞᆫ一語에ᄂᆞᆫ何人에게던지肅然히ᄒᆞᆯ만ᄒᆞᆫ權威의響이有ᄒᆞ도다。古來로哲人聖者ᄂᆞᆫ恒常勞働의神聖을唱ᄒᆞ엿도다。然이나勞働神聖이라ᄒᆞᄂᆞᆫ此權威잇ᄂᆞᆫ一語도、今也則漸次로其文字와갓치陳去ᄒᆞ야、다시現代青年의心을、其奧底에서브터、衝動ᄒᆞᆯ만ᄒᆞᆫ新銳의福音이되지못ᄒᆞᄂᆞᆫ듯ᄒᆞᆫ傾向이有ᄒᆞ도다。此ᄅᆞᆯ唱ᄒᆞᄂᆞᆫ者徒然이聲을高ᄒᆞ야다못勞働ᄒᆞ라叫ᄒᆞ고、聽者도ᄯᅩᄒᆞᆫ此로ᄡᅥ尋常一樣　同情의淚도無ᄒᆞᆫ經世家者流의言說로看過放去코저ᄒᆞ도다。思惟컨ᄃᆡ世의識者等이所謂勞働神聖觀으로ᄡᅧ一種의呪符와如히揮動ᄒᆞ야、現代青年의一面의煩悶病을立處에調理退治ᄒᆞᆯ것갓치思惟ᄒᆞᄂᆞᆫ거시或은無理치아닌

事라謂ᄒᆞᆯ지라도、彼等의勞働觀이라ᄒᆞᄂᆞᆫ者가如斯히奇蹟的偉功을奏得ᄒᆞᆯ만ᄒᆞᆫ意義徹底ᄒᆞᆫ者인지。ᄯᅩ彼等은恒常言ᄒᆞ되、不思不考ᄒᆞ고、무어시든지、다ᄆᆞᆺ一心不亂으로勞働ᄒᆞ고活動ᄒᆞ라고。ᄯᅩ言ᄒᆞ되煩悶을解決ᄒᆞᆫ後에勞働ᄒᆞᄂᆞᆫ거시아니라、ᄆᆞᆫ져勞働ᄒᆞ라、勞働ᄒᆞ면勞働ᄒᆞᄂᆞᆫ中에自然煩悶이解決되리라。或은ᄯᅩ言ᄒᆞ되爾等은理致ᄅᆞᆯ勿問ᄒᆞ고ᄆᆞᆫ져살(生)지니라。生存의策을立ᄒᆞᆯ지니라、生存은活動과相待ᄒᆞ야、生存ᄒᆞ고活動ᄒᆞᆫ後에一切人生問題의解決은自然爾等의手中物이되리라고。彼等이世上의青年을爲ᄒᆞ야謀ᄒᆞᄂᆞᆫ一念의老婆的親切은實로謝ᄒᆞᆯ지로다、然이나彼等은或達識의活儒인ᄃᆞ。다ᄆᆞᆺ爲問ᄒᆞ노니彼等의言說에ᄂᆞᆫ條理空疎의觀이頗有ᄒᆞ도다。彼等은言ᄒᆞ기ᄅᆞᆯ、무어시던지、ᄆᆞᆫ져勞働ᄒᆞ라、勞働ᄒᆞᄂᆞᆫ中에煩悶은消去ᄒᆞ리라ᄒᆞ니然이나世間青年을代ᄒᆞ여ᄂᆞᆫ此勞働이라ᄒᆞᄂᆞᆫ者가慎重ᄒᆞᆫ解決을要ᄒᆞᆯ當面의問題로다。彼等은ᄯᅩ口ᄅᆞᆯ齊ᄒᆞ야生存의要ᄅᆞᆯ言ᄒᆞ며生存이有ᄒᆞᆫ然後에煩悶의解決도着手ᄒᆞᆯ餘地가有ᄒᆞ다ᄒᆞᄂᆞ、此生存이라ᄒᆞᄂᆞᆫ거시世上의青年으로ᄒᆞ여금現時煩悶케ᄒᆞᄂᆞᆫ躓石(步行時에、발ᄲᅮ리에、ᄎᆡ이면、걸녀、엽드러지ᄂᆞᆫ、돌) 이아닌ᄃᆞ。다ᄆᆞᆺ이ᄲᅮᆫ만아니라、彼青年中에ᄂᆞᆫ自己와及萬有의存在그물건에對ᄒᆞ야深刻無限ᄒᆞᆫ懷疑ᄅᆞᆯ抱ᄒᆞᆫ者도有ᄒᆞ도다。「無限ᄒᆞᆫ空間에永遠ᄒᆞᆫ沈默은人으로ᄒᆞ여금戰慄케ᄒᆞ도다」一絕叫ᄒᆞᆫ파스칼의言과如히一種不可言의煩悶의經驗은彼青年等의大槪共有ᄒᆞᆫ바이아닌ᄃᆞ。世所謂識者가萬一此로ᄡᅥ一種哲學的空想病에不過ᄒᆞ다ᄒᆞ야冷笑默殺코져ᄒᆞ면此ᄂᆞᆫ彼等이

아주眞誠의自覺과同情으로써現代青年의(적어도一部分)煩悶問題에面接치아니ᄒᆞᄂᆞᆫ者라謂ᄒᆞᆯ거시라。 所詮今日教養이有ᄒᆞᆫ青年의煩悶問題ᄂᆞᆫ世間一部識者의指頭에觸著ᄒᆞᆫ것보다更一段深奥處에觸著ᄒᆞᆫ者이라。 識者或艶然ᄒᆞ야曰如此ᄒᆞᆫ거슨、 고만常識以外에逸出ᄒᆞᆫ거시니、 論外의題로喝過ᄒᆞᆯ마、 그러ᄂᆞ事實은아주臆面이無ᄒᆞ고斷言ᄒᆞᆯ지라、 人生問題의勞働이라生存이라云ᄒᆞᄂᆞᆫ거슨今日一部青年에對ᄒᆞ여ᄂᆞᆫ生死를賭ᄒᆞᆯ지라도解決을要ᄒᆞᆯ最莊嚴ᄒᆞ고沈痛至切ᄒᆞᆫ一個의問題라고。

(三)

現代의青年으로萬一眼前의物質的事功主義에만眼目을注ᄒᆞᄂᆞᆫ傾向이有ᄒᆞ든지、 或은또空想에耽溺ᄒᆞ야感情을弄ᄒᆞᄂᆞᆫ輕薄ᄒᆞᆫ女性的感情的事 (Sentimantalism) 에溺ᄒᆞᄂᆞᆫ弊가有ᄒᆞ든지、 或은또此滔々ᄒᆞᆫ薄志者流以外에眞正ᄒᆞᆫ精神과堅實ᄒᆞᆫ自覺을有ᄒᆞᆫ青年이時代의思潮되ᄂᆞᆫ懷疑煩悶의大波中에捲入ᄒᆞᄂᆞᆫ運命에逢着ᄒᆞ든지、 此等悲慘ᄒᆞᆫ時代의療法으로勞働神聖觀을提供ᄒᆞᄂᆞᆫ거시最良의對症藥됨을不失ᄒᆞᆯ지라。 吾人은또ᄒᆞᆫ가ㅣ라일과갓치一切疑問의窮極의解決은「勞働」에在ᄒᆞᆫ거슬信ᄒᆞᄂᆞᆫ者이로라。 但勞働은呪文이아니오、 護符가아니오다못此를口로唱ᄒᆞ고壁에貼ᄒᆞᄂᆞᆫ거스로써其即効의靈驗을見코저ᄒᆞ면現代病은、 너머複雜精緻ᄒᆞ도다。「勞働」이라ᄂᆞᆫ거슨何를意味ᄒᆞᆷ인고「勞働」中에ᄂᆞᆫ如何한光耀잇ᄂᆞᆫ實驗的意義를含ᄒᆞᆷ인고、 乃至如何ᄒᆞᆫ樣子로勞働ᄒᆞᄂᆞᆫ거시眞實로有効ᄒᆞᆫ勞働됨을得ᄒᆞᆯ고。 此等及此等에關聯ᄒᆞᆫ問題에對ᄒᆞ야余가以下에提出코저ᄒᆞᄂᆞᆫ解答이萬一多

少라도讀者의心裏에響ᄒᆞᆯ만ᄒᆞᆫ、엇던거시有홈을得ᄒᆞ면是ᄂᆞᆫ余의光榮이오。ᄯᅩ實로余의光榮의勞働이로다。諸君은或鍬로ᄡᅥ勞働ᄒᆞ며或斧와鋸로ᄡᅥᄒᆞ며或鑿、槌、書籍、金錢、辯說等으로ᄡᅥ勞働ᄒᆞ깃고、予ᄂᆞᆫ至今筆로ᄡᅥ勞働ᄒᆞ니。各々다勞働이로다。

(四)

勞働은人生夢幻觀과撞着(相反之意)ᄒᆞ도다。世界와人生을夢幻視ᄒᆞᄂᆞᆫ바에、무슴眞正ᄒᆞᆫ勞働이有ᄒᆞ리오。勞働은夢뿐이오、幻畵뿐이오、流水에空華의影을追ᄒᆞᄂᆞᆫ者뿐이니故로勞働의觀念과ᄂᆞᆫ甚히相容치못ᄒᆞ도다。勞働은眞正ᄒᆞᆫ거시라、嚴肅ᄒᆞᆫ거시라、곳吾人의心魂에響應ᄒᆞᄂᆞᆫ力의聲이라、事實의聲이라。勞働은天地人生을莊嚴ᄒᆞᆫ事實로觀ᄒᆞᄂᆞᆫ根本的豫想上에繁榮ᄒᆞᆯ生命의大樹라、此ᄂᆞᆫ勞働이라ᄒᆞᄂᆞᆫ거시莊嚴ᄒᆞᆫ事實인ᄭᆞ닭이니라。人生夢幻觀은必竟眞正ᄒᆞᆫ偉大ᄒᆞᆫ勞働을産出ᄒᆞᄂᆞᆫ國土이아니로다。明治의先覺故福澤諭吉氏와如ᄒᆞ니ᄂᆞᆫ天地人生을夢과戲로觀ᄒᆞᄂᆞᆫ根本見地에立ᄒᆞ면셔아주此一塲의夢과戲를夢과戲로觀치아니ᄒᆞ고、자못眞正ᄒᆞᆫ드시勞働ᄒᆞᄂᆞᆫ곳에處世의妙昧가有ᄒᆞ다고說破ᄒᆞ엿스니、余ᄂᆞᆫ일슥히此를奇怪ᄒᆞᆫ矛盾觀으로斥ᄒᆞ엿도다人生이萬一幻夢의戲弄이되면勞働도ᄯᅩᄒᆞᆫ眞正됨을得치못ᄒᆞᆯ거시오、勞働이萬一眞正ᄒᆞ면人生은夢戲됨을得치못ᄒᆞᆯ지라、一方의觀은嚴密ᄒᆞ야他方의觀과서로背馳홈이라。福澤翁의如是人生觀이며處世觀은斷定코、誠實ᄒᆞᆫ人心의要求를滿足ᄒᆞᆯ바이아니라、生은勞働이니、勞働을離ᄒᆞ야人生이無ᄒᆞ도다、勞働은人生의

眞正을要求ᄒᆞ도다。聞치못ᄒᆞ엿ᄂᆞᆫ가鍛鐵工의槌의一揮一下에「人生은眞正」(Life is earnest)이라ᄒᆞᄂᆞᆫ沈痛ᄒᆞᆫ響이有ᄒᆞᆫ거슬。勞働은事實이라、人生의事實됨과如ᄒᆞᆫ事實이라。實로勞働에對ᄒᆞ야嚴肅ᄒᆞᆫ興味를有ᄒᆞᆫ者ᄂᆞᆫ天地人生을一場의幻夢으로觀去치못ᄒᆞᆯ거시라。

(五)

勞働은또發達이라進化라云ᄒᆞᄂᆞᆫ것과緻密히抱着(相合之意)ᄒᆞ도다。吾人은事物의發達進化를離ᄒᆞ야光輝잇ᄂᆞᆫ勞働의意義를捕捉키不能ᄒᆞ도다。吾人이勞働ᄒᆞᄂᆞᆫ거슨다못生ᄒᆞ기만爲ᄒᆞᆷ이아니오、更一層善良ᄒᆞᆫ狀態에서生ᄒᆞ기爲ᄒᆞᆷ이라。發達進化의觀念이活潑ᄒᆞᆫ곳에手가스ᄉᆞ로動ᄒᆞ고足이스ᄉᆞ로前ᄒᆞ도다。現實은小ᄒᆞᆫ거시오、發達은大ᄒᆞᆫ거시라。吾人이至今如何挫折을當ᄒᆞᆯ지라도日을積ᄒᆞ고月을累ᄒᆞᆫ後에大爲가有ᄒᆞ리라ᄂᆞᆫ一念이現前ᄒᆞ면、吾人을超越ᄒᆞᄂᆞᆫ猛心이湧出ᄒᆞᆯ거시오、人生이萬一何等의發達進化가無ᄒᆞ고다못同一事、同狀態를永遠이反覆ᄒᆞᆷ에止ᄒᆞᆯ뿐이면人은忽然이運轉을堅氷에게封止된水車와如ᄒᆞᆯ뿐。風이吹ᄒᆞ고雲이行ᄒᆞ야天地에健働이有ᄒᆞ고、宇宙에不斷의生長이有ᄒᆞ도다。君子ᄂᆞᆫ自疆不息ᄒᆞᄂᆞ니、健德이日夜로進動ᄒᆞ야新ᄒᆞᄂᆞᆫ바이라。吾人이人格과事業에發達進化라云ᄒᆞᄂᆞᆫ生命潮의脉搏不斷의自覺이有ᄒᆞᆷ으로써、吾人은送夕의夢이安ᄒᆞ고、迎朝의新蘇가勇명ᄒᆞᆷ을得ᄒᆞᄂᆞᆫ거시라。到達과獲得의喜悅은吾人이恒常經驗ᄒᆞ야知ᄒᆞᄂᆞᆫ바이라、그러ᄂᆞ同時에또此에到達ᄒᆞᄂᆞᆫ經路即發達그물건에도無類ᄒᆞᆫ喜悅이有ᄒᆞᆫ거슨吾人의또經驗ᄒᆞᄂᆞᆫ바이라。吾

人은豊富훈人生經驗의一面으로「發達의味」라훈는거슬提唱ᄒᆞ노라。「發達의味」에生ᄒᆞ는者는永久이死를不知ᄒᆞ리로다。然이나發達의味라ᄒᆞ는거슨所謂勞働을離ᄒᆞ야는存在홈을不得ᄒᆞ는거시라。勞働의味는即發達의味가아인가。勞働이吾人中心의喜悅이되는거슨、그거시吾人으로ᄒᆞ여금恒常現在의「我」보다「一層更高훈我」에進前케홈으로由홈이아닌가。思想深邃훈一詩人이「人生은다못部分에在ᄒᆞ도다그러나全部에在ᄒᆞ기를望」ᄒᆞ노라고노릭(歌)훈거슨常軌를逸出훈眞理로다。人이日夜로進々勞働ᄒᆞ는거슨畢竟如此훈希望이有홈으로因홈이라。貧賤훈蜊(蛤也)賣子(蛤商兒)가其蜊籠을擔負ᄒᆞ고我家를出훌時마다其顏面에는今日은昨日보다多大훈賣價를得ᄒᆞ깃다는希望의色이光耀ᄒᆞ는거슬見치아니ᄒᆞ는가 日로新ᄒᆞ고또日로新훈다ᄒᆞ는發達進步의觀念은人으로ᄒᆞ여금一念의底에서奮躍케홈이로다。偉人은他가睡眠을貪ᄒᆞ는시에라도一息의油斷(放心)이無ᄒᆞ고靜然히勞働ᄒᆞ야能히其大를成ᄒᆞ도다。吾人은더歷史的發達의觀念을闕如훈、적어도此에疎遠훈印度人이、畢竟嚴肅훈勞働의興味를有치못훈거슨當然훈닐로思ᄒᆞ노라。宇宙는生長ᄒᆞ고、人生은發達ᄒᆞ도다。吾人은勞働으로써此進化의大潮에掉홈을得홈이아닌가。勞働을離ᄒᆞ야進化發達이라ᄒᆞ는거슨。다시有치못ᄒᆞ도다。

(未完)

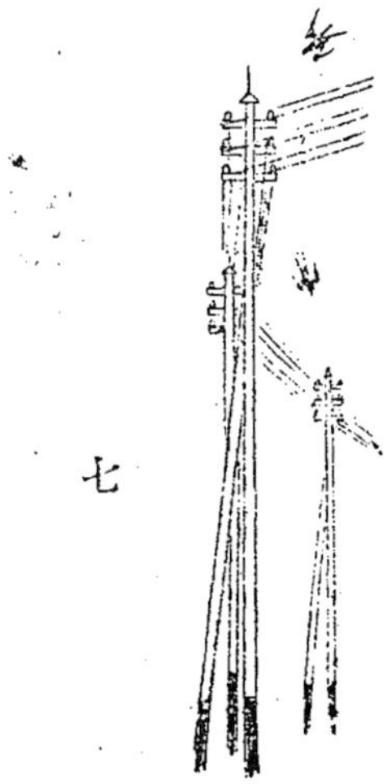

奮鬪生活之準備

石蘇 李東初

諸君! 眺望乎아? 彼奮鬪場의光景을、飛下彈丸如驟雨ᄒᆞ고濃織砲烟若暗霧라、擔斧鉞而意氣揚々者ᄂᆞᆫ皆是强腕健兒요戢鱗委翅而號泣喁々者ᄂᆞᆫ恈底弱腸劣卒이로다、猛斷以必勝이면奏偉功而榮達이어니와脆踈以自敗ᄒᆞ면蒙汚名而卑退ᄂᆞᆫ事在原則이오理近常道라所以爲吾人奮鬪生活者ㅣ豈有軒輊乎汗馬苦戰之實景歟아?

嗟홉다處世靑年이여、人而出生以上에ᄂᆞᆫ一呼一應에不可不要奮鬪的意思而小者ᄂᆞᆫ小奮鬪오大者ᄂᆞᆫ大奮鬪라自初覺悟ᄒᆞ야備存吾心이면步々世路가可無過差어니와若、誤解以春風洋々之境則果是處世失策之一大基因也라故로旣臨此人生大戰塲ᄒᆞ야ᄂᆞᆫ當振其滿身之勇而不臆不屈ᄒᆞ야烈戰奮鬪를乃如暗啞叱咤之兵士라야可戴名譽之月桂冠矣라ᄒᆞ노라

三尺霜刃도藏鞘無用則難免銹蝕이오千里靑驄도縶櫪不騎則何得展足이리오於是乎奮鬪之說ᄒᆞ야或不無悲觀的思想과恐慌底意義也로되斷然不是라、元來吾人은自天命之ᄒᆞᄉᆞ則旣莫不與之以各盡其天職之義務者라是故로各欲盡其天職ᄒᆞ야爲之奮鬪苦戰者ᄂᆞᆫ是乃活用其天賦之本能이니因此本能之用而得全人生之眞價ᄒᆞ며發揮人物之証光哉ㄴ저際玆文明이日益煥發ᄒᆞ고社會가時有革新ᄒᆞ니處此時代之靑年이當備斯奮鬪之能力則於身於家에必有無上之榮光ᄒᆞ며對國對世에可爲指數之逸材어니와若不備斯奮鬪之能力則非但身家無榮이라世無相手ᄒᆞ야或被絕望、煩悶、失敗之重

罰而自受其否運不幸之宣告矣리로다

諸君！見聞歟아？所謂野蠻人種은、徒事其食ᄒᆞ며但謀其生ᄒᆞ고跼蹐乎同一之境遇圈而不得超越進捗者ㅣ由何可然哉아逸居貪樂 優遊 泿度로以ᄒᆞ야不能盡其天賦之本能義務（即曰奮鬪能力）者ㅣ否耶아？轟壯哉라！奮鬪力이며快尙哉라奮鬪力이여將入生存競爭之劇烈場者ㅣ不可不有奮鬪的資格이로다然則何以爲奮鬪的資格乎아曰拔山之力乎아超海之術乎아惟曰否々라倘彼拔山超海之肉力私術은恐不知爲勞働妖能之助長이어니와抑斯隱然的生活奮鬪에는到底히不能爲用일가ᄒᆞ노라

奮鬪的資格이惟在於斯ᄒᆞ니曰勇敢、機敏、忠實、堅忍、强健等이是也라誠携此大强之武器라야能堪奮鬪而勇往直前哉ㄴ저

夫所謂勇敢機敏忠實堅忍强健等者는雖因有厥初稟賦之受性이나亦不無修養而得之니即學而知之者是也라大抵人之材質도恰似物質ᄒᆞ야不硏不磨면陳腐褪色ᄒᆞᄂᆞ니是以로雖是出天才나不用訓鍊功이면漸退闇且澁ᄒᆞ야不能永持續이은又况凡庸無資格之類乎아如切如磋ᄒᆞ며如琢如磨ᄒᆞ야精神이一到乎修養之境이면何事不成이며何往不行가今此良題之下에敢陳卑見ᄒᆞ리라

勇敢者는臨機處事에猛働敢爲之端緖也라其用爲德이須似行舟之高帆ᄒᆞ니掛迎順風ᄒᆞ면割海耕波ᄒᆞ야其進如矢리니快斯勇敢이여男兒出戰奮鬪場에假稱雪刃靑龍刀할가？

機敏者는得機會而敏活捕捉者니即凡於事物上에神速用意ᄒᆞ며銳敏働作ᄒᆞ야勿違時哉而告厥成功耳라然而世所謂歎不遇而

悲否運者ᄂᆞᆫ缺其機敏之性故로好々機會가來矣來矣로ᄃᆡ遲鈍無性ᄒᆞ야不能握捉而常被他人之蹴落하ᄂᆞ니由是觀之컨ᄃᆡ成功之機會ᄂᆞᆫ恒在我之目前ᄒᆞ야待我來待我歸로다宜修我機敏之性ᄒᆞ야可會彼待我之機會면快報大捷而必得勝利리니妙斯機敏이여人生出征競爭場에假稱千里紫騮馬할가?

忠實者ᄂᆞᆫ思惟無邪ᄒᆞ야順其性命ᄒᆞ고盡人事而待天命者也라省身以克己復禮ᄒᆞ야無作表裏ᄒᆞ며對人以泰然融和ᄒᆞ야不作雲雨ᄒᆞ고處事以極力盡誠ᄒᆞ야不分自他大小之別이라廣濶社會가募求斯人을遑々如渴ᄒᆞᄂᆞ니有爲靑年이여尤爲當務而不可忽之則必與以好榮祿ᄒᆞ며可登乎大勳位이니善斯忠實이여靑年立于矢石間에假稱大甲干企袞힐가?

堅忍者ᄂᆞᆫ不撓不屈ᄒᆞ야凌破萬障而貫徹一志之謂也니將期大功之靑年이여不可須臾離者ㅣ此堅忍之性也로다顧斯工程ᄒᆞ니嵯峨者點々難山이오膽彼世路ᄒᆞ니縱橫者ㅣ片々疑雲이라於是乎心有所主兮여自信自重ᄒᆞ라以我信我兮여有誰選動가選擇一目的커ᄂᆞᆫ着手或事業ᄒᆞ야信以適我自分之然後에ᄂᆞᆫ確固忍耐ᄒᆞ야掃除障害誘惑而掓立成功之碑니尚斯堅忍이여男兒立志出陽關에假稱防意大干城할가?

強健者ᄂᆞᆫ身軆康旺ᄒᆞ고氣力活潑ᄒᆞ야愉快心神은長有四時之春ᄒᆞ고爽活精神은恒近旭日之朝ᄒᆞ야働而不覺勞ᄒᆞ며快而不知祟之謂也라、若、吾人이雖秒時瞬間이라도損此強健則萬事에不覺趣味ᄒᆞ고心慮도亦從而不愉快ᄒᆞ야倦怠弛湲이浸然來襲이라故로胃不健全와者腦不健全者와營養不良者와睡眠不足者와氣短血貧者와運動不足

者類는擧動이脆弱ᄒᆞ며態度가醜枯ᄒᆞ야外無生々意氣ᄒᆞ며內虛融々和氣ᄒᆞ야延々不勇而陰鬱不樂ᄒᆞᄂᆞ니是何忍也리오是以로健强은一身之幸福也오萬機之基本也니大斯强健이여奮鬪生活戰場裏에可謂日餉軍糧道홀가?

夫人既充備以上陳之奮鬪的道具則何往而不服이며何計而不就리오、偉勳大業之成就가寧有所定乎며玉堂金馬가豈無緣乎아?今日은即文明進步之日也오斯世는即社會發達之世也라將以實業界로秩序完美ᄒᆞ고又以文武臺로規律整頓ᄒᆞ니于斯時也에一躍榮達之道ㅣ何難力致哉아雖然이나事不偶然이오要在力修ᄒᆞ니一意精硏힐지라修煉이有方ᄒᆞ니先要其知ᄒᆞ다欲知其知인ᄃᆡ書籍을勤問怠則讀ᄒᆞᄃᆡ書籍者는即古往今來에偉人富豪之陳蹟遺像이나今日青年ㅣ可以襲踏之軌道也라故로多讀詳味ᄒᆞ야究其成功失敗之原因而引爲自己之模範ᄒᆞ되成功之基礎는積極的搜取ᄒᆞ며失敗之材料는可成的忌避ᄒᆞ야以照自己方針之龜鑑이니是可謂青年成功之標本이오奮鬪生活之準備라

宜奮哉ㄴ저諸君、亘古迄今에放逸懶漫ᄒᆞ야油斷甘眠以功成名垂者ㅣ有耶아……日遲草堂에春睡朦朧ᄒᆞ며雲淡前川에訪花隨柳ᄒᆞ야外見如懶眠偸閑ᄒᆞ되其腦中其胷間에凝堆之趣考立案ᄒᆞ야期成奮鬪之圖畫者ㅣ否耶、才能도必從勤苦得이니精勤而層一層猛奮勇躍ᄒᆞ야做成大器然後에進亦憂退亦憂ᄒᆞ야使我國能泰ᄒᆞ며使我民能安케홀가?

學生의規則生活

研究生

大凡青年身上에는最上重要ᄒᆞᆫ事件이三이니一曰衛生、二曰學問、三曰道德此三者이라己爲成長ᄒᆞ야獨立을得ᄒᆞᆫ者의게는此外에經濟等屬의重大ᄒᆞᆫ條件이有ᄒᆞ나吾輩青年은아직그러케ᄭ지는未及ᄒᆞᆷ이通例이미아마此三者가最上重要ᄒᆞᆯ지라固中에도其順序를論ᄒᆞ면衛生이第一이니何者오曰道德을修ᄒᆞ던지學問을研究ᄒᆞ던지만일其身体가健康치못ᄒᆞ면幾十年喫苦勤勉으로도何等成功을未期ᄒᆞ고幾十年專修靜養이라도到底히目的을得達치못ᄒᆞ여貴重ᄒᆞᆫ一身의本務를無可奈로結終ᄒᆞ느니故로學問道德을莫論ᄒᆞ고總히此等重大事件을成遂ᄒᆞ는基礎가果然健康이第一이오健康을維持ᄒᆞ려면畢竟衛生이라는거시必要가될터이라그럼으로衛生、學問、道德此三者가平均히重要ᄒᆞᆫ條件인中에其順序는衛生이爲先이라ᄒᆞ는所以니實은人間萬事에基礎라云ᄒᆞᆯ만ᄒᆞᆫ것이라故로솟펜하우엘氏가有名ᄒᆞᆫ人生哲學을著述ᄒᆞᆷ에도健康으로써第一要旨를삼은거시此를因ᄒᆞᆷ이라

自暴自棄ᄒᆞ야世上萬事를捨而從靡ᄒᆞ는者는論外에置ᄒᆞ려니와진실노知識을研究ᄒᆞ고德行을攻修ᄒᆞ야理想的人物이되기를掛心ᄒᆞ는者는不規則ᄒᆞᆫ生活을勿營ᄒᆞ라不規則ᄒᆞᆫ生活은右樣과如히目的을透達ᄒᆞᆷ에最大ᄒᆞᆫ損害를受ᄒᆞᆯ지라根本브터誰某던지人類가된以上에는完備ᄒᆞᆫ機械ᄀᆞᆺ치規則이正良ᄒᆞ기는容易치아니ᄒᆞ나뎌칸트（德國學者名） 와ᄀᆞᆺᄒᆞᆫ者는거의機械와如히規則的生活을送ᄒᆞ엿다ᄒᆞ느니無他라뎌의運動出

人의時間이時計보다正良ᄒᆞ다ᄒᆞᆫ거시미칸트와如ᄒᆞᆫ者ᄂᆞᆫ例外어니와普通人으로ᄂᆞᆫ到底히正良ᄒᆞᆫ生活을營送키難ᄒᆞ나그러나可爲可成的으로正良ᄒᆞᆫ規則을確立ᄒᆞ고眞粹ᄒᆞᆫ生活을送ᄒᆞᆷ이人生發達進步의上策이됨을可知ᄒᆞᆯ지라一二例를左에記ᄒᆞ건ᄃᆡ

(가)몬저朝夕寢起를大抵一定ᄒᆞᄂᆞᆫ거시生活上에規則을立定ᄒᆞᄂᆞᆫ始作이라이것도根本一分一秒로되差違가업시機械的으로每朝起寢ᄒᆞ기가到底히難事며ᄯᅩ夜間에라도吾人의用向은多數의方面이요生活의變化도亦是各樣이미一分一秒를差違업시同時刻에就寢키不能ᄒᆞ겟스나大約은未能의事가아니라假令朝六時에起寢ᄒᆞ기로作定ᄒᆞ엿스면始初에ᄂᆞᆫ到低히되지아니ᄒᆞᆯ듯ᄒᆞ나他人의ᄭᆡ워줌을得ᄒᆞ여서라도決코其目的을達ᄒᆞ도록ᄒᆞ면畢竟은習慣이되여同時間을當ᄒᆞ면瞑目이自醒ᄒᆞᆯ거시오ᄯᅩ就寢ᄒᆞᆯ時의라도午后十時면十時에ᄂᆞᆫ決코就寢토록ᄒᆞ여漸次習慣을成ᄒᆞ면規則的生活을可期ᄒᆞᆯ지라그러니其人을從ᄒᆞ야所謂規則的生活을攝行ᄒᆞᆫ다ᄂᆞᆫ거시甚히不規則ᄒᆞ야朝에ᄂᆞᆫ平常夙起ᄒᆞ겟다고自定ᄒᆞ엿스면意外에朝寢을未免ᄒᆞ고夜에도決코晩寢ᄒᆞ게다自定ᄒᆞ엿스면도로혀早寢을自作ᄒᆞ야不規則ᄒᆞᆫ生活을送ᄒᆞ고萬事가다整頓치못ᄒᆞᆫ狀態를作ᄒᆞᄂᆞᆫ事가種々히有ᄒᆞᄂᆞ니此ᄂᆞᆫ決코善良ᄒᆞᆫ青年의倣傚ᄒᆞᆯ바ㅣ아니로다

(나)朝夕寢起ᄲᅮᆫ아니라工夫도略々一定ᄒᆞᄂᆞᆫ거시緊要ᄒᆞᆯ지니그緊要ᄒᆞ다ᄂᆞᆫ거슨長久히做課를繼續ᄒᆞ기爲ᄒᆞ야不可不一定ᄒᆞᆯ必要가有ᄒᆞᆷ이요不規則ᄒᆞᆫ做課ᄂᆞᆫ決코永續ᄒᆞ기未能ᄒᆞᄂᆞ니故로何時브터幾時ᄭᅡ지ᄂᆞᆫ녀々히工夫ᄒᆞ고何時브터何時ᄭᅡ지ᄂᆞᆫ休息ᄒᆞ

기로約定ᄒᆞ여두면果然其方便이良好ᄒᆞ나그러나可恐ᄒᆞᆫ事ᄂᆞᆫ自立ᄒᆞᆫ規則을스ᄉᆞ로容易히毁破ᄒᆞᆷ이니그런고로恒常將來의宏大ᄒᆞᆫ目的을樂觀ᄒᆞ고工夫上의不規則ᄒᆞᆷ에陷落지아니ᄒᆞ도록努力ᄒᆞᄂᆞᆫ거시學者의生平難忘ᄒᆞᆯ要素요또工夫에多大ᄒᆞᆫ妨害를與ᄒᆞᄂᆞᆫ者ᄂᆞᆫ雜談이니이로由ᄒᆞ야結局에ᄂᆞᆫ做課도甚히不規則ᄒᆞᆫ데陷入ᄒᆞᆷ이夥多ᄒᆞᆯ지라大抵雜談이라ᄂᆞᆫ거ᄂᆞᆫ二三友人과相集ᄒᆞ여濫語泛話로貴重ᄒᆞᆫ時間을無益히虛費케ᄒᆞᆷ으로眞正히做修ᄒᆞᆯ時間이奄然縮少ᄒᆞ여困難을未免ᄒᆞ고困難ᄒᆞᆫ餘波에ᄂᆞᆫ窮策舟를出浮ᄒᆞ야夜色이遲深토록不可不做課ᄒᆞ게되ᄂᆞ니此가正立ᄒᆞᆫ規則을破毁ᄒᆞᄂᆞᆫ源因이라그런즉友를撰擇ᄒᆞᆷ에도大抵그損益을注意ᄒᆞᆯ거시며靑年이學業을勤勵ᄒᆞᆯ際에無益ᄒᆞᆫ友人을有ᄒᆞᆷ이眞個의失策됨을知ᄒᆞᆯ지라或日曜日이나其方便을隨ᄒᆞ여友人을相會ᄒᆞ고有益ᄒᆞᆫ學問上의談話와其他人生々活과及將來目的上에必要ᄒᆞᆫ事를講論ᄒᆞᄂᆞᆫ거ᄉᆞᆫ關係가無ᄒᆞ거니와其實은不然ᄒᆞ야空然ᄒᆞᆫ浪說浮話로貴重ᄒᆞᆫ時間을消靡ᄒᆞᄂᆞᆫ거시多ᄒᆞᄂᆞ니此를速히避치못ᄒᆞ면做課時間도到底히一定ᄒᆞ기不能ᄒᆞᆯ지라그러나雜談을全수히禁廢ᄒᆞ라ᄒᆞᆷ이아니니ᄒᆞᆯ수잇ᄂᆞᆫᄃᆡ로親切ᄒᆞᆫ友人을邀ᄒᆞ야無相嫌無邪氣ᄒᆞᆫ雜談으로愉快히談笑ᄒᆞ라이ᄂᆞᆫ도를혀健康上에宜當ᄒᆞᆫ有益을得ᄒᆞᄂᆞ니다만其範圍를善히度定ᄒᆞᄂᆞᆫ거시可ᄒᆞ리로다

(다)個中에試驗期日을近當ᄒᆞ면徹夜對床ᄒᆞᄂᆞᆫ者가不少ᄒᆞᄂᆞ니非哉라徹夜ᄂᆞᆫ衛生上에非常ᄒᆞᆫ害毒이요生活上에不規則을做出ᄒᆞᄂᆞᆫ所由니可히猛念ᄒᆞᆯ바며第一注意ᄒᆞᆯ거ᄉᆞᆫ平素에ᄂᆞᆫ等閑優遊ᄒᆞ야往々히不規則ᄒᆞᆫ

讀書를爲事ᄒᆞ다가試驗期日을當ᄒᆞ면日夜悤々히前工을復習ᄒᆞ나準備를未致ᄒᆞ야猥狽를當ᄒᆞᄂᆞ니心志를每常平然히持ᄒᆞ야規則的生活을送ᄒᆞ라만일徹夜ᄒᆞᆫ其翌日은睡魔를未堪ᄒᆯ지니設令夜間에準備ᄒᆞᆫ거시有ᄒᆞᆫ들翌日의貴重ᄒᆞᆫ時間을夢中에經過ᄒᆞ면何等必要가有ᄒᆞ며徹夜做課ᄒᆯ지라도夜半以後에ᄂᆞᆫ睡氣侵來ᄒᆞ야腦中에染入치아니ᄒᆞᄂᆞ니如此히ᄒᆯ바여든ᄎᆞ라리就寢時間에就寢ᄒᆞ야精神을休養ᄒᆞ고身体를安健케ᄒᆞᆫ然後翌朝淸新ᄒᆞᆫ頭腦로ᄡᅥ做課를復涉ᄒᆞᆷ이도로혀得策이될지니世上愚蠢은徹夜ᄒᆞᄂᆞᆫ者에過ᄒᆯ者無ᄒᆞ리로다

新時代의思潮

一歲生

幸耶아不幸耶아不知커니와吾人은新時代에出生ᄒᆞᆫ民族이로다四千三百餘年國家歷史가一朝에桑溟의變遷을經ᄒᆞ얏스니是ᄂᆞᆫ歷史上新時代오國家統治權이其主體의權限과機關의組織을一變ᄒᆞ얏스니是ᄂᆞᆫ政治上新時代오農工商業의活動力이他力의制限을受ᄒᆞ야舊者를能히維特치못ᄒᆞ고新者를能히利用치못ᄒᆞ야輸出輸入의原動力이我에不在ᄒᆞ고他에存在ᄒᆞ얏스니是ᄂᆞᆫ實業上新時代오東方海隅에處ᄒᆞ야天下大勢를度外視之ᄒᆞ고自農自商ᄒᆞ야混沌時代의生活을自營ᄒᆞ던國民이一朝에强者優者와共同競爭ᄒᆞ야自然陶汰와優勝劣敗의原理原則의管轄을受케되얏스니是ᄂᆞᆫ生活上新

時代오國性이變改ᄒᆞ고時局이遷移ᄒᆞ야國民의思想을不可不一變ᄒᆞ니是ᄂᆞᆫ教育上新時代라

嗚呼라吾人이此新時代에處ᄒᆞ야如何ᄒᆞᆫ理想을有ᄒᆞᆷ이可乎아如何ᄒᆞᆫ方針을立ᄒᆞᆷ이可乎아此實我民族의生滅存亡에關ᄒᆞᄂᆞᆫ大問題라世界列强의文明史를觀察ᄒᆞ니大勢를善察ᄒᆞ야自國의國是를大勢와調和ᄒᆞᆫ者ᄂᆞᆫ興ᄒᆞ고ᄒᆞᆫ갓頑冥固執ᄒᆞ야利害善惡을不分ᄒᆞ고唯一保守主義를劃守ᄒᆞ야天下時勢에落後ᄒᆞᆫ者ᄂᆞᆫ亡ᄒᆞ얏도다大盖時勢를逆ᄒᆞᄂᆞᆫ것은急流를逆ᄒᆞᄂᆞᆫ것과如ᄒᆞ야吾人의能力으로左右ᄒᆞᆯ바아니라英雄이時勢를造ᄒᆞᆫ다謂ᄒᆞᆷ은眞理上으로判斷ᄒᆞ면一箇比喩에不過ᄒᆞᄂᆞᆫ格言이라何則고時勢라謂ᄒᆞᆷ은廣狹兩意가有ᄒᆞᄂᆞ니小而言之면一地方에一地方의時勢가有ᄒᆞ고一國家에一國家의時勢가有ᄒᆞ고大而言之면東洋에東洋의時勢가有ᄒᆞ고西洋에西洋의時勢가有ᄒᆞ고天下에天下의時勢가有ᄒᆞᄂᆞ니一地方과一國家의時勢ᄂᆞᆫ利害關係를共同ᄒᆞᄂᆞᆫ民族間의產物이라其國에絶大英雄이生ᄒᆞ야政治의制度를統一케ᄒᆞ며社會의制度를合一케ᄒᆞ며人民의思想을綜合케ᄒᆞ면可히時勢를造ᄒᆞ려니와國家와國家間에ᄂᆞᆫ如何ᄒᆞᆫ大人物이生ᄒᆞ야兩方에同一ᄒᆞᆫ時勢를造成코져ᄒᆞ더라도人種의觀念과宗教의觀念과利害의關係와競爭의關係等으로由ᄒᆞ야到底히同一ᄒᆞᆫ時勢를造成키不能ᄒᆞ도다然而時勢에大小의區別이有ᄒᆞᆷ은以上述論ᄒᆞᆫ바ㅣ라時勢의勢力强弱이其大小를從ᄒᆞ야相殊ᄒᆞᄂᆞ니例言컨ᄃᆡ世界의時勢가數國家의時勢에勝ᄒᆞ고數國家의時勢가一國家의時勢에勝ᄒᆞ고一國家의時勢가一地方의時勢에優ᄒᆞ도다

故로一地方의時勢ᄂᆞᆫ一國의時勢變遷을從ᄒᆞ야變化ᄒᆞ고一國의時勢ᄂᆞᆫ世界의時勢變遷을從ᄒᆞ야變化ᄒᆞ도다請看ᄒᆞ라百餘年以來로保守主義를確執ᄒᆞ던北米合衆國이近時를當ᄒᆞ야何故로帝國主義를主唱ᄒᆞ야版圖擴張에熱中ᄒᆞᄂᆞ뇨是ᄂᆞᆫ非他라天下萬邦이皆是帝國主義를主唱ᄒᆞᆷ에自己一國이到底히몬로主義로ᄡᅧ國家를保存ᄒᆞᆯᄉᆔ無ᄒᆞᆫ故ㅣ라然則吾人은時勢에對ᄒᆞ야如何ᄒᆞᆫ方針을持ᄒᆞᆷ이可乎아時勢ᄂᆞᆫ吾人의能力으로左右ᄒᆞᆯ바아닌즉垂手傍觀ᄒᆞᆷ이可乎아一運命으로知ᄒᆞᆷ이可乎아決코非也ㅣ라非也ㅣ라觀ᄒᆞᆯ지어다彼太陽은吾人의能力으로ᄡᅥ其所在를左右ᄒᆞᆯᄉᆔ無ᄒᆞᄂᆞ吾人의能力으로ᄡᅥ其光線을利用ᄒᆞᆯ수有ᄒᆞ도다이와갓치吾人이時勢의出産을絶對的으로防禦ᄒᆞᆯᄉᆔ難ᄒᆞᄂᆞ其出産ᄒᆞᆫ時勢를利用ᄒᆞᆯᄉᆔ有ᄒᆞᄂᆞ니於是乎吾人이時勢에對ᄒᆞ야絶望보ᄃᆞᆷ希望이多ᄒᆞ고悲觀보ᄃᆞᆷ樂觀이多ᄒᆞ고恐懼보ᄃᆞᆷ勇氣가多ᄒᆞ고排斥보ᄃᆞᆷ歡迎이多ᄒᆞ도다不見乎아洪濤巨浪에衆魚가潛伏ᄒᆞ되鯨鯢가獨舞치아니ᄒᆞᄂᆞᆫ가今日我韓의境遇가何處에處ᄒᆞ얏ᄂᆞ뇨一言以蔽之컨ᄃᆡ四千三百餘年國史를破壞ᄒᆞᆫ[illegible]國時代라此時代를指ᄒᆞ야吾人이新時代라稱ᄒᆞᄂᆞ냐新時代라謂ᄒᆞᆷ은何를謂ᄒᆞᆷ이뇨政治上에一物이不在ᄒᆞ고社會上에一物이無餘ᄒᆞᆷ을謂ᄒᆞᆷ이니開闢時代라謂ᄒᆞᆷ과彷彿ᄒᆞ도다然則我韓의今日以后歷史ᄂᆞᆫ檀君과繼續ᄒᆞᆫ歷史가아니오吾人의創造ᄒᆞᆫ新歷史요我韓의今日以后民族은檀君의血統을繼續ᄒᆞᆫ民族이아니오吾人自身이創造ᄒᆞᆫ民族이로다此言이奇々恠々ᄒᆞᆫ듯ᄒᆞᄂᆞ政治上으로觀察ᄒᆞ면如此ᄒᆞᆫ論斷을下치아니ᄒᆞᆯᄉᆔ無ᄒᆞ도다何則고吾人類를政治的

動物이라假定ᄒᆞ면今后의韓民族은自律的政治範圍를脫去ᄒᆞ고他律的權力에服從치아니ᄒᆞᆯ슈無ᄒᆞᆫ故ㅣ니此方面으로觀察ᄒᆞ면韓民族은自己의歷史와自己의政法과自己의意力과自己의自由를不有ᄒᆞᆫ者ㅣ니韓民族이라ᄒᆞᄂᆞᆫ名稱은如前ᄒᆞᄂᆞ其民族의性質이一變ᄒᆞ야全然히無國性的民族이되얏도다

嗚呼哀哉라我韓民族이此新時代를當ᄒᆞ야如何ᄒᆞᆫ新理想을造出ᄒᆞ야最后의希望을達ᄒᆞᆯ고其方針에對ᄒᆞ야ᄂᆞᆫ必是議論이千態万狀으로出ᄒᆞ야或은敎育이라稱ᄒᆞ며或은實業이라稱ᄒᆞ며或은政治라稱ᄒᆞ며或은社會的事業이라稱ᄒᆞ리로다然이나我同胞여如何ᄒᆞᆫ好方針이라도最健最高ᄒᆞᆫ主義로出치아니ᄒᆞ면其方針은無意味라謂ᄒᆞ리로다譬컨ᄃᆡ玆에甲乙兩國이有ᄒᆞᆫᄃᆡ甲國이乙國에對ᄒᆞ야萬般交際의方針을親切懇到케ᄒᆞᄂᆞᆫᄃᆡ其主義ᄂᆞᆫ兩國의平和와利益을爲ᄒᆞᆷ이라ᄒᆞ면甲國의對乙國外交方針은良好ᄒᆞᆫ主義로出ᄒᆞᆫ것이라其方針을健全타ᄒᆞᆯ수有ᄒᆞᄂᆞ反是ᄒᆞ야甲國이乙國에對ᄒᆞ야親切手段을用ᄒᆞᄂᆞᆫ것은自國의平和를標準ᄒᆞᆷ도아니오自國의利益을標準ᄒᆞᆷ도아니오다만乙國의歡心을買코져ᄒᆞᆷ이라ᄒᆞ면甲國의外交方針은無意味ᄒᆞᆫ手段이라謂ᄒᆞ리로다이와갓치吾人이무ᄉᆞᆷ事業을經營ᄒᆞ던지爲先最健最高ᄒᆞᆫ主義를定ᄒᆞ고其后에其主義에相當ᄒᆞᆫ方針을立ᄒᆞ여야其最后目的을庶幾可達이라ᄒᆞ노라然則今日我韓民族은諸般事業을經營ᄒᆞ기前에몬져主義를確立ᄒᆞᆷ이可ᄒᆞ도다此主義에對ᄒᆞ야ᄂᆞᆫ各種人物이各種意見을抱ᄒᆞ야或은姑息主義或은急進主義或은改良主義或은調和主義或은社會主義를抱

有ᄒᆞ야相下ᄒᆞ지아니ᄒᆞᄂᆞᆫ氣槪를示張ᄒᆞᄂᆞᆫ듯ᄒᆞ도다余ᄂᆞᆫ此等主義를論評치아니ᄒᆞ고自己의所信을忌憚치아니ᄒᆞ고世上에發表코져ᄒᆞ노니是ᄂᆞᆫ何를謂홈인뇨即民族的建設主義라此言은簡單ᄒᆞ야說明의必要를要ᄒᆞ도다

嗚呼라今日韓國에遺餘物이何物고此를政治上에求ᄒᆞ니統治權의一部分도餘在가無ᄒᆞ고此를實業界에求ᄒᆞ니亦是一物이無ᄒᆞ고社會上에求ᄒᆞ니亦是一物에無ᄒᆞ고다만餘在ᄒᆞᆫ것은二千萬民族이라於是乎吾人의目標ᄂᆞᆫ此民族的經營을理想ᄒᆞᆯ수外에他策이無ᄒᆞᆫ즉凡般事業을此民族的主義로計劃ᄒᆞᄂᆞᆫ것이第一健全ᄒᆞ니民族이라홈은國民의一部分을謂홈이아니오國民全體를標準홈인즉國民의一階級의活動과國民의一地方的活動은民族的이라謂ᄒᆞᆯ수無ᄒᆞ니此主義를極端으로例言컨ᄃᆡ目中에二千萬民族의一部分이無ᄒᆞ고다만二千萬人이有ᄒᆞᆯᄲᅮᆫ이라其次에建設ᄒᆞᆫ다홈은何를謂홈이뇨萬般事業을創造ᄒᆞᄂᆞᆫ主義라然則何故로我韓에建設主義를穩健라ᄒᆞᄂᆞ뇨大盖建設이라홈은全無ᄒᆞᆫ것을新造ᄒᆞᆫ다홈이니今日我韓의情況을觀察홈에政治上에何物이存在ᄒᆞ며社會上에何物이存在ᄒᆞ뇨一言으로蔽之ᄒᆞ면空々然ᄒᆞ야一物이無ᄒᆞ니於玆에不可不建設主義를要ᄒᆞᄂᆞᆫ所以라建設主義ᄂᆞᆫ一面으로破壞主義와因果가有ᄒᆞᄂᆞ니大盖破壞ᄂᆞᆫ二種으로區分ᄒᆞᆯ수有ᄒᆞ니一은建設的破壞오二ᄂᆞᆫ無建設的破壞라建設的破壞ᄂᆞᆫ建設키爲ᄒᆞ야破壞홈을謂홈이니譬컨ᄃᆡ腐敗ᄒᆞᆫ家屋을全然毁壞ᄒᆞ고시로基礎를立ᄒᆞ고家屋을建設ᄒᆞᄂᆞᆫ者오無建設的破壞ᄂᆞᆫ譬컨ᄃᆡ腐敗ᄒᆞᆫ家屋을다만破壞ᄒᆞᆯᄲᅮᆫ이오建

設ᄒᆞᆯ目的ᄒᆞᆫ無ᄒᆞᆯ것을謂ᄒᆞᆷ이라現今世界文明을觀察ᄒᆞᆷ에破壞主義와建設主義가健全히並行ᄒᆞᄂᆞᆫ國家ᄂᆞᆫ必然코發達前進ᄒᆞ도다何者오吾人이破壞보담改良을善良ᄒᆞ다主唱ᄒᆞᄂᆞ엇더ᄒᆞᆫ時代와엇더ᄒᆞᆫ國家를勿論ᄒᆞ고此原則을一々히適用ᄒᆞᆯ수無ᄒᆞᆫ境遇가有ᄒᆞ야到底히改良ᄒᆞᆯ수업ᄂᆞᆫ것은도리혀破壞ᄒᆞ고서로建設ᄒᆞᆷ만不如ᄒᆞ도다歐洲法國의歷史를不見乎아三度激烈ᄒᆞᆫ革命에만일破壞的手段이無ᄒᆞ얏더면엇지建設의美果를收ᄒᆞ얏시리오東亞日本島國의歷史를不見乎아明治維新에만일姑息主義로써根本的政治制度와社會的制度를破壞치아니ᄒᆞ고佐幕派의論과勤王派의論을糊塗調和ᄒᆞ야部分的改良主義를行ᄒᆞ얏더면엇지今日에如許ᄒᆞᆫ建設美果를見ᄒᆞ얏시리오此等歷史를參考ᄒᆞ면엇던時代에ᄂᆞᆫ破壞的建設이姑息的改良에優勝ᄒᆞᆷ을徵示치아니ᄒᆞᄂᆞᆫ가建設主義가一面으로調和主義와差異가有ᄒᆞ니調和라ᄒᆞᆷ은兩主義가衝突될時에幾部分式各히讓步ᄒᆞᆷ을謂ᄒᆞᆷ이니眞理上으로論컨ᄃᆡ調和主義ᄂᆞᆫ無意味主義라謂ᄒᆞ리로다何者오玆에甲乙兩人의意見이衝突될時에甲은自己의意見半分을讓步ᄒᆞ고乙은自己의意見半分을讓步ᄒᆞ야一個新意見을造成ᄒᆞ얏다ᄒᆞ면是ᄂᆞᆫ甲의意見도아니오乙의意見도아니라然이나建設主義ᄂᆞᆫ엇던程度ᄭᆞ지ᄂᆞᆫ調和主義와合一ᄒᆞᄂᆞ此主義ᄂᆞᆫ本來姑息糊塗를排斥ᄒᆞ고根本的改造를ᄒᆞᄂᆞᆫ故로엇던境遇에ᄂᆞᆫ到底히調和主義와一致ᄒᆞᆯ수無ᄒᆞ도다

建設主義ᄂᆞᆫ一面으로改良主義와差異가有ᄒᆞ니大盖改良은全體를改造ᄒᆞᆷ이아니오部分缺點을改正ᄒᆞᆷ이니根本的改造를主眼ᄒᆞ

는建設主義와相異홀것은多論을不待ᄒᆞ리로다以上에論홈과것치到底히部分的改良으로目的을達홀슈無ᄒᆞᆫ境遇에는치라리全體를改造홈만不如ᄒᆞ도다

嗚呼라今日我韓이如何ᄒᆞᆫ地位에處ᄒᆞ얏느뇨重言復言曰空々然ᄒᆞ야一物이無ᄒᆞ도다如此ᄒᆞᆫ境遇에處ᄒᆞᆫ我韓民族은政治上社會上萬般事業을經營홀時에不可不此建設主義를標準實行인데一步를誤ᄒᆞ면其建設ᄒᆞᆫ事業이亦是不完全홈을免치못ᄒᆞ리니於玆에吾人이一層注意를要ᄒᆞ리라ᄒᆞ노라然則如何ᄒᆞᆫ方面으로爲先建設主義를實行홀고敎育上實業上其他諸方面으로着手ᄒᆞ려니와余는爲先政治上으로觀察ᄒᆞ야國際的關係와內治的關係로二分ᄒᆞ야論述코져ᄒᆞ노라第一國際的方面에對ᄒᆞ야論及컨ᄃᆡ今日韓國民族은政治上으로列邦과交際홀슈無ᄒᆞᆫ것은說明을不待ᄒᆞ리로다私人的國際關係는依然存在ᄒᆞ야外人이敢히干涉홀바아니라例言컨ᄃᆡ宗敎의自由와學問의自由와漫遊의自由等事라此等方面으로列國과交際ᄒᆞ는것은如許ᄒᆞᆫ壓制政治手段으로도禁止홀슈無ᄒᆞᆫ즉個人國際的關係는恒常吾人의掌中에在ᄒᆞᆫ權利라可謂ᄒᆞ리로다然則吾人은何國人과交際홈이可乎아歐米各國人과交際ᄒᆞ는것도良好ᄒᆞ고日本人과交際ᄒᆞ는것도良好ᄒᆞ나第一我民族과親密ᄒᆞ고重大ᄒᆞᆫ關係를有ᄒᆞᆫ民族은支那國人이라殷國皇裔箕聖이我邦에來臨ᄒᆞ야諸般文物을改良ᄒᆞ고國의基礎를定ᄒᆞ얏스니서로宗族의關係가아닌가五千餘年文明史를有ᄒᆞᆫ支那가今日에至ᄒᆞ야衰運을當ᄒᆞ얏스나天下大勢의東之西之와東洋平和의最后理想은此支那에在ᄒᆞ지아니ᄒᆞᆫ가今日ᄭᆞ지我韓民族

이支那人과交際ᄒᆞᆷ에注意치못ᄒᆞᆫ것은大遺憾이라稱ᄒᆞ리로다今后로ᄂᆞᆫ吾人이支那人交際에對ᄒᆞ야三大要件이有ᄒᆞ니

一은多數留學生을支那에派遣ᄒᆞ야支那學問을研究ᄒᆞ야支那의歷史와言語와文學과政治와習慣을精修ᄒᆞᆯ事

一經濟政策으로兩國의利益을共謀ᄒᆞ야密接ᄒᆞᆫ關係를作ᄒᆞᆯ事

一有志人士가支那各地方에漫遊滯留ᄒᆞ야兩國의情意를疏通케ᄒᆞᆯ事

以上三件이支那에對ᄒᆞᆫ民族的交際의希望이라若如此實行ᄒᆞ면將來國性恢復之日에一道光明이生ᄒᆞ리라ᄒᆞ노라大蓋國家가國家로더부러交際ᄒᆞᆯ時에共同利益의關係를有치아니ᄒᆞ면決코同情의觀念이無ᄒᆞᆫ지라我韓과支那의關係ᄂᆞᆫ政治上地理上歷史上으로觀察ᄒᆞᆷ에唇齒의關係가有ᄒᆞᆫ즉今日我韓民族의理想的外交가此支那를除ᄒᆞᆫ外에更無ᄒᆞ도다其次ᄂᆞᆫ內治關係에對ᄒᆞ야言ᄒᆞ노니今日我韓民族의內政을觀察ᄒᆞᆷ에秋毫도自動이無ᄒᆞ고全然히他動力의管轄을受케되야立法上行政上司法上統治作用이自大至小히一々히外的權力中으로出ᄒᆞ니民族의政治的活動力은業已休矣라玆에一條生路를覓得ᄒᆞ니即民族的自治制度라

今日我韓은國性이已去에餘存者ㅣ民族而已라國利民福을圖謀ᄒᆞᆷ에第一健全ᄒᆞᆫ政治的活動은餘地가更無ᄒᆞ니勢不得已ᄒᆞ야此手段을民族에求ᄒᆞ리로다然이나아무리民族的活動이라도他自由國民에게比ᄒᆞ면雲泥의差異를免키難ᄒᆞᆫ것은多言을不待ᄒᆞᆯ것이라民族的自治制度ᄂᆞᆫ他를謂ᄒᆞᆷ이아니라社會的으로自治制度를制定ᄒᆞ야民族의自由精神을保存코져ᄒᆞᆷ이라余의自治라ᄒᆞᆷ은

今日文明各國에서慣用ᄒᆞᄂᆞᆫ行政上自治와相同ᄒᆞᆫ곳도有ᄒᆞ나相異ᄒᆞᆫ곳도不少ᄒᆞ니大盖行政上自治라ᄒᆞᆷ은一國內에存在ᄒᆞᆫ地方團體가自己의意思로써其存在의目的되ᄂᆞᆫ公共事務를스사로處理ᄒᆞᆷ을謂ᄒᆞᆷ이라故로行政上自治觀念에ᄂᆞᆫ三要素를要ᄒᆞ니一은公共事務를處理ᄒᆞᄂᆞᆫ地方團體의資格으로써自治ᄒᆞᆷ을要ᄒᆞᄂᆞᆫ故로一個人이스사로處理ᄒᆞᄂᆞᆫ事務ᄂᆞᆫ設使公共事務라도自治라不稱ᄒᆞᆷ二ᄂᆞᆫ地方團體가其存在의目的되ᄂᆞᆫ事務를處理ᄒᆞᆷ을要ᄒᆞᄂᆞᆫ故로公共事務를處理ᄒᆞᆷ이無ᄒᆞ면自治다不稱ᄒᆞᆷ三은地方團體가自己의獨立意志로써公共事務를處理ᄒᆞᆷ을要ᄒᆞᄂᆞᆫ故로國家의命令으로써處理ᄒᆞᄂᆞᆫ事務ᄂᆞᆫ自治라不稱ᄒᆞᆷ然이나余의自治라謂ᄒᆞᆷ은如此ᄒᆞᆫ學理的과沿革的을專主ᄒᆞ야唱導ᄒᆞᆷ이아니오民族의自由思想을保全키爲ᄒᆞ야唱導ᄒᆞᄂᆞᆫ一個意見인故로法律學上自治制度와差異가有ᄒᆞᆷ을免키難ᄒᆞᆷ이라左에自治制度를擧論ᄒᆞ노라

一은京城에最高自治團體를設立ᄒᆞ되名稱의如何ᄂᆞᆫ不拘ᄒᆞᆷ學術研究會라ᄒᆞ야도可ᄒᆞ고敎有會라ᄒᆞ야도可ᄒᆞᆷ此團體ᄂᆞᆫ決코政治上에關涉치말고다만各地方自治團體의顧問이되야地方自治制度의統一을專主ᄒᆞ야其組織과權限과規則等을指敎ᄒᆞ야其行動이普通軌道를踰越치아니케ᄒᆞᆯ事

一各道觀察府下에自治團體를設立ᄒᆞ되名稱의如何ᄂᆞᆫ不拘ᄒᆞᆷ此自治團體ᄂᆞᆫ各郡의自治團體를善爲指導ᄒᆞ야極端에走ᄒᆞᄂᆞᆫ弊端이無케ᄒᆞ야各郡의自治團體의發達進步를圖謀ᄒᆞ되京城에在ᄒᆞᆫ最高團體의指導를從ᄒᆞᆷ을要ᄒᆞᆷ

京城에在ᄒᆞᆫ最高自治團體ᄂᆞᆫ다만顧問의役에止ᄒᆞ고府下自治團體ᄂᆞᆫ多少間實行을要ᄒᆞ되各郡에在ᄒᆞᆫ自治團體의重要事務에對ᄒᆞ야助力을ᄒᆞ되決코干涉에過치아니ᄒᆞᆷ을要ᄒᆞᆷ

一各郡에郡自治團體ᄅᆞᆯ設置ᄒᆞ되此ᄂᆞᆫ郡會라ᄒᆞᆷ이適當ᄒᆞᆷ此郡會ᄂᆞᆫ各村自治團體ᄅᆞᆯ指導ᄒᆞ되政治上政策에關ᄒᆞᄂᆞᆫ事項은一切不關ᄒᆞᆷ을要ᄒᆞᆷ然則如何ᄒᆞᆫ事務에關與ᄒᆞ야指導ᄒᆞᆷ이可ᄒᆞ뇨政治上性質을不帶ᄒᆞᆫ公共事務例言컨ᄃᆡ各村各里의教育方法과衛生方法과經濟上方便과社會道德의發達等事ᄅᆞᆯ善爲指揮ᄒᆞ야一郡內의人民思想을一致케ᄒᆞᆷ을要ᄒᆞᆷ

此郡會의重大任員은各村人民이選擧法에依ᄒᆞ야投票選擧ᄒᆞᆷ을要ᄒᆞᆷ

各村各市에村市自治團體ᄅᆞᆯ設立ᄒᆞ되以

上述陳ᄒᆞᆫ最高自治府下自治郡自治ᄂᆞᆫ名義上으로自治라稱ᄒᆞᄂᆞ指導方面이多ᄒᆞ고實行方面이少ᄒᆞᄂᆞ此村市自治團體부텀은都是實行方面이니自治制度ᄅᆞᆯ實行ᄒᆞᄂᆞᆫ理想은此村市로부터始ᄒᆞ도다何者오以上最高自治團體ᄂᆞᆫ政府의干涉이自然發生ᄒᆞ며活動의範圍가太廣ᄒᆞ야實行키極難ᄒᆞᄂᆞ此村市自治團體ᄂᆞᆫ範圍가狹少ᄒᆞ고또從來의慣習이有ᄒᆞ야實行키容易ᄒᆞ니吾人은此自治團體로부터更一層緻密ᄒᆞᆫ思索을要ᄒᆞ도다倉卒間에立案ᄒᆞᆫ故로缺點이多有ᄒᆞ니諸先進의게改正ᄒᆞᆷ을請ᄒᆞ고大畧淺見을陳述ᄒᆞ노라

(一)村市自治團體ᄂᆞᆫ古來의我國慣習을多少參考ᄒᆞᆷ이可ᄒᆞᆷ古來慣習을觀ᄒᆞᆫ즉各地方이多少差別이有ᄒᆞᄂᆞ大村에ᄂᆞᆫ大村長이有ᄒᆞ고小村에ᄂᆞᆫ小村長이有ᄒᆞ야其

村內의公共事務를管理執行ᄒᆞ얏는데大村長은郡守가選定ᄒᆞ얏스나小村長은人民이自由로選定ᄒᆞ얏도다此古例를依ᄒᆞ야村市에自治團體를設立ᄒᆞ되村에는村會라ᄒᆞ고市에는市會를ᄒᆞ야人民이自由로此會를組織ᄒᆞ야村市公共事務를處理ᄒᆞᆷ

(二)村市自治團體는會中任員을投票選定ᄒᆞᆷ을要ᄒᆞᆷ是는余가民族的自治制度를主唱ᄒᆞᆷ에第一注目ᄒᆞᆫ바ㅣ라

大盖我韓民族은古來로壓制政治下에頭腦를養成ᄒᆞ야服從의觀念만有ᄒᆞ고自由精神이無ᄒᆞᆫ故로惡政에甘服ᄒᆞ야政府가如何ᄒᆞᆫ人民休戚에大關ᄒᆞ는政治를行ᄒᆞ되默々然不敢言ᄒᆞ야獨立自由思想이一掃而去ᄒᆞ야內로良政을行ᄒᆞ야國利民福을謀치못ᄒᆞ고外로列强의壓迫을受ᄒᆞ되恬然不知ᄒᆞ야秋毫도憤潑力이生치아니ᄒᆞ야今日에如許ᄒᆞᆫ境遇를當ᄒᆞᆫ지라玆에此弊害를救濟ᄒᆞᆯ方策은即村市自治團體의制度라此制度를實行ᄒᆞ면人民이自治思想을解得ᄒᆞ야設使目下에國性이無ᄒᆞ더라도漸々然自由思想을發生ᄒᆞ야日后에國性을回挽ᄒᆞᆯ精力이生ᄒᆞ리라ᄒᆞ노라

然而自治制度中에第一必要ᄒᆞᆫ主眼點은人民의自由選擧에在ᄒᆞ니選擧는人民의게政治上公德心을養成ᄒᆞ는데最健最高ᄒᆞᆫ方法이니라何者오選擧는人民이自由思想으로써自己를管轄保護ᄒᆞ는最公最平ᄒᆞᆫ人物을選定ᄒᆞᆷ을謂ᄒᆞᆷ이니此思想이發達ᄒᆞ면立憲國政治를可以期圖오獨立國思想을可以解得ᄒᆞᆯ것이라故로余는村市會에서任員은一切人民의投票選擧에依ᄒᆞᆷ이可ᄒᆞ다ᄒᆞ노라

(三)村市會의公共事務　此公共事務를論述ᄒᆞ기前에一言을要ᄒᆞᄂᆞᆫ것은今日我韓民族은政治上手段으로써幸福을圖謀키難ᄒᆞᆫ것은非他라現今我韓政治ᄂᆞᆫ其利益의標準點이韓民族에게不在ᄒᆞ고他에存在ᄒᆞ니此等政治로엇지吾人의幸福을期圖ᄒᆞ리오自已의利益은自已가圖謀함만不如ᄒᆞ니不完全을免치못ᄒᆞᄂᆞᆫ吾人은不可不村市自治手段으로人民의幸福을圖謀ᄒᆞ리로다然則村市自治團體의公共事務가我民族의消長에大有關係ᄒᆞ니不可不注意로다

村市會에셔理想的으로實行ᄒᆞᆯ事務ᄂᆞᆫ不可枚擧로되其中에셔第一重大ᄒᆞᆫ事務를擧論컨ᄃᆡ第一은敎育이오第二ᄂᆞᆫ經濟오第三은衛生이오第四ᄂᆞᆫ交通이라

第一敎育에關ᄒᆞ야論컨ᄃᆡ今日我韓의敎育問題ᄂᆞᆫ人民輿論中에第一焦點이되얏ᄂᆞᆫ데其理想敎育을實行키難ᄒᆞᆫ것은他力의干涉으로由ᄒᆞ야我韓民族의國性的敎育은多大ᄒᆞᆫ障害를受ᄒᆞ야自由로行ᄒᆞᆯ슈無ᄒᆞᆫ즉村市에셔人民이先進의意見을問ᄒᆞ야國性的敎育의方針을定ᄒᆞ면大端히有益ᄒᆞᆯ듯ᄒᆞ도다

第二經濟ᄂᆞᆫ我韓民族의生滅에關ᄒᆞᄂᆞᆫ問題라然이나此亦政治上手段으로發達케ᄒᆞᆯ슈無ᄒᆞ니村市會에셔有志人의意見을問ᄒᆞ야農工商業의發達方針과日々生活의要路를硏究ᄒᆞ야土地의保全方法과財産의保全方針과財産의擴張方針과外人과通商ᄒᆞᄂᆞᆫ方針과其他諸般方針을實行ᄒᆞᆷ이可ᄒᆞ도다

第三衛生問題ᄂᆞᆫ實로民族의消長에關ᄒᆞᄂᆞ니村市人民의게衛生의思想을注入ᄒᆞ

야惡疫을豫防ᄒᆞ며體力을健康케ᄒᆞ야人民의幸福을享有케홈이可ᄒᆞ도다

第四交通問題ᄂᆞᆫ政府의助力을不借ᄒᆞ면實行ᄒᆞᆯ슈無ᄒᆞᄂᆞ余가一言을要ᄒᆞᆯ것은政府郵便以外에各村市에서通信夫를設置ᄒᆞ야重要ᄒᆞ고迅速을要ᄒᆞᄂᆞᆫ音信은此機關으로實行ᄒᆞᆯ이可ᄒᆞ도다

嗚呼라以上에畧論ᄒᆞᄂᆞᆫ것은余가新時代에處ᄒᆞ야一個國民의義務觀念으로倉卒間에草槁ᄒᆞᆫ意見이라許多ᄒᆞᆫ缺點이有ᄒᆞ니諸同胞ᄂᆞᆫ短所를改正ᄒᆞ고長處를採用ᄒᆞ야國利民福에萬一의補가有ᄒᆞ면余의滿足ᄒᆞᄂᆞᆫ바ㅣ로라

敎授와敎科에對ᄒᆞ야 (前號續)

張膺震

(二) 言語科 (國語及外國語)

言語修養과心的陶冶ᄂᆞᆫ密接ᄒᆞᆫ關係를有ᄒᆞᆫ거시니普通敎育上에言語의修養은最必要ᄒᆞᆫ거시라吾人은言語로뻐意思表示와思想發展의重要ᄒᆞᆫ手端으로만用ᄒᆞᆯ뿐이아니라此로由ᄒᆞ야人類發展의經路와國民開化에多大ᄒᆞᆫ影響을及ᄒᆞᆫ許多ᄒᆞᆫ記錄를理解키能ᄒᆞ나니故로上古로브터敎育設備上에最初에ᄂᆞᆫ言語를敎授ᄒᆞ야書冊을讀케ᄒᆞ고또此義意를理解홈으로뻐重要ᄒᆞᆫ科目을삼앗스니此ᄂᆞᆫ必竟此等學習으로뻐時代國民의心的生活을保有케ᄒᆞ고또普通敎育의基礎를作홈에由홈이라

今日普通敎育을施ᄒᆞᄂᆞᆫ學校에서程度의如

何를不問ᄒᆞ고一般自國語로中心을삼ᄂᆞᆫ거ᄉᆞᆫ世界各國이一般이라古昔人道主義가復興ᄒᆞᆯ時代에ᄂᆞᆫ古語를研究ᄒᆞ야古人의遺書를理解ᄒᆞᆷ으로ᄡᅧ惟務ᄒᆞ고外國語를自國語보다도리혀尊重히ᄒᆞᆫ弊端이有ᄒᆞ엿스나(我國의從來敎育이我國々文은卑賤ᄒᆞ다ᄒᆞ야排斥不用ᄒᆞ고漢文만專尙ᄒᆞ엿스며漢文에도또古字篆字와窮僻ᄒᆞᆫ文字等을多數探究ᄒᆞ야古書를多解ᄒᆞᆷ으로ᄡᅧ學識의尊卑를比較ᄒᆞᆷ과如ᄒᆞᆷ) 此等謬見은過去時代에已屬ᄒᆞ고各國이다ㅣ그自國語로ᄡᅧ敎育의中心을삼나니此ᄂᆞᆫ即國民으로ᄒᆞ여금各自의義務를盡케코져ᄒᆞ면일즉히國家名義에同情을表ᄒᆞ야愛國의情을喚起케ᄒᆞᆯ거시오또國語ᄂᆞᆫ其國民의思想感情을表出ᄒᆞᄂᆞᆫ거시미同胞를結合ᄒᆞᆷ에最有力ᄒᆞᆫ方便이라如此히國民學校程度에셔ᄂᆞᆫ다못自國語로ᄡᅧ國民現時의狀況을了解ᄒᆞᆷ으로ᄡᅧ滿足ᄒᆞᆯ거시나萬一々層을更進ᄒᆞ야此研究理解의力을深遠케코져ᄒᆞ면其由來의沿革을明察ᄒᆞ고他國의開化를比較ᄒᆞ며他國民의思想感情을探究ᄒᆞᆯ必要가有ᄒᆞ도다然則國民學校以上程度되ᄂᆞᆫ學校에셔國語를課ᄒᆞ며外國語를課ᄒᆞᄂᆞᆫ거ᄉᆞᆫ不得已ᄒᆞᆫ理勢라特히他國의文化를受入ᄒᆞ야ᄡᅧ自國의發展을供給ᄒᆞᄂᆞᆫ國에셔ᄂᆞᆫ一層그必要를見ᄒᆞ나니故로現時에ᄂᆞᆫ何國을勿論ᄒᆞ고中學程度以上되ᄂᆞᆫ學校에셔ᄂᆞᆫ自國과最密接ᄒᆞᆫ關係가有ᄒᆞᆫ一二個外國語를課케ᄒᆞ고此와同時에自國文學을一層더研究ᄒᆞ야自國文學의眞髓를翫味ᄒᆞ며特質과妙味를感得케ᄒᆞ야演說과文章上에精巧를極ᄒᆞ게務圖ᄒᆞᄂᆞᆫ거시라

(三) 數學科

數學은舊日東洋學問界에六藝中一科로珍

重ᄒᆞᆫ거시라元來數學은外物에關ᄒᆞᆫ智識을研究ᄒᆞᄂᆞᆫ者이니此로因ᄒᆞ야外界에關ᄒᆞᆫ適當ᄒᆞᆫ觀念을得ᄒᆞ며그種々ᄒᆞᆫ現象과關係를理解키能ᄒᆞ고日常生活上에人을計ᄒᆞ야出을節ᄒᆞ며柴少의誤謬가不生케ᄒᆞ야處身을適宜히ᄒᆞ며勤儉貯蓄의觀念을養成ᄒᆞ고特히商工業에從事ᄒᆞᄂᆞᆫ者ᄂᆞᆫ此觀念이有ᄒᆞᆫ然後에야經濟上職業上에正當ᄒᆞᆫ位置를制定ᄒᆞᆯ거시오또挽近以來各種科學이發展된以後로數學의地位가一層緊要ᄒᆞᆷ을認定ᄒᆞᄂᆞ니即數學은自然界의現象과法則에對ᄒᆞ야精密ᄒᆞᆫ認識을吾人에게與ᄒᆞᄂᆞᆫ者이미數學은即科學發展의重要ᄒᆞᆫ原因이오또科學攻究의重要ᄒᆞᆫ方便이라吾人은數學으로因ᄒᆞ야確實ᄒᆞᆫ眞理를認識ᄒᆞ며感官(五官)으로得ᄒᆞᆫ知覺을正當히ᄒᆞ며經驗以外의見知를闡開ᄒᆞ야因果의法則을的確히ᄒᆞ고또此를嚴密히証明ᄒᆞ야自然力을制禦利用ᄒᆞᄂᆞ니其他種々ᄒᆞᆫ効用에至ᄒᆞ야ᄂᆞᆫ一々히枚擧키未遑ᄒᆞ도다如此이數學은吾人의日常生活上에만必要ᄒᆞᆯᄲᅮᆫ아니라他學科攻究에基礎가됨으로各國이初等學校에셔ᄂᆞᆫ日常卑近의事實에對ᄒᆞ야精確迅速히計算을爲主ᄒᆞᄂᆞᆫ算術을敎授ᄒᆞ고中學程度에至ᄒᆞ면數學으로써거의全學科의首位를占居케ᄒᆞᄂᆞᆫ傾向이有ᄒᆞ도다

(四) 歷史科

歷史ᄂᆞᆫ人生의苦心經營과事業成敗와行爲善惡과國家社會의盛衰興亡과人類發達의經路와種々ᄒᆞᆫ過去의事實을一々히明示ᄒᆞ야吾人으로ᄒᆞ여금人에對ᄒᆞ며國家社會에對ᄒᆞ야同情을振起ᄒᆞ고良心을興奮ᄒᆞ며人生几般에對ᄒᆞᆫ知識을給與ᄒᆞᄂᆞᆫ者이라然則歷史ᄂᆞᆫ修身과또密接ᄒᆞᆫ關係가有ᄒᆞᆷ으로昔

日브터道德的教訓上에往々歷史를採用ᄒᆞᆫ事實이有ᄒᆞ엿스나歷史를一教科로編入ᄒᆞ야普通教育上에課授케ᄒᆞᆫ거슨十八世紀頃으로브터始作ᄒᆞ엿고挽近에至ᄒᆞ야는歷史는人格을陶冶ᄒᆞ고國家的觀念을養成ᄒᆞ며社會的政治的智識을傳與ᄒᆞ는데適當ᄒᆞᆫ거스로認定ᄒᆞ야普通教育上에重要ᄒᆞᆫ教科가된지라그러나初等教育에는自國歷史를主眼ᄒᆞ고歷史上關係를示ᄒᆞᆯ지라도自國歷史로充足ᄒᆞᆯ거신則小學校歷史教科는各國이大概自國歷史를標準ᄒᆞ도다然이나何國을勿論ᄒᆞ고其國의文化發展은此와密接關係를有ᄒᆞᆫ他國影響을被授ᄒᆞᆷ이不少ᄒᆞ미自國開化發達의淵源을推究코져ᄒᆞ면不得不此等關係國의歷史를또參考ᄒᆞᆯ必要가有ᄒᆞ니故로中等以上教育을施ᄒᆞ는學校에서는外國歷史를教授ᄒᆞ는거시今日各國教育界의通則이라

(五) 地理科

地理學은地球及地球의表面狀態와또地球上人類生活의狀態를明瞭히ᄒᆞ고土地와人類의關係를說明ᄒᆞ는學科라即地球가天体에對ᄒᆞᆫ關係와地球表面上에散在ᄒᆞᆫ自然物及其現象과地球上에生殖ᄒᆞ는生物(動植物)과人類生活의狀態를明示ᄒᆞ고또此間에存在ᄒᆞᆫ因果의關係를說明ᄒᆞ야人的教科와物的教科의兩智識을結合ᄒᆞ는教科라本是普通教育에서는兒童의生活ᄒᆞ는本地方과本國과밋本國과重要ᄒᆞᆫ關係가有ᄒᆞᆫ隣國의地理的現象을教授ᄒᆞ는거시니此等事實은昔日交通이未開ᄒᆞ야鎖國自活ᄒᆞ든時代에는直接生活上에必要를不感ᄒᆞᆷ으로斯學의歷史가久遠ᄒᆞᆷ을不拘ᄒᆞ고幼穉의程度를未免ᄒᆞ다가近世에至ᄒᆞ야비로서此를教科

에編入ᄒᆞ여스니此ᄂᆞᆫ近時各種의交通機關이大開ᄒᆞ야遠隔의地를比隣과如히交通홈에至ᄒᆞ여스며此等地理的智識이實際生活上에必要를生ᄒᆞᆫ으로由홈이라特히人類生活의狀態ᄂᆞᆫ一々이自然的狀態의影響을被치아님이無ᄒᆞ니人類生活을理解코저ᄒᆞ면此等互相의關係를攻究치아니치못ᄒᆞᆯ거시오ᄯᅩ自己의生活ᄒᆞᄂᆞᆫ地方及自國의政治經濟上의狀態와自國이外國에對ᄒᆞᆫ地位等은此를他地方他國土의比較對稱으로因ᄒᆞ야明覺ᄒᆞᆷ을得ᄒᆞᄂᆞ니然則地理敎授ᄂᆞᆫ國民敎育과處世生活上에重要ᄒᆞᆫ價値만有ᄒᆞᆯᄲᅮᆫ아니라理科硏究上에ᄯᅩ欠치못ᄒᆞᆯ敎科니라

（十八）理　科

理科의目的은自然物과及自然의現象을說明ᄒᆞ야此가總히一定ᄒᆞᆫ理法下에支配ᄒᆞᄂᆞᆫ거슬證明ᄒᆞ고ᄯᅩ自然物互相間의關係와自然物이人生에對ᄒᆞᆫ關係를理解ᄒᆞ야一邊으로自然을制禦利用ᄒᆞ며一邊으로ᄂᆞᆫ吾人々類의生活狀態를增進케ᄒᆞᄂᆞᆫ거시니其範圍ᄂᆞᆫ動物植物鑛物三界로브터物理的化學的現象과人身生理衛生에涉ᄒᆞᆫ廣大ᄒᆞᆫ材料를包括ᄒᆞ엿도다此等諸科를如此히結合ᄒᆞ야初等學校에서敎授케ᄒᆞᄂᆞᆫ거ᄉᆞᆫ初學者로ᄒᆞ여금自然을解折ᄒᆞᆯ時에互相間에關連ᄒᆞᆫ現象을個々히分割치아니ᄒᆞ고多方面으로觀察ᄒᆞ야ᄡᅥ正當ᄒᆞᆫ理解를得케홈이라然이나中等敎育以上程度에達ᄒᆞ면漸次科學的敎授를施치아니치못ᄒᆞᆯ거신則此等諸材料를各히分科로ᄡᅥ順을從ᄒᆞ야敎授케ᄒᆞ도다盖吾人이此世에生活ᄒᆞᄂᆞᆫ以上에ᄂᆞᆫ須臾라도自然物과自然의現象을遭遇相關치아님이無ᄒᆞᆫ則此等自然物의性質을探究ᄒᆞ고現象과理法을明察ᄒᆞᄂᆞᆫ거ᄉᆞᆫ實際生活上에만必

要홀뿐아니라此를利用ᄒᆞ면自然力을制禦ᄒᆞ야人生의開化를增進케ᄒᆞ며現世開化를理解ᄒᆞᄂᆞᆫ데欠치못홀教科ㅣ나實로實業의發展과物質的의進步ᄂᆞᆫ全혀國民의理科的智識進步如何에在ᄒᆞ도다 (未完)

歷史譚 第十二回

시싸ㅣ(該撒)傳(四) 朴 容 喜

시싸ㅣ가임의內政改良을加ᄒᆞᆫ後곳精兵數萬을率ᄒᆞ고아도리아석그海를潛渡ᄒᆞ야에파이라스에達ᄒᆞ야마카스、안토니의軍과合力ᄒᆞ야곳폼페이와디라담城下에相戰ᄒᆞ다가兵少不利홈으로兵士를收ᄒᆞ고떼사리에侵入ᄒᆞ니ᄯᅢ에貴族一同이小利를得ᄒᆞ고十分喜悅ᄒᆞ야폼페이다려追擊을輪番催促ᄒᆞᄂᆞᆫ지라폼페이ᄂᆞᆫ비록小利를得ᄒᆞ야스ᄂᆞ烏合의卒과傷득의兵으로到底雌雄을決키難홈을自量ᄒᆞ고暫退徐圖코져ᄒᆞ다가貴族의反對의莫甚홈에不得已ᄒᆞ야드ᄃᆡ여떼사리에進ᄒᆞ야헐사리아平野에셔시싸ㅣ의軍과接戰ᄒᆞ니라ᄯᅢ에시싸ㅣᄂᆞᆫ폼페이를기두르고기두르다가폼페이의自來홈을보고大喜ᄒᆞ야自己의戰鬪力을三軍에分ᄒᆞ야폼페이의軍을肉薄홀식自己가親히左翼을率ᄒᆞ고폼페이의精銳를突擊ᄒᆞ며또六千餘의游擊隊를編成ᄒᆞ야敵軍의騎兵을掩擊케ᄒᆞ니라少頃에嗽叭이哀鳴ᄒᆞ고喊聲이悲鬨ᄒᆞ더니兩軍이混鬪半餘日에폼페이의軍이大敗ᄒᆞᆫ지라이에폼페이가單身으로逃走ᄒᆞ야埃及王토레미에依棲코져ᄒᆞ얏더니不幸國人의奸計에陷ᄒᆞ야非命에橫死ᄒᆞ니라시싸ㅣ轉戰追尾타가埃及人이그首級을送致ᄒᆞᄂᆞᆫ지라往昔의友誼와目前의不幸을싱각ᄒᆞ고悲感을不勝ᄒᆞ야泫然垂淚ᄒᆞ고厚禮葬之ᄒᆞ니라시싸ㅣ가폼페이餘黨을討平ᄒᆞᆫ後羅馬에凱旋ᄒᆞ야階級의惡弊를改正ᄒᆞ며社會의秩序를恢復ᄒᆞ고羅馬法典을編纂ᄒᆞ며쑤리안(시사ㅣ의姓이라)曆을參定ᄒᆞ니라所謂明時曆即陰曆者은即此쑤리안曆也、니即天主教牧師德人아담쌀(稱時憲者疑即此人也니來明而見用於神宗ᄒᆞ야仕欽天監ᄒᆞ야訂曆書抄數學ᄒᆞ며論陰陽督鑄砲ᄒᆞ니라)과伊人릿치맛드(稱李瑪竇者是也라)等의改訂汝播者也라

大盖쑤리안曆根本의由來ᄂᆞᆫ本埃及國曆인딕시싸ㅣ가同國을征服ᄒᆞᆫ後그曆法을參訂ᄒᆞ야羅馬國內에通用케ᄒᆞ니라如此이시싸ㅣ가事無大小히參酌改訂ᄒᆞ며掃弊改新케ᄒᆞ더라

셔에羅馬人民이다시싸ㅣ의功德을讚頌ᄒᆞ야終生인페래롤(指揮者)의號와딕테롤(命令者)及센솔(主裁者)等爵號를奉上ᄒᆞ니爾後로ᄂᆞᆫ시싸ㅣ가名號ᄂᆞᆫ비록帝王이라아니ᄒᆞᄂᆞ實狀은帝王以上의權能을執行ᄒᆞ더라

大抵功名이益著ᄒᆞ면嫉妬와嫌疑도益長이라ᄒᆞ더니果然眞言이로다폼페이의殘黨이시싸ㅣ를去益疾視ᄒᆞ야陰相交結ᄒᆞ야카시야스와부르타스(同人은시싸ㅣ가愛之如子ᄒᆞ던者라)를首領으로誘推ᄒᆞ고紀元前四十四年三月十五日에시싸ㅣ를國會議場에襲刺ᄒᆞᄂᆞᆫ딕시싸ㅣ기隻身으로抗鬪타가부르타스의拔劒홈을보고大呼ᄒᆞ야曰부르타스너(汝)나ᄒᆞ고폼페이像下에死ᄒᆞ니年이五十六歲더라(兩士之死가何其相肖之甚乎아

셕에變起猝地에至於家人ᄒᆞ야도母有知者라가凶報가一聞에其從子아웅우스쓰(羅馬第一等人傑이요世界絶倫之英雄이라後에國人이推尊爲皇帝ᄒᆞ니即羅馬黃金時代가是也요且尤可注目者ᄂᆞᆫ同皇帝在位年間에救主耶蘇가降生於其統治領土猶太國事也라)와其婿안토니가國民에게그寃抑을一場哀訴ᄒᆞᆫ後곳反黨을捕縛誅戮ᄒᆞ니라

(注意)只今露國皇帝를싸ㅣ라稱ᄒᆞᆷ과德國皇帝와밋德國帝國을카이싸ㅣ(시싸ㅣ를各國々語音便으로또카이싸ㅣ라稱ᄒᆞᆷ은임의說明ᄒᆞᆷ)라稱ᄒᆞᆷ은即시싸ㅣ의名을皇帝의尊號로代用ᄒᆞᆷ이니往昔外蠻(只今으로부터千有餘年前에ᄂᆞᆫ羅馬가現今英法德露를野蠻이라指稱ᄒᆞᆷ大槪彼等諸國이只今은文明國이라自誇ᄒᆞᄂᆞᆫ往昔에ᄂᆞᆫ蠻風을未脫ᄒᆞᆷ을推知ᄒᆞᆯ너라)이

시싸ㅣ를如何이敬畏ᄒᆞᆷ을可知로다

現今德露國旗에鷲章을用ᄒᆞᆷ도시싸ㅣ의用ᄒᆞ던鷲旗을仰望象用ᄒᆞᆷ이니大盖往昔시싸ㅣ當年에鷲章所向處와시싸ㅣ所到地에ᄂᆞᆫ莫不風靡ᄒᆞ야그名聲이如雷灌耳ᄒᆞᆷ으로至今ᄭᆞ지頭腦에印象ᄒᆞᆷ으로如此이習慣的으로慣用ᄒᆞᆷ이라

但露國이일로國旗를定ᄒᆞᆷ은東羅馬帝유스디니아느스가帝國의同國旗章을分與ᄒᆞᆫ以後니라

童蒙物理學講談(四)

椒海生 金洛泳

魚類가水中에住홈과곳치吾人은大氣(空氣)中에住ᄒᆞ야此를呼吸ᄒᆞ고生存ᄒᆞᄂᆞ니然則大氣ᄂᆞᆫ何物인고地球를包圍ᄒᆞᆫ가스(氣)体圈이니吾人眼目에ᄂᆞᆫ보이지아니홈으로已往에ᄂᆞᆫ大氣라稱ᄒᆞ면知者가鮮少ᄒᆞ엿스나容易히實見코져ᄒᆞ면手를伸ᄒᆞ야急ᄉᆞ振動ᄒᆞ여보라무숨不見의一種氣体가手에感觸홀지니此가大氣의現象이며普通風이라ᄒᆞᄂᆞᆫ것도實은大氣의流動에서生ᄒᆞᄂᆞᆫ것이니大氣ᄂᆞᆫ極히輕ᄒᆞᆫ氣体나또ᄒᆞᆫ相當ᄒᆞᆫ重量이有ᄒᆞᄂᆞ니라

今에此大氣를比喩ᄒᆞ면鷄卵과如ᄒᆞ니卵黃은地球라比ᄒᆞ면卵白은大氣의圈이라이圈이何處ᄭᆞ지던지無限히廣高ᄒᆞᆫ거시아니오大畧地面에서百五六十里許ᄭᆞ지止ᄒᆞ고二百五六十里以上에ᄂᆞᆫ거의痕跡도無ᄒᆞ다云ᄒᆞ나엇던學者ᄂᆞᆫ流星觀測으로七八百里以上ᄭᆞ지高存ᄒᆞ다云ᄒᆞᄂᆞᆫ데五六十里만空際로上去ᄒᆞ여도漸次稀薄ᄒᆞ여稀薄ᄒᆞᆫ木綿을重積ᄒᆞᆫ것과恰似ᄒᆞ고上方의重力에被壓되여下方일ᄉᆞ록濃密ᄒᆞ고上方일ᄉᆞ록粗薄하야護謨球를水中에打入홀지라도直時浮上홈과곳치大氣보다輕ᄒᆞᆫ物体ᄂᆞᆫ大氣中에서곳浮上ᄒᆞᄂᆞ니뎌輕氣球의飛上ᄒᆞᄂᆞᆫ理由가此에서出ᄒᆞᆫ거시라其搆造를暫間드른즉大球를絹布로作ᄒᆞ야蠟으로써布目을塗盡ᄒᆞ고그中에ᄂᆞᆫ輕ᄒᆞᆫ가스(氣)를引入ᄒᆞ고其下에乘輿를掛懸ᄒᆞ야其中에乘ᄒᆞ면機械의指揮를從ᄒᆞ여天空에浮上ᄒᆞᆫ다ᄒᆞ니此를始作ᄒᆞᆫ者ᄂᆞᆫ誰뇨今브터七百餘年前에西洋人몬드골ㅣ필이라云ᄒᆞᄂᆞᆫ人의兄弟가創始ᄒᆞᆫ바

요此輕氣球에對ᄒᆞ야種々의有滋味ᄒᆞᆫ니야기가有ᄒᆞ며

此大氣全体를擧論ᄒᆞ지아니ᄒᆞ고一部만擧論ᄒᆞ면空氣라稱ᄒᆞ나그러나大氣空氣가別物이아니오全同ᄒᆞᆫ것인ᄃᆡ다만全体와部分의差만有ᄒᆞᆯᄲᅮᆫ이로다

西曆一千六百八年에伊太利펜시라ᄒᆞᄂᆞᆫ地方에도리세리라稱ᄒᆞᄂᆞᆫ人이有ᄒᆞ니其父親은일ᄶᅵᆨ이逝世ᄒᆞ고叔父의周旋으로僧侶의게敎를受ᄒᆞ엿스나生來數學物理學에天才라此에關ᄒᆞᆫ學問을修코져ᄒᆞ야二十歲에當時學問의中心點되ᄂᆞᆫ首府羅馬에遊學ᄒᆞ야有名ᄒᆞᆫ푸로렌스大學者ᄭᅡᆯ닐레오의弟子가되엿더니ᄭᅡᆯ닐레오大學者가長逝ᄒᆞ미羅馬에歸來코져ᄒᆞ든ᄎᆞ에불셔其名聲이世上에傳播ᄒᆞ여푸로렌스中學數學敎師로推撰되다此일ᄶᅵᆨ히猛烈ᄒᆞᆫ研究로現今世界萬國에功用되ᄂᆞᆫ폼푸(무자웨)를深井에設掛ᄒᆞ고水를汲上코져ᄒᆞᆯ시三丈三尺의高ᄭᅡ지ᄂᆞᆫ水가上ᄒᆞ되其以上에ᄂᆞᆫ上來치아니ᄒᆞᆷ을보고異常히녀여ᄭᅡᆯ닐러오先生의게其理由를尋問ᄒᆞᆫ즉如許ᄒᆞᆫ大學者도分明히아지못ᄒᆞᆷ으로다만「大氣ᄂᆞᆫ眞空을嫌疑ᄒᆞᆷ으로然ᄒᆞ다」ᄂᆞᆫ對答ᄲᅮᆫ이라도리세리ᄂᆞᆫ此로ᄡᅥ滿足히아지아니ᄒᆞ고이ᄂᆞᆫ重數잇ᄂᆞᆫ大氣의壓力을由ᄒᆞᆷ이라ᄉᆡᆼ각ᄒᆞ고ᄯᅩ自度ᄒᆞ기를그러면水보다十三倍半이重ᄒᆞᆫ水銀은管中에서三丈三尺의十三分의一、即二尺五寸ᄲᅮᆫ以上에ᄂᆞᆫ上昇치아니ᄒᆞᆯ터이로다ᄒᆞ고一端이閉塞ᄒᆞᆫ三尺硫璃細管을取ᄒᆞ여水銀을充滿히ᄒᆞ고다른水銀을盛ᄒᆞᆫ器中에倒立ᄒᆞ미水銀이少下ᄒᆞ야管中上部에空所를殘餘ᄒᆞ여그高가二尺五寸ᄶᅳᆷ되ᄂᆞᆫ곳에止ᄒᆞᄂᆞᆫ지라비로소正確히實驗ᄒᆞᆫ後에水가管中에上ᄒᆞᆷ은大氣의

壓力으로因ᄒᆞᆷ인ᄃᆡ三丈三尺外에ᄂᆞᆫ上昇치아니ᄒᆞᄂᆞᆫ거시나水銀이二尺五寸外에더上昇치아니ᄒᆞ난거시나數十里되ᄂᆞᆫ大氣의壓力이나作用은同一ᄒᆞᆫ것으로確定ᄒᆞ엿더라

如此히大氣의性質을解悉ᄒᆞᆫ後에此에關ᄒᆞᆫ學問이漸々益進ᄒᆞ야輕氣球等이生ᄒᆞᆫ以來로一層解析ᄒᆞ기容易ᄒᆞ얏스니엇던輕氣球乘者가秋九月初旬頃에九萬立方尺의石炭ᄭᅡ쓰(空氣의重量의三分之一가량)와各種物件의重七千兩重數되ᄂᆞᆫ輕氣球에乘ᄒᆞ고올나갈ᄉᆡ三十九分後에ᄂᆞᆫ二万千尺高處에達ᄒᆞ니其時溫度가零度以下十度요五十分後에ᄂᆞᆫ二万六千二百尺高處에達ᄒᆞ니其時溫度ᄂᆞᆫ一層更下ᄒᆞ야零度以下十五度가되고五十二分後에ᄂᆞᆫ二萬九千尺高處에至ᄒᆞ니溫度ᄂᆞᆫ零度以下十六度라其以上에ᄂᆞᆫ寒氣愈激ᄒᆞ고大氣愈薄ᄒᆞᆷ으로乘者가正氣를失ᄒᆞᄂᆞᆫ境遇를當ᄒᆞ엿다ᄒᆞ오

此大氣의壓力이地面에서ᄂᆞᆫ水銀柱二尺五寸쯤 (仔細히말ᄒᆞ면海面서브터七十六센티米突의高ᄭᅡ지니此를一氣壓이라云ᄒᆞᆷ)이나놉하질ᄉᆞ록漸次減損ᄒᆞ며其ᄲᅮᆫ아니라外他種々別々의理由로時時刻々의變異가生ᄒᆞᄂᆞ니이ᄂᆞᆫ水가地面에서恒常蒸發ᄒᆞᆷ을因ᄒᆞᆷ이요이水蒸氣ᄂᆞᆫ大氣보다輕ᄒᆞᆷ으로大氣中에水蒸氣가多量含存ᄒᆞ면大氣의壓力이減少됨을因ᄒᆞ야水銀柱의놉히도ᄯᅩᄒᆞᆫ減少될거시오만일大氣中에水蒸氣가多ᄒᆞᆯ時에溫度가降下ᄒᆞ면此水蒸氣ᄂᆞᆫ直地凝結ᄒᆞ여雨가되ᄂᆞ니此ᄂᆞᆫ降雨의前徵으로見ᄒᆞᆷ이可ᄒᆞᆯ더히오此와反對로水銀柱가漸次上昇ᄒᆞᄂᆞᆫ거ᄉᆞᆫ水蒸氣가減少ᄒᆞᆷ인즉晴朗의前兆로見ᄒᆞᆷ이可ᄒᆞᆯ지니此水銀柱로雨의晴否를測量ᄒᆞᄂᆞᆫ器械를晴雨計라云ᄒᆞ고硫璃管上

部空處에는何等氣物도無홈으로發見者의名을依ᄒᆞ야도리셰리眞空이라ᄒᆞ고此管을도리셰리의管이라ᄒᆞ오

地文學講談 (二)

研究生

世界文明이發展됨을좃치今日은三尺童子라도地球의形体가球形을成ᄒᆞ여잇는줄을確信ᄒᆞ거니와暫間古代를溯憶ᄒᆞ면東西洋人이거의相同의學說을主唱ᄒᆞ엿ᄂᆞ니東洋인즉曰天圓地方이라ᄒᆞ고泰西에도希臘國호ㅣ마ㅣ와밋쎄헤솟드時代에는世界는圓盤狀이되여잇고其周圍에는水가卷圍ᄒᆞ고其上에天球는張幕狀態로廣張ᄒᆞ엿는줄노思解ᄒᆞ엿더니距今二千餘年前에有名ᄒᆞᆫ學士피자골나스가地球々形說을始唱ᄒᆞ다가多數의僧侶들이極히反對홈으로其後에는多大ᄒᆞᆫ排斥을受ᄒᆞ야거의全廢의境에過ᄒᆞ엿스며中古時代에至ᄒᆞ야亞刺比亞學者가球形說을再唱ᄒᆞ며德國高名ᄒᆞᆫ僧侶고벨늬쓰가그事實을證據ᄒᆞ야世上에公然發表ᄒᆞ엿ᄉᆞ니이는現今行用地理書에도揭備ᄒᆞᆫ거시有ᄒᆞᄀᆞᆺ치帆船이海上遠距離에在ᄒᆞᆯ時는帆檣만見ᄒᆞ다가漸次近距離에在ᄒᆞ면船体ᄭᆞ지現ᄒᆞᆫ다홈이라

然則地球가大体上球形인줄노確知ᄒᆞ나實은兩極이梢平ᄒᆞᆫ楕圓形이라英國物理學者뉴ㅣ톤이物理學方面으로始唱ᄒᆞᆫ바니이는十七世紀佛蘭西國王路易第十四世가페루트라브린드에派遣ᄒᆞᆫ學者의實測으로確定ᄒᆞᆫ바요

地球는實測을依ᄒᆞ는以外에는此를解知키

未能ᄒᆞ며또實測에는必然코幾小의差異가生홈으로地球의体大를枚擧ᄒᆞᆫ數字도實測者를從ᄒᆞ야差異가又有ᄒᆞᄂᆞ니大抵地球의体大를絕對的正確히鮮知키는到底히不可能의事라五十餘年前에벳셀이當時에는最上精密ᄒᆞᆫ實測이라評嘖ᄒᆞ든計算으로赤道의半經을六百三十七萬七千三百九十七米突이요兩極의半經을六百三十五萬六千七十九米突이오地球의極에平度를二百九十九分의一로測算ᄒᆞ엿더니距今十余年前에할크네스가發表훌바最近計算은赤道의半經이六百三十七萬七千九百七十二米突이요兩極의半經이六百三十五萬六千七百二十七米突이며極에平度가三百分之一이라ᄒᆞ니兩計算의差가地球의体大에比ᄒᆞ면實은些少ᄒᆞᆫ거시오우리尺度로換算ᄒᆞ면不過二千四百尺의差며할크네스의計算을우리尺數로換算ᄒᆞ면左와如ᄒᆞ니

赤道의半經은二一〇四四四八尺(木尺)

兩極의半經은二〇九七七三五二尺(木尺)

地球以上에는蒼天이空球狀으로覆載ᄒᆞ엿고太陽과其他星宿는每日東으로브러西方으로轉向ᄒᆞᄂᆞᆫ樣子를作ᄒᆞ여잇ᄉᆞ니이는地球가스ᄉᆞ로西에서東으로自轉홈을因홈이요太陽과星宿는動치아니ᄒᆞᄂᆞᆫ것이라그러나上古人들은亦是太陽과星宿가動ᄒᆞᄂᆞᆫ줄노싱각ᄒᆞ엿더니中古에至ᄒᆞ야고베루닉스가地動說을主唱ᄒᆞ야地動說新書를新著ᄒᆞ야世界에紹介ᄒᆞ니此는地文學의中興時代라其結果로今日에來ᄒᆞ여서는一人이라도此를疑훌者업시되엿ᄉᆞ니科學界에는無上훌幸福이나그러나實際의證據를立ᄒᆞ야世人이肯首훌마큼信認케ᄒᆞᆫ것은一千八百五十一年에佛國巴里京에서施行ᄒᆞᆫ振子試驗

이라이는簡單히말ᄒᆞ면在와如ᄒᆞᆫ理致니몬저平坦ᄒᆞᆫ圓板의緣邊二個相對向의直竿을直立ᄒᆞ고그二上端은橫竿으로結付ᄒᆞ고그中心으로브터絲繩을垂下ᄒᆞ고線의끗헤는鉛球를附懸ᄒᆞ면그球는圓板의中心을向ᄒᆞ여眞直으로垂下될지라이졔그鉛球를근ᄃᆞ리면球는前後로振動ᄒᆞ야其方向이언졔든지결코變更치아니ᄒᆞ고또其下方의圓板을鉛直線이垂下ᄒᆞᆫ點即中心點으로軸을숨고徐々히回轉ᄒᆞ면上方의橫竿은隨回ᄒᆞ나球의振動ᄒᆞᄂᆞᆫ方向은그냥原本의方向을維持ᄒᆞ려ᄒᆞᄂᆞ니지금假令甚長ᄒᆞᆫ振子를北極이나南極에持去ᄒᆞ여此處에서此를振動될줄노想像ᄒᆞᆯ지라元來振子의振動方向（振動面）은前記와如히不變ᄒᆞᄂᆞᆫ것이나만일地球가自轉ᄒᆞᄂᆞᆫ것이면振動面은二十四時間에東에서西으로地盤을一週ᄒᆞᆯ터히니이는實狀振動面이一週ᄒᆞᄂᆞᆫ것이아니오地球가一週하ᄂᆞᆫ것이나그러나吾人은地球의運動을感知치못ᄒᆞᄂᆞᆫ고로振動面이一週ᄒᆞᄂᆞᆫ것ᄀᆞᆺ치보히ᄂᆞᆫ것이오또吾人이南北兩極의極點에行到ᄒᆞ기ᄂᆞᆫ不能의事實이나그러나其他의點地에서도極의遠近을從ᄒᆞ야多少振動面이周回ᄒᆞᆯ것은疑違가無ᄒᆞᆯ거시미吾人은此로써幾十度緯度에서는얼마나周回ᄒᆞᆫ것을計算ᄒᆞ야得ᄒᆞᄂᆞᆫ바며또此를實驗ᄒᆞᆫ結果로比見ᄒᆞᆯ지라도秋毫도相違됨이無ᄒᆞᄂᆞ니이로말미암아地球는自轉体됨을測知ᄒᆞᆫ바라날족히佛國巴里京에서도此를實驗ᄒᆞ엿고其後德國에서도實驗ᄒᆞᆯ식놉흔寺院에서長이一百五十尺되ᄂᆞᆫ振子를用ᄒᆞᄂᆞᆫᄃᆡ振子의下球ᄂᆞᆫ尖錐形을作ᄒᆞ여振動ᄒᆞᄂᆞᆫ向作을其下方의細砂에印象케ᄒᆞ니라

理科講談（二）（小學教員叅考）

浩然子 譯

殖林

要項 森林의功用은極히廣大홈
森林의繁殖과保護의必要

教授 元來材木을作成ᄒᆞ는處所는森林이라一地方에만일森林이無ᄒᆞ면家屋을建ᄒᆞ고橋梁을架홈에他地方材木을要ᄒᆞᆯ터히오國에만일森林이乏ᄒᆞ면他國에서購來치아니치못ᄒᆞᆯ지니他鄕他國에서材木을購入ᄒᆞ면그價額의騰貴는可히預定ᄒᆞᆯ지라故로世界萬國이다殖林으로要務를숨ᄂᆞ니라

特別히德國人은田陌間의小空地라도餘地업시森林의增殖을先務ᄒᆞ미一次彼國에遊覽ᄒᆞ는者는敢히嘆賞치아니ᄒᆞᆯ者가업다ᄒᆞ니此가엇지材木만爲홈이랴果然種々의功用이有ᄒᆞ나一々히枚擧키未遑ᄒᆞ리로다

第一森林은氣候를調和홈

土地에森林이無ᄒᆞ면寒暑共烈ᄒᆞ야人의生活만不利케ᄒᆞᆯ뿐아니라農業上에莫大ᄒᆞᆫ損害影響이有ᄒᆞᆯ지니假令沙漠地方으로말ᄒᆞ면日中의光線을掩遮홈이업ᄉᆞ미晝間에는極暑가되고深夜에는熱의放散을遮掩홈이업서極寒이되ᄂᆞ니然則殖林은人工으로氣候를和ᄒᆞ는最良의方法이라可謂ᄒᆞ리로다

（注意）夏日林間에淸凉風이有홈은確然ᄒᆞᆫ事實이니兒童의게반다시實驗ᄒᆞᆯ거시오또冬日繁霜의早朝에深林下에在ᄒᆞᆫ草만特別히霜이無ᄒᆞᆫ것도實驗ᄒᆞᆯ거시오其他同一의例를擧言ᄒᆞᆯ거시라

第二森林은降雨를多케홈

雨量을多含ᄒᆞᆫ거슨雲인ᄃᆡ雲이山에서生홈은山의樹木이此를生홈이니禿山（樹木업

는山）에는到底히未能ᄒᆞᆯ지라故로全國이다禿山이면其國에降雨가少ᄒᆞᆷ은더사히라沙漠에降雨가無ᄒᆞᆷ으로써可히証據ᄒᆞᆯ지라然則降雨를多케ᄒᆞ고저ᄒᆞ면몬저殖林을要務ᄒᆞᆯ거시니此는間接으로農業을助成ᄒᆞᆷ이로다

第三森林은洪水를豫防ᄒᆞ고水源을作ᄒᆞᆷ

森林의枝葉이無數히多ᄒᆞᆷ과如히地中에縱橫蔓延된新舊大小의根이亦是無數叢多ᄒᆞ고森林下에는堆積ᄒᆞᆫ落葉과蘇苔가亦是無數積多ᄒᆞ미此枝葉、根、落葉、蘇苔等이含水多大ᄒᆞᆷ으로써大雨가有ᄒᆞᆯ지라도一時에流出됨이업고通常雨量의折半은滲留ᄒᆞᄂᆞ니故로洪水의害를豫防ᄒᆞᆯ거시水害를全避치는못ᄒᆞ되減少케ᄒᆞᆯ거시요또此뿐아니라그滲留되者가有ᄒᆞᆷ으로써假令每日若干의水量을蒸發ᄒᆞ며幾許의水分을川海로流送ᄒᆞᆯ지라도多日間에其水分을全失치아니ᄒᆞᄂᆞ니故로旱魃이月을過ᄒᆞᆯ지라도森林에서流出ᄒᆞ는泉源은卒然히涸盡치아니ᄒᆞᆯ거슬可度ᄒᆞ리로다

（注意）森林을濫伐ᄒᆞᆫ後에洪水의害가有ᄒᆞᆫ實例며同地方에在ᄒᆞ거든此를반ᄃᆞ시問ᄒᆞᆯ거시오兒童이만일不知커든仔細히說明ᄒᆞ라

森林의功用이直接間接으로吾人의게多大ᄒᆞᆫ利益을與ᄒᆞᆷ이大約이ᄀᆞᆺᄒᆞ니그런즉山野는雜草의繁殖一任치말고數步의餘地라도土地에適當ᄒᆞᆫ樹林를殖ᄒᆞ야森林의增殖을德國과如히先務키를切望ᄒᆞ오

（注意）肥沃ᄒᆞᆫ田地에樹林를植ᄒᆞ라ᄒᆞᆷ이아니오果樹及桑麻穀物等의不作되는土地가荒蕪ᄒᆞᆫ處이有ᄒᆞ거든거긔는樹林를植ᄒᆞ게ᄒᆞᆷ이오殖林을重히녁여他農業을

輕히ᄒᆞ라ᄂᆞᆫ等語ᄂᆞᆫ一切업게ᄒᆞ기를注意ᄒᆞ라

森林을增殖ᄒᆞᆷ은根本브터必要ᄒᆞᆫ거시나現在의森林을愛護ᄒᆞ고濫伐을嚴禁ᄒᆞᆯ거시며假令材木價가騰貴ᄒᆞᆯ지라도相當ᄒᆞᆫ成木이되기前에ᄂᆞᆫ一時의小利에迷暗되여此를伐木ᄒᆞᄂᆞᆫ일이업도록ᄒᆞ고만일成木을斫伐ᄒᆞᆫ後에ᄂᆞᆫ다시苗木을植付ᄒᆞ고恒常枯木을除去ᄒᆞ고下野를졔ᄒᆞ며野火를不入ᄒᆞ도록防禦ᄒᆞ고害虫의驅除를計劃ᄒᆞ야苗木의生育을助護ᄒᆞ고森林의繁茂를必謀ᄒᆞᆯ지라

應用一　山林은官有民有를勿論ᄒᆞ고其附近에서雜草를燃燒치말게ᄒᆞ되時히風日에ᄂᆞᆫ此를嚴禁ᄒᆞᆯ거시라

二　森林에서鳥獸를獵得ᄒᆞᆯ時에ᄂᆞᆫ禁虫鳥를誤殺치안토록注意ᄒᆞ라森林의害虫驅除ᄂᆞᆫ此等을利用ᄒᆞᄂᆞᆫ外에別方이更無ᄒᆞ나라

三　苗木은種類를撰擇ᄒᆞᆫ이可ᄒᆞᆯ지니良種을特別히其適當ᄒᆞᆫ土地에植付ᄒᆞ면枯凋의弊가無ᄒᆞ고成長이頗速ᄒᆞ니라

「附記」森林의功用

(가)森林은土砂의崩潰를扞止ᄒᆞᆷ

(나)森林은空氣를淸潔케ᄒᆞᆷ

(다)森林은오손(酸素가合ᄒᆞ야된氣体)을生ᄒᆞ여空氣中에有害機物을殺ᄒᆞᆷ

注意、殖林에關ᄒᆞᆫ知識을十分敎授ᄒᆞᆯ必要가有ᄒᆞᆫ地方에ᄂᆞᆫ一週間에三四時間을充ᄒᆞ라

天文學講話 (一)

仰天子

第一天文學의由來

天文學이라는語는希臘國方言으로星의規則이라ᄒᆞᄂᆞᆫ意義니最古時代브터開展ᄒᆞᆫ學問이라古代를溯考컨ᄃᆡ太古遊民들이蒼空之下에서晝夜를不分ᄒᆞ고生息ᄒᆞ며或은遊牧을營存ᄒᆞᄂᆞᆫ際에自然히그燦爛ᄒᆞᆫ光体를注視ᄒᆞ며運轉을觀察ᄒᆞ야畢竟은今日의天文學基礎를搆成ᄒᆞ엿고ᄯᅩ他方으로觀ᄒᆞ면旅行이나移住나航海에一種의目標로大空의光体가自然히注視되여人智가增進ᄒᆞᄂᆞᆫᄃᆡ로그必要가愈增ᄒᆞ고그觀察이益精ᄒᆞ야畢也今日의天文學ᄭᆞ지進達ᄒᆞᆫ者인듯ᄒᆞ며歷史上으로觀ᄒᆞ건ᄃᆡ天文이最先觀測된者ᄂᆞᆫ現今페ㅣ시아(波斯國)國칭ᄯᅳ리스河와유ㅣ프렛河間에서西曆紀元前二千三百年頃에最盛ᄒᆞᆫ갈ᄯᅦ아國인듯ᄒᆞᆫᄃᆡ支那歷史를觀ᄒᆞᆫ즉西歷紀元前二千年頃에顓頊高陽氏가歷象을定ᄒᆞ엿스니然則天文觀測은太古時代에行ᄒᆞᆫ줄노思ᄒᆞᆯ지라그러면갈ᄯᅦ아와支那兩國中에는其先後를詳考키難ᄒᆞ고其次는에집트(埃及)인듯ᄒᆞ니傳來歷史家의說을據ᄒᆞ건ᄃᆡ그建國이非常古舊될ᄲᅮᆫ아니라其地勢에廣漠ᄒᆞᆫ原野와平原沙漠等이多ᄒᆞᆫ故로萬里의眼을遮ᄒᆞᆷ이無ᄒᆞ고다만暎照ᄒᆞᄂᆞᆫ거ᄉᆞᆫ大空의天象ᄲᅮᆫ인고로自然과天文觀測을促進ᄒᆞᆫ듯ᄒᆞ며엇던傳語를據ᄒᆞᆫ즉이나라의天文學者들은天文觀測에非常히熱中ᄒᆞ야夜間에天体를凝視ᄒᆞ면셔進就ᄒᆞ다가足下深井에沒落ᄒᆞᆫ者가有ᄒᆞ다ᄒᆞ니同國에天文學이盛ᄒᆞ엿든거ᄉᆞᆫ此一事로도足히想像ᄒᆞᆯ거시라만은當時에는精密ᄒᆞᆫ器械가

無ᄒᆞᆷ으로早開ᄒᆞᆫ天文觀測이精確지못ᄒᆞᆫ結果를得ᄒᆞ엿도다

第二　宇宙의組立

(가)宇宙의星宿, 靜夜에天空을仰看ᄒᆞ면萬目이都是星宿요더옥望遠鏡으로窺測ᄒᆞ면其數가一層多ᄒᆞ고좀더큰望遠鏡을用ᄒᆞ면非常히增多ᄒᆞ야實狀無數히뵈이거니와望遠鏡은有限의物鏡이미其外에도星數가尙多ᄒᆞᆯ거시며또光彩가吾人眼中에入來ᄒᆞ지아니ᄒᆞᆷ으로써宇宙의星數는全粹히想像外에在ᄒᆞᆫ거시라云ᄒᆞᆯ거시며光의速度는本來非常히迅大ᄒᆞ야一秒間에十八万五千英里를進行ᄒᆞᄂᆞ니宏大ᄒᆞᆫ望遠鏡이如許ᄒᆞᆫ速度로光을進ᄒᆞᆯ지라도우리地球ᄭᆞ지達ᄒᆞ기에六万年을經ᄒᆞᆯ遠距離에在ᄒᆞᆫ星ᄭᆞ지窺見ᄒᆞᆷ을得ᄒᆞᆯ지니其中間에는星宿아닌거시無ᄒᆞᆯ지라그러면星數는如何히叢多ᄒᆞ며宇宙는如何히廣大ᄒᆞᆫ고

(나)星宿의系統　宇宙에는星宿가如許히雜多ᄒᆞ나다互相의引力을因ᄒᆞ야牽制되여各々系統을成ᄒᆞ엿ᄂᆞ니其形象을싱각컨ᄃᆡ其中央에는우리太陽ᄀᆞᆺᄒᆞᆫ星이有ᄒᆞ고其周圍에는我地球와如ᄒᆞᆫ星球들이回環ᄒᆞ고또其中央星은周圍의遊星을率ᄒᆞ고다시他一定點의周圍를回環ᄒᆞᄂᆞ니더夜中에燦爛ᄒᆞᆫ光輝를發ᄒᆞ는星이다우리太陽과同類의星이라謂之恒星이라ᄒᆞ고우리地球와如ᄒᆞᆫ星은一個도光彩를自放치못ᄒᆞ고다만太陽빗을借光ᄒᆞ야宇宙에返照ᄒᆞᆯ섇이니此는謂之遊星이요遊星에는更一層젹은小星이附屬ᄒᆞ여우리地球에太陰(月)과如히主星의周圍를回環ᄒᆞᄂᆞ니此는謂之衛星이라

第三　太陽系統

其一　太陽

(甲)太陽系統의由來、 太陽系統은中心에太陽이有ᄒᆞ고其周圍에ᄂᆞᆫ八箇의遊星과四百에近ᄒᆞᆫ小遊星과外에慧星이라稱ᄒᆞᄂᆞᆫ一種의星이繞回ᄒᆞ고其外二十個衛星이遊星의周圍를繞迴ᄒᆞᄂᆞᆫ거신ᄃᆡ뎌럿ᄐᆞᆺᄒᆞᆫ事實은一朝一夕에確定ᄒᆞᆫ것이아니오長久ᄒᆞᆫ年月을要ᄒᆞᆫ後에야비로소一般準信ᄒᆞᆷ에至ᄒᆞᆫ거시라

地球와他遊星이太陽의周圍를繞回ᄒᆞᆫ다ᄂᆞᆫ事實은西歷紀元前五百年頃에希臘國大理學者피다ᄭᅩ라스가始唱ᄒᆞ엿스나그外觀은全然反殊ᄒᆞ야太陽과其他天体가東에셔브터西으로地球를서回ᄒᆞᄂᆞᆫ것인ᄃᆡ當時人々이다此를準信치아니ᄒᆞ고地球가모든天体의中心에位在ᄒᆞᆯ줄노思ᄒᆞ엿더라아포로니우쓰라稱ᄒᆞᄂᆞᆫ天文學者ᄂᆞᆫ諸天体가다太陽으로中心을ᄉᆞᆷ고그周圍를繞回ᄒᆞ며ᄯᅩ太陽은各星을率ᄒᆞ고我地球의周圍를繞回ᄒᆞᆫ다云ᄒᆞ엿고ᄯᅩ에집트天文學者트레미ᄂᆞᆫ云ᄒᆞ기를宇宙ᄂᆞᆫ幾多의中空球로成立ᄒᆞ고此中空球들은各々重合ᄒᆞ여其各球에太陽、衛星、遊星及其他諸天体가相對ᄒᆞᆫ中心에我地球가存在ᄒᆞ미各球ᄂᆞᆫ各天体를擔負ᄒᆞ고我地球의周圍를二十四時間에每常東에셔西으로回轉ᄒᆞ며ᄯᅩ各球ᄂᆞᆫ結晶質인고로잘透明ᄒᆞ여內部의球가外部의天体를遮ᄒᆞ지못ᄒᆞᆫ다論ᄒᆞ엿ᄉᆞ니此ᄂᆞᆫ十六世紀頃에盛行ᄒᆞᆫ學說이라더有名ᄒᆞᆫ푸로시아大天文學者고페루닉스가出ᄒᆞ여其迷信을轉覆ᄒᆞ고피다ᄭᅩ라스의說을復活시켜眞理를發揮ᄒᆞ니氏ᄂᆞᆫ푸로웽셴루이의앗트렌슈타인의住宅을根據ᄒᆞ고二十四年間寢食을忘却ᄒᆞ고天体의運動을觀測ᄒᆞ야一千五百三十年에有名ᄒᆞᆫ天体論을完成ᄒᆞ엿스나迫害를

恐懼ᄒᆞ야長久히密藏ᄒᆞ엿드니友人의勸告를從ᄒᆞ야千五百四十三年에비로소出版ᄒᆞ니其當時에ᄂᆞᆫ贊成을未得ᄒᆞ고伊太利大物理學者ᄭᅡᆯ닐레오가出世ᄒᆞᆫ以後에야漸次確實히立定ᄒᆞ니라

ᄭᅡᆯ닐레오ㅣ當時에流行ᄒᆞᄂᆞᆫ望遠鏡을改良ᄒᆞ야實物의三十二倍가되게製造ᄒᆞ고此를用ᄒᆞ야天体의運動을觀測ᄒᆞ며고페루닉스의學說을確正ᄒᆞ엿스나固陋ᄒᆞᆫ學者ᄂᆞᆫ無非此에反對라ᄭᅡᆯ닐레오가木星의四衛星發見ᄒᆞᆫ거ᄉᆞᆯ發表ᄒᆞ미彼等은捨而非定ᄒᆞ엿스며當時푸로렌스府에一天文學者의자미잇ᄂᆞᆫ니야기가有ᄒᆞ니曰吾人頭上에ᄂᆞᆫ兩眼二耳와鼻孔及口의七個竅가有ᄒᆞ고

ᄯᅩ金屬에ᄂᆞᆫ金、銀、銅、鉄、鉛、錫、亞鉛의七金屬이며一週에ᄂᆞᆫ七日ᄲᅮᆫ인즉遊星도亦是七個ᄲᅮᆫ이라水、金、火、木、土、日、月의七星의數가已爲充分ᄒᆞ엿다ᄒᆞ야ᄭᅡᆯ닐레오의發見ᄒᆞᆫ四衛星을虛說노歸送ᄒᆞ여ᄉᆞ니知識이未開ᄒᆞ면怪論이生ᄒᆞᆷ은自古로定來ᄒᆞᆫ事實이로다

(未完)

養鷄說 (前號續)

金鎭初

○鷄의種類

鷄ᄂᆞᆫ動物學上에脊推動物의鳥類中有胸起類中의鷄族의一이라其形質에諸種이有ᄒᆞ야現今에ᄂᆞᆫ其一般히通ᄒᆞᄂᆞᆫ一定의形質을擧ᄒᆞ기甚難ᄒᆞ나然이나玆에其特殊ᄒᆞᆫ點을擧ᄒᆞ면左와如ᄒᆞ니

頭上에ᄂᆞᆫ鷄冠을必項ᄒᆞ니此에二種이有ᄒᆞᆫ데一은肉이隆起ᄒᆞᆫ것인ᄃᆡ이를肉冠이라稱

ᄒᆞ고他ᄂᆞᆫ羽毛를蒙ᄒᆞᆫ것인ᄃᆡ이를毛冠이라
稱ᄒᆞᄂᆞ니라
嘴。ᄂᆞᆫ甚히堅强ᄒᆞ고多少彎曲ᄒᆞ야地面을搔
散ᄒᆞᄂᆞᆫ習性이有ᄒᆞ고
下顋에ᄂᆞᆫ通常肉髯。이有ᄒᆞ나或은肉髯이無
ᄒᆞ고鬚를有ᄒᆞ며
脚。은强大ᄒᆞ야能히走ᄒᆞ며爪ᄂᆞᆫ二種이有ᄒᆞ
야裸ᄒᆞᆫ者와羽毛를被ᄒᆞᆫ者가有ᄒᆞᆫᄃᆡ雄은距
를有ᄒᆞ고
尾。ᄂᆞᆫ恒常十四個의尾羽를有ᄒᆞᆷᄃᆡ雄은更히
其上에長大ᄒᆞᆫ者를有ᄒᆞ며
雌。雄。의區別은判然ᄒᆞ야雄은雌ᄇᆞ다羽毛가
鮮明ᄒᆞ고体形이太大ᄒᆞ야音聲도亦大ᄒᆞ며
恣勢가優勝ᄒᆞᄂᆞ니라
凡動物은人爲陶汰自然陶汰의結果를由ᄒᆞ
야其形質을變異ᄒᆞᆷ이甚ᄒᆞᆫ故로原種쌘궤鷄
로부터其境遇의異ᄒᆞᆷ을從ᄒᆞ야漸次變化ᄒᆞ
야終乃今日과갓치多數의品種을生ᄒᆞᆷ에至
ᄒᆞᆫ거시라

△鷄의分類

鷄를分類ᄒᆞᄂᆞᆫ標準은許多ᄒᆞ나玆에其主要
되ᄂᆞᆫ것을擧ᄒᆞ면大凡左와如ᄒᆞ니
(一)其種類成立된地로써分類ᄒᆞᄂᆞᆫ事
(二)其形体의大中小와羽毛의色澤과用道
의如何(肉用鷄卵用雞)로써分類ᄒᆞᄂᆞᆫ事
(三)尾骨의有無와脚趾의數와脚에羽毛의
有無와鷄冠、鷄髯의形質과羽毛의形狀等
으로써分類ᄒᆞᄂᆞᆫ事
右와如히分類의標準이多有ᄒᆞᆷ과곳치鷄ᄂᆞᆫ
其生活의境遇를由ᄒᆞ야形質이甚히變化ᄒᆞ
기易ᄒᆞ야其種類가現今과곳틀뿐만아니라
將來에漸々其種類가增加ᄒᆞᆯ바니分類가더
욱困難ᄒᆞᆯ이로다玆에地域의分類法으로써
其重要ᄒᆞᆫ種類를擧ᄒᆞ면

鷄의形態

1 鷄冠	3 肉髯	5 頸羽	7 背	9 簑羽	11 覆尾羽	13 翼肩	15 副翼	17 胸骨之尖端	19 膝節	21 距
2 顔面	4 耳朶	6 胸	8 鞍羽	10 謠羽	12 尾羽	14 覆翼羽	16 主羽	81 腿	20 脛即脚	22 趾及爪

(一)亞細亞鷄類 此類의主要되ᄂᆞᆫ者ᄂᆞᆫ「고ㅣ진」「랑구샹」「부라마」烏骨鷄、長尾鷄等이오

(二)英國鷄類 此類의主要되ᄂᆞᆫ者ᄂᆞᆫ「로ㅣ깅구」「한바ᄭᅮ」等이오

(三)地中海沿岸鷄類 此類의主要되ᄂᆞᆫ者ᄂᆞᆫ「미놀ᄭᅡ」「안달샹」「스파닛시」「렉구혼」等이오

(四)法國鷄類　此類와主要되ᄂᆞᆫ者ᄂᆞᆫ「구레ㅣ뷔꺼ㅣ아」「라후레ㅣ슈」「우ㅣ단」「구ㅣㄹ도밧트」等이오

(五)米國鷄類　此類의主要되ᄂᆞᆫ者「푸리모스롯그」「와이안롯트」等이오

(六)前記分類以外의雞　此中에包含ᄒᆞᆫ者ᄂᆞᆫ「포ㅣ란트」「반담」即矮雞「케ㅣ로」即鴨鷄等이라

亞細亞鷄의「고ㅣ진」은本是交趾支那에셔産出ᄒᆞᆫᄯᅳᆺ으로써고ㅣ진이라稱ᄒᆞ나然이나其實原産地ᄂᆞᆫ即支那의中部及北部요交趾支那ᄂᆞᆫ아니라体ᄂᆞᆫ肥大ᄒᆞ야充實ᄒᆞ고雞中에重ᄒᆞᆫ者니雄은高가二尺(日本尺)이오体ᄂᆞᆫ一百二十兩重乃至一百四十兩重이며雌ᄂᆞᆫ좀低ᄒᆞ야体量이限八十兩重乃至一百二十兩重許라是以로肉量이頗多ᄒᆞ고肥育이ᄯᅩᄒᆞᆫ容易ᄒᆞ니咨肉用에適當ᄒᆞᆫ雞種이라云ᄒᆞ리로다卵은一兩四五錢重可量되ᄂᆞᆫ赤褐或黃褐色者ᄅᆞᆯ一年에百箇可量式産하ᄂᆞ니다

「랑구샹」은原産地가西伯利亞의南東部、支那의北東部滿州邊等地라体長充實ᄒᆞ고其特能은粗暴ᄒᆞᆫ氣候、風土下에도잘生存ᄒᆞ며ᄯᅩ孵卵에熱心ᄒᆞ고育雛에巧々ᄒᆞ며雄은体量이一百二十兩重이오雌ᄂᆞᆫ九十兩重이며卵은赤黃或藁黃色者ᄅᆞᆯ一年에一百二十箇乃至一百六十箇可量式産出ᄒᆞ나니肉質이特히良優ᄒᆞ고肥育性이富ᄒᆞ야肉用雞에適當ᄒᆞᆫ雞種이라

「부라마」ᄂᆞᆫ其起源이不明ᄒᆞ나其名稱은西歷一千八百五十年보쓰톤에서博覽會開ᄒᆞᆯ時에越ᄒᆞᆫ것인ᄃᆡ其字義로見ᄒᆞ면印度의부라마푸ㅣ토라河岸의原産으로思做ᄒᆞ리로다体格은偉大ᄒᆞ、고充實ᄒᆞ야軀幹이畧々

四角形을成ᄒᆞ고丈도또ᄒᆞᆫ高ᄒᆞ며頭部ᄂᆞᆫ小ᄒᆞ고顏面은裸滑ᄒᆞ야鮮紅을呈ᄒᆞ며鷄冠은低ᄒᆞ야三列로되니리此雞의特能은体大ᄒᆞ야고ㅣ진에比ᄒᆞ면稍高ᄒᆞ야其体量은雄은一百二十兩重乃至一百五十兩重或一百八十兩重以上에及ᄒᆞ고雌ᄂᆞᆫ九十兩重乃至一百三十兩可量되고骨이細ᄒᆞ야肉量이多ᄒᆞ며그ᄲᅮᆫ만아니라肉質이佳良ᄒᆞ고肥腴가또ᄒᆞᆫ容易ᄒᆞ니肉用雞에適當ᄒᆞ고卵은一兩四五錢重可量되ᄂᆞᆫ赤褐色者를一年를一百二十箇乃至一百五十箇式을產出ᄒᆞ니冬에ᄂᆞᆫ產卵用雞로도適ᄒᆞ니라

烏骨雞ᄂᆞᆫ亞細亞東部의原產인ᄃᆡ羽毛ᄂᆞᆫ柔軟細裂ᄒᆞ야絹絲狀을成ᄒᆞ고其色은純白ᄒᆞᆫ것이多ᄒᆞ나黑色者도有ᄒᆞ고皮膚及骨은暗紫色을帶ᄒᆞ고肉도또ᄒᆞᆫ暗色를稍帶ᄒᆞ며趾ᄂᆞᆫ五趾라雄의体量은三十兩重可量乃至四十兩重이오雌의体量은二十五兩重乃至三十兩重可量이라恣勢ᄂᆞᆫ略々「고ㅣ진」과類似ᄒᆞ고額部前方에ᄂᆞᆫ桑實狀의肉冠을戴ᄒᆞ고後方에ᄂᆞᆫ毛冠을ᄃᆡᄒᆞ니라此鷄ᄂᆞᆫ体質이虛弱ᄒᆞ야疾病에罹ᄒᆞ기易ᄒᆞ니餇養管理上에特히注意ᄒᆞᆯ지오卵은黃色이라小ᄒᆞ고產卵數도少ᄒᆞ며肉質도暗色을帶ᄒᆞ야人厭을招ᄒᆞ니是ᄂᆞᆫ愛翫的用物이라經濟上에有利ᄒᆞᆫ雞種이아니라

長尾鷄ᄂᆞᆫ日本產이라体가細長ᄒᆞ야一見輕快ᄒᆞ며尾羽가長(一二丈餘)ᄒᆞ야愛翫을呈ᄒᆞ고体質이弱ᄒᆞ야飼養管理上에特히注意를要ᄒᆞᄂᆞ니라

恨

椒海生

蕭瑟ᄒᆞᆫ가을밤아、어이그리寂寞ᄒᆞᆫ지、無定處ᄒᆞᆫ蹌踉足을、저벅々々北窓欄頭에、올나서니、蒼茫ᄒᆞᆫ夜色은淸澄을轉至ᄒᆞ고、놉다코씨는듯ᄒᆞᆫ碧琉璃大空에秋意를滿載ᄒᆞᆫ一片雲은崇高ᄒᆞᆫ鶴羽衣로動도안코、飛치도안코、銀瓢子ᄀᆞᆺᄒᆞᆫ月光은庭前梧桐落葉池에返照ᄒᆞ야、바람물결에얼는、北方으로直走ᄒᆞᆫ一道銀河、종々종ᄒᆞᆫ글ᄌᆞ를써둔드시無限히注去ᄒᆞ고落葉堦下垂々ᄒᆞᆫ土穴에쇠唧々ᄒᆞ는蟋蟀吟은天地搖落의無限ᄒᆞᆫ感想을悲哀ᄒᆞ는듯。아々寂寞ᄒᆞᆫ가을밤아、나혼자稀迷ᄒᆞᆫ孤影을地上에倒曳ᄒᆞ면서音無川의波違에佇立ᄒᆞ야會心一句를低唱ᄒᆞ고、건너鄕山을長望ᄒᆞ니今日ᄭᆞ지寓來ᄒᆞᆫ

半生歷史가都是血淚로다大喝一聲에陰魔를咀咒ᄒᆞ면서螺拳을堅握ᄒᆞ고魔雲을拂散코저ᄒᆞ든ᄎᆞ에越便樓下暗黑ᄒᆞᆫ房中에서呻吟ᄒᆞ는소릐들니거늘怒奮ᄒᆞᆫ中에도自度ᄒᆞ되宇宙萬象森羅ᄒᆞᆫ人間社會에는날과ᄀᆞᆺᄒᆞᆫ不平客도잇ᄂᆞᆫ보다、괴악ᄒᆞᆫ、이世上아、疾苦가업자이ᄀᆞᆺ치叢多ᄒᆞ냐寡婦설음寡婦知니어ᄃᆡ相慰나ᄒᆞ여볼가ᄒᆞ여어정어정ᄂᆞ려가니慰呻吟一聲一아이구아부지一再次呼出ᄒᆞ는지라비로소皇國方言을驚愕ᄒᆞ여步數를急促ᄒᆞ야人氣를ᄎᆞ리면서、엇던兄弟인지、괴운이불평ᄒᆞ시오。그사람의顔面은未見ᄒᆞ고蟻音ᄀᆞᆺᄒᆞᆫ音聲으로「네病이좀드럿소一ᄒᆞ는對答雷聲ᄀᆞᆺ치들니는지라房안에드러서서포겟드(협囊)에잇든당성나를벽거서燭臺를搜探ᄒᆞ니一便房隅에平生掃刷도아니ᄒᆞᆫ燈皮一個가ᄯᅦ구루々石油는

文藝

一滴도無ᄒᆞ니燭火는難期로다病人곗헤가만히안저從容問病ᄒᆞᆫ즉該病人은對答은姑捨ᄒᆞ고嗚咽悲泣ᄒᆞ는音聲으로「엇던어룬이이갓흔病客을委問ᄒᆞ시오나는病든지가불서月餘인ᄃᆡ、本家에서學費가不來ᄒᆞ야빅곱흐고、치운거슨莫론ᄒᆞ고藥價一分이업서서藥한번도먹지못ᄒᆞ고病氣는內病뿐아니라全身에痛處가叢生ᄒᆞ야內外가俱痛되미이제는別數업시一死뿐이라願컨ᄃᆡ兄은余가死ᄒᆞᆫ後一碗石油나買得ᄒᆞ야炭火上에이身体를焚燒ᄒᆞ고내집에寄別이나ᄒᆞ여주소ᄒᆞ는소리悲愴던余의心懷不覺中에雙袖를젹치도다一時頃을精神업시歔泣ᄒᆞ다가病人의手를因執ᄒᆞ고細々ᄒᆞᆫ事情을詳聞ᄒᆞ니昨日이녜젹이라某年月日政變以後에撼來ᄒᆞ는憂國愁를未堪ᄒᆞ야어ᄃᆡ外邦이遊學이나ᄒᆞ여볼가ᄒᆞ고日本에渡來ᄒᆞ야어렵고힘드는語學을先習ᄒᆞ야밥달나는말이나겨우敢當ᄒᆞ겟기로某月分에某中學校第◯◯級에入學ᄒᆞ고잘ᄒᆞ든지못ᄒᆞ던지一學期試驗成績에는名色優等이라고ᄒᆞ기에余도自喜를不勝ᄒᆞ여미상불工夫에多大ᄒᆞᆫ趣味를獲取ᄒᆞ엿더니一家를監督ᄒᆞ시는내家親셔서酒鄕에陷存ᄒᆞ사學費는一分도不送ᄒᆞ고病이드럿다고寄別ᄒᆞᆯ지라도아모回答도업스미家信을頓絕ᄒᆞᆫ지가불서六七朔이라余는決코外國에서客死ᄒᆞ야一塊土를成ᄒᆞᆯ지언정처음目的은긔어得達ᄒᆞ겟슴으로猛然不動ᄒᆞ엿드니이제는病入骨髓라他餘望은一分도無ᄒᆞ외다………여보이病人의父親되신兩班이여지금이어느ᄯᆡ기에獵酒好色으로花柳烟月에醉夢을不醒ᄒᆞ는가아々可憐ᄒᆞ다昨年秋에洛陽志士扈根明이再現ᄒᆞᆷ을브려는가아모리人道의瞢昧ᄒᆞᆫ들

其親子를海外萬里에遠棄ᄒᆞ여調愛ᄒᆞᆫ倫情을鳥理로驅送ᄒᆞ고軒々ᄒᆞᆫ七尺丈夫를殊域寃鬼가되게ᄒᆞᆯ人形獸가此天之下此地之上에서寄存ᄒᆞᆫ단말가몸이國家社會에一員이되여其社會로向上的進展을未遂케ᄒᆞᆷ도吾人이先賢의게ᄂᆞᆫ大罪奴名를未免커든左況二十世紀文明ᄒᆞᆫ世界에處ᄒᆞᆫ吾人類가如此한獸性的行爲를曼行ᄒᆞᆫ단말가여보시오좀ᄉᆡᆼ각ᄒᆞ여보오落心은무엇시며絶望은무엇시뇨愚蠢ᄒᆞ여그러ᄒᆞ오幼稚ᄒᆞ여그러ᄒᆞ오無識ᄒᆞ여그러ᄒᆞ오有知ᄒᆞ여그러ᄒᆞ오言必稱我國에ᄂᆞᆫ經濟界가盡涸ᄒᆞ여顧他의餘力은無타ᄒᆞᄂᆞ니돈두엇다가ᄂᆞᆫ畢竟무엇을ᄒᆞ려고……죽은後에가지고갈터힌가社會가滅亡되고國家가危境을當ᄒᆞ여나의骨肉의親子를海外風露에化骨이될지라도나ᄒᆞᆫ자豚食暖衣로一生을지ᄂᆡ다가黃金棺槨琉璃塋에寶錦珠飾으로黃泉富客이되려ᄂᆞᆫ가國家도例外人族도例外라一世榮華가第一宦이니○○府에金幣幾萬圓을密納ᄒᆞ고○○顧問의게請囑ᄒᆞ여薄茶一鐘子만拾食ᄒᆞ면世上王侯公爵의貴榮을盡獲ᄒᆞᆫ드시阿諛婿附로正三品玉冠子兩個만借得코져ᄒᆞᆷ인가世上萬事가親愛ᄒᆞᆫ家道를頹敗ᄒᆞ고無上好箇의國家幸福을逆境으로驅逐ᄒᆞᄂᆞᆫ惡罪子의게ᄂᆞᆫ地獄無底抗의毒刑을與ᄒᆞᆯ지니이럴줄알고도○○○○名色과갓치내自由를他漢의게供與ᄒᆞ고尺頸을長延ᄒᆞ여他漢의殺戮을苦待ᄒᆞ려ᄂᆞᆫ가무ᄉᆞᆷ々닭에親愛ᄒᆞᆫ其子弟를捨而不見ᄒᆞᄂᆞᆫ가아々悖惡ᄒᆞᆫ이世上아엇지그리自慢自悔가此極에至ᄒᆞᄂᆞᆫ고禽獸도其子를爲ᄒᆞ여ᄂᆞᆫ生命을不遑ᄒᆞ고昆虫도其巢를持保ᄒᆞᆷ에ᄂᆞᆫ如干의苦楚를堅忍치아니ᄒᆞᄂᆞᆫ가幾萬年歷史上眞美의宇宙內에

幾千年發展의人文을考察ᄒᆞᆫ든網測悪毒ᄒᆞᆫ罪悪을甘作ᄒᆞ는者가此外에또何有ᄒᆞ리오어서隱々히猛醒ᄒᆞ여人倫大事의常理를完全히ᄒᆞ고人民義務의原則을堅保ᄒᆞ야可愛可憐ᄒᆞᆫ其子弟의게恩兩東風에回春復命丸을速送ᄒᆞ야遠方風魔의陰痛을快掃ᄒᆞ고學海萬里에成功舟를泛渡ᄒᆞ면錦繡江山三千里에長生不老大帝國이萬世無窮大平和로宇宙挽回權을掌握ᄒᆞᆯ듯……………………

海底旅行奇譚

自樂

第六回 네모統海金玉盡美 電氣放光艦中如畫

話說아氏가네모를從ᄒᆞ야二重鉄門을開ᄒᆞ고드러시니곳圖書室인ᄃᆡ烏木(화류)에金銀을揷刻ᄒᆞᆫ書案을左右에列ᄒᆞ고累萬의書籍을順次列置ᄒᆞ야씨며中央에一脚圓卓이잇는ᄃᆡ、鳶褐色의佛蘭西革製褥子로、네귀맛쳐。더펴써며周圍에는錦花綾羅의椅子를設置ᄒᆞ얏고天井四隅에는電光에爛然에白如晝日이러라아氏가그粧飾華麗에吃驚ᄒᆞ야吐舌良久에椅子에就坐ᄒᆞᆫ즉네모가일너曰君이博物館에留ᄒᆞᆷ과如何ᄒᆞᆫ感知가生ᄒᆞᄂᆞ뇨? 아氏曰그靜閑華麗ᄒᆞᆫ點은不可形喩며特히놀나운일은書冊의夥多ᄒᆞᆷ이로라네모ㅣ曰此等書冊은余가塵世를別ᄒᆞ고無何有鄕에入ᄒᆞᆯ際에携來ᄒᆞᆫ바ㅣ라비록陋粗ᄒᆞ나貴下가參考ᄒᆞᆯ일이잇거던任意觀覽ᄒᆞ라ᄒᆞ거늘아氏가感謝ᄒᆞᆫ後에書案에至ᄒᆞ야細々히살펴보니自哲學理學論理心理生理倫理等學으로至於物理化學天文地理歷史

數學語學傳記等學에無所不有ᄒᆞ며甚至於淸語獨習과極東古籍四書三經ᄭᆞ지라도다具備ᄒᆞᆫ지라아氏가暗思ᄒᆞ야曰余도文學을素嗜ᄒᆞ야支那書籍極東文學에도頗有所抱어ᄂᆞᆯ彼ᄂᆞᆫ極東文學은姑舍ᄒᆞ고馬來土語도隨意通情ᄒᆞᄂᆞᆫ貌樣이니ᄎᆞᆷ歎服無地로다그러나ᄒᆞᆯ노經濟書를不有ᄒᆞᆷ은彼가海洋을獨占ᄒᆞᆫ故로經濟의必要가無ᄒᆞᆷ이라ᄒᆞ고思往思來ᄒᆞᆯ식네모ㅣ가다시아氏를引導ᄒᆞ야烟室에入ᄒᆞᄂᆞᆫ지라아氏가恠問ᄒᆞ야曰公이海底에處ᄒᆞ야烟草를從何求來ᄒᆞᄂᆞ뇨? 네모ㅣ含笑ᄒᆞ야曰余의天性이元是喫烟을嗜ᄒᆞᆷ으로비록하와나國(疑是指呂宋島라)과相通ᄒᆞᆷ은아니나海底에도陸産烟草에不下ᄒᆞᄂᆞᆫ香味를有ᄒᆞᆫ草種이有ᄒᆞᆫ故로余가이를精製吸用ᄒᆞ노라ᄒᆞ더라또一室에入ᄒᆞ니곳長이三十尺廣이十八尺高가十五尺의亞剌比亞(故大食大完等國所在地라)風洋屋인ᄃᆡ椽樓게ᄂᆞᆫ花氈을ᄭᆞᆯ엇고四壁에ᄂᆞᆫ法伊等國의美術品과印度産班豹皮를掛張ᄒᆞ엿시며間々히天竺産紅寶玉(一名은夜光珠라)과샤라질(南美洲東北方에在ᄒᆞᆫ國名이라)의金剛石을珧瑯이排置ᄒᆞ얏고架上에ᄂᆞᆫ有名ᄒᆞᆫ올헤네스時代에作ᄒᆞᆫ올간, 피아노, 바이올린, 自鳴音樂器, 留聲器, 寫眞機 X光線試驗器等이一々具備ᄒᆞ며一邊에琉璃函數個가잇ᄂᆞᆫᄃᆡ函中에ᄂᆞᆫ奇珠珍貝가多ᄒᆞᆫᄃᆡ濠洲産珊瑚와錫蘭産眞珠等의靑黃赤白黑五色이玲瓏ᄒᆞᆫᄃᆡ彼波斯王이數年前에三百萬弗에買得ᄒᆞᆫ眞珠ᄂᆞᆫ名喞도못드리겟더라셰에네모ㅣ가또아氏를便室에引導ᄒᆞᄂᆞᆫᄃᆡ名不知用不知의器械가櫛比ᄒᆞᆫᄃᆡ곳航海에必要ᄒᆞᆫ器具圓動羅針盤, 寒暖計, 晴雨計, 驗温器, 驗風器, 方向指針器, 六圓儀(太陽

의高度를從ᄒᆞ야緯度를測量ᄒᆞᄂᆞᆫ機)、時辰器(經度測量機)、天儀觀察의大望遠鏡、박데리아覔探의顯微鏡、太陽班點과地震及火山等爆裂의豫報器、反射鏡、海平測量鏡等이더라아氏가此等機械를如何히使用ᄒᆞ며エㅣ디라스의如何이航海ᄒᆞᆷ을叩問ᄒᆞᆫ되네모ㅣ曰此等機械가無不必要나本艦의一層有用ᄒᆞ며一層迅速ᄒᆞᆷ은天氣의踈密을測量ᄒᆞ면海水의壓方과海底의深淺을知ᄒᆞᄂᆞᆫ一難形難喩의動力이有ᄒᆞ니이動力은곳本艦의生命이라이動力을因ᄒᆞ야本艦을運轉도ᄒᆞ며食物을烹羹도ᄒᆞ며光明도與ᄒᆞ며活動도得ᄒᆞ노니無他라곳電氣니라아氏愕然曰電氣가果然如許의功効가有ᄒᆞᄂᆞ뇨네모ㅣ曰그러ᄒᆞ니라貴下의아시ᄂᆞᆫ비와갓치海水를分拆ᄒᆞᆯ진ᄃᆡ一千그람中에百分의九十六個二分之一ᄭᆞ지ᄂᆞᆫ鈍粹ᄒᆞᆫ水며百分의二個三分之二ᄂᆞᆫ食鹽이오此外에些少ᄒᆞᆫ막네시야、낫트리움(쏘타시움)이有ᄒᆞᆫ지라故로水分을除去ᄒᆞᆫ즉多量의食鹽을得ᄒᆞᆷ은明白ᄒᆞᆫ지라余가海水中으로이食監을收取ᄒᆞ야이를利用ᄒᆞ야莫大의電氣를活用ᄒᆞ며또그電流를利用ᄒᆞ야任意作用ᄒᆞ노니故로이電氣ᄂᆞᆫ곳本艦의靈魂이며本艦의生命이라稱ᄒᆞ노라아氏曰然則貴下가本艦內에셔呼吸ᄒᆞᄂᆞᆫ空氣도亦是이電氣를利用ᄒᆞ야製造ᄒᆞᆷ이뇨? 네모ㅣ曰그러ᄒᆞ노라然이나本艦의海面에浮上ᄒᆞᆷ이自由自在ᄒᆞᆷ으로別로히所費酸素를製造ᄒᆞᆯ必要가無ᄒᆞ고但只外界에通ᄒᆞᆫ一喞筒만開管ᄒᆞᄂᆞᆫ時에ᄂᆞᆫ數日所用의空氣를本艦內에流通ᄒᆞ며또ᄒᆞᆫ魚鼈의所有ᄒᆞᆫ浮鰾와如ᄒᆞᆫ一介秘密喞筒이有ᄒᆞ야ᄒᆞᆫ번그고등만트ᄂᆞᆫ時에ᄂᆞᆫ비록幾年幾月이라도海底에潛跡ᄒᆞᆷ을得ᄒᆞ며艦內諸般機

械도다該電力을應用ᄒᆞᆷ이니貴下ᄂᆞᆫ이時辰器(時計)를보라이亦電氣의作用을利用ᄒᆞᆫ비라비록ᄒᆞᆫ平生되협을트러쥬지아니ᄒᆞ더리도一分도外界의正確ᄒᆞᆫ時鐘과差異ᄒᆞᄂᆞᆫ바ㅣ無ᄒᆞ며艦內에日月의照와晝夜의別이無ᄒᆞᆷ으로余가伊太利國時計와갓치二十四時間에分ᄒᆞᆯ必要가無ᄒᆞᄂᆞ便利上으로該時計經緯度分則을模用ᄒᆞ여一般히便利케用ᄒᆞᆷ이라아氏가聽了에感謝ᄒᆞ여曰貴下의懇ᄒᆞᆫ情談을因ᄒᆞ야塵世에서未聞未所見ᄒᆞ던發明及發見의榮光을浴ᄒᆞ얏시니感謝無地며ᄯᅩᄒᆞᆫ번듯고져ᄒᆞᆷ은本艦의速力은幾何浬뇨? 네모ㅣ曰뎌球形의玻璃器가곳그速度를指示ᄒᆞᄂᆞᆫ指針이니本艦의速力은一時間에十五里乃至廿里(一里ᄂᆞᆫ我國十里라)의距離의驅馳ᄂᆞᆫ如反掌이니이ᄂᆞᆫ다ㅏ現今外界에서未發明ᄒᆞᆫ바電氣의作用이니라ᄒᆞ고言訖에ᄯᅩ別室노請邀ᄒᆞ거ᄂᆞᆯ아氏가그뒤를ᄡᅡ라신즉노ㅣ디라스中央에一個鉄階梯가有ᄒᆞᆫ지라아氏가即問曰이梯子ᄂᆞᆫ何處로通ᄒᆞᄂᆞ뇨? 네모ㅣ曰短艇에通ᄒᆞᆫ梯子로라아氏曰然則短艇을乘ᄒᆞ고海面에도出ᄒᆞᆷ을得ᄒᆞᄂᆞ뇨? 네모曰然ᄒᆞ다本艦內에亦是短艇의設置도有ᄒᆞ야陪阿가夜啼에河伯이嘘唏ᄒᆞ며鯨鯢가呑吐에鮭鰤가愁嘯ᄒᆞ고明月이緩步에姮娥가獻巧ᄒᆞ며淸風이徐来에水波가不興ᄒᆞᄂᆞᆫ際에ᄂᆞᆫ泛彼柏舟ᄒᆞ고漂流中天ᄒᆞ야吊韓爾勃(韓有勃은카셰지의名將이니일즉알푸스山을過ᄒᆞ야同國讐敵羅馬를席捲ᄒᆞ다가廟謨가不臧ᄒᆞ야드듸여國覆身亡의患을當ᄒᆞ니라)於葛堂수城堞ᄒᆞ며哭高壽加(波蘭末年에露德墺三國이同國을第一回分割을行ᄒᆞᆷ을보고不勝忿慨ᄒᆞ야興復戰爭을起ᄒᆞ엿다가事不如意ᄒᆞ야一敗

塗地혼지라이에美國에至ᄒᆞ야華盛頓과會見ᄒᆞ고生平所懷를彼此開明혼後華盛頓과戮力盡心ᄒᆞ야合衆國의獨立을完成혼後故國의滅亡과同胞의魚肉의感에切齒腐心ᄒᆞ야合衆國志士들과埠頭에셔血淚로訣別ᄒᆞ고故國에歸ᄒᆞ야二三次擧事타가失敗에終ᄒᆞ고露軍亂刀下에晏然히天堂으로歸ᄒᆞ니라) 於是노스河畔ᄒᆞ고酌汨灑而饗三閭ᄒᆞ며拜救主以獻五尾는余의平生自慰로라ᄒᆞ는소릐慷慨悲壯에如泣無淚며如訴無聲에이肝腸鉄石아닌以上에야嗚咽을難禁홀너라彼此感懷에衝激ᄒᆞ야默然良久에아氏가다시叩問ᄒᆞ야曰歸時에는如何혼手段을行ᄒᆞ느뇨? 네모ㅣ曰余는줄(線)이업서도잇는거보담倍勝혼電線(抑네모ㅣ가指無線電話耶아?) 으로노ㅣ디라스를招ᄒᆞ야來迎케ᄒᆞ노라ᄒᆞ더라言迄에機械部를委蛇ᄒᆞ야혼房으로드러시니이房은곳機械室이더라

雜報

● 留學生大運動會　本月十七日에東京에在혼我留學生秋期大運動會를大久保廣原에서擧行ᄒᆞ엿는ᄃᆡ當日天氣가晴朗ᄒᆞ고來會者가無慮二百名假量이라活氣潑々혼氣像으로午前九時브터始作ᄒᆞ야二百碼競走四百碼競走、盲啞競走、計算競走、高跳遠跳、脚力等各樣運動으로十分의歡樂을盡ᄒᆞ고各優等者의게賞品을分與혼後午後五時頃에軍歌를齊唱ᄒᆞ며散歸ᄒᆞ엿더라

● 青年會運動　大韓基督教青年會에서는本月十九日에大久保廣野에서秋期大運動會를擧行ᄒᆞ엿더라

●大韓基督靑年會에서東洋美以美敎會監督하리쓰博士를請邀ᄒᆞ야本月第一土曜日夕에留學生監督廳內에서演說會를開ᄒᆞ엿ᄂᆞᆫᄃᆡ我學生來會者가二百餘名이오李亨雨氏가通辯ᄒᆞ엿더라

●留學生長眠 全羅道龍潭居朴宜赫氏ᄂᆞᆫ年方十七이라今年春에留學次로東京에渡來ᄒᆞ야至今ᄭᆞ지語學과普通學을硏究ᄒᆞ더니不幸熱病에罹ᄒᆞ야麴町區回生病院에入院治療中百藥이無効ᄒᆞ고本月十八日에病床에셔永眠ᄒᆞ엿다ᄂᆞᆫᄃᆡ聞者莫不哀惜이러라

◎會員消息

本會員表振模氏ᄂᆞᆫ東京警務學校에서修學ᄒᆞ고昨年十月分에歸國ᄒᆞ야其間警務廳訊問課總巡을奉職ᄒᆞ더니本年八月分에義兵鎭撫次로南道에出張ᄒᆞ엿다가任務를畢ᄒᆞ고九月初上京ᄒᆞᄂᆞᆫ路次에這番京釜鐵道滊車脫線時에不幸重傷을被ᄒᆞ야以來治療를施ᄒᆞ더니治療의効가終無ᄒᆞ고溘然長逝ᄒᆞ엿다ᄂᆞᆫ悲報가忽來ᄒᆞ니氏의前途를爲ᄒᆞ야實로哀惜의情을不禁ᄒᆞ노라

○本會員金載汶氏ᄂᆞᆫ平北義州人이라再昨年에留學次로東京에渡來ᄒᆞ야其間種々ᄒᆞᆫ苦楚를嘗ᄒᆞ면셔熱心으로語學과普通學을修得ᄒᆞ고今秋王子養蠶學校에受驗ᄒᆞ야好成績으로登第入學ᄒᆞ엿ᄂᆞᆫᄃᆡ該氏本家에셔ᄂᆞᆫ如何ᄒᆞᆫ事情이有ᄒᆞ던지自近八九朔以來로學費ᄂᆞᆫ一分도不送ᄒᆞ고累次편紙ᄒᆞ여도回答이一無ᄒᆞ다ᄒᆞ며至今旅館食債百餘元을辨償無路ᄒᆞ야日々舘主의督促과虐待가令人難聞인데況心慮所致로全身에病氣가叢發ᄒᆞ엿스나治療ᄒᆞᆯ方策이全無ᄒᆞ고當此

日氣가漸寒에病身에單衣一枚를着ᄒᆞ고旅窓病枕에獨臥ᄒᆞ야呻吟의淚로朝夕을待ᄒᆞᆫ다ᄒᆞ니爲惜ᄒᆞ건ᄃᆡ該氏의家親되신이여今日을當ᄒᆞ여서도外國留學을不必要로思ᄒᆞ시오黃金을蓄蓄ᄒᆞ엿다가棺頭에葬歸코져ᄒᆞ시오如許ᄒᆞᆫ子弟를信用치아니ᄒᆞ시오有爲ᄒᆞᆫ二十歲男子로ᄒᆞ여곰天涯萬里에無依ᄒᆞᆫ一塊土를作成ᄒᆞᆫ然後에야安心ᄒᆞ시려오猛省ᄒᆞ기를切望ᄒᆞ노라

△本會員中夏期放學에覲親次로歸國ᄒᆞ엿든鄭寅河、南宮營、朴廷義、朴相洛、申成鎬諸氏ᄂᆞᆫ本月初에東京에渡來ᄒᆞ고李元鵬、李昌均兩氏ᄂᆞᆫ京都府에渡來ᄒᆞ야私立京都法政大學에入學ᄒᆞ다

○本會員李承鉉氏ᄂᆞᆫ緊急ᄒᆞᆫ事故를因ᄒᆞ야本月七日發列車로發程歸國ᄒᆞ고金益濟、鄭泰殷兩氏ᄂᆞᆫ本月三日에留學次로橫濱發汽船만츄리아號를搭乘ᄒᆞ고北米合衆國을向ᄒᆞ야出發登途ᄒᆞ다

○本會員金燦永、張雲景、韓益燮三氏ᄂᆞᆫ明治學院中學部에入學ᄒᆞ고裴永淑、崔俊晟兩氏ᄂᆞᆫ明治大學에入學ᄒᆞ고黃錫翹氏ᄂᆞᆫ早稻田大學에入學ᄒᆞ고李珍河金基珽兩氏ᄂᆞᆫ東京醫學校에入學ᄒᆞ고金仁壽氏ᄂᆞᆫ慶應義塾中學部에入學ᄒᆞ고姜荃氏ᄂᆞᆫ私立日本大學師範科에入學ᄒᆞ고金載健氏ᄂᆞᆫ私立東京畜産學校에入學ᄒᆞ고李殷燮、柳東振、崔元植、李源觀、朴宗濂、張膺萬、李始馥、林會稷、盧文燦、金禹範、康泰夏、李源植、李相晋、崔在源、李庭河、李瑩瀅、鄭寅洞諸氏ᄂᆞᆫ青年學院에入學ᄒᆞ다

永柔郡支會評議員金祐淵氏ᄂᆞᆫ留學次로去九月에東京에渡來ᄒᆞ다

○新入會員

吳翊泳、金益濟、鄭泰殷、鄭泰一鮮于攫、金淵玉、李庭河、朴元熙、李殷燮李源觀、朴宗謙、張膺萬、李始馥、林會稷、盧文燦、金禹範、康泰夏、李源植、李相晋、崔在源、朴義植、金燦永、李學瀅、鄭寅洞、張雲景諸氏가今番本會에入會ᄒᆞ다

○會事要錄

去九月은本會任員總撰擧期라同二十八日에總會를神田區青年會舘에開ᄒᆞ고總撰式을擧行ᄒᆞ엿ᄂᆞᆫᄃᆡ被任諸氏가如左ᄒᆞ니

會　長　金志侃　　副會長　崔錫夏
總務員　金鎭初　　評議員　姜麟祐
　　　　朴容喜　　　　　　張膺震
　　　　全永爵　　　　　　金洛泳
　　　　朴相洛　　　　　　李潤柱
　　　　金淵穆　　　　　　崔　麟
　　　　文一平

九月二十九日午后七時半에任員會를本事務所에開ᄒᆞ고事務員以外各任員을撰定ᄒᆞᆯ새被任諸氏가如左ᄒᆞ니

事務員金英哉、高宜煥、李承鉉、金洛泳、朴相洛、金應律　會計員朴容喜、金淵穆　書記員金洛泳、朴相洛　查察員張啓澤、金載汶、李允燦　編輯書記李勳榮、金英哉

○平安北道龍川義州兩府有志人士白鎭珪崔任廷、鄭濟原、鄭濟乘、白元默、金益鉉、崔善玉、白廷珪、金應禧、韓重教、李仁迪、林英俊諸氏가支會를發起請願ᄒᆞᄂᆞᆫ고로九月二十二日에任員會에서許可를決議ᄒᆞ고本會員鄭錫廼氏로詳細調查ᄒᆞᆫ後에九月二十八日總會에報告ᄒᆞ다

平北龍義支會發起人諸氏가支會를組織ᄒᆞ고任員을撰定ᄒᆞᆫ후에本會에報告ᄒᆞ엿ᄂᆞᆫᄃᆡ會員名簿와任員氏名이如左ᄒᆞ니

◉會員名簿

白鎭珪 崔仁廷 鄭濟原 鄭濟乘 白元默
金益鉉 崔善玉 白廷珪 金應禧 韓重敎
李仁廸 林英俊 鄭鎭周 張觀翰 文精華
鄭尙默 韓道旭 金濬禧 鄭濟民 金濬浩
金禎湜 李基淳 白愼默 車得煥 白運昊
白義瑞 白洛龜 金龍善 朴昌峻 李根泳
白鏞一 韓處元 金學俊 金世寬 朴世賢
金炳根 韓永河 白峻瑞 白學龍 金定坤

任員錄

會長 鄭濟原 副會長 崔仁廷
總務員 白鎭珪 評議員 鄭鎭周
金益鉉 車得煥
張觀翰 白元默
文精華 鄭尙默
鄭濟民 白運昊
金應禧 事務員 金濬禧

韓道旭 白默元
韓永河 車得煥
金禎湜 會計員 林英俊
金濬浩 書記員 白義瑞
金龍善 司察員 李仁廸
崔善玉 白廷珪

廣告

本學報代金을收入ᄒᆞ기에便宜ᄅᆞᆯ從ᄒᆞ야京城과平安北道에ᄂᆞᆫ委托收金所ᄅᆞᆯ置ᄒᆞ엿ᄉᆞ오니京城셔本報ᄅᆞᆯ購覽ᄒᆞ시ᄂᆞᆫ이ᄂᆞᆫ代金을

京城北署苑洞李甲氏宅留

金基玉氏許로交付ᄒᆞ시고平安北道에셔本報ᄅᆞᆯ購覽ᄒᆞ시ᄂᆞᆫ이ᄂᆞᆫ

平安北道定州南門內

洪成麟氏許로交付ᄒᆞ심을敬要

在日本東京 **太極學會** 告白

光武十年八月廿四日創刊
隆熙元年十月二十日印刷
隆熙元年十月二十四日發行
明治四十年十月二十日印刷
明治四十年十月廿四日發行

●代金郵稅並新貨拾貳錢

日本東京市本鄕區眞砂町三十八番地
編輯兼發行人　張膺震

日本東京市本鄕區眞砂町三十八番地
印刷人　金志侃

日本東京市小石川區上富坂町三十番地
發行所　太極學會

日本東京市牛込區辨天町二十六番地
印刷所　明文舍

廣告

本會事務所를今番에東京小石川區上富坂町三十番地로移轉ᄒᆞ엿ᄉᆞᆸ기玆에廣佈홈

在日本東京 太極學會 告白

太極學報第十三號
光武十年十月二十四日 明治三十九年十月二十四日 第三種郵便物認可
隆熙元年十月二十四日 明治四十年十月二十四日 發行(每月廿四日一回發行)